Klaus Lichtblau (Hrsg.)

Max Webers ‚Grundbegriffe'

Klaus Lichtblau (Hrsg.)

Max Webers ‚Grundbegriffe'

Kategorien der kultur- und sozialwissenschaftlichen Forschung

VS VERLAG FÜR SOZIALWISSENSCHAFTEN

Bibliografische Information Der Deutschen Nationalibliothek
Die Deutsche Nationalbibliothek verzeichnet diese Publikation in der
Deutschen Nationalbibliografie; detaillierte bibliografische Daten sind im Internet über
<http://dnb.d-nb.de> abrufbar.

1. Auflage September 2006

Alle Rechte vorbehalten
© VS Verlag für Sozialwissenschaften | GWV Fachverlage GmbH, Wiesbaden 2006
Lektorat: Frank Engelhardt
Der VS Verlag für Sozialwissenschaften ist ein Unternehmen von Springer Science+Business Media.
www.vs-verlag.de

Das Werk einschließlich aller seiner Teile ist urheberrechtlich geschützt. Jede Verwertung außerhalb der engen Grenzen des Urheberrechtsgesetzes ist ohne Zustimmung des Verlags unzulässig und strafbar. Das gilt insbesondere für Vervielfältigungen, Übersetzungen, Mikroverfilmungen und die Einspeicherung und Verarbeitung in elektronischen Systemen.

Die Wiedergabe von Gebrauchsnamen, Handelsnamen, Warenbezeichnungen usw. in diesem Werk berechtigt auch ohne besondere Kennzeichnung nicht zu der Annahme, dass solche Namen im Sinne der Warenzeichen- und Markenschutz-Gesetzgebung als frei zu betrachten wären und daher von jedermann benutzt werden dürften.

Umschlaggestaltung: KünkelLopka Medienentwicklung, Heidelberg
Druck und buchbinderische Verarbeitung: Krips b.v., Meppel
Gedruckt auf säurefreiem und chlorfrei gebleichtem Papier
Printed in the Netherlands

ISBN-10 3-531-14810-9
ISBN-13 978-3-531-14810-6

Inhaltsverzeichnis

Klaus Lichtblau
Einleitung

Das Verhältnis der verstehenden Soziologie Max Webers zu anderen soziologischen Ansätzen

Martin Endreß
Varianten verstehender Soziologie   21

Zenonas Norkus
Handeln, soziale Ordnungen und sozialwissenschaftliche Erklärung:
Max Weber und Rational Choice   47

Thomas Schwinn
Lassen sich Handlungs- und Systemtheorie verknüpfen?
Max Weber, Talcott Parsons und Niklas Luhmann   91

Jens Greve
Das Werk Max Webers und die Theorie des kommunikativen Handelns   112

Die verstehende Soziologie Max Webers im Kontext benachbarter Disziplinen

Hinnerk Bruhns
Max Webers „Grundbegriffe" im Kontext seiner wirtschaftsgeschichtlichen
Forschungen   151

Siegfried Hermes
Der Staat als „Anstalt". Max Webers soziologische Begriffsbildung im
Kontext der Rechts- und Staatswissenschaften   185

Stefan Breuer
Typen und Tendenzen der Demokratie   218

Zur Systematik der „Grundbegriffe" von Max Weber

Klaus Lichtblau
Zum Status von „Grundbegriffen" in Max Webers Werk 243

Rainer Greshoff
„Soziales Handeln" und „Ordnung" als operative und strukturelle
Komponenten sozialer Beziehungen 258

Richard Swedberg
Verstehende Wirtschaftssoziologie. Über die Beziehung zwischen
Max Webers „Soziologischen Grundbegriffen" und seiner
Wirtschaftssoziologie 292

Rezeptions- und Übersetzungsprobleme

Sam Whimster
Die Übersetzung des Begriffes „Geist" 317

Keith Tribe
Talcott Parsons als Übersetzer der „Soziologischen Grundbegriffe"
Max Webers 337

Jean-Pierre Grossein
Max Weber auf französisch oder Max Weber „à la française"? 367

Gabriele Cappai
Auf der Suche nach einem Paradigma. Zur Relevanz von Max Webers
handlungstheoretischem Ansatz für die italienische Soziologie 382

Hinweise zu den Autoren 401

Einleitung

Klaus Lichtblau

Max Webers Werk stellt weltweit eines der am intensivsten diskutierten klassischen Werke der Kultur- und Sozialwissenschaften dar. Kaum ein Forscher ist mehr in der Lage, das Heer der jährlich immer noch anschwellenden Sekundärliteratur zu überblicken, geschweige denn im vollen Umfang zu rezipieren. Innerhalb der aktuellen Diskussion um die Neugestaltung der akademischen Forschung und Lehre an den deutschen Hochschulen kommt Webers Werk darüber hinaus eine herausragende Bedeutung zu. Gilt es doch nach wie vor als ein gelungenes Beispiel einer interdisziplinären Integration der verschiedenen kultur- und sozialwissenschaftlichen Disziplinen, dem auch heute noch eine wegweisende wissenschaftspolitische Funktion zukommt. Dem tragen die nun schon seit über dreißig Jahre andauernden Bemühungen um eine historisch-kritische Edition des Werkes von Max Weber Rechnung, die inzwischen in zahlreichen bereits erschienenen Bänden der *Max Weber Gesamtausgabe* ihren beeindruckenden Niederschlag gefunden haben.

Seit geraumer Zeit kommt innerhalb der Weber-Forschung und Weber-Diskussion insbesondere der Edition seines unter dem Titel *Wirtschaft und Gesellschaft* weltweit berühmt gewordenen wissenschaftlichen Nachlasses im Rahmen der *Max Weber Gesamtausgabe* eine entscheidende Bedeutung für eine Gesamtbeurteilung seines Werkes zu. Denn diese mit großem Aufwand erfolgende historisch-kritische Neuausgabe von *Wirtschaft und Gesellschaft* macht jetzt erst einen tieferen Einblick in die Komplexität der Entwicklung von Webers Denken möglich, die sich in bisweilen apokryphen werkgeschichtlichen Sedimentierungen und Fragmentierungen seines durch ein schweres psychisches Leiden immer wieder unterbrochenen wissenschaftlichen Schaffens niedergeschlagen hat. Mit dieser neuen Edition von *Wirtschaft und Gesellschaft* im Rahmen der *Max Weber Gesamtausgabe* sind zugleich eine Reihe von sachlichen Problemen verbunden, die in der Vergangenheit zu heftigen Kontroversen geführt hatten. Diese bezogen sich unter anderem auf die Frage, ob „Wirtschaft und Gesellschaft" überhaupt der adäquate Titel für die unter diesem Namen bekannt gewordenen Texte Max Webers sei, ob es sich dabei um ein einheitliches Werk handelt und wenn ja, ob dieses sein soziologisches Hauptwerk darstellt oder aber nicht.

Die Herausgeber der *Max Weber Gesamtausgabe* haben in den letzten Jahren viele Anstrengungen unternommen, das damit verbundene werkgeschichtliche Rätsel zu lösen. Unstrittig war übrigens von Anfang an, daß Weber die von ihm in diesem Zusammenhang verfaßten Texte ursprünglich nicht als selbständige Publikation geplant hatte, sondern als Beitrag zu dem von ihm mitherausgegebenen Handbuch *Grundriß der Sozialökonomik*. Dieses Gemeinschaftswerk, an dem zahlreiche Autoren beteiligt waren und dessen Schriftleitung Max Weber in Absprache mit seinem Tübinger Verleger Paul Siebeck 1909 übernommen hatte, sollte einen umfassenden Überblick über den damaligen Forschungsstand innerhalb der Historischen Schule der deutschen Nationalökonomie geben. Wie wir heute wissen, hat Weber in diesem Zusammenhang zwei völlig verschiedene Fassungen seines Beitrages zum *Grundriß der Sozialökonomik* geschrieben: nämlich eine älter, noch vor dem Ersten Weltkrieg entstandene, die sich in seinem Nachlaß befand, und eine jüngere, die er zwischen 1919-1920 geschrieben hat und deren Drucklegung er kurz vor seinem Tod noch selbst vorbereitet hatte. Seine Ehefrau hatte diese ersten vier Kapitel der letzten Fassung von *Wirtschaft und Gesellschaft*, die im Verlagsjargon als „erste Lieferung" bezeichnet worden ist, dann um jene sehr viel umfangreicheren Texte ergänzt, die sie im Nachlaß ihres im Juni 1920 verstorbenen Mannes fand, und damit wesentlich zu dem Mythos beigetragen, daß es sich bei den unter diesem Titel bekannt gewordenen Texten um ein *einheitliches* Werk handele (vgl. Winckelmann 1986; Mommsen 2000; Schluchter 2000: 177 ff.).

Diese in der Folgezeit umstrittene Editionspraxis ist jetzt von den Herausgebern der *Max Weber Gesamtausgabe* dahingehend korrigiert worden, daß sie sich dazu entschlossen haben, die ältere und die neuere Fassung von *Wirtschaft und Gesellschaft* im Rahmen der Gesamtausgabe in zwei deutlich voneinander getrennten Bänden zu veröffentlichen, die auch jeweils verschiedene Untertitel tragen. Damit soll der Tatbestand unterstrichen werden, daß uns zwei völlig verschiedene Fassungen von Webers Beitrag zum *Grundriß der Sozialökonomik* überliefert worden sind, wobei er selbst offensichtlich vorhatte, die älteren Manuskripte noch einmal vollständig zu überarbeiten bzw. gar nicht in die definitive Fassung von *Wirtschaft und Gesellschaft* mit aufzunehmen. Insofern muß der werkgeschichtliche Status der im Nachlaß von Max Weber gefundenen Texte nach wie vor als ungeklärt angesehen werden (vgl. Lichtblau 2000a und 2003).

Die historisch-kritische Edition von Webers Schriften ist jedoch die eine Sache, die inhaltliche Interpretation der jetzt allmählich erst sichtbar werdenden unterschiedlichen werkgeschichtlichen Phasen seines Schaffens dagegen eine andere. Trotz der gegenüber den editorischen Arbeiten im engeren Sinne etwas hinterherhinkenden inhaltlichen Diskussion und Bewertung des editorischen Befundes wird allerdings jetzt schon deutlich, daß das bisherige international

Einleitung

gültige Weber-Bild entscheidender Revisionen bzw. Korrekturen bedarf. Dies betrifft zum einen die bisher nicht immer deutlich genug gemachten Unterschiede zwischen dem mit einem weiten interdisziplinären Ansatz arbeitenden „Kulturwissenschaftler" Max Weber und dem späteren „Soziologen" Max Weber. Dies betrifft aber auch sein soziologisches Werk im engeren Sinne, von dem uns, wie jetzt immer deutlicher wird, zwei verschiedene Fassungen überliefert worden sind. Dem entspricht es, daß von Weber auch zwei verschiedene Fassungen seiner soziologischen Grundbegriffe vorliegen: nämlich eine von 1913, die von Weber unter dem Titel „Über einige Kategorien der verstehenden Soziologie" in der Zeitschrift *Logos* separat als Aufsatz veröffentlicht worden ist, und eine von 1920, die Weber dem von ihm für den Druck fertiggestellten Teil von *Wirtschaft und Gesellschaft* unter dem Titel „Soziologische Grundbegriffe" als Einleitung vorangestellt hat. Wie sich diese beiden Varianten von Webers „verstehender Soziologie" dabei zueinander verhalten, ist in der Sekundärliteratur bisher ebenso kontrovers diskutiert worden wie die Frage, wie groß eigentlich die Unterschiede zwischen dem Kategorienaufsatz von 1913 und den *Soziologischen Grundbegriffen* von 1920 sind. Angesichts dieser Kontroversen wird allerdings jetzt schon deutlich, daß wir fortan auch zwei verschiedene Phasen innerhalb der internationalen Weber-Diskussion und Weber-Rezeption unterscheiden müssen: nämlich eine „vorkritische" Phase, in der solche werkgeschichtlichen Befunde bisher sträflich vernachlässigt worden sind, sowie eine „kritische" Phase, die dieser Eigenart der editorischen Überlieferung von Max Webers Werk Rechnung trägt und sich diese für dessen Interpretation fortan auch in systematischer Hinsicht zunutze macht.

Daß nur bei einer entsprechenden Berücksichtigung der Werkgeschichte und der höchst problematischen Art der Überlieferung seiner Schriften ein adäquater Zugang zu Webers Werk, und hier insbesondere auch zur Eigenart seiner verstehenden Soziologie gefunden werden kann, ist bereits vor dreißig Jahren von Friedrich H. Tenbruck in mehreren bahnbrechenden Aufsätzen verdeutlicht worden (vgl. Tenbruck 2000). Die heute immer offensichtlicher werdende Tatsache, daß uns von Weber zwei verschiedene Fassungen seiner Soziologie überliefert worden sind, ist übrigens erstmals von Andreas Walther in einer bahnbrechenden Studie bemerkt worden (vgl. Walther 1926). Die in diesem Zusammenhang naheliegende Schlußfolgerung, fortan auch stärker zwischen jenen Schriften Webers zu unterscheiden, in denen er noch einen unspezifischen, weil interdisziplinären Ansatz als führender Repräsentant der historischen Kulturwissenschaften seiner Zeit verfolgt hat, und seinen seit ca. 1910 entstandenen soziologischen Schriften im engeren Sinne wurde in der Folgezeit dabei jedoch nur gelegentlich gestellt, obgleich sie sich aufgrund des entsprechenden werkgeschichtlichen Befundes geradezu aufdrängt (vgl. Francis 1966; Rossi 1987: 20-62; Lichtblau 2001 und 2002). Diesbezügliche Irritationen scheinen derzeit aber immer noch selbst im engeren Kreis der für die historisch-kritische Edition von Webers Werk die Gesamtverantwortung tragenden Herausgeber zu herrschen. Denn diese waren gerade im Hinblick auf die nun getroffene Art der Edition des im älteren Teil von *Wirtschaft und Gesellschaft* überlieferten Nachlasses von Max Weber offensichtlich nur noch in Gestalt einer fragwürdigen Mehrheitsentscheidung in der Lage, den schon seit langem hinsichtlich dieser Frage schwelenden Streit innerhalb des Herausgebergremiums der *Max-Weber-Gesamtausgabe* zu schlichten (vgl. Baier et al. 1999 sowie Lichtblau 2000a). Entsprechende philologische Einwände und alternative Editionsentwürfe blieben deshalb nicht aus, ohne daß diese bisher etwas an der nun getroffenen Art der Edition von *Wirtschaft und Gesellschaft* und damit auch des diesbezüglichen Nachlasses von Max Weber zu ändern vermochten (vgl. Orihara 1999 und 2003). Immerhin läßt sich auch bei den für diese Edition die Gesamtverantwortung tragenden Herausgebern der *Max-Weber-Gesamtausgabe* ein entsprechendes Problembewußtsein bezüglich der von ihnen getroffenen Entscheidung feststellen (vgl. Mommsen 1999 und 2000; Schluchter 2000: 139 ff.).

In den einzelnen Beiträgen des vorliegenden Bandes, die auf eine Tagung zurückgehen, die im Juni 2005 im Zentrum für interdisziplinäre Forschung der Universität Bielefeld stattfand, stehen jene *Grundbegriffe* Max Webers, wie er sie sowohl in seinen vor dem Ausbruch des Ersten Weltkrieges entstandenen Schriften als auch in der definitiven Fassung seiner verstehenden Soziologie entwickelt hat, im Mittelpunkt der Erörterung. Denn ihnen kommt eine werkübergreifende Funktion zu, die zum einen die von Weber ausgearbeiteten speziellen Soziologien, d.h. insbesondere seine Wirtschafts-, Rechts-, Religions- und Herrschaftssoziologie betrifft, und zum anderen die Frage nach dem Verhältnis dieser Grundbegriffe bzw. Kategorien seiner verstehenden Soziologie zu jenen Disziplinen aufwirft, die in Webers Werk ihren Niederschlag gefunden haben: nämlich die Geschichtswissenschaft, die Nationalökonomie, die Rechtswissenschaft sowie die Staatswissenschaft bzw. Staatslehre.

Es geht also zum einen um die Schnittstellen, die Webers soziologische Schriften miteinander verbinden und sie in Beziehung zu den für Webers intellektuelle Biographie zentralen Disziplinen setzen. Zugleich geht es aber auch um die innere logische Struktur dieser Grundbegriffe, deren Systematik bis heute ein Rätsel geblieben ist und die zu vielfältigen Irritationen in der diesbezüglichen Sekundärliteratur geführt hat. Wenn man ferner den Aufwand in Rechnung stellt, den sich Weber bei der Ausarbeitung seiner soziologischen Grundbegriffe auferlegt hat, wird deutlich, daß es sich hierbei um eines seiner zentralen Anliegen gehandelt hat. Ihm ging es nämlich in diesem Zusammenhang darum, den in der deutschsprachigen Geschichtswissenschaft und Nationalökonomie seiner Zeit geführten Methodenstreit zwischen einer primär historisch und einer primär theoretisch orientierten Wirtschaftswissenschaft bzw. einer primär an der politischen Ereignisgeschichte und einer am Eigensinn der Kultur und der Gesellschaft orientierten Geschichtsschreibung durch die Einführung einer soziologischen Begriffssprache zu überwinden, die gewissermaßen einen theoretischen Ersatz für die innerhalb der historischen Forschung unbrauchbaren Axiome der abstrakten Wirtschaftstheorie darstellen sollte. Anders gesprochen: Webers Theorieverständnis als Kultur- und Sozialwissenschaftler steht und fällt mit der Validität und der Plausibilität der von ihm in Auseinandersetzung mit der überlieferten historisch-politischen Semantik sowie den Gesellschafts- und Staatswissenschaften seiner Zeit entwickelten Grundbegriffe, deren wissenschaftslogischer Status in der Sekundärliteratur nicht zufällig wiederholt mit dem der Kantschen *Kategorientafel* verglichen worden ist.

Die Frage nach der uns von Weber hinterlassenen „Theorie" ist also mit der Frage nach der Herkunft, Struktur und inneren Systematik seiner soziologischen „Grundbegriffe" bzw. „Kategorien" identisch, wobei es in diesem Fall nicht nur um die Grundbegriffe seiner Wirtschafts-, Rechts-, Religions- und Herrschaftssoziologie geht, sondern vor allem auch um die Grundbegriffe seiner „verstehenden Soziologie" im engeren Sinnen bzw. der von ihm entwickelten „allgemeinen Soziologie". Diese steht zwar mit den von ihm hinterlassenen „speziellen Soziologien" in einem entsprechenden inhaltlichen und werkgeschichtlichen Zusammenhang. Nichtsdestotrotz ist sie aber von seinen konkreten historischen und soziologischen Forschungen deutlich abgrenzbar, weil Weber hier zum ersten Mal den Versuch unternommen hat, jene grundlegenden Begriffe zu definieren, die in bezug auf die verschiedenen Teile seines soziologischen und kulturwissenschaftlichen Werkes einen übergreifenden Status für sich in Anspruch nehmen können und die Weber all jenen als heuristisches Werkzeug empfohlen hat, die in einem streng empirischen Sinn Soziologie zu betreiben beabsichtigen. Gleichwohl besteht zwischen den von Weber entwickelten soziologischen Grundbegriffen einerseits und seinen konkreten historischen und soziologischen Forschungen andererseits ein nicht ohne weiteres auflösbares Spannungsverhältnis, weil Weber diesen theoretischen Bezugsrahmen erst zu einem Zeitpunkt entwickelt hat, an dem die Arbeit an seiner Wirtschafts-, Rechts-, Religions- und Herrschaftssoziologie bereits weit fortgeschritten war. Eine der schwierigsten und zugleich attraktivsten Aufgaben der internationalen Weber-Forschung dürfte es deshalb sein, die von Max Weber aufgrund seines frühen Todes nicht mehr zu einem definitiven Abschluß gebrachte Überarbeitung seiner verschiedenen Teilsoziologien in seinem Sinne wieder aufzunehmen und damit zugleich die Leistungsfähigkeit der von ihm entwickelten Variante der verstehenden Soziologie unter Beweis zu stellen.

Um die Eigenart der von Weber entwickelten Richtung der verstehenden Soziologie zu verdeutlichen, muß diese zum einen von einigen ihr verwandten theoretischen Strömungen der zeitgenössischen internationalen Soziologie (Phänomenologie, Systemtheorie, Rational Choice, Theorie des kommunikativen Handelns) abgegrenzt und innerhalb dieses Theorienvergleichs klarer als bisher üblich konturiert werden (Themenbereich I). Zum anderen muß der werkgeschichtliche Zusammenhang berücksichtigt werden, in dem diese Grundbegriffe seiner verstehenden Soziologie entstanden sind, und der Weber ausgehend von wirtschafts- und rechtsgeschichtlichen Untersuchungen allmählich hin zur Kulturgeschichte im engeren Sinne und von hier aus zu seinen groß ausgreifenden kultur- und universalgeschichtlichen Studien geführt hat. Diese Prägung des Weberschen Werkes durch verschiedene akademische Disziplinen hat sich sowohl in den von ihm bearbeiteten speziellen Soziologien als auch in seinen soziologischen Grundbegriffen niedergeschlagen. Insofern muß die Frage gestellt werden, in welchem Verhältnis sein Werk zu den für Weber zentralen Disziplinen steht (Themenbereich II).

Klärungsbedürftig ist ferner die innere logische Struktur bzw. „Systematik" der Grundbegriffe seiner verstehenden Soziologie. Die letzte Fassung dieser Grundbegriffe aus dem Jahre 1920 hatte Weber nun explizit von den theoretischen Grundbegriffen der Nationalökonomie seiner Zeit und einer spezifisch historischen Form der Begriffsbildung abgegrenzt, um den selbständigen disziplinären Status der von ihm entwickelten Richtung der „verstehenden Soziologie" zu unterstreichen. Hierbei ist insbesondere die Frage zu stellen, in welchem logischen Zusammenhang die von ihm entwickelten soziologischen Grundbegriffe eigentlich stehen und welche Querverbindungen dabei zu den verschiedenen speziellen Soziologien bestehen, die Weber in der Nachkriegsfassung von *Wirtschaft und Gesellschaft* noch selbst zu bearbeiten in der Lage war (Themenbereich III). Hinsichtlich der Rekonstruktion der „Systematik" von Webers Grundbegriffen sind bereits verschiedene Anläufe unternommen worden (vgl. insbesondere Allerbeck 1982; ferner Schluchter 1979, 1998: 384 ff. und 2003: 42-74). Sie zeichnen sich in der Regel dadurch aus, daß sie nicht zuletzt deshalb fragwürdig geblieben sind, weil sie von Konstruktionszwängen ausgehen, die offensichtlich nicht mit jenen identisch sind, denen sich Weber selbst verpflichtet gefühlt hatte. Erst vor kurzem sind einige Arbeiten erschienen, die nicht mehr ausgehend von solchen Weber noch fremden Konstruktionszwängen an eine Interpretation der grundlegenden Kategorien seiner verstehenden Soziologie herangehen, sondern Webers diesbezüglichen Sprachgebrauch immanent rekonstruieren und die verschiedenen Fassungen seiner verstehenden Soziologie stärker voneinander abgrenzen, um ihre jeweilige Eigenart und ihre diesbezügliche Anschlußfähigkeit in bezug auf die heute in den Kultur- und Sozialwissenschaf-

Einleitung

ten stattfindenden interdisziplinäre Grundlagendiskussion zu klären (vgl. Lichtblau 2000b und 2003; Norkus 2001: 94 ff.; Giesing 2002: 20-83; Hermes 2003: 34-113).

Schließlich wird im vorliegenden Band die Frage erörtert, ob – und wenn ja: in welcher Weise – sich die von Weber in die fachwissenschaftliche Literatur eingeführten Grundbegriffe seiner verstehenden Soziologie überhaupt adäquat in andere Nationalsprachen übersetzen lassen. Denn auffallend ist, daß diese Grundbegriffe trotz ihres abstrakt-logischen Gehaltes an bestimmte semantische Traditionen der deutschen Geistes- und Kulturgeschichte anknüpfen, die in ihnen ihren Niederschlag gefunden haben und daß insofern gerade Webers soziologische Grundbegriffe nicht ohne größere Verzerrungen in eine fremde Sprache übertragbar sind (Themenbereich IV). Einige der zahlreichen Mißverständnisse, die Webers Werk bisher erfahren hat, lassen sich zum Teil auch auf die englischsprachigen Übersetzungen von zentralen Weber-Texten durch den US-amerikanischen Soziologen Talcott Parsons zurückführen, dem es zu verdanken ist, daß Webers Werk nach dem Zweiten Weltkrieg international zu dem geworden ist, was es noch heute darstellt. Bezeichnenderweise unterstehen die Übersetzungen, die Parsons von Webers Schriften selbst angefertigt hatte und die zu Webers weltweitem Ruhm in der zweiten Hälfte des 20. Jahrhunderts entscheidend beitrugen, heute einem auffälligen Revisionsprozeß. Diese Revision hat inzwischen nicht nur im angelsächsischen Raum zu ständigen Korrekturen an Parsons' Weber-Übersetzungen und Weber-Interpretationen geführt, die sich unter anderem auch in zahlreichen englischsprachigen Neuübersetzungen seiner wichtigsten methodologischen, kulturgeschichtlichen und soziologischen Schriften niedergeschlagen haben. Dieser derzeit an Bedeutung zunehmende und an strikt philologischen Kriterien orientierte neuere Rezeptions- und Übersetzungsprozeß stellt insofern selbst einen Bestandteil jenes seit über drei Jahrzehnten weltweit zu beobachtenden Prozesses einer „Deparsonisierung" von Max Webers Werk dar, der uns dieses heute wesentlich vielschichtiger erscheinen läßt als zu Beginn der siebziger Jahre des vergangenen Jahrhunderts. Gerade dieser neuere Rezeptions- und Übersetzungsprozeß macht deutlich, daß Webers Werk in interdisziplinärer Hinsicht sehr viel stärker anschlußfähig ist als dies uns bis dato seine insbesondere mit der Parsons-Brille geschulten soziologischen Interpreten glaubhaft machen wollten und die Weber offensichtlich ausschließlich für ihr eigenes Anliegen in Anspruch zu nehmen versuchten. Ein Vergleich der englischsprachigen mit der französischen und italienischen Weber-Rezeption zeigt allerdings, daß die sich im Rahmen der Übersetzung von Webers Werk in andere Nationalsprachen stellenden Probleme offensichtlich von grundsätzlicher Art sind und deshalb nur im Rahmen einer kollektiven Anstrengung der internationalen Weber-Forschung bewältigt werden können. Es ist allerdings schon jetzt absehbar, daß in diesem Zusammenhang der verstärkten Auseinandersetzung mit Übersetzungsproblemen in Zukunft eine noch viel größere Bedeutung zukommen wird als bisher.

Martin Endreß verortet in seinem Beitrag zu diesem Band die von Max Weber entwickelte Variante der verstehenden Soziologie im Kontext einiger mit ihr verwandten Richtungen des sogenannten „interpretativen Paradigmas". Indem er Webers *Soziologische Grundbegriffe* von 1920 zum einen mit der von Alfred Schütz entwickelten phänomenologischen Soziologie und zum anderen mit der von Ulrich Oevermann ausgearbeiteten „objektiven Hermeneutik" vergleicht, macht er zugleich deutlich, an welcher Stelle Webers soziologischer Ansatz noch ergänzungsbedürftig ist und insofern in Kombination mit anderen Strömungen der verstehenden Soziologie produktiv weiterentwickelt werden kann. *Zenonas Norkus* konzentriert sich in seinem Beitrag dagegen auf Webers Anspruch, das „Verstehen" mit dem „Erklären" zu verbinden, indem er Webers Entwurf einer verstehenden Soziologie mit den fortgeschrittensten Varianten des Rational Choice-Ansatzes vergleicht. Norkus kommt dabei zu dem überraschenden und dennoch überzeugenden Ergebnis, daß die von Max Weber in seinem Kategorienaufsatz von 1913 vertretene methodologische Position stärkere Affinitäten mit dem Rational Choice hat als seine *Soziologischen Grundbegriffe* von 1920, in der Weber eine Handlungstypologie entwickelt hat, deren Geltungsanspruch weit über die Erklärungsstrategien hinausweist, wie sie im Rational Choice üblich sind. Norkus macht in diesem Zusammenhang zugleich deutlich, daß die von Weber ausgearbeitete soziologische Handlungstheorie noch auf einer parametrischen Form von Rationalität beruht, die gegenüber den in der neueren Theorie der strategischen Spiele entwickelten Rationalitätsmodellen noch als unterkomplex bezeichnet werden kann.

Demgegenüber vergleicht Thomas Schwinn in seinem Beitrag Webers verstehende Soziologie mit den von Talcott Parsons und Niklas Luhmann entwickelten Varianten der Systemtheorie. Er macht in diesem Zusammenhang zugleich deutlich, daß es sich bei den verschiedenen Versuchen, die von Weber entwickelte Handlungstheorie mit systemtheoretischen Überlegungen zu verknüpfen, um ein eklatantes Mißverständnis handelt. Denn in Webers verstehender Soziologie stellt ihm zufolge das System-Umwelt-Modell einen Fremdkörper dar, der nicht auf den subjektiv gemeinten Sinn der handelnden Individuen zurückgeführt werden kann. Konsequenterweise werden im Rahmen der Systemtheorie den „sozialen Systemen" ein quasi subjekthaftes Eigenleben zugesprochen, das in Webers Denken nur den eigentlichen Akteuren zukommt. Während im Rahmen der Systemtheorie selbst Handlungen immer nur als Bestandteil eines systemischen Zusammenhangs konzipiert werden, ist Webers Ordnungsbegriff demgegenüber untrennbar mit den sinnlogischen Unterstellungen verbunden, welche die Individuen mit ihrem Handeln verbinden. In dem Beitrag von *Jens Greve* werden dagegen einige Mißverständnisse klargestellt, die mit der Rezeption von Webers Werk in der Theorie des kommunikativen Handelns von Jürgen Habermas verbunden sind. Die im Umkreis der „Kritischen Theorie" beinahe schon eine traurige Berühmtheit besitzende Reduktion von Webers Rationalitätsverständnis auf das Modell des zweckrationalen Handelns, die sich auch Habermas in seiner Weber-Interpretation zu eigen gemacht hat, steht jedoch quer zu der Vieldeutigkeit der Begriffe „Rationalität" und „Rationalisierung", auf die Weber in seinen Arbeiten immer wieder hingewiesen hat. Auch Habermas' Versuch, unter Bezugnahme auf den von Weber in seinem Kategorienaufsatz von 1913 und im älteren Teil von *Wirtschaft und Gesellschaft* verwendeten Begriff des „Einverständnishandelns" in seinem eigenen Sinne konsensustheoretisch zu deuten, verkennt ebenso den Status dieser Kategorie bei Weber wie sein Vorschlag, Weber eine „inoffizielle Version" seiner Handlungstheorie zu unterstellen, die angeblich der in den *Soziologischen Grundbegriffen* von 1920 entwickelten Handlungstypologie überlegen sei.

Hinnerk Bruhns geht in seinem Beitrag auf die Bedeutung der Wirtschaftsgeschichte für die Entwicklung von Webers Werk sowie seiner soziologischen Grundbegriffe ein. Die Auseinandersetzung mit wirtschaftsgeschichtlichen Fragestellungen besitzt in Webers akademischer Laufbahn eine erstaunliche Kontinuität und reicht von seiner Dissertation über die mittelalterlichen Handelsgesellschaften bis zu der kurz vor seinem Tod in München gehaltenen und posthum veröffentlichen Vorlesung über „Wirtschaftsgeschichte". Zum einen geht Bruhns der Frage nach, in welcher Form Weber als Wirtschaftshistoriker in der Weber-Forschung sowie innerhalb der Disziplin Wirtschaftsgeschichte heute überhaupt noch wahrgenommen wird. Zum anderen macht er deutlich, in welcher Form Webers Auseinandersetzung mit nationalökonomischen Themen in den Grundbegriffen und Kategorien seiner verstehenden Soziologie ihren Niederschlag gefunden hat. *Siegfried Hermes* geht demgegenüber von der unzweifelhaften Feststellung aus, daß Weber sowohl seine Kategorienlehre von 1913 als auch seine *Soziologischen Grundbegriffe* von 1920 im Begriff der Anstalt bzw. des Staates als einer Anstalt gipfeln läßt. Es gelingt ihm dabei ebenso überzeugend, die Herkunft von Max Webers Anstaltsverständnis aus der rechts- und staatswissenschaftlichen Literatur seiner Zeit zu rekonstruieren wie den Nachweis zu erbringen, daß Weber seiner Staats- und Herrschaftssoziologie dabei einen juristischen Anstaltsbegriff zugrunde gelegt hat, die seine ausdrückliche Absicht, die juristische von der soziologischen Betrachtungsweise strikt zu unterscheiden, zumindest vom Ergebnis her gesehen grundsätzlich in Frage stellt. Demgegenüber arbeitet *Stefan Breuer* in seinem Beitrag verschiedene Typen und Tendenzen von Demokratie in Webers Herrschaftssoziologie heraus. Obgleich die „Demokratie" in Webers soziologischen Grundbegriffen nicht als eigenständige Kategorie auftaucht, kommt der Beschäftigung mit diesem Typus von Herrschaft in Webers Denken dennoch eine nicht zu unterschätzende Bedeutung zu. Breuer kommt dabei nicht nur zu dem Ergebnis, daß in Webers Verständnis von demokratischer Herrschaft Parlamentarismus und Demokratie zwei sachlich und historisch zu unterscheidende Begriffe darstellen, die durchaus oft im Gegensatz zueinander stehen, sondern auch, daß Weber im Rahmen seiner Herrschaftssoziologie drei verschiedene Arten von Demokratie unterschieden hat: Demokratie als eine herrschaftsfreie Form von Verwaltung, plebiszitäre Demokratie als eine charismatische Form von Herrschaft sowie die repräsentative Demokratie, mit der die freie Repräsentation und die demokratische Wahl der politischen Repräsentanten verbunden ist.

Drei Beiträge dieses Bandes beschäftigen sich mit der Herkunft von Max Webers Verständnis von „Grundbegriffen" sowie mit der inneren logischen Struktur seiner *Soziologischen Grundbegriffe* von 1920 und ihrer Bedeutung für seine ebenfalls im neueren Teil von *Wirtschaft und Gesellschaft* veröffentlichten „Wirtschaftssoziologie". *Klaus Lichtblau* geht in diesem Zusammenhang auf einige mögliche philosophische und geistesgeschichtliche Quellen von Webers Verständnis von „Grundbegriffen" ein. Sein Beitrag gipfelt in der Forderung, sich bei einer Klärung des Status von „Grundbegriffen" in Webers Werk im Rahmen einer werkgeschichtlichen Betrachtungsweise an dem Gebrauch zu orientieren, die Weber von diesen Grundbegriffen nachweislich gemacht hat. Rainer Greshoff unternimmt im Anschluß daran den Versuch einer internen Rekonstruktion des logischen Aufbaus der *Soziologischen Grundbegriffe* Max Webers von 1920. Ihm gelingt es dabei ebenso überzeugend, die fundamentale Bedeutung der Kategorie der „sozialen Beziehung" für Webers verstehende Soziologie nachzuweisen wie die Verzahnungen zwischen Webers Handlungs- und Ordnungsbegriff in einer an Wittgensteins *Tractatus logico-philosophicus* erinnernden Art und Weise minutiös herauszuarbeiten. *Richard Swedberg* behandelt dagegen die bisher noch unerforscht gebliebenen Beziehungen zwischen Webers *Soziologischen Grundbegriffen* und seiner sogenannten Wirtschaftssoziologie, die im Rahmen von *Wirtschaft und Gesellschaft* unter dem Titel „Soziologische Grundkategorien des Wirtschaftens" veröffentlicht worden ist. Swedberg macht dabei den wegweisenden Vorschlag, wie wir diese Wirtschaftssoziologie lesen müssen, wenn wir sie als Beitrag zu einer „verstehenden Wirtschaftssoziologie" interpretieren wollen. Er bezieht sich dabei auf die methodologischen Überlegungen, die Weber in seinen *Soziologischen Grundbegriffen* entwickelt hat und leitet davon drei Postulate ab, die im Rahmen einer solchen verstehenden Wirtschaftssoziologie grundsätzlich zu berücksichtigen sind.

Einleitung

Die letzten vier Beiträge dieses Bandes sind Rezeptions- und Übersetzungsproblemen des Weberschen Werkes gewidmet. *Sam Whimster* macht deutlich, wie schwierig wenn nicht unmöglich es ist, den aufgrund seiner Herkunft aus der spezifisch deutschen Geistesgeschichte stammenden Begriff „Geist" adäquat in die englische Sprache zu übersetzen, den sich Weber im Rahmen seiner *Protestantischen Ethik* im Anschluß an Werner Sombart in Gestalt des Begriffs „Geist des Kapitalismus" zu eigen gemacht hat, um damit eine spezifisch moderne Wirtschaftsgesinnung kenntlich zu machen. Whimster bringt die Schwierigkeiten zur Sprache, die Talcott Parsons bei der Übersetzung dieses Begriffes im Rahmen der englischen Ausgabe der *Protestantischen Ethik* hatte und weist in diesem Zusammenhang auf die Bedeutung von Georg Simmels *Philosophie des Geldes* für Somarts und Webers Beschäftigung mit dem modernen Kapitalismus hin. *Keith Tribe* wendet sich in diesem Zusammenhang direkt der übersetzerischen Tätigkeit Talcott Parsons zu, wie sie in der entsprechenden englischen Version der *Soziologischen Grundbegriffe* zum Ausdruck kommt, die maßgeblich die internationale Weber-Rezeption mitgeprägt hat. Tribe macht eindringlich auf die Problematik dieser Übersetzungsleistung aufmerksam, indem er sie zum einen in den Kontext von Parsons' allgemeinem Umgang mit der nationalökonomischen Dogmengeschichte und seinen diesbezüglichen Mißverständnissen stellt und zum anderen selbst konstruktive Vorschläge macht, wie man Webers soziologische Grundbegriffe besser ins Englische übersetzt, als dies Parsons vermocht hat.

Jean-Pierre Grossein stellt in seinem Beitrag die Eigenart der französischen Weber-Rezeption und Weber-Übersetzungen dar. Er unterscheidet dabei eine frühe Rezeptionsphase, die noch nicht auf französischsprachige Übersetzungen seines Werkes zurückgreifen konnte und die insofern zu entsprechenden, zum Teil völlig sinnentstellenden Mißverständnissen geführt hat, sowie eine daran anschließende Rezeptionsphase, die durch entsprechende französische Weber-Übersetzungen beeinflußt worden ist, an denen Grossein selbst in maßgeblicher Weise beteiligt war. *Gabriele Cappai* behandelt demgegenüber die Eigenart der italienischen Weber-Rezeption und Weber-Übersetzungen im Kontext der Bemühungen, die Soziologie in Italien als eigenständiges akademisches Fach zu etablieren. Im Rahmen der italienischen Weber-Rezeption kam insbesondere der „Methodologe" Max Weber zum Zug. Dies geschah durchweg in beeindruckender Weise auf hohem Niveau, was auf die ausgezeichneten wissenschaftsgeschichtlichen Kenntnisse der an diesem Rezeptions- und Übersetzungsprozeß beteiligten italienischen Weber-Experten zurückzuführen ist. Cappai weist in diesem Zusammenhang zu Recht darauf hin, daß Weber in Italien zwar kongeniale Interpreten gefunden hat, daß aber die Anwendung seines soziologischen Ansatzes in der konkreten Forschungspraxis dort noch zu wünschen übrig läßt.

Diese Feststellung schließt auch in Zukunft die Bedeutung einer rein werkgeschichtlichen Betrachtungsweise nicht aus. Sie kann jedoch zugleich als Hinweis darauf verstanden werden, daß die Interpretation und Übersetzung des Weberschen Werkes zwar ein unentbehrlicher Beitrag für die internationale Weber-Forschung darstellt, daß aber Webers Entwurf einer verstehenden Soziologie nur dann weiterhin eine zukunftsweisende Funktion zu übernehmen vermag, wenn deren Leistungsfähigkeit auch in der empirischen Forschungspraxis immer wieder erneut unter Beweis gestellt wird.

Da die meisten der mit diesbezüglich neuen wegweisenden Beiträgen in diesem Band vertretenen Weber-Forscher bereits seit längerer Zeit an diesem schwierigen Geschäft einer sowohl an philologischen Kriterien als auch am entsprechenden werkgeschichtlichen Befund orientierten Art der Rekonstruktion von Webers Werk beteiligt sind, kann davon ausgegangen werden, daß die Veröffentlichung dieser aus verschiedenen Disziplinen stammenden Beiträge in einem gemeinsamen Band der zeitgenössischen Weber-Forschung einen nicht unwesentlichen Anstoß für die weitere Arbeit zu geben vermag. Dem Zentrum für interdisziplinäre Forschung der Universität Bielefeld ist dafür zu danken, daß dieses die Gelegenheit dazu bot, die an diesem Band beteiligten Autoren im Rahmen einer von ihr großzügig finanziell geförderten und vorbildlich betreuten interdisziplinären Arbeitsgemeinschaft im Juni 2005 an den Füßen des Teutoburger Waldes zu einem fruchtbaren Meinungsaustausch zusammenzuführen. Mit einer Ausnahme sind die in Bielefeld gehaltenen Referate in dem vorliegenden Band vollständig repräsentiert. Den Autoren dieses Bandes sei in diesem Zusammenhang für die pünktliche Ablieferung ihrer überarbeiteten Beiträge sowie für ihre Diskussionsbereitschaft im Rahmen der Bielefelder Weber-Tagung gedankt. Die hier erstmals zum Abdruck gebrachten Aufsätze von Richard Swedberg, Keith Tribe und Sam Whimster lagen den Teilnehmern dieser Tagung in einer englischen Fassung vor und wurden von Dörthe Kaiser (Frankfurt am Main) mit großer Akribie und mit hohem Einfühlungsvermögen ins Deutsche übersetzt. Frank Engelhardt hat die Drucklegung der Tagungsbeiträge fachmännisch betreut und dem Herausgeber dieses Bandes genügend zeitlichen Spielraum gegeben, um diesen Band in Ruhe fertig zu stellen. Auch ihm sei für seine vorbildliche Kooperationsbereitschaft herzlich gedankt.

Literatur

Allerbeck, Klaus, 1982: Zur formalen Struktur einiger Kategorien der verstehenden Soziologie. Kölner Zeitschrift für Soziologie und Sozialpsychologie 34: 665-676.
Baier, Horst et al., 1999: Zur Edition von „Wirtschaft und Gesellschaft". Allgemeine Hinweise der Herausgeber der Max Weber-Gesamtausgabe. S. VII-XVII in: Max

Weber, Gesamtausgabe. Abteilung I. Band 22: Wirtschaft und Gesellschaft. Die Wirtschaft und die gesellschaftlichen Ordnungen und Mächte. Nachlaß. Teilband 5. Tübingen.
Francis, Emerich K., 1966: Kultur und Gesellschaft in der Soziologie Max Webers. S. 89-114 in: K. Engisch et al., (Hrsg.), Max Weber. Gedächtnisschrift der Ludwigs- Maximilians-Universität München. Berlin.
Giesing, Benedikt, 2002: Religion und Gemeinschaftsbildung. Opladen.
Hermes, Siegfried, 2003: Soziales Handeln und Struktur der Herrschaft. Max Webers verstehende Soziologie am Beispiel des Patrimonialismus. Berlin 2003.
Lichtblau, Klaus, 2000a: Der Fortschritt einer Edition. Zur Wiederkehr von „Wirtschaft und Gesellschaft" innerhalb der Max Weber-Gesamtausgabe. Soziologische Revue 23: 123-131.
Lichtblau, Klaus, 2000b: „Vergemeinschaftung" und „Vergesellschaftung" bei Max Weber. Eine Rekonstruktion seines Sprachgebrauchs. Zeitschrift für Soziologie 29: 423-443.
Lichtblau, Klaus, 2001: Soziologie und Anti-Soziologie um 1900: Wilhelm Dilthey, Georg Simmel und Max Weber. S. 17-35 in: Peter-Ulrich Merz-Benz / Gerhard Wagner (Hrsg.), Soziologie und Anti-Soziologie. Ein Diskurs und seine Rekonstruktion. Konstanz.
Lichtblau, Klaus, 2002: Soziologie als Kulturwissenschaft? Zur Rolle des Kulturbegriffs in der Selbstreflexion der deutschsprachigen Soziologie. S. 101-120 in: Urte Helduser / Thomas Schwietring (Hrsg.), Kultur und ihre Wissenschaft. Beiträge zu einem reflexiven Verhältnis. Konstanz.
Lichtblau, Klaus, 2003: Max Weber's Two Sociologies. Max Weber Studies 3(2): 233-238.
Mommsen, Wolfgang J., 1999: Zur Entstehung von Max Webers hinterlassenem Werk „Wirtschaft und Gesellschaft. Soziologie". Freie Universität Berlin. Europäisches Zentrum für Staatswissenschaften und Staatspraxis. Discussion Paper Nr. 42.
Mommsen, Wolfgang J., 2000: Max Weber's „Grand Sociology": The Origins and Composition of *Wirtschaft und Gesellschaft. Soziologie*. History and Theory 39: 364-383.
Norkus, Zenonas, 2001: Max Weber und Rational Choice. Marburg.
Orihara, Hiroshi, 1999: Max Webers Beitrag zum „Grundriß der Sozialökonomik". Das Vorkriegsmanuskript als ein integriertes Ganzes. Kölner Zeitschrift für Soziologie und Sozialpsychologie 51: 724-734.
Orihara, Hiroshi, 2003: From ‚A Torso with a Wrong Head' to ‚Five Disjointed Body-Parts without a Head': A Critique of the Editorial Policy for *Max Weber Gesamtausgabe* I/22. Max Weber Studies 3(2): 133-168.
Rossi, Pietro, 1987: Vom Historismus zur historischen Sozialwissenschaft. Heidelberger Max Weber-Vorlesungen 1985. Frankfurt am Main.
Schluchter, Wolfgang, 1979: Die Entwicklung des okzidentalen Rationalismus. Eine Analyse von Max Webers Gesellschaftsgeschichte. Tübingen.
Schluchter, Wolfgang, 1998: Replik. S. 320-365 in: Agathe Bienfait / Gerhard Wagner (Hrsg.), Verantwortliches Handeln in gesellschaftlichen Ordnungen. Beiträge zu Wolfgang Schluchters *Religion und Lebensführung*. Frankfurt am Main.

Schluchter, Wolfgang, 2000: Individualismus, Verantwortungsethik und Vielfalt. Weilerswist.
Schluchter, Wolfgang, 2003: Handlung, Ordnung und Kultur. Grundzüge eines weberianischen Forschungsprogramms. S. 42-74 in: Gert Albert et al. (Hrsg.), Das Weber-Paradigma. Studien zur Weiterentwicklung von Max Webers Forschungsprogramm. Tübingen.
Tenbruck, Friedrich H., Das Werk Max Webers. Gesammelte Aufsätze zu Max Weber. Tübingen.
Walther, Andreas, 1926: Max Weber als Soziologe. Jahrbuch für Soziologie 2: 1-65.

Das Verhältnis der verstehenden Soziologie Max Webers zu anderen soziologischen Ansätzen

Varianten verstehender Soziologie·

Martin Endreß

Den Titel einer „*verstehenden* Soziologie" reserviert Max Weber für ein methodisches Vorgehen, „welche(s) soziales Handeln deutend verstehen und dadurch in seinem Ablauf und seinen Wirkungen ursächlich erklären will" und für das „der Sinn*zusammenhang* des Handelns Objekt der Erfassung" ist (Weber 1976: 1 und 6). Üblicherweise seither im Singular verwendet, fungiert der Titel „verstehende Soziologie" inzwischen längst als Oberbegriff für zahlreiche Varianten eines im weitesten Sinne „hermeneutischen" Verfahrens der Dateninterpretation.

Der Tradition „verstehender" oder „interpretativer Soziologie" zuzurechnen sind dabei – um nur einige zu nennen – der „symbolische Interaktionismus", die phänomenologisch orientierte Soziologie, die Grounded Theory, die rekonstruktiven Verfahren der Deutungsmusteranalysen in der „Objektiven Hermeneutik" oder der „dokumentarischen Methode", die narrativen Verfahren in der Biographieforschung, die durch das Konzept der „dichten Beschreibung" angeregten ethnographischen Analysen, die Gattungsanalyse oder auch die verschiedenen Ausprägungen diskursanalytischer Verfahren.[1] Auffällig ist mit Blick auf dieses Panorama die durchaus unterschiedliche Wahrnehmung, die diese Traditionslinie soziologischer Forschung im angelsächsischen Sprachraum einerseits und im deutschen Sprachraum andererseits erfährt. Während sie insbesondere im US-amerikanischen Raum als auf die subjektive Perspektive beschränkte For-

---

· Den Teilnehmern der Bielefelder Weber-Tagung danke ich für kritische Hinweise.
[1] Vgl. zu Überblickszwecken Hitzler / Honer 1997, Flick et al. 2000, Hitzler 2000, Bohnsack et al. 2003 sowie für eine knappe Orientierung über den deutschsprachigen Raum: Endreß / Srubar 1997.

schungsorientierung wahrgenommen wird, in der sich die Bedeutung verstehender bzw. interpretativer Soziologie nicht selten auf die Vorstellung des „to interview people" reduziert, hat sich die Diskussion insbesondere im deutschsprachigen Raum von dieser reduktionistischen Wahrnehmung längst befreit, so sie dort überhaupt je verbreitet war. Viel stärker ist im US-amerikanischen Diskussionsraum zudem die unmittelbare Verbindung von „interpretativem Paradigma" und qualitativer Sozialforschung ausgeprägt. Eine Entwicklung, die wohl nicht zuletzt dem Beitrag von Wilson (1970) geschuldet sein dürfte, obwohl Wilson selbst deren Abgrenzung von der als „normatives Paradigma" bezeichneten, deduktiv-nomologisch verfahrenden empirischen Sozialforschung keineswegs explizit auf den Gegensatz von quantitativer und qualitativer Sozialforschung abbildete.

Als gemeinsamer Kern der angeführten Ansätze läßt sich sowohl die grundlegende mittelbare oder unmittelbare Orientierung an der verstehenden Soziologie Max Webers und der insbesondere in seinen *Soziologischen Grundbegriffen* entwickelten Perspektive soziologischer Forschung festhalten als auch die durchgängige Kritik an der mangelnden Komplexität und Differenziertheit seiner typischerweise für empirische Forschungszwecke als zu hoch aggregiert angesehenen Begriffsbestimmungen. Auf der Ebene des Werkes ist es insbesondere Alfred Schütz gewesen, der sich dieser Problematik in differenzierten Analysen gestellt hat. So betont Schütz (2004a: 87) programmatisch, daß „der Begriff der sinnhaften und daher verstehbaren Handlung des Einzelnen, der eigentliche Grundbegriff der verstehenden Soziologie, ... keineswegs die eindeutige Fixierung eines echten Elementes sozialen Geschehens" vermitteln würde, sondern lediglich als „Titel für eine vielverzweigte und der weiteren Durchdringung sehr bedürftige Problematik" anzusehen sei.[2] Dabei findet der gemeinsame Bezug auf die Soziologie Max Webers sachlich insbesondere seinen Ausdruck in der Betonung der Differenz von subjektiver und objektiver Perspektive, wie sie zunächst von Georg Simmel eingeführt (vgl. Simmel 1989), von Weber früh zustimmend rezipiert (vgl. Weber 1988: 42-145)[3] und von Schütz (2004a; im Orig. 1932) und dann auch von Oevermann (1979a und 1993) aufgenommen und in je spezifische Forschungsansätze umgesetzt wurde.

Mit Blick auf diese vielgestaltige Forschungslinie soll nachfolgend unter dem Titel „Varianten verstehender Soziologie" der Fokus auf den Zusammen-

---

[2] Was nichts daran ändert, daß auch im Werk von Schütz Fragen hinsichtlich des methodischen Vorgehens verstehender Sozialforschung offen bleiben.

[3] Wobei Weber nachfolgend immer wieder betont, von Simmels Methode „durch tunlichste Scheidung des *gemeinten* von dem objektiv *gültigen* ‚Sinn'" abzuweichen, die, so fährt Weber kritisch fort, „beide Simmel nicht nur nicht immer scheidet, sondern oft absichtsvoll ineinander fließen läßt" (1976: 1, Vorbemerkung).

hang der Entwicklung von soziologischen Grundbegriffen und deren paradigmatische Bedeutung für die empirische Forschung gelegt werden. Hinsichtlich dieser paradigmatischen Gestalt bezieht sich der Beitrag auf eine Diskussion der Konzeptionen verstehender Soziologie bei Max Weber, Alfred Schütz und Ulrich Oevermann, die als drei Ausprägungen von im Werk Max Webers objektiv angelegten, aber nicht explizit reflektierten Perspektiven zu deuten sind (vgl. dazu Endreß 2006b). Das Motiv für eine Klärung der zwischen Weber, Schütz und Oevermann auszumachenden Übereinstimmungen und Differenzen hinsichtlich des Verständnisses von verstehender Soziologie ist in der angeführten Beobachtung begründet, daß (im Prinzip) alle Varianten qualitativer Sozialforschung mehr oder weniger summarisch und damit – jenseits eines zumindest im Prinzip geteilten Grundverständnisses – bemerkenswert undifferenziert als hermeneutisch, als verstehend bzw. als in der Tradition Webers stehend (nicht nur von ihren jeweiligen Vertretern) verstanden bzw. eingeordnet werden. Damit aber gehen gerade im Rahmen konzeptioneller Auseinandersetzungen die Konturen verloren.[4] Darüber hinaus aber verstellt sich solchermaßen auch der Blick für die Differenzen der Varianten qualitativer empirischer Forschungsansätze selbst; von Varianten, wie sie etwa in markanter Hinsicht zwischen lebensweltlicher Ethnographie und objektiver Hermeneutik offenkundig sind. Entsprechend liegt der Gewinn einer kontrastierenden Erörterung der Varianten verstehender Soziologie nicht nur – intern – in Chancen ihrer wechselseitigen Profilierung, sondern zugleich – extern – in der stärkeren Konturierung des einheitlichen Fokus ihres Perspektivenreichtums; eines Perspektivenreichtums, der dann allerdings seinerseits wiederum unweigerlich Rückfragen an die Kontinuität mit dem Profi der Soziologie Max Webers provoziert.

Dieser Hinweis enthält also zugleich eine Begründung für die vorgenommene Auswahl und Beschränkung auf die Erörterung der Beiträge von Weber, Schütz und Oevermann. Konstitutiv für alle Varianten verstehender Soziologie ist der durchaus jeweils unterschiedlich motivierte und ausgearbeitete Rückgriff auf die von Max Weber in den *Soziologischen Grundbegriffen* von 1920 entwickelte soziologische Perspektive. Aus diesem Grund dient die Position Max Webers nachfolgend als Ausgangspunkt der Erörterung. Alfred Schütz hat sich sodann durch seine phänomenologisch inspirierten Auseinandersetzungen insbesondere mit den von Weber eingeführten Begriffsbestimmungen des „subjektiv gemeinten Sinns" und des „Handelns" bzw. der „Handlung" als wohl fraglos

---

[4] Hinsichtlich einer Diskussion etwa mit der von Hartmut Esser vertretenen Position einer „erklärenden Soziologie" gilt dies beispielsweise mit Bezug auf dessen Selbstcharakterisierung als eines Typus „verstehend-nomologischer Erklärung" (Esser 1999: 201) oder auch hinsichtlich des ebenfalls von Esser vertretenen Anspruchs, seinerseits eine „objektive Hermeneutik" zu betreiben (Esser 1999: 203 und 474; vgl. auch Esser 1993: 487;vgl. dazu Endreß 2006a).

intensivster und sensibelster Kritiker der von Weber entfalteten Grundlegung profiliert. Und die von Ulrich Oevermann und seinen Mitarbeitern entwickelte Methodik einer „objektiven Hermeneutik" schließlich steht hier stellvertretend für die rekonstruktiv verfahrenden Ansätze, um insbesondere gegen die angesprochene verkürzende Rezeptionen des Feldes verstehender Soziologie auf eine subjektive Perspektive deren konzeptionelle Bandbreite zu dokumentieren.[5] Darüber hinaus bietet die Auswahl dieser drei Autoren die Chance, drei unterschiedliche Kontexte der Explikation einer soziologischen Forschungsperspektive und deren Grundbegrifflichkeit in ihrer Relevanz zu reflektieren: Während Weber seine soziologische Perspektive in Form von Begriffsbestimmungen gewissermaßen lehrbuchförmig vorträgt, legt Schütz diese in konstitutionstheoretischer Perspektive im Rahmen der Ausarbeitung einer systematischen theoretischen Position vor. Oevermann schließlich entwickelt seine soziologische Perspektive aus forschungspragmatischen Zusammenhängen heraus. Es wird sich zeigen, daß diese Entstehungsbedingungen (Hintergründe und Kontexte) jeweils spezifische Effekte für die Beiträge zeitigen.

Der Umstand, daß Max Webers Soziologie und insbesondere die von ihm im Rahmen des Konvoluts *Wirtschaft und Gesellschaft* entfalteten soziologischen Grundbegriffe derart umfassend als Bezugspunkte qualitativer Ansätze dienen, dokumentiert nicht nur das objektive Anregungspotential seiner Soziologie, sondern es zeigt darüber hinaus, daß dies aus der Perspektive der verschiedenen Ansätze subjektiv auch wohl immer so gesehen worden ist, auch wenn diese Erkenntnis durchweg implizit blieb. Entsprechend ist es die grundsätzliche Offenheit wie Perspektivenvielfalt, die das Anregungspotential von Webers Soziologie ausmachen. Konstitutiv für dieses Anregungspotential ist dabei zugleich eine systematische Ambivalenz von Webers Grundbegriffen. Um dies vorab in einer These zuzuspitzen: Die nachfolgend diskutierten Varianten verstehender Soziologie können sich meines Erachtens insgesamt zu Recht auf die von Weber entworfene soziologische Perspektive beziehen. Daß sie dies aber können, hat mit bei Weber zwar angelegten, von ihm aber keineswegs explizit reflektierten Ambivalenzen in der Darlegung dieser soziologischen Perspektive zu tun.

---

[5] Die Auswahl dieser drei Ansätze ist auch insofern nicht beliebig, als damit zwei der drei Gründungsväter verstehende Soziologie (zu denen neben Weber und Schütz noch Simmel gehört) erörtert werden sowie darüber hinaus mit der Position von Oevermann eine gegenüber diesen beiden Positionen hinreichend distinkte Variante. Obgleich die ethnomethodologische Forschungsperspektive hier ebenso gut hätte erörtert werden können, wurde die von Oevermann entwickelte Objektive Hermeneutik aufgrund ihres besonders dezidiert ausgearbeiteten Zugriff auf „latente Sinnstrukturen" nachfolgend als Beispiel herangezogen.

1 Vereinseitigungen der Perspektive Max Webers auf den „subjektiv gemeinten Sinn"

Für Webers grundbegriffliche Expositionen der verstehenden Soziologie sowohl im Kategorienaufsatz von 1913 als auch im ersten Kapitel von *Wirtschaft und Gesellschaft* gilt gleichermaßen, daß sie dominant am Grundbegriff des „subjektiv gemeinten Sinns" orientiert sind und diesen zum Angelpunkt der soziologischen Konzeption machen.[6]

„'Verstehen'", so Weber an zentraler Stelle im Kategorienaufsatz, sei „der Grund, weshalb die verstehende Soziologie ... das Einzelindividuum und sein Handeln als unterste Einheit, als ihr ‚Atom' ... behandelt" (Weber 1988: 439). Im Anschluß an diese Absage an weitere Dekompositionsansinnen etwa im Sinne Luhmanns fährt Weber, diese Abgrenzung ‚nach unten' ergänzend, fort: „Aus dem gleichen Grund ist aber für diese Betrachtungsweise der Einzelne auch nach oben zu die Grenze und der einzige Träger sinnhaften Sichverhaltens" (ebd.). Dieser Absage an die Verwendung von Kollektivbegriffen folgend, wie sie Weber zufolge in der Soziologie Durkheims dominieren, sei es deshalb geboten, „alle Kategorien für bestimmte Arten menschlichen Zusammenhandelns ... auf ‚verständliches' Handeln, und das heißt ausnahmslos: auf Handeln der beteiligten Einzelmenschen, zu reduzieren" (ebd.). In ganz analoger Weise bezieht sich Weber im Rahmen der *Soziologischen Grundbegriffe* dann auf „einzelne Personen" *(Weber 1976: 6 f.).*

Damit ist für Weber klar: Bedingung der Möglichkeit allen Verstehens im Sinne der verstehenden Soziologie ist die Subjektivität der Sinnträger; darin findet sie ihren konstituierenden Letztbezug. Entsprechend sei es die Aufgabe der Soziologe, „die sinnhaft orientierten Handlungen deutend zu verstehen" (1976: 3). Zwar formuliert Weber: „Die Soziologie hat es eben keineswegs *nur* mit ‚sozialem Handeln' zu tun", aber er ergänzt sogleich: „dieses bildet ... ihren zentralen Tatbestand, denjenigen, der für sie als Wissenschaft sozusagen *konstitutiv* ist" (Weber 1976: 12). Und auf diesen „Tatbestand" bezogen bildet die Soziologie Weber zufolge „*Typen*-Begriffe und sucht generelle Regeln des Geschehens" (Weber 1976: 9). Damit wird an dieser Stelle nochmals die Konzentration auf den subjektiv gemeinten Sinn deutlich, da sich die Sozialität des sozialen Handelns bei Weber lediglich durch subjektive Orientierungsmodi konstituiert. Denn soziales Handeln, so Weber, sei ein solches, „welches seinem ... gemeinten Sinn nach auf das Verhalten *anderer* bezogen wird und daran in seinem Ablauf orientiert ist" (Weber 1976: 1). Um es hier nochmals zu betonen: Diese Aussage gilt, so-

---

[6] Für die Zwecke des hier anzielten Arguments vernachlässige ich die Differenzen zwischen diesen beiden Entfaltungen des begrifflichen Kerns von Webers verstehender Soziologie.

weit die dominante Perspektive auf der Ebene der Explikation der Grundbegriffe sowohl in *Wirtschaft und Gesellschaft* als auch im Kategorienaufsatz zur Betrachtung steht. Nur darauf kommt es im vorliegenden Zusammenhang zunächst an (vgl. aber unten Abschnitt 4).

„Subjektiv gemeinter Sinn" – das ist bei Weber eine von der Soziologie zu analytischen Zwecken gebildete und verwendete Kategorie – sonst bliebe ja beispielsweise Webers Betonung des Kriteriums der „Verständlichkeit" in diesem Zusammenhang seinerseits ganz unverständlich (vgl. Weber 1976: 3). Das aber heißt, daß dieser Begriff keineswegs „realistisch" in dem Sinne mißzuverstehen ist (wie dies erneut in der erklärenden Soziologie Essers geschieht; vgl. Endreß 2006a), so als ob die Akteure genau den soziologisch rekonstruierten subjektiven Sinn (der also immer schon ein objektiver Sinn erster Ordnung ist) auch sich selbst zuschreiben würden.

Diese für die Soziologie eigentlich selbstverständliche Sichtweise kann man sich leicht durch folgende Beobachtung verdeutlichen: Häufig fragen in alltäglichen Zusammenhängen Menschen andere Menschen, warum sie dies oder jenes denn gerade getan hätten. Wenn ein Akteur auf eine solche Nachfrage auf sein Handeln antwortet, er wisse nicht (könne gerade nicht sagen), warum er dies oder jenes getan habe, dann stellt sich dem soziologischen Beobachter die weitergehende Frage, ob denn deshalb etwa mit dem befragten Handeln des Akteurs kein subjektiver Sinn verbunden gewesen sei. Ob dieses Handeln damit also als „sinnfremd", wie Weber formuliert (Weber 1976: 3), zu deuten ist. Die Antwort auf diese Frage muß wohl lauten: Nein. Denn Weber hat – eine argumentative Unschärfe seiner Ausführungen – dieses „sinnfremd" an besagter Stelle letztlich wieder in einem alltäglichen Verständigungssinn gebraucht. Und das heißt, daß dieses Urteil von ihm hier eben nicht als Aussage über ein strukturell zum Scheitern verurteiltes Verstehen eines soziologischen Beobachters formuliert wird.

Kennzeichnend für bestimmte Varianten qualitativer Sozialforschung ist nun gleichwohl eine Reduzierung soziologischer Analyse auf diesen Einstieg der *Soziologischen Grundbegriffe* über die „subjektive Perspektive". Eine mit Blick auf Weber objektiv ganz unzulässige Engführung. Methodisch erfolgt sie über eine ausschließliche analytische Aufmerksamkeit auf die Selbstdeutungen der Akteure, und stelle diese auch noch so sehr auf die grundsätzliche Kontext- bzw. Horizontgebundenheit von Ausdrucksformen ab. Diese Entkopplung von der bei Weber grundbegrifflich zumindest angedeuteten, wenn auch nicht hinreichend durchgearbeiteten Einbindung in sowohl historisch sedimentierte und solchermaßen objektivierte Sinnschichten als auch in interaktive Wirkensbeziehungen läßt sich sowohl bei ethnographischen als auch insbesondere bei narrativen Verfahren mit ihrer Vorrangstellung des Subjekts regelmäßig beobachten. Ein Umstand, der beispielsweise nicht zuletzt in der Selbstbeschreibung des Vorgehen ersterer als „existentialistisch" durchscheint (vgl. Honer 2000: 198 ff.).[7] In dieser Richtung ist nicht nur immer wieder an Webers Anliegen zu erinnern, dem es stets um „die Erfassung des Sinn*zusammenhangs*, in den, seinem subjektiv gemeinten Sinn nach, ein aktuell verständliches Handeln hineingehört", wie Weber dies im Rahmen des berühmten Holzhacker-Beispiels schreibt (Weber 1976: 4).[8]

Einen wesentlichen Grund für die im Rahmen bestimmter qualitativer Ansätze nicht untypische Isolierung oder gar Verabsolutierung der Subjektivitätsperspektive kann man darin sehen, daß Weber es im Rahmen der von ihm gewählten „Logik" der Exposition seiner Grundbegriffe sowohl im Kategorienaufsatz als auch in den *Soziologischen Grundbegriffen* für nötig erachtete, gewissermaßen einem „ontologischen Aufbau" zu folgen und solchermaßen die Kategorien „soziales Handeln" und „soziale Beziehung" systematisch auseinanderzuziehen.

Letztlich ist Webers Ansatz (jenseits seiner Bemerkungen zur Ausdifferenzierung eigenständiger Wertsphären) hier (noch) vom Verständigungshorizont einer klassisch am Phänomen der Arbeitsteilung ansetzenden Differenzierungstheorie geprägt, der zufolge die Identität einer Handlung wesentlich – quasirealistisch – in ihrem materialen Gehalt liegt, also unterschiedliche Handlungen auch je verschiedenen Systemen zuzuordnen sind. Schütz gibt diese bei Weber vorliegende Konzeption des mit einer Handlung subjektiv verbundenen Sinnes – die Konzeption, an die er sich anzuschließen vorgibt – *de facto* auf. Schütz lehnt sich demgegenüber an erstmals bei Wilhelm Dilthey auftauchende Überlegungen an, denen zufolge der soziale Differenzierungsprozeß wesentlich als Prozeß des Auseinandertretens von kohärenten Sinnhorizonten zu verstehen ist und die fortschreitende Arbeitsteilung als einer ihrer zentralen verursachenden Mechanismen anzusehen ist. Diesem Ansatz zufolge sind Handlungen je nach dem aktuell realisierten Zusammenhang etwas völlig anderes, d.h. Handlungen haben mehrfache, jeweils durch spezifische Zuschreibungen – und das heißt: intersubjektive Konstellationen – bedingte Bedeutungen; d.h. nicht nur verschiedene Handlungen können Verschiedenes, sondern die gleichen Handlungen können objektiv Verschiedenes bedeuten.[9]

Ein Umstand, den Weber grundbegrifflich – man denke hier nur an das Beispiel des „Zusammenpralls zweier Radfahrer" (Weber 1976: 11) – nur für die

---

[7] Es könnte gezeigt werden, was im vorliegenden Rahmen nicht möglich ist, daß entsprechende Strategien auch bei Varianten der qualitativen Biographieforschung oder des symbolischen Interaktionismus geläufig sind.

[8] Vgl. auch die entsprechende Auseinandersetzung mit diesem Beispiel bei Schütz 2004a: 106 f.

[9] Vgl. in diesem Zusammenhang sowohl die Bemerkungen zu Dilthey bei Hahn (1992) als auch die differenzierenden Ausführungen zur Tradition differenzierungsanalytischen Denkens in der Soziologie bei Tyrell (1998).

Zurechnung subjektiv gemeinten Sinns realisiert. Systematisch gesprochen bleibt Weber damit hinsichtlich einer konsequenten wissenssoziologischen Durcharbeitung seiner Grundbegriffe letztlich auf halbem Wege stehen.[10] Denn die entsprechende Beobachtung läßt sich auch mit Bezug auf den Kategorienaufsatz formulieren: Im Zusammenhang des Versuchs einer Abgrenzung von juristischer und soziologischer „Betrachtungsweise" argumentiert Weber dort, die Soziologie stelle im Unterschied zur Jurisprudenz auch den Gesichtspunkt in Rechnung, „daß empirisch jeweilig bestimmte Vorstellungen über den ‚Sinn' eines als geltend vorgestellten ‚Rechtssatzes' in den Köpfen bestimmter Menschen herrschen" und dies „unter bestimmten angebbaren Umständen die Konsequenz [habe], daß das Handeln rational an bestimmten ‚Erwartungen' orientiert werden kann" (Weber 1988: 440). Erwartungen, so müßte wohl ergänzt werden, die dann gegebenenfalls eben gerade nicht dem Sinn der Gesetze entsprechen. Auch hier erfolgt also zwar der Rekurs auf handlungsleitende Deutungsmuster, argumentiert Weber somit wissenssoziologisch, aber er fokussiert diese ausschließlich mit der Perspektive auf subjektive Handlungsorientierungen.

Es sei nochmals betont: Die mit dieser Darstellung erfolgende Zuspitzung auf eine spezifische Rezeptionslinie der Position Webers dient dem Zweck, die Signalwirkung, die immer wieder von zentralen Passagen des Kategorienaufsatzes und des ersten Paragraphen von *Wirtschaft und Gesellschaft* ausgeht, gesondert in den Blick zu heben. Und diese Signalwirkung wird nicht zuletzt durch den Umstand unterstützt, daß die entsprechenden Ausführungen Webers gerade in den *Soziologischen Grundbegriffen* ein Drittel der Gesamtexposition ausmachen. Es ist diese auf der Textebene an äußerst prominenter Stelle und zudem in lehrbuchförmiger Verdichtung in Webers Werk vorgenommene Akzentuierung mit geradezu programmatischem Status, die dann die in der Rezeption Webers insbesondere für qualitative Forschungszusammenhänge in bestimmten Ansätzen immer wieder zu beobachtende subjektivistische Vereinseitigung des Programms verstehender Soziologie nach sich zieht. Daß deshalb mit der vorstehenden Darstellung in keiner Weise der Anspruch erhoben ist, den „ganzen Weber" wiederzugeben, dürfte damit hinreichend deutlich sein.

---

[10] Geradezu paradigmatisch für diesen Zuschnitt ist die folgende Erklärung Webers: „Die Deutung des Handelns muß von der grundlegend wichtigen Tatsache Notiz nehmen: daß jene dem Alltagsdenken ... angehörigen Kollektivgebilde *Vorstellungen* von etwas teils Seiendem, teils Geltensollendem in den Köpfen realer Menschen ... sind, an denen sich deren Handeln *orientiert*, und daß sie als solche eine ganz gewaltige, oft geradezu beherrschende, kausale Bedeutung für die Art des Ablaufs des Handelns der realen Menschen haben. Vor allem als Vorstellungen von etwas Gelten-(oder auch: Nicht-Gelten-)*Sollendem*" (Weber 1976: 7).

2 Alfred Schütz: „Sinn als intersubjektives Phänomen"

Max Weber und Alfred Schütz[11] firmieren in der soziologischen Theoriediskussion zumeist unter dem vereinheitlichenden Paradigma einer handlungsanalytisch angelegten verstehenden Soziologie. Diese Verortung verdankt das Werk von Schütz wesentlich insbesondere dem in seinem 1932 erschienenen Hauptwerk zum *Sinnhaften Aufbau der sozialen Welt* (2004a) zum Ausdruck gebrachten Anschluß an die Soziologie Max Webers. Webers Entwicklung soziologischer Grundbegriffe in *Wirtschaft und Gesellschaft* und seine Studien zur Methodologie der Soziologie in den *Gesammelten Aufsätzen zur Wissenschaftslehre* bilden in der formativen Phase von Schütz' Werk in den zwanziger Jahren dessen wesentlichen Ausgangs- und kritischen Bezugspunkt. In Anlehnung an sowie in Abgrenzung von Ludwig von Mises' Programm einer generellen, *a priori* gültigen Handlungstheorie – mit ihrer Kritik am lediglich „historischen" Charakter von Webers idealtypischen Begriffsbildungen – geht es Schütz um eine an konkreten Sozialsituationen mittels idealtypischer Rekonstruktionen ansetzende Analyse, die gleichwohl als „konstitutive Phänomenologie" darauf zielt, eine universelle „Charakteristika" ausarbeitende Theorie der sozialen Wirklichkeit zu entwickeln.[12]

Bei aller Betonung des Anschlusses von Schütz an Weber – gerade auch im Gegenzug zu einer Schütz auf die Philosophie Husserls zu einseitig festlegenden Deutung der Kernstruktur seines Werkes – kann aber nicht übersehen werden, daß Schütz sich hier ausschließlich auf die methodologischen Schriften Webers sowie seine *Soziologischen Grundbegriffe* im Rahmen von *Wirtschaft und Gesellschaft* bezieht. Die „Logik" dieses Werkes, die weiteren materialen Studien und die herrschaftssoziologische Durcharbeitung des Materials bleiben ebenso außer Betracht wie die Untersuchungen Webers zur Religionssoziologie. Unter den methodologischen Beiträgen Webers sind es sodann vornehmlich die Ausführungen zur idealtypischen Begriffsbildung, zum Idealtypus, die Schütz in ihren Bann ziehen. Überlegungen zur Kritik an den und zum Anschluß an die diesbezüglichen Erörterungen Webers durchziehen den ersten und den fünften Abschnitt des *Sinnhaften Aufbaus* (Schütz 2004a: 83 ff. und 397 ff.).

Vor diesem Hintergrund von Schütz' Konzentration auf Webers methodologische Beiträge wären in diesem Zusammenhang nicht nur Schütz' Auseinandersetzungen mit dem Begriff des „Idealtypus" in den entsprechenden Passagen des *Sinnhaften Aufbaus* zu analysieren (vgl. Schütz 2004a: 342 f., 346 ff., 352 f.,

---

[11] Zum Verhältnis Weber – Schütz vgl. Seyfarth 1979, Srubar 1981 und 1994 sowie Endreß / Renn 2004.
[12] Vgl. Schütz 2004a: 274 und 431 ff.; Schütz 1971: 161 und zum Verhältnis Mises – Schütz: Endreß 2004.

408 ff. und 431 f.), sondern es wäre ebenso zu fragen, ob Schütz das von Weber methodisch Intendierte auch wirklich trifft, und ob sich – wie Schütz behauptet – bei Weber wirklich zwei Fassungen der Idealtypenkonzeption unterscheiden lassen – also eine im Kategorienaufsatz und eine andere in den *Soziologischen Grundbegriffen*. Diese eher philologischen Fragen müssen im vorliegenden Zusammenhang jedoch zurückgestellt werden. Lediglich die Vermutung sei hier ausgesprochen, daß bei Schütz letztlich ein systematisches Schwanken zwischen dem Rekurs auf „Durchschnittstypen" (vgl. sein mehrfach herangezogenes Beispiel des Einwerfens eines Briefes; Schütz 1971: 29) und dem Ausgriff auf eine universelle „Matrix" (in Gestalt von lebensweltlichen Sinnstrukturen), also gewissermaßen eine Ambivalenz zwischen einer Absage an die Idealtypen-Konzeption „nach unten" wie auch „nach oben" zu beobachten ist.

Mit seiner Konzentration auf die Analyse intersubjektiver Sinnsetzungs- und Sinnkonstitutionsprozesse stellt Schütz das in Webers Begrifflichkeit von sozialem Handeln und sozialer Beziehung letztlich eher versteckte Intersubjektivitätsproblem gerade ins Zentrum seiner konzeptionellen Argumentationen zum Zuschnitt verstehender Soziologie. Und um an dieser Stelle nochmals auf eine Perspektivendivergenz zwischen Weber und Schütz zu sprechen zu kommen: Während es Weber demnach um die „Eigenlogik" von Intersubjektivitätsmustern geht (Einverständnishandeln, Vergemeinschaftung, Vergesellschaftung, Herrschaftstypen: Befehl-Gehorsam), interessiert Schütz sich in konstitutionstheoretischer Absicht für die Möglichkeit der Ausbildung von Intersubjektivität und Intersubjektivitätsmustern überhaupt. Es ist insbesondere diese Differenz, die den größeren materialen Reichtum von Webers Grundbegrifflichkeit begründet.

Schon im *Sinnhaften Aufbau* wird dieser von Schütz vorgenommene Perspektivenwechsel auf der Gliederungsebene im Übergang zum dritten Kapitel deutlich, das sich – in Abkehr von der zunächst eingenommenen „streng phänomenologischen", und damit egologischen Perspektive nunmehr in konsequent mundan-phänomenologischer, und damit „sozialer" Perspektive (Schütz 2004a: 219) – dem „Fremdverstehen" zuwendet.[13]

Entsprechend dieses Fokus konzentrieren sich Schütz' Einwände gegen Weber im *Sinnhaften Aufbau* zunächst auf den Begriff des „subjektiv gemeinten Sinns" (Schütz 2004a: 96 f., 99 ff. und 398).[14] Systematisch gesehen bedeutsa-

---

[13] Ebenso läßt sich diese Schwerpunktsetzung unter Verweis auf die empirischen Studien von Schütz belegen: vgl. seine Analysen zum „Heimkehrer", zum „Fremden" und auch zur Erlebnisstruktur beim „Gemeinsam Musizieren".

[14] So lesen wir bei Schütz beispielsweise: „Die Hauptaufgabe der Soziologie beruht nach ihm [Weber] in der Aufdeckung des Sinnes, den der Handelnde seinem Handeln gibt, im Verstehen des ‚subjektiven Sinns', wie er formuliert hat. Aber was ist Handeln und was ist Sinn; wie ist ein Verstehen jenes Sinnes durch einen Mitmenschen möglich, ob er nun Partner in sozialer Wirkensbeziehung, bloßer Beobachter im alltäglichen Leben oder ein Sozialwissenschaftler

mer ist jedoch, daß Schütz schon im *Sinnhaften Aufbau* den für ihn entscheidenden Mechanismus der intersubjektiven Genese von „Sinn" einführt: die Figur der „Wirkensbeziehung" (Schütz 2004a: 303 f. und 308 f.). Schon in diesem frühen Hauptwerk also erläutert Schütz, es gehöre „zur Konstitution der Wirkensbeziehung ... notwendig, daß die Fremdeinstellung des Anderen Motiv des eigenen Fremdwirkens ist" (Schütz 2004a: 309). Insofern für Schütz damit der Typus der „Wirkensbeziehung" als intersubjektiver Motivationszusammenhang zum zentralen Konstitutionsmechanismus sozialer Wirklichkeit avanciert, kann er „Sinn als intersubjektives Phänomen" bestimmen (Schütz 2004a: 117). Ist soziale Wirklichkeit damit „von Anfang an eine intersubjektive Kulturwelt" (Schütz 1971: 11) und Sinn strukturell sozialer Sinn, so ist davon gleichwohl die Einsicht zu unterscheiden, daß „der Ursprung und Quellpunkt aller Realität ... subjektiv" ist, weshalb es Schütz zufolge eben „mehrere, wahrscheinlich eine unendliche Anzahl verschiedener Realitätsordnungen" gibt (Schütz 2003: 289). Die strukturelle Sozialität von Sinn ist deshalb systematisch zu unterscheiden von dem je subjektiven Referenz- bzw. Bezugspunkt von Sinnsetzungen (also den Trägern von Handlungssinn).

Bei aller Kritik jedoch, die Schütz objektiv gegen Weber vorbringt, teilen beide Autoren die Absage an die Vorstellung eines unmittelbaren Verstehen-Könnens von subjektivem Sinn. Hier wird Schütz also von bestimmten Varianten der qualitativen Sozialforschung gänzlich zu Unrecht als Pate einer den realen subjektiv gemeinten Sinn der Akteure ermitteln wollenden Empirie angeführt.[15]

Jenseits des angeführten Differenzpunktes – hinsichtlich der theoriestrategischen Weichenstellungen im Ausgang einmal vom subjektiv gemeinten Sinn und das andere Mal von *per definitionem* intersubjektiven Wirkensbeziehungen – lassen sich zunächst noch drei weitere theoriestrategische Differenzen zwischen Weber und Schütz ausmachen. Diese können unter den Stichworten (a) genetische Rekonstruktion vs. phänomenologische Konstitutionsanalyse, (b) Alltag vs. Lebenswelt und (c) Werturteilsproblem vs. Relevanzproblem kurz angezeigt werden:

a. Zunächst zur Unterscheidung von genetischer Rekonstruktion historischer Alltagswelten und phänomenologischer Konstitutionsanalyse von Sinn- bzw. Wissensstrukturen: Bei Schütz wird Handeln bzw. Wirken als Medium der Autogenese, der Selbstkonstitution sozialer Wirklichkeit analysiert. So

---

ist?" (Schütz 1971: 168). Drei Positionen werden hier also von Schütz unterschieden: der Mitmensch als Partner, als alltäglicher Beobachter und als wissenschaftlicher Beobachter.

15 Vgl. dazu seine Klarstellungen im Zusammenhang der Analyse „des äußeren Handlungsablaufes des Holzfällens" (Schütz 2004a: 106 f.) sowie grundsätzlich: Schütz 2004a: 113 f. und 126 ff.

sagt Schütz im Jahr 1957 über sein Projekt, daß er sich „um eine Phänomenologie der Lebenswelt bemühe, die der Mensch in natürlicher Einstellung nicht nur denkend, sondern auch handelnd und fühlend zu bewältigen hat" (Schütz 2003: 359). Demgegenüber sind Webers materiale Untersuchungen unter dem Aspekt der Rationalisierbarkeit zugeschnitten auf institutionelle Ordnungen und soziale Strukturen, und damit auf die Analyse von dauerhafter Organisierbarkeit und die Rationalisierung des Handelns in soziohistorischen Ordnungen. Während bei Weber also die *Rekonstruktion historischer Lebensformen* in Anbetracht der maßgeblichen Rationalisierungsform im Okzident den Fokus bildet, konzentriert Schütz sein Programm auf die Konstitutionsanalyse von Sinn und damit von Wissensstrukturen im Handeln und auf die Freilegung der diese fundierenden universalen *Strukturen der Lebenswelt*.

b. In Verlängerung dieses Gesichtspunktes läßt sich ein weiterer Differenzpunkt zwischen Weber und Schütz auf die Formel Alltag vs. Lebenswelt bringen. Während Weber sein Interesse auf Prozesse der Veralltäglichung (unter anderem von Verwaltungen oder des Charisma) und auf die Routinisierung sozialen Handelns richtet, zielt Schütz auf die Aufdeckung von invarianten Strukturen der Lebenswelt. Steht für Weber somit die Spannung zwischen Alltag und Charisma im Zentrum des Interesses (vgl. Seyfarth 1979), so kennt er eine entsprechende Differenz zwischen Alltag und Lebenswelt gerade nicht. Dieser Begriff der Lebenswelt ist dabei erneut nicht realistisch mißzuverstehen: Es handelt sich um einen Konstitutionsbegriff, der den Horizont markiert, innerhalb dessen sich unter anderem die Strukturen der „mannigfaltigen Wirklichkeiten" rekonstruieren lassen, von denen die eine, die pragmatisch und kommunikativ bedeutsamste, dann die Alltagswelt ist.

c. Weiterhin läßt sich bei Schütz eine Generalisierung von Webers Wertbeziehungsthese ausmachen. Während Weber unter diesem Stichwort einer Moralisierung soziologischer Forschung schärfste Absagen erteilt, also Werturteilsfreiheit fordert und in diesem Zusammenhang zugleich die strukturelle Nicht-Hintergehbarkeit von Wertbeziehungen herausstellt, geht es Schütz hier nicht unter methodologischen, sondern unter wiederum konstitutionstheoretischen Aspekten um die Freilegung der Bedeutung des Relevanzproblems für die Strukturierung sozialer Wirklichkeit schlechthin (vgl. Schütz 2004b). In gewisser Hinsicht wendet er auf diesem Wege Webers Thema der Ideen und Interessen grundlagentheoretisch.

Diese drei Gesichtspunkte können im vorliegenden Rahmen nicht *in extenso* behandelt werden, auch wenn sie zentrale konzeptionelle Weichenstellungen markieren, die in die nachfolgenden Bemerkungen mehrfach hineinspielen. Eine Vertiefung des Arguments ist an dieser Stelle gleichwohl hinsichtlich der bei Max Weber auszumachenden konstitutiven Bedeutung des typenbildenden Verfahrens für die Forschungspragmatik einer verstehenden Soziologie erforderlich. „Die Soziologie bildet", so heißt es bei Weber, „*Typen*-Begriffe und sucht *generelle* Regeln des Geschehens" (Weber 1976: 9).[16]

Dieses für das methodische Vorgehen verstehender Soziologie konstitutive Verfahren der Typenbildung setzt Webers methodologische Einsicht in die Spannung von Begriff und Wirklichkeit konsequent um – und zwar sowohl rekonstruktiv, insofern sich die historische Wirklichkeit nicht einfach in Begriffen abbilden läßt, als auch prospektiv, insofern durch die Entwicklung von Typologien für die empirische Forschung die Spannung zwischen Begriff und Wirklichkeit sozusagen lebendig, also fortwährend aufrecht erhalten wird. Entsprechend spielen Typenbegriffe und methodologische Unterscheidungen mit Blick auf die Typenbegrifflichkeit auch in Schütz' Werk eine zentrale Rolle. Beispielhaft ist hier neben den Überlegungen zur Selbsttypisierung (unter anderem Schütz 2003: 50 und 70; Schütz 1971: 68-70) und Fremdtypisierung (Schütz 2004a: 232 ff.) unter anderem auch die weniger bekannte Typik anzuführen, über die die „anonyme Leserschaft" im zweiten Teil von Cervantes *Don Quijote* aufgrund des bereits publizierten ersten Teils von Don Quixotes Abenteuern über diesen Ritter verfügt: Schütz zufolge ein „Idealtypus von Don Quixotes Persönlichkeit und der Art und Weise seines Handelns und Reagierens" (Schütz 2003: 320). Gleichwohl ist auch hier weiter zu differenzieren:

d. Für eine vertiefende Erörterung des von Schütz favorisierten Verständnisses des Typenbegriffs – im Anschluss insbesondere an Husserls Überlegungen in *Erfahrung und Urteil* (Schütz 2003: bes. S. 32 ff. und 398 ff.) hinsichtlich der Gliederung der vorprädikativen Erfahrung von der Lebenswelt nach Typen, die Schütz in der Prager Erstausgabe von 1985 bereits zugänglich waren, ist hier zunächst ein Blick auf seine Unterscheidung von sogenannten „multiple realities" aufschlußreich. Zu deren Beschreibung lesen wir bei Schütz: „Es gibt so unzählig viele Arten verschiedener Schockerfahrungen, weil es verschiedene geschlossene Sinnprovinzen gibt, denen ich den Wirklichkeitsakzent erteilen kann. Einige Beispiele dafür sind: Der Schock des Einschlafens als Sprung in die Traumwelt; die innere Verwandlung, die wir erleiden, wenn sich der Vorhang im Theater als der Übergang in die Welt des Bühnenspiels hebt; die radikale Veränderung in unserer Einstellung,

---

[16] Und „soziologische Regeln" und damit „verständliche Handlungstypen" wiederum sind „solche statistische Regelmäßigkeiten, welche einem *verständlichen* gemeinten Sinn eines sozialen Handelns entsprechen" (Weber 1976: 6).

wenn wir vor einem Gemälde die Einengung unseres Blickfeldes auf das innerhalb des Rahmens Dargestellte als den Übergang in die Welt der bildlichen Darstellung zulassen; unsere Verlegenheit, die sich in Lachen auflöst, wenn wir einen Witz anhören und eine kurze Zeit bereit sind, die fiktive Welt des Witzes als eine Realität anzuerkennen, im Verhältnis zu der unsere Alltagswelt den Charakter des Närrischen annimmt; die Hinwendung des Kindes zu seinem Spielzeug als Übergang in die Welt des Spiels – und vieles mehr. Aber auch die religiösen Erfahrungen in all ihren Vielfältigkeiten stellen einen solchen Schock dar – z.B. Kierkegaards Erfahrung des ‚Augenblicks' als des Sprunges in die religiöse Sphäre ebenso wie die Entscheidung des Wissenschaftlers, die leidenschaftliche Anteilnahme an den Zuständen ‚dieser Welt' durch eine desinteressierte, kontemplative Einstellung zu ersetzen. [...] All diese Welten – die Welt der Träume, der imaginären Vorstellungen und der Phantasien, insbesondere die Welt der Kunst, die Welt der religiösen Erfahrung, die Welt der wissenschaftlichen Kontemplation, die Spielwelt des Kindes und die Welt des Geisteskranken – sind geschlossene Sinnprovinzen" (Schütz 2003: 223).

Wenig später heißt es dann im Text mit Blick auf „die verschiedenen Welten der Phantasievorstellungen", daß unter diesem Titel „eine Gruppe sonst höchst heterogener geschlossener Sinnprovinzen" behandelt werde, die „allgemein als die der Phantasien oder bildhaften Vorstellungen bekannt [sei] und [...] neben vielen anderen die Bereiche der Tagträume, des Spiels, der Erzählung, der Märchen, der Mythen und der Witze" umfasse. Bis jetzt allerdings habe, so Schütz weiter, „sich die Philosophie noch nicht mit dem Problem der spezifischen Konstitution einer jeder dieser unzähligen Provinzen unseres Phantasielebens befaßt" (Schütz 2003: 226).

Eine Deutung dieser Ausführungen unter systematischen Gesichtspunkten gestaltet sich im Hinblick auf die hier leitende Fragestellung ganz offenkundig schwierig. Denn bereits vorstehend war die Vermutung einer bei Schütz sich durchhaltenden Ambivalenz hinsichtlich des Typenbegriffs und seiner idealtypischen Charakteristik angedeutet worden. Dieser Eindruck kann jetzt präzisiert werden: Denn offenkundig verfügt Schütz weder über eine Vorstellung eines typologisch explizierbaren Spannungsverhältnisses zwischen den von ihm aufgezählten „Wirklichkeiten", sodaß die Idee eines strukturell möglichen Horizonts von „Wirklichkeiten" greifbar wäre (es sind „unzählige", lediglich „verschiedene" laut die Auskunft), noch haben wir es in der wiedergegebenen Passage überhaupt mit einer typologischen Begriffsbildung zu tun. Viel eher ist man hier mit einer klassifizierenden Aneinanderreihung von alltäglichen Erfahrungsorten konfrontiert. Erschwerend tritt hinzu, daß die Frage nach dem Status der Typologie von Sinnprovinzen bzw. „multiple realities" sich werkimmanent als kaum klärbar erweist, insofern Schütz' diesbezüglich Formulierungen eben regelmäßig zwischen prototheoretischen und historisch-empirischen Hinweisen schwanken. Somit bestätigt sich hier die Vermutung eines bei Schütz konzeptionell changierenden Anschlusses an die Idealtypen-Konzeption Webers.

b. Ein weiterer wesentlicher Differenzpunkt hinsichtlich des Zuschnitts verstehender Soziologie läßt sich zwischen Weber und Schütz mit Bezug auf eine weitere prominente typologische Unterscheidung von Schütz anführen: diejenige zwischen Alltagswissen und wissenschaftlichem Wissen (beispielsweise Schütz 1971: 3 ff.).[17] Diese typologische Unterscheidung von Alltagswissen und wissenschaftlichem Wissen ist zweigliedrig. Zu dieser Zweigliedrigkeit in einer gewissen Spannung steht bei Schütz (Schütz 1972) eine weitere in wissenssoziologischer Absicht vorgenommene, allerdings dreigliedrige Unterscheidung: diejenige der Typen von Wissensträgern, die den Typen des „Laien", des „gut informierten Bürgers" und des „Experten" anführt. Auch wenn Schütz das Verhältnis beider Typologien nicht diskutiert, so läßt sich aus ihrem offenkundigen Kontrast doch ein systematisches Argument gewinnen. Denn die Zweigliedrigkeit der Typologie Alltagswissen/wissenschaftliches Wissen ist aufgrund der insbesondere berufsstrukturellen Entwicklung moderner Gesellschaften inzwischen vermutlich eher durch eine dreigliedrige Unterscheidung zu ersetzen. Diese könnte dann folgendermaßen lauten: Typen erster Ordnung = Alltag, Typen zweiter Ordnung = Professionen und Typen dritter Ordnung = Wissenschaft. Um diesen Hinweis hier wenigstens stichpunktartig zu erläutern:

Zunächst ist erstens für die Typenbildung auf der Ebene des Alltags konstitutiv, daß sie pragmatisch auf Verständigung hin orientiert ist. Aus diesem Grunde sind die Typenbegriffe hier strukturell möglichst unscharf, sie verfügen also – phänomenologisch gesprochen – über hinreichende „Sinnfransen" und ermöglichen so ein breites Deutungsspektrum zur Sicherung hinreichend gesättigter und vielfältiger alltäglicher (kommunikativer) Anschlußfähigkeit. Zweitens: Auf der Ebene von Professionen erfahren die (grundsätzlich dem Alltag entlehnten) Typenbegriffe eine funktional-spezifische Zuspitzung auf berufliche (professionelle) Handlungslogiken hin. Sie dienen so im Rahmen des Typus professionellen Handelns der fall-logischen Bearbeitung sozialer Wirklichkeit. Drittens: Im Zuge der wissenschaftlichen Bearbeitung vorliegenden Materials schließlich kommen

---

[17] Wobei hier außerhalb der Betrachtung bleibt, daß diese Unterscheidung noch ganz deutlich von der Vorstellung des an den Belangen der *res publica* (der *polis*) interessierten Bürgers geprägt ist.

Typenbegriffe in nochmals „gesteigerter Eindeutigkeit" zur Anwendung. Sie sind hier strukturell diskriminierend, d.h. auf den Gewinn erkenntnisanalytischer Differenzierungen hin angelegt bzw. gerichtet.

Jenseits einer solchen systematischen Erweiterung von Schütz' Unterscheidung zwischen Alltagswissen und wissenschaftlichem Wissen ermöglicht es diese Typologie aber vor allen Dingen, das Verhältnis von Weber und Schütz hinsichtlich des bei beiden Autoren jeweils realisierten Verständnisses von Typen weiter zu präzisieren. Denn bezüglich der Reflexion des typenbildenden Charakters verstehender Soziologie geht Schütz deutlich über Weber hinaus: Während Weber – für seine Argumentationszwecke hinreichend – bei der schlichten Abgrenzung von Alltag und Wissenschaft stehen bleibt, präzisiert Schütz den Blick durch eine Unterscheidung von Perspektiven, die zuvor bereits angesprochen wurden. Denn nicht nur stellt Schütz auf die methodologische Differenz zwischen Alltag und Wissenschaft ab, sondern er vermittelt darüber hinaus eine zentrale konzeptionelle Einsicht, die zugleich die entscheidende methodologische Begründung für das methodische Vorgehen verstehender Soziologie expliziert. Seine These lautet: Typenbildung vollzieht sich im Alltag strukturgleich wie auf der Ebene der Wissenschaft (Schütz 2004a: 285 f. und 406 f.; Schütz 1971: 68-70). Schütz entfaltet damit eine systematische Begründung nicht nur in forschungspragmatischer Absicht (zu denken wäre hier an Webers weiterziehende Kulturprobleme), sondern auch hinsichtlich der methodologischen Notwendigkeit idealtypischer Begriffsbildungen, insofern er argumentiert, daß die wissenschaftliche Begriffs- bzw. Typenbildung lediglich die Struktur unserer alltäglichen typologischen Begriffsbildungen reflektiert bzw. widerspiegelt (vgl. Schütz 1971: 4 f. und 17 ff.).

Webers methodologische Intuition, daß die Bildung von Typenbegriffen die konsequente Antwort auf die für die verstehende Soziologie konstitutive Einsicht in die Spannung von Begriff und Wirklichkeit bildet, diese Intuition nimmt Schütz damit in dem doppelten Gedanken (und damit sozusagen in der dialektischen Verzahnung) der gleichzeitigen Differenzierung (in methodologischer Hinsicht) und Anbindung (in forschungspragmatischer Hinsicht) von Typen erster Ordnung und Typen zweiter Ordnung konsequent auf bzw. formuliert diese aus. Um es nochmals zu betonen: Die von Schütz herausgestellte Anbindung der Typen erster an diejenigen zweiter Ordnung gewinnt ihre spezifische Bedeutung in forschungspragmatischer Hinsicht; sie verdankt sich einer strukturtheoretischen Reflexion und stellt damit keineswegs eine Angleichung zwischen diesen beiden Typen von Konstruktionen dar.

Damit ergibt sich mit Blick auf Schütz' Überlegungen zum Ansatz verstehender Soziologie aufgrund ihrer Einbettung in die Exposition einer theoretisch-systematischen Perspektive, daß durch diese Rahmung im Unterschied zu den entsprechenden Überlegungen Webers ein konstitutionstheoretischer Zuschnitt der Ausführungen mit einer Konzentration auf methodologische Frage- und Problemstellungen bei Schütz zu konstatieren ist, der mit einem weitgehenden Verzicht auf Bemerkungen zum methodischen Vorgehen verstehender Soziologie einhergeht. Aufgrund dieser Konzentration auf die intersubjektive Genese sozialer Wirklichkeit in Wirkensbeziehungen wird die Frage des „Fremdverstehens" dann für die Exposition des Zuschnitts verstehender Soziologie konzeptionell dominant.

3 Ulrich Oevermann: Objektive (latente) Sinnstrukturen

In *Wirtschaft und Gesellschaft* (Weber 1976: 3 f.) begreift Weber den Sinnzusammenhang von Motiven, Gründen und ouvertem Handeln als Kern der Zuschreibung subjektiv gemeinten Sinns. Seinen dortigen Ausführungen zufolge richtet sich das Erklärungsinteresse der verstehenden Soziologie auf die „Erfassung" dieses „Sinnzusammenhangs". Mit Bezug auf diese Konstellation scheint Webers Perspektive nun zu erweitern zu sein im Hinblick auf objektiv zurechenbare Sinnstrukturen – und diese Intuition nimmt unter anderem die von Ulrich Oevermann und seinen Mitarbeitern (Oevermann 1979a) inaugurierte Forschungsmethode der „Objektiven Hermeneutik" auf.

Aber auch in dieser Richtung gibt es bei Weber natürlich Hinweise. So verweist er beispielsweise im Kategorienaufsatz mit der Unterscheidung von „Evidenz" (auf die das verstehend-soziologische Erklären ziele) und empirischer Gültigkeit (Weber 1988: 428) im Prinzip auf die Dimension objektiven Sinns. Denn, so Weber hier, „ein in seinem äußeren Ablauf und Resultat gleiches Sichverhalten kann auf unter sich höchst verschiedenartigen Konstellationen von Motiven beruhen, deren verständlich-evidenteste nicht immer auch die wirklich im Spiel gewesene ist." Jedoch: Auch im Kategorienaufsatz bleibt Weber letztlich uneindeutig, insofern er hier ebenso im Kern auf das Kriterium subjektiv adäquater Mittel für subjektiv adäquate Zwecke abstellt (Weber 1988: 427 f.).

Gleichwohl: Solchermaßen auf den objektiven Sinn von Handlungsvollzügen abzustellen, das erfolgt bei Weber – neben Hinweisen an anderen Stellen seines Werkes[18] – gerade auch in seiner Untersuchung des Verhältnisses von protestantischer Ethik und kapitalistischer Wirtschaftsform (vgl. Weber 1920), also in forschungspragmatischen Zusammenhängen. Denn die spezifische Umdeutung, die hier im subjektiv gemeinten Sinn letztlich erfolgt, ist den Akteuren

---

[18] Vgl. beispielsweise den Rekurs auf „den ‚Sinn' eines als geltend vorgestellten ‚Rechtssatzes'" im Kategorienaufsatz (Weber 1988: 440).

eben gerade nicht durchsichtig, sondern rekonstruiert den objektiven Sinn des Geschehens in der Perspektive einer soziologischen Deutungsperspektive. Und dieser objektive Sinn besteht in dem durch das Motiv der Ausdrucksgebung eigener Auserwähltheit faktisch sich vollziehenden historischen Dominantwerden intentional nicht verfolgter Zwecke (nicht-intendierter Handlungsfolgen), nämlich der Genese einer spezifisch strukturierten Wirtschaftsform.

Um Webers Argument an dieser Stelle kurz zu rekapitulieren: Weber beginnt in seiner Protestantismus-Kapitalismus-These (die von Coleman bis Esser so gerne als paradigmatisches Beispiel einer mittels der sogenanten „Badewanne" modellierbaren Erklärung herangezogen wird) zunächst mit der Beobachtung, daß sich in calvinistisch geprägten Milieus auf der Ebene alltäglicher Lebensvollzüge eine offenkundig widersprüchliche Einheit von (calvinistischer) Prädestinationslehre und ihrem konstitutiv anti-aktivistischen Zuschnitt als Leitidee mit einer hohen Intensität an kapitalistischer Aktivität verbindet. Diese historisch-strukturphänomenologische Beobachtung läßt Weber die Frage stellen, wie sich diese spannungsvolle Einheit historisch ausbilden konnte. Und seine Antwort legt Weber in einem argumentativen Dreischritt vor: Danach führt erstens die Leitidee (Prädestinationslehre) in Gruppen bezogenen Kontexten (Sekten) strukturell zur Ausbildung systematischer wechselseitiger Beobachtungsstrategien, um in alltäglichen Handlungszusammenhängen jeweils identifizieren zu können, welche Gruppenmitglieder denn in besonderer Weise „in Gottes Gnade" stehen (könnten). Dieses alltägliche Phänomen der Suche nach (außeralltäglichen) Orientierungsfiguren führt dann zweitens zu einer spezifisch aktivistischen (also pragmatischen) Umdeutung des originär anti-aktivistischen Zuschnitts der Prädestinationslehre, da sich nunmehr alle Gläubigen strukturell als prädestiniert auszuweisen suchen (müssen). Durch diese Umdeutung entsteht dann drittens objektiv eine Konkurrenzsituation unter den Gruppenmitgliedern um die „Ehre", als paradigmatisches Subjekt (als außeralltägliche Orientierungsfigur, als mit Gottes Gnade versehene Person) angesehen (anerkannt) zu werden. Es ist diese Konkurrenzsituation, die dann auf der Ebene alltagspraktischer Tüchtigkeit, also in pragmatischer Hinsicht konsequenterweise eine spezifische Rentabilitätslogik des Handelns generiert.

Das zentrale Erklärungsproblem für Weber ist also die spezifische *Umdeutung* einer religiösen Leitidee, die deren objektiv widersprüchliche Einheit mit einem ökonomischen Handlungsprinzip überhaupt erst ermöglicht. Und das heißt forschungspragmatisch gesprochen eben nichts anderes, als den objektiven Sinn dieser intentional nicht präsenten Umdeutung zu rekonstruieren.

In Verlängerung dieses methodischen Zugriffs können nunmehr das methodologische Selbstverständnis und das Forschungsprofil der von Ulrich Oevermann initiierten Methodik der „Objektiven Hermeneutik" im Ansatz verortet werden. Von besonderer Relevanz sind hier zwei Kernannahmen des sog. „Manifests der Objektiven Hermeneutik" (Oevermann 1996 und 2002). Diese sogenante „Schlüsselthesen" lauten: „Latente Sinnstrukturen und objektive Bedeutungsstrukturen statt subjektiver Dispositionen" und „Objektivität statt Subjektivität".

Dieser Programmatik zufolge bilden „latente Sinn- und objektive Bedeutungsstrukturen von Ausdrucksgestalten" den Forschungsgegenstand der Objektiven Hermeneutik. Es handelt sich dabei um „durch bedeutungsgenerierende Regeln erzeugte" und „unabhängig von unserer je subjektiven Interpretation objektiv" geltende Sinnstrukturen. Dieses Plädoyer für den nur objektiv rekonstruierbaren Sinn betrachtet Oevermann als notwendige Konsequenz sowohl der Einsicht in die ausschließlich über Ausdrucksgestalten zugängliche subjektive Perspektive als auch als Reaktion auf die erforderliche Absage an den naiven Realismus empirischer Forschung mit seiner Annahme der konkreten sinnlichen Wahrnehmung ihrer Gegenstände (Oevermann 1996: 2). Diese Wendung zu einem „methodologischen Realismus" (Oevermann 1993: 118; 2001: 77) sowie die Beachtung der ausdrucksmateriellen Objektivierung von Subjektivität begründen den spezifischen Objektivitätsanspruch der Objektiven Hermeneutik: „Die objektive Hermeneutik ist nicht eine Methode des Verstehens im Sinne eines Nachvollzuges subjektiver Dispositionen oder der Übernahme von subjektiven Perspektiven des Untersuchungsgegenstandes, erst recht nicht eine Methode des Sich-Einfühlens, sondern eine strikt analytische, in sich objektive Methode der lückenlosen Erschließung und Rekonstruktion von objektiven Sinn- und Bedeutungsstrukturen" (Oevermann 1996: 5). Und diesen latenten Sinnstrukturen bzw. objektiv rekonstruierbaren Deutungsmuster wird der grundsätzlich Status eines „impliziten Wissens" zugesprochen, auch wenn die Intensität der Ausprägung dieser Latenz eine stets empirisch zu erhebende Aufgabe bleibt (vgl. dazu auch Meuser / Sackmann 1992 sowie Lüders / Meuser 1997).

Der seitens der Objektiven Hermeneutik sowohl gegen Weber wie auch gegen Schütz formulierte bzw. formulierbare Einwand ginge deshalb dahin, daß beide Autoren letztlich einer wissenssoziologischen Perspektive verpflichtet wären, in der soziale Wirklichkeit zu ausschließlich vordergründig als eine soziale Konstruktion von handelnden (wirkenden) Subjekten und den mit diesem ihrem Handeln (Wirken) verbundenen Deutungen zu verstehen sei. Demgegenüber stellt Oevermann auf Sequentialität und Struktur ab, wobei Sequentialität hier letztlich Sozialität (Transsubjektivität und damit Objektivität) heißt, insofern es für die Interpretation stets um die systematische Explikation sogenannter objektiver Möglichkeiten geht, die bezogen auf einen Fall nicht alle realisiert werden. Mit der Konsequenz, daß in dieser strukturalistisch angeleiteten Perspektive dann lebenspraktische Vollzüge von Subjekten als aus der objektiven Strukturiertheit sozialer Wirklichkeit im Prinzip „abgeleitet" zu begreifen sind.[19] Und das wiederum bedeutet zugleich, daß Subjektivität in der Objektiven Hermeneutik erst in Form der Individualgestalt eines Falles, genauer: einer „Fallstrukturgesetzlichkeit" relevant wird (Oevermann 1993). Die Besonderheit eines Falles, so die Annahme, läßt sich rekonstruieren, indem die tatsächlich erfolgten Auswahlen und ihre objektiven Bedeutungen vor dem Hintergrund der sinnlogisch als prinzipiell als möglich rekonstruierten Optionen expliziert werden: „Der rekonstruktionslogische Ansatz ... konfrontiert den konkreten Einzelfall nicht von außen mit einem ihm fremden Analyseschema, sondern folgt jeweils der realen Verlaufsdynamik in der praktischen Lebens- und Arbeitsweise des Einzelfalles" (Oevermann 1990: 8). Und dieses methodische Vorgehen verdeutlicht nochmals, daß für die Objektive Hermeneutik zwischen objektiv rekonstruierbarer Fallgestalt und (ihrer) subjektiv-mentalen Präsenz grundsätzlich zu unterscheiden ist.

Paradigmatische Differenzen lassen sich für die beiden gleichermaßen sinnanalytisch wie strukturtheoretisch verfahrenden Positionen von Schütz und Oevermann anschaulich mit Blick auf den Fall des Fremdverstehens ausmachen. So konvergieren Phänomenologie (vgl. Srubar 2002) und Objektive Hermeneutik in der Auffassung, daß den Soziologen beispielsweise das Verstehen des Fremden vor keine besonderen methodischen Schwierigkeiten stellt. Gleichwohl verbirgt sich hinter dieser Konvergenz faktisch eine Divergenz: Denn während die Objektive Hermeneutik dafür hält, daß das Fremde besser zu verstehen sei als das Eigene (Oevermann 2001: 68, 79), überschreitet die Phänomenologie diese Differenz konstruktiv, indem sie Selbst- wie Fremdverstehen („Übersetzen") als immer schon routinisierte und strukturell analoge – und damit nicht zu graduierende – Alltagsvorgänge begreift (Schütz 1972: 66). Entsprechend unterschiedlich nehmen sich die Konsequenzen beider Ausgangsannahmen aus: Will die Objektive Hermeneutik weg vom „praktischen Verstehen" und hin zum „methodischen Verstehen" (Oevermann 2001: 82 und 91), so erteilt die Phänomenologie dem methodischen Verstehen eine Absage und wendet sich dessen pragmatischer Einbettung zu. Folgerichtig hält Oevermann Nostrifizierung im Rahmen methodischen Verstehens für ein Scheinproblem (2001: 68), während die Phänomenologie demgegenüber Nostrifizierung als unhintergehbares Strukturmoment jedweder Verstehensprozesse ausweisen kann.

Im Hintergrund dieser lediglich auf den ersten Blick parallel laufenden Positionsbestimmungen, die beide eine methodologische Sonderrolle des Fremdverstehens zurückweisen, offenbaren sich also elementare Differenzen. Deren Fundament ist insbesondere in zwei grundlagentheoretischen Weichenstellungen

---

[19] Nicht gesondert thematisiert werden kann im vorliegenden Zusammenhang schließlich der weitere Aspekt, daß die Ebene des Typischen in der Objektiven Hermeneutik im Prinzip ausgeblendet bleibt.

zu sehen: Während die Objektive Hermeneutik in diesem Zusammenhang (Oevermann 2001: 67 und 71 f.) zum einen im Rekurs auf bestimmte Sozialfiguren argumentiert (den müßig Reisenden, den Künstler, den Dandy) und damit einer Perhorreszierung sozialer Lagen bzw. Positionen im Rekurs auf unterstellte Normalitätsstrukturen erliegt (gewissermaßen eine zu ihrer Ausblendung führende „Metaphysierung" des Typischen), nimmt die Phänomenologie ihren Ausgang von Strukturphänomenen der Lebenswelt (ihrer zeitlichen, räumlichen und sozialen Aufschichtung); und während die Objektive Hermeneutik (Oevermann 2001: 67 f., 75 f. und 78 f.) zum anderen – wie auch Weber – von einem Gegensatz von Alltag (praktischem Verstehen) und Wissenschaft (methodischem Verstehen) ausgeht, ist – wie bereits ausgeführt – für die Phänomenologie – bei aller Beachtung der situativen Differenz von Relevanzkonturen (interessierter Alltagsmensch hier – desinteressierter Beobachter dort) – die Annahme einer strukturellen Analogie der Verstehensprozesse von Alltag und Wissenschaft leitend.[20] Hier also scheint die phänomenologisch orientierte Position von Schütz überzeugender, die weder historisch einzigartige soziale Lagen zu Strukturphänomenen übersteigert, noch in gewissermaßen neukantianischer Manier fundamentale Differenzen zwischen strukturell analogen Prozessen konstruiert.

Hinsichtlich des spezifischen Entstehungs- und Darstellungskontextes der soziologischen Perspektive der von der Objektiven Hermeneutik vertretenen Variante verstehender Soziologie schließlich, also der Sozialisationsforschung, bringt deren von Oevermann verzeichnetes doppeltes Defizit – einerseits „für die Theorieentwicklung in der Soziologe ein Randgebiet geblieben" zu sein und dem Faktum einer „Theoriedefizienz der soziologischen Sozialisationsforschung" selbst andererseits (Oevermann 1979b: 143 und 145) – eine strukturtheoretische Explikation von Sozialisationsprozessen auf den Weg, die aufgrund der bisher als vernachlässigt begriffenen „entscheidenden Frage nach den universellen und invarianten Bedingungen und Strukturen der Persönlichkeitsentwicklung" strikt auf die konstitutive Bedeutung von „objektiven Bedeutungsstrukturen" abstellt und zugleich deren allgemeine Bedeutung für den Kern der Soziologie erklärt (Oevermann 1979b: 146, 154 und 160 ff.). Ein Zusammenhang, der natürlich ebenso wie im Falle des Rekurses auf die Explikationskontexte bei Weber und Schütz nicht in einem deterministischen Sinne zu verstehen ist, sondern lediglich als heuristische Folie dient.

---

[20] Verwiesen sei in diesem Zusammenhang nur auf die kontinuierlichen Graduierungen von Typisierungen und Anonymisierungen wie sie Schütz an den Beispielen des Postbeamten oder des Eisenbahnreisenden anschaulich demonstriert hat.

4 Schlußbemerkung: Nochmals Weber – Die drei Perspektiven der *Grundbegriffe*

Der Blick auf Varianten verstehender Soziologie läßt abschließend erneut die Frage nach der Kontinuität bzw. dem (einheitlichen) Profil verstehender Soziologie stellen. Eine Frage, die im Rückbezug auf die Soziologie Max Webers beantwortet werden muß. Denn die vorstehend – wenn auch nur exemplarisch – skizzierte Pluralisierung der paradigmatischen Gestalt verstehender Soziologie verdankt sich ihrerseits bestimmten Ambivalenzen von Webers Soziologie. Diese Ambivalenzen ergeben sich nicht zuletzt aus den verschiedenen Einsatzpunkten soziologischer Analyse, die Weber in seinem Werk und nicht zuletzt in den *Soziologischen Grundbegriffen* im Rahmen von *Wirtschaft und Gesellschaft* selbst skizziert hat.

Vorstehend war diesbezüglich einerseits auf die bei Weber in der Exposition der Grundbegriffe dominante Stellung des „subjektiv gemeinten Sinns", auf das in seinen materialen Studien vorrangige Interesse an der Rekonstruktion historisch institutionalisierter Intersubjektivitätsmuster sowie auf die in der *Protestantischen Ethik* von ihm eingenommene Perspektive einer Rekonstruktion des objektiven Sinns einer verinnerlichten Glaubenshaltung mit dem Ergebnis ihrer aktivistischen Umdeutung Bezug genommen worden. Diese Hinweise genügen im vorliegenden Zusammenhang zur Kenntlichmachung der verschiedenen Einsatzpunkte und konzeptionellen Zuschnitte von Varianten verstehender Soziologie.

Wenn es jedoch gelänge, diese Einsatzpunkte in einer konsistenten Lesart in ihrem inneren Aufbau im Rahmen von Weber *Soziologischen Grundbegriffen* zu entfalten, wäre für die Ausgangsfrage dieses Beitrages nach den Varianten verstehender Soziologie eine weitergehende systematische Antwort im Rückbezug auf das Werk Max Webers erbracht. Ein solche Rekonstruktion könnte die entweder auf eine subjektive, intersubjektive oder objektive (transsubjektive) Perspektive fokussierten Varianten verstehende Soziologie, also ihren multiparadigmatischen Zustand, als Konsequenz nicht miteinander vermittelter Perspektiven in Weber Grundbegriffen darlegen. Solchermaßen fungierte die Rekonstruktion einer Systematik der *Soziologischen Grundbegriffe* dann als hermeneutischer Schlüssel für die Entfaltung von Varianten verstehender Soziologie (vgl. dazu Endreß 2006b).

Im vorliegenden Zusammenhang deutlich geworden ist jenseits einer solchen Rekonstruktion der Systematik der *Soziologischen Grundbegriffe* zudem, daß die angesprochenen drei Generierungskontexte der exemplarisch dargelegten soziologischen Perspektiven von Weber, Schütz und Oevermann (die Exposition von Begriffsbestimmungen bei Weber, die Entfaltung einer systematischen Theorie bei Schütz und die Herausbildung in forschungspragmatischen Zusammenhängen bei Oevermann) ihre jeweils spezifischen Reflexe für die jeweils favorisierten Perspektiven und deren Darstellung zeitigen.

Ungeachtet dieser gewissermaßen kontextgeschuldeten Eigendynamiken der variantenspezifischen Perspektiven gibt die Darstellung gleichwohl Anlaß, die verzeichneten Differenzen ebenso zu entdramatisieren. Aufgrund einer solchen Entdramatisierungsstrategie läßt sich dann gut erkennen, daß die drei unterschiedlichen Perspektiven der Autoren zugleich lediglich Akzentuierungen darstellen. Denn mit Blick auf die jeweils gesamte Werkgestalt der Ansätze von Weber, Schütz und Oevermann erfahren die vorgenommenen Perspektivierungen jeweils spezifische Relativierungen, die in der Summe auf jeweils unterschiedliche akzentuierte, aber gleichwohl integrative Perspektiven hinauslaufen. Entsprechend läßt sich in systematischer Absicht dahingehend argumentieren, daß ungeachtet jeweils spezifischer Akzentuierungen eine Integration bzw. gleichzeitige und gleichrangige Beachtung aller drei Perspektiven bei jedem der verhandelten Autoren letztlich im Prinzip, also objektiv zugleich auch angelegt ist.

Der Versuch der Darlegung einer systematischen Lesart der Varianten verstehender Soziologie kann somit zeigen, daß die vorstehend als paradigmatisch diskutierten Varianten verstehender Soziologie zwar ihren legitimen Referenzpunkt im Werk Max Webers finden, daß sich aber zugleich jeweils nur partiell der in den *Grundbegriffen* objektiv entfalteten Intuition folgen. Insgesamt allerdings ist daraus keineswegs einfach der Schluß zu ziehen, daß Webers Perspektive die „reichhaltigere" sei. Eine solche Lesart entpuppt sich bei näherer Betrachtung lediglich als Synonym für eine nicht hinreichend durchgearbeitete – und damit letztlich ambivalent bleibende – Position. Denn so elaboriert und differenziert Webers methodologische Reflexionen, seine grundbegrifflichen Darlegungen sowie seine in der Regel universalhistorisch angelegten materialen Studien auch sind, hinsichtlich der Ausführungen zur Methodik verstehender Soziologie bleiben seine Texte letztlich vergleichsweise doch eher dürftig.

Literatur

Bohnsack, Ralf et al. (Hrsg.), 2003: Hauptbegriffe Qualitativer Sozialforschung. Opladen.
Eberle, Thomas S., 1999: Die methodologische Grundlegung der interpretativen Sozialforschung durch die phänomenologische Lebensweltanalyse von Alfred Schütz. Österreichische Zeitschrift für Soziologie 24(4): 65-90.
Endreß, Martin, 2004: Phänomenologisch angeleitete Vermittlung von „verstehender" Soziologie und „begreifender" Ökonomik: Alfred Schütz' handlungsanalytische Perspektive. S. 223-260 in: Manfred Gabriel (Hrsg.), Paradigmen der akteurszentrierten Soziologie. Wiesbaden.

Endreß, Martin, 2005a: Introduction: Alfred Schutz and Contemporary Social Theory and Social Research. S. 1-15 in: Martin Endreß et al. (Hrsg.), Explorations of the Life-World. Continuing Dialogues with Alfred Schutz. Dordrecht.

Endreß, Martin, 2005b: Reflexivity, Reality, and Relationality. The Inadequacy of Bourdieu's Critique of the Phenomenological Tradition in Sociology. S. 51-74 in: Martin Endreß et al. (Hrsg.), Explorations of the Life-World. Continuing Dialogues with Alfred Schutz. Dordrecht.

Endreß, Martin, 2006a: Zwischen den Stühlen – Zu Hartmut Essers Versuch einer Rekonzeptualisierung von „Sinn" und „Kultur" im Gespräch mit „Rational Choice" und Max Weber. In: Rainer Greshoff / Uwe Schimank (Hrsg.), Integrative Sozialtheorie? Esser – Luhmann – Weber, Wiesbaden.

Endreß, Martin, 2006b: Zur Systematik von Max Webers "soziologischen Grundbegriffen" (in Vorbereitung).

Endreß, Martin / Renn, Joachim, 2004: Einleitung der Herausgeber. S. 7-66 in: Alfred Schütz, Werkausgabe. Band 2: Der sinnhafte Aufbau der sozialen Welt. Eine Einleitung in die verstehende Soziologie. Hrsg. Von Martin Endreß und Joachim Renn. Konstanz.

Endreß, Martin / Srubar, Ilja, 1997: Sociology in Germany. S. 650-655 in: Lester Embree et al. (Hrsg.), Encyclopedia of Phenomenology. Dordrecht / Boston / London.

Esser, Hartmut, 1993: Soziologie. Allgemeine Grundlagen, Frankfurt am Main / New York.

Esser, Hartmut, 1999: Soziologie. Spezielle Grundlagen. Band 1. Frankfurt am Main / New York.

Flick, Uwe et al. (Hrsg.), 2000: Qualitative Forschung. Ein Handbuch Reinbek.

Greve, Jens, 2002: Bedeutung, Handlung und Interpretation. Zu den Grundlagen der verstehenden Soziologie. Zeitschrift für Soziologie 31: 373-390.

Hahn, Alois, 1992: Verstehen bei Dilthey und Luhmann. Annali di Sociologia 8: 421-430.

Hitzler, Ronald, 2000: Sinnrekonstruktion: Zum Stand der Diskussion (in) der deutschsprachigen interpretativen Soziologie. Schweizerische Zeitschrift für Soziologie 26: 459-484.

Hitzler, Ronald / Honer, Anne (Hrsg.), 1997: Sozialwissenschaftliche Hermeneutik. Eine Einführung. Opladen.

Honer, Anne, 2000: Lebensweltanalyse in der Ethnographie. S. 194-204 in: Uwe Flick et al. (Hrsg.), Qualitative Forschung. Ein Handbuch. Reinbek.

Hopf, Christel et al., 1999: Die Bedeutung der „subjektiven Perspektive" in der qualitativen Sozialforschung. S. 689-713 in: Hermann Schwengel (Hrsg.), Grenzenlose Gesellschaft? 29. Kongreß der Deutschen Gesellschaft für Soziologie. Bd. II/1: Sektionen, Forschungskomitees Arbeitsgruppen. Pfaffenweiler.

Husserl, Edmund, 1985 [1939], Erfahrung und Urteil. Hrsg. von Ludwig Landgrebe. Hamburg.

Lichtblau, Klaus, 1993: Simmel, Weber und die "verstehende Soziologie". Berliner Journal für Soziologie 3: 141-151.

Lüders, Christian / Meuser, Michael, 1997: Deutungsmusteranalyse. S. 57-79 in: Ronald Hitzler / Honer, Anne (Hrsg.), Sozialwissenschaftliche Hermeneutik. Opladen.

Marotzki, Winfried, 2000: Qualitative Biographieforschung. S. 175-186 in: Uwe Flick et al. (Hrsg.), Qualitative Forschung. Ein Handbuch. Reinbek.

Meuser, Michael / Sackmann, Reinhold, 1992: Zur Einführung: Deutungsmusteransatz und empirische Wissenssoziologie. S. 9-37 in: Dies. (Hrsg.), Analyse sozialer Deutungsmuster. Beiträge zur empirischen Wissenssoziologie. Pfaffenweiler.

Oevermann, Ulrich (mit Tilman Allert, Elisabeth Konau, Jürgen Krambeck), 1979a: Die Methodologie einer „objektiven Hermeneutik" und ihre allgemeine forschungslogische Bedeutung in den Sozialwissenschaften. S. 352-434 in: Hans-Georg Soeffner (Hrsg.), Interpretative Verfahren in den Sozial- und Textwissenschaften. Stuttgart.

Oevermann, Ulrich, 1979b: Sozialisationstheorie. Ansätze zu einer soziologischen Sozialisationstheorie und ihre Konsequenzen für die allgemeine soziologische Analyse. S. 143-168 in: Günter Lüschen (Hrsg.), Deutsche Soziologie seit 1945 (= Sonderheft 21 der Kölner Zeitschrift für Soziologie und Sozialpsychologie). Opladen.

Oevermann, Ulrich, 1986: Kontroversen über sinnverstehende Soziologie. Einige wiederkehrende Probleme und Mißverständnisse in der Rezeption der „objektiven Hermeneutik". S. 19-83 in: Stefan Aufenanger / Margrit Lenssen (Hrsg.), Handlung und Sinnstruktur. Bedeutung und Anwendung der objektiven Hermeneutik. München.

Oevermann, Ulrich, 1990: Klinische Soziologie. Konzeptualisierung, Begründung, Berufspraxis und Ausbildung. Unveröffentlichtes Manuskript.

Oevermann, Ulrich, 1993: Die objektive Hermeneutik als unverzichtbare methodologische Grundlage für die Analyse von Subjektivität. S. 106-189 in: Thomas Jung / Stefan Müller-Doohm (Hrsg.), „Wirklichkeit" im Deutungsprozeß: Verstehen und Methoden in den Kultur- und Sozialwissenschaften. Frankfurt am Main.

Oevermann, Ulrich, 1996: Konzeptualisierung von Anwendungsmöglichkeiten und praktischen Arbeitsfeldern der objektiven Hermeneutik (Manifest der objektiv hermeneutischen Sozialforschung). Unveröffentlichtes Manuskript.

Oevermann, Ulrich, 1999: Strukturale Soziologie und Rekonstruktionsmethodologie. S. 72-84 in: Wolfgang Glatzer (Hrsg.), Ansichten der Gesellschaft. Frankfurter Beiträge aus Soziologie und Politikwissenschaft. Opladen.

Oevermann, Ulrich, 2000: Die Methode der Fallrekonstruktion in der Grundlagenforschung sowie der klinischen und pädagogischen Praxis. S. 58-156 in: Klaus Kraimer (Hrsg.), Die Fallrekonstruktion. Sinnverstehen in der sozialwissenschaftlichen Forschung. Frankfurt am Main.

Oevermann, Ulrich, 2001: Das Verstehen des Fremden als Scheideweg hermeneutischer Methoden in den Erfahrungswissenschaften. Zeitschrift für qualitative Bildungs-, Beratungs- und Sozialforschung 1: 67-92.

Oevermann, Ulrich, 2002: Klinische Soziologie auf der Basis der Methodologie der objektiven Hermeneutik – Manifest der objektiv hermeneutischen Sozialforschung. Unveröffentlichtes Manuskript.

Schütz, Alfred, 1971: Gesammelte Aufsätze. Band 1. Den Haag.

Schütz, Alfred, 1972: Gesammelte Aufsätze. Band. 2. Den Haag.

Schütz, Alfred, 2003: Alfred Schütz Werkausgabe. Band V.1: Theorie der Lebenswelt 1. Die pragmatische Schichtung der Lebenswelt. Hrsg. von Martin Endreß und Ilja Srubar. Konstanz.

Schütz, Alfred, 2004a: Alfred Schütz Werkausgabe Bd. II: Der sinnhafte Aufbau der sozialen Welt. Eine Einleitung in die verstehende Soziologie. Hrsg. von Martin Endreß und Joachim Renn. Konstanz.

Schütz, Alfred, 2004b: Alfred Schütz Werkausgabe Bd. VI.1: Relevanz und Handeln 1. Zur Phänomenologie des Alltagswissens. Hrsg. von Elisabeth List. Konstanz.

Seyfarth, Constans, 1979: Alltag und Charisma bei Max Weber. Eine Studie zur Grundlegung der „verstehenden" Soziologie. S. 155-177 in: Walter M. Sprondel / Richard Grathoff (Hrsg.), Alfred Schütz und die Idee des Alltags in den Sozialwissenschaften. Stuttgart.

Simmel, Georg, 1989 [1892]: Die Probleme der Geschichtsphilosophie. S. 297-421 in: Gesamtausgabe. Band 2. Hrsg. von Heinz-Jürgen Dahme. Frankfurt am Main.

Srubar, Ilja, 1979: Die Theorie der Typenbildung bei Alfred Schütz. Ihre Bedeutung und ihre Grenzen. S. 43-64 in: Walter M. Sprondel / Richard Grathoff (Hrsg.), Alfred Schütz und die Idee des Alltagshandelns in den Sozialwissenschaften. Stuttgart.

Srubar, Ilja, 1981: Die Konstitution von Bedeutsamkeit im Alltagshandeln. Zur Schützschen Lösung eines Weberschen Problems. S. 93-107 in: Walter M. Sprondel / Constans Seyfarth (Hrsg.), Max Weber und die Rationalisierung sozialen Handelns. Stuttgart.

Srubar, Ilja, 1994: Wertbeziehung und Relevanz. Zu Alfred Schütz' Weber-Rezeption. S. 259-277 in: Gerhard Wagner / Heinz Zipprian (Hrsg.), Max Webers Wissenschaftslehre. Interpretation und Kritik. Frankfurt am Main.

Srubar, Ilja, 2002: Strukturen des Übersetzens und interkultureller Vergleich. S. 323-345 in: Joachim Renn et al. (Hrsg.), Übersetzungen als Medium des Kulturverstehens und sozialer Integration. Frankfurt am Main / New York.

Tyrell, Hartmann, 1998: Zur Diversität der Differenzierungstheorie. Soziologiehistorische Anmerkungen. Soziale Systeme 4: 119-149.

Weber, Max, 1920: Die protestantische Ethik und der Geist des Kapitalismus. S. 17-206 in: Gesammelte Aufsätze zur Religionssoziologie. Band 1. Tübingen.

Weber, Max, 1976: Wirtschaft und Gesellschaft. Grundriß der verstehenden Soziologie. Hrsg. v. Johannes Winckelmann. 5. Aufl. Tübingen.

Weber, Max, 1988: Gesammelte Aufsätze zur Wissenschaftslehre. Hrsg. von Johannes Winckelmann. 8. Aufl. Tübingen.

Wilson, Thomas P., 1970: Normative and interpretive Paradigms in Sociology. S. 57-79 in: Jack D. Douglas (Hrsg.), Understanding Everyday Life. Toward the Reconstruction of Sociological Knowledge. Chicago.

Handeln, soziale Ordnungen und sozialwissenschaftliche Erklärung: Max Weber und Rational Choice*

Zenonas Norkus

Vor der Zeit, als der Rational Choice-Ansatz (im folgenden zitiert als RCA) durch diese Namengebung als eine besondere sozialwissenschaftliche Richtung von den Verfassern der Lehrbücher der soziologischen Theorie „sozial konstruiert" wurde, gab es außer Weber wohl kein anderer Soziologe, der sich so intensiv mit der „Rationalität" als sozialwissenschaftlichem Problem auseinandergesetzt hatte. Nachdem der RCA die „Rationalität" zu einem der wichtigsten Begriffe nicht nur in der Wirtschaftswissenschaft, sondern auch in der Politikwissenschaft (insbesondere der amerikanischen) und sogar in der Soziologie machte, wurde die Auseinandersetzung mit den Beziehungen zwischen den beiden Gedankenwelten zu einer dringenden Angelegenheit der Weber-Forschung. Die Ansätze zu einer solchen Auseinandersetzung wurden von den Anhängern des RCA in der Soziologie geliefert. Sie wurden zu dieser Auseinandersetzung durch eine in der Soziologie vorherrschende Auffassung bewegt, die den RCA mit dem „ökonomischen Imperialismus" identifizierte und als grundsätzlich „unsoziologisch" betrachtete. Sowohl in ihren Anstrengungen zu zeigen, daß es keine Unverträglichkeit zwischen dem RCA und den die Identität der Soziologie als Fach stiftenden Traditionen gibt, als auch in den Versuchen, eine spezifisch „soziologische" Version des RCA zu entwickeln, die sie übrigens manchmal nicht mehr mit dem Namen des RCA bezeichnen wollen[1], haben sich viele Anhänger des RCA in der Soziologie um die Anschlüsse an Webers Werk bemüht (Abell 1996: 258-260, 267; Boudon 1987: 46-49, Esser 1996: 3-8).

Ich habe meinerseits diese Ansätze zu einem systematischen Vergleich zwischen Webers Werk und dem RCA in meinem Buch Max *Weber und Rational Choice* ausgearbeitet (Norkus 2001a; vgl. auch Norkus 2000). In diesem Beitrag

---

*   Ich danke Klaus Lichtblau herzlich für die großzügige Hilfe bei der Bereinigung des Textes von den grammatischen Fehltritten. Für verbleibende Sprachfehler und alles Sachliche ist der Verfasser allein verantwortlich. Gabriele Cappai, Jens Greve, Joachim Radkau, Constans Seyfarth, Richard Swedberg, Hartmann Tyrell und Sam Whimster danke ich für anregende Fragen und die Diskussion des vorliegenden Textes.
[1]   Hartmut Esser beschreibt nämlich seine Version des RCA als „integrative und nichtreduktionistische erklärende Sozialtheorie" (Esser 1999b: 259).

werde ich mich auf die Beziehungen zwischen dem RCA und demjenigen Teil von Webers Werk beschränken, der als „verstehende Soziologie" bekannt ist. Unter „verstehender Soziologie" werde ich sowohl Webers Grundsätze zur Methodologie der sozialwissenschaftlichen Erklärung als auch seine handlungs- und ordnungstheoretische Skizze verstehen, soweit sie in seinen berühmten grundlagentheoretischen Texten dargelegt sind, die im Kontext der Arbeit an seinem Beitrag zum *Grundriß der Sozialökonomik* und seinen Studien zur Wirtschaftsethik der Weltreligionen entstanden sind.

Die ersten drei Abschnitte behandeln die Beziehungen zwischen erklärungsmethodologischen und handlungstheoretischen Positionen von Weber und dem RCA wie auch die Frage, ob Weber als Vorgänger des RCA angesehen werden kann. In den Abschnitten 4-5 werden ordnungstheoretische Ansätze von Weber und dem RCA verglichen. Der sechste Abschnitt ist der Frage gewidmet, wie viele „verstehende Soziologien" Webers bzw. Varianten derselben es gibt. Die schwierige Frage, ob Weber in seiner Forschungspraxis immer auch das machte, was er als Methodologe und Grundlagentheoretiker gepredigt hatte, werde ich nur soweit streifen, wie diese Frage auf das schon berühmte werkgeschichtliche „Problem des Kopfes" zu Webers Beitrag zum *Grundriß der Sozialökonomik* bezogen ist.[2]

1 Die verstehende Soziologie als Methodologie der sozialwissenschaftlichen Erklärung

Die Überschneidungsmenge der Ideen, die Webers verstehende Soziologie mit dem gegenwärtigen RCA teilt, schließt erstens das Prinzip des methodologischen Individualismus ein, das die Beschreibung des Ideals der sozialwissenschaftlichen Erklärung enthält. Als solche Beschreibung kann namentlich Webers berühmte Definition der Soziologie gelesen werden, in welcher sie als „eine Wissenschaft, welche soziales Handeln deutend verstehen und dadurch in seinem Ablauf und in seinen Wirkungen ursächlich erklären will" (Weber 1976: 1),beschrieben ist. Liest man diese Definition rückblickend aus der Perspektive des RCA, so läßt sie sich in das Erklärungsschema eines Makro-Mikro-Makro-Überganges übertragen, das zu einer Art Markenzeichen des RCA in der Soziologie geworden ist. Das „deutende Verstehen" des sozialen Handelns läßt sich mit der Rekonstruktion der subjektiven Definition der Situation identifizieren. Insofern diese Rekonstruktion von den geltenden Ordnungen („Regelmäßigkeiten" des sozialen Handelns) ausgeht, an denen sich ein Akteur bei der Verfol-

---

[2] Siehe zu dieser Frage Norkus 2001a: 133-155.

gung seiner „ideellen" und „materiellen" Interessen orientiert, erfolgt dabei ein Makro-Mikro-Übergang. Erst dieser Schritt schafft die Prämissen für eine ursächliche Erklärung des „Ablaufs" sozialen Handelns im Rahmen der „Logik der Selektion" auf der Mikro-Ebene.

Weber gibt jedoch explizit an, daß die „ursächliche Erklärung" des sozialen Handelns nicht *ein* Explanandum, sondern *zwei* Explananda hat. Nicht nur der „Ablauf", sondern auch die „Wirkungen" sozialen Handelns sollen erklärt werden. Die Erklärung des „Ablaufs" sozialen Handelns ist für Weber also kein Selbstzweck, sondern nur Mittel für die Erklärung seiner Wirkungen. Ebenso wie die verstehende Soziologie nicht an allem Handeln, sondern nur am sozialen Handeln interessiert ist, so sind auch nicht alle Wirkungen dieses Handelns für sie gleich interessant. Es geht vor allem um soziale oder kollektive Wirkungen, die der Makroebene zugehören bzw. nur mit „Kollektivbegriffen" beschrieben werden können.

Es ist bemerkenswert, daß Weber die Soziologie nicht durch ihren Bezug auf einen bestimmten Gegenstandsbereich definiert, sondern durch ihre Erklärungsmethode. Die Grenzen der Soziologie in diesem Weberschen Sinn reichen so weit, wie das oben beschriebene Schema der Erklärung anwendbar ist. Damit drückt Webers Definition der Soziologie auch die Verpflichtung zur Einheit der Sozialwissenschaften aus, welche die zweite gemeinsame Idee des RCA und Webers verstehender Soziologie darstellt.

Die dritte wichtige Gemeinsamkeit der beiden Ansätze ist der grundsätzliche Antipsychologismus – die Bemühung um die Autonomie der sozialwissenschaftlichen Erklärung gegenüber der „Laborpsychologie". „Unter ‚Psychologie' versteht heute jeder etwas anderes" (Weber 1976: 9).[3] Weber und die Vertreter des RCA vertreten den Standpunkt, daß der methodologische Individualismus durchaus nicht automatisch die Verpflichtung zum Psychologismus impliziert. Dieser Antipsychologismus führt Weber zu einer Konzeption der verstehenden Soziologie, die ihn in größte Nähe zum RCA bringt.

Es geht viertens um die Ansicht, daß das zweckrationale Handeln die methodische oder analytische Priorität beim deutenden Verstehen und bei der kausalen Erklärung des sozialen Handelns der Akteure hat. Weber empfiehlt nämlich, das deutende Verstehen nicht mit dem Versuch zu beginnen, die inneren Zustände der zu verstehenden Akteure einfühlend nachzuvollziehen, sondern von der Rekonstruktion der „objektiven" Handlungssituation und von der Herausfindung der Handlungsweise, welche für den zu verstehenden Akteur „richtigkeits-

---

[3] Wegen der Fortschritte, die die „Laborpsychologie" seit Webers Zeiten gemacht hat, ist freilich jetzt Webers Skeptizismus gegenüber ihrem Angebot für die erklärende Sozialwissenschaft sehr problematisch geworden. Siehe dazu Albert 1994: 122-163; 2003: 82-85.

rational" wäre, auszugehen.[4] Als „richtigkeitsrational" versteht Weber dabei das Handeln, welches richtig, adäquat oder optimal für die gegebene Situation und für gegebene Ziele ist.

Die heuristische Priorität des zweckrationalen Handelns begründet Weber durch die Überlegung, daß der „subjektive Sinn" eines zweckrational handelnden Akteurs für den Forscher ein Maximum an „Evidenz" hat, also am verständlichsten ist. „Das Höchstmaß an ‚Evidenz' besitzt nun die zweckrationale Deutung" (Weber 1982b: 428).[5] Da Weber die heuristische Priorität auch dem richtigkeitsrationalen Handeln zuschreibt, kann diese Auffassung als die Ausdehnung des Grundsatzes der hermeneutischen Billigkeit oder Nachsicht auf das Handeln beschrieben werden. Seine ursprüngliche Anwendung hat dieser Grundsatz in der Textinterpretation, wo er die Präsumtion der durchgängigen Kohärenz der Texte bedeutet (Scholz 1999). Wird dieser Grundsatz auf das Handeln angewendet, so bedeutet die hermeneutische Nachsicht die Entscheidung des Forschers, von der Präsumtion auszugehen, daß die Meinungen des Akteurs wahr sind, wie dies Donald Davidson auch in der gegenwärtigen analytischen Handlungs- und Geistesphilosophie in seiner Theorie der „radikalen Interpretation" empfiehlt (Davidson 1984; Cappai 2000).[6]

Zur Herausfindung der Handlungsweise, die für den zu verstehenden Akteur „richtigkeitsrational" war, gehört offensichtlich die Ermittlung der realen Handlungsmöglichkeiten für die Akteure oder (in Webers Terminologie) der „Chan-

---

[4] „Die konkrete kausale Zurechnung der Einzelgeschehnisse durch die Arbeit der Geschichte verfährt der Sache nach nicht anders, wenn sie, um zum Beispiel den Verlauf des Feldzuges von 1866 zu erklären, sowohl für Moltke wie für Benedek zunächst (gedanklich) ermittelt (wie sie es schlechthin zu tun *muß*): wie jeder von ihnen, bei voller Erkenntnis der eigenen und der Lage des Gegners, im Fall idealer Zweckrationalität disponiert haben *würde*, um damit zu vergleichen: wie tatsächlich disponiert worden ist, und dann gerade den beobachteten (sei es durch falsche Information, tatsächlichen Irrtum, Denkfehler, persönliches Temperament oder außerstrategische Rücksichten bedingten) Abstand kausal zu *erklären*. Auch hier ist (latent) eine idealtypische zweckrationale Konstruktion verwendet" (Weber 1976: 10).

[5] Die heuristische Priorität des zweckrationalen Handelns ist eigentlich nicht selbstverständlich oder unbestritten. Uwe Schimank plädiert für die analytische Priorität des Akteursmodells Homo Sociologicus (bzw. des normkonformen Handelns) und begründet dieses Plädoyer mit dem „erklärungsökonomischen" Argument, daß der empirische Erhebungsaufwand für die Anwendung dieses Modells kleiner als bei der Anwendung seiner Alternativen sei. Zugleich behauptet er aber die „theoretische Priorität" des Homo Oeconomicus (bzw. des zweckrationalen Handelns) in den modernen Gesellschaften, die aus der zunehmenden funktionalen Differenzierung und Interdependenz, aus der kulturellen Aufwertung der Eigeninteressen und der eigendynamischen Diffusion der Interessenverfolgung hervorgeht. Aus diesen Prozessen ergibt sich nämlich gesellschaftsstruktureller Druck zum zweckrationalen Handeln (siehe Schimank 2001: 145-167).

[6] Zu den Berührungspunkten zwischen den Handlungsauffassungen von Davidson und Weber siehe Turner 1983.

cen" des sozialen Handelns, die durch den Besitz, die „Marktlage" und die Zugehörigkeit der Akteure zu den „offenen" und „geschlossenen" sozialen Beziehungen der verschiedensten Art bedingt sind. Zur Rekonstruktion dieser objektiven Situation gehört auch die Identifikation „einer, äußeren oder inneren, Interessenlage" (Weber 1976: 445), die durch die soziale Identität der Akteure als „Arbeiter", „Unternehmer", „Börsenspekulanten", „Feldherren" usw. sozial definiert ist: Dem Arbeiter geht es um möglichst hohen Arbeitslohn bei möglichst sparsamem Einsatz seiner Arbeitskraft, dem Börsenspekulanten um maximalen Gewinn, dem Feldherrn um den Sieg usw.

Anhand der Rekonstruktion der objektiven Situation des Handelns soll dann der Forscher fragen, wie ein Akteur handeln würde, wenn er volle Kenntnis über die objektive Situation besäße und „welche Konsequenzen das Handeln des einzelnen Menschen in seiner Verschlingung mit dem aller andern erzeugen *müßte, wenn* jeder einzelne sein Verhalten zur Umwelt ausschließlich nach den Grundsätzen kaufmännischer Buchführung, also in diesem Sinn ‚rational' gestalten *würde*" (Weber 1982: 395). Die Beschreibung eines solchen (kontrafaktischen) Ablaufs des Handelns ergibt den „Idealtyp", das *baseline model* oder die „Nullhypothese", die mit den Daten über den tatsächlichen Ablauf des Handelns verglichen werden soll.

Anders als die Akteure, welche die richtige zweckrationale Handlung *ex ante* zu finden versuchen, untersucht der Forscher das Handeln *ex post,* wo schon bekannt ist, ob die Handlung erfolgreich war. Eine erfolgreiche Handlung kann man dann approximierend als „richtigkeitsrational" oder „richtig" klassifizieren. Wenn die erfolgreiche Handlung durch die bewußte Abwägung ihrer Bestimmungsgründe kausal bestimmt war, kann sie sowohl als „richtigkeitsrational" als auch als „subjektiv zweckrational" bezeichnet werden. „Zweckrationales Sichverhalten soll ein solches heißen, welches ausschließlich orientiert ist an (*subjektiv*) als adäquat vorgestellten Mittel für (subjektiv) eindeutig erfaßte Zwecke" (Weber 1982b: 428).

Die „Richtigkeit" und die „subjektive Rationalität" des Handelns können aber durchaus auseinanderfallen. Erfolgreiches oder situationsadäquates Handeln kann auch das Ergebnis der Handlungsselektion sein, in welcher bewußte Überlegungen keine Rolle spielen. „Eine faktisch weitgehende Annäherung des realen Ablaufs eines Handelns an den Richtigkeitstypus, also faktische *objektive* Richtigkeitsrationalität, ist aber sehr weit davon entfernt, notwendig zusammenzufallen mit subjektiv zweckrationalem, d.h. nach eindeutig vollbewußten Zwecken und vollbewußten als ‚adäquat' gewählten Mitteln orientiertem Handeln" (Weber 1982b: 428). Andererseits kann auch gut vorausüberlegtes Handeln scheitern, weil die menschlichen Akteure auch bei größter Anstrengung nicht alles richtig voraussehen und vorausplanen können. In diesem Fall haben wir es mit Handlungen zu tun, die nur „subjektiv" zweckrational sind.[7]

Im *Kategorienaufsatz* empfiehlt Weber die folgende Reihenfolge, wie die Hypothesen über die Ursachen der „Ablenkungen" des „Ablaufs" des Handelns von ihrem kontrafaktischen „richtigkeitsrationalen" Ablauf geprüft werden sollen: „Die objektive Richtigkeitsrationalität dient ihr (der ‚verstehenden Soziologie'; Z.N.) gegenüber dem empirischen Handeln, die Zweckrationalität gegenüber dem psychologisch sinnhaft Verständlichen, das sinnhaft verständliche gegenüber dem unverstehbar motivierten Handeln als Idealtypus, durch Vergleich mit welchem die kausal relevanten Irrationalitäten (im jeweils verschiedenen Sinn des Worts) zum Zweck der kausalen Zurechnung festgestellt werden" (Weber 1982b: 436). Soll also auch die Hypothese des nur subjektiv zweckrationalen Handelns verworfen werden, so können die fraglichen „Ablenkungen" nicht ohne die Hilfe der „verstehenden" oder sogar der rein „kausal erklärenden" Psychologie erklärt werden.

Anders als gegenwärtige Vertreter des RCA hebt Weber grundsätzlich hervor, daß das zweckrationale Handeln nur eine heuristische, nicht aber die ontische oder empirische Priorität hat. Die zweckrationale Deutung besitzt also maximale „Sinnadäquanz", was aber damit verträglich ist, daß solche Deutung nicht besonders oft auch „kausal adäquat" ist. „Das *reale* Handeln verläuft in der großen Masse seiner Fälle in dumpfer Halbbewußtheit oder Unbewußtheit seines ‚gemeinten Sinns'. Der Handelnde ‚fühlt' ihn mehr unbestimmt, als daß er ihn wüßte oder ‚sich klar machte', handelt in der Mehrzahl der Fälle triebhaft oder gewohnheitsmäßig" (Weber 1976: 10).

Dies hat aber die unangenehme Implikation, daß der Bereich, in welchem die verstehende Soziologie autonom von der Psychologie bleiben kann, ziemlich eng beschnitten ist. "Da sinnhaftes soziales Handeln Gegenstand der Weberschen Soziologie ist, muß er, wie er sagt, mutmaßlich 80% alles sozialen Handelns, das in der Form halbbewußter oder sinnhaft amorpher Gewohnheiten (‚traditional bestimmtes Handeln') abläuft, als nicht eigentlich zu seinem Thema gehörig bezeichnen" (Baumgarten 1965: 603 f.).[8] Folgt man den Richtlinien des *Katego-*

---

[7] Die Opposition zwischen der „subjektiven Rationalität" und der „Richtigkeitsrationalität" des Handelns spielt eine zentrale Rolle in Webers Konzeptualisierung der Handlungsrationalität, die in seinem *Kategorienaufsatz* vorfindbar ist. In den späteren *Soziologischen Grundbegriffen* wird die Opposition zwischen dem „zweckrationalen" und dem „wertrationalen" Handeln zentral. Ich bin aber der Meinung, daß die Opposition der „subjektiven Rationalität" und der „Richtigkeitsrationalität" (oder „objektiven Rationalität") von Weber nicht verworfen, sondern zur Opposition der „formalen" und „materialen" Rationalität verallgemeinert und dadurch sozusagen soziologisiert wurde (siehe Norkus 2003).

[8] Diese Behauptung von Eduard Baumgarten über Webers Ansichten (ich meine die „80%") läßt sich übrigens textuell nicht belegen, obwohl sie sachlich zutreffend ist.

rienaufsatzes von 1913, so kann man dieses Handeln ohne Hilfe der Psychologie nicht erklären. Weber versuchte in der neuen Fassung seiner verstehenden Soziologie von 1920 diese Schwierigkeit im zweiten Anlauf durch seine berühmte Handlungstypologie zu überwinden, die man als Entwurf einer spezifisch soziologischen Handlungstheorie betrachten kann. Diese Typologie erlaubt es auch, jenes Handeln in die Sphäre der verstehenden Soziologie mit einzubeziehen, welches durch die „eingelebten Gewohnheiten" und durch Affekte mitbestimmt ist.

2 Ist Weber ein Vertreter des Rational Choice-Ansatzes?

Ich komme zur handlungstheoretischen Skizze Webers im nächsten Abschnitt zurück. Vorerst will ich die Frage beantworten, die angesichts dieser Übereinstimmungen unvermeidlich ist: Kann man Webers verstehende Soziologie als Antizipation oder sogar als eine besondere Version des RCA bezeichnen? Nein, wenn der RCA mit derjenigen Interpretation seines Anwendungsbereiches identifiziert wird, die in der grundlagentheoretischen Diskussionen um den RCA als „strikter Universalismus" bezeichnet wurde (Green / Shapiro 1994; Friedman 1996). In dieser Auffassung wird der RCA als universale *empirische* Theorie des menschlichen Verhaltens verstanden.

Eine solche Auffassung ist insofern neu, als die empirisch gehaltvolle Anwendung des RCA auf die Annahme der Konstanz der Präferenzen (derjenigen Bestimmungsgründen des menschlichen Verhaltens, die umgangssprachlich „Interessen", „Wünsche" und dergleichen heißen) angewiesen ist und mithin den Anspruch auf eine solche Universalität höchst bedenklich macht. Die Theorie, die den Anspruch auf eine solche Universalität erhebt, soll fähig sein, nicht nur die Veränderungen im Ablauf des Handelns, die durch die Veränderungen in der Situation des Handelns bei den fixierten Präferenzen verursacht sind, sondern auch die Veränderung der Präferenzen selber zu erklären. Eine solche Theorie soll auch den Unterschied zwischen der objektiven und der subjektiv definierten Situation berücksichtigen, indem sie auch die Meinungsbildung zu erklären fähig ist.

Die einzige Version der Theorie der rationalen Wahl, die zu Webers Lebenszeit ausgearbeitet war und von ihm als Beschreibung des „konstruktiven Grenzfalls" der „absoluten Zweckrationalität" in seine Handlungstypologie eingeordnet wurde (Weber 1976: 13), war die Grenznutzenlehre und kann retrospektiv als Theorie der rationalen Entscheidung unter Sicherheit beschrieben werden. Sie ist nur unter der Annahme der Konstanz der Präferenzen und der perfekten Information anwendbar, beansprucht also weder die Präferenzbildung noch die Meinungsbildung zu erklären. Erst die Fortschritte in der Ausarbeitung der Theorie der rationalen Wahl, die Ausdehnung der Sphäre ihrer Anwendung auf die Meinungsbildung (Ramsey 1931; Savage 1954), die man in der Soziologie als „Definition der Situation" zu bezeichnen pflegt, und die Anwendung der neoklassischen mikroökonomischen Theorien der Produktion und der Kapitalbildung auf das gesamte Verhalten machten das Verständnis der Theorie der rationalen Wahl als einer universalen Theorie des menschlichen Verhaltens auch technisch möglich (Becker 1982). Es gibt zwei Versionen dieser „universalistischen" Auffassung des RCA, die alles Handeln als unablässige Nutzenproduktion unter Restriktionen versteht: die wirtschaftswissenschaftliche (von Gary S. Becker) und die soziologische, die hier in Deutschland von Hartmut Esser eindrucksvoll herausgearbeitet und verteidigt wird.[9]

Webers verstehende Soziologie hat offensichtlich nur wenige Gemeinsamkeiten mit einem solchem universalistischen RCA. Sein Einsatz für den heuristischen oder analytischen Primat des zweckrationalen Handelns erlaubt aber, seine verstehende Soziologie mit denjenigen Auffassungen des RCA in Beziehung bringen, die seinen Anwendungsbereich auf die Fälle einschränken, in welchen bestimmte Randbedingungen erfüllt sind. Es geht vor allem um Bedingungen, bei welchen die Präferenzen der Akteure bekannt und stabil sind, die Kosten der falschen Entscheidung groß sind, die Informationskosten der optimalen Entscheidungsfindung aber klein sind. Es geht also um Situationen, in welchen es sich zu überlegen und zu kalkulieren lohnt, ehe man entscheidet, was zu tun ist. Wenn aber ein Akteur im Fall der Mißkalkulierung nur wenig zu verlieren riskiert und die Ergebnisse seiner Handlungen weniger von seinen Wahlakten als den Umständen abhängen, die er nicht beeinflussen kann, ist zweckrationales Verhalten nicht zu erwarten. Deswegen eignet sich der RCA für die Erklärung des Verhaltens der Politiker, der Heerführer und natürlich der Unternehmer besser als für die Erklärung des Verhaltens etwa der Wähler.

Man darf nicht übersehen, daß Weber nicht der Meinung war, daß die idealtypischen Konstruktionen des Ablaufs des sozialen Handelns, die auch unter der Voraussetzung des streng zweckrationalen Handelns formuliert sind, immer *nur* die heuristische Bedeutung eines Generators der Forschungsfragen haben. Sogar die „Nullhypothesen" der Grenznutzenlehre können „kausal adäquat" sein. Weber erwähnt eine *„stetig zunehmende,* das Schicksal immer breiterer Schichten der Menschheit in sich verstrickende" (Weber 1982a: 395) Annäherung der Wirklichkeit an die theoretischen Sätze der neoklassischen Ökonomik, die er „abstrakte Wirtschaftstheorie" nannte.

---

[9] Zu einem Vergleich beider Versionen siehe Norkus 2001b.

Die Fähigkeit zum zweckrationalen (vorausüberlegenden oder planenden) Handeln ist in Webers Augen die anthropologische Konstante. Die historischen Epochen und Kulturen unterscheiden sich aber auch dadurch voneinander, wie breit die Sphäre des zweckrationalen und insbesondere des streng rationalen oder richtigkeitsrationalen Handelns ist. Wenn Weber über die Rationalisierung des sozialen Handelns spricht, meint er die Entstehung der institutionellen und kulturellen Bedingungen, die einerseits die Menschen dazu zwingen, wenigstens subjektiv zweckrational oder systematisch entscheidungsförmig zu handeln, und die andererseits solches Handeln ermöglichen. Diese Bedingungen sind zugleich die Bedingungen, unter welchen die Nullhypothesen des RCA kausal adäquat sind.

Den institutionellen Bedingungen, unter welchen der RCA nicht nur eine heuristische Bedeutung hat, sondern auch die kausal adäquaten Erklärungen des sozialen Handelns liefern kann, schreibt Weber die Eigenschaft der „formalen Rationalität" zu. Es geht um die institutionellen Regelwerke, die geregeltes soziales Handeln kalkulierbar machen und dadurch die Transaktions- und Informationskosten der Akteure senken. Zu den kulturellen Bedingungen der Expansion der Bereiche, in welchen die Nullhypothesen des zweckrationalen Handelns „kausal adäquat" sind, gehört unter anderem die Akkumulation des „richtigkeitsrationalen" Wissens durch die neuzeitliche Wissenschaft, welche die Informationskosten des zweckrationalen Handelns senkt; sowie die Erfindung der semiotischen Techniken, welche die natürlichen Grenzen der kognitiven Kapazitäten des „psychophysischen Apparats" des Menschen in ebensolcher Weise erweitern, wie dies etwa der Spaten, der Bagger oder der Hammer für die physischen Kapazitäten leisten. Einer dieser Erfindungen – der doppelten Buchführung – hat Weber eine so große Bedeutung beigemessen, daß er die entsprechende Angabe in seine Definition des modernen Kapitalismus einschloß (Weber 1958: 239). Es geht um Erfindungen, welche die Informationskosten senken und dadurch auch dem konstitutionell „begrenzt rationalen" Menschen das vorauskalkulierende und entscheidungsförmige Handeln in immer größerem Umfang zugänglich und letzteres zugleich notwendig machen (vgl. auch Schimank 2001: 158-167).

Hier sind wir beim wichtigsten Unterschied zwischen Webers Soziologie und dem RCA angelangt: Im RCA ist die Zweckrationalität immer die Annahme in der Erklärung, während Weber sie auch als abhängige Variable oder als Explanandum betrachten will. Von Webers Standpunkt aus gesehen kann es mehr oder weniger an (Zweck-)Rationalität geben, je nachdem welche Rolle die bewußte Abwägung der „Mittel gegen die Zwecke", „der Zwecke gegen die Nebenfolgen und der verschiedenen möglichen Zwecken gegeneinander" in der kausalen Bestimmung des Handelns spielt; je nachdem welche symbolische Apparatur man bei dieser „Abwägung" benutzt, um sie in eine algorithmisch verfahrende Kalkulation und deswegen intersubjektiv nachvollziehbare Kalkulation zu transformieren[10]; je nachdem wie genau diese Kalkulation vollzogen wird; je nach der Länge des Zeithorizonts, für welche die Akteure die konsistente Menge der Zwecke haben und je nach der Konsistenz in ihrer Verfolgung – also je nach dem Grade der Selbstkontrolle, die die Fähigkeit bedeutet, die Anfälle der Willenschwäche und die Ausbrüche der Emotionen zu vermeiden. Es ist diese letzte Dimension der „Rationalisierung des sozialen Handelns", an welcher Weber besonders interessiert war und die er unter dem Namen der „rationalen Lebensführung" in seinen historisch-soziologischen Forschungen zur Wirtschaftsethik der Weltreligionen sehr eingehend behandelt hatte.

Ich werde nicht auf die Frage eingehen, ob diese berühmte Fragestellung Webers bezüglich der Rationalisierung des sozialen Handelns im Bezugsrahmen des RCA nachvollziehbar ist (siehe Norkus 2001a: 417-493). Was aber die leitende Frage dieses Abschnitts betrifft – ob Webers verstehende Soziologie zur Familie der Rational Choice-Ansätze als besondere Version zugerechnet werden kann –, sollte man vom Grundsatz ausgehen, daß niemand das Monopolrecht hat zu entscheiden, welche Auffassung des RCA die „richtige" ist. Auch soll man in Betracht ziehen, daß es anerkannte Forscher gibt, die sich einerseits als Vertreter des RCA identifizieren und andererseits behaupten, daß diejenige Verwendung der Theorie des rationalen Handelns, die Weber empfohlen hatte, eigentlich die beste oder richtige ist: „A better approach is to adopt thin rationality as baseline model or ideal type and then assess errors. In other words, at the start of the inquiry theorists should determine what is predicted by narrow CA ('collective action'; Z.N.) theories in which self-interest is taken to be materialist and pecuniary. If necessary, CA theorists can try to explain systematic deviations from CA theories with microtheories found in various branches of psychology or social psychology" (Lichbach 1996: 236).

Der Verfasser, den ich zitiert habe, beschreibt Weber als „the earliest advocate of this approach" (Lichbach 1996: 237). Wenn man will, kann man diese

---

[10] Rainer Döbert bietet eine sehr hilfreiche Erörterung an: „Ein Beispiel wird hilfreich sein: Bei bewußter Mittelabwägung ist Handeln formal-zweckrational. Nun kann man offensichtlich noch einmal fragen: Wie ist dieser Abwägungsprozeß organisiert? Muß, wie bei jeder Naturalrechnung, grob geschätzt werden oder kann exakt gerechnet werden? Wenn ja, dann liegt ein Höchstmaß an formaler Rationalität des Wirtschaftens vor, nämlich Rechenhaftigkeit. Und Rechenhaftigkeit ist mehr als Zweckrationalität, nämlich formal rationalisierte Zweckrationalität im starken Sinne" (Döbert 1989: 241). Die Anwendung der Mathematik, darunter der Entscheidungstheorie, der Mittel des „äußeren Gedächtnisses" (Schrift, systematische Aktenführung) sowie der elektronischen Rechner bei der Entscheidungsfindung führen zur Steigerung der formalen Rationalität des Handelns.

besondere Version des RCA auch als „weberianischen" RCA oder als „analytischen Weberianismus" bezeichnen.[11]

3 Webers Idee der soziologischen Theorie des Handelns

Freilich kann man Webers verstehende Soziologie nur dann als Vorgängerin des RCA betrachten, wenn man sich auf seine erklärungsmethodologischen Ideen beschränkt. Seine *Soziologischen Grundbegriffe* beinhalten aber auch eine handlungstheoretische Skizze, die zeigt, daß er sich bei seiner Ausarbeitung der verstehenden Soziologie in eine andere Richtung als der gegenwärtige RCA bewegt hatte. Webers berühmte Handlungstypologie kann nämlich als Skizze einer umfassenden soziologischen Handlungstheorie angesehen werden, die das zweckrationale Handeln als Sonderfall einschließt. Man kann den Grundriß einer solchen Theorie aus der handlungtypologischen Skizze Webers rekonstruieren.

Gewohnheiten oder Routinen als Bestimmungsgründe des traditionalen Handelns, Affekte als Ursachen des affektiven Handelns, die das wertrationale Handeln auszeichnenden Wert- und Normverpflichtungen und bewußt überlegende Mittel- und Nutzenkalkulation als die Bestimmungsgründe des zweckrationalen Handelns sind nämlich keine inkompatiblen Mechanismen der Determination des Handelns. Handlungen, die bei ihrer ersten Ausführung ohne bewußte Kontrolle und Überlegung jedes Schrittes nicht möglich sind, können bei wiederholter Ausführung routinemäßig durchgeführt und insofern habitualisiert werden. Die Überlegungen, bei welchen Ziele und Mittel zweckrational gegeneinander abgewogen werden, können durchaus von Affekten begleitet werden. „Die bewußte Herausarbeitung der letzten Richtpunkte", die dem wertrationalen Handeln zugrunde liegt, ist vielleicht der beste Mittel, sich in einen gewissen „erhabenen" Gemütszustand zu versetzen, von welchem die Menschen, die ein sogenanntes intensives „inneres Leben" führen, so viel zu berichten haben.

Versucht man alle Determinanten (oder, in der modernen Diktion: „Variablen") aufzuzählen, die Weber in seiner Handlungstypologie ins Spiel bringt, so ergibt sich die folgende Liste: Opportunitäten oder in Webers Terminologie die „Chancen" des Handelns (O), Ziele (Z) und die Erwartungen (E) des Akteurs, Wertverpflichtungen (W), Gewohnheiten (G) und Affekte (A). Alle diese Variablen kann man in einer Formel zusammenbringen, die man als den Entwurf einer Regel des Handels betrachten kann, die der Skizze einer erklärenden sozio-

---

[11] Dieselbe Strategie in der Anwendung der Theorie des rationalen Handelns hat auch Jon Elster in seinen früheren Arbeiten empfohlen, obwohl er sich freilich jetzt nicht mehr mit dem RCA identifizieren will. Siehe z.B.: Elster 1979a: 154-156 und 1985: 35-36.

logischen Theorie des Handelns zugrunde liegt. Diese umfassende soziologische Theorie des Handelns betrachtet das Handeln als die Funktion H=h(O,E,Z,W,G,A). Insofern die Bedeutungen der Variablen im Argument der Funktion unabhängig voneinander variieren und dabei auch die Bedeutung 0 haben können[12], ergeben sich als Grenzfälle einer solcher Theorie die reinen Typen des zweckrationalen (H=h(O,E,Z)), des wertrationalen oder des gesinnungsethischen (H=h(O,W)), des traditionalen (H=h(O,G)) u und des affektuellen (H=h(O,A) Handelns. Außer diesen reinen Typen sind noch 11 „Mischtypen" unter rein kombinatorischer Hinsicht möglich. Insgesamt schließt Webers Handlungstypologie 15 Handlungstypen ein:

1. (1) H=h(O,E,Z) (zweckrationales Handeln; entscheidungsförmiges wollensgeprägtes affektiv neutrales Handeln);
2. H=h(O,W) (wertrationales Handeln; sollensbesetztes affektiv neutrales Handeln);
3. H=h(O,G) (traditionales Handeln; routineförmiges affektiv neutrales Handeln);
4. H=h(O,A) (affektuelles Handeln; affektiv beladenes Handeln);
5. (5) H=h(O,E,Z,W,G,A) (entscheidungs- und routineförmiges sollens- und wollensgeprägtes, affektiv beladenes Handeln);
6. (6) H=h(O,E,Z,W,G) (entscheidungs- und routineförmiges, sollens- und wollensgeprägtes, affektiv neutrales Handeln);
7. (7) H=h(O,E,Z,W,A) (entscheidungsförmiges, sollens- und wollensgeprägtes, affektiv beladenes Handeln);
8. (8) H=h(O,E,Z,W) (verantwortungsethisches Handeln; Entscheidungsförmiges sollensgeprägtes afffektiv neutrales Handeln);
9. (9) H=h(O,E,Z,G,A) (entscheidungs- und routineförmiges wollensgeprägtes, afffektiv beladenes Handeln);
10. (10) H=h(O,E,Z,G) (entscheidungs- und routineförmiges, affektiv neutrales Handeln);
11. (11) H=h(O,E,Z,A) (entscheidungsförmiges affektiv beladenes Handeln);
12. (12) H=h(O,W,G,A) (sollensgeprägtes, routineförmiges affektiv beladenes Handeln);
13. (13) H=h(O,W,G) (sollensgeprägtes, routineförmiges affektiv neutrales Handeln);

---

[12] In diesem Fall übt die betreffende Variable keinen Einfluß auf die Ausrichtung des Verhaltens aus. Man kann freilich die Bedeutungen 0 und 1 auch als die Endpunkte in einer Ordinalskala betrachten, wie dies in Uwe Schimanks „Zusammenfügung" der verschiedenen Akteurmodelle angenommen ist, an welche sich diese Systematisierung von Webers Typologie des Handelns im weiteren anschließt (siehe Schimank 2001: 145-167).

14. H=h(O,W,A) (sollensgeprägtes affektiv beladenes Handeln);
15. H=h(O, T, A) (routineförmiges affektiv beladenes Handeln).

Manche dieser Mischtypen sind von Max Weber selbst explizit angezeigt und besprochen worden: „Die Entscheidung zwischen konkurrierenden und kollidierenden Zwecken und Folgen kann dabei ihrerseits *wert*rational sein: dann ist das Handeln nur in seinen Mitteln zweckrational" (Weber 1976: 13). Es handelt sich hier offensichtlich um den Mischtypus (8), den er unter dem Namen des „verantwortungsethischen Handelns" in seiner berühmten Abhandlung über *Politik als Beruf* auch separat behandelt. In anderen Fällen benutze ich als Namen der Mischtypen die Bezeichnungen aus dem Vokabular, das Uwe Schimank in seinen Vorschlägen ausgearbeitet hat, wie die in der gegenwärtigen soziologischen Theorie gängigen Akteurmodelle – Homo Sociologicus, (soziologisierter) Homo Oeconomicus, „Emotional Man" und Identitätsbehaupter – zusammengefügt werden können (Schimank 2001: 145).

Dazu soll aber Schimanks zweidimensionales Schema der Handlungswahl, in welchem die Dimensionen des Handlungsantriebs (Sollen vs. Wollen) und des Ausmaßes der Reflexion (Routine vs. Entscheidung) unterschieden sind (Schimank 2001: 150), durch die dritte Dimension der Affektivität vervollständigt werden, die durch die schon von Talcott Parsons und Edward A. Shils als „Mustervariablen" beschriebenen Pole der affektiven Neutralität und affektiven Besetzung oder Ladung (die abermals positiv oder negativ sein kann) eingegrenzt ist (Parsons / Shils 1967: 77-78, 80-81, 248-249).

Die soziologische Handlungstheorie, die Weber vorgeschwebt hatte, sollte durch fünf Vorzüge zugleich ausgezeichnet sein: Sie sollte erstens unabhängig von der experimentalen Psychologie sein; sie sollte zweitens die begriffliche Kontinuität mit der Alltagserfahrung bzw. der „Vulgärpsychologie" (*folk psychology*) bewahren; sie sollte die analytische Theorie des Handelns drittens an deskriptiver Adäquanz, viertens im Anwendungsbereich oder an Umfang und fünftens an analytischer Kraft übertreffen.

Die Verpflichtung zur zweiten Bedingung ist allen „verstehenstheoretischen" Ansätzen gemeinsam. Sie wurde von Alfred Schütz als das „Postulat der Adäquanz" klassisch formuliert: „Jeder Teil eines solchen wissenschaftlichen Modells menschlichen Handelns muß so konstruiert werden, daß eine in der wirklichen Welt von einem individuellen Handelnden ausgeführte Handlung dem Handelnden selbst ebenso verständlich ist wie seinen Mitmenschen, und zwar im Rahmen der Deutungen des Alltagsverstands" (Schütz 1971: 74). Mit dieser Bedingung brechen entschieden nur die Theorien des menschlichen Verhaltens, welche die mentalistische Terminologie (Begriffe wie „Meinung" oder „Wunsch") in ihrem Vokabular grundsätzlich vermeiden. Die erste von diesen

Theorien war die behavioristische Psychologie, die zwar zu Webers Lebenszeiten in Ansätzen schon vorhanden war, doch von Weber nicht berücksichtigt wurde. Deswegen war die zweite Bedingung für Weber selbstverständlich und wurde von ihm in seinen wissenschaftstheoretischen Überlegungen nicht explizit formuliert.

Der Umfang einer Theorie läßt sich an ihrer Fähigkeit bemessen, auf alle Episoden des menschlichen Verhaltens anwendbar zu sein. Die deskriptive Adäquanz bedeutet ihre Tauglichkeit, möglichst detaillierte Beschreibungen der Abläufe dieses Verhaltens zu liefern, in welchen nicht nur alle Nuancen des alltäglichen handlungsbezogenen Sprachgebrauchs berücksichtigt werden, sondern auch neue Unterscheidungen gezogen werden, die (wenn erfolgreich) das handlungsbezogene Vokabular bereichern. Um so mehr differenziert und reich dieses Vokabular ist, um so mehr „dicht" können die Abläufe des Handelns beschrieben werden. Eine Theorie hat analytische Kraft, wenn sie eine konzeptuelle Struktur hat, welche die Ableitung (oder Kalkulation) der unbekannten Werte wenigstens einer Variable möglich macht, wenn die Werte bestimmter anderer Variablen bekannt sind (vgl. Heckathorn 1984).

Das Problem, welches jede allgemeine Theorie des Handelns oder auch nur des rationalen Handelns hat, besteht darin, daß man die Steigerung der deskriptiven Adäquanz nur um den Preis seiner analytischen Kraft erreichen kann und umgekehrt. Die handlungs- und rationalitätstheoretischen Ansätze, denen es vor allem um die deskriptive Adäquanz geht, können als phänomenologische Handlungs- und Rationalitätstheorien bezeichnet werden. Hierzu zählen nicht nur die Ansätze, die in irgendeiner Beziehung zur sogenannten phänomenologischen Philosophie stehen, sondern auch z.B. die Analysen der alltäglichen Handlungssprache in der analytischen Handlungs- und Geistesphilosophie, wie sie durch die Werke von Gilbert Ryle (1949), Arthur C. Danto (1973), Raimo Tuomela (1984) u.a. repräsentiert werden.

Mißt man Webers handlungs- und rationalitätstheoretische Betrachtungen am Maßstab der deskriptiven Adäquanz, so kann man ihnen unzureichende Differenzierungsfähigkeit vorwerfen, was früher Alfred Schütz (1974), später Jürgen Habermas (1981)[13] und Hans Joas (1996) auch gemacht haben. Gibt man der analytischen Kraft die Priorität, so läßt sie sich auch dadurch erreichen, daß man die alltagssprachlich vorgegebenen Unterscheidungen grundsätzlich verwirft, wie dies etwa in der behaviouristischen Psychologie der Fall war. Das betreffende Vokabular bleibt nur dann nicht einfach verhaltens-, sondern handlungsbezo-

---

[13] Habermas bezeichnet nämlich Webers Handlungsauffassung als ontologisch, empiristisch und monologisch verkürztes „teleologisches Handlungsmodell", das demjenigen des kommunikativen Handelns angeblich unterlegen ist. Siehe auch Greve 2002, ferner dessen Beitrag in diesem Sammelband.

gen, wenn die „mentalistischen" Begriffe „Zweck", „Meinung", „Wollen" in diesem Vokabular eine zentrale oder konstitutive Rolle spielen.

Diesen Vorzug hat zwar die analytische Theorie der rationalen Wahl (oder rational choice theory), welche die logischen Beziehungen zwischen diesen Begriffen expliziert. Sie erkauft aber auch ihre analytische Kraft durch die Abstraktion von einer Menge der Konnotationen und Sinnuancen, die durch die phänomenologischen (einschließlich analytisch-philosophischen und transzendentalpragmatischen) Theorien des Handelns mit Vorliebe beschrieben werden. So verschwindet der phänomenologisch oder deskriptiv so wichtige Unterschied zwischen dem „wertrationalen" und „zweckrationalen" Handeln, wenn man alle individuellen Unterschiede zwischen den Handlungsmotivation im Begriff der Nutzenfunktion (weg)abstrahierend zusammenfaßt. Deswegen ist die Entscheidungstheorie eine abstrakte, formale oder „dünne" Theorie des rationalen Handelns, die von den „dichten", aber auch analytisch schwachen phänomenologischen Theorien unterschieden werden soll.

Jede erklärende Theorie des Handelns soll erstens determiniert sein: Sie soll für jede Situation (bzw. eine Konstellation der Anfangsbedingungen) aus ihrem Anwendungsbereich die Ableitung erlauben, wie sich die Akteure in der betreffenden Situation verhalten werden. Dafür soll sie wenigstens eine Regel- oder nomologische Aussage einschließen, die eine solche Ableitung ermöglicht. Eine analytische erklärende Theorie des *rationalen* Handelns soll dazu noch zweitens die Frage beantworten, welche Handlung für die Akteure mit gegebenen Zielen (Präferenzen) substantiell rational oder richtig (situationsadäquat) ist. Wenn eine erklärende Theorie des Verhaltens drittens auch empirisch adäquat ist, so sollen alle abgeleiteten Behauptungen, die das zu erwartende Verhalten beschreiben, in dem intendierten Geltungsbereich der Theorie durch die Beobachtungen des tatsächlichen Verhaltens auch bestätigt werden.

Erfüllt eine Theorie des rationalen Verhaltens nur die erste Bedingung, so kann sie nur als Theorie der prozeduralen Rationalität bezeichnet werden. Es handelt sich um psychologische Theorien, die ausschließlich an der Frage interessiert sind, *wie* Akteure in Situationen eines bestimmten Typs ihre Entscheidungen finden, nicht aber *was* in der betreffenden Situation zu tun ist (welche Entscheidung richtig ist oder wie man richtig bei der Entscheidungsfindung vorgehen soll, d.h. welche Methode der Entscheidungssuche die Situationsangemessenheit der Entscheidung garantiert). Wenn aber eine Theorie des Verhaltens keine analytische Struktur enthält, die sie als Werkzeug zur Lösung der Aufgaben (*puzzles*) tauglich macht, wie sich die Akteure in einer Situation mit bestimmter Struktur verhalten werden bzw. welche Verhaltensweise richtig ist, so ist die betreffende Theorie weder eine erklärungskräftige empirische noch eine adäquate analytische Theorie des Handelns.[14] Sie kann als handlungsbegriffliche Betrachtung, als klassifizierendes Schema oder Typologie bezeichnet werden, was phänomenologische Handlungstheoretiker meist auch nur anbieten wollen. Das Gesagte läßt sich auf Webers handlungstheoretische Skizze beziehen. Weil Weber die funktionale Beziehung zwischen den Variablen nicht spezifiziert, ist sie ein Entwurf, der „zwischen" der rein phänomenologischen und der erklärenden Theorie bleibt (vgl. Esser 1996: 136). Die Schaffung einer befriedigenden soziologischen Handlungstheorie bleibt eine immer noch nicht gelöste, vielleicht unlösbare Aufgabe. Es geht um eine Theorie, die alle fünf oben genannten Vorgaben erfüllt, die man Webers handlungstheoretischen Betrachtungen entnehmen kann.

4 Der gedankenexperimentelle Aufbau der sozialen Ordnung im RCA

Seinem Inhalt nach ist Webers verstehende Soziologie nicht nur eine Methoden- und Handlungslehre, sondern auch eine Ordnungslehre, welche die Beschreibung und Klassifikation der Formen der sozialen Ordnungen (also eine Morphologie der sozialen Ordnung) als integralen Teil mit einschließt. Diese Ordnungslehre kann man als einen Versuch des logischen Aufbaus der sozialen Welt lesen, in welchem die soziologischen Kategorien, die man für die Beschreibung der sozialen Sachverhalte braucht, folgerichtig definiert werden. In den individualistischen Ansätzen werden dabei als Ausgangspunkt Begriffe benutzt, die sich auf individuelle Akteure beziehen.

Hier findet man noch eine Ebene, an welcher der Vergleich der verstehenden Soziologie Webers und des RCA angesetzt werden kann. Webers Ordnungslehre ist freilich durch den instrumentellen Bezug auf ein historisch situiertes empirisches Erklärungsproblem gekennzeichnet, das stichwortartig als das Problem des Sonderwegs des Westens bezeichnet werden kann. Es geht um die Frage, warum die Konstellation der Wertsphären und Lebensordnungen, die als „Moderne" bekannt ist und die Wirtschaftsordnung namens „rationaler Kapitalismus" als ihren Kernbestand hat, zum ersten Mal im Westen während der Neuzeit (nicht etwa in China oder schon im altem Rom) entstanden ist.[15]

---

[14] Manche dieser *puzzles* sind unlösbar. Für bestimmte Typen von Situationen kann der Begriff der „rationalen Handlung" überhaupt nicht definiert werden, wie dies bei den Spielen der Fall ist, die multiple Gleichgewichte haben.

[15] Allerdings kann man in seinem substantiellen Werk die spezielle oder historisierte Version des „Hobbesschen Problems" finden, auf die zuletzt Michael Baurmann die Weber-Forscher aufmerksam machte (siehe Baurmann 1996: 304-310). Weber begegnet dem „Hobbesschen Prob-

An der „ahistorischen" oder abstrakt theoretischen Frage, wie die Entstehung der sozialen Ordnung aus dem „vorsozialen Zustand" möglich ist, wenn man an der Annahme festhält, daß alle Akteure zweckrational und eigeninteressiert handeln, war Weber ähnlich wie auch andere Mitglieder der Historischen Schule in den deutschen Geisteswissensschaften, welche die Behandlung solcher Fragen als weltfremde Gehirngespinste betrachteten, offensichtlich nicht interessiert.[16] Er hat keine protosoziologischen Gedankenexperimente durchgeführt, wie sie z.b. in den Arbeiten von Robert Axelrod (1987), Ken Binmore (1994-1998), Andrew Schotter (1981), Brian Skyrms (1996, 2004) und Michael Taylor (1987) vorliegen.[17] Nichtsdestotrotz bietet seine Morphologie sozialer Ordnung manche Ansatzpunkte für den Vergleich mit Forschungen dieser Art.

---

lem" in sozusagen historisierter Gestalt, wenn er zur Frage Stellung nehmen muß, wie die spontane institutionelle Ordnung „Wirtschaftsethik" innerhalb der Lebensordnung „Marktwirtschaft" fortbestehen kann, nachdem ihre religiöse „Wurzel" schon abgestorben ist. Indem Weber suggeriert, daß die Zweckrationalität in den Gesellschaften mit einer freien, marktmäßig verfaßten Wirtschaftsordnung auch außerhalb der „Wirtschaft" im sektoralen Sinne zur dominierenden Handlungsorientierung wird, bekommt diese Frage auch allgemeinere Bedeutung: Wie können Institutionen – insbesondere die informellen („Konventionen") in den durch die Rationalisierung und Interessendominanz (wie auch Ökonomisierung, Individualisierung und Anonymisierung) geprägten Lebensordnungen fortbestehen, nachdem die Energien der zweckrationalen Durchsetzung des Selbstinteresses von den traditionellen und wertrationalen Bindungen entlassen sind? Es geht um die Frage, um welche sich die gegenwärtige „Kommunitarismus-Debatte" dreht, die durch die Beobachtungen ausgelöst wurde, daß die „Berufsethik" angeblich durch die „Ethik" des Hedonismus und Konsumerismus in den hochentwickelten westlichen Gesellschaften verdrängt wird. Hobbes und gegenwärtige Theoretiker des RCA, die mit der *first principles analysis* (siehe die Erläuterung dieses Begriffs unten im Haupttext) beschäftigt sind, fragen, wie soziale Ordnungen *entstehen* können, wenn die Annahme gilt, daß die Menschen eigennützige und zweckrationale Akteure sind. Weber will die Frage beantworten, wie die soziale Ordnung *fortbestehen* kann, falls seine Diagnose der Rationalisierung des sozialen Handelns gilt. Die gegenwärtigen Kommunitaristen fürchten ihrerseits, daß diese Ordnung zugrunde geht, wenn der *Homo Oeconomicus* das Reservat „Marktwirtschaft" verläßt und Lebensordnungen wie die „Politik", „Wissenschaft" und dergleichen kolonisiert (siehe z.B. Reese-Schäfer 1997).

[16] Triftig dazu Th. Schwinn: „Die Begriffsgenealogie in den *Grundbegriffen* darf jedoch nicht so mißverstanden werden, als würde hier von monadenhaften Einzelexistenzen ausgegangen, die dann den schwierigen Gang zur Intersubjektivität antreten oder eine voraussetzungslose Konstitution von sozialen Ordnungen und Gebilden schaffen. Eine Grundvoraussetzung von Webers Denken ist das historische Eingebettet-Sein des Handelns. Folglich beginnt jedes Handeln nicht bei einem sozialen Nullzustand, sondern ist immer schon von Strukturvorgaben durchwirkt, die ihm vorausgehen. Die *Soziologischen Grundbegriffe* stehen daher nicht in einer historischen, sondern in einer *logischen* Folge: d.h. in der Begriffsfolge vom Handeln zum sozialen Handeln zur sozialen Beziehung zur Ordnung geht es nicht um eine historisch voraussetzungsfreie Konstitution sozialer Ordnung nach Art mancher Kontrakttheorien" (Schwinn 2004: 75).

[17] Siehe auch Kliemt 1986; Voss 1985; Schüßler 1990.

Die Arbeiten der Vertreter des RCA, die sich um den logischen Aufbau der sozialen Welt bemühen, gehören zum Bereich der sogenannten *first principle analysis*.[18] Diese weltfremden Analysen sind protosoziologisch oder spekulativ, weil sie einen fingierten vorsozialen Zustand (oder „Naturzustand") untersuchen, in welchem es keine Institutionen gibt. Diese protosoziologische Problemstellung ist von den durchaus mehr mundanen empirischen Anwendungen des RCA in den soziologischen Erklärungen unterschieden, in welchen die Frage beantwortet werden soll, warum bestimmte spezifische soziale Sachverhalte stattfinden oder stattgefunden haben, z.b. warum die Menschen zur Wahl gehen oder warum die Geburtsraten mit der Urbanisierung und Industrialisierung sinken. Die Beschreibungen eines bestimmten institutionellen Kontextes wie auch der Präferenzen oder Zwischenziele (oder der „sozialen Produktionsfunktionen"; vgl. Esser 1999a: 84-115), die institutionell festgelegt und kulturell geprägt sind, bilden einen notwendigen Bestandteil der Beschreibung der Anfangsbedingungen in solchen Erklärungen.

Es soll an diesem Ort hervorgehoben werden, daß die Annahmen des „Egoismus" (der Gleichgültigkeit eines Akteurs gegenüber den Auswirkungen seines Handelns auf den Wohlstand anderer Akteure) oder „Materialismus" (daß es den Akteuren etwa „nur um Geld" geht) nicht zum Inhalt des Prinzips der (Zweck-)Rationalität gehören und insofern als spezielle Annahmen oder „Brückenhypothesen" betrachtet werden.[19] Zum harten Kern des RCA gehört allein die Annahme, daß die menschlichen Akteure unter den Restriktionen, die durch ihre Ressourcen, psychophysische Organisation und Entscheidungskompetenz (*hardware, wetware,* und *software*) auferlegt sind, versuchen (doch durchaus nicht notwendig dabei erfolgreich sind), die konsistente Menge der Zwecke zu realisieren, indem sie in der bestmöglichen Weise zugängliche Informationen benutzen, um ihre Meinungen über ihre Umwelt zu bilden, und die Handlungen zu wählen, die gemäß ihren auf diese Weise entstandenen Meinungen das beste Mittel für die Realisierung ihrer Zwecke sind. Die Behauptung, daß die Rationalität in der Maximierung der Nutzenfunktion besteht, stellt nur das technische Kürzel für diese Annahme dar.

Dabei bleibt es offen, was zum Bestimmungsbereich dieser Nutzenfunktion gehört, oder anders gesagt, wie die Präferenzen der Akteure inhaltlich beschaffen sind. Dieser Inhalt (die Beschreibung, was die Akteure eigentlich wollen) kann allein durch die empirische Datenerhebung festgestellt werden. Die Zweckrationalität ist nicht durch die Eigennützigkeit, sondern durch die Konsistenz des Verhaltens definiert, die sich durch die Anpassungen (insbesondere vorausgrei-

---

[18] Diese Bezeichnung schlägt Patrick Dunleavy vor, der die apriorisch vorgehende *first principle analysis* von dem empirischen *institutional public choice* unterscheidet (Dunleavy 1992: 1-2).
[19] Siehe z. B. Opp 1999, der diesen Punkt mit besonderem Nachdruck hervorhebt.

fende planmäßige Anpassungen) an die Veränderungen in der objektiven Situation des Handelns manifestiert. Es geht um Anpassungen, die durch die Nutzen-Kosten-Kalkulation (also die „Abwägung", in welcher Zwecke, Mittel und Nebenfolgen gegeneinander abgewogen werden) kausal bestimmt sind.

Die Annahme der Eigennützigkeit der Akteure gehört aber zu den Annahmen der *Baseline*-Modelle, mit welchen protosoziologische *First principles*-Analysen der sozialen Ordnung arbeiten. Diese Analysen können als Gedankenexperimente beschrieben werden, die an der Frage ausgerichtet sind, ob (oder wie) unter solchen Annahmen die Entstehung und der Fortbestand (oder die Stabilität, die mit dem Begriff des Gleichgewichts analytisch beschrieben wird) der sozialen Ordnung möglich ist. Diese Experimente werden meist nicht als empirisch zu kontrollierende Theorien, sondern als sozialphilosophische Versuche verstanden. Ihre Autoren halten an der Annahme der Eigennützigkeit fest, weil sie ermitteln wollen, ob die soziale Ordnung auch in dem Fall entstehen und fortbestehen könnte, wenn die Menschen schlimmere Wesen wären als sie tatsächlich sind. Wenn es einmal bewiesen werden könnte, daß auch die Teufel[20] die „Gesellschaft" begründen könnten, so sollte dies um so mehr für „reale" Menschen möglich sein. Dabei liegt der Schwerpunkt in solchen sozialphilosophischen Versuchen oft nicht auf der Frage, ob die soziale Ordnung überhaupt möglich ist, sondern auf den Bedingungen der Ordnung, die das Maximum an gleicher „negativer Freiheit" für alle individuelle Akteure bewährt, also liberale Grundwerte schützt.

Die Tradition solcher Gedankenexperimenten geht bekanntlich auf Thomas Hobbes zurück, dessen Namen Talcott Parsons für die Bezeichnung des Problems, um das es in diesen Gedankenexperimenten geht, benutzt hatte (Parsons 1968). Ob man es mit einer Übung in der *first principles analysis* zu tun hat, läßt sich daraus erkennen, daß die Akteure so allgemein beschrieben werden, daß der Bezug auf den schon bestehenden institutionellen Kontext ausgetilgt wird. Man liest nichts mehr von den rationalen Wählern, Beamten oder Politikern, sondern einfach über „rationale Egoisten", deren Situation zwar mit den Begriffen Knappheit, Opportunität und Restriktion beschrieben wird, jedoch keine Eigentumsrechte und andere institutionell definierte Sachverhalte (jedenfalls noch nicht zu diesem Zeitpunkt) mit einschließt.

---

[20] Teufel können als Wesen beschrieben werden, die schlimmer als „Egoisten" sind, nämlich als „negative Altruisten". Ihre Nutzenfunktion ist so beschaffen, daß sie ihren eigenen Wohlstand auch durch die Zerstörung des fremden Wohlstands (Schadenfreude) vermehren können. Freilich müssen auch „negative Altruisten" damit rechnen, daß die Schädigung anderer mit Kosten verbunden ist. Die „Egoisten" sind dagegen Akteure, die gegenüber dem fremden Wohlstand vollständig gleichgültig sind. Schon angesichts der Rolle, welche der Neid und die Schadenfreude im menschlichen Zusammenleben spielt, sollte die Annahme des Egoismus als eine idealisierende Annahme bezeichnet werden.

In solchen Analysen verfährt man eigentlich nach den heuristischen Richtlinien von Webers verstehender Soziologie, indem man von der Annahme des streng rationalen Handelns und des Eigennutzes ausgeht und das (kontrafaktische) Bild oder den Idealtyp des zu erwartenden vorsozialen Zustands entwirft. Dann beschreibt man die Unterschiede, durch welche der soziale Zustand von dem kontrafaktischen hypothetischen vorsozialen Zustand abweicht, und versucht diese „Abweichungen" oder „Ablenkungen" zu erklären. Die zusätzlichen Annahmen oder die Revisionen der Ausgangsannahmen, die man braucht, um das hypothetische Modell mit den Realitäten des sozialen Lebens in Entsprechung zu bringen, werden dann als die notwendigen bzw. hinreichenden Bedingungen der sozialen Ordnung betrachtet. Die ganze Untersuchung wird mit den Mitteln des deduktiven (verbalen oder mathematischen) Arguments oder zuletzt auch der Computersimulation durchgeführt.

In den neueren Versuchen dieser Art wird als Bezugsrahmen für die Formulierung der „Nullhypothesen" die Spieltheorie benutzt, die zugleich eine Theorie der strategischen (Zweck-)Rationalität darstellt. Man kommt zu diesen Nullhypothesen, indem man nach der strategischen Situation fragt, die durch die Menge der Akteure, verfügbaren Strategien, Ergebnisse, *payoffs* und die Struktur der Interdependenz (oder Logik der Transformation der individuellen Entscheidungen in kollektive Ergebnisse) definiert ist, und indem man danach fragt, ob es in dieser Situation kollektive Ergebnisse oder Regelmäßigkeiten des kollektiven Handels gibt, die technisch als Gleichgewichte beschrieben werden können.

Die Anwendung des spieltheoretischen Bezugsrahmens hat es möglich gemacht, das Problem der sozialen Ordnung in einige verwandte Probleme zu differenzieren (vgl. Ullmann-Margalit 1977; Opp 1983), anstatt sie pauschal als das „Problem der sozialen Ordnung" zu behandeln, was für viele ältere Beschreibungen dieses Problems charakteristisch ist. Diese Beschreibungen haben meist Situationen im Visier, die spieltheoretisch als antagonistische Kooperation beschrieben werden können. Es geht um das sogenannte Gefangenendilemma – Situationen, in welchen es einerseits für die beteiligten Akteure die Aussicht der Besserung ihrer Lage durch die arbeitsteilige Kooperation gibt (die also als „soziales Optimum" beschrieben werden kann), und in denen andererseits jeder dieser Akteure der Versuchung ausgesetzt ist, seine Lage noch mehr aufzubessern, indem er seinen individuellen Beitrag zu leisten verweigert und auf Kosten anderer Teilnehmer einen *free ride* unternimmt. Dieses Problem der antagonistischen Kooperation soll von den verwandten Problemen der Koordination und der Verteilung der sogenannten Positionsgüter unterschieden werden.

Die Probleme der Koordination, die durch gleichnamige Spiele analytisch modelliert werden, sind durch die Absenz des Konfliktpotentials ausgezeichnet. Deswegen reicht für ihre kollektiv rationale Lösung schon die Möglichkeit der sprachlichen Kommunikation aus. Es geht um Koordinationsgleichgewichte: „Derjenige, welcher sein Handeln nicht an ihr (der ‚Sitte'; Z.N.) orientiert, ‚unangepaßt' handelt, d.h. kleine und große Unbequemlichkeiten und Unzuträglichkeiten mit in den Kauf nehmen muß, so lange das Handeln der Mehrzahl seiner Umwelt nun einmal mit dem Bestehen der Sitte rechnet und darauf eingestellt ist" (Weber 1976: 16).

In Situationen, in welchen die Akteure mit dem Problem der Verteilung der knappen Ressourcen konfrontiert sind, die durch sogenannte Spiele mit der konstanten Summe der *payoffs* spieltheoretisch modelliert werden können, gibt es keinen Grund für die Kooperation, und der Begriff des sozialen Optimums bleibt solange nicht definiert, solange nicht die Unterschiede der Macht zwischen den Akteuren in Betracht gezogen werden (vgl. Coleman 1991: 48-53 und 335-342). Es geht um Situationen des reinen oder partiellen Konflikts.

Das Ergebnis, das für die Situationen der antagonistischen Kooperation bei der Voraussetzung der Zweckrationalität und Eigennützigkeit in der *first principle analysis* abgeleitet wird, ist durch die Gleichgewichte repräsentiert, die sich aus allgemeiner Defektivität oder Trittbrettfahrerei ergeben. Für die Situationen des reinen Konflikts lassen sich Gleichgewichte voraussagen, die sich aus der Wahl der Minimaxstrategie durch alle beteiligte Akteure ergeben. Es geht um eine radikal pessimistische Strategie, die auf Minimierung der Verluste ausgerichtet ist. Zusammen mit den Koordinationsgleichgewichten gibt die Gesamtheit solcher Gleichgewichte die Ordnung an, die man etwa beim Rückfall in den vorsozialen Zustand erwarten kann. Für viele Situationen, insbesondere diejenige des Nullsummenspiels, sind überhaupt keine Gleichgewichte, sondern „Chaos" oder „Anarchie" zu erwarten (vgl Esser 2000: 103-104).

Was sich tatsächlich in Situationen vom Typ Gefangenendilemma und Nullsummenspiel beobachten läßt, sind die Regelmäßigkeiten des sozialen Handelns, die im RCA als essentielle (Coleman 1991: 321) und repressive (Ullmann-Margalit 1977: 134-197) Normen bezeichnet werden und die den „Konventionen" und dem „Recht" in Webers Ordnungslehre entsprechen. Akteure, welche die „empirische Geltung" solcher Ordnungen voraussetzen können, handeln in Situationen, die nicht mehr strategisch, sondern parametrisch sind. „Zwischen Geltung und Nichtgeltung einer bestimmten Ordnung besteht also für die Soziologie nicht, wie für die Jurisprudenz (nach deren unvermeidlichen Zweck) absolute Alternative. Sondern es bestehen flüssige Übergänge zwischen beiden Fällen, und es können, wie bemerkt, einander widersprechende Ordnungen nebeneinander ‚gelten', jede – heißt dies dann – in dem Umfang, als die *Chance* besteht, daß das Handeln *tatsächlich* an ihr orientiert wird" (Weber 1976: 17).

Es geht um Situationen, die als Grenzfall der strategischen Situationen beschrieben werden können, in welchen man ein Spiel gegen die „Natur" spielt.

Die „Natur" im spieltheoretischen Sinne „ist ein Pseudospieler, der die zufälligen Handlungen an bestimmten Stellen mit bestimmten Wahrscheinlichkeiten unternimmt" (Rasmusen 1989: 10). Wenn ein Akteur gegen die „Natur" spielt, geht er in seinen Wahlhandlungen nicht vom Nachvollzug der Kalkulationen seines Gegenspielers aus, die seine eigenen Kalkulationen zum Gegenstand haben (strategische Empathie), sondern von den Wahrscheinlichkeiten, die er den möglichen Handlungen seines Gegenspielers zuschreibt.

Als „Pseudospieler" können aber auch diejenigen menschlichen Akteure gelten, deren Verhalten nicht durch opportunistische Nutzen-Kosten-Kalkulation, sondern durch die Orientierung an Normen bestimmt ist, denen sie sogar in den Situationen folgen, in denen es die „goldenen Gelegenheiten" der Verbesserung der eigenen Lage ohne das Risiko der Sanktionen durch die öffentliche Meinung oder „Erzwingungsstäbe" gibt. Wenn Ego in der parametrisierten sozialen Situation handelt, wird Ego von den Qualen der „doppelten Kontingenz" und strategischen Empathie entlastet. Er braucht nämlich nicht mehr die Erwartungen des Alter nachzuvollziehen, die seine eigenen Erwartungen bezüglich des Verhaltens von Alter zum Gegenstand haben. Statt dessen geht Ego von seiner Einschätzung der „Chance" aus, daß das Verhalten von Alter der Norm entsprechen wird.

Die Literatur, in welcher die Frage behandelt wird, wie man zur „Abweichung" kommt, daß es statt des Chaos oder der „natürlichen" vorsozialen Ordnung die „artifizielle" Ordnung gibt, die aus den „geltenden Ordnungen" oder Normen besteht, die als Bezugspunkte für die Erwartungen der Erwartungen der Akteure dienen, ist unübersichtlich. Man kann aber zwei Ansätze zur Lösung dieses Problems unterscheiden.

Die Theoretiker, die im Bezugsrahmen des RCA bleiben wollen, ziehen es vor, an der Annahme des Eigennutzes festzuhalten und die genannte Abweichung entweder durch die Besonderheit der strategischen Situationen oder durch den Tatbestand der begrenzten Rationalität zu erklären. Die *first principles analysis* schließt nämlich als eines der festen Ergebnisse das sogenannte Theorem der Evolution der Kooperation ein, die beinhaltet, daß die Kooperation auch unter rationalen, opportunistisch eingestellten Egoisten („situative Maximierer") entstehen und stabil bleiben kann, solange es sich um kleinen Gruppen handelt, deren Mitglieder die Trittbrettfahrer persönlich identifizieren können und im „Schatten der Zukunft" leben (siehe Axelrod 1987; Taylor 1987: 60-82).

Andere Theoretiker betonen, daß menschliche Akteure wegen der Restriktionen, die ihnen durch ihre psychophysische Organisation und Entscheidungskompetenz (*hardware* und *wetware*) auferlegt sind, eigentlich nicht fähig sind, situationsbezogen ihren Nutzen maximieren (siehe insbesondere Baurmann 1986; Gauthier 1987; Rowe 1989; Vanberg 1994: 25-59). Sie unterscheiden nämlich zwischen der „situativen Maximierung" und der „Regelmaximierung" des Eigennutzes. Dieser Unterschied ist demjenigen durchaus ähnlich, der in der ethischen Theorie zwischen dem sogenannten „Akt-Utilitarismus" und dem „Regel-Utilitarismus" gezogen wird (vgl. Lyons 1978: 119-160). Im Akt-Utilitarismus werden die Handlungen mit dem utilitaristischen Kriterium der Maximierung des Allgemeinwohls direkt gemessen; im Regel-Utilitarismus dagegen nur die Regel bzw. die Regelkodexe. Ist die Regel gefunden, deren Befolgung das Allgemeinwohl langfristig maximiert, so ist es geboten, sie auch in den Einzelfällen zu befolgen, wo die Regelbefolgung dem Allgemeinwohl abträglich ist. Auch ein eigennütziger Regelmaximierer entscheidet nicht nach dem Ergebnis der Nutzenkalkulation für jeden Einzelfall, sondern nach der Regel, die eine bestimmte Handlungsweise für die Fälle der betreffenden Art vorschreibt.

Dies aber bedeutet, daß der Akteur oft Entscheidungen trifft, die in der betreffenden Situation nicht optimal vom Standpunkt seines Eigeninteresses sind. Wenn er dennoch die situative Maximierung des Eigennutzens unterläßt, tut er dies nicht etwa aus „ideellen" Gründen, sondern weil ihm die Normbindung langfristig mehr Nutzen bringt als der „kurzsichtige" Opportunismus. Zwar ist sein Handeln vom Nutzen-Kosten-Kalkül geleitet, aber nur „in letzter Instanz", d.h. in den Selektionen zweiter Ordnung, welche die Wahl der Modi der Entscheidungsfindung zum Gegenstand haben. Dieses Kalkül bezieht sich nicht auf den Nutzen der Folgen der Einzelhandlungen, sondern auf den Nutzen der Gesamtfolge der befolgten Norm im Vergleich zu dem Gesamtnutzen der situativ kalkulierenden Entscheidungsfindung.

In den Ansätzen, die den *Main.stream* der soziologischen Tradition der Theoriebildung repräsentieren, ist das Problem dagegen dadurch gelöst, daß man auf die Annahme der eigennützigen Motivierung des Handelns verzichtet, wie dies der Fall in der berühmten „voluntaristischen" Theorie des Handelns von Talcott Parsons ist, welche die normative Orientierung als Teil der Definition des Begriffs der „Handlung" (*unit act*) betrachtet. Es handelt sich eigentlich um keine wirkliche Lösung, weil dabei ein *baseline model* einfach durch ein anderes und damit auch ein Problem durch ein anderes ausgetauscht wird. Ist der Bestand der Kooperation und institutionellen Ordnung im Bezugsrahmen der auf dem RCA beruhenden *first principles analysis* rätselhaft, so wird nun die Frage zum Rätsel, warum eigentlich so oft die Kooperation ausbleibt und die normative Ordnung zusammenbricht, obwohl sie als „kollektives Gut" der Gegenstand des allgemeinen Interesses ist.

5 Max Webers Morphologie der sozialen Ordnungen

Vergleicht man die Weise, in welcher die soziale Ordnung im RCA aufgebaut wird, mit den *Soziologischen Grundbegriffen*, so fällt die Ähnlichkeit des Ausgangspunkts auf. Weber beginnt bekanntlich mit dem Begriff des sozialen Handelns: „'Soziales' Handeln aber soll ein solches Handeln heißen, welches seinem von dem oder den Handelnden gemeinten Sinn nach auf das Verhalten *anderer* bezogen wird und daran in seinem Ablauf orientiert ist" (Weber 1976: 1). Dann folgt die soziale Beziehung: „'Soziale Beziehung' soll ein seinem Sinngehalt nach aufeinander eingestelltes und dadurch orientiertes Sichverhalten mehrerer heißen" (Weber 1976: 13). Die soziale Beziehung ist der logische Ort für alle Formen der sozialen Ordnung (Brauch/Sitte, Interessenlage, Konvention, Recht), die von Weber unterschieden werden. Die Ordnungen versteht Weber nämlich als regelmäßig sich wiederholende Abläufe (Regelmäßigkeiten) des sozialen Handelns, die perennierende soziale Beziehungen auszeichnen.

Das strategische Handeln, das der Ausgangspunkt in der *first principles analysis* im RCA ist, kann als Unterfall des sozialen Handelns angesehen werden.[21] Webers Begriff der sozialen Beziehung ist so breit angelegt, daß auch die Episoden des Zusammenhandelns der Akteure, die durch alle Merkmale der strategischen Spiele gekennzeichnet sind, dem Begriff der sozialen Beziehung als besondere Art untergeordnet werden können. Dies gilt insbesondere für sogenannte iterative Spiele, die als Unterfall der perennierenden sozialen Beziehungen bezeichnet werden können. Strategische Spiele können nämlich als soziale Beziehungen beschrieben werden, in welchen alle beteiligten Akteure (a) ihren Eigennutzen maximieren, (b) gleich rational sind und (c) jeder von ihnen weiß, daß (a) und (b) allen anderen bekannt ist. Darüber hinaus haben in solchen Beziehungen alle Akteure noch die richtigen Erwartungen über die verfügbaren Strategien, mögliche Ergebnisse und damit verbundene Interessen oder *payoffs* ihrer Gegenspieler und ziehen aus den gleichen neuen Informationen die gleichen Schlüsse (Hargreaves Heap / Varoufakis 1995: 23-28).

Es fällt aber auf, daß Weber über solche sozialen Beziehungen beinahe wie nichts zu sagen hat. Die Regelmäßigkeiten des sozialen Handelns, die sich als Gleichgewichte des beiderseitig eigennützigen und zweckrationalen Handelns ergeben, werden in Webers ordnungstheoretischem Entwurf als „bedingt durch *Interessenlage* (,*interessenbedingt*')" (Weber 1976: 15) beschrieben. Als Musterbeispiel solcher Regelmäßigkeiten führt er das der „Preisbildung bei ,freiem'

---

[21] Vgl. Esser 2000: 4-21. Esser unterscheidet drei Arten des sozialen Handelns: das strategische Handeln, die Interaktion, und soziale Beziehung. Dabei verwendet er den Ausdruck „soziale Beziehung" in einem Sinn, der von Webers Auffassung der „sozialen Beziehung" abweicht.

Markt" (Weber 1976: 15) an. Man kann eine gewisse Ambivalenz in Webers Beschreibungen dieses Ordnungstyps feststellen, die sich auf die Frage beziehen, wie robust diese Regelmäßigkeiten sind. Weber behauptet einerseits, daß die Regelmäßigkeiten dieses Typs weitaus stabiler sein können als diejenigen vom Typ „legitime Ordnung". "Indem sie (die ‚Marktinteressenten'; Z.N.) derart, *je strenger* zweckrational sie handeln, desto ähnlicher auf gegebene Situationen reagieren, entstehen Gleichartigkeiten, Regelmäßigkeiten und Kontinuitäten der Einstellung und des Handelns, welche sehr oft *weit stabiler* (meine Hervorhebung; Z.N) sind, als wenn Handeln sich an Normen und Pflichten orientiert, die einem Kreise von Menschen tatsächlich für ‚verbindlich' gelten" (Weber 1976: 15). Zugleich behauptet Weber aber wiederholt etwas, was dieser Aussage direkt zu widersprechen scheint: „Eine *nur* aus zweckrationalen Motiven innegehaltene Ordnung ist im allgemeinen weit labiler als die lediglich kraft Sitte, infolge der Eingelebtheit eines Verhaltens, erfolgende Orientierung an dieser (…)"(Weber 1976: 16); „Aber ein ausschließlich bei allen Beteiligten nur an ‚Erwartungen' des Verhaltens *anderer* orientiertes Verhalten eines jeden von ihnen wäre nur der absolute Grenzfall zum bloßen ‚Gemeinschaftshandeln'[22] und bedeutete die absolute Labilität auch dieser Erwartungen selbst" (Weber 1982b: 448).

Dieser Widerspruch läßt sich vielleicht durch die Vermutung auflösen, daß Weber im ersten Fall auf das zweckrationale Handeln in den parametrischen Situationen von der Art sich bezieht, in welchen sich etwa Käufer und Verkäufer auf dem Markt mit nahezu perfektem Wettbewerb befinden. Im zweiten Fall bezieht er sich vermutlich auf das zweckrationale Handeln in den strategischen Situationen, in welchen die Akteure mit dem Sachverhalt der „doppelten Kontingenz" zu tun haben. Dabei gibt sich aber Weber mit dem allgemeinen Hinweis auf die „absolute Labilität" der interdependenten Erwartungen der zweckrationalen Akteure in der strategischen Situation zufrieden und macht keinerlei analytische Anstrengung, die Logik dieser „Labilität" zu untersuchen. Auf diesen blinden Fleck in Webers Handlungs- und Ordnungsanalysen hat schon vor vielen Jahren der norwegische Sozialwissenschaftler Jon Elster hingewiesen, der Weber als Theoretiker der parametrischen (Zweck-)Rationalität bezeichnet hatte (Elster 1979b: 68, 2000: 38 f.).

Da der Begriff der strategischen Rationalität in Webers *Soziologischen Grundbegriffen* fehlt, wird in seiner Ordnungslehre die Dimension der materialen Verbundenheit der Akteure im sozialen Handeln analytisch nicht erschlossen. Die *first principles analysis* im RCA ist auf die aktuell bestehenden (gegenwärtigen) „materiellen" oder „objektive" Abhängigkeiten zwischen den Akteuren

---

[22] Das „Gemeinschaftshandeln" des *Kategorienaufsatzes* ist bekanntlich mit dem „sozialen Handeln" der *Soziologischen Grundbegriffe* bedeutungsgleich.

ausgerichtet, die erstens wegen der Divergenzen zwischen ihren Interessen und der Kontrolle über die interessanten Ressourcen und zweitens wegen der externen Effekte des Handelns der Akteure für die Realisierung der Interessen anderer Akteure entstehen. Die Abhängigkeiten der ersten Art kommen im Tausch und diejenige der zweiten Art im kollektiven Handeln zum Zuge. Es handelt sich im zweiten Fall um Situationen, in welchen die Handlungen der Akteure durch die externen Effekte so interdependent sind, daß das kollektive Übel oder das Potential für die Produktion der kollektiven Güter aus dieser Interdependenz entsteht. Damit wird das „Soziale" im RCA vor allem als ein Verflechtungszusammenhang theoretisiert, der sich aus der Interferenz der Folgen des Handelns der eigeninteressierten zweckrationalen Akteure ergibt. Es handelt sich um einen Ansatz, in welchem die soziale Wirklichkeit grundsätzlich als „systemisch konstituiert" aufgefaßt wird. Webers Ansatz ist dagegen so angelegt, daß das „Soziale" vor allem als ein „Sinnzusammenhang" konzeptualisiert und die soziale Wirklichkeit als „sozial konstituiert" angesehen wird. Dieser Sinnzusammenhang besteht aus den überlieferten gemeinsamen Sinngehalten im subjektiven Sinn, die Überreste aus dem vergangenen sozialen Handeln („Geschichte") darstellen.

Diese Unterschiede zwischen den beiden Ansätzen sind schon an den Gesichtspunkten erkennbar, welche in beiden Ansätzen für die Klassifikation der Formen der sozialen Ordnung angewendet werden. Wie im vorigen Abschnitt gezeigt wurde, ist die Frage nach dem strategischen Potential der Situationen (als eines Koordinationsspiels, einer Gefangenendilemma-Situation, eines Nullsummenspiels), die durch die institutionelle Ordnung entschärft wird, im RCA für diese Klassifikation ausschlaggebend. In Webers soziologischer Kategorienlehre ist dagegen der subjektive Sinn entscheidend, der die dominante Orientierung an der betreffenden Ordnung auszeichnet. Dies bedeutet freilich nicht, „daß Weber beim subjektiv gemeinten Sinn stehen bleibt. Wir sind historische und wir sind soziale Wesen. Es geht daher nicht um erstmalige oder egologische Konstitution von Sinn und Intersubjektivität. Subjektiv gemeinter Sinn ist immer schon durchwirkt, a. von historisch sedimentierten Sinngehalten und b. von Sinnzusammenhängen der koexistierenden Anderen. Objektiver Sinn ist zwar nur als subjektiver faktisch existent und verhaltensbestimmend, dies heißt jedoch nicht, daß sich ersterer lediglich aus der Summierung aller einzelnen subjektiven Sinnkomponenten zusammensetzt" (Schwinn 1993a: 579-580).

Webers Ordnungstypologie ist jedoch systematisch an seine Handlungstypologie gebunden, der die Unterschiede in den Bestimmungsgründen oder dem „subjektiven Sinn" des individuellen Handelns zugrunde liegen.[23] Jeder der Ord-

---

[23] Ich folge im weiteren der Rekonstruktion, die Veit-Michael Bader (1989) vorgeschlagen und Thomas Schwinn (1993b: 11-130) ausgearbeitet hat.

nungstypen ist durch einen bestimmten Typ des Handelns konstituiert: Brauch/ Sitte durch das traditionale Handeln, legitime Ordnung durch das wertrationale Handeln, Interessenlage durch das zweckrationale Handeln. Man kann in der Ordnungstypologie Webers übrigens auch eine Lücke finden, die man durch die Einführung des durch das affektuelle Handeln konstituierten Ordnungstypus „Solidarität" bzw. „affektuelle Vergemeinschaftung" ausfüllen kann.[24]

Für die Regelmäßigkeiten, die zum Typ der „legitimen Ordnung" gehören, ergibt sich dabei die zusätzliche Komplikation, daß alle vier Grundorientierungen als vier verschiedene mögliche Gründe der wertrationalen Bejahung der Geltung dieser Ordnung noch einmal wiederkehren. „Das Problem *der ‚empirischen Geltung' einer normierenden Ordnung* ist nicht dasselbe wie das der *'empirischen Geltung' der Legitimität einer normierenden Ordnung"* (Bader 1989: 316). Es geht um die Gründe, die einer Konvention oder Rechtsnorm (oder einem Kodex solcher Konvention) die „inneren Garantien" der empirischen Geltung beschaffen. Die inneren Garantien der „legitimen Ordnung" unterscheiden sich je nachdem, ob an die Geltung des immer Gewesenen (traditionale Legitimität), des neu Offenbarten (charismatische Legitimität), des als absolut gültig Erschlossenen, des legal Gesatzten (verträglich Vereinbarten oder Oktroyierten) wertrational geglaubt wird.

Da das wertrationale Handeln in Webers Ordnungslehre nicht das Erklärungsproblem, sondern Annahme ist, kann die Frage nach den Bedingungen der Entstehung der „geltenden" (oder normativen) Ordnungen aus dem „vorsozialen Zustand", in welchem es nur „rationale Egoisten" gibt, in Webers verstehender Soziologie überhaupt nicht gestellt werden. Die „geltenden Ordnungen" sind da, weil die menschlichen Akteure ihrer Anlage nach (vielleicht weil sie ein Bedürfnis nach Erlösung von „innerer Not" oder nach „sinnvollem" Leben haben) zum wertrationalen Handeln fähig sind.[25] Die wertrationale Orientierung des Handelns, die in der subjektiven Auffassung einer Regelmäßigkeit als verbindlicher

---

[24] Bader schlägt vor, diesen Ordnungstyp als „Solidarität" zu bezeichnen, während Schwinn in diesem Zusammenhang den Begriff „affektuelle Vergemeinschaftung" verwendet (Bader 1989: 308 f.; Schwinn 1993b: 123). Ich finde Schwinns Argument zwingend, daß die Gefühle für Weber nicht die einzige mögliche Grundlage der Solidarität darstellen.

[25] Die Theoretiker, die zum RCA gehören, sind dadurch noch nicht verpflichtet, den Standpunkt zu vertreten, daß der Begriff des wertrationalen Handelns leer ist, d.h. keine empirische Bedeutung hat (also ähnlich dem Begriff „der goldene Berg" ist). Wie schon dargelegt, führen manche von ihnen die Gedankenexperimente in sozialphilosophischer Absicht durch und machen insofern keine empirischen Behauptungen. Andere versuchen zu zeigen, daß das Handeln, das *prima facie* wertrational ist, sich *secunda facie* (also ihrem innersten Kern nach) als das Eigennutzen maximierende zweckrationale Handeln entpuppt. In diesem Fall wird wertrationales Handeln als „Anomalie rationalen Handelns" oder Erklärungsproblem angesehen. Einen neueren Anlauf zur Bewältigung dieser Anomalie siehe Esser 2003. Über die Schwierigkeiten, die solche Erklärungsversuche begegnen, siehe Greve 2003.

und vorbildlicher zum Zuge kommt, bietet die „innere Garantie" für die „empirische Geltung" der betreffenden Ordnung. Dies ist keine hinreichende Garantie, insofern die einigermaßen beträchtliche „Chance" der Befolgung einer geltenden Regel nur durch die „äußere Garantie" der öffentlichen Meinung (im Falle der Konvention) und der „Erzwingungsstäbe" gesichert werden kann. Nichtsdestotrotz ist das wertrationale Handeln wenigstens eines Teils der Adressaten oder Benefizianten der betreffenden Regel notwendig und also konstitutiv für die empirisch geltende Ordnung.

Wegen der mangelnden analytischen Erschließung der strategischen Dimension des sozialen Handelns ist Webers verstehende Soziologie durch die relative Dürftigkeit an konzeptuellen Mitteln für die Bewältigung der Problematik gekennzeichnet, die man in den gegenwärtigen metatheoretischen Diskussionen als Transformationslogik bezeichnet. Es geht um die analytische Erfassung der Mikro-Makro-Übergänge, die auf die Frage bezogen ist, wie wegen der Interdependenz zwischen den Akteuren die kollektiven Folgen entstehen, die meist auch unbeabsichtigt sind. Es geht um ein Defizit, das Webers ordnungstheoretischer Ansatz mit anderen Versionen der verstehenden Soziologie teilt. „In the work of interpretive sociologists, the more realistic and open-ended assumptions about actors preclude any attempt to aggregate or deduce the collective consequences of action" (Esser 1993: .413). Je einfacher die handlungstheoretischen Annahmen sind, desto besser lassen sich die Transformationsprozesse durch analytische Modelle darstellen.[26]

Weber war sich freilich des Tatbestandes der Unabhängigkeit der kollektiven (systemischen) Folgen des sozialen Handelns von ihren subjektiven Bestimmungsgründen durchaus bewußt: „Es ist durchaus wahr und eine – jetzt hier nicht näher zu begründende – Grundtatsache aller Geschichte, daß das schließliche Resultat politischen Handelns oft, nein: geradezu regelmäßig, in völlig unadäquatem, oft in geradezu paradoxalem Verhältnis zu seinem ursprünglichen Sinn steht" (Weber 1980: 547). Dieses klare Bewußtsein der independenten Variabilität der Handlungen der Einzelakteuren und der kollektiven Wirkungen dieser Handlungen kommt aber nur in Webers substantiellen Forschungen[27], nicht aber in seiner soziologischen Kategorienlehre zum Zuge. Weil die materiell-strategischen Strukturen der Interdependenz der Akteure, aus welchen diese independente Variation der Makroergebnisse ihrer Handlungen hervorgeht, nicht

---

[26] Als Musterbeispiele solcher Modelle können die Modelle des Marktgleichgewichts gelten.
[27] Zum Beispiel in seiner berühmten *Protestantischen Ethik* – als er behauptet, daß die Bereicherung und die vertikale soziale Mobilität der calvinistischen Religionsvirtuosen die unbeabsichtigte Folge ihrer geschäftlichen Aktivitäten und asketischen Lebensweise war, die durch die Angst getrieben wurde, nicht der „unsichtbaren Kirche" der „zum ewigen Leben" Prädestinierten anzugehören.

zum Thema seiner theoretischen Analyse werden, reduziert Weber die Transformationslogik in seiner soziologischen Kategorienlehre auf ihre einfachste Form – auf die Aggregationslogik. Die kollektiven Tatbestände werden als statistische Aggregate individuellen Handelns aufgefaßt, deren Eigenart die dominierenden Motive oder Bestimmungsgründe des Handelns (die des „durchschnittlichen", des Median- oder des „idealtypischen" Akteurs) bestimmen. Die Veränderungen dieser Tatbestände werden auf die Veränderungen der dominanten Handlungstypen zurückgeführt.[28]

Sofern ein bestimmter Brauch, eine bestimmte Konvention usw. schon besteht, kann sie zum Gegenstand jeder der vier Handlungsorientierungen werden. Man kann sich zum Beispiel an einer bestimmten Sitte entweder zweckrational oder wertrational oder traditional oder affektuell orientieren. Dasselbe gilt für die Regelmäßigkeiten des sozialen Handelns, die andere Ordnungstypen exemplifizieren. Doch besteht die Sitte als Sitte nur solange, als die traditionale Handlungsorientierung die dominante Orientierung bleibt. Eine bestimmte Orientierung dominiert, solange sie für die Mehrheit der Akteure charakteristisch ist. Wenn eine andere Orientierung dominant wird, verändert sich der Ordnungstypus. Wenn etwa die affektuelle Orientierung an einer Sitte dominant wird, geht sie in eine affektuelle Vergemeinschaftung über usw.[29]

An diese Konzeptualisierung des Wandels der sozialen Ordnungen kann man die Fragen stellen, die denjenigen ähnlich sind, die Hartmut Esser einmal an Webers Handlungstypologie gerichtet hat: „Welche Selektionsregel wird jeweils angenommen? Wie und in welcher Richtung könnten sich die Situationen auf den Ablauf des Handelns auswirken? Woran liegt es, daß die Akteure manchmal kühl und zweckrational, manchmal aber leidenschaftlich und affektuell handeln? Sollte der Wechsel im Modus des Handelns unerklärt bleiben? Und wenn nein: Welche Regel der Selektion dafür gibt es?" (Esser 1996: 136). Bezüglich der Ordnungsformen und ihren Verwandlungen, die in Webers Ordnungsklassifikation behandelt werden, kann man ähnlich fragen, warum die betreffende „Regelmäßigkeit" des sozialen Handelns einmal die Form der Sitte, ein anderes Mal aber diejenige der Konvention oder einer Rechtsnorm hat. Unter welchen Bedingungen wird sich die Sitte in Konvention, die Konvention in Rechtsnorm (oder umgekehrt) transformieren?

Man kann behaupten, daß diese Fragen ohne die Thematisierung der Verschiebungen in den strukturellen Verbundenheiten der Akteure, der Technologie des Handelns und ähnlichen „harten" Aspekten der Situationen des sozialen

---

[28] Raymond Boudon hat eine solche Lösung des Problems des Mikro-Makro-Überganges „Transposition" genannt (Boudon 1986: 59).
[29] Hier folge ich wieder der Interpretation von Webers Auffassungen, die V.-M. Bader und Th. Schwinn vorgeschlagen haben.

Handelns nicht beantwortet werden können. Es geht um Verschiebungen, die zu den Veränderungen in den Nutzen/Kosten der betreffenden Handlungstypen und als Folge auch zur Veränderung des Ordnungstyps führen. Die Theorie der strategischen Zweckrationalität kann dabei als Werkzeugkasten für die Untersuchung dieser Interdependenzen und Verbundenheiten verstanden werden, der auch in denjenigen Fällen heuristisch unverzichtbar bleibt, in welchen die Mittel aus diesem Werkzeugkasten für die Erklärung der Entstehung oder Veränderung der betreffenden Regelmäßigkeiten des sozialen Handelns allein unzureichend sind. Es geht etwa um die Fälle, in welchen die Untersuchung der materiellstrategischen Verbundenheiten allein nicht erklären kann, warum aus einigen in der gegebenen Situation möglichen Gleichgewichte ein bestimmtes als „empirisch geltende" Ordnung realisiert wird oder vielmehr als Regelmäßigkeit, die bei den spieltheoretischen Standardannahmen nicht zu erwarten ist.

Die tatsächlich bestehenden „empirisch geltenden" Ordnungen oder normativen Verbundenheiten können nicht allein aus materiell-strategischen Verbundenheiten erklärt werden. Bei gleichen materiell-strategischen Vorgaben können nämlich „empirisch geltende" Regelmäßigkeiten bestehen, die sich deutlich nach dem „Sinn" unterscheiden, den sie für die an ihnen orientierten Akteure haben. Es geht um den Sinn, der aus der Einbindung der „inneren Garantien" der normativen Verbundenheit in unterschiedliche Weltbilder, „Sinnwelten" und kulturelle Überlieferungen hervorgeht. Um diese Variation in der Ausfüllung der spieltheoretischen Graphiken, die nur die „primären Qualitäten" des sozialen Lebens darstellen, zu erklären, soll auch die Sinn- oder interpretative Dimension des sozialen Handelns einbezogen werden. Für die Wahrnehmung dieser „subjektiven" Dimension der „sekundären Qualitäten" des sozialen Lebens haben aber die üblichen Konstruktionen der sozialen Ordnung in der *first principle analysis* keine Organe. Sie sind für die Dimension der Ordnung, auf welche sich Weber durch den Begriff der „inneren Garantien" und seine Typen der Legitimität bezieht, konstitutionell blind.

Freilich soll Webers Begriffsbildung auch in dieser Frage nicht als das letzte, sondern eher als das erste Wort angesehen werden. Kann man nämlich Webers *Soziologischen Grundbegriffen* einerseits vom Standpunkt des RCA die Unterkomplexität in der Behandlung der Transformationslogik vorwerfen, so haben andererseits die Fortsetzer derjenigen Tradition der soziologischen Theoriebildung, die unter dem Namen der „verstehenden" oder „interpretativen" Soziologie bekannt ist[30], Weber wegen der unzureichenden auflösenden Kraft seines Begriffs der sinnhaften und verstehbaren Handlung des einzelnen Akteurs

---

[30] Diese Tradition schließt bekanntlich vor allem den symbolischen Interaktionismus, die phänomenologische Soziologie und die „dramaturgische Soziologie" von Erving Goffman mit ein.

kritisiert, welche die unterkomplexe Analyse der Logik der Situation zur Folge hat. Bekanntlich hat es sich Alfred Schütz zur Lebensaufgabe gemacht, diese Versäumnisse Webers durch die phänomenologischen Beschreibungen zu beseitigen, welche die Konstitution von Intersubjektivität, die Unterschiede zwischen Sinnwelten, unterschiedliche Grade der Typisierung und Anonymität sowie die Unterschiede zwischen Selbst- und Fremddeutung usw. zum Gegenstand haben (vgl. Schütz 1974).

Als Desiderat der Arbeit an der soziologischen Handlungs- und Ordnungstheorie kann eine Theorie angesehen werden, die in beiden Hinsichten über Webers handlungs- und ordnungstheoretischen Ansatz hinausgeht, indem sie sowohl die strategische als auch die interpretative Dimension des sozialen Handelns berücksichtigt und die soziale Ordnung sowohl als den Interdependenzzusammenhang als auch als Sinnzusammenhang theoretisiert. Man kann sie auch als „multidimensionale" Theorie der sozialen Ordnung beschreiben (vgl. Alexander 1983).[31] Es liegen solche Angebote in der gegenwärtigen soziologischen Theorie vor wie etwa in der „erklärenden Soziologie" von Hartmut Esser mit ihrem Anspruch, „die in den üblichen soziologischen Handlungstheorien stets getrennten Aspekte der materiellen Anreize bzw. Kosten und Erwartungen und der kulturell oder institutionell verankerten Ideen" (Esser 2003: 161 f.) zu kombinieren und zu erklären, wie sie zusammenspielen. Die Diskussion der Frage, ob dieser Anspruch auch wirklich schon eingelöst ist, gehört nicht zum Thema meines Beitrages.

6 Wie viele Soziologien Max Webers gibt es?

Ich möchte statt dessen mit einigen Bemerkungen zur Frage der „N Soziologien" schließen, die im Programm der Bielefelder Max-Weber-Tagung als einer der Schwerpunkte bezeichnet wurde. Diese Bemerkungen sind auf die Fragestellung dieses Aufsatzes insofern bezogen, als meiner Auffassung nach Webers frühe Skizze der verstehenden Soziologie im *Kategorienaufsatz* von 1913 mehr Berührungspunkte mit dem RCA hat als diejenige Fassung, die den *Soziologischen Grundbegriffen* von 1920 zugrunde liegt (siehe Norkus 2001a: 94-129).

Bekanntlich sind beide Texte als Produkte oder Nebenprodukte von Webers Tätigkeit als des *de facto* Herausgebers und eines Mitarbeiters am *Grundriß der*

---

[31] Alexander behauptet, daß der Vorstoß zur multidimensionalen Auffassung der sozialen Ordnung Weber zwar in manchen seiner substantiellen Arbeiten (in der Konzeptualisierung der sozialen Schichtung, in seiner Stadtsoziologie und in der Studie über *Das antike Judentum*) gelungen sei, doch sei die Lösung dieses Problems in seinen explizit theoretischen Texten (also in der soziologischen Kategorienlehre) nicht zu finden.

Sozialökonomik entstanden, der als systematisch angelegte Enzyklopädie der damaligen Wirtschaftswissenschaft konzipiert war. Es gibt Konsens zwischen den Weber-Forschern darüber, daß die unter dem Namen *Wirtschaft und Gesellschaft* bekannt gewordene Textmasse, die bis zur bahnbrechenden Kritik von Friedrich Tenbruck (1977) als Webers Hauptwerk angesehen worden ist, tatsächlich eine mechanische Zusammenfügung von wenigstens zwei unabgeschlossenen Fassungen darstellt. Die erste dieser Fassungen (der „ältere Teil" von *Wirtschaft und Gesellschaft*) ist vor dem August 1914 entstanden, die zweite (der „neuere Teil") ist 1919-1920 niedergeschrieben worden.

Der neuere Teil kann als Kopf mit anschließendem Körperteil beschrieben werden. Als Kopf lassen sich nämlich die *Soziologischen Grundbegriffe* bezeichnen, an die drei Kapitel anschließen. Es geht nur um den Körperteil, weil es Weber nicht vergönnt war, die alten Manuskripte für die bleibenden Kapitel neu zu gestalten. Den älteren Teil von *Wirtschaft und Gesellschaft* hat Hiroshi Orihara, der diese „Kopf/Torso"-Metaphorik vorgeschlagen hatte, dagegen als Torso mit aufzufindendem Kopf dargestellt (Orihara 1994, 1999, 2003).[32] Seiner Meinung nach kann man den *Kategorienaufsatz* als fehlenden Kopf des älteren Teils betrachten. Er behauptet, daß das Vorkriegsmanuskript ein integriertes Ganzes bildet, dessen Gliederung einerseits dem „Werkplan von 1914", der in der „Einteilung des Gesamtwerkes" im ersten Band des *Grundrisses* im Juni 1914 veröffentlicht wurde, und anderseits den Rück- und Vorverweisungen in der ersten Auflage von *Wirtschaft und Gesellschaft* entnommen werden kann, weil die Herausgeber dieser Auflage glücklicherweise nicht fleißig genug waren, um diese Verweisungen in Webers Manuskripten im Sinne ihrer (falschen) Vorstellungen über die Struktur des Werkes umzuleiten. Wenn man Oriharas Analyse akzeptiert, müßte man den *Kategorienaufsatz* nunmehr als Teil von *Wirtschaft und Gesellschaft* veröffentlichen.

Andere Experten ziehen aber Oriharas These vom Vorkriegstext als einem integrierten Ganzen wie auch die Beschreibung des *Kategorienaufsatzes* als eines Kopfes für dieses Ganze in Zweifel. Sie wollen in der Masse der Vorkriegstexte selber wenigstens zwei Torsos unterscheiden. Zum ersten (oder auch mehreren) Torso gehören die Texte, die vor 1911 geschrieben worden sind, als Weber in zeitraubende gerichtliche Verhandlungen verwickelt wurde; der zweite (oder auch dritte bzw. vierte) soll 1913-14 entstanden sein, als Weber diejenigen Texte des älteren Teils geschrieben hat, die als alte Fassung seiner Herrschaftssoziologie und als seine Religionssoziologie bekannt geworden sind.

---

[32] Der Beitrag von Orihara (1999) wird im folgenden zitiert nach dem Nachdruck in Schluchter 2000: 211-225.

Wolfgang Schluchter unterscheidet vier Phasen in Webers Arbeit an seinem *Grundriß*beitrag: „eine Vorphase, die durch die Auseinandersetzung mit Rudolf Stammler geprägt ist und die von 1906/07 bis Anfang 1910 dauert; eine erste Phase der gezielten Arbeit für das Sammelwerk, die spätestens im Mai 1910 beginnt und bis zum Herbst 1912 anhält, wobei Weber vermutlich von Mitte 1911 bis Mitte 1912 nur sporadisch an seinem Beitrag arbeitete; eine zweite Phase der gezielten Arbeit für das Sammelwerk, die Ende 1912 einsetzt und 1914, mit Ausbruch des Krieges, endet und deren Resultat ein ‚dickes Manuskript' ist, auf das sich Weber nach Ende des Krieges bezieht" (Schluchter 2000: 188-189). Die Bearbeitung dieses Manuskripts und damit die letzte Phase soll Mitte 1919 begonnen haben.

Wolfgang J. Mommsen wollte in diese Chronologie noch eine Phase einschieben, die er mit dem Datum April-Juli 1914 versieht. Für diese Zeit vermutet er eine weitere Explosion von Webers Kreativität, die ihn über den „Werkplan von 1914" hinausführte (Mommsen 1999: 43). Mommsen verfolgt die Ursprünge der Texte in die Zeit vor Webers gesundheitlichem Zusammenbruch um die Jahrhundertwende und sieht die älteren Teile des alten Teils als maßgeblich durch den Einfluß von Ferdinand Tönnies und das Interesse an der Entwicklungsgeschichte der Gemeinschaftsformen geprägt. Im jüngeren Teil oder in Teilen des alten Teils diene die Idee der Rationalisierung des Handelns und der Ordnungen als leitender Gesichtspunkt.

Wolfgang Schluchter beschreibt dagegen Webers Begriffsbildung im älteren Teil bzw. in Teilen des alten Teils als maßgeblich durch die Auseinandersetzung mit Rudolf Stammler geprägt. Schluchter betrachtet den *Kategorienaufsatz* als Schlußstrich unter den ersten beiden Phasen. Er versteht damit den Ausdruck „seit 3/4 Jahren" in Webers Brief vom 5. September 1913 an Heinrich Rickert, in welchem er über seine Absicht berichtet, Teile seines „seit 3/4 Jahren" fertig vorliegenden Manuskripts als Aufsatz im „Logos" zu veröffentlichen (d.h. den *Kategorienaufsatz*) im Sinne von „drei bis vier Jahre".[33] Im Jahre 1913 soll Weber schon über die Begriffsbildung des *Kategorienausatzes* hinaus sein, weil in diesem Text kein Spur von Webers Herrschaftstypologie vorfindbar ist, die zu dieser Zeit maßgeblich für seine Soziologie der politischen Gemeinschaften bzw. Verbände wurde: „Wie es scheint, nahm Max Weber bei der Ausarbeitung seines *Grundriß*beitrages von 1910 bis 1914 zwei Anläufe: einen, bei dem der Ordnungsbegriff, und einen, bei dem der Gemeinschafts- bzw. Verbandsbegriff zum organisierenden Prinzip erhoben ist. Das Verhältnis der beiden Ansätze scheint

---

[33] „Ich schicke Herrn Dr. Kroner also zum Termin (15.9) seiner Rückkehr den Aufsatz, der fertig da liegt, in seinem ursprünglichen Teil schon seit 3/4 Jahren, jetzt durchgesehen und mit einigen ‚methodischen' Bemerkungen eingeleitet, unter absoluten ‚Minimisierung' jedoch alles rein-Logischen" (Max Weber an Heinrich Rickert, 5.9.1913; zitiert nach Schluchter 2000: 181 f.).

nicht abschließend geklärt" (Schluchter 2000: 200 f.). So bilden die Vorkriegstexte kein „integriertes Ganzes".

Der Lesart von Mommsen nach sollen dagegen "seit 3/4 Jahren" neun Monate bedeuten (Mommsen 1999: 26). So will er den *Kategorienaufsatz* eher als Ausgangspunkt für eine „neue Stufe" in Webers Vorkriegsarbeit an seinem Beitrag zum *Grundriß der Sozialökonomik* verstehen, die in dem *Werkplan* aus dem Jahre 1914 ihren Orientierungspunkt hatte: „Its conceptualization represents a new stage in Weber's own sociological thought that was initiated with his famous Essay ‚Über einige Kategorien der verstehenden Soziologie' – its final version having been written in late 1912 or early 1913 and not, as some previous authors assumed, by 1909 or 1910" (Mommsen 2000: 379). Diese neue Stufe soll Mommsen zufolge übrigens seit Mitte April 1914 doch wieder durch Webers rastloses Schreiben überholt worden sein.

Klaus Lichtblau sieht die Zäsur zwischen den beiden Vorkriegsphasen der Arbeit Webers am *Grundriß*beitrag im Text des *Kategorienaufsatzes* selbst zum Ausdruck kommen, der gemäß dem Konsens der Experten aus einem älteren Teil (dieser ist höchstwahrscheinlich mit den Abschnitten 4-7 identisch) und einem neueren Teil (die Abschnitte 1-3) besteht: „These two parts embody two different variants of Weber's sociology: an earlier ‚developmental-historical' variant, and a later ‚individualistic' variant that anticipates the ‚Basic Sociological Terms' of 1919-20 and that has come to be known in the secondary literature under the rubric of ‚methodological individualism'. In addition, we must assume that those parts of 'Economy and Society' which Weber wrote between 1910 and 1914 do not yet follow the premises of this 'methodological individualism' but rather follow the concept of 'developmental history'" (Lichtblau 2003: 236).

Angesichts dieser neuen Erkenntnisse über die Werkgeschichte von *Wirtschaft und Gesellschaft* und der diesbezüglichen Diskussionen stellt sich die Frage, ob mit jeder Phase von Webers Arbeit an seinem *Grundriß*beitrag ein besonderes Konzept der Soziologie verbunden ist. Gibt es also zwei, drei oder mehr Soziologien Webers?

Wenn die Annahme richtig ist, daß Weber an allen Schwerpunkten seines Beitrags zum *Grundriß* gleichzeitig gearbeitet hatte und dabei ältere Texte im Sinne seiner neuen grundbegrifflichen Einsichten immer wieder neu gestaltete[34], sehe ich keine Möglichkeit, die Texte aus der Vorkriegszeit in besondere Textmassen zu unterteilen, die mit eindeutig unterscheidbaren handlungs- und ordnungstheoretischen Ansätzen in Beziehung gesetzt werden könnten, zumal Webers Originalmanuskripte mit wenigen Ausnahmen verschollen sind. Zumindest

---

[34] So verstehe ich Oriharas Beschreibung von Webers Arbeitsweise, daß Weber die einschlägigen Texte, ob ‚frühere' oder ‚spätere', *„immer wechselseitig aufeinander verweisend, damit sie allmählich integrierend, niederschrieb"* (so Orihara in Schluchter 2000: 214).

Handeln, soziale Ordnungen und sozialwissenschaftliche Erklärung 81

ist dies ohne genaue Analyse aller Vorkriegstexte nicht möglich, die unter dem Gesichtspunkt geführt werden müßte, wie tief diese Texte durch die Begrifflichkeit des Kategorienaufsatzes durchgedrungen sind (so auch Schluchter 2000: 187 f.). Für eine solche Analyse könnte man gegebenenfalls auch die statistische Technik der Inhaltsanalyse (*content analysis*) benutzen. Hätte man dazu die betreffenden Texte als elektronische Datei zur Verfügung, so könnte man eine solche Analyse auch ohne den immensen Aufwand an Zeit und philologischer Akribie durchführen.

So möchte ich mich bezüglich Webers Manuskripte aus der Vorkriegszeit auf die Behauptung beschränken, daß es noch kein reflexives Gleichgewicht (vgl. Rawls 1971: 20 f.) zwischen Webers Arbeit an den Grundbegriffen und seinen sachlichen Untersuchungen gab. „Während sehr früh entstandene Texte offensichtlich im Zusammenhang mit der Umsetzung des ‚Stoffverteilungsplans' erst noch auf das begriffliche Niveau des Kategorienaufsatzes gebracht werden mußten, scheint in später geschriebenen Texten dieses ‚Niveau' bereits wieder verlassen" (Schluchter 2000: 188 f.). Weil das Niveau der grundbegrifflichen Ausarbeitungen durch Webers substantielle Untersuchungen schon bald verlassen wurde, sah sich Weber genötigt, immer wieder zur grundbegrifflichen Arbeit zurückzukehren und dann anschließend schon vorhandene sachliche Beiträge zu bearbeiten, um sie mit den neuen Begriffen zu durchdringen.

Man kann vermuten, daß Weber im Juli 1914 schon über die Begriffbildung des *Kategorienaufsatzes* hinaus war und durch die Aussicht verzweifelt war, sowohl einen neuen „Kopf" zu verfassen als auch die ganze Textmasse neu zu bearbeiten, um sie mit neuen Begriffen zu durchdringen, obwohl er durch die Versprechung gebunden war, schon im Herbst 1914 den ganzen Text seines *Grundriß*beitrages für den Druck abzuliefern. So möchte ich jetzt nicht mehr behaupten, daß Weber seinen Vorstoß zur letzten Version seiner Soziologie erst in den Nachkriegsjahren vollzogen hatte (vgl. dagegen Norkus 2001a: 115-126).[35]

Wenn sich die Frage nach den Soziologien Max Webers auf den *Kategorienaufsatz* und die *Soziologischen Grundbegriffe* als einigermaßen feste Vergleichspunkte fokussiert, möchte ich aber wie früher behaupten, daß es zwei Versionen von Webers verstehender Soziologie gibt. Wenn man die methodischen und handlungstheoretischen Teile des Kategorienaufsatzes (die ersten vier

---

[35] Klaus Allerbeck vermutet hinter den entscheidenden Unterschieden zwischen der Begrifflichkeit der *Kategorienlehre* und der *Soziologischen Grundbegriffen* Webers Rücksichtnahme auf die Kritik von Georg Simmel, die Weber angeblich nicht früher als 1917 bekannt werden konnte (vgl. Allerbeck 1982: 666 und 668). Es geht um die Einführung des Begriffs der sozialen Beziehung, der die Schlüsselrolle in der Architektonik der zweiten Version von Webers Ordnungslehre spielt. Siehe dazu Greshoff 2004: 262-269.

Abschnitte) mit den *Soziologischen Grundbegriffen* vergleicht, stellt man zwei wichtige Unterschiede fest. Zum einen ist Webers berühmte handlungstypologische Skizze nur in den *Soziologischen Grundbegriffen* vorfindbar. Zum anderen ist Webers Idee der dualen Rationalität, die der Zweckrationalität bekanntlich die Wertrationalität ebenbürtig zur Seite stellt, nur in den *Grundbegriffen* vollständig artikuliert.[36]

Diesen Unterschied hat zuletzt auch Wolfgang Schluchter zugestanden, der sonst die Kontinuität der methodologischen Ansichten Webers in seiner Kritik meiner These bezüglich der zwei Versionen von Webers verstehender Soziologie hervorgehoben hatte (Schluchter 2004). „Er (Weber; Z.N.) privilegiert also keine der beiden Rationalitäten. Dies festzustellen ist wichtig, weil sich im Werk, insbesondere in den frühen Texten, auch eine andere Tendenz findet, die dem zweckrationalen Deutungsschema aus heuristischen Gründen einen gewissen Vorrang gegenüber anderen Deutungsschemata einräumt. Dies nicht zuletzt deshalb, weil im Fall der Zweckrationalität Teilnehmer (subjektiv) und Beobachter (objektiv) denselben Geltungsstandard verwenden, der zudem intersubjektiv geteilt wird, so daß die Analyse des Handelns durch den Beobachter zugleich als Kritik daran aufgefaßt werden kann, die vom Teilnehmer zu akzeptieren ist. Doch wird diese Konstruktion von Weber in den ‚Soziologischen Grundbegriffen' nicht mehr verwendet" (Schluchter 2003: 59).

Es geht um Unterschiede, die für die Fragestellung dieses Aufsatzes von Bedeutung sind. Wegen dieser Unterschiede kann man nämlich behaupten, daß die frühere Skizze von Webers verstehender Soziologie mehr Berührungspunkte mit dem RCA hat. In Webers einleitenden Ausführungen zum *Kategorienaufsatz* kann man sehr wenig finden, was nicht schon in seinen früheren wissenschaftstheoretischen Aufsätzen zwischen 1903 und 1909 dargelegt wurde. Diese Aufsätze wurden aber meist als Teil von Webers Bemühungen um die Klärung der grundlagentheoretischen Fragen der Nationalökonomie geschrieben, die mit dem Methodenstreit zwischen den „beiden Nationalökonomien" verbunden waren.

Was Weber in den ersten drei Abschnitten des *Kategorienaufsatzes* sagt, kann auch als Webers Vorschlag gelesen werden, wie man in der nationalökonomischen oder allgemein in der sozialwissenschaftlichen Erklärung richtig vorgehen soll. Es handelt sich um die Beschreibung einer einheitlichen sozialwissenschaftlichen Erklärungsmethode, die als frühe Antizipation der von Karl Popper empfohlenen „situationslogischen Methode" der sozialwissenschaftlichen Erklärung bezeichnet werden kann, die im gegenwärtigen RCA systematisch

---

[36] Der Vorläufer des Begriffs des wertrationalen Handelns war der Begriff der durch eine „Norm-Maxime" bestimmten Handlung, der in Webers Stammler-Aufsatz zum ersten Mal auftaucht. Im *Kategorienaufsatz* bezieht sich Weber nur einmal auf „wertorientiertes" Handeln (Weber 1982a: 442).

praktiziert wird (vgl. Popper 1979: 108 ff., 1994: 154-184). Es gibt wenig in diesen Ausführungen, was als Versuch verstanden werden könnte, die Grundlagen für eine besondere Fachdisziplin Soziologie zu legen. Es ist auch bemerkenswert, daß noch im Herbst 1913 Max Weber immer noch Bedenken hatte, seinen Beitrag zum *Grundriß der Sozialökonomik* „Soziologie" zu nennen.[37]

Dies kann man so nicht mehr über die *Soziologischen Grundbegriffe* von 1920 behaupten, die einen klaren Anspruch auf die Begründung einer besonderen Fachdisziplin erheben, die sich durch ihre akteurtheoretischen Grundlagen, jedoch nicht in der Methode (die „individualistisch" bleibt) von der Nationalökonomie unterscheidet. Dieser Anspruch ist insbesondere an dem zweiten (wirtschaftssoziologischen) Kapitel im neueren Teil von *Wirtschaft und Gesellschaft* zu erkennen, das im „Werkplan" von 1914 überhaupt nicht vorgesehen war. Es geht in diesem Kapitel nämlich um die Behandlung eines Bereichs, der zur ureigensten Provinz der Nationalökonomie gehört, und zwar von einem besonderen soziologischen Gesichtspunkt, der als Alternative zum „wirtschaftstheoretischen" Gesichtspunkt aufgefaßt wird.

Die Hauptverwendung, die Weber von seiner Handlungstypologie machte, war die individualistische Definition der soziologischen Ordnungsbegriffe. Hier sind die Unterschiede zwischen beiden Versionen von Webers verstehender Soziologie am auffallendsten. Sie wurden in der Weber-Literatur schon mehrmals erörtert (Prewo 1979: 374-377; Breuer 1994: 5-32; Orihara 1999). Über die neue handlungsbegriffliche Grundlage ist Weber die Integration seiner Herrschaftstypologie, die Otto Hintze einmal Webers „Wunderlampe" genannt hatte (Hintze 1964: 143), in seine Ordnungslehre gelungen, die in den Bezugsrahmen der Kategorienlehre von 1913 nicht hineinpaßte. Der „Kopf" und der „Körper" (genauer: die Kapitel aus dem neuen Teil von *Wirtschaft und Gesellschaft*) paßten nun gut aufeinander, obwohl man freilich die Frage stellen kann, ob Weber dafür nicht auch manche Verluste (etwa im Vergleich mit der Vorkriegsfassung des herrschaftssoziologischen Kapitels) in Kauf nehmen mußte.

Ich möchte aber die Frage offen lassen, ob Weber 1920 schon alle theorietechnischen Probleme gelöst hatte, die mit der Integration seiner verstehenden Soziologie mit der Begrifflichkeit seiner substantiellen Untersuchungen verbunden sind. In seiner Religionssoziologie, die in den Jahren 1912-13 niedergeschrieben wurde, hat Weber nämlich die Skizze einer Differenzierungstheorie entworfen, welche von der Existenz besonderer Wertsphären – Religion, Wirtschaft, Politik, Kunst – ausgeht, in denen sich eigengesetzliche Lebensordnungen herauskristallisieren können. Dieser Vorstoß blieb aber in Webers Kategorien-

---

[37] „Es gilt auch für meine ,Soziologie', denn dazu wird der Abschnitt annähernd, obwohl ich ihn nie so *nennen* könnte" (Max Weber, Brief an den Verleger Paul Siebeck vom 06.11.1913; zitiert nach Winckelmann 1986: 33.

lehre von 1913 unberücksichtigt. Seinen ausgereiftesten Ausdruck hat Webers differenzierungstheoretischer Ansatz bekanntlich in der berühmten *Zwischenbetrachtung. Theorie der Stufen und Richtungen religiöser Weltablehnung* gefunden, die Weber während seiner Arbeit an den vergleichenden Untersuchungen der Wirtschaftsethik der Weltreligionen niedergeschrieben hat und in welcher noch eine weitere Wertsphäre – die Wissenschaft – eingeführt worden ist.

Es fällt auf, daß in Webers *Soziologischen Grundbegriffen* jegliche Bezüge auf die Differenzierungsproblematik fehlen. Diese Problematik ist nur in der Gliederung der neuen, von Weber noch für den Druck fertiggestellten Fassung von *Wirtschaft und Gesellschaft* präsent, die entsprechende Kapitel für die Wirtschaft, Herrschaft und mutmaßlich auch für die Religion vorsieht. Sie ist aber in den *Soziologischen Grundbegriffen* kein Thema der theoretischen Diskussion. Soll dies bedeuten, daß auch die *Soziologischen Grundbegriffe* nur eine Zwischenstation in Webers ordnungstheoretischer Begriffsbildung waren?

Thomas Schwinn stellt interessante Erörterungen über die Beziehungen zwischen Webers handlungs- und ordnungstheoretischem Ansatz und seiner differenzierungstheoretischen Skizze an. Er macht nämlich darauf aufmerksam, daß Weber „gesellschaftliche Ordnungen und Mächte" anders als gängige (funktionalistische) Ansätze nicht über ihre gesellschaftliche Funktion (Beitrag zur gesellschaftlicher Bestandserhaltung) einführt und konzeptualisiert: „Er differenziert diese Sphären, gemäß der in den *Soziologischen Grundbegriffen* niedergelegten programmatischen Strategie, zunächst über den spezifischen Sinn, den die Handelnden ihrem Sich-aneinander-Orientieren zugrunde legen" (Schwinn 2001: 47). Schwinn vermutet in diesem Punkt einen Einfluß von Georg Simmel auf Weber. „Während die *Grundbegriffe* den *Form-* oder *Aggregataspekt* seiner Soziologie präsentieren (Handeln – soziales Handeln – soziale Beziehung – soziale Ordnung), liefert die ‚Zwischenbetrachtung' den *Geist-* oder *Inhaltsaspekt*, d.h. ein Tableau denkbarer und historisch vorgefundener Möglichkeiten des Sich-Orientierens-aneinander, gemäß Simmels Feststellung, daß es nie irgendwelche sozialen Beziehungen (Formen) ausgelöst von bestimmten Inhalten gibt" (Schwinn 2001: 421).

Doch warum schweigt Weber selbst über diese Fragen in den *Soziologischen Grundbegriffen*? Hat er sie etwa für die „Schlußbetrachtung" ausgespart, die seinen Beitrag zum *Grundriß der Sozialökonomik* abschließen sollte, doch inhaltlich die Fortsetzung (oder der zweite Teil) seiner soziologischen Kategorienlehre gewesen wäre?[38]

---

[38] Auch Klaus Lichtblau vermutet an dieser Stelle einen blinden Fleck, indem er nach dem systematischen Ort der von Weber ursprünglich geplanten „Soziologie der Kulturinhalte" fragt und die fehlende Auseinandersetzung mit dem Kulturbegriff in den *Soziologischen Grundbegriffen* konstatiert (vgl. Lichtblau 2000: 440 f.).

7 Zusammenfassung

Ich habe argumentiert, daß Webers erklärungsmethodologische Ausführungen in seinen grundlegenden Texten zur verstehenden Soziologie Gedankengänge enthalten, die sich als Beschreibung einer besonderen Version des RCA interpretieren lassen, die sich von den anderen Versionen dadurch unterscheidet, daß sie dem zweckrationalen Handeln nur die heuristische Priorität einräumt. Dabei steht die frühe Version dieses Ansatzes im *Kategorienaufsatz* insofern dem RCA näher, als Weber in den *Soziologischen Grundbegriffen* seine Lehre der dualen Rationalität artikuliert, die Skizze einer soziologischen Handlungstheorie entwirft und sich zur Soziologie als einer Wissenschaft bekennt, die sogar beim Erklären des wirtschaftlichen Handelns von Annahmen ausgeht, die eine Alternative zu denjenigen in den wirtschaftswissenschaftlichen Erklärungen darstellen.

In Webers Auffassung des zweckrationalen Handelns bleibt die Problematik der rationalen Wahl in der strategischen Situation theoretisch unerschlossen. Zusammen mit der von Weber gemachten Grundvoraussetzung, daß alles Handeln historisch eingebettet ist, die er als Mitglied oder Erbe der Historischen Schule mit dieser teilte, führt seine Verengung der Zweckrationalität auf die rationale Wahl in der parametrischen Situation zum Desinteresse am abstrakten theoretischen Problem der Möglichkeit der sozialen Ordnung. Dieses Problem wird im RCA durch gedankenexperimentelle Modelle untersucht, die ausgehend von der Annahme des strategisch rationalen Handelns die Logik der Interdependenz zwischen den Akteuren erschließen. Webers beschreibende Morphologie der sozialen Ordnungen ist dagegen durch den instrumentellen Bezug auf ein historisch situiertes empirisches Erklärungsproblem gekennzeichnet und konzeptualisiert die soziale Ordnungen als Sinnzusammenhänge, denen geteilte Weltbilder (oder „Sinnwelten") und Legitimitätsvorstellungen zugrunde liegen.

Literatur

Abell, Peter, 1996: Sociological Theory and Rational Choice Theory. S. 252-273 in: Bryan S. Turner (Hrsg.), The Blackwell Companion to Social Theory. Oxford.

Albert, Hans, 1994: Kritik der reinen Hermeneutik. Der Antirealismus und das Problem des Verstehens. Tübingen.

Albert, Hans, 2003: Weltauffassung, Wissenschaft und Praxis. Bemerkungen zur Wissenschafts- und Wertlehre Max Webers. S. 77-96 in: Gert Albert et al. (Hrsg.), Das Weber-Paradigma. Studien zur Weiterentwicklung von Max Webers Forschungsprogramm. Tübingen.

Alexander, Jeffrey C., 1983: Theoretical Logic in Sociology. Vol. 3: The Classical Attempt at Theoretical Synthesis: Max Weber. London.

Allerbeck, Klaus, 1982: Zur formalen Struktur einiger Kategorien der verstehenden Soziologie. Kölner Zeitschrift für Soziologie und Sozialpsychologie 32: 665-676.

Axelrod, Robert, 1987: Die Evolution der Kooperation. München.

Bader, Veit-Michael, 1989: Max Webers Begriff der Legitimität. Versuch einer systematisch-kritischen Rekonstruktion. S. 296-334 in: Johannes Weiß (Hrsg.), Max Weber heute. Erträge und Probleme der Forschung. Frankfurt am Main.

Baumgarten, Eduard (Hrsg.), 1964: Max Weber. Werk und Person. Tübingen.

Baurmann, Michael, 1996: Der Markt der Tugend. Recht und Moral in der liberalen Gesellschaft. Tübingen.

Becker, Gary S., 1982: Der ökonomische Ansatz zur Erklärung menschlichen Verhaltens. Tübingen.

Binmore, Ken, 1994-1998: Game Theory and the Social Contract. Vol. 1-2. Cambridge (Mass.).

Boudon, Raymond, 1986: Theories of Social Change. A Critical Appraisal. Oxford.

Boudon, Raymond, 1987: The Individualistic Tradition in Sociology. S. 45-70 in: Alexander, Jeffrey et al. (Hrsg.), The Micro-Macro Link. Berkeley.

Breuer, Stefan, 1994: Bürokratie und Charisma. Zur politischen Soziologie Max Webers. Darmstadt.

Cappai, Gabriele, 2000: Kulturrelativismus und Übersetzbarkeit des kulturell Fremden in der Sicht von Quine und Davidson. Eine Beobachtung aus sozialwissenschaftlicher Perspektive. Zeitschrift für Soziologie 29: 253-274.

Coleman, James S., 1991: Grundlagen der Sozialtheorie. Bd. 1: Handlungen und Handlungssysteme. München.

Danto, Arthur C., 1973: Analytical Philosophy of Action. Cambridge (Mass.).

Davidson, Donald, 1984: Inquiries into Truth and Interpretation. Oxford.

Döbert, Rainer, 1989: Max Webers Handlungstheorie und die Ebenen des Rationalitätskomplexes. S. 210-249 in: Johannes Weiß (Hrsg.), Max Weber heute. Erträge und Probleme der Forschung. Frankfurt am Main.

Dunleavy, Patrick, 1992: Democracy, Bureaucracy, and Public Choice: Economic Explanations in Political Science. New York.

Elster, Jon, 1979a: Ulysses and the Sirens: Studies in Rationality and Irrationality. Cambridge.

Elster, Jon, 1979b: Anomalies of Rationality: Some Unresolved Problems in the Theory of Rational Behaviour. S. 65-85 in Louis Levy-Garboua (Hrsg.), Sociological Economics. London.

Elster, Jon, 1985: The Cement of Society. A Study of Social Order. Cambridge.

Elster, Jon, 2000: Rationality, Economy, and Society. S. 21-41 in Stephen Turner (Hrsg.), The Cambridge Companion to Weber. Cambridge.

Esser, Hartmut, 1993: How 'Rational' is the Choice of 'Rational Choice'? Rationality and Society 5 (3): 408-414.

Esser, Hartmut, 1996: Soziologie. Allgemeine Grundlagen. 2. Aufl. Frankfurt am Main.

Esser, Hartmut, 1999a: Soziologie. Spezielle Grundlagen. Bd. 1: Situationslogik und Handeln. Frankfurt am Main.

Esser, Hartmut, 1999b: Die Situationslogik ethnischer Konflikte. Zeitschrift für Soziologie 28: 245-262.

Esser, Hartmut, 2000: Soziologie. Spezielle Grundlagen. Bd. 3: Soziales Handeln. Frankfurt am Main.
Esser, Hartmut, 2003: Die Rationalität der Werte. Die Typen des Handelns und das Modell der soziologischen Erklärung. S. 125-152 in: Gert Albert et al. (Hrsg.), Das Weber-Paradigma. Studien zur Weiterentwicklung von Max Webers Forschungsprogramm. Tübingen.
Friedman, Jeffrey (Hrsg.), 1996: The Rational Choice Controversy. Economic Models of Politics Reconsidered. New Haven.
Gauthier, David, 1987: Morals by Agreement. Oxford.
Green, Donald P. / Shapiro, Ian, 1994: Pathologies of the Rational Choice Theory. A Critique of Applications in Political Science. New Haven.
Greshoff, Rainer, 2004: Methodologischer Individualismus und die Konzeptualisierung von Sozialität bei Friedrich A. Hayek und Max Weber. S. 261-286 in: Manfred Gabriel (Hrsg.), Paradigmen der akteurszentrierten Soziologie. Wiesbaden.
Greve, Jens, 2002: Bedeutung, Handlung und Interpretation. Zeitschrift für Soziologie 31: 373-390.
Greve, Jens, 2003: Handlungserklärung und die zwei Rationalitäten? Neuere Ansätze zur Integration von Wert- und Zweckrationalität in ein Handlungsmodell. Kölner Zeitschrift für Soziologie und Sozialpsychologie 55: 621-653.
Habermas, Jürgen, 1981: Theorie des kommunikativen Handelns. Bd. 2: Zur Kritik der funktionalistischen Vernunft. Frankfurt am Main.
Hargreaves Heap, Shaun / Varoufakis, Yanis, 1995: Game Theory. A Critical Introduction. London.
Heckathorn, Douglas, 1984: Mathematical Theory Construction in Sociology: Analytical Power, Scope, and Descriptive Accuracy as Trade-Offs. Journal of Mathematical Sociology 10: 295-323.
Hintze, Otto, 1964: Max Webers Soziologie. S. 135-147 in: Soziologie und Geschichte. Gesammelte Abhandlungen zur Soziologie, Politik und Theorie der Geschichte. Hrsg. von Gerhard Oestreich. 2. erweiterte Aufl. Göttingen.
Joas, Hans, 1996: Die Kreativität des Handelns. Frankfurt am Main.
Kliemt, Hartmut, 1986: Antagonistische Kooperation. Elementare spieltheoretische Modelle spontaner Ordnungsentstehung. Freiburg / München.
Lichbach, Mark, 1996: The Cooperator's Dilemma. Ann Arbor.
Lichtblau, Klaus, 2000: „Vergemeinschaftung" und „Vergesellschaftung" bei Max Weber. Eine Rekonstruktion seines Sprachgebrauchs. Zeitschrift für Soziologie 29: 423-443.
Lichtblau, Klaus, 2003: Max Weber's Two Sociologies (Besprechung von: Max Weber Gesamtausgabe I/22-1: Wirtschaft und Gesellschaft. Die Wirtschaft und die gesellschaftliche Ordnungen und Mächte. Nachlaß. 1. Gemeinschaften. Hrsg. von Wolfgang J. Mommsen in Zusammenarbeit mit Michael Meyer; Tübingen 2001). Max Weber Studies 3(2): 233-237.
Lyons, David, 1978: Forms and Limits of Utilitarianism. Oxford.
Mommsen, Wolfgang J., 1999: Zur Entstehung von Max Webers hinterlassenem Werk „Wirtschaft und Gesellschaft. Soziologie". Europäisches Zentrum für Staatswissenschaften und Staatspraxis. Discussion Paper Nr. 42.

Mommsen, Wolfgang J., 2000: Max Weber's „Grand Sociology": The Origins and Composition of *Wirtschaft und Gesellschaft. Soziologie.* History and Theory 39: 364-383.
Norkus, Zenonas, 2000: Max Weber's Interpretive Sociology and Rational Choice Approach. Rationality and Society 12(3): 259-282.
Norkus, Zenonas, 2001a: Max Weber und Rational Choice. Marburg.
Norkus, Zenonas, 2001b: Pirmenybių endogenizacijos problema racionalaus pasirinkimo teorijoje [Das Problem der Endogenisierung der Präferenzen in der Theorie der rationalen Wahl]. S. 29-67 in: Alvydas Jokubaitis / Tomas Sodeika (Hrsg.), Seminarai. Atviros visuomenės kolegija. Vilnius.
Norkus, Zenonas, 2003: Die situationsbezogene und die prozedurale Sicht von Handlungsrationalität in Max Weber Begriffsbildung. S.125-152 in: Gert Albert et al. (Hrsg.) Das Weber-Paradigma. Studien zur Weiterentwicklung von Max Webers Forschungsprogramm. Tübingen.
Opp, Karl-Dieter, 1983: Die Entstehung sozialer Normen. Ein Integrationsversuch soziologischer, sozialpsychologischer und ökonomischer Erklärungen. Tübingen.
Opp, Karl-Dieter, 1999: Contending Conceptions of the Theory of Rational Action. Journal of Theoretical Politics 11(2): 171-202.
Orihara, Hiroshi, 1994: Eine Grundlegung zur Rekonstruktion von Max Webers Werk ‚Wirtschaft und Gesellschaft'. Die Authentizität der Verweise im Text des ‚2. und 3. Teils' der 1. Auflage. Kölner Zeitschrift für Soziologie und Sozialpsychologie 46: 103-121.
Orihara, Hiroshi, 1999: Max Webers Beitrag zum Grundriß der Sozialökonomik: Das Vorkriegsmanuskript als integriertes Ganzes. Kölner Zeitschrift für Soziologie und Sozialpsychologie 51: 724-734.
Orihara, Hiroshi, 2003: From 'A Torso with a Wrong Head' to 'Five Disjointed Body-Parts without a Head': A Critique of the Editorial Policy for Max Weber Gesamtausgabe I/22. Max Weber Studies 3(2): 133-168.
Parsons, Talcott, 1968: The Structure of Social Action. A Study in Social Theory with Special Reference to a Group of Recent European Writers. Vol. 1. New York.
Parsons, Talcott / Shils, Edward A. (with the assistance of James Olds), 1967: Values, Motives, and Systems of Action". S. 47-275 in Talcott Parsons / Edward A. Shils (Hrsg.), Toward a General Theory of Action. Cambridge (Mass.).
Popper, Karl R., 1979: Das Elend des Historizismus. 5. verb. Aufl. Tübingen.
Popper, Karl R. 1994: The Myth of the Framework. In Defence of Science and Rationality. Hrsg. von Mark Notturno. London.
Prewo, Rainer, 1979: Max Webers Wissenschaftsprogramm. Versuch einer methodischen Neuerschließung. Frankfurt a. M.
Ramsey, Frank P., 1931: The Foundations of Mathematics and Other Logical Essays. New York.
Rasmusen, Eric, 1989: Games and Information. An Introduction to Game Theory. 2. Aufl. Cambridge (Mass).
Rawls, John, 1971: A Theory of Justice. Cambridge (Mass.).
Reese-Schäfer, Walter, 1997: Grenzgötter der Moral. Der neuere europäisch-amerikanische Diskurs zur politischen Ethik. Frankfurt am Main.

Rowe, Nicholas, 1989: Rules and Institutions. New York.
Ryle, Gilbert, 1949: The Concept of Mind. New York.
Savage, Leonard J. The Foundations of Statistics. New York.
Schimank, Uwe, 2001: Handeln und Strukturen. Einführung in die akteurtheoretische Soziologie. Weinheim.
Schluchter, Wolfgang, 2000: Individualismus, Verantwortungsethik und Vielfalt. Weilerswist.
Schluchter, Wolfgang, 2003: Handlung, Ordnung und Kultur. Grundzüge eines weberianischen Forschungsprogramms. S. 42-74 in: Gert Albert et al. (Hrsg.), Das Weber-Paradigma. Studien zur Weiterentwicklung von Max Webers Forschungsprogramm. Tübingen.
Schluchter, Wolfgang, 2004: Max Weber und Rational Choice (Besprechung von Zenonas Norkus, Max Weber und Rational Choice, Marburg 2001). Berliner Journal für Soziologie 14: 562-565.
Scholz, Oliver, 1999: Verstehen und Rationalität. Untersuchungen zu den Grundlagen von Hermeneutik und Sprachphilosophie. Frankfurt am Main.
Schotter, Andrew, 1981: An Economic Theory of Institutions. Cambridge.
Schüssler, Rudolf, 1990: Kooperation unter Egoisten: Vier Dilemmata. München.
Schütz, Alfred, 1971: Begriffs- und Theoriebildung in den Sozialwissenschaften. S. 55-76 in: Alfred Schütz, Gesammelte Aufsätze, Bd. 1. Den Haag.
Schütz, Alfred, 1974: Der sinnhafte Aufbau der sozialen Welt. Eine Einleitung in die verstehende Soziologie. Frankfurt am Main.
Schwinn, Thomas, 1993a: Max Webers Verstehensbegriff. Zeitschrift für philosophische Forschung 47: 573-587.
Schwinn, Thomas, 1993b: Jenseits von Subjektivismus und Objektivismus. Max Weber, Alfred Schütz und Talcott Parsons. Berlin.
Schwinn, Thomas, 2001: Differenzierung ohne Gesellschaft. Umstellung eines soziologischen Konzepts. Weilerswist.
Schwinn, Thomas, 2004: Entscheidungskriterien für akteur- und systemtheoretische Paradigmen in der Soziologie. Überlegungen im Anschluß an Max Weber und Talcott Parsons. S. 69-90 in: Manfred Gabriel (Hrsg.), Paradigmen der akteurszentrierten Soziologie. Wiesbaden.
Skyrms, Brian, 1996: The Evolution of Social Contract. Cambridge.
Skyrms, Brian, 2004: The Stag Hunt and the Evolution of Social Structure. Cambridge.
Taylor, Michael, 1987: The Possibility of Cooperation. Cambridge.
Tenbruck, Friedrich H., 1977: Abschied von „Wirtschaft und Gesellschaft". Zeitschrift für die gesamte Staatswissenschaft 133: 703-736.
Tuomela, Raimo, 1984: A Theory of Social Action. Dordrecht.
Turner, Stephen P., 1983: Weber on Action. American Sociological Review 48: 506-519.
Ullmann-Margalit, Edna, 1977: The Emergence of Norms. Oxford.
Vanberg, Viktor, 1994: Rules and Choice in Economics. London.
Voss, Thomas, 1985: Rationale Akteure und soziale Institutionen. Beitrag zu einer endogenen Theorie des sozialen Tauschs. München.
Weber, Max, 1958: Wirtschaftsgeschichte. Abriß der universalen Sozial- und Wirtschaftsgeschichte. Aus den nachgelassenen Vorlesungen hrsg. von S. Hellmann und M. Pa-

lyi. Dritte, durchgesehene und ergänzte Auflage besorgt von Johannes Winckelmann. Berlin.

Weber, Max, 1976: Wirtschaft und Gesellschaft. Grundriß der verstehenden Soziologie. Hrsg. von Johannes Winckelmann. 5. Aufl. Tübingen.

Weber, Max, 1980: Politik als Beruf. S. 505-563 in: Gesammelte politische Schriften. Hrsg. von Johannes Winckelmann. 4. Aufl. Tübingen.

Weber, Max, 1982a: Die Grenznutzlehre und das „psychophysische Grundgesetz". S. 384-399 in: Gesammelte Aufsätze zur Wissenschaftslehre. Hrsg. von Johannes Winckelmann. 5. Aufl. Tübingen.

Weber, Max, 1982b: Über einige Kategorien der verstehenden Soziologie. S. 427-474 in: Gesammelte Aufsätze zur Wissenschaftslehre. Hrsg. von Johannes Winckelmann. 5. Aufl. Tübingen.

Winckelmann, Johannes, 1986: Max Webers hinterlassenes Hauptwerk: Die Wirtschaft und die gesellschaftlichen Ordnungen und Mächte. Entstehung und gedanklicher Aufbau. Tübingen.

Lassen sich Handlungs- und Systemtheorie verknüpfen?
Max Weber, Talcott Parsons und Niklas Luhmann

Thomas Schwinn

Max Weber und Talcott Parsons sind die Gründungsfiguren der zwei zentralen Paradigmen der Soziologie: der Handlungs- und der Systemtheorie. Zwar wurden diese Etikettierungen erst ex post mit beiden Klassikern verbunden, aber in ihren Arbeiten ist eine für soziologisches Denken zentrale Weichenstellung angelegt. Ein Blick in die zahlreichen soziologischen Lehrbücher, die man insbesondere für Grundkurse zu bewältigen hat, zeigt, daß die jeweils verfolgten Theorie- und Paradigmenlinien ihren Ausgangspunkt meistens bei diesen beiden Autoren nehmen. Ein weiteres Indiz für diese These eröffnet der theoriegeschichtliche Rückblick. Talcott Parsons hat sich besonders in seiner frühen Schaffensperiode intensiv mit Max Weber auseinandergesetzt und Texte von ihm übersetzt. Nicht unwesentlich geht die internationale Verbreitung Max Webers nach dem 2. Weltkrieg auf Parsons zurück. Dennoch ist der Versuch Parsons', Weber zu vereinnahmen und seine Arbeiten in der eigenen Theoriekonstruktion zu integrieren, gescheitert. Noch zu Lebzeiten Parsons' setzt bereits die „Deparsonisierung" Webers ein (Cohen et al. 1975), begleitet von zahlreichen Neuübersetzungen von Webers Werken, die zu einer Revision und Korrektur von Parsons' Weberinterpretation führte. Heutige in Angriff genommene Systematisierungen der Weberschen Grundbegriffe stützen sich nicht mehr auf Parsons' Vorgaben, sondern entwickeln diese weberimmanent.[1] Offensichtlich ist es Parsons nicht gelungen, den „Fremdkörper" Weber zu schlucken und zu verdauen. In einer Art Abstoßungsreaktion entwickeln sich die mit ihnen verbundenen Paradigmen wieder auseinander.

Im folgenden interessieren mich diese Weichenstellungen in Webers und Parsons' Begriffsstrategien, die beide zu Begründern eigenständiger Paradigmen macht. Die Eigenheit der von Weber entwickelten Richtung der verstehenden Soziologie wird deutlicher, wenn man sie in bezug auf eine wichtige Strömung

---

[1] Ein Beispiel hierfür ist Wolfgang Schluchter. In einer Arbeit aus dem Jahre 1980 ist der Versuch unverkennbar, Webersche Begriffe mit Hilfe Parsonsscher Unterscheidungen und Klassifikationen zu entwickeln (Schluchter 1980). Bei einem ähnlichen gelagerten Versuch 20 Jahre später ist dies nicht mehr der Fall (Schluchter 2000) oder Parsons fehlt gänzlich im Literaturverzeichnis (Schluchter 2003).

der Soziologie, die Systemtheorie, positioniert und abgrenzt. Da diese verschiedene Varianten aufweist, werde ich in einem zweiten Schritt Niklas Luhmanns Theorie mit der Webers vergleichen. Dabei interessieren mich auch aktuelle Forderungen, freilich nicht von Luhmann (!), System- und Handlungstheorie zu kombinieren. Kann aktuell gelingen, was bei Parsons gescheitert ist: die Konvergenz- und Integration unterschiedlicher Sozialtheorien in einer umfassenden Theorie?

1 Voraussetzungen systemtheoretischen Denkens: Talcott Parsons

Parsons hat den Systembegriff in der Soziologie hoffähig gemacht. Über ihn und eine Vielzahl seiner Schüler geht er in sozialwissenschaftliches Denken ein. Die entscheidende Weiche, die mit dem Systembegriff gestellt wird, ist die Abkehr von der subjektphilosophischen Tradition. Parsons übernimmt den Grundriß seiner Theorie aus der Philosophie von Alfred N. Whitehead, seinem damaligen Kollegen in Harvard (Schwanenberg 1970; Wenzel 1990; Schwinn 1993). Whitehead sieht in der subjektphilosophischen Tradition ein Grundübel der neuzeitlichen Denkentwicklung. Hier verspricht er sich Abhilfe, indem er die Subjekt-Objekt-Trennlinie in der Descartes-Kant-Tradition durch eine radikal relationistische Konzeption ersetzt. Dem subjektphilosophischen Denken wirft er die „fallacy of misplaced concretness" vor, d.h. das Subjekt als eine unhinterfragte Entität zu setzen. Dem stellt er seine organizistische Philosophie entgegen. Diese zerlegt alles Seiende, einschließlich der Subjekte, in Letzteinheiten, er nennt sie Ereignisse, und begreift alle Phänomene als Kompositionen bzw. Relationen dieser Grundbausteine. Dies ist auch Parsons' Analysestrategie. Das über Thomas Hobbes eingeführte Ordnungstheorem als Problemformel der Soziologie hat in Parsons' Werk nur noch den Namen mit dem Ursprung gemein. In den klassischen politischen und ökonomischen Theorietraditionen war das Subjekt das Letztelement der Theorie und Ordnung das mehr oder weniger problematische Resultat der Auseinandersetzungen der Individuen (Udehn 2002). Das organizistische Denken ermöglicht es Parsons, Sozialtheorie auf radikal neue Weise zu denken. Er löst den Handlungsbegriff vom Subjekt und unterläuft damit die traditionelle Problematik von Individuum und Gesellschaft (Parsons 1968: 72, 355, 367, 737 f.; Wenzel 1990; Schwinn 1993). Der Aktor ist selbst ein emergenter Ordnungstypus des Handelns, der einen spezifischen Relationsmodus aufweist (Parsons 1968: 747 f.). Für Parsons ist das Ordnungsproblem von Beginn an nicht auf das Problem der *sozialen* Ordnung begrenzt. Letztere ist nur ein Problemaspekt in einer allgemeinen Ordnung des Handelns (ja der Natur überhaupt), die sowohl subjektiv wie objektiv aufgelöst werden kann. Parsons transformiert die traditionelle Individuum-Ordnungs-Dichotomie durch eine radikale Steigerung des sozialtheoretischen Auflösungsvermögens.

In der Weberschen Soziologie bleibt dagegen das Subjekt „nach unten" wie „nach oben" der einzige Träger sinnhaften Sichverhaltens, also eine für die Soziologie nicht weiter auf andere Instanzen rückführbare Einheit.[2] Parsons' radikale Dekompositionsstrategie zerlegt das Handlungssubjekt und verfugt es mehr oder weniger problemlos mit der sozialen Ordnung. Im Frühwerk wählt er als Letztelement den „unit-act", der als kleinster Systembaustein konzipiert ist. Zwar ist der Aktor noch Bestandteil des unit-act, aber nicht sein Konstrukteur. Der Handlungsbezugsrahmen ist so angelegt, daß die zu definierende Handlungseinheit als eine in Systeme eingebettete bestimmt wird. Handlungen sind Ereignisse, die untereinander systemisch relationiert werden. Luhmann (1980: 7) schlägt für Parsons folgende Sichtweise vor: „Der Handelnde ist, obwohl Parsons diese Terminologie übernimmt, im strengen Sinne *kein Subjekt* ... seiner Handlung. Eher müsste man zur Verwirrung europäischer Gemüter sagen: Das Handlungssystem ist das Subjekt des Handelnden." Perfektioniert hat Parsons später seine Analysetechnik mit dem AGIL-Schema. Der organizistisch verfaßten Wirklichkeit läßt sich nur mit diesem *System* analytischer Elemente beikommen. Mit dem AGIL-Schema läßt sich sowohl jede Einheit, von der wir ausgehen, weiter dekomponieren als auch die Beziehungen zur nächst höheren Einheit bestimmen. Dieses theoretische System löst nach Parsons ein, was er schon im Frühwerk angestrebt hat: Die Makroperspektive auf ein Handlungssystem und die Mikroperspektive auf die Handlungseinheit sind ineinander übersetzbar. Mit ein und demselben Schema lassen sich die Wirkungsbeziehungen und Zusammenhänge über alle nur denkbaren Aggregationsstufen erfassen.

Soziales wird hier nicht wie bei Weber aus dem wechselseitigen Bezug der handelnden Subjekte aufgeklärt. Dies war für Parsons ein konkretistisches Mißverständnis. Das verstehende und kalkulierende Subjekt hat in seiner Theorie

---

[2] Albert (2005: 209) stellt die Frage, warum man in einer konsequent reduktionistisch verfahrenden Analysestrategie vor dem Subjekt haltmachen und seine Denk- und Handlungsfähigkeiten nicht auf neurologische und physiologische Prozesse zurückführen sollte. Dies sei nur dann nicht erforderlich, wenn man von einem „moderaten methodologischen Holismus" ausgehe, der auf allen Ebenen Emergenzen annimmt. Man könne nicht wie im methodologischen Individualismus die Emergenz sozialer Phänomene leugnen, aber sie beim Subjekt hinsichtlich seines biologischen Substrats annehmen. Muß aber, so läßt sich zurückfragen, das gesamte „Realitätsspektrum" einem durchgehenden Prinzip folgen; sprich „einmal Emergenz, immer Emergenz"? Kann es nicht sein, daß bestimmte Phänomene emergent sind, andere nicht? Die Gehirnforschung ist zwar bestrebt, die Subjektphilosophie zu beerben, es bleibt aber abzuwarten, ob es gelingt, z.B. Selbstbewußtsein neurophysiologisch zu rekonstruieren. Letzten Endes ist es die Frage, ob es eine völlig metaphysikfreie Wissenschaft geben kann. Vgl. zum Thema Subjekt die Studie „Die Unhintergehbarkeit von Individualität" von Frank (1986).

keine konstitutive Funktion. Es ist daher verfehlt, Parsons' Werk über die Bruchthese in eine Handlungs- und eine Systemtheorie auseinanderzudividieren. Es ist die gleiche Problemstellung, die ihn in allen Schaffensperioden beschäftigt. Von einer handlungstheoretischen Entwurzelung des AGIL-Schemas (Habermas 1981, Bd. II: 367 ff.) kann man nur sprechen, wenn Parsons' Handlungsdefinition im Frühwerk unzulässigerweise mit dem herkömmlichen akteurtheoretischen Verständnis identifiziert wird. Dies verkennen auch jene Interpretationen, die bei Parsons eine handlungstheoretische Kontinuität sehen (Turner / Beeghley 1974: 48 ff.; Münch 1988: 190 ff.). Parsons' Handlungstheorie ist von Anfang an so angelegt, daß sie sich der Systemtheorie unterordnet.

Dies hat Konsequenzen für Parsons' Ordnungstheorie. Mit Giddens' Dualitätstheorem läßt sich sagen, daß für ihn Ordnung zwar das Medium, nicht aber das Resultat des Handelns ist. Die einzelnen Aggregationsstufen sind kybernetisch geordnet, nach konditional-energetischen und kulturell-steuernden. Die jeweils unteren bringen immer nur das konditionale Moment in soziale Prozesse hinein, das durch das steuernde der nächst höheren in Form gebracht werden muß. Im Sozialisationsprozeß ist das zu sozialisierende Subjekt lediglich der konditionale Faktor, der über die entsprechenden entwicklungsbestimmenden Interaktionen ordnungstauglich gemacht wird. Auch die Interaktionsebene hat in Parsons' Theorie kein wirkliches Eigenrecht, wie es das Problem der doppelten Kontingenz vermuten ließe, sondern sie steht unter der steuernden Einwirkung institutioneller Normen, und diese haben schließlich ihren richtungsweisenden Bezugspunkt im Kultursystem. Parsons' gesamte Ordnungsarchitektonik muß an jedem Punkt von oben nach unten gelesen werden. Immer geht es um das Durchgreifen der Regulative der aggregationshöheren auf die aggregationstieferen Ebenen. Den gegenläufigen Prozeß, daß Motive, Orientierungen und Interessen der Akteure, eigengesetzlich verlaufende Interaktionen, innovative Institutionalisierungsprozesse gleichsam „von unten nach oben" Ordnungen konstituieren oder Ordnungsvorgaben modifizieren, gemäß Webers Strategie in den Grundbegriffen, kommt Parsons nicht in den Blick.

Letztlich handelt es sich bei Parsons um ein idealistisches Wertverwirklichungsmodell. Habermas' (1981, Bd. II: 325 ff.; vgl. auch Archer 1988: 32 ff.; Schwinn 1993: 245 ff.) Vorwurf des kulturellen Determinismus ist daher berechtigt. Subjektkonstitution, Interaktion und Institutionalisierung hängen am Tropf der kulturellen Muster. Genauer muß man von einem systemischen Kulturdeterminismus sprechen. Die faktisch gegebenen und sich noch ergebenden Relationen sind in der Systematik der Kulturmuster grundgelegt.[3] Das Handeln des Subjekts reduziert sich auf eine Realisierung dieser Kulturmuster, es ist aber

---

[3] Dies geht auf eine religiöse Denkfigur Whiteheads zurück (vgl. Schwinn 1993).

nicht zugleich auch an ihrer Konstruktion beteiligt. Dies scheint Parsons' eigenem Verständnis seines Werks als einer Theorie „voluntaristischen Handelns" zu widersprechen. Schauen wir uns genauer an, was er unter „Voluntarismus" versteht. Zum Verhältnis von Norm und Handlung schreibt er: „Action must always be thought of as involving a state of tension between two different orders of elements, the normative and the conditional. As process, action is, in fact, the process of alteration of the conditional elements in the direction of conformity with norms. [...] Thus conditions may be conceived at one pole, ends and normative rules at the other, means and effort as the connecting links between them" (Parsons 1968: 732). Entscheidende Bedeutung kommt hier jenem synthetisierenden Bestandteil des unit-act zu, den Parsons mit *effort* bezeichnet. Er bindet die Elemente einer Akteinheit zusammen. Für ihn ist dieser Bestandteil „the central feature of the category of action" (Parsons 1968: 46). In Verbindung mit diesem Begriff spricht Parsons vom aktiven und kreativen Charakter des Handelns (Parsons 1968: 396, 440). Er trägt die Erklärungslast des Voluntarismusbegriffs.

Der systematische Stellenwert des „effort"-Begriffs erschließt sich, wenn man sich die Analogie anschaut, die Parsons zum Energiebegriff in der Physik zieht (Parsons 1968: 719, 752; Parsons 1986: 112 f.; Procter 1978: 45 ff.; Savage 1981: 92 ff.). Ähnlich wie mechanische Systeme Kraftstoff benötigen, um ihre Komponenten in Gang zu halten, erfordert jedes Handlungssystem motivationale Energie für seine Operationen. Der Parsonssche Begriff „effort" und damit der des „Voluntarismus" meint nicht die konstruktive Leistung eines Subjekts, sondern er hat lediglich eine energetische Bedeutung. Dies wird verständlich, wenn man sich Parsons' Überlegungen zum Verhältnis von Norm und Handlung vergegenwärtigt. Der Dualismus von konditionaler und normativer Ebene ist für seine gesamte Theorie konstitutiv. Die eine Seite des Dualismus, die konditionale, ist in ihrer determinierenden Wirkung unproblematisch (Procter 1978: 45). Die Elemente von Vererbung und Umwelt setzen sich in ihrem kausalen Einfluß automatisch durch. Dies trifft für die andere Seite, die ideelle, nicht zu.[4] Hier ist das Moment der Leistung „necessitated by the fact that norms do not realize themselves automatically" (Parsons 1968: 719). Der Status der Normen in bezug auf das Handeln ist daher problematisch: Um einen kausalen Einfluß gegenüber den konditionalen Elementen zu gewinnen, bedürfen die Normen der vermittelnden Leistung des Akteurs (Parsons 1968: 251 und 396; Savage 1981: 97 und 102 ff.). Die Leistung des Akteurs im Handlungsprozeß reduziert sich auf die energetische Aktivierung der vorgegebenen Normen, um ihnen so eine kausale Potenz

---

[4] Diese Idee liegt Durkheims Unterscheidung in technische und moralische Regeln zugrunde.

gegenüber der automatischen Wirksamkeit der konditionalen Kräfte zu verleihen.[5]

Parsons' Handlungstheorie weist hier eine Lücke auf, die für die gesamte Architektonik seiner soziologischen Theorie eine entscheidende Bedeutung hat.[6] Sein Voluntarismus-Verständnis bietet einen Schlüssel für die Interpretation seines Gesamtwerkes. Die widersprüchlichen Ansichten in bezug auf dessen Kontinuität bzw. Diskontinuität spiegeln die Unklarheit über Parsons' Voluntarismus-Begriff wider (Procter 1978: 45 ff.; Fitzhenry 1986: 155 f.).

a. Eine Fraktion von Interpreten sieht einen Übergang von der Handlungs- zur Systemtheorie, wobei in letzterer das Voluntarismusproblem gänzlich verschwinde; entscheidend seien hier nur noch Systemprozesse. Habermas, der dieser Interpretationsrichtung folgt, sieht in der frühen, handlungstheoretischen Phase von Parsons sogar ein „monadisch angelegtes Handlungskonzept", das bei den handlungsorientierenden Entscheidungen „als Ausfluß der privaten Willkür vereinzelter Aktoren ansetzt" (Habermas 1981, Bd. II: 321).
b. Eine andere Interpretationslinie kann in Parsons' Werk keinen Bruch zwischen verschiedenen Phasen entdecken. Die voluntaristische Sichtweise übernehme Parsons auch in seinen späteren Arbeiten (Turner / Beeghley 1974: 48 ff.; Münch 1988: 190 ff.).
c. Ken Menzies (1976: 39) schließlich sieht in Parsons' Werk von Anfang an sowohl eine Handlungs- als auch eine Systemtheorie angelegt, zwischen denen Parsons kontinuierlich hin und her wechsle.

---

[5] Hinter dieser Konzeption läßt sich Whiteheads Verhältnisbestimmung von Ideellem und Realem erkennen. Die ewigen Objekte, als reine Möglichkeiten, sind von sich aus impotent und bedürfen zu ihrer Verwirklichung des energetischen Potentials der Wirklichkeit. Die Wirklichkeit ist andererseits blind und bedarf des Ideellen als Leitidee und Strebeziel (vgl. Schwinn 1993: 303 ff.).

[6] Parsons 1974: 55; Brandenburg 1971: 46 ff.; Procter 1978: 45 ff.; Luhmann 1980: 7; Savage 1981: 96. Menzies (1976: 27 ff.) wirft Parsons' Voluntarismus-Konzept Eklektizismus vor. Dieser Begriff sei nicht in der Lage, zwischen Idealismus und Positivismus zu vermitteln. Warner (1978: 1320, Fußnote 2) spricht vom „redundant status of the voluntaristic argument": „'Voluntarism' in his 1937 action scheme is reduced to a matter of the transcendence of the merely 'natural'. In other words, that which cannot be explained by heredity or environment is, ipso facto, voluntaristic". Giddens (1979: 51 f.): „Voluntarism here thus becomes largely reduced to making space in social theory for an account of motivation, connected via norms to the characteristics of social systems." „Parsons' actors are cultural dopes.". Vgl. auch Giddens 1984: 115. Adriaansens (1980: 33 f.): „Voluntarism can be formulated primarily as a *pretension*: a far-reaching pretension" – ohne, daß dieser „Anspruch" bei Parsons eingelöst wäre (51 f.).

Diese Interpretationen sind jedoch verfehlt, da sie auf einem inadäquaten Voluntarismus-Verständnis in Parsons' Werk fußen. Parsons' Gesamtwerk weist eine Kontinuität in spezifischer Hinsicht auf: „If the autonomy of value-choice is 'fixed' by the normative determination of ends and means, obstacles to the attainment of ends will preoccupy theoretical work. This focus on empirical obstacles to sanctioned ends in *The Structure of Social Action* displays intimate links between analytic action theory and system theory. Cybernetic developments in Parsons's later writings on evolution ... do not represent a qualitative change in the direction of his work. The problem of attaining normatively sanctioned ends is analytically similar to the cybernetic problem of specifying 'goal state' variables of self-regulating systems.[...] Hermeneutic issues are equally irrelevant for both phases of Parsons' work".[7] Entscheidend für die Kontinuität von Parsons' Werk ist der auf das energetische Moment reduzierte Voluntarismusbegriff, der sich umstandslos in die kybernetische Begrifflichkeit übersetzen läßt. In der Dichotomie von konditional-energetischen und kulturell-steuernden Faktoren sind Subjekte als Instanzen mit einer Eigendetermination entbehrlich. Schon im unit-act waren Ziele und Mittel des Handelns normativ bestimmt. Das Subjekt war lediglich für deren Aktivierung erforderlich, um die nötige motivationale Energie zu liefern. Diese Grundidee ist auch in der späteren kybernetischen Hierarchie des AGIL-Schemas enthalten.

2 Grundlagen der akteurtheoretischen Soziologie bei Max Weber

Ist Parsons der Klassiker, der die Systemtheorie in die Soziologie eingeführt und hoffähig gemacht hat, so lassen sich bei Weber die klassischen Grundlagen der Akteurtheorie nachlesen. Der Unterschied beider Soziologien läßt sich an Parsons' Interpretation und Kritik von Webers *Soziologischen Grundbegriffen* veranschaulichen (Parsons 1947: 11 ff.). Die Grundkategorien Webers erscheinen ihm in bezug auf das Ordnungsproblem als zu eng. Mit dem Argument, die Analyse des Sozialsystems müsse der Klassifikation der Bestimmungsgründe des Handelns vorangehen, stellt Parsons den Weberschen Aufbau der *Grundbegriffe* auf den Kopf. In seiner Interpretation wird Handeln kategorial mit System verkoppelt. Weber engt jedoch seine Handlungsanalyse nicht durch eine vorauslaufende Ordnungsanalyse ein. Um die mögliche Spannweite verstehbarer Orientie-

---

[7] Zaret 1980: 1196 f.; vgl. auch Turner/Beeghley (1974: 51 f.): „Behind the new 'cybernetic' vocabulary is the same thrust revealed in The Structure of Social Action"; ferner Schwinn 1993: 347 ff.

rungsarten überhaupt zu fassen, hält Weber bewußt zunächst die Strukturprinzipien aus der Diskussion heraus. Die Begriffsfolge in den *Soziologischen Grundbegriffen* bewegt sich vom Handeln mit dem damit verbundenen subjektiv gemeinten Sinn zum sozialen Handeln über die soziale Beziehung zur Ordnung. Mit dem subjektiv gemeinten Sinn wird das Handeln nicht vom Subjekt gelöst und auf irgendwelche Kollektivinstanzen zugerechnet. Deren Hypostasierung war Webers Stein des Anstoßes. Für ihn ist das Subjekt der einzige Träger sinnhaften Sichverhaltens. Der *logische* Aufbau und die Begriffsfolge in den *Grundbegriffen* spiegeln diese Prämisse wider.

Der Unterschied zu Parsons wird auch auf der Sinn- oder Kulturebene deutlich. Bei Parsons exemplifizieren und aktivieren die Subjekte lediglich die Sinnbestände, bei Weber fundieren und konstituieren sie Sinn. Dies darf nicht im Sinne völlig souveräner Subjekte mißverstanden werden, die die Sinngrundlagen reflektiert aus sich herausspinnen würden. Webers Ausgang beim subjektiv gemeinten Sinn bezieht vielmehr die implizite Perspektivität in Verständigungs- und Orientierungsprozessen, sinnhafte Brechungen konstitutiv in die Analyse ein. Er betont in den *Grundbegriffen*, daß ein voll bewußtes und klares Handeln in der Realität nur ein Grenzfall ist. Diese von Parsons unterschätzten sinnhaften Berechnungen und Perspektivitäten sind nach Weber auf allen sozialen Aggregationsstufen präsent. „Eine völlig und restlos auf gegenseitiger sinnentsprechender Einstellung ruhende soziale Beziehung ist in der Realität nur ein Grenzfall" (Weber 1980: 14). Auch auf der Ordnungsebene betont Weber den bloßen Chancencharakter, daß ein sinngemäßes und sinnentsprechendes Handeln in nennenswertem Umfang stattfindet. Er erläutert dies z.B. am Begriff der staatlichen Ordnung, dem in der empirischen Wirklichkeit eine Unendlichkeit diffuser, teils reflektierter, teils passiv hingenommener oder geduldeter Handlungen, auf das mannigfaltigste abschattiert in den Köpfen der Individuen entspricht (Weber 1982: 200 f.). Für Weber ist diese Perspektivität von Sinn nicht ein Entwerten oder Verwässern eines objektiven Sinns, sondern *handlungsrelevanter Sinn als solcher*. Objektiver Sinn ist nur in der Gegebenheitsweise des subjektiv gemeinten Sinns handlungswirksam.

Da das soziale Geschehen von sinnhaften Fragmentierungen und Brechungen durchzogen ist, käme es in einer Weberschen Perspektive einer Hypostasierung gleich, ein „System" zu unterstellen, das diese Beziehungen und Abläufe arrangiert. Meist wird die Begrenztheit und Diffusität menschlicher Denk- und Orientierungsfähigkeit als Argument für die Einführung der Systemtheorie angeführt. Nach Luhmann etwa übersteigt die soziale Komplexität bei weitem die Verarbeitungskapazität der Subjekte. Das Nicht-Intentionale arrangiert sich als System. Wie soll es aber eine systemische Linie geben, wenn die Verstehens- und Handlungslinien der Subjekte nirgends nahtlos konvergieren? Wieso soll die

Ordnung, die es auf der Subjekt- und der Beziehungsebene nicht gibt, auf den höheren Aggregatebenen als „System" zur Erscheinung kommen? Aus fragmentierten, nur teilweise sich überlappenden subjektiven Intentionen, Plänen, Motiven entsteht kein eindeutig konturiertes nicht-intentionales System. Die Annahme einer begrenzten Komplexitätsverarbeitungsfähigkeit der Subjekte würde Weber durchaus mit der Systemtheorie teilen, nur daraus kann man gerade nicht die Existenz und Notwendigkeit des sozialen Systems ableiten.

Das Nicht-Intentionale ist in hohem Maße eine Zurechnungskategorie. Wenn sich die Intentionen der Akteure nicht eindeutig decken, von welcher Transintentionalität ist dann die Rede? Ohne klare Intentionen gibt es auch keine klar markierte Nicht-Intentionalität. Diese ist daher nicht selbstevident. Von besonderer Bedeutung ist, wer die nicht-intendierten Folgen wahrnimmt und thematisiert und auf welche Intentionen oder einfach Ignoranzen sie zugerechnet werden. Die Perspektivität des sozialen Geschehens erlaubt keine reifizierende Fassung sozialer Gebilde. Diese haben immer nur einen Chancen- oder Wahrscheinlichkeitscharakter. Das dazu komplementäre wissenschaftliche Verfahren ist die idealtypische Methode, in der die Orientierungen und Handlungen der einzelnen Akteure in einer Weise „zu Ende gedacht" werden „als ob" ihnen ein objektiver Sinn zugrunde liegen würde. Verstehen ist dagegen für Parsons kein grundlegendes Thema. Die Koordinationsfunktion von Sinn und Kultur ist unproblematisch, weil die Subjekte nicht ihre eigentlichen Träger sind. Ordnungen weiten sich hermeneutisch ungebrochen auf subjektive Orientierungsbestände aus.

Sinn ist zwar nur als subjektiver verhaltensbestimmend, das heißt aber nicht, daß er sich lediglich aus der Summierung der einzelnen subjektiven Sinnkomponenten zusammensetzt und Ordnung sich auf die Summe einer Vielzahl von im Grunde willkürlich streuenden Handlungen reduziere. In einer solchen Interpretation hat der formale Aufbau der *Soziologischen Grundbegriffe* Anlaß gegeben, Weber ein monologisches Handlungssubjekt (Habermas 1981, I: 377 ff.) und eine subjektivistische Reduktion von Strukturen (Bader et al. 1976) zu unterstellen. Die Begriffsgenealogie in den *Grundbegriffen* darf jedoch nicht so mißverstanden werden, als würde hier von monadenhaften Einzelexistenzen ausgegangen, die dann den schwierigen Gang zur Intersubjektivität antreten oder eine voraussetzungslose Konstitution von sozialen Ordnungen und Gebilden schaffen. Eine Grundvoraussetzung von Webers Denken ist das historische Eingebettet-Sein des Handelns. Folglich beginnt jedes Handeln nicht bei einem sozialen Nullzustand, sondern ist immer schon von Strukturvorgaben durchwirkt, die ihm vorausgehen. Die *Soziologischen Grundbegriffe* stehen daher nicht in einer historischen Folge (Schwinn 1993: 35 f., 93; Schluchter 2000: 131): D.h. in der Begriffsfolge vom Handeln zum sozialen Handeln zur sozialen Beziehung zur Ordnung geht es nicht um eine historisch voraussetzungsfreie Konstitution sozialer Ordnung nach Art mancher Kontrakttheorien.[8] Logisch gesehen gehen weder die Strukturen den Handelnden noch diese jenen voraus. Beide müssen als gleichursprünglich angesetzt werden. Bei Parsons gehen dagegen die Systeme historisch und logisch den Handelnden voraus, d.h. er konnte in seiner Interpretation die *Grundbegriffe* immer nur in eine Richtung lesen, nämlich „von oben nach unten". Webers Anordnung der *Grundbegriffe* nimmt das vorweg, was später in Rational-Choice Ansätzen als „Tiefenerklärung" proklamiert und praktiziert wird (Coleman 1987; Esser 1993: 91 ff.): Strukturen gehen zwar historisch den Subjekten voraus, es gibt aber keine Makrogesetze (Mayntz 2002), mit denen man die Reproduktion einer Struktur vom historischen Zeitpunkt t_1 nach t_2 erklären könnte. Immer muß der indirekte Weg über eine handlungstheoretische Tiefenerklärung gegangen werden. Mit Essers drei Logiken zur Aufklärung des Mikro-Makro-Zusammenhangs lassen sich die *Grundbegriffe* durchaus angemessen rekonstruieren.

Parsons faßt das Aggregations- oder Ordnungsproblem mit dem Systembegriff, Weber mit dem Strukturbegriff. System und Struktur arbeiten mit jeweils unterschiedlichen Verhältnisbestimmungen von Kontextbedingungen und dem darin handelnden Subjekt. Wie bei Parsons der Subjektbegriff unter den Systembegriff subsumiert wird, habe ich bereits dargestellt. Zwischen Subjekt und Struktur besteht dagegen ein anderes Verhältnis. Erklärung ist in den Sozialwissenschaften nach Weber immer *deutende* Erklärung, alles andere sind unverstehbare statistische Wahrscheinlichkeiten. „Eine richtige kausale Deutung eines konkreten Handelns bedeutet: daß der äußere Ablauf und das Motiv zutreffend und zugleich in ihrem Zusammenhang sinnhaft verständlich erkannt sind" (Weber 1980: 5). Die Reproduktion oder Veränderung einer Ordnung von t_1 nach t_2 kann nicht allein auf das Konto von konstant bleibenden oder sich verschiebenden Restriktions- und Selektionsbedingungen verrechnet werden (= Logik der Situation), sondern diese müssen durch das Nadelöhr der Akteure verfolgt werden (= Logik der Selektion), um zu verstehen und damit kausal adäquat erklären zu können, *wie* Bedingungen ins Handeln übersetzt werden. Strukturen (Ideen, Regeln, Ressourcen, Machtverteilungen etc.) dürfen nicht mit Handlungen verwechselt werden, es sind zunächst nur regulative Vorgaben für das Handeln. Man kann sich dies an einer handlungstheoretischen Interpretation von Parsons' unit-act klar machen: Situative Bedingungen und Mittel sowie normative Vorgaben müssen vom Akteur synthetisiert werden. Durch Faktoren abgesteckte Bedingungen sind noch keine sozialen Ordnungen im Sinne von ganz bestimmten

---

[8] Zu verschiedenen Varianten des methodologischen Individualismus, u.a. eines atomistischen Individualismus vgl. Udeln 2002 und Schwinn 2005b.

Handlungsabläufen. Strukturelle Faktoren beschreiben einen Möglichkeitsspielraum und müssen mehr oder weniger konstruktiv in das Handeln übersetzt werden. Webers Religionssoziologie z.B. folgt diesem Muster. Bei der Religionsentstehung waren strukturelle Problemlagen und Rahmenbedingungen sowie überlieferte Vorstellungen beteiligt. Doch sind die religiösen Antworten weder durch die Problemlagen noch durch die überlieferten Vorstellungen determiniert. Strukturelle Bedingungen und überlieferte Vorstellungen müssen mittels Rezeptions- und Konstruktionsleistungen religiöser Eliten aufeinander bezogen werden (Schluchter 1988, Bd. II: 159). Nur darüber läßt sich klären, *wie* Möglichkeitsspielräume selektiv und faktisch genutzt werden. Sehr wohl ist es denkbar, daß Handlungsabläufe durch klare Strukturvorgaben weitgehend bestimmt werden. Dies ist aber eine empirische Frage, die nicht theoretisch vorentschieden werden darf. Theoretisch muß man jedenfalls die Selektivität und die Konstruktionsleistungen des Subjekts gegenüber strukturellen Bedingungen in Rechnung stellen.

3 Max Weber und die neuere Systemtheorie: Niklas Luhmann

In Parsons' Systemverständnis gehorchen mikroskopische und makroskopische Ebenen einem durchgehenden Zusammenhang, der sich mit dem AGIL-Schema erfassen läßt. Die Wirkungsbeziehungen und Zusammenhänge zwischen allen nur denkbaren Aggregationsstufen lassen sich mit diesem Schema analysieren. Richard Münch (1988: 506) hält an dieser Analysetechnik fest und faßt sie prägnant zusammen: „Der Sinn dieses Herunterbrechens des analytischen Schemas [AGIL; T.S.] besteht darin, daß man immer präziser bestimmen kann, wie ein bestimmter Aspekt der Realität zunächst durch die ihn unmittelbar auf gleicher Abstraktionsstufe umgebenden Subsysteme, durch die diese Subsysteme umgebenden Systeme auf der nächsten Abstraktionsstufe usw. bis an die jeweiligen Horizonte des gesamten Handlungsraumes bestimmt wird und wie er selbst vermittelt über die verschiedenen Abstraktionsstufen bis an die Grenzen des Handlungsraumes Wirkungen entfaltet." Die soziale Welt gehorcht nach Parsons einem festen Bauplan, der sich von der einzelnen Handlung bis zur Gesellschaft zur Geltung bringt. Man muß nicht wie in Webers *Grundbegriffen* nach dem subjektiv gemeinten Sinn fragen; wie dieser in sozialen Beziehungen mehr oder weniger ineinandergreift, sich partiell, weitgehend oder gar nicht deckt; und wie daraus soziale Gebilde entstehen, deren Existenz auf der Chance beruht, daß ein solches ordnungsgemäßes Handeln in nennenswertem Umfang stattfindet. In Parsons' Theorie ist dieses mühsame Geschäft entbehrlich, weil alles der gesamtsystemischen Logik des AGIL-Spielplanes gehorcht.

Niklas Luhmann nimmt einige Umrüstungen der Systemtheorie vor. Die Beziehungen der Ebenen und Teilsysteme gehorchen nicht einer durchgehenden Mikro-Makro-Logik, sondern müssen über das System-Umwelt-Modell aufgeklärt werden. Entsprechend läßt er das AGIL-Schema als untauglich fallen (Luhmann 1988). Auch das Subjekt wird nicht wie bei Parsons organizistisch aufgelöst und perfekt mit der sozialen Ordnung verfugt, sondern steht in einer Umweltbeziehung zu den sozialen Systemen. Weiterhin sind nicht Handlungen, sondern kommunikative Ereignisse die Elemente, aus denen Systeme bestehen. Vor der autopoietischen Wende waren noch Handlungen die Elemente, aber auch da schon konnte man sie nicht einem Subjekt zurechnen, analog zu Parsons' unit-act, sondern es waren Elemente eines Systems (Luhmann 1978: 213 und 216). Der Übergang von Handlung auf Kommunikation mit der autopoietischen Wende hat an der „Konstitution von oben" nichts geändert. „Theoretisch umstritten scheint zu sein, ob die Einheit eines Elements als Emergenz ‚von unten' oder durch Konstitution ‚von oben' zu erklären sei. Wir optieren entschieden für die zuletzt genannte Auffassung. Elemente sind Elemente nur für die Systeme, die sie als Einheit verwenden, und sie sind es nur durch diese Systeme" (Luhmann 1984: 43). Webers *Grundbegriffe* nehmen ihren Ausgang beim Subjekt. Das Soziale bestimmt nicht, was für es eine nicht weiter auflösbare Einheit ist, sondern diese ist ontologisch vorgegeben. Das Subjekt ist „nach unten" wie „nach oben" die Grenze und die einzige Instanz sinnhaften Sichverhaltens und Kommunizierens. Aus der Konstitution der elementaren kommunikativen Ereignisse von oben darf nun nicht geschlossen werden, Luhmann blende das Mikrogeschehen aus. Systeme bestehen aus Ereignissen und sie existieren nur solange, wie sie die momenthaften, sofort wieder verschwindenden kommunikativen Ereignisse mit Anschlußfähigkeit versehen können (Luhmann 1984: 28, 78 f., 86, 388, 472 ff. und 508). Jenseits dieses Ereignisstromes haben Systeme keine Existenz und Dauer.

Wie kommt man nun von einem Systemzustand t_1 zu einem anderen t_2? Wie ergibt sich nun aus diesen unzähligen kommunikativen Ereignissen eine soziale Ordnung? Denkt Luhmann hier an eine „Tiefenerklärung", wie wir sie bei Weber identifiziert haben? Dies ist nicht der Fall. Luhmann geht aus von der Frage, wie dieser sich dahinwälzende Strom kommunikativer Ereignisse abgestimmt wird. Die Abstimmungsprozesse sind im Zusammenspiel von funktionaler Analyse und Systemtheorie aufzuklären (Luhmann 1984: 83 ff. und 404 ff.; Schwinn 1995). Die funktionale Methode ist ein kreativer morphogenetischer Mechanismus, der Ereignisse auf funktionale Äquivalenzen in bezug auf die Lösung von Systemproblemen abtastet. Die Bewährungsauslese, das Festhalten von kommunikativen Ereignissen und ihr Einbau ins Strukturrepertoire erfolgt mit Blick auf die Einheit des Systems. Funktion heißt immer Bezug auf ein Problem des Gesellschaftssystems (Luhmann 1997: 745 f.). „Probleme sind nur dann Probleme, wenn sie nicht isoliert, nicht Stück für Stück bearbeitet und gelöst werden können. Gerade das macht ihre Problematik aus. Es gibt Probleme also nur als Problem-Systeme (bzw. als Systemprobleme). Alle Funktionsorientierung richtet sich deshalb auf einen unauflösbaren (nur: zerstörbaren) Zusammenhang. Wir werden viel von ‚Ausdifferenzierung' von Funktionseinrichtungen sprechen; das heißt aber niemals Herauslösung oder Abtrennung vom ursprünglichen Zusammenhang, sondern nur: Etablierung funktionsbezogener Differenzen innerhalb des Systems, auf dessen Probleme sich die Funktionseinrichtungen beziehen. [...] Die Funktionsorientierung behält mithin den ‚holistischen' Zug älterer Systemtheorien bei" (Luhmann 1984: 84). Luhmann geht also von einer funktionalen Selbstbeweglichkeit und Selbststeuerung des Systemgeschehens aus. Die Autopoiesis des Gesellschaftssystems wird durch die funktionale Abstimmung der Vielzahl kommunikativer Ereignisse im Hinblick auf die Aufrechterhaltung eines kontinuierlichen Reproduktionsflusses des Gesamtzusammenhangs gesteuert, aber sie ist nicht das aggregative Resultat vieler in situativen Kontexten getroffenen Handlungswahlen.

Die neuere Systemtheorie hat damit ein anderes Mikro-Makro-Modell als Max Weber. Zunächst ist es kein Subjekt das im situativen oder strukturellen Kontext eine Handlungswahl trifft. „Selektion kann jetzt nicht mehr als Veranlassung eines Subjekts, nicht handlungsanalog begriffen werden. Sie ist ein subjektloser Vorgang" (Luhmann 1984: 56 f.; vgl. auch 229) heißt es in *Soziale Systeme*. Selektionen werden von den Systemen vorgenommen, von Interaktions-, Organisations-, Teil- und Gesellschaftssystemen. Das läßt sich an der Verhältnisbestimmung von Interaktionssystemen und Gesellschaftssystemen veranschaulichen. Jedes Makrosystem ist mit einer Vielzahl von einfachen Interaktionssystemen konfrontiert und es selegiert daraus jene, die in einen ordnungsfähigen Makrozustand überführbar sind. Die Ebene des Gesellschaftssystems selegiert das, was einheits- bzw. systemfähig ist und blockiert damit gewisse potentielle Struktureffekte der Mikrosysteme. Bei Gesellschaftssystem und Interaktionssystem handelt es sich beidemal um *Systeme;* und deren Verhältnis darf nicht wie bei Weber nach dem Modell Subjekt – soziale Beziehung – Ordnung gedacht werden, sondern nach dem System-Umwelt-Modell. In Webers Theorie ist Handlungsfähigkeit nur auf der Subjektebene lokalisiert, d.h. alle Makrozustände müssen mikrosoziologisch erklärt werden. In der Systemtheorie ist die der Handlungsfähigkeit des Subjekts analoge *System*atisierungsfähigkeit dagegen auf *allen* Systemebenen anzutreffen. Eine reine Mikrofundierung kann die Systemtheorie daher nicht haben, weil Interaktionssysteme und Gesellschaftssystem sich nicht wie Handlungssubjekte und Ordnung gegenüberstehen. In der Akteurtheorie hat letztere *prinzipiell* keine subjektanalogen Fähigkeiten, Makrosysteme haben dagegen die gleiche Systemfähigkeit wie Mikrosysteme und sind daher nie nur das Explanandum. Das Makrosystem ist nicht das Resultat der Aggregation der Mikrosysteme. Beide Systemebenen stellen vielmehr wechselseitig füreinander strukturierte Umwelten dar. „Strukturwahlen im einen Systemtyp können dann Restriktionen für die möglichen Strukturwahlen im anderen Systemtyp nach sich ziehen. Aber dies ist keine Aggregation von Mikroereignissen zu einem Makrogeschehen" (Stichweh 1995: 403). Luhmanns System ist also nicht nach dem Aggregationsmodell der Handlungstheorie konzipiert.

Nun gibt es auch bei Weber die Annahme von nicht-intendierten Folgen des Handelns, die „hinter dem Rücken" der Akteure ein Eigenleben zu führen scheinen, wie etwa der Prozeß des sich durchsetzenden modernen Kapitalismus. Wird hier nicht wie in der Systemtheorie eine quasi selbstaktive Makroebene angenommen, nach deren Logik sich die Akteure bewegen? Dies käme gemäß Luhmanns Vorstellungen einer Konstitution „von oben" gleich, und zwar ganz entgegen dem Argumentationsgang in den *Grundbegriffen*. Meist wird in diesem Zusammenhang auf das Emergenztheorem zurückgegriffen. Allerdings müssen hierfür verschiedene Varianten von Emergenz unterschieden werden (Stephan 2000; Heintz 2004; Albert 2005). In der neueren Systemtheorie ist eine starke oder nicht-reduktionistische Emergenz-Vorstellung vorhanden; d. h. die Makroebene und ihr Geschehen lassen sich nicht aus dem Mikrogeschehen erklären. Diese irreduzible Emergenz lässt sich folgendermaßen definieren: „Eine systemische Eigenschaft E eines Systems S ist *irreduzibel*, wenn sich aus dem Verhalten der Systembestandteile von S *nicht* ergibt, und zwar im Prinzip nicht, daß S die Eigenschaft E hat" (Stephan 2000: 39). Aus dem Verhalten der Elemente kann nicht geschlossen werden, welche Effekte dies auf der Makroebene hat. Im System-Umwelt-Modell ist diese Idee festgehalten: Aus dem Verhalten der Mikrosysteme in der Umwelt ergeben sich keine Hinweise, wie das Makro-System sich verhält. Nach diesem System-Umwelt-Modell werden bei Luhmann die Systemebenen von der Interaktion bis zur Weltgesellschaft analysiert. Das ist aber nicht Webers Strategie. Die irreduzible Emergenzauffassung, die der Makroebene selbstaktive und selbststeuernde Eigenschaften zuspricht, hat er scharf an Roscher und Knies in der Wissenschaftslehre kritisiert: „Nicht die einzelnen geschichtlich werdenden und empirisch konstatierbaren Kulturerscheinungen sind Komponenten des ‚Gesamtcharakters', sondern der ‚Gesamtcharakter' ist Realgrund der einzelnen Kulturerscheinungen: er ist nicht etwas Zusammengesetztes, sondern das Einheitliche, welches sich in allem einzelnen auswirkt" (Weber 1982: 142).

Man kann dies auch als eine Kritik an Luhmanns Konstitutionsthese „von oben" lesen. Webers gesamte Begriffsstrategie von den *Grundbegriffen* über die systematischen Teilsoziologien bis hin zu den historischen Analysen ist aus einer

Konstitutionsperspektive „von unten" her entwickelt. Wenn man hier den Emergenzbegriff überhaupt verwenden möchte, ist es eine schwache, reduzible Emergenzvorstellung: „Die Eigenschaften und Verhaltensdispositionen eines Systems hängen von dessen Mikrostruktur, d.h. den Eigenschaften seiner Bestandteile und deren Anordnung ab. Es kann keinen Unterschied in den systemischen Eigenschaften geben, ohne daß es zugleich Unterschiede in den Eigenschaften der Bestandteile des Systems oder in deren Anordnung gibt" (Stephan 2000: 37). Im Mittelpunkt von Webers Interesse stehen Konstellationen und die Varianzen von Konstellationen in seinen vergleichenden Studien (Lepsius 2003: 35). Die Vergleichsstrategie macht nur einen Sinn, wenn man eine schwache Emergenzvorstellung, eine Konstitution „von unten" annimmt. Unterschiedliche Entwicklungsverläufe in verschiedenen Kulturkreisen lassen sich auf variierende Konstellationen von Herrschafts-, Klassen-, Wirtschafts-, Religionsverhältnisse zurückführen. Diese Forschungsstrategie muß von der Reduzierbarkeit der Makroebene ausgehen, damit sie Sinn macht. In den religionssoziologischen Studien variiert Weber vor allem den religiösen Faktor und interessiert sich für die unterschiedlichen Wirkungen und Folgen, die dies hat. Ein Wissen von anderen Konstellationen ermöglicht zugleich ein besseres Verständnis der eigenen Konstellation und seiner Wirkungen. Dieses Forschungsprogramm macht unter der Annahme eines starken, irreduziblen Emergenzbegriffs keinen Sinn: „Eine systemische Eigenschaft E eines Systems S ist *irreduzibel*, wenn sich aus dem Verhalten, das die Systembestandteile von S in anderen Konstellationen als der in S bestehenden Anordnung zeigen, *nicht* ergibt, und zwar im Prinzip nicht, wie sie sich in S verhalten" (Stephen 2000: 40).

4 Lassen sich Handlungs- und Systemtheorie kombinieren?

In Parsons' Werk gewinnt die Systemtheorie eine soziologisches Denken prägende Gestalt, vergleichbar der Akteurtheorie in Webers Werk. Der von Parsons initiierten und von Luhmann radikalisierten Systemtheorie unterliegt ein Modelltransfer vom Subjekt auf das System. „Wenn man den in kybernetischen und biologischen Zusammenhängen entwickelten Systembegriff ohne Niveauverlust für den von Descartes bis Kant entwickelten Begriff des Erkenntnissubjektes einsetzen möchte, müssen ... Umdispositionen vorgenommen werden. An die Stelle der Innen-Außen-Beziehung zwischen dem erkennenden Subjekt und der Welt – als der Gesamtheit erkennbarer Gegenstände – tritt die System-Umwelt-Beziehung. Für die Bewußtseinsleistungen des Subjekts haben Welt- und Selbsterkenntnis das Bezugsproblem gebildet. Jetzt wird dieses Problem dem der Erhaltung und Erweiterung des Systembestandes untergeordnet. Die Selbstbezüglichkeit des Systems ist der des Subjekts nachgebildet. [...] An die Stelle selbstbewußtseinsfähiger Subjekte treten mithin sinnverarbeitende oder sinnbenutzende Systeme."[9]

Dieser Transfer von subjektanalogen Fähigkeiten auf soziale Gebilde hat gravierende Konsequenzen für soziologische Erklärungen. Die Grundunterscheidung Subjekt oder System stellt die Weichen für die beiden basalen Ansätze der Soziologie, Handlungs- und Systemtheorie. Entgegen einer Tendenz, Akteur und Systemtheorie zu kombinieren (Habermas 1981; Schimank 1985; Alexander 1988; Münch 1996; Esser 2000: 31 ff.) sehe ich dies nicht als gangbaren Weg an. System- und Handlungstheorie sind keine gegenstandsabhängigen Analysestrategien, die man je nach Untersuchungsobjekt auswählt und kombiniert. Sie bezeichnen grundlagen- oder metatheoretische Alternativen. In den Kombinationsversuchen sind es meist Handlungstheoretiker, die von den Prämissen dieser Theorie ausgehen und das System erst in der Folge als ein aggregationsabhängiges Phänomen glauben aufnehmen zu müssen. Dabei wird verkannt, daß „System" keine Frage der Aggregation oder Ordnungskomplexität ist, sondern eine grundlagentheoretische Kategorie. System ist in Parsons' und in Luhmanns Theorie nicht etwas, was ab einem gewissen Aggregationsniveau ins Leben tritt, sozusagen jenseits einer komplexitätsbedingten sozialen Wasserscheide, sondern schon der unit-act und einfache Interaktionen sind als System konzipiert. Das ist theorieimmanent konsistent gedacht. Wenn man dagegen subjekttheoretisch mit der Handlungstheorie beginnt und Systeme als Aggregationsphänomen aufnimmt, sind Konfusionen vorprogrammiert.

Die beiden Grundtheorien der Soziologie ruhen auf jeweils unvereinbaren Prämissen, die inkompatible Erklärungsstrategien nach sich ziehen. Die Systemfähigkeit ist, anders als die Handlungsfähigkeit des Subjekts in der Akteurtheorie, dem sozialen Geschehen an sich zugeschrieben. Bei Parsons ist es ein durchgehender Systemzusammenhang, der mit einem einzigen Schema (AGIL) erfaßbar ist, bei Luhmann ist die Systemfähigkeit auf allen sozialen Ebenen anzutreffen (Interaktion, Organisation, Funktionssysteme, [Welt-]Gesellschaft), die in einer System-Umwelt-Beziehung zueinander stehen. In der Weberschen Theorie ist dagegen nur eine einzige Instanz reflexions- und aktionsfähig und alle Ordnungsebenen sind logisch aus dem Handeln der Subjekte zu erklären. Das System-Umwelt-Modell ist hier ein logischer Fremdkörper, weil Ordnungen prinzipiell über keine subjektanalogen Selektions- und Eigenstrukturierungsfähigkeiten verfügen.[10] Zwar kann aus der Vielzahl der in einem Kontext Handelnden

---

[9] Habermas 1985: 426 f.; vgl. auch Schwinn 1993: 12 ff.; ferner Schmid 2000: 134 ff. (dort weitere Literaturangaben zur systemtheoretischen Aneignung der Subjektphilosophie).

[10] Hierzu zwei Zitate von Weber: „Das Ziel der Betrachtung: ‚Verstehen', ist schließlich auch der Grund, weshalb die verstehende Soziologie... das Einzelindividuum und sein Handeln als un-

etwas Nicht-Intendiertes entstehen, aber auch dieses Nicht-Intendierte muß mit dem akteurtheoretischen Grundmodell Subjekt-Situation erklärt werden und es dürfen nicht durch Wechsel ins System-Umwelt-Modell dem sozialen Geschehen auf einmal subjektanaloge Fähigkeiten untergeschoben werden. Das Nicht-Intendierte in Webers Soziologie ist etwas anderes als das System der Systemtheorie, das schon qua Definition vom Subjekt gelöst ist und daher prinzipiell nicht aus den Intentionen und Beziehungen der Akteure hergeleitet werden kann, weder auf der Mikro- noch auf der Makroebene. *Jede* soziale Ebene muß aber nach Weber aus dem Handeln der Akteure erklärt werden. Das ist die bleibende Botschaft der *Grundbegriffe*.[11]

Webers Konstellationsanalysen arbeiten nicht mit der Vorstellung eines Systems, wie sie bei Parsons und Luhmann zu finden ist. Dagegen sprechen auch methodologische Gründe. Ein Gesellschaftssystem als eine wie immer bestimmte Entität ist weder in der Konstitutionsperspektive aus den sozialen Beziehungen zu gewinnen, noch darf man es einfach voraussetzen und die Bestandteile und ihre Relationen daraus ableiten. Ein Gesellschaftssystem, von dem her die sozialen Wechselwirkungen ihre Bestimmtheit erfahren, ist erkenntnistheoretisch nicht erfaßbar. Immer nur gewisse Seiten der Totalität des sozialen Geschehens sind uns zugänglich. Von der Untersuchung mikrosozialer Prozesse bis hin zu makrosozialen Zusammenhängen treffen wir immer nur eine Auswahl an zu berücksichtigenden Aspekten und Faktoren. Wenn wir von „Gesellschaft" sprechen, reden wir immer nur von spezifisch ausgewählten Seiten des sozialen Geschehens. Ganz im Sinne von Webers Methodologie, aber ohne auf ihn zu verweisen, formuliert dies Renate Mayntz (2002: 39): „Diese Multidimensionalität der Wirklichkeit können wir allerdings nicht als Einheit erfassen. Unsere Wahrnehmung ist zwangsläufig begrenzt: Wir sondern immer nur einen oder wenige Elemente einer komplexen Wirklichkeit als Erklärungsgegenstand aus und analysieren ihn damit aus einer von verschiedenen möglichen Perspektiven. Jede Theorie, die es mit einem komplexen, facettenreichen Gegenstand zu tun hat, ist dementsprechend selektiv, sowohl im Hinblick auf die Fragen, die sie an den

---

terste Einheit, als ihr ‚Atom'... behandelt.[...] Aus dem gleichen Grunde ist aber für diese Betrachtungsweise der Einzelne auch nach oben zu die Grenze und der einzige Träger sinnhaften Sichverhaltens. Keine scheinbar abweichende Ausdrucksform darf dies verschleiern" (Weber 1982: 439). „Wenn ich jetzt nun einmal Soziologe geworden bin (laut meiner Anstellungsurkunde), dann wesentlich deshalb, um dem immer noch spukenden Betrieb, der mit Kollektivbegriffen arbeitet, ein Ende zu machen" (Weber zitiert nach Mommsen 1974: 256, Anmerkung 57).

[11] Diese Einsicht Webers scheint mir in neueren Arbeiten zu Weber nicht angemessen und ausreichend berücksichtigt, die Weber und Durkheim (Balog 2005) sowie Weber und Luhmann (Rehberg 2005: 453 f.) zusammenbringen und die Bedeutung des Emergenztheorems in Webers Arbeiten betonen (Albert 2005).

Gegenstand richtet, als auch im Hinblick auf die Erklärungsfaktoren, die sie begrifflich in den Vordergrund stellt. Der theoretische Eklektizismus liegt insofern – unvermeidlich – im Auge des Betrachters. Selbst Theorien, die das Ganze sozialer Erscheinungen zu umfassen beanspruchen, wie etwa die Systemtheorie Niklas Luhmanns, bleiben selektiv, indem sie zum Beispiel lediglich bestimmte fundamentale Prinzipien herausarbeiten." Die Schwierigkeiten Luhmanns, das „ganze soziale Geschehen" als systemisches auszuleuchten, sind nicht zufällig (Schwinn 2001: 58 ff.).

Die Attraktivität systemtheoretischer Modelle beruht auf deren Versprechen, die Konstellationswirkungen auf eine systemische Einheit hin verrechnen zu können. Dies bleibt aber ein Anspruch und eine Behauptung, die sie durch ihre Analysen nicht einlösen können.[12] Nirgendwo konvergieren die Wirkungen einer Ordnungskonfiguration auf ein systemisches Ganzes hin oder lassen sich von diesem her aufklären. Nach Webers Methodologie kann es immer nur eine *relative* Analyse der Konstellationswirkungen geben bezogen auf den Auswahlgesichtspunkt, im Hinblick auf den die Wirkungen analysiert wurden. Das ist sein Vorgehen bei den vergleichenden religionssoziologischen Studien. „Diese Aufsätze wollen also nicht etwa als – sei es auch noch so gedrängte – umfassende Kulturanalysen gelten. Sondern sie betonen in jedem Kulturgebiet ganz geflissentlich das, was im Gegensatz stand und steht zur okzidentalen Kulturentwicklung. Sie sind also durchaus orientiert an dem, was *unter diesem Gesichtspunkt* bei Gelegenheit der Darstellung der okzidentalen Entwicklung wichtig erscheint" (Weber 1978: 13; Hervorhebung von T.S.).

Literatur

Adriaansens, Hans P. M., 1980: Talcott Parsons and the Conceptual Dilemma. London / Boston / Henley.
Albert, Gert, 2005: Moderater methodologischer Holismus. Eine weberianische Interpretation des Mikro-Makro-Modells. Kölner Zeitschrift für Soziologie und Sozialpsychologie 57: 387-413.
Alexander, Jeffrey, 1988: Action and its Environments. Toward a New Synthesis. New York.
Archer, Margaret S., 1988: Culture and Agency. The Place of Culture in Social Theory. Cambridge.
Bader, Veit-Michael et al., 1976: Einführung in die Gesellschaftstheorie. Gesellschaft, Wirtschaft und Staat bei Marx und Weber. Frankfurt am Main / New York.

---

[12] Zur Kritik an Weltsystemmodellen vgl. Schwinn 2005a.

Balog, Andreas, 2004: Handlungen und Tatsachen. Weber und Durkheim über die „Objektivität" des Sozialen. Berliner Journal für Soziologe 14: 485-502.
Brandenburg, Alois, 1971: Systemzwang und Autonomie. Gesellschaft und Persönlichkeit in der soziologischen Theorie von Talcott Parsons. Düsseldorf.
Cohen, Jere; Lawrence E. Hazelrigg; Whitney Pope, 1975: De-Parsonizing Weber: A Critique of Parsons' Interpretation of Weber's Sociology American Sociological Review 40: 229-241.
Coleman, James S. 1987: Microfoundations and Macrosocial Behavior. S. 153-173 in: Jeffrey C. Alexander et al. (Hrsg.), The Micro-Macro-Link. Berkeley.
Esser, Hartmut, 1993: Soziologie. Allgemeine Grundlagen, Frankfurt am Main / New York.
Esser, Hartmut, 2000: Soziologie. Spezielle Grundlagen. Band 2: Die Konstruktion der Gesellschaft. Frankfurt am Main / New York.
Fitzhenry, Ray, 1986: Parsons, Schutz and the Problem of Verstehen. S. 143-178 in: Robert J. Holton / Bryan S. Turner (Hrsg.), Talcott Parsons on Economy and Society. London / New York.
Frank, Manfred, 1986: Die Unhintergehbarkeit von Individualität. Frankfurt am Main.
Giddens, Anthony, 1979: Central Problems in Social Theory. Berkeley / Los Angeles.
Giddens, Anthony, 1984: Interpretative Soziologie. Frankfurt am Main / New York.
Habermas, Jürgen, 1981: Theorie des kommunikativen Handelns. 2 Bände. Frankfurt am Main.
Habermas; Jürgen, 1985: Der philosophische Diskurs der Moderne. Frankfurt am Main.
Heintz, Bettina, 2004: Emergenz und Reduktion. Neue Perspektiven auf das Mikro-Makro-Problem. Kölner Zeitschrift für Soziologie und Sozialpsychologie 56: 1-31.
Lepsius, M. Rainer, 2003: Eigenart und Potenzial des Weber-Paradigmas. S. 32-41 in: Gert Albert et al. (Hrsg.), Das Weber-Paradigma. Tübingen.
Luhmann, Niklas, 1978: Handlungstheorie und Systemtheorie. Kölner Zeitschrift für Soziologie und Sozialpsychologie 30: 211-227.
Luhmann, Niklas, 1980: Talcott Parsons – Zur Zukunft eines Theorieprogramms. Zeitschrift für Soziologie 9: 5-17.
Luhmann, Niklas, 1984: Soziale Systeme. Frankfurt am Main.
Luhmann, Niklas, 1988: Warum AGIL? Kölner Zeitschrift für Soziologie und Sozialpsychologie 40: 127-139.
Luhmann, Niklas, 1997: Die Gesellschaft der Gesellschaft. Frankfurt am Main.
Mayntz, Renate, 2002: Zur Theoriefähigkeit makro-sozialer Analysen. S. 7-42 in: Renate Mayntz (Hrsg.), Akteure-Mechanismen-Modelle. Zur Theoriefähigkeit makro-sozialer Analysen. Frankfurt / New York.
Menzies, Ken, 1976: Talcott Parsons and the Social Image of Man. London / Henley / Boston.
Mommsen, Wolfgang, 1974: Max Weber. Gesellschaft, Politik und Geschichte. Frankfurt am Main.
Münch, Richard 1988: Theorie des Handelns. Zur Rekonstruktion der Beiträge von Talcott Parsons, Emile Durkheim und Max Weber. Frankfurt am Main.
Münch, Richard, 1996: Modernisierung und soziale Integration. Replik auf Thomas Schwinn. Schweizerische Zeitschrift für Soziologie 22: 603-629.

Parsons, Talcott, 1947: Introduction. S. 3-86 in: Max Weber, The Theory of Social and Economic Organization. Übersetzt von A. M. Henderson und Talcott Parsons. New York.
Parsons, Talcott, 1968: The Structure of Social Action. New York.
Parsons, Talcott, 1974: Comment on: „Current Folklore in the Criticism of Parsonian Action Theory". Sociological Inquiry 44: 55-58.
Parsons, Talcott, 1986: Aktor, Situation und normative Muster. Frankfurt am Main.
Procter, Ian, 1978: Parsons's Early Voluntarism. Sociological Inquiry 48: 37-48.
Rehberg, Karl-Siegbert, 2004: Handlungsbezogener Personalismus als Paradigma. Berliner Journal für Soziologie 14: 451-461.
Savage, Stephen P., 1981: The Theories of Talcott Parsons. New York.
Schimank, Uwe, 1985: Der mangelnde Akteurbezug systemtheoretischer Erklärungen gesellschaftlicher Differenzierung. Zeitschrift für Soziologie 14: 421-434.
Schluchter, Wolfgang, 1980: Gesellschaft und Kultur – Überlegungen zu einer Theorie institutioneller Differenzierung. S. 106-149 in: Wolfgang Schluchter (Hrsg.), Verhalten, Handeln und System. Talcott Parsons' Beitrag zur Entwicklung der Sozialwissenschaften. Frankfurt am Main.
Schluchter, Wolfgang, 1988: Religion und Lebensführung. 2 Bände. Frankfurt am Main.
Schluchter, Wolfgang, 2000: Handlungs- und Strukturtheorie nach Max Weber. Berliner Journal für Soziologie 10: 125-136.
Schluchter, Wolfgang, 2003: Handlung, Ordnung und Kultur. Grundzüge eines weberianischen Forschungsprogramms. S. 42-74 in: Gert Albert et al. (Hrsg.), Das Weber-Paradigma. Tübingen.
Schmid, Hans Bernhard, 2000: Subjektivität ohne Interität. S. 127-153 in: Peter-Ulrich Merz-Benz / Gerhard Wagner (Hrsg.), Die Logik der Systeme. Zur Kritik der systemtheoretischen Soziologie Niklas Luhmanns. Konstanz.
Schwanenberg, Enno, 1970: Soziales Handeln. Die Theorie und ihr Problem. Stuttgart / Wien.
Schwinn, Thomas, 1993: Jenseits von Subjektivismus und Objektivismus. Max Weber, Alfred Schütz und Talcott Parsons. Berlin.
Schwinn, Thomas, 1995: Funktion und Gesellschaft. Konstante Probleme trotz Paradigmenwechsel in der Systemtheorie Niklas Luhmanns. Zeitschrift für Soziologie 24: 196-214.
Schwinn, Thomas, 2001: Differenzierung ohne Gesellschaft. Umstellung eines soziologischen Konzepts. Weilerswist.
Schwinn, Thomas, 2005a: Weltgesellschaft, multiple Moderne und die Herausforderungen für die soziologische Theorie. Plädoyer für eine mittlere Abstraktionshöhe. S. 205-222 in: Bettina Heintz et al. (Hrsg.), Weltgesellschaft. Theoretische Zugänge und empirische Problemlagen (= Sonderheft der Zeitschrift für Soziologie). Stuttgart.
Schwinn, Thomas, 2005b: Individual and Collective Agency. In: William Outhwaite and Stephen P. Turner (Hrsg.), Handbook of Social Science Methodology. London.
Stephan, Achim, 2000: Eine kurze Einführung in die Vielfalt und Geschichte emergentistischen Denkens. S. 33-47 in: Thomas Wagenbaur (Hrsg.), Blinde Emergenz? Heidelberg.

Stichweh, Rudolf, 1995: Systemtheorie und Rational Choice Theorie. Zeitschrift für Soziologie 24: 395-406.

Turner, Jonathan H. / Beeghley, Leonard, 1974: Current Folklore in the Criticism of Parsonian Action Theory. Sociological Inquiry 44: 47-55.

Udeln, Lars, 2002: The Changing Face of Methodological Individualism. Annual Review of Sociology 28: 479-507.

Warner, R. Stephen, 1978: Toward a Redefinition of Action Theory: Paying the Cognitive Element its Due. American Journal of Sociology 83: 1317-1349.

Weber, Max, 1978: Gesammelte Aufsätze zur Religionssoziologie. Band I. 7. Aufl. Tübingen.

Weber, Max, 1980: Wirtschaft und Gesellschaft. 5. Aufl. Tübingen.

Weber, Max, 1982: Gesammelte Aufsätze zur Wissenschaftslehre. 5. Aufl. Tübingen.

Wenzel, Harald, 1990: Die Ordnung des Handelns. Talcott Parsons' Theorie des allgemeinen Handlungssystems. Frankfurt am Main.

Zaret, David, 1980: From Weber to Parsons and Schütz. The Eclipse of History in Modern Social Theory. American Journal of Sociology 85: 1180-1201.

Das Werk Max Webers und die Theorie des kommunikativen Handelns

Jens Greve

Einleitung

Jürgen Habermas knüpft in der Theorie des kommunikativen Handelns nicht zuletzt deswegen an Max Weber an, weil Weber aus Habermas' Sicht eine Zeitdiagnose anbietet, die es erlaubt, Konfliktlinien in der modernen Gesellschaft zu identifizieren.[1] Habermas sieht im Anschluß an Weber zwei zentrale Gefährdungen, einerseits einen drohenden Sinnverlust, der sich aus dem Auseinandertreten unterschiedlicher Geltungssphären ergebe, und andererseits einen drohenden Freiheitsverlust, auf den Weber mit seiner Warnung vor einem stahlharten Ge-

---

[1] Im Gegensatz zur älteren kritischen Theorie kennzeichnet es Habermas' Auseinandersetzung mit Weber, daß dessen Schriften für Habermas zumindest in der *Theorie des kommunikativen Handelns* einen zentralen theoretischen Bezugspunkt ausmachen. Die Weberrezeption der älteren kritischen Theorie ist hingegen sporadisch. Und sie betrachtet Weber in der Regel als Repräsentanten der Position, gegen die kritische Theorie gerichtet werden muß, auch wenn sie die Webersche Zeitdiagnose in vielerlei Hinsicht teilt (vgl. Dahms 1997; Homann 1999; Hommerich 1986; Kellner 1985). Während der frühe Lukács Webers Diagnose der Rationalisierung mit dem Marxschen Entfremdungskonzept verbunden und beide als Belege für den Irrationalismus der kapitalistischen Produktionsweise gedeutet hatte (vgl. Lukács 1986), versteht Lukács Weber später als einen Vertreter des bürgerlichen Irrationalismus, der in Webers These der Werturteilsfreiheit seinen höchsten Ausdruck finde (vgl. Lukács 1962: 533). Für Horkheimer ist Weber der traditionellen Theorie zuzurechnen (vgl. Horkheimer 2003: 210 f.) und dem Konzept einer subjektiven und formalen Vernunft, die keine Kriterien für die Rationalität von Zwecken anzugeben erlaube (vgl. Horkheimer 1985: 17). Für Adorno gehört Weber, mit dem er sich freilich ebenfalls nicht ausführlich auseinandersetzt, in den breiten Zusammenhang eines positivistischen Denkens (vgl. Adorno 1972: 139). Nach Marcuse erweist sich Webers Konzept der formalen Vernunft als Apologie des bürgerlich-kapitalistischen Denkens, weil Weber die formale Vernunft als kapitalistische Vernunft interpretiere und dabei erstens übersehe, daß die Kennzeichen des Kapitalismus nicht als zeitenthobene Charakteristika von rationalem Wirtschaften überhaupt verstanden werden können, sowie zweitens verdecke, daß die Form kapitalistischen Wirtschaftens von bestimmten Interessen und deren Herrschaft abhänge (vgl. Marcuse 1965). Motive der Kritik der älteren kritischen Theorie an Weber gehen in Habermas' Deutung unmittelbar ein. Habermas' frühe Überlegungen zu Webers Dezisionismus (vgl. Habermas 1969b; 1985: 82 ff.) knüpfen an der durchgängigen Kritik der älteren kritischen Theorie am Postulat der Werturteilsfreiheit an und Habermas' These, Weber vertrete ein instrumentalistisches Handlungsmodell, nimmt Horkheimers Vorwurf einer bloß subjektiven und formalen Vernunft bei Weber auf.

häuse kapitalistischer Wirtschafts- und bürokratischer Herrschaftsform hingewiesen habe.[2]

Habermas' eigene Perspektive stimmt hier mit der von Weber an drei Punkten überein: erstens in der Annahme, daß der Prozeß der Rationalisierung unter anderem mit der Herausbildung von primär zweckrational geprägten Handlungsbereichen (Wirtschaft und Bürokratie) einhergeht. Zweitens ist auch Habermas der Ansicht, daß Rationalisierung mit dem Hervortreten der Eigenarten von Geltungssphären verbunden ist. Schließlich teilt Habermas mit Weber die Wahrnehmung, daß der Prozeß der Rationalisierung zu einer Steigerung von Konflikthaftigkeiten (Dissensrisiken) beiträgt.

Gleichzeitig ist Habermas' Theorie des kommunikativen Handelns durch Korrekturen gekennzeichnet, die er an Webers Sicht vornehmen möchte. Es sind vor allem drei Aspekte, die Habermas an Weber kritisiert und im Hinblick auf die in seinen Augen eine Theorie des kommunikativen Handelns eine sinnvolle Alternative zu Weber bietet. Erstens sehe Weber zwar die Ambivalenzen gesellschaftlicher Rationalisierung, er könne aber nicht die Bedingungen spezifizieren, unter denen pathologische Folgen von Rationalisierung auftreten oder nicht auftreten müssen. Habermas möchte dieses Defizit im Rahmen eines zweistufigen Gesellschaftskonzepts beheben. Zweitens gelinge es Weber nicht, anzugeben, welche Mechanismen der Integration differenzierter Sozialordnungen dienen können. Habermas führt dies auf Webers Werttheorie und seine rechtspositivistische Haltung zurück. Weber entwirft keine allgemeine Theorie, die darüber Auskunft gibt, wie Gesellschaft sinnvollerweise eingerichtet werden müßte. Habermas ist hier bekanntlich anspruchsvoller. Es geht ihm um die Grundlagen einer kritischen Theorie der Gesellschaft (vgl. Habermas 1987b: 583 ff.), d.h. um die Ausweisung der Maßstäbe, an denen gesellschaftliche Entwicklung hinsichtlich ihrer Rationalität gemessen werden kann. Nach Habermas sind diese Maßstäbe in der umgangssprachlichen Verständigung verankert, weil schon diese auf eine rationale Diskussion von sprachlich erhobenen Geltungsansprüchen verweist.[3] Schließlich, drittens, könne Weber die Rationalisierungsfähigkeit der moralisch-praktischen Rationalitätsdimension deswegen nicht angemessen erfassen, weil er handlungstheoretisch das zweckrationale Handeln privilegiere. Dem möchte Habermas das Konzept des kommunikativen Handelns entgegensetzen, nach

---

[2] Vgl. Weber (1988a: 36 f. und 203 f.; 1988c: 63, 254 und 332 ff.). Zur ambivalenten Einschätzung des Verhältnisses von Rationalisierung und Freiheit bei Weber siehe auch Levine (1982: 18 ff.) und Löwith (1988: 346 ff.).

[3] Da Verständlichkeit und Begründbarkeit einen inneren Zusammenhang bilden, ist es nach Habermas nicht möglich, das Verstehen von der Beurteilung der Begründungsansprüche zu lösen; und aus diesem Grunde ist es für Habermas anders als für Weber auch nicht denkbar, Soziologie als werturteilsfreie Wissenschaft zu betreiben (vgl. Habermas 1987a: 169). Die Diskussion um diesen Gegensatz übergehe ich hier.

dem die Zweckrationalität einen speziellen Fall eines umfassenderen Konzeptes von Handlungsrationalität bezeichnet (vgl. Habermas 1987a: 513). Die folgenden Ausführungen werden vor allem den ersten und den dritten Punkt eingehender beleuchten. Dazu werde ich zunächst einige Bemerkungen zu Webers Konzept der Rationalität und Rationalisierung vorausschicken (1). Anschließend untersuche ich Habermas' Rekonstruktion der Weberschen Handlungstheorie und prüfe dabei, ob sich Habermas' Kritik aufrechterhalten läßt, daß Weber Handlungsrationalität auf Zweckrationalität verkürzt. Hier werde ich zu einem negativen Befund gelangen. Entgegen der These von Habermas läßt sich vielmehr zeigen, daß Weber zweck- und wertrationales Handeln als gleichrangige Alternativen behandelt (2). In einem dritten Abschnitt komme ich auf die Alternative zu sprechen, die Habermas mit dem Konzept des kommunikativen Handelns anbietet. Wie die Diskussion um Habermas' Konzept zeigt, gelingt es ihm freilich nicht, den Nachweis zu erbringen, daß sich das zweckrationale Handeln als Grenzfall des kommunikativen Handelns darstellen läßt (3). Fragen der Werttheorie können hier nur gestreift werden. Ich werde mich daher nur kurz mit Habermas' Kritik an Webers werttheoretischer Position auseinandersetzen und dabei die Frage aufwerfen, ob sich nicht auch in Habermas' Konzeption Überlegungen finden lassen, die für die These sprechen, daß unter modernen Bedingungen die Einheit der Vernunft nicht mehr bruchlos herstellbar ist (4). Abschließend gehe ich auf Habermas' zweistufiges Gesellschaftskonzept ein. Hier werde ich argumentieren, daß Habermas mit der Unterscheidung von Sozial- und Systemintegration ein unvollständiges Schema zur Beschreibung von Formen der Handlungskoordination anbietet, was dazu führt, daß er Formen der Vergesellschaftung, die auf zweckrationalen Motiven beruhen, nicht angemessen Rechnung tragen kann (5).

1 Weber über Rationalität und Rationalisierung

Webers Gebrauch der Begriffe Rationalität und Rationalisierung ist keineswegs einheitlich. Weber selbst macht in einer Anmerkung in *Die protestantische Ethik und der Geist des Kapitalismus* auf diesen Umstand aufmerksam: „Wenn zu irgend etwas, so möchte dieser Aufsatz dazu beitragen, den nur scheinbar eindeutigen Begriff des 'Rationalen' in seiner Vielfältigkeit aufzudecken." (Weber 1988a: 35, vgl. auch 62; Weber 1980: 15 f.) Tatsächlich begegnet der Leser in Webers Werk einer Fülle der Begriffsverwendung, welche die Frage aufwirft, ob sich in dieser noch ein einheitliches Konzept finden läßt (dies bezweifelt Lukes 1967). So machen die Autoren, die Webers Rationalitätsbegriff eingehender untersucht haben, eine Reihe von Synonymen aus. Hierzu gehören nach Eisen: Zielorientierung, Bewußtheit, Kontrolle, logische Konsistenz, Abstraktheit und Unpersönlichkeit (vgl. Eisen 1978: 58 ff.). Brubaker nennt sechzehn Aspekte der Weberschen Verwendung[4], die sich aber seines Erachtens immerhin auf drei zentrale Dimensionen reduzieren lassen: Wissensbasiertheit, Unpersönlichkeit und Kontrolle (vgl. Brubaker 1984: 29 ff.). Nach Swidler läßt sich Webers Konzept der Rationalität entlang von drei analytisch unterscheidbaren Konzepten verstehen: Rationalismus, Rationalisierung und Rationalität. Unter ersterem versteht sie eine pragmatische Weltorientierung, die sich aber von Rationalität dadurch unterscheide, daß sie wenig Anschluß an einen weiteren Kontext von Ideen und Bedeutungen habe (vgl. Swidler 1973: 35 f.). Rationalisierung bedeutet hingegen einen Prozeß, der wesentlich durch Systematisierung gekennzeichnet ist (vgl. Swidler 1973: 36). Rationalität schließlich meint zentral Kontrolle, Absichtlichkeit und Bewußtheit (vgl. Swidler 1973: 38 ff.).[5] Webers Verwendungen des Begriffs lassen demnach zwar die Identifikation unterschiedlicher Facetten zu, ein einheitlicher Begriff der Rationalität läßt sich aber nicht ausmachen.

Darüber hinaus, und auch dies erschwert den Zugang zu Webers Rationalitätsverständnis, verwendet Weber den Begriff in unterschiedlichen Dimensionen. So gebraucht er ihn in einer Reihe von Begriffspaaren, nämlich wertrationales vs. zweckrationales Handeln, formale vs. materiale Rationalität, theoretische vs. praktische Rationalität und objektive Richtigkeitsrationalität vs. subjektive Zweckrationalität. Der Weberinterpretation bereitet hier nicht nur Klärung der jeweiligen Unterscheidungen Schwierigkeiten, sondern auch die Frage nach ihrem Zusammenhang.[6] Webers Rationalitätsbegriff ist mehrdimensional nicht

---

[4] „... deliberate, systematic, calculabale, impersonal, instrumental, exact, quantitative, rule-governed, predictable, methodological, purposeful, sober, scrupulous, efficacious, intelligible and consistent" (Brubaker 1984: 2).

[5] Weiß kommt in einer Textanalyse auf elf unterschiedliche Konnotationen von Rationalität in Webers Schriften: Verwissenschaftlichung (Entzauberung), Intellektualisierung, Sublimierung, Beherrschung und Verdrängung des natürlichen Trieblebens, ethische Rationalisierung, Demokratisierung (von Legitimationsgründen), Positivierung (von Rechtsordnungen), Versachlichung im Sinne von Entpersönlichung, Vergesellschaftung, Methodisierung der Lebensführung und Systematisierung von Wissensbeständen (vgl. Weiß 1981: 47 f.). Als zentrale Elemente des Rationalitätskonzeptes zeichnet Weiß aber „Sinnhaftigkeit und Kommunikabilität" aus (vgl. Weiß 1992: 57). Kalberg findet als gemeinsame Basis des Rationalitätskonzeptes „kognitive Prozesse, die auf eine bewußte Beherrschung der Wirklichkeit abzielen" (Kalberg 1981: 20). Sadri nennt als Kern Konsistenz und Verständlichkeit (vgl. Sadri 1982: 621).

[6] Am unproblematischsten stellen sich noch die Unterscheidungen zwischen subjektiver Zweckrationalität und Richtigkeitsrationalität sowie zwischen theoretischer und praktischer Rationalität dar. Eine umfangreiche Diskussion findet sich zur Rekonstruktion der Differenz zwischen Zweckrationalität und Wertrationalität (vgl. auch Greve 2003a). Entscheidend sind unter anderem erstens die Frage, wie sich die Wertrationalität zum Zweck-Mittel-Schema verhält, zweitens die Frage, wie die Logik der Handlungstypen bestimmt werden kann, drittens, wie Mischtypen bestimmt werden können, und viertens, wie sich dies im Lichte von Webers These

nur im Hinblick auf diese Unterscheidungen, sondern ebenfalls im Hinblick auf verschiedene Analyseebenen. Weber verwendet den Rationalitätsbegriff nicht nur für Handlungen, sondern darüber hinaus auch für Lebensführungen, für Lebensordnungen und für die Analyse von Wertsphären.[7] Wir haben es demnach mit mindestens vier Ebenen zu tun, auf denen der Begriff der Rationalität zum Tragen kommt. An Parsons anknüpfend könnte man sagen: Handlung, Persönlichkeit, Gesellschaft und Kultur.

Über seine semantische Vielfältigkeit hinaus betrachtet Weber den Begriff der Rationalität zudem als einen perspektivischen Begriff. So gilt nach Weber (Weber 1988a: 35): „'Irrational' ist etwas stets nicht an sich, sondern von einem bestimmten 'rationalen' Gesichtspunkte aus" (vgl. auch Weber 1988a: 11). Beispiele für Rationales, das aus einer anderen Perspektive als irrational erscheint, finden sich in Webers Werk häufig. So ist die rational methodische Lebensführung des asketischen Protestanten aus der Sicht einer hedonistischen Perspektive irrational (vgl. Weber 1988a: 62) und umgekehrt (vgl. Weber 1988a: 187), die Welt aus der Sicht der Ethik (vgl. Weber 1980: 348 ff.; 1988a: 569; 1988c: 549 ff.) und die Religion aus der Sicht der Wissenschaft (vgl. Weber 1988a: 564, vgl. auch 253). Weber sieht auch zwischen den beiden rationalen Handlungstypen eine Gegensätzlichkeit (vgl. Fußnote 6).

Auch hinsichtlich des Konzeptes der Rationalisierung finden wir bei Weber keine ausgearbeitete Theorie. Elemente einer solchen hat die Weberforschung herausgestellt und ich werde im folgenden versuchen, einige zentrale und einigermaßen unstrittige Kennzeichnungen dessen zu geben, was Weber unter dem Prozeß der Rationalisierung verstanden hat. Werkgeschichtlich läßt sich Webers Beschäftigung mit Rationalisierung als ein Fortdenken der Resultate seiner Studien zur protestantischen Ethik verstehen (vgl. Norkus 2001: 337 ff.; Tenbruck 1975). Stand dort die Frage nach den religiösen Wurzeln einer modernen Wirtschaftsgesinnung und damit die Bestimmung eines Faktors für das Entstehen des modernen Betriebskapitalismus im Vordergrund, so sind Webers vergleichende

---

eines Gegensatzes beider Typen darstellt: „Vom Standpunkt der Zweckrationalität aus ist Wertrationalität immer, und zwar je mehr sie den Wert, an dem das Handeln orientiert wird, zum absoluten Wert steigert, desto mehr: irrational, weil sie ja um so weniger auf die Folgen des Handelns reflektiert, je unbedingter allein dessen Eigenwert (reine Gesinnung, Schönheit, absolute Güte, absolute Pflichtmäßigkeit) für sie in Betracht kommt" (Weber 1980: 13). Müßten wir dann nicht unterstellen, daß Handelnde, deren Handeln durch beide Aspekte gekennzeichnet ist, widerstreitende Überzeugungen hätten? Vgl. dazu Parsons' Bedenken, die in dieselbe Richtung zielen (vgl. Parsons 1981: 84).

[7] Schluchter vermutet einen Zusammenhang zwischen den Rationalitätsbegriffen und diesen Ebenen. Die Unterscheidung der beiden rationalen Handlungstypen sei der Ebene des Handelns, die zwischen formaler und materialer Rationalität den Ordnungen und die zwischen praktischer und theoretischer Rationalität den Wertsphären zuzuordnen (vgl. Schluchter 2000: 110 f.; 2005: 142 f.).

Studien zur Wirtschaftsethik der Weltreligionen dadurch motiviert, eine Antwort darauf zu geben, warum es nur im Okzident zu spezifischen Formen des Rationalismus gekommen ist. Diese umfassen für Weber bekanntlich nicht nur die Rationalisierung des Wirtschaftens und die Umstellung auf zunehmend bürokratisch ausgeübte Herrschaft, sondern zugleich eine Reihe von weiteren Phänomenen, die Weber in der Vorbemerkung zu den *Gesammelten Aufsätzen zur Religionssoziologie* in Form einer langen Aufzählung präsentiert (vgl. Weber 1988a: 1 ff.). Rationalisierung bezeichnet demnach ein Phänomen, das nicht notwendig auf einen gesellschaftlichen Bereich beschränkt ist. Für Weber sind die okzidentalen Entwicklungen zudem nicht die einzigen historisch aufgetretenen Formen der Rationalisierung.[8] Rationalisierung vollzieht sich darüber hinaus nicht zwangsläufig gleichsinnig, „weil die Geschichte des Rationalismus keineswegs eine auf den einzelnen Lebensgebieten parallel fortschreitende Entwicklung zeigt."[9]

In der Zwischenbetrachtung betont Weber, daß der Prozeß der Rationalisierung zu einer Steigerung der Gegensätzlichkeiten unterschiedlicher Wertsphären und Lebensordnungen (Religion, Ökonomie, Politik, Kunst, Sexualität und Erotik und Wissenschaft) führt.[10] Nach der „Standardinterpretation" impliziert der okzidentale Rationalisierungsprozeß für Weber demnach ein Auseinandertreten von Wertsphären und entsprechend bestimmten Lebensordnungen.[11] Für Weber, und hieran wird Habermas dann in kritischer Absicht anknüpfen, ist dieses Auseinandertreten von Werten und von Lebensordnungen ein Prozeß, der zugleich die Konflikthaftigkeit steigert. Dies betrifft die Werte, die entsprechenden Lebensordnungen und schließlich auch die individuellen Lebensführungen, für die nun gilt, daß ihre rationale Gestaltung die Auswahl von leitenden, ihrem Wesen

---

[8] „Rationalisierungen hat es daher auf den verschiedenen Lebensgebieten in höchst verschiedener Art in allen Kulturkreisen gegeben" (Weber 1988a: 11 f.).

[9] Weber verweist hier auf die Rechtsentwicklung: „Die Rationalisierung des Privatrechts z.B. ist, wenn man sie als begriffliche Vereinfachung und Gliederung des Rechtsstoffes auffaßt, in ihrer bisher höchsten Form im römischen Recht des späteren Altertums erreicht, sie blieb am rückständigsten in einigen der ökonomisch am meisten rationalisierten Länder, speziell in England..." (Weber 1988a: 61 f.).

[10] „Denn die Rationalisierung und bewußte Sublimierung der Beziehungen des Menschen zu den verschiedenen Sphären äußeren und inneren, religiösen und weltlichen, Güterbesitzes drängte dann dazu: innere Eigengesetzlichkeiten der einzelnen Sphären in ihren Konsequenzen bewußt werden und dadurch in jene Spannungen zueinander geraten zu lassen, welche der urwüchsigen Unbefangenheit der Beziehung zur Außenwelt verborgen blieben" (Weber 1988a: 541f.).

[11] Die Gegenthese vertritt an dieser Stelle Münch, für den das Spezifische des westlichen Entwicklungspfades nicht durch die Trennung von Rationalitätsaspekten und Ordnungen gekennzeichnet ist, sondern durch die Interpenetration dieser Aspekte (vgl. Münch 1980 und 1982).

nach aber unvereinbaren Wertgesichtspunkten erfordert (vgl. Weber 1988b: 507 f., 604 f., 608).[12]

2 Habermas über Webers Handlungstheorie

In der *Theorie des kommunikativen Handelns* nimmt Habermas eine Rekonstruktion des Weberschen Handlungsbegriffs vor. Dieser läßt sich ihm zufolge mittels der folgenden Schritte rekonstruieren (vgl. Abb.1). Zunächst finde sich bei Weber ein allgemeiner Begriff der Technik, der die planvolle Verwendung von Mitteln bezeichne (vgl. Habermas 1987a: 240). Dieser Begriff lasse sich spezifizieren, sobald es um die Wahl von Mitteln geht, die sich auf Aspekte der objektiven Welt beziehen, denn dann lasse sich nach der Wirksamkeit des Mitteleinsatzes fragen und daraus die Unterscheidung subjektiver und objektiver Zweckrationalität gewinnen. Den an der Mittelwahl ansetzenden Aspekt bezeichnet Habermas als instrumentelle Rationalität. Daneben könne Rationalität auch auf den Aspekt der Zweckauswahl bezogen werden. Hier gehe es dann um die Frage, ob die Auswahl von Zwecken sich in Übereinstimmung mit zugrundeliegenden Präferenzen befindet oder nicht. Habermas bezeichnet dies als den Aspekt der Wahlrationalität. Webers Begriffe des zweckrationalen Handelns und der formalen Rationalität ergeben sich nach Habermas jeweils durch die Kombination des instrumentellen Aspektes und des Aspektes der Wahlrationalität (vgl. Habermas 1987a: 242 und 245). Neben den Aspekten der Mittelrationalität und der Wahlrationalität unterscheide Weber noch den Aspekt der Wertrationalität – Habermas bezeichnet dies als den Aspekt der normativen Rationalität. Ihr seien die Begriffe des wertrationalen Handelns und der materialen Rationalität zuzuordnen (vgl. Habermas 1987a: 243 und 245). Wert- und zweckrationales Handeln ließen sich schließlich zu einem Handlungstyp verbinden, der die „Bedingungen *praktischer Rationalität im ganzen* erfüllt" (Habermas 1987a: 245). Dieses umfassende Konzept von Rationalität finde sich bei Weber unter dem Gesichtspunkt der methodisch rationalen Lebensführung (vgl. Habermas 1987a: 245).[13] Für Habermas treten neben diese Aspekte der praktischen Rationalität weitere Aspekte, die sich nicht handlungstheoretisch, sondern als Begriffe kultureller Rationalisierung verstehen lassen. Obwohl Habermas' Auskünfte an dieser Stelle nicht ganz eindeutig sind, lassen sie sich meiner Meinung nach sinnvollerweise als Explikatio-

---

[12] An diesem Punkt wurde in der Weberforschung eingehend diskutiert, in welchem Maße Weber eine dezisionistische Perspektive vertritt, d.h. die Ansicht, daß es für die Wahl dieser letzten Gesichtspunkte keinen rationalen Maßstab gibt (vgl. auch unten).
[13] Habermas wird es hingegen darum gehen, nachzuweisen, daß diese Einheit in der Kommunikation gegeben ist (vgl. unten).

nen der Rationalisierung im Bereich theoretischer Rationalität verstehen. Habermas nennt hier: die formale Durchgestaltung von Symbolsystemen, die Ausdifferenzierung von Weltbezügen (mit Weber: Hervortreten von Eigengesetzlichkeiten der Wertsphären) und die damit verbundene Entzauberung der Welt (vgl. Habermas 1987a: 248).

Webers Rationalitätskonzept nach Habermas

praktische Rationalität			*theoretische Rationalität*
Mittel	Zwecke	Werte	
(instrumentelle Rationalität)	(Wahlrationalität)	(normative Rationalität)	
subjektive Zweckrationalität *objektive Richtigkeitsrationalität*			
Zweckrationalität		Wertrationalität	
formale Rationalität		*materiale Rationalität*	
methodisch rationale Lebensführung			formale Durchgestaltung von Symbolsystemen Ausdifferenzierung von Weltbezügen

Ich will an dieser Stelle auf eine systematisch entscheidende Kritik von Rainer Döbert an dieser Rekonstruktion eingehen. Döbert kritisiert, daß Habermas Weber so liest, als habe dieser die Unterscheidung zwischen Wertrationalität und Zweckrationalität mit derjenigen von formaler und materialer Rationalität mehr oder weniger gleichsetzt.[14] Wie Schluchter betrachtet Döbert beide Unterscheidungen dagegen als solche, die quer zueinander liegen.[15] Döbert zeigt dies an einer Passage, die nach Habermas gerade belegen soll, daß beide zusammenfallen: „Formal 'rational' soll ein Wirtschaften je nach dem Maß heißen, in welchem die jeder rationalen Wirtschaft wesentliche 'Vorsorge' sich in zahlenmäßigen, 'rechenhaften', Ueberlegungen ausdrücken kann und ausdrückt. [...] Dagegen ist der Begriff der materialen Rationalität durchaus vieldeutig. Er besagt lediglich dies Gemeinsame: daß eben die Betrachtung sich mit der rein formalen (relativ) eindeutig feststellbaren Tatsache: daß zweckrational, mit technisch tunlichst adäquaten Mitteln, gerechnet wird, nicht begnügt, sondern ethische, politische, utilitarische, hedonische, ständische, egalitäre oder irgendwelche anderen Forderungen stellt und daran die Ergebnisse des – sei es auch formal noch so 'rationalen', d. h. rechenhaften – Wirtschaftens wertrational oder material zweckrational bemißt" (Weber 1980: 45).

Döbert bezieht sich in seiner Rekonstruktion der Unterscheidung auf Schluchters im Hinblick auf Webers Rechtssoziologie verwendete Überlegung, nach der der materiale Gesichtspunkt ein Was und der formale Gesichtspunkt ein Wie bezeichne. Beides deckt sich nun nach Döbert schon deswegen nicht mit der

---

[14] Eine Gleichsetzung, die sich auch sonst häufig in der Sekundärliteratur zu Weber findet (vgl. z.B. Brubaker 1984: 36; Gröbl-Steinbach 2004: 95) und die nicht zuletzt den nicht gerade eindeutigen Formulierungen Webers geschuldet ist (vgl. Weber 1980: 16, 58, 78 und 129; 1958: 16 f.).

[15] Kalberg trennt beide Unterscheidungen, sieht aber eine Wahlverwandtschaft zwischen formaler Rationalität und Zweckrationalität sowie zwischen materialer Rationalität und Wertrationalität (vgl. Kalberg 1981: 20 f.). Eine anders gelagerte Interpretationsfolie bietet Mueller an. Seines Erachtens müssen im Anschluß an Weber drei Formen der Rationalität unterschieden werden: Zweckrationalität, Wertrationalität und Systemrationalität. Letztere sei „basically objective, technical and formal in the sense that it relies on and is constituted by impersonal calculi or algorithms which are neither social-conative nor subjective-evaluative but noological in character. It is distinctive of objective 'culture systems' such as the arts, sciences, and technology (but not ethics) which are informed neither by material interests nor by ideal values, but by the principle of consistency..." (Mueller 1979: 158). Weber habe diese Dimension der Rationalität mit dem Begriff der „intellektuellen Rationalisierung" im Blick gehabt, sie aber mit der technisch-instrumentellen Rationalität gleichgesetzt (vgl. Mueller 1979: 158). Mit Habermas teilt Mueller demnach die Ansicht, daß Weber die formale Dimension mit Zweckrationalität identifiziert, gegen Habermas Interpretation in *Technik und Wissenschaft als ‚Ideologie'* (Habermas 1969a) betont er aber, daß die formale Rationalität eine eigenständige Dimension bezeichnet, während Habermas dort Systemrationalität und Zweckrationalität zum Typus der Arbeit zusammenzieht (vgl. Mueller 1979: 166).

Differenzierung zwischen Wertrationalität und Zweckrationalität, weil der materiale Gehalt des Handelns sich auf reine Zwecke beziehen kann (vgl. Döbert 1989: 233). In diesem Sinne könne ein Handeln material-zweckrational sein, und zwar dann, wenn nach der Verwirklichung und Verwirklichungsfähigkeit von Zwecken durch das Handeln gefragt werde, wohingegen ein Handeln formalzweckrational sei, „wenn bewußt und planvoll auf der Basis vorhandenen Wissens zwischen alternativen Handlungsmöglichkeiten entschieden wird" (Döbert 1989: 233).

Döbert ist freilich der Ansicht, daß sich die Unterscheidung des formalen und des materialen Aspektes im Falle des wertrationalen Handelns nicht treffen läßt.[16] „Der formale Gesichtspunkt kommt nicht zur Anwendung (wenn man von dem 'bewußt' abstrahiert)" (Döbert 1989: 234). Dies ist meiner Meinung nach aber keine sinnvolle Annahme. Döbert betont in der Abgrenzung des formalen und des materialen Aspektes der Zweckrationalität für den materialen Aspekt die Dimension des tatsächlich erreichbaren Handlungsergebnisses, für den formalen Aspekt die Abwägung zwischen Handlungsalternativen. Für beides läßt sich eine Parallele im Falle der Wertrationalität ziehen. Auch hier läßt sich fragen, ob die Handlung den Wert, den sie verwirklichen soll, tatsächlich verwirklicht (materialer Aspekt) und für die Abwägung zwischen alternativen Handlungsmöglichkeiten (formaler Aspekt) findet sich ebenfalls ein Pendant bei Weber, nämlich „die bewußte Herausarbeitung der letzten Richtpunkte des Handelns und [...] konsequente planvolle Orientierung daran" (Weber 1980: 12).

Offensichtlich ermöglicht es eine solche Rekonstruktion auch anzugeben, in welchen Dimensionen sich Handeln rationalisieren kann: einerseits im Sinne gesteigerter Effektivität (Eintreten des Handlungsergebnisses), andererseits durch die verbesserte Begründung des Handelns (formaler Aspekt). Geht man

---

[16] Diese Überlegung geht auch in Döberts Rekonstruktion der Handlungstypen bei Weber ein. Seines Erachtens lassen sich die beiden reinen Rationalitätstypen so analysieren, daß sich die absolute Zweckrationalität durch zwei Aspekte, den materialen und den formalen, kennzeichnen läßt, die gemeinsam den Typus des Zweckrationalen ausmachen, die reine Wertrationalität ist hingegen lediglich durch einen materialen Aspekt gekennzeichnet. Nach Döbert werden auf der materialen Seite der Zweckrationalität die folgenden Faktoren vom Handelnden berücksichtigt: die Zwecke, die Nebenfolgen und die tatsächlichen Handlungsergebnisse. In der formalen Dimension würden hingegen die Aspekte der Mittelwahl und das Kausalwissen kontrolliert. In der reinen Wertrationalität werden hingegen Werte und Mittel berücksichtigt (vgl. Döbert 1989: 231). Ich muß die mit Döberts Schema aufgeworfenen Probleme hier nicht diskutieren. Zwei Fragen stellen sich aber unmittelbar: erstens, ob die Zuordnung der Elemente zu den formalen und materialen Aspekten der Zweckrationalität jeweils so zwingend ist und ob so z.B. unter formalen Gesichtspunkten nicht auch die Nebenfolgenabwägung berücksichtigt werden muß. Zweitens ist die Annahme, daß das wertrationale Handeln auch durch Mittelabwägungen gekennzeichnet ist, durch Webers Formulierung nicht gedeckt, in der die Berücksichtigung von Mitteln in der Definition des reinen wertrationalen Typs nicht auftritt.

nun davon aus, daß der materiale und der formale Aspekt nicht vollständig trennbar sind, so läßt sich auch sehen, wie sich in der zweckrationalen und der wertrationalen Dimension Lernprozeße vollziehen können. Ein dauerhaftes Scheitern in der Verwirklichungsdimension wird auch die formale Dimension berühren und dies gilt nicht nur im Falle des zweckrationalen, sondern ebenso im Falle des wertrationalen Handelns, denn eine anhaltend mißlingende Umsetzung von Werten wird den Handelnden zu der Frage führen, wie dies mit den letzten Richtpunkten des Handelns vereinbar sein kann, da zu diesen zweifelsohne der Wunsch zu rechnen sein wird, Werte im Handeln auch zu verwirklichen. Webers Handlungstheorie erlaubt es entsprechend, Rationalisierung des Handelns nicht nur in der Dimension des zweckrationalen Handelns zu verorten. Habermas' und Schluchters Überlegungen zur formalen Rationalisierung von Ethik und Recht entlang der Kohlbergschen Entwicklungstheorie können hier beispielsweise problemlos anschließen (vgl. Habermas 1995: 63 ff.; Schluchter 1979). Aus dieser Sicht wird im übrigen auch Habermas' Deutung der Weberschen Rechtssoziologie fragwürdig: „Weber bringt die Fortschritte moderner Rechtsentwicklung ausschließlich unter Gesichtspunkte der formalen Rationalität, d.h. einer wertneutralen, unter Zweck- und Mittelaspekten planmäßigen Durchgestaltung von Handlungssphären, die auf den Typus strategischen Handelns zugeschnitten ist" (Habermas 1987a: 363). Erstens legt hier Habermas genau jenes Verhältnis von Zweckrationalität und formaler Rationalität nahe, welches in den Augen von Schluchter und Döbert Webers Intentionen nicht trifft. Zweitens stellt sich die Frage, ob Weber nicht auch eine materiale Rationalisierung des Rechts im Sinne einer Generalisierung der Rechtsmaterien kennt (vgl. Schluchter 1979: 134). Drittens läßt sich schwerlich behaupten, daß Weber die Rationalisierung des Rechts vorrangig unter dem Gesichtspunkt ihres Beitrages zur Rationalisierung anderer Handlungsbereiche betrachtet. Weber betont zwar die Eignung eines formalen Rechts für kapitalistisches Wirtschaften (vgl. Weber 1980: 94; 1988c: 322) – freilich nicht ohne gleichzeitig auch die Konflikthaftigkeit zu sehen, die sich noch daraus ergibt (vgl. Weber 1980: 506) –, aber die formale Rationalisierung des Rechts begründet sich für Weber vor allem darin, daß Rechtschöpfung und Rechtsfindung sich nicht nur auf zusehends systematisierte und generalisierte Weise vollziehen, sondern zudem das Recht stärker von außerrechtlichen Tatbeständen entkoppeln (vgl. Schluchter 1979: 132 ff.).[17]

---

[17] Eher liegt hier das Problem der Weberschen Rechtssoziologie: „Damit scheint der Weg frei, daß sich das Recht ‚veräußerlicht', die Ethik aber ‚verinnerlicht'. Das eine kann zur ‚reinen' Form rationalisiert werden, während das andere zum ‚reinen Inhalt' sublimierbar ist. Wo dies konsequent geschieht, kommen formelle und materielle Rationalität in einen unüberbrückbaren Gegensatz zueinander. [...] Webers Analyse des Verhältnisses von Ethik und Recht ist tatsächlich von *dieser* Verkürzung nicht freigeblieben" (Schluchter 1979: 151 f., vgl. auch 156). Frei-

Angesichts der von Habermas selbst analysierten Breite der Weberschen Handlungstypologie und Rationalitätskonzeption wirkt Habermas' Kritik, Weber verkürze die Handlungsrationalität auf Zweckrationalität, überraschend. Habermas begründet diese Kritik in der *Theorie des kommunikativen Handelns* durch einen Rekurs auf eine Rekonstruktion der Logik der Handlungstypologie durch Schluchter, die dieser seinerseits einer Anregung von Enno Schwanenberg verdankt (vgl. Schluchter 1979: 191).[18] Dieser Rekonstruktion zufolge sind die Handlungstypen dadurch gekennzeichnet, daß in ihnen eine abnehmende Zahl von Handlungselementen berücksichtigt wird und zwar solchermaßen, daß das zweckrationale Handeln den Handlungstyp kennzeichnet, in dem alle relevanten Elemente Beachtung finden. In ihm werden vom Handelnden Mittel, Zwecke, Werte und Nebenfolgen berücksichtigt. Im wertrationalen Handeln werden nur Mittel, Zwecke und Werte kontrolliert, im affektuellen lediglich Mittel und Zwecke. Das traditionale Handeln schließlich beziehe nur Mittel ein.

Schluchter hat diesen Vorschlag in der *Entwicklung des okzidentalen Rationalismus* zwar präsentiert, aber bereits dort Zweifel an der Tragfähigkeit dieses Rekonstruktionsvorschlags geäußert und einen entsprechenden Umbau der Handlungstypologie vorgenommen (vgl. Schluchter 1979: 192 ff.). Diese Zweifel beziehen sich unter anderem darauf, daß ein solches Schema es nahelegt, die Verantwortungsethik mit der Zweckrationalität und die Gesinnungsethik mit der Wertrationalität zu identifizieren (vgl. Schluchter 1979: 191).[19]

---

lich ist Schluchter zugleich der Ansicht, daß diese Sichtweise „nicht nur systematisch unzureichend ist, sondern daß man sie auch nicht mitmachen muß" (Schluchter 1979: 152). Habermas entwickelt ein Modell, nach dem die Formalisierung des Rechts mit einer Formalisierung der Moral (Diskursethik) einhergeht. Zur Ausarbeitung der entsprechenden Legitimitätstheorie, deren Kernidee es ist, daß sich Moralität und Legalität auf das dann aber unterschiedlich spezifizierte Diskursprinzip gründen, vgl. Habermas (1994). Hier wäre unter anderem zu diskutieren, ob ein rein formaler Legitimitätsbegriff denkbar ist, und ob es angesichts der Trennung von Moralität und Legalität, die auch Habermas sieht, möglich ist, normative Integration von einem Prinzip her zu bestimmen. Schluchter beantwortet diese Fragen in doppelter Weise: einerseits durch die Annahme, daß es die Verantwortungsethik erlaubt, die ethische Wertsphäre mit den anderen Wertsphären zu verbinden, andererseits durch die Annahme, daß Menschenrechte und ähnliche Grundsätze eine „Brückenfunktion" zwischen Moralität und Legalität erfüllen (vgl. Schluchter 1979: 86, 154 und 161).

[18] Im Sinne einer abnehmenden Rationalität hatte – allerdings ohne dies näher auszuführen – schon Hans Freyer die Logik der Weberschen Handlungstypen verstanden: „Die Reihe vom zweckrationalen über die wertrationale zum affektuellen und traditionellen Handeln ist offensichtlich nach dem Prinzip der abnehmenden Rationalität geordnet" (Freyer 1964: 155).

[19] Es gibt darüber hinaus noch zwei weitere Einwände gegen eine solche Rekonstruktion, die sich direkt auf Webers Formulierung der Handlungstypen beziehen. Während nach dem oben angeführten Rekonstruktionsvorschlag von Schluchter das zweckrationale Handeln die Berücksichtigung von Werten einschließt, ist eine solche in den Formulierungen Webers nicht zu finden, und die Wertrationalität ist gerade nicht im Hinblick auf die Kategorien des Zweck-Mittel-Schemas gekennzeichnet (vgl. Döbert 1989: 215 f.).

Es ist hier nicht erforderlich, die weiteren Rekonstruktionsvorschläge eingehend zu betrachten, die sich auf die Logik der Weberschen Handlungstypologie beziehen.[20] Für alle gilt nämlich, daß sie eine Hierarchisierung der Handlungstypen nicht vornehmen. Und auch dort, wo die Zahl von kontrollierten Elemente für die Handlungstypen unterschiedlich eingeschätzt wird, wie bei Döbert und Norkus[21], gilt nicht, daß sich aus der Zahl der kontrollierten Faktoren ein Rationalitätsgefälle ableiten läßt, da die Faktoren unterschiedliche sind und daher eine Lesart im Sinne des Umfassenderen und Beschränkteren nicht zulassen.

Während nach Habermas Webers „offizielle Version [...] konzeptuell so eng angelegt" ist, „daß in diesem Rahmen soziale Handlungen nur unter dem Aspekt der Zweckrationalität beurteilt werden können" (Habermas 1987a: 383), macht Habermas bei Weber zugleich eine „inoffizielle" Version aus, die diese Annahme vermeidet (vgl. Abb.2).

Webers inoffizielle Konzeption (vgl. Habermas 1987a: 383)

Grade der Handlungsrationalität:	niedrig	hoch
Koordinierung:		
durch Interessenlage	faktisch eingewöhntes Handeln („Sitte")	strategisches Handeln („Interessenhandeln")
durch normatives Einverständnis	konventionelles Einverständnishandeln („Gemeinschaftshandeln")	postkonventionelles Einverständishandeln („Gesellschaftshandeln")

---

[20] Neben den angesprochenen Modellen einer absteigenden Kontrolle von Handlungsfaktoren finden sich noch das Modell eines Vierfelderschemas (vgl. Münch 1982) – im Anschluß daran auch Schluchter (1991: 145) – und die Rekonstruktion entlang einer Baumstruktur, die Allerbeck (1982) vorgeschlagen hat. Dieser Struktur folgt jetzt auch Schluchter (2000: 164).

[21] Döberts und Norkus' Modelle setzen zwar auch, wie der frühe Vorschlag von Schluchter, an der Frage kontrollierter Handlungselemente an, unterscheiden sich aber von anderen Vorschlägen aber dadurch, daß in ihnen darauf verzichtet wird, eine Tiefenstruktur (wie Umfang kontrollierter Faktoren, Vierfelderschema oder Entscheidungsbaum) zu suchen, die Webers Klassifikation zugrunde gelegen haben könnte (zu Döberts Vorschlag vgl. Fußnote 16). Nach Norkus (2001: 308 ff.) sind die vier Handlungstypen Webers dadurch unterschieden, daß in ihnen neben Opportunitäten verschiedene Elemente berücksichtigt sind. In den reinen Fällen sind dies Erwartungen und Ziele (zweckrationales Handeln), Wertverpflichtungen des Akteurs (wertrationales Handeln), Gewohnheiten (traditionales Handeln) und Affekte (affektuelles Handeln).

Habermas entwickelt diese Version aus Elementen aus *Wirtschaft und Gesellschaft* und er fügt hinzu, daß sie sich mittels des Kategorienaufsatzes „verhältnismäßig gut belegen ließe." (Habermas 1987a: 382) Er wolle jedoch darauf verzichten, „weil Weber die interessante Unterscheidung zwischen sozialen Beziehungen, die durch Interessenlage, und solchen, die durch normatives Einverständnis vermittelt sind, auf der Ebene der Handlungsorientierungen selbst nicht klar durchführt (ich werde das unter dem Titel Erfolgs- vs. Verständigungsorientierung nachholen)" (Habermas 1987a: 382).

Hierbei handelt es sich nun um ein mindestens zweifaches Mißverständnis der Weberschen Konzeption. Einerseits hat Weber Differenzierungen der Handlungskoordinierung auf der Basis der rationalen Handlungsorientierungen selbstverständlich entwickelt, nämlich entlang der Unterscheidung zwischen zweckrationalem und wertrationalem Handeln. Andererseits läßt sich Habermas' Rekonstruktion entlang von *Wirtschaft und Gesellschaft* und aus dem Kategorienaufsatz nicht sinnvoll belegen. Hierzu kurz einige Anmerkungen: Weber ordnet „Sitte" keineswegs der Interessenlage zu. Vielmehr unterscheidet er in den *Grundbegriffen* Brauch, Sitte und Interessenlage (vgl. Weber 1980: 15). Sitte, so kann man den Anmerkungen Webers entnehmen, ist zudem gegenüber der Unterscheidung von Wert- oder Zweckorientierung unabhängig (vgl. Weber 1980: 15). Webers Anmerkungen[22] machen im übrigen auf den Umstand aufmerksam, daß dem Handeln aufgrund von Interessenlage ein entsprechender wertrationaler Typ hinzuzufügen wäre – was Weber mit dem Begriff der legitimen Ordnung (vgl. Weber 1980: 16) gewissermaßen nachholt. Auch aus dem Kategorienaufsatz läßt sich die „inoffizielle Version" nicht ableiten. Erstens kann dort das Gemeinschaftshandeln dem Gesellschaftshandeln nicht als Typ gegenübergestellt werden, weil das Gemeinschaftshandeln dort als Vorgängerbegriff des sozialen Handelns den Oberbegriff bezeichnet, unter den auch das Gesellschaftshandeln fällt (vgl. Weber 1988b: 441). Zweitens meint das Gesellschaftshandeln im Kategorienaufsatz vereinbartes Handeln aufgrund von rein zweckrationalen Motiven (vgl. Weber 1988b: 442) und kann daher gerade nicht mit normativem Einverständnis identifiziert werden.[23] Drittens gilt auch für das Einverständnis-

---

[22] „Eine wesentliche Komponente der 'Rationalisierung' des Handelns ist der Ersatz der inneren Einfügung in eingelebte Sitte durch die planmäßige Anpassung an Interessenlagen. Freilich erschöpft dieser Vorgang den Begriff der 'Rationalisierung' des Handelns nicht. Denn außerdem kann diese positiv in der Richtung der bewußten Wertrationalisierung, negativ aber außer auf Kosten der Sitte auch auf Kosten affektuellen Handelns, und endlich auch zugunsten eines wertungläubigen, rein zweckrationalen, auf Kosten wertrational gebundenen Handelns verlaufen" (Weber 1980: 15 f.).

[23] Das weiß natürlich auch Habermas, der Weber entsprechend korrigiert und anmerkt: „Sonst hätte an dieser Stelle klar werden müssen, daß sich das Gesellschaftshandeln nicht durch

handeln, das ein Handeln bezeichnet, das so abläuft, als ob es vereinbart worden wäre, daß die Motive dieses Handelns „begrifflich gleichgültig" sind (vgl. Weber 1988b: 456). Wir haben es entsprechend weniger mit einer inoffiziellen Version zu tun als mit Habermas' eigenem Versuch, Handlungsrationalität nach Motiven (erfolgs- vs. verständigungsorientiert) und dem Grad der Handlungsrationalität zu sortieren.

Gleichzeitig handelt es sich bei der von Habermas rekonstruierten „inoffiziellen Version" im doppelten Sinne durchaus um Webers offizielle Version und zwar *gerade in den Grundbegriffen*. Erstens, weil Weber selbst zwischen zweckrationalem und wertrationalem Handeln als gleichrangigen Formen des sozialen Handelns unterscheidet (siehe dazu auch unten) und weil er zweitens Formen der Koordination von Handeln unterscheidet, die auf Wert- und Zweckrationalität beruhen: „'Vergesellschaftung' soll eine soziale Beziehung heißen, wenn und soweit die Einstellung des sozialen Handelns auf rational (wert- oder zweckrational) motiviertem Interessenausgleich oder ebenso motivierter Interessenverbindung beruht" (Weber 1980: 21). Als reines Beispiel eines zweckrationalen Typs der Vergesellschaftung kann dabei der Tausch auf Märkten dienen (vgl. Weber 1980: 22).[24]

Welche weiteren Argumente könnte Habermas dafür vorbringen, daß Weber das zweckrationale Handeln dem wertrationalen Handeln gegenüber privilegiert? Ich sehe hier zwei weitere Argumentationslinien. Die eine setzt an der methodischen Vorrangstellung des zweckrationalen Handlungstyps an, die zweite geht von Habermas' Überlegung aus, daß es der bewußtseinsphilosophische Ausgangspunkt einer Handlungstheorie erzwinge, das entsprechende Handlungsmodell instrumentalistisch auszulegen (vgl. zu beidem Benhabib 1981; Gröbl-Steinbach 2004). Zu diesen Argumentationen möchte ich kurz einige Anmerkungen vortragen.

Tatsächlich läßt sich eine Reihe von Belegen dafür finden, daß Weber in methodischer Hinsicht den Typus des zweckrationalen Handelns privilegiert. Auch lassen sich Anhaltspunkte dafür finden, daß Weber die Handlungstypen hinsichtlich ihrer Verständlichkeit unterschiedlich einschätzt.[25] Die Annahme eines methodischen Primats des zweckrationalen Handelns findet sich durchaus noch in den *Grundbegriffen* (vgl. Weber 1980: 2 f.), obwohl Weber dort den

---

[24] zweckrationale Handlungsorientierungen auszeichnet, sondern durch die höhere, nämlich postkonventionelle Stufe moralisch-praktischer Rationalität" (Habermas 1987a: 383).
Habermas' Korrektur an dieser Annahme wird dann darin bestehen, daß er Vergesellschaftung aus zweckrationalen Motiven als Form sozialer Integration versteht, die – um Bestand zu haben – gerade nicht an den Handlungsorientierungen ansetzen kann (siehe unten).

[25] „Verständlich und eindeutig sind sie [die ‚Gesetze' der Soziologie; J.G.] im Höchstmaß soweit, als rein zweckrationale Motive dem typisch beobachteten Ablauf zugrunde liegen" (Weber 1980: 9; vgl. auch Weber 1988b: 428).

wertrationalen Handlungstyp, anders als im Kategorienaufsatz, als eigenständigen Handlungstyp einführt. Daraus die Annahme eines Primats des Zweckrationalen abzuleiten, steht aber vor zwei Hindernissen. Erstens sind Webers Aussagen nicht eindeutig, da Weber in *den Grundbegriffen* auch die Gleichrangigkeit wert- und zweckrationaler Idealtypen behauptet: „Wie bei jeder generalisierenden Wissenschaft bedingt die Eigenart ihrer Abstraktionen es, daß ihre Begriffe gegenüber der konkreten Realität des Historischen relativ inhaltsleer sein müssen. Was sie dafür zu bieten hat, ist gesteigerte Eindeutigkeit der Begriffe. Diese gesteigerte Eindeutigkeit ist durch ein möglichstes Optimum von Sinnadäquanz erreicht, wie es die soziologische Begriffsbildung erstrebt. Diese kann [...] bei rationalen (wert- oder zweckrationalen) Begriffen und Regeln besonders vollständig erreicht werden" (Weber 1980: 10; vgl. auch Schluchter 2003: 59).[26] Zweitens ergäbe sich selbst aus einer methodischen Vorrangstellung nicht zwingend ein sachlicher oder normativer Vorrang der Zweckrationalität (vgl. Weiß 1981: 49 f.). Man denke nur an die entsprechende Warnung Webers vor einem rationalistischen Vorurteil der Soziologie (vgl. Weber 1980: 3). Habermas würde natürlich bezweifeln, daß sich sachliche, normative und methodische Fragen im erforderlichen Maße trennen lassen. Und geht man von seiner These aus, daß Verständlichkeit und rationale Nachvollziehbarkeit einen inneren Zusammenhang bilden (vgl. Habermas 1987a: 400 f.), wäre im Zusammenhang mit Webers Überlegung zu den unterschiedlichen Graden der Verstehbarkeit der rationalen Typen am ehesten ein Argument dafür zu gewinnen, daß Weber den Typus des Zweckrationalen gegenüber dem Wertrationalen privilegiert, auch wenn man dann unterstellen müßte, daß Weber am Vorrang des Zweckrationalen in methodischer Hinsicht auch dann festgehalten hätte, wenn er einen inneren Zusammenhang zwischen methodischen und sachlichen Erwägungen im Sinne der Habermasschen Konzeption gesehen hätte.

Habermas wirft Weber, wie auch fast allen anderen Autoren, mit denen sich Habermas in der *Theorie des kommunikativen Handelns* beschäftigt – die Ausnahme ist Mead –, vor, er vertrete eine bewußtseinsphilosophische Position und gelange daher nicht über ein instrumentelles Handlungsverständnis hinaus. Dieses Argument kann in kurzer Form gewürdigt werden. Zwar ist die Diskussion um die Grenzen der Bewußtseinsphilosophie höchst verzweigt und keineswegs abgeschlossen – man denke allein an die Rückkehr bewußtseinsphilosophischer

---

[26] Der Sache nach gilt die Gleichrangigkeitsannahme nach Schluchter schon zuvor: „Sachlich freilich – und das zeigt nicht zuletzt die Studie über den asketischen Protestantismus – interessierte sich Weber schon früh für die Nichtreduzierbarkeit wertrationaler und zweckrationaler Orientierungsstandards" (Schluchter 2003: 63). Schluchter verweist an dieser Stelle auch auf Webers Unterscheidung in Norm- und Zweckmaximen im Stammler-Aufsatz (vgl. Schluchter 2005: 224).

Fragen in der analytischen Philosophie (als prominentes Beispiel vgl. McDowell 1994) –, aber es bedürfte eines komplexen Arguments, das bisher – soweit ich sehe – noch nicht ausgeführt worden ist, um zu zeigen, daß die Voraussetzungen der Bewußtseinsphilosophie notwendig zu einer instrumentellen Handlungskonzeption führen, die den Bezug auf sich selbst und auf eine normative Realität undenkbar macht. Denn die bewußtseinsphilosophische Tradition ist reich an Beispielen, in denen solche Handlungskonzepte entwickelt wurden. Nicht nur das Selbstverhältnis ist ein zentrales Thema dieser Tradition, auch moralische und ethische Bezüge des Handelns werden dort selbstverständlich aufgenommen (man denke nur an Kants Konzept praktischer Vernunft und Hegels Begriff der Sittlichkeit). Eine andere Frage ist, ob der Vorwurf berechtigt ist, Weber vertrete eine monologische Konzeption des Sozialen. Sicherlich gilt dies in dem Sinne, daß Weber Sinnkonstitution nicht – wie Habermas – als dialogisches Konzept denkt. Dadurch werden weitreichende Fragen aufgeworfen wie diejenige danach, ob Objektivität in Intersubjektivität gründet oder unabhängig von dieser verstanden werden kann. Sozialtheoretisch relevant ist dann vor allem die Frage, wie sich das Verhältnis von Intersubjektivität und Subjektivität darstellt.[27] Wie immer man all dieses beantwortet, aus den Antworten folgt nicht die Richtigkeit der Annahme, Weber vertrete eine auf Zweckrationalität zugeschnittene Handlungstheorie. Bestenfalls folgt daraus, daß Weber die (wert-)philosophischen Probleme, die mit einer breiteren Fassung der Handlungstheorie verbunden sind, in unangemessener Weise behandelt hat.

3   Habermas über Handlungsrationalität

Habermas' Begriff der Rationalität ist bestimmter als derjenige von Weber, sie bedeutet für Habermas Begründbarkeit.[28] Über die Annahme, daß Handeln auf

---

[27]   Habermas plädiert hier im Anschluß an Mead für eine Nachrangigkeit der Subjektivität gegenüber der Intersubjektivität. Schluchter und Schwinn plädieren in Absetzung dagegen für die Annahme einer Gleichrangigkeit von Intersubjektivität (Sprachlichkeit) und Subjektivität (vgl. Schluchter 2000: 86 ff.; Schwinn 1993). Eine sozialtheoretisch anschlußfähige Position findet sich auch bei Davidson, für den Sinnhaftigkeit (Bedeutung) aus einer triangulären Struktur von Subjektivität, Intersubjektivität und Objektivität zu verstehen ist (vgl. Davidson 1996).

[28]   Zu späteren Differenzierungen zwischen der Rationalität von Äußerungen, Überzeugungen und Handlungen vgl. auch Habermas (1996c: 65 ff.). Daß Habermas die Rationalität von Äußerungen zugleich an die Bereitschaft des Begründens bindet (vgl. Habermas 1987a: 406), ist im übrigen nicht unproblematisch, da die Bereitschaft, Gründe anzuführen und Begründung nicht notwendig zusammenfallen. Die These, daß sich auch Webers Rationalitätsbegriff vom Begriff der Begründung aus erschließen lasse, vertritt Döbert (1989), der dies aus der Unterscheidung zwischen formaler und materialer Rationalität ableitet (siehe oben). Auch Boudons Auffassung

Geltungsansprüche bezogen ist, verbindet sich dies mit der Handlungsrationalität: „Handlungen nenne ich nur solche symbolischen Äußerungen, mit denen der Aktor ... einen Bezug zu mindestens einer Welt (aber stets auch zur objektiven Welt) aufnimmt" (Habermas 1987a: 144). Das kommunikative Handeln kennzeichnet Habermas bekanntlich dadurch, daß es ein sprachliches Handeln bezeichnet, mit dem ein Handelnder drei unterschiedliche Weltbezüge aufnimmt, was meint, daß er drei Geltungsansprüche für das Gesagte erhebt, nämlich hinsichtlich der Wahrheit, Richtigkeit (normative Angemessenheit) und Wahrhaftigkeit (vgl. Habermas 1987a: 412 f.; 1989a: 131 f.).[29] Hinzu kommt zweitens, daß diese drei Weltbezüge vom Sprecher reflexiv gebraucht werden (vgl. Habermas 1987a: 412 f.; 1989a: 132; 1989c: 427 f.), was – soweit ich sehe – zweierlei bedeutet: einerseits, daß der Sprecher sich des inneren Zusammenhangs der drei Geltungsansprüche bewußt ist, und andererseits, daß er bereit ist, diese Geltungsansprüche gegebenenfalls einer Prüfung zu unterziehen. Das kommunikative Handeln ist entsprechend auch dadurch gekennzeichnet, daß der Handelnde eine einverständnisorientierte Haltung einnimmt, d.h. seine jeweiligen Handlungsziele unter der Vermutung verfolgt, daß andere der Verfolgung dieses Handlungszieles zustimmen könnten (vgl. auch Habermas 1988: 144 ff.). Vom kommunikativen Handeln unterscheidet Habermas das instrumentelle und das strategische Handeln. Im Gegensatz zum kommunikativen Handeln ist in beiden nur ein Weltbezug involviert (die objektive Welt). Instrumentelles und strategisches Handeln unterscheiden sich dadurch, daß ersteres auf nicht-soziale, letzteres auf soziale Situationen bezogen ist, d.h. sich die Handlung auf einen anderen Akteur und nicht auf natürliche Gegenstände richtet (vgl. Habermas 1987a: 384).

---

[29] von Handlungsrationalität entlang eines Begründungskonzepts setzt an Weber an (vgl. Boudon 1996).
Weiß rückt auch Webers soziales Handeln in die Nähe eines – dann aber nicht näher spezifizierten – kommunikativen Handelns. Sein Ausgangspunkt ist die Annahme, daß Webers Rationalitätsbegriff seine Einheit im Begriff der Kommunikabilität findet: „Immer besteht nämlich die Rationalisierung darin, daß das, worauf sie sich richtet, höhere Grade von inter-subjektiver Faßlichkeit und (bloß mentaler oder auch praktischer) Reproduzierbarkeit annimmt" (Weiß 1981: 48). Daraus folgert Weiß nun nicht nur, daß Rationalität an Kommunikabilität gebunden ist, sondern auch, daß soziales Handeln als kommunikatives Handeln verstanden werden muß. „Eine derartige soziologische Interpretation des einheitlichen Grundzuges von Rationalisierungsprozessen impliziert offenbar die Annahme, daß gesellschaftliches Handeln insofern in einem spezifischen Bezug zu Rationalität steht, als es ein über Kommunikation vermitteltes (bzw.: selbst kommunikatives) Handeln ist" (ebd.). Nun verbindet Weber zwar Verständlichkeit mit Kommunikabilität (vgl. Weber 1980: 2), aber daraus folgt nicht, daß soziales Handeln bei Weber als kommunikatives Handeln zu begreifen ist; denn daß etwas kommunikabel ist, heißt ja nicht, daß es selbst durch den Charakter des Kommunikativen gekennzeichnet ist. Plausibler scheint vielmehr die folgende Lesart: Weil Weber von der intersubjektiven Geltung bestimmter Überzeugungen und Werte ausgeht, ist diese auch kommunizierbar. Die intersubjektive Geltung fundiert hier zugleich Kommunikabilität.

Im strategischen Handeln nehmen Akteure eine erfolgsorientierte Haltung ein, d.h. sie sehen davon ab, ob die Verfolgung des Handlungsziels die Zustimmung anderer Personen erhalten würde oder nicht. Auf dem Wege einer sprechakttheoretischen Nachkonstruktion will Habermas zeigen, daß erstens die Kennzeichen des kommunikativen Handelns in die Struktur sprachlicher Verständigung eingelassen sind (vgl. Habermas 1987a: 387; 1989a: 69; 1989c) und daß zweitens das strategische Handeln in dem Sinne einen Grenzfall des kommunikativen Handelns darstellt, daß es letztlich nur unter der Verletzung der Präsuppositionen kommunikativen Handelns möglich ist (vgl. Habermas 1987a: 387 f.). Es zeigt sich freilich, blickt man auf die Diskussion um Habermas' Konzept kommunikativen Handelns zurück, daß Habermas beide Nachweise nicht gelungen sind (vgl. Greve 1999). Die These vom parasitären Charakter des strategischen Handelns läßt sich, entgegen der Annahme von Habermas (vgl. Habermas 1987a: 388), aus der sprechakttheoretischen Unterscheidung von Illokutionen und Perlokutionen nicht ableiten. Einerseits können Imperative strategisch sein, obwohl sie sprechakttheoretisch gesehen Illokutionen sind. Zweitens gibt es perlokutionäre Akte, die nicht, wie Habermas' Argument es erfordern würde, als Täuschungen verstanden werden können. Vor dem Hintergrund einer entsprechenden Reihe von Kritiken (vgl. Skjei 1985; Tugendhat 1992: 433 ff.; Wood 1985; Zimmermann 1985) hat Habermas in der Folge Revisionen am Konzept kommunikativen Handelns vorgenommen, die im Gegensatz zu seiner ursprünglichen Konzeption stehen. Er unterscheidet jetzt zwei Formen des kommunikativen Handelns: erstens ein starkes, das den ursprünglichen Kennzeichen entspricht, und zweitens ein schwaches, das lediglich den Wahrheits- und Wahrhaftigkeitsanspruch enthält und mit einer Erfolgsorientierung verbunden ist (vgl. Habermas 1996c: 76 ff.).

Aus dem Scheitern des Nachweises, daß sprachliches Handeln stets einen dreifachen Geltungsbezug und eine verständigungsorientierte Haltung impliziert, folgt, daß sich die These, nach der das strategische (zweckrationale) Handeln einen nachrangigen Handlungstyp kennzeichnet, nicht belegen läßt. Habermas' Umkehrung der Weber unterstellten Ansicht scheitert hier, da er auf sprechakttheoretischem Wege den Vorrang des kommunikativen Handelns nicht nachweisen kann und entsprechend auch nicht, daß mit der Inanspruchnahme von Sprache notwendig die Einnahme einer verständigungsorientierten Haltung einhergeht. Tatsächlich liegt es entsprechend näher, mit Weber von einer Gleichrangigkeit von Erfolgs- und Verständigungsorientierung auszugehen (vgl. Schluchter 1996a: 247; 2000: 97). Das Scheitern der ursprünglichen Beweisabsicht hat auch unmittelbare Konsequenzen für die ordnungstheoretischen Überlegungen von Habermas, denn mit der Annahme, daß die Umgangssprache auf Verständigung im anspruchsvollen Sinne eines Einverständnisses hin angelegt sein soll, verbindet Habermas das Ziel, nicht nur die Grundlagen einer kritischen Theorie der Gesellschaft zu bestimmen, sondern damit zugleich eine Antwort auf die Frage geben zu können, wie soziale Integration überhaupt möglich ist – eine Frage, die Weber im übrigen fremd ist. Während Parsons die Notwendigkeit normativer Orientierung an dieser Stelle negativ, nämlich durch seine Kritik am utilitaristischen Denken nachzuweisen suchte (vgl. Parsons 1949), geht es Habermas um einen positiven Beweis für die Unverzichtbarkeit normativer Orientierungen. Daraus folgt aber auch, was sich sozialtheoretisch ergibt, wenn Habermas' These vom Vorrang des kommunikativen Handelns scheitert – was ja letztlich der Fall ist –, nämlich, daß es keine Gründe für die Annahme gibt, soziale Ordnung, die allein aus zweckrationalen Motiven eingehalten wird, sei nicht möglich.

4 Polytheismus und Einheit der Vernunft

Ich kann hier auf die Unterschiede zwischen den „Werttheorien" Webers und Habermas' nicht ausführlich eingehen. Zwei Differenzen sind hier zentral. Die eine ergibt sich aus Habermas' These, daß sich Bedeutungs- und Geltungsfragen nicht trennen lassen. Vor dem Hintergrund dieser These gelangt Habermas zu einer Kritik an der These der Werturteilsfreiheit, da Verstehen für ihn immer schon die Beurteilung der Gründe einer Äußerung beinhaltet. Die Diskussion um diese Frage übergehe ich hier (für eine Kritik vgl. Schnädelbach 1986; zur Diskussion um die Bedeutungstheorie auch Greve 2003b). Zweitens kritisiert Habermas an Weber, daß dieser zu einer angemessenen Konzeption gesellschaftlicher Rationalität deswegen nicht gelangen könne, weil er eine problematische werttheoretische Haltung vertrete. Im folgenden werde ich kurz auf die Frage eingehen, in welchem Sinne sich bei Weber von einer wertskeptischen These sprechen läßt. Anschließend sollen einige Überlegungen dazu vorgetragen werden, warum sich auch Habermas' Konzeption gegenüber Zweifel formulieren lassen, daß sich auf dem Wege seiner sprachanalytischen Rekonstruktion eine Einheit der Vernunft noch behaupten läßt.

In der Weberforschung wurde eingehend diskutiert, in welchem Maße Weber eine dezisionistische Perspektive vertritt, d.h. die Ansicht, daß es für die Wahl letzter Gesichtspunkte, die das Handeln leiten sollen, keinen rationalen Maßstab gibt (vgl. Brubaker 1984: 87; Habermas 1985: 82 ff.; Turner / Factor 1984, vor allem: 40 ff.). Mir scheint es richtig, die Frage nach dem Dezisionismus Webers im Sinne von Schluchter zu beantworten, der darauf hinweist, daß aus Webers Sicht Wertfragen einer rationalen Behandlung zugänglich und durch Wahrheitsbezogenheit gekennzeichnet (vgl. Schluchter 1991: 258), in zweifacher

Hinsicht aber keiner rationalen Begründung fähig sind. Erstens läßt sich aus diesen rationalen Erwägungen keine Verpflichtung auf Werte ableiten (Bestimmung des Sollens), zweitens läßt sich im Falle eines Konfliktes zwischen Werten kein Prinzip angeben, nach dem ein solcher Konflikt gelöst werden kann, weil es für Weber keine höherstufigen Wertprinzipien gibt, die es erlauben würden, Werte zu hierarchisieren.[30]

Für Habermas hingegen sind moralische Fragen zwar von Wahrheitsfragen zu unterscheiden, sie können der Diskurstheorie zufolge aber ihrem Begründungsanspruch nach wie Wahrheitsfragen behandelt werden. Begründung meint für Habermas Rechtfertigungsfähigkeit durch einen Konsens unter den Bedingungen einer idealen Sprechsituation. Habermas hat dies im Rahmen seiner Konsenstheorie der Wahrheit und Richtigkeit expliziert (vgl. Habermas 1989b; 1991; 1999). Eine Reihe von Autoren hat grundsätzlich in Frage gestellt, daß Begründung auf Konsens oder den Bedingungen einer idealen Sprechsituation beruhen kann. Diskurse, so lautet die von Zimmermann (1985: 348 f.), Wellmer (1986, vor allem: 69 ff.), Tugendhat (1992: 296 ff.) und Lumer (1997) vorgebrachte Kritik, können der Klärung von Wahrheitsfragen und von ethischen Fragen dienen, die rationale Begründung hängt aber von den vorgebrachten Gründen ab, nicht von der Form des Diskurses oder vom möglicherweise im Diskurs erzielten Konsens.[31]

Habermas ist nun nicht nur der Ansicht, daß Richtigkeitsfragen im selben Maße wie Wahrheitsfragen einer rationalen Klärung zugänglich sind, sondern er vertritt darüber hinaus die These, daß auch mit dem Auseinandertreten der unterschiedlichen Geltungsdimensionen die Einheit der Vernunft nicht verloren geht.[32] In der Folge soll gefragt werden, ob es Habermas tatsächlich gelingt, zu

---

[30] Vgl. Weber (1988b: 150 ff.) sowie Weber (1964): „Noch viel weniger gibt es formale Regeln, welche die Dignität der untereinander in unausgtragbarem Konflikt liegenden Werte, deren Realisierung gleichmäßig aufgegeben sein kann, im Verhältnis zueinander bestimmen könnte" (Weber 1964: 400). Schluchter skizziert entsprechend ein Modell einer weberianischen Ethik, die er als regulative, nicht als konstitutive (geltungsbegründende) Ethik verstanden wissen will (vgl. Schluchter 1991, vor allem: 250 ff. und 308 ff.).

[31] Vor dem Hintergrund vor allem der Kritik von Wellmer hat sich Habermas in jüngerer Zeit von der Konsensustheorie der Wahrheit verabschiedet, da eine epistemische Auffassung von Wahrheit dem Unbedingtheitsanspruch des Wahrheitsprädikates nicht Rechnung tragen könne. Für Richtigkeitsansprüche behält Habermas die ursprüngliche Fassung hingegen bei (vgl. Habermas 1999: 56 und 284 f.).

[32] „Aber Weber geht zu weit, wenn er aus dem Verlust der substantiellen Einheit der Vernunft auf einen Polytheismus miteinander ringender Glaubensmächte schließt, deren Unversöhnlichkeit in einem Pluralismus *unvereinbarer* Geltungsansprüche wurzelt. Gerade auf der formalen Ebene der argumentativen Einlösung von Geltungsansprüchen ist die Einheit der Rationalität in der Mannigfaltigkeit der eigensinnig rationalisierten Wertsphären gesichert" (Habermas 1987a: 339).

Das Werk Max Webers und die Theorie des kommunikativen Handelns 133

zeigen, daß sich diese These unter den Bedingungen der Geltungsdifferenzierung tatsächlich noch aufrechterhalten läßt. Hierbei werde ich zunächst auf Habermas' Überlegungen zu Möglichkeiten des Geltungstransfers eingehen, um anschließend zu zeigen, wie sich die Frage zudem weiter zuspitzt, wenn man Habermas' spätere dreigliedrige Unterscheidung der Dimensionen praktischer Vernunft in pragmatische, moralische und ethische Fragen hinzunimmt. Hier zeigt sich einerseits, daß Habermas mit der Berücksichtigung der ethischen Dimension einen Fragehorizont integriert, der sich für Weber als Problem der individuellen und kollektiven Wertewahl dargestellt hatte. Auch kommt Habermas hier zu einem Schluß, der Webers These vom Polytheismus der Werte nahekommt (vgl. Schluchter 1996b).

Bei Habermas lassen sich zwei Gründe für die These finden, daß auch unter den Bedingungen einer nachmetaphysischen Konstellation „die Einheit der Vernunft in der Vielfalt ihrer Stimmen" (Habermas 1989a: 153 ff.) noch gewährleistet werden kann. Erstens geht Habermas davon aus, daß das kommunikative Handeln stets das Erheben dreier Geltungsansprüche umfaßt. Auch wenn dabei jeweils eine Geltungsdimension im Vordergrund steht, werden die Geltungsansprüche durch das kommunikative Handeln zusammengehalten. Zweitens sei dieser Zusammenhang nicht nur auf der Ebene des kommunikativen Handelns, sondern auch auf der sich an dieses gegebenenfalls anschließenden Ebene der Argumentation gewährleistet (vgl. Habermas 1987a: 339, 451 und 525). Hinsichtlich beider Thesen müssen Zweifel angemeldet werden. Im Hinblick auf die erste These zeigt sich nämlich, daß es Habermas nicht gelungen ist, nachzuweisen, daß sprachliches Handeln notwendig mit dem Erheben von drei Geltungsansprüchen einhergeht, so daß man eher wird sagen müssen, daß Habermas mit dem, was für ihn kommunikatives Handeln kennzeichnet, einen Sonderfall des sprachlichen Handelns als allgemeinen Fall auszuzeichnen versucht hat (siehe oben). Aber auch auf der Ebene der Argumentationen müssen Zweifel angemeldet werden, ob sich auf dieser eine Einheit der Vernunft bruchlos nachweisen läßt. Betrachtet man nämlich Habermas' eigene Überlegungen zu den möglichen Übergängen zwischen den Geltungsdimensionen, so stellt sich heraus, daß diese ihrem Geltungssinn nach nicht notwendig ineinander konvertierbar sind. Wenn Habermas schreibt, daß wir die „starken Idealisierungen, denen sich der Begriff des kommunikativen Handelns verdankt" (Habermas 1987a: 441), dann zurücknehmen müssen, wenn wir von einer formalen zu einer empirischen Pragmatik gelangen wollen und dazu zählt, daß „neben den objektivierenden, normenkonformen und expressiven Grundeinstellungen [...] eine übergreifende, *performative Einstellung* zugelassen" werden soll, „um der Tatsache Rechnung zu tragen, daß sich Kommunikationsteilnehmer mit jedem Sprechakt *gleichzeitig* auf etwas in der objektiven, sozialen und subjektiven Welt beziehen" (Habermas 1987a:

441 f.), dann zeigt sich zunächst, daß sich die Einheit der Rationalität an den formalen Bedingungen des kommunikativen Handelns streng genommen nicht ablesen läßt. Selbst dann, wenn diese performative Einstellung zugelassen wird, sind die rational kontrollierten Übergänge zwischen den Geltungsdimensionen darüber hinaus nicht problemlos möglich. Habermas' Überlegungen, welche Übergänge er intuitiv für zulässig hält, zeigen, daß auch hier die Einheit der Rationalität gebrochen bleibt (vgl. Abb. 3).[33]

Transfer zwischen den Geltungsdimensionen

Von:	Auf: konstative Sprechhandlung (Wahrheit)	auf: expressive Sprechhandlung (Wahrhaftigkeit)	auf: regulative Sprechhandlung (Richtigkeit)
konstativer Sprechhandlung (Wahrheit)	x	+ (-)	-
expressiver Sprechhandlung (Wahrhaftigkeit)	+	x	- (+)
regulativer Sprechhandlung (Richtigkeit)	-	+ (-)	x

Ein weiterer Grund, der These von der Einheit der Vernunft gegenüber skeptisch zu sein, ergibt sich aus einer späteren Überlegung von Habermas zur internen Differenzierung der praktischen Vernunft selbst (vgl. Habermas 1991: 100 ff.). Habermas unterscheidet jetzt drei Aspekte der praktischen Vernunft, den pragmatischen, den ethischen und den moralischen Aspekt. Pragmatische Fragen sind Fragen der Zweckmäßigkeit und beziehen sich auf die Abwägung von Zwecken und Mitteln bei gegebenen Präferenzen. Ein Sollen ist hier abhängig von den jeweiligen Präferenzen. Sie entsprechen also dem Typus der Zweckrationalität. Ethische Fragen richten sich hingegen auf die Frage des geglückten Lebens und der entsprechenden Bestimmung eines individuellen und kollektiven Selbstverständnisses. Auch hier bleibt das Konzept des Sollens noch relativ, nämlich abhängig von dem, was als gutes Leben erstrebt wird. Diese Fragen entsprechen demnach demjenigen, was Habermas (vgl. oben, Abschnitt 2) im Anschluß an Weber als Wahlrationalität bezeichnet hatte. Sie unterscheiden sich von morali-

---

[33] Nach Habermas (1987a: 443). + markiert Fälle, in den Habermas den Geltungstransfer für plausibel hält, – Fälle, in denen dies nicht der Fall sind. In Klammern habe ich die abweichenden Einschätzungen angegeben, die sich nach Habermas (1987a: 442; 1987b: 104) ergeben.

schen dadurch, daß sie immer an partikulare individuelle und kollektive Identitäten gebunden sind und es daher nicht notwendig erlauben, in einer allgemeinen Weise begründet zu werden. Moralische Fragen schließlich richten sich auf die Frage nach der Gerechtigkeit, d.h. der Verallgemeinerungsfähigkeit von Interessen im Lichte konfligierender Ansprüche. Das Sollen ist hier nicht mehr relativ, sondern unbedingt.

Mit dieser Differenzierung der drei Formen der praktischen Vernunft verbindet Habermas nun eine interessante Überlegung, die sich bei Weber in Form der These vom Polytheismus der Werte findet. So wie dieser für Weber impliziert, daß es für die Wahl zwischen ethischen Werten und zwischen ethischen und außerethischen Werten keinen allgemeinen Maßstab geben kann, an dem die mögliche Konkurrenz von Werten aufgelöst werden kann, so gilt für Habermas, daß es „keinen Metadiskurs" gibt, „auf den wir uns zurückziehen könnten, um die Wahl zwischen verschiedenen Formen der Argumentation zu begründen" (Habermas 1991: 117).[34] Habermas optiert an dieser Stelle für eine politische Lösung der damit aufgeworfenen Frage nach der Einheit der Vernunft, „denn auf unmißverständliche Weise kann sich die Einheit der praktischen Vernunft nur im Netzwerk jener staatsbürgerlichen Kommunikationsformen und Praktiken zur Geltung bringen, in denen die Bedingungen vernünftiger kollektiver Willensbildung institutionelle Festigkeit gewonnen haben" (Habermas 1991: 118).

Habermas' Überlegungen werfen eine Reihe von Fragen auf. So hat Matthias Kettner Habermas' Konzeption an zwei Stellen kritisiert. Einerseits wendet er sich gegen die institutionalistische These von Habermas, da diese offen lassen müßte, woran dann ihrerseits die Vernünftigkeit der Institutionen jeweils gemessen werden kann (vgl. Kettner 1995: 110 f.). Zweitens stellt er die Frage, von welchem Ort aus die These vom fehlenden Einheitsgesichtspunkt der praktischen Vernunft ihrerseits begründet werden kann (vgl. Kettner 1995: 105).[35] Wir be-

---

[34] Vgl. in diesem Sinne auch Habermas (1986a: 343): „Es gibt überhaupt keine Metadiskurse; denn jeder Diskurs ist sozusagen unmittelbar zu Gott."

[35] Kettners Kritik wiederholt eine Überlegung, die auch im Hinblick auf Webers Überlegung zum Polytheismus der Werte vorgetragen wurde (vgl. Brubaker 1984: 82 ff.; Bruun 1972: 184 ff.). Die Frage ist, ob die These einer Gleichrangigkeit der Werte nicht eine wertphilosophische Aussage darstellt, die einer wertphilosophischen Begründung bedürfte, die Weber letztlich nicht geliefert hat. Weber hat diese philosophischen Grundlagen der eigenen Werttheorie nicht eigens expliziert. Zweifellos schließt Weber an Rickert an, lehnt aber die These einer Hierarchisierbarkeit von Werten aber ab (vgl. Schluchter 1991: 295 ff.; zu Webers Wertlehre generell auch Bruun 1972; Oakes 1990). Systematisch unklar bleibt daher bei Weber das Verhältnis seiner mit dem Anspruch auf universelle Geltung formulierten Aussagen zum Konflikt der Werte ("für alle Zeit", "ewigen Kampf", vgl. Weber 1988b: 604 f.) zu seinem Bewußtsein für die historische Gebundenheit von Wertfragen. Vgl. hier nur seine bekannte Überlegung zur Variabilität der sozialwissenschaftlichen Begriffsbildung: „Aber irgendwann wechselt die Farbe: die Bedeutung der unreflektiert verwerteten Gesichtspunkte wird unsicher, der Weg verliert sich in

rühren hier Fragestellungen, die im jetzigen Kontext nicht weiter verfolgt werden können. Entscheidend war hier, darauf hinzuweisen, daß sich auch in Habermas' Werk Gründe für die Annahme finden lassen, daß unter den Bedingungen gesellschaftlicher Differenzierung die Einheit der Vernunft nicht mehr notwendig gegeben ist, weil sich die Geltungsdimensionen und die Momente praktischer Vernunft ausdifferenzieren, ohne daß gleichzeitig feststehende Maßstäbe dafür entstehen, wie mögliche Konflikte zwischen diesen Dimensionen aufgehoben werden können.

5 Freiheitsverlust und System und Lebenswelt

Habermas ist der Ansicht, daß Weber die Problematik des Freiheitsverlustes nicht angemessen entfalten kann, weil er nicht danach fragt, unter welchen Bedingungen der Prozeß der Rationalisierung pathologische Formen annimmt und unter welchen dies nicht der Fall ist. Habermas meint, diese Frage ließe sich erst dann beantworten, wenn man eine grundbegriffliche Erweiterung der Handlungstheorie um eine systemtheoretische Perspektive vornimmt und Gesellschaft daran anschließend zweistufig auffaßt. Pathologisch wird Rationalisierung in seinen Augen erst dann, wenn systemische Mechanismen in die Reproduktion der Strukturen der Lebenswelt eindringen – diese kolonialisieren. Das zweistufige Gesellschaftskonzept führt Habermas durch die Unterscheidung zweier Formen gesellschaftlicher Integration ein: „Die Integration eines Handlungssystems wird im einen Fall durch einen normativ gesicherten oder kommunikativ erzielten Konsens, im anderen Fall durch eine über das Bewußtsein der Aktoren hinausreichende nicht-normative Regelung von Einzelentscheidungen hergestellt. Die Unterscheidung zwischen einer *sozialen*, an den Handlungsorientierungen ansetzenden, und der *systemischen*, durch die Handlungsorientierungen hindurchgreifenden Integration der Gesellschaft nötigt zu einer entsprechenden Differenzierung der Gesellschaft selber" (Habermas 1987b: 179, vgl. auch 226 und 348).

Habermas nutzt diese Unterscheidung zur Beschreibung gesellschaftlicher Evolution – hierzu kurz einige Stichpunkte: Die Rationalisierung der Lebenswelt

---

die Dämmerung. Das Licht der großen Kulturprobleme ist weiter gezogen." (Weber 1988b: 214) Für Habermas stellt sich im übrigen ein ähnliches Problem, da er einerseits an einem universalistischen Rationalitätskonzept festhalten will, andererseits aber auch der Kontextualität von Rationalitätszuschreibungen Rechnung tragen will. Für Habermas sind hier die Überlegungen zum Lebensweltkonzept einschlägig (vgl. unter anderem Habermas 1989a: 88 ff.). Wie weit dies im Gegensatz zu Habermas' Konzept einer kontexttranszendierenden Formalpragmatik steht, ist nicht zuletzt Gegenstand einer Diskussion zwischen Habermas und Rorty (vgl. Habermas 1996a; Rorty 1994; 1998; Tietz 1995).

bedeutet die Freisetzung des Potentials kommunikativer Rationalität (vgl. Habermas 1987a: 525) und die entsprechende gesellschaftliche Ausdifferenzierung von Kultur, Gesellschaft und Persönlichkeit, die nach Habermas möglich werden, wenn es zu einer kulturellen Rationalisierung im Sinne einer Versprachlichung des Sakralen kommt – ein Prozeß, dem Habermas ein ähnliches Gewicht einräumt wie Weber der Entzauberung der Welt, d.h. der Zurückdrängung des magischen Denkens. Im Verlauf dieser Rationalisierung kommt es nach Habermas zu einer Verdrängung der Religion als normativem Kern, einer Trennung von Moralität und Legalität und ihrer Universalisierung (vgl. Habermas 1987b: 164 ff. und 268 f.; 1995: 37).

Im Zuge einer Differenzierung der Lebenswelt (vgl. Habermas 1987b: 230 und 244) entstünden zugleich systemisch verselbständigte Handlungsbereiche, da sich mit der Ausdifferenzierung der Lebenswelt der Koordinationsbedarf und das Dissensrisiko in einem solchen Maße steigerten, daß beide mittels einer lebensweltlichen Abstimmung nicht mehr bewältigt werden könnten (vgl. Habermas 1987b: 232; vgl. auch Habermas 1986b: 405; 1994: 56).[36] Daher sei die Rationalisierung der Lebenswelt verbunden mit dem Übergang zu einer über Geld und Macht vermittelten Handlungskoordination, einem entsprechenden Auseinandertreten von Sozial- und Systemintegration und somit der Herausbildung von Handlungsbereichen, die dem Abstimmungsbedarf durch kommunikatives Handeln entzogen werden können. Letzteres bezeichnet Habermas als „Technisierung der Lebenswelt" (Habermas 1987b: 273). Diese Entkopplung von Lebenswelt und System ist für Habermas nicht notwendig problematisch. Er ist vielmehr der Ansicht, daß es Bereiche der gesellschaftlichen Reproduktion gibt, die sinnvollerweise einer systemischen Integration überlassen werden können, ohne daß dadurch die gleichzeitig notwendige soziale Integration beschädigt wird (vgl. Habermas 1987b: 474). Zugleich erzeuge die Ausdifferenzierung von Lebenswelt und System aber das Risiko, daß die systemischen Mechanismen die Sozialintegration durch eine systematische Beschränkung der Kommunikation einschränken (vgl. Habermas 1987b: 278). Dies bezeichnet Habermas als die „Mediatisierung" der Lebenswelt. Nach Habermas entsteht mit dem Übergang zur Moderne eine neue Herausforderung der sozialen Integration, diejenige einer „Kolonialisierung der Lebenswelt". Diese bezeichnet einen Zustand, in dem die Strukturen der Lebenswelt nicht nur eingeschränkt, sondern in ihrer Funktionsweise beeinträchtigt werden (vgl. Habermas 1987b: 452 und 488). Habermas

---

[36] Beide müssen sich nicht gleichsinnig entwickeln, können aber auch nicht vollständig autonom verlaufen. So können „sich formal organisierte Handlungsbereiche von lebensweltlichen Kontexten erst ablösen [...], nachdem die symbolischen Strukturen der Lebenswelt selbst hinreichend ausdifferenziert worden sind" (Habermas 1987b: 469; vgl. auch Habermas 1986b: 412 f.; 1995: 157 ff.).

exemplifiziert dies in der *Theorie des kommunikativen Handelns* bekanntlich an den Wirkungen wohlfahrtsstaatlicher Verrechtlichungsprozesse. Nach Habermas haben wir es folglich mit einer Paradoxie des Rationalisierungsprozesses zu tun, weil dieser die Möglichkeit einer gesellschaftlichen Entwicklung enthält, die zu pathologischen Folgen für die soziale Integration führt. Diese pathologische Wirkung tritt aber für Habermas nicht zwingend ein, weil es denkbar bleibt, daß beide Prozesse, Rationalisierung der Lebenswelt und Entkoppelung von systemischen Bereichen, nicht in einen Widerspruch führen (vgl. Habermas 1987b: 488). Entsprechend ist gesellschaftliche Rationalisierung auch nicht notwendig mit einem Freiheitsverlust verbunden.[37]

Ich werde die vielfältigen Kritiken an Habermas' zweistufigem Gesellschaftskonzept hier nicht ausführlich wiedergeben können, möchte aber auf einige zentrale Kritikpunkte eingehen, die auf die Differenz zu Weber bezogen werden können. Entscheidend sind hier vor allem drei Differenzen: erstens, daß Webers Einschätzung des Funktionalismus anders ausfällt, daß er zweitens seine Konzeption der Soziologie nicht als Gesellschaftstheorie verstanden wissen wollte und daß Webers Überlegungen es drittens erlauben, vielfältigere Konfliktlinien in der modernen Gesellschaft auszumachen.

Die am häufigsten geäußerte Kritik an Habermas' System/Lebenswelt-Unterscheidung besagt, daß Habermas von dieser zu Unrecht einen reifizierenden Gebrauch gemacht habe, d.h. diese mit bestimmten gesellschaftlichen Bereichen gleichgesetzt und zugleich mit bestimmten Handlungsorientierungen verbunden habe (vgl. u.a. Baxter 1987; Berger 1986; Joas 1986; McCarthy 1989; Mouzelis 1991). Habermas hat darauf mit zwei Klarstellungen geantwortet. Einerseits handele es sich bei den Integrationstypen um analytische Begriffe (vgl. Habermas 1986a: 379) und zweitens träten auch in der Lebenswelt strategische Interaktionen auf (vgl. Habermas 1986a: 383). Die Unterscheidung der beiden Integrationsformen bezeichne folglich zunächst unterschiedliche Methoden der Beobachtung sozialer Phänomene. Gleichwohl hält Habermas an zweierlei fest: erstens, daß für die Medien Macht und Geld gilt, daß sie in besonderer Weise auf eine zweckrationale Motivation verweisen (vgl. Habermas 1986a: 388); und zweitens, daß sich soziale Phänomene in unterschiedlicher Weise angemessen durch einen der beiden Typen beschreiben lassen (vgl. Habermas 1986a: 381; 1989a: 99). Im Gegensatz zu Weber, der im funktionalistischen Denken lediglich einen veranschaulichenden und heuristischen Sinn sieht[38], geht Habermas hier

---

[37] Wie Habermas auch an den rechtlichen Innovationen zeigt, die vom bürgerlichen Staat zum Sozialstaat geführt haben (vgl. Habermas 1987b: 525).

[38] „Inwieweit bei andren Disziplinen diese Art der **funktionalen** Betrachtung der ‚Teile' eines ‚Ganzen' (notgedrungen) definitiv sein muß, bleibe hier unerörtert: es ist bekannt, daß die biochemische und biomechanische Betrachtung sich grundsätzlich nicht damit begnügen

davon aus, daß der Funktionalismus eine eigenständige Erklärungsleistung erbringt und dies insbesondere für bestimmte soziale Phänomene: „Wie eine Lebenswelt ihre materiellen Bestandsvoraussetzungen reproduziert, ist immer auch aus deren eigener Perspektive zugänglich. Es hängt freilich vom Grad der Differenzierung einer Gesellschaft ab, ob diese Prozesse so unübersichtlich geworden sind, daß sie aus dieser Perspektive unzulässig verkürzt werden und unter dem Systemaspekt besser erklärt werden können" (Habermas 1986a: 381).

Habermas' Annahme, mit dem Auftreten von komplexen sozialen Prozessen müsse notwendig eine funktionalistische Erklärung entlang des System-Umwelt-Modells eingeführt werden, ist auf Kritik gestoßen. So weisen Habermas' Kritiker darauf hin, daß auch die Handlungstheorie es vermag, nicht-intendierte Effekte systematisch zu berücksichtigen, so daß aus deren Vorkommen nicht auf die Notwendigkeit zu einem Übergang zu einer systemtheoretischen Perspektive geschlossen werden kann. Vielmehr gibt es, wie Joas (1986: 155 f.) betont, eine Reihe von Ansätzen in der Soziologie, die nicht-intendierten Folgen Rechnung tragen, ohne dabei den handlungstheoretischen Rahmen zu verlassen (vgl. auch McCarthy 1989: 599; Schwinn 2003: 288 ff.).[39] Habermas hingegen will die Systemintegration gerade nicht durch nicht-intendierte Effekte definieren.[40]

---

möchte. Für eine deutende Soziologie kann eine solche Ausdrucksweise: 1. praktischen Veranschaulichungs- und provisorischen Orientierungszwecken dienen (und in dieser Funktion höchst nützlich und nötig — aber freilich auch, bei Überschätzung ihres Erkenntniswerts und falschem Begriffsrealismus: höchst nachteilig — sein). Und 2.: Sie allein kann uns unter Umständen dasjenige soziale Handeln herausfinden helfen, dessen deutendes Verstehen für die Erklärung eines Zusammenhangs w i c h t i g ist. Aber an diesem Punkt b e g i n n t erst die Arbeit der Soziologie (im hier verstandenen Wortsinn)" (Weber 1980: 7).

[39] Weber spricht hier von der „Paradoxie der Wirkung gegenüber dem Wollen" (Weber 1988a: 524). Das klassische Beispiel für nicht-intendierte Effekte findet sich in der These, daß die religiöse Ethik der protestantischen Sekten dazu beitrug, einen gerade nicht mehr spezifisch religiös gefärbten Kapitalismus hervorzubringen (vgl. Weber 1988a: 202 ff.). Ein ausgearbeitetes Modell über den Zusammenhang von Handlung und Struktur, das es erlauben würde, zu zeigen, wie sich Handlungen „eigendynamisch" zu längerfristig stabilen sozialen Strukturen ausbilden können, findet sich bei ihm freilich nicht. Zu Elementen der Weberschen Betrachtung des Zusammenhangs von Handlung und Struktur vgl. Kalberg (1994: 30 ff.) Eine handlungstheoretische Erklärung eigendynamischer Prozesse unternimmt aber beispielsweise Esser (vgl. Esser 2000: 349 ff.).

[40] „Während die Mechanismen der sozialen Integration an Handlungsorientierungen ansetzen, greifen die systemintegrativen Mechanismen durch die Handlungsorientierungen hindurch und integrieren Handlungsfolgen (ob diese nun als Ergebnisse intendiert waren oder sich als unbeabsichtigte Konsequenzen einstellen)." (Habermas 1986a: 379 f.) Seine ursprüngliche Formulierung stellte allerdings einen deutlicheren Zusammenhang zwischen nicht-intendierten Effekten und der Systemintegration her: „... wenn wir die Mechanismen der Handlungskoordinierung, die die *Handlungsorientierungen* der Beteiligten aufeinander abstimmen, von Mecha-

Die Frage nach der Angemessenheit einer funktionalistischen Analyse verbindet sich mit einer weiteren Schwierigkeit, auf die McCarthy hingewiesen hat (vgl. McCarthy 1989: 599). Er stellt die Frage, wie Habermas die positive Anknüpfung an den Funktionalismus mit seiner Kritik an der Systemtheorie verbinden könne. Habermas hatte in seiner Kritik an Luhmann vor allem betont, daß dieser nicht bestimmen könne, worin die Bestandsprobleme sozialer Systeme liegen. Eine Antwort darauf, so Habermas, lasse sich erst geben, wenn die kollektiven Selbstverständnisse sozialer Gruppen berücksichtigt werden (vgl. Habermas 1985: 194 ff. und 369 ff.; 1995: 40, 141 und 228 ff.; 1996b: 19 f.). Habermas legt entsprechend Wert darauf, den Gesellschaftsbegriff zunächst handlungstheoretisch einzuführen (vgl. Habermas 1987b: 304).[41] In der Konsequenz wird dann freilich der Gesellschaftsbegriff mehrdeutig. Erstens meint Gesellschaft aus der Sicht der Teilnehmer die Lebenswelt[42], zweitens stellt sich die Gesellschaft für den Beobachter als das Gesamt von Lebenswelt und systemisch integrierten Subsystemen dar (vgl. Habermas 1987b: 188). Zudem bezeichnet Gesellschaft für Habermas drittens noch eine strukturelle Komponente der Lebenswelt (vgl. Habermas 1987b: 209 und 212 f.), so daß sich im Ganzen ein dreifacher Gesellschaftsbegriff ergibt.

Nicht nur die funktionalistische Betrachtungsweise grenzt demnach Habermas' Projekt von dem Webers ab, sondern auch der Umstand, daß Habermas sie in den Rahmen einer Gesellschaftstheorie stellt, während Weber dies gerade nicht unternimmt (vgl. Tenbruck 1986; Tyrell 1994). Den Begriff der Gesellschaft vermeidet Weber, und auch systematisch spielt dieser für ihn keine Rolle.[43] So verwendet Weber auch den Begriff der gesellschaftlichen Rationalisierung lediglich an einer Stelle.[44]

---

nismen unterscheiden, die nicht-intendierte Handlungszusammenhänge über die funktionale Vernetzung von *Handlungsfolgen* stabilisieren" (Habermas 1987b: 179).

[41] Es ist hier im übrigen noch anzufügen, daß bei Habermas der Systembegriff relativ unbestimmt bleibt, nicht zuletzt deswegen, weil er Luhmanns und Parsons' Verwendung der System/Umwelt-Differenz kritisch gegenübersteht (vgl. Habermas 1986b: 408 f., 436 und 442; 1986a: 390; 1995: 115).

[42] „Die Lebenswelt, die die Angehörigen aus einer gemeinsamen kulturellen Überlieferung konstruieren, ist mit Gesellschaft koextensiv" (Habermas 1987b: 224).

[43] „Für ‚Gesellschaft', für das ‚umfassende Sozialsystem', für das Insgesamt (oder ‚Ensemble') der Wertsphären war Weber eigentümlich blind: über verschiedene Lebensordnungen (und deren Beziehungen zueinander) hinaus – oder ‚oberhalb' davon – kam ihm nichts in den Blick" (Tyrell 1994: 394). Zum Gesellschaftsbegriff vgl. auch Greve und Heintz (2005).

[44] „Der Fortschritt der gesellschaftlichen Differenzierung und Rationalisierung bedeutet also, wenn auch nicht absolut immer, so im Resultat durchaus normalerweise, ein im ganzen immer weiteres Distanzieren der durch die rationalen Techniken und Ordnungen praktisch Betroffenen von deren rationaler Basis, die ihnen, im ganzen, verborgener zu sein pflegt wie dem »Wilden« der Sinn der magischen Prozeduren seines Zauberers" (Weber 1988b: 473). Ähnlich (in den für Weber typischen Anführungszeichen) heißt es ebenfalls im Kategorienaufsatz

Geht man von der Mehrdeutigkeit in Habermas' Gesellschaftsbegriffs aus, dann ergibt sich für Habermas' funktionale Analyse ein Problem dadurch, daß das Bezugproblem, auf das hin Strukturen als funktional oder dysfunktional betrachtet werden müssen, gar nicht eindeutig bestimmbar ist. Legt man die Referenz auf die Selbstverständnisse sozialer Gruppen zugrunde, ergibt sich darüber hinaus eine weitere Schwierigkeit, da sich die Frage stellt, in welchem Sinne es für das Selbstverständnis sozialer Gruppen überhaupt funktional sein kann, daß bestimmte Momente der gesellschaftlichen Reproduktion in ihnen unerkannt bleiben. Habermas hebt hier nicht zufällig auf die Notwendigkeit einer Institutionalisierung der systemischen Mechanismen in der Lebenswelt ab (vgl. Habermas 1987b: 257 ff. und 564; 1989a: 98), was aber eine ganz andere Lesart des Verhältnisses von systemischen und sozialen Integrationsprozessen mit sich bringt, weil Institutionalisierung schwerlich mit der Latenz und Eigendynamik der so angebundenen Prozess zu vereinbaren wäre.[45]

Mit der Latenzannahme, die sich in den Formulierungen der Differenz zwischen beiden Integrationstypen in der Theorie des kommunikativen Handelns verbindet, ist schließlich eine weitere Schwierigkeit verbunden. Habermas führt die beiden Integrationsformen mittels der beiden Paare normativ vs. nichtnormativ und an Handlungsorientierungen ansetzend vs. durch diese hindurchgreifend ein. Es ist nun leicht zu sehen, daß sich daraus vier mögliche Formen der gesellschaftlichen Integration ergeben und nicht nur zwei (vgl. Abb. 4).

Die von Habermas getroffene Unterscheidung von Integrationstypen ist demnach unvollständig.[46] Habermas übernimmt hier gewissermaßen Parsons' Annahme, daß gesellschaftliche Integration auf normativen Konsens angewiesen sei, in die grundbegriffliche Bestimmung der Sozialintegration. Dies ist aber verkürzend, weil es die Unterscheidung entsprechend nicht erlaubt, das ganze Feld von auf zweckrationalen Motiven beruhenden Vergesellschaftungen überhaupt begrifflich zu erfassen, d.h. jene Phänomene, die sich mit Weber als Vergesellschaftung aufgrund von Interessenlage kennzeichnen lassen.[47] Wie immer

---

(Weber 1988b: 437): „Je zahlreicher und mannigfaltiger nach der Art der für sie konstitutiven Chancen nun die Umkreise sind, an denen der Einzelne sein Handeln rational orientiert, desto weiter ist die ‚rationale gesellschaftliche Differenzierung' vorgeschritten, je mehr es den Charakter der Vergesellschaftung annimmt, desto weiter die ‚rationale gesellschaftliche Organisation'".

[45] „Diese mediengesteuerten Subsysteme sind zur zweiten Natur geronnen; als versachlichtes Kommunikationsnetz entziehen sie sich dem intuitiven Wissen der in die Systemumwelten abgeschobenen Mitglieder" (Habermas 1989a: 181).

[46] Ein Beispiel für „lebensweltliche Integration" wären die Prozesse, die Elias in *Über den Prozeß der Zivilisation* untersucht (vgl. dazu Elias 1997, vor allem Bd. 2: 323 ff.).

[47] Auch spricht ihr Auftreten für die Annahme, daß sich Vergesellschaftung aufgrund von zweckrationalen Motiven häufig so vollzieht, daß sie nicht latent bleibt. Die globale Entfesselung der Ökonomie beispielsweise wird durchaus mit Willen und Bewußtsein vollzogen.

man sich hinsichtlich der Fragen entscheidet, ob solche Vergesellschaftungen langfristig stabil sein können oder nicht[48], und ob sie auf rahmende normative Vergesellschaftungen angewiesen sind oder nicht, gilt doch, daß es nicht angemessen ist, ihr Vorkommen grundbegrifflich auszuschließen.

Formen der gesellschaftlichen Integration

Handlungsorientierung:	normativ	nicht-normativ
Handlungskoordination aufgrund von:		
Handlungsorientierungen	*Sozialintegration*	strategische Handlungskoordination
durch Handlungsorientierungen hindurchgreifend	„lebensweltliche" Handlungskoordination	*Systemintegration*

Schließlich stellt sich die Frage, ob Habermas' mit seiner These, Pathologien des Rationalisierungsprozesses ergäben sich erst dann, wenn die verselbständigten Handlungsbereiche in die symbolische Integration der Lebenswelt eingriffen, nicht noch in anderer Hinsicht das zeitdiagnostische Potential der Weberschen Analyse unterschätzt. Sicherlich hat Weber eindrücklich vor den Gefahren einer entmoralisierten Ökonomie und einer verselbständigten Bürokratie gewarnt. Für ihn lassen sich die Widersprüchlichkeiten der Rationalisierung aber nicht auf eine Verselbständigung des wirtschaftlichen und administrativen Handelns allein zurückführen. Vielmehr liegen die möglichen Konfliktlinien, die sich aus der Rationalisierung ergeben, für Weber auch quer zu einer Unterscheidung „lebensweltlicher" und „systemischer" Handlungsbereiche. Die in der *Zwischenbetrachtung* analysierten Spannungen zwischen Religion, Wissenschaft, Kunst und Erotik lassen sich nicht sinnvoll in Habermas' Schema integrieren, da sie nicht zwischen System und Lebenswelt angesiedelt sind, sondern innerhalb der norma-

---

[48] Weber vertritt hier zwei im Grunde genommen widersprüchliche Auffassungen: „Indem sie derart, je strenger zweckrational sie handeln, desto ähnlicher auf gegebene Situationen reagieren, entstehen Gleichartigkeiten, Regelmäßigkeiten und Kontinuitäten der Einstellung und des Handelns, welche sehr oft weit stabiler sind, als wenn Handeln sich an Normen und Pflichten orientiert, die einem Kreise von Menschen für verbindlich gelten" (Weber 1980: 15). Kurz danach heißt es: „Eine nur aus zweckrationalen Motiven innegehaltene Ordnung ist im allgemeinen weit labiler als die lediglich kraft Sitte, infolge der Eingelebtheit eines Verhaltens, erfolgende Orientierung an dieser: die von allen häufigste Art der inneren Haltung. Aber sie ist noch ungleich labiler als eine mit dem Prestige der Vorbildlichkeit oder Verbindlichkeit, wir wollen sagen: der ‚Legitimität', auftretende" (Weber 1980: 16).

tiven Integration. Wenn diese Spannungen aber existieren, dann ist der Prozeß der Rationalisierung widersprüchlicher, als Habermas' Analyse dies suggeriert. Was in Habermas' Analyse zudem nicht mehr gesehen wird, ist die Herausforderung, die sich aus Webers Thesen vom Hervortreten der Eigengesetzlichkeiten der Wertsphären und von der Perspektivität von Rationalitätszuschreibungen ergibt, daß nämlich jede Rationalisierung zwangsläufig zugleich Irrationalitäten schafft (vgl. Löwith 1988: 347).

6 Schluß

Aus Habermas' Sicht besteht der Fehler im Ansatz von Weber darin, daß dieser nicht angeben kann, unter welchen Bedingungen der Rationalisierungsprozeß in Pathologien umschlägt. Habermas macht dafür vor allem drei Umstände verantwortlich: erstens Webers Verkürzung von Rationalität auf Zweckrationalität, zweitens Webers werttheoretische Position und drittens das Versäumnis, die handlungstheoretische Perspektive um eine systemtheoretische zu ergänzen.

Im Hinblick auf die erste Kritik läßt sich festhalten, daß Habermas Weber eine Position unterstellt, die dieser nicht vertritt, da sich nicht zeigen läßt, daß Weber dem Zweckrationalen tatsächlich einen Vorrang vor dem Wertrationalen einräumt. Wertrationalität und Zweckrationalität erweisen sich vielmehr als zwei gleichrangige Formen, unter denen eine Handlung als rational betrachtet werden kann. Die Diskussion um die Unterscheidung formaler und materialer Rationalität zeigte zudem, daß Webers Grundbegriffe es erlauben, Rationalisierung nicht nur in der Dimension des Zweckrationalen zu verorten.

Habermas kommt in der Theorie des kommunikativen Handelns nicht nur zu einer methodischen Auffassung, welche im Gegensatz zu Webers Werturteilsfreiheitsthese steht, sondern darüber hinaus zu einer Position, nach der die Einheit der Vernunft auch angesichts des Auseinanderstretens unterschiedlicher Weltbezüge und unter nachmetaphysischen Bedingungen durch das kommunikative Handeln und durch Argumentationen gesichert werden kann. Hier zeigen sich zwei Probleme. Erstens kann Habermas auf dem Wege seiner sprachphilosophischen Rekonstruktion nicht zeigen, daß sprachliches Handeln notwendig mit dem Erheben aller Geltungsansprüche einhergeht, und zweitens ergab sich, daß Habermas die These von der Einheit der Vernunft zumindest in zweierlei Hinsicht einschränken muß. Einerseits kennt auch er Grenzen des Geltungstransfers zwischen den jeweiligen Geltungsansprüchen; und andererseits akzeptiert auch er, daß im Falle eines Konflikts zwischen unterschiedlichen Dimensionen praktischer Vernunft keine allgemeinen Kriterien für die Lösung solcher Konflikte angeboten werden können.

Bezüglich der dritten Kritik gilt, daß Weber keine systemtheoretische und funktionalistische Perspektive entwickelt hat – im Gegenteil, der funktionalistischen Betrachtungsweise hat Weber letztlich nur eine veranschaulichende und heuristische Funktion zugewiesen (vgl. Weber 1980: 7). In der gegenwärtigen Theoriediskussion ist umstritten, ob dies ein Defizit darstellt. Erstens gibt es Autoren, die eine Ergänzung der Handlungstheorie um eine Systemtheorie oder gar die Ersetzung der ersteren durch die letztere für überflüssig und unangemessen halten, wie z.B. Esser (2003), Joas (1996) und Schwinn (1998), zweitens findet sich die Ansicht von Münch (1982), nach der sich eine Konkurrenz zwischen beiden Ansätzen gar nicht ausmachen läßt, und drittens die von Schimank vertretene Position einer pragmatischen Integration beider Perspektiven (vgl. Schimank 2002). Viertens wäre noch Luhmanns Variante zu nennen, nach der die Handlungstheorie aus der Systemtheorie zu entfalten ist (vgl. Luhmann 1978; 1988; 1991). Habermas' Vorschlag unterscheidet sich von diesen Ansätzen dadurch, daß er die Gegensätzlichkeit beider Perspektiven betont, beide aber dennoch beibehalten und mit der Unterscheidung bestimmter Formen der Handlungskoordination kombinieren möchte. Grundsätzlich stellt sich hier die Frage, ob eine solche Kombination von Handlungs- und Systemtheorie möglich und erforderlich ist. Jenseits der Beantwortung dieser Frage ergeben sich Zweifel, ob eine Integration beider Perspektiven angesichts von Habermas' Kritik an der Systemtheorie gelingen kann. Darüber hinaus zeigte sich an Habermas' Vorschlag, daß er das Potential einer Differenzierung von Integrationsformen deswegen nicht auszuschöpfen vermag, weil die Unterscheidung von Integrationsformen unvollständig bleibt. Dagegen erzwingt es Webers Handlungs- und Ordnungskonzeption nicht, die Integrationstypen so zu definieren, daß die eine an Handlungsorientierungen ansetzt und die andere nicht, weil für ihn Vergesellschaftung auch dann möglich ist, wenn sie auf zweckrationalen Motiven beruht.

Habermas' Versuch, zeitdiagnostische Befunde mittels der Differenz beider Integrationsformen abzubilden, verkürzt gegenüber Weber zudem die Möglichkeiten, Spannungen in der modernen Gesellschaft zu identifizieren. Vieles spricht dafür, daß die Konfliktlinien vielfältiger sind, als Habermas' Krisendiagnose es nahelegt – in jedem Fall zu vielfältig, um sie an dieser Stelle ausführen zu können. Dies gilt auch für die Diskussion, ob die Frage nach der Vernünftigkeit der Gesellschaft überhaupt sinnvoll ist. Aus der Sicht von Weber wäre sie es wohl kaum, denn für ihn ist die Soziologie weder eine „Theorie der Gesellschaft", noch gehört es zu ihren Aufgaben zu klären, unter welchen Bedingungen soziale Ordnung überhaupt möglich ist.

Literatur

Adorno, Theodor W., 1972: Zur Logik der Sozialwissenschaften. S. 125-143 in: Theodor W. Adorno et al. (Hrsg.), Der Positivismusstreit in der deutschen Soziologie. Darmstadt / Neuwied.

Allerbeck, Klaus, 1982: Zur formalen Struktur einiger Kategorien der verstehenden Soziologie. Kölner Zeitschrift für Soziologie und Sozialpsychologie 34: 649-664.

Baxter, Hugh, 1987: System and Life-World in Habermas's "Theory of Communicative Action". Theory and Society 16: 39-86.

Benhabib, Seyla, 1981: Rationality and Social Action: Critical Reflections on Weber's Methodological Writings. Philosophical Forum 12: 356-374.

Berger, Johannes, 1986: Die Versprachlichung des Sakralen und die Entsprachlichung der Ökonomie. S. 255-277 in: Axel Honneth / Hans Joas (Hrsg.), Kommunikatives Handeln. Beiträge zu Jürgen Habermas' "Theorie des kommunikativen Handelns". Frankfurt am Main.

Boudon, Raymond, 1996: The "Cognitivist Model". A Generalized "Rational-Choice Model". Rationality and Society 8: 123-150.

Brubaker, Rogers, 1984: The Limits of Rationality. An Essay on the Social and Moral Thought of Max Weber. London.

Bruun, H. H., 1972: Science, values and politics in Max Weber's methodology. Copenhagen.

Dahms, Harry F., 1997: Theory in Weberian Marxism: Pattern of Critical Theory in Lukács and Habermas. Sociological Theory 15: 181-214.

Davidson, Donald, 1996: Subjective, Intersubjective, Objective. S. 155-177 in: Paul Coates / Daniel D. Hutto (Hrsg.), Current Issues in Idealism. Bristol.

Döbert, Rainer, 1989: Max Webers Handlungstheorie und die Ebenen des Rationalitätskomplexes. S. 210-249 in: Johannes Weiß (Hrsg.), Max Weber heute. Frankfurt am Main.

Eisen, Arnold, 1978: The meanings and confusions of Weberian 'rationality'. British Journal of Sociology 29: 57-70.

Elias, Norbert, 1997: Über den Prozeß der Zivilisation. Soziogenetische und psychogenetische Untersuchungen. 2 Bände. Frankfurt am Main.

Esser, Hartmut, 2000: Soziologie. Spezielle Grundlagen. Band 2: Die Konstruktion der Gesellschaft. Frankfurt am Main / New York.

Esser, Hartmut, 2003: Wohin, zum Teufel, mit der Soziologie? Soziologie 32: 72-82.

Freyer, Hans, 1964: Soziologie als Wirklichkeitswissenschaft. Logische Grundlegung des Systems der Soziologie. 2. Aufl. Stuttgart.

Greve, Jens, 1999: Sprache, Kommunikation und Strategie in der Theorie von Jürgen Habermas. Kölner Zeitschrift für Soziologie und Sozialpsychologie 51: 232-259.

Greve, Jens, 2003a: Handlungserklärungen und die zwei Rationalitäten? Neuere Ansätze zur Integration von Wert- und Zweckrationalität in ein Handlungsmodell. Kölner Zeitschrift für Soziologie und Sozialpsychologie 55: 621-653.

Greve, Jens, 2003b: Kommunikation und Bedeutung. Grice-Programm, Sprechakttheorie und radikale Interpretation. Würzburg.

Greve, Jens / Heintz, Bettina, 2005: Die Entdeckung der Weltgesellschaft. Entstehung und Grenzen der Weltgesellschaftstheorie. S. 89-119 in: Bettina Heintz / Richard Münch / Hartmann Tyrell (Hrsg.), Weltgesellschaft. Theoretische Zugänge und empirische Problemlagen (Sonderheft der Zeitschrift für Soziologie). Stuttgart.

Gröbl-Steinbach, Evelyn, 2004: Handlungsrationalität und Rationalisierung des Handelns. S. 91-102 in: Manfred Gabriel (Hrsg.), Paradigmen der akteurszentrierten Soziologie. Wiesbaden.

Habermas, Jürgen, 1969a: Technik und Wissenschaft als 'Ideologie'. S. 48-103 in: Jürgen Habermas: Technik und Wissenschaft als 'Ideologie', Frankfurt am Main.

Habermas, Jürgen, 1969b: Verwissenschaftlichte Politik und öffentliche Meinung. S. 120-145 in: Jürgen Habermas: Technik und Wissenschaft als 'Ideologie', Frankfurt am Main.

Habermas, Jürgen, 1985: Zur Logik der Sozialwissenschaften. Frankfurt am Main.

Habermas, Jürgen, 1986a: Entgegnung. S. 327-405 in: Axel Honneth / Hans Joas (Hrsg.), Kommunikatives Handeln. Beiträge zu Jürgen Habermas' 'Theorie des kommunikativen Handelns'. Frankfurt am Main.

Habermas, Jürgen, 1987a: Theorie des kommunikativen Handelns. Band 1: Handlungsrationalität und gesellschaftliche Rationalisierung. 4. Aufl. Frankfurt am Main.

Habermas, Jürgen, 1987b: Theorie des kommunikativen Handelns. Band 2: Zur Kritik der funktionalistischen Vernunft. 4. Aufl. Frankfurt am Main.

Habermas, Jürgen, 1988: Moralbewußtsein und kommunikatives Handeln. S. 127-206 in: Jürgen Habermas, Moralbewußtsein und kommunikatives Handeln, 3. Aufl. Frankfurt am Main.

Habermas, Jürgen, 1989a: Nachmetaphysisches Denken. 3. Aufl. Frankfurt am Main.

Habermas, Jürgen, 1989b: Wahrheitstheorien. S. 127-183 in: Jürgen Habermas: Vorstudien und Ergänzungen zur Theorie des kommunikativen Handelns, 3. Aufl. Frankfurt am Main.

Habermas, Jürgen, 1989c: Was heißt Universalpragmatik? S. 353-440 in: Jürgen Habermas: Vorstudien und Ergänzungen zur Theorie des kommunikativen Handelns, 3. Aufl. Frankfurt am Main.

Habermas, Jürgen, 1994: Faktizität und Geltung. Beiträge zur Diskurstheorie des Rechts und des demokratischen Rechtsstaats. 4. Aufl. Frankfurt am Main.

Habermas, Jürgen, 1996a: Rortys pragmatische Wende. Deutsche Zeitschrift für Philosophie 44: 715-741.

Habermas, Jürgen, 1996b: Theorie und Praxis. Sozialphilosophische Studien. 6. Aufl. Frankfurt am Main.

Habermas, Jürgen, 1999: Wahrheit und Rechtfertigung. Philosophische Aufsätze. Frankfurt am Main.

Habermas, Jürgen 1986b: Der philosophische Diskurs der Moderne. Zwölf Vorlesungen. 3. Aufl. Frankfurt am Main.

Habermas, Jürgen 1991: Erläuterungen zur Diskursethik. Frankfurt am Main.

Habermas, Jürgen 1995: Zur Rekonstruktion des Historischen Materialismus. 6. Aufl. Frankfurt am Main.

Habermas, Jürgen 1996c: Sprechakttheoretische Erläuterungen zum Begriff der kommunikativen Rationalität. Zeitschrift für philosophische Forschung 50: 65-91.

Homann, Harald, 1999: Der Schatten Max Webers. Der Prozeß der gesellschaftlichen 'Rationalisierung' in der Deutung der Kritischen Theorie. S. 151-172 in: Carsten Klingemann et al. (Hrsg.), Jahrbuch für Soziologiegeschichte 1995. Opladen.

Hommerich, Brigitte, 1986: Der Wille zur Herrschaft und der Hunger nach Glück. Max Webers Werk aus der Sicht der kritischen Theorie. Opladen.

Horkheimer, Max, 1985: Zur Kritik der instrumentellen Vernunft. Frankfurt am Main.

Horkheimer, Max, 2003: Traditionelle und kritische Theorie. Fünf Aufsätze. 5. Aufl. Frankfurt am Main.

Joas, Hans, 1986: Die unglückliche Ehe von Hermeneutik und Funktionalismus. S. 144-176 in: Axel Honneth / Hans Joas (Hrsg.), Kommunikatives Handeln. Beiträge zu Jürgen Habermas' 'Theorie des kommunikativen Handelns'. Frankfurt am Main.

Joas, Hans, 1996: Die Kreativität des Handelns. Frankfurt am Main.

Kalberg, Stephen, 1981: Max Webers Typen der Rationalität. S. 9-38 in: W.M. Sprondel / C. Seyfarth (Hrsg.), Max Weber und die Rationalisierung sozialen Handelns. Stuttgart.

Kalberg, Stephen, 1994: Max Weber's comparative historical sociology. Cambridge.

Kellner, Douglas, 1985: Critical Theory, Max Weber, and the Dialectics of Domination. S. 89-116 in: Robert J. Antonio / Ronald M. Glassman (Hrsg.), A Weber-Marx Dialogue. Kansas City.

Kettner, Matthias, 1995: Habermas über die Einheit der praktischen Vernunft. Eine Kritik. S. 85-111 in: Axel Wüstehube (Hrsg.), Pragmatische Rationalitätstheorien. Würzburg.

Levine, D.N., 1982: Rationality and Freedom: Weber and Beyond. Sociological Inquiry 51: 5-25.

Löwith, Karl, 1988: Max Weber und Karl Marx. S. 324-407 in: Karl Löwith: Hegel und die Aufhebung der Philosophie im 19. Jahrhundert – Max Weber. Sämtliche Schriften 5. Stuttgart.

Luhmann, Niklas, 1978: Handlungstheorie und Systemtheorie. Kölner Zeitschrift für Soziologie und Sozialpsychologie 30: 211-227.

Luhmann, Niklas, 1988: Soziale Systeme. 2. Aufl. Frankfurt am Main.

Luhmann, Niklas, 1991: Zweckbegriff und Systemrationalität. Über die Funktion von Zwecken in sozialen Systemen. Frankfurt am Main.

Lukács, Georg, 1962: Die Zerstörung der Vernunft. Neuwied.

Lukács, Georg, 1986: Geschichte und Klassenbewußtsein. 9. Aufl. Darmstadt / Neuwied.

Lukes, Steven, 1967: Some Problems about Rationality. Archives européenes de sociologie 8: 247-264.

Lumer, Christoph 1997: Habermas' Diskursethik. Zeitschrift für philosophische Forschung 51: 42-64.

Marcuse, Herbert, 1965: Industrialisierung und Kapitalismus. S. 161-180 in: Otto Stammer (Hrsg.), Max Weber und die Soziologie heute. Verhandlungen des 15. Deutschen Soziologentages. Tübingen.

McCarthy, Thomas 1989: Kritik der Verständigungsverhältnisse. Zur Theorie von Jürgen Habermas. Frankfurt am Main.

McDowell, John, 1994: Mind and World. Cambridge.

Mouzelis, Nicos, 1991: Social and System Integration: Habermas' View. S. 172-193 in: Back to Sociological Theory. The Construction of Social Orders. Houndmills.

Mueller, Gert H., 1979: The Notion of Rationality in the Work of Max Weber. Archives européennes de sociologie 20: 149-171.

Münch, Richard, 1980: Max Webers 'Gesellschaftsgeschichte' als Entwicklungslogik gesellschaftlicher Rationalisierung. Kölner Zeitschrift für Soziologie und Sozialpsychologie 32: 774-786.

Münch, Richard, 1982: Theorie des Handelns. Zur Rekonstruktion der Beiträge von Talcott Parsons, Emile Durkheim und Max Weber. Frankfurt am Main.

Norkus, Zenonas, 2001: Max Weber und Rational Choice. Marburg.

Oakes, Guy, 1990: Die Grenzen kulturwissenschaftlicher Begriffsbildung. Frankfurt am Main.

Parsons, Talcott, 1949: The Structure of Social Action. A Study in Social Theory with Special Reference to a Group of Recent European Writers. Band I: Marshall, Pareto, Durkheim. New York.

Parsons, Talcott, 1981: Rationalität und der Prozeß der Rationalisierung im Denken Max Webers. S. 81-92 in: Walter M. Sprondel / Constans Seyfarth (Hrsg.), Max Weber und die Rationalisierung sozialen Handelns. Stuttgart.

Rorty, Richard, 1994: Sind Aussagen universelle Geltungsansprüche? Deutsche Zeitschrift für Philosophie 42: 975-988

Rorty, Richard, 1998: Habermas, Derrida, and the Functions of Philosophy. S. 307-326 in: (Hrsg.), Truth and Progress. Philosophical Papers. Band 3. Cambridge.

Sadri, Mahmoud, 1982: Reconstruction of Weber's Notion of Rationality. An Immanent Model. Social Research 49: 616-633.

Schimank, Uwe, 2002: Organisationen: Akteurkonstellationen – korporative Akteure – Sozialsysteme. S. 29-54 in: Jutta Allmendinger / Thomas Hinz (Hrsg.), Organisationssoziologie. (Sonderheft 42 der KZPSS). Wiesbaden.

Schluchter, Wolfgang, 1979: Die Entwicklung des okzidentalen Rationalismus. Tübingen.

Schluchter, Wolfgang, 1991: Religion und Lebensführung. Band 1: Studien zu Max Webers Kultur- und Werttheorie. Frankfurt am Main.

Schluchter, Wolfgang, 1996a: Paradoxes of Modernity. Culture and Conduct in the Theory of Max Weber. Stanford.

Schluchter, Wolfgang, 1996b: Unversöhnte Moderne. Frankfurt am Main.

Schluchter, Wolfgang, 2000: Individualismus, Verantwortungsethik und Vielfalt. Weilerswist.

Schluchter, Wolfgang, 2003: Handlung, Ordnung und Kultur. S. 43-74 in: Gert Albert et al. (Hrsg.), Das Weber-Paradigma. Studien zur Weiterentwicklung von Max Webers Forschungsprogramm. Tübingen.

Schluchter, Wolfgang, 2005: Handlung, Ordnung und Kultur. Studien zu einem Forschungsprogramm im Anschluss an Max Weber. Tübingen.

Schnädelbach, Herbert, 1986: Transformation der kritischen Theorie. S. 15-34 in: Axel Honneth / Hans Joas (Hrsg.), Kommunikatives Handeln. Beiträge zu Habermas' "Theorie des kommunikativen Handelns". Frankfurt am Main.

Schwinn, Thomas, 1998: False Connections: Systems and Action Theories in Neofunctionalism and in Jürgen Habermas. Sociological Theory 16: 75-95.

Schwinn, Thomas, 2003: Nichtintendierte Folgen als Struktur oder System. Konstruktionsprobleme im Neofunktionalismus und bei Jürgen Habermas. S. 278-302 in: Rainer Greshoff et al. (Hrsg.), Die Transintentionalität des Sozialen. Eine vergleichende Betrachtung klassischer und moderner Sozialtheorien. Wiesbaden.

Schwinn, Thomas 1993: Jenseits von Subjektivismus und Objektivismus. Max Weber, Alfred Schütz und Talcott Parsons. Berlin.

Skjei, Erling, 1985: A Comment on Performative, Subject, and Proposition in Habermas's Theory of Communication. Inquiry 28: 87-105.

Swidler, A., 1973: The Concept of Rationality in the Work of Max Weber. Sociological Inquiry 43: 35-42.

Tenbruck, Friedrich H., 1975: Das Werk Max Webers. Kölner Zeitschrift für Soziologie und Sozialpsychologie 27: 663-702.

Tenbruck, Friedrich H., 1986: Das Werk Max Webers: Methodologie und Sozialwissenschaften. Kölner Zeitschrift für Soziologie und Sozialpsychologie 38: 13-31.

Tietz, Udo, 1995: Sprache und Verstehen in analytischer und hermeneutischer Sicht. Berlin.

Tugendhat, Ernst, 1992: Philosophische Aufsätze. Frankfurt am Main.

Turner, Stephen P. / Factor, Regis A., 1984: Max Weber and the Dispute over Reason and Value: A Study in Philosophy, Ethics, and Politics. London.

Tyrell, Hartmann, 1994: Max Webers Soziologie – eine Soziologie ohne "Gesellschaft". S. 390-414 in: Gerhard Wagner / Heinz Zipprian (Hrsg.), Max Webers Wissenschaftslehre. Frankfurt am Main.

Weber, Max, 1958: Wirtschaftsgeschichte. Abriß der universalen Sozial- und Wirtschaftsgeschichte. Aus den nachgelassenen Vorlesungen herausgegeben von S. Hellmann und M. Palyi. Dritte, durchgesehene und ergänzte Auflage besorgt von J. Winckelmann. Berlin.

Weber, Max, 1964: Fragment aus dem Nachlaß Max Weber. S. 399-401 in: Eduard Baumgarten: Max Weber. Werk und Person. Dokumente ausgewählt und kommentiert von Eduard Baumgarten. Tübingen.

Weber, Max, 1980: Wirtschaft und Gesellschaft. Grundriß der verstehenden Soziologie. 5. Aufl. Tübingen.

Weber, Max, 1988a: Gesammelte Aufsätze zur Religionssoziologie. Band I. 9. Aufl. Tübingen.

Weber, Max, 1988b: Gesammelte Aufsätze zur Wissenschaftslehre. 7. Aufl. Tübingen.

Weber, Max, 1988c: Gesammelte Politische Schriften. 5. Aufl. Tübingen.

Weiß, Johannes, 1981: Rationalität als Kommunikabilität. Überlegungen zur Rolle von Rationalitätsunterstellungen in der Soziologie. S. 39-58 in: Walter M. Sprondel / Constans Seyfarth (Hrsg.), Max Weber und die Rationalisierung sozialen Handelns. Stuttgart.

Weiß, Johannes, 1992: Max Webers Grundlegung der Soziologie. 2., überarb. und erweiterte Aufl. München.

Wellmer, Albrecht 1986: Ethik und Dialog. Elemente des moralischen Urteils bei Kant und in der Diskursethik. Frankfurt am Main.

Wood, Allen W., 1985: Habermas' Defense of Rationalism. New German Critique 35: 145-164.

Zimmermann, Rolf 1985: Utopie – Rationalität – Politik. Freiburg / München.

Die verstehende Soziologie Max Webers im Kontext benachbarter Disziplinen

Max Webers „Grundbegriffe" im Kontext seiner wirtschaftsgeschichtlichen Forschungen

Hinnerk Bruhns

Im Jahre 1904 bezeichnete Max Weber in seiner grundlegenden Abhandlung über „Die ‚Objektivität' sozialwissenschaftlicher und sozialpolitischer Erkenntnis" das Ergebnis des Fortschritts kulturwissenschaftlicher Arbeit als einen steten Umbildungsprozeß jener Begriffe, in denen wir die Wirklichkeit zu erfassen suchen. Er fügte erläuternd hinzu: „Die Geschichte der Wissenschaften vom sozialen Leben ist und bleibt daher ein steter Wechsel zwischen dem Versuch, durch Begriffsbildung Tatsachen gedanklich zu ordnen, – der Auflösung der so gewonnenen Gedankenbilder durch Erweiterung und Verschiebung des wissenschaftlichen Horizontes, – und der Neubildung von Begriffen auf der so veränderten Grundlage" (Weber 1988: 207). Keineswegs aber bestehe die eigentliche Aufgabe der Sozialwissenschaft in einer steten „Hetzjagd nach neuen Gesichtspunkten und begrifflichen Konstruktionen". So wie der tatsachengierige Schlund der „Stoffhuber" für die Feinheit des neuen Gedankens unempfindlich sei, so verderbe der „Sinnhuber" sich den Geschmack an den Tatsachen durch immer neue Gedankendestillate (Weber 1988: 214). Einige Seiten zuvor schon hatte Weber die „Sinnlosigkeit des selbst die Historiker unseres Faches gelegentlich beherrschenden Gedankens" unterstrichen, „daß es das, wenn auch noch so ferne, Ziel der Kulturwissenschaften sein könne, ein geschlossenes System von Begriffen zu bilden, in dem die Wirklichkeit in einer in irgendeinem Sinne *endgültigen* Gliederung zusammengefaßt und aus dem heraus sie dann wieder deduziert werden könnte" (Weber 1988: 184).

Mit den Historikern „unseres Faches" waren nicht die zünftigen Wirtschaftshistoriker gemeint, sondern die Vertreter der historischen Schule der Nationalökonomie, zu deren Kindern auch Weber selbst sich zählte. Den Fachhistorikern dagegen, die sich mit wirtschaftlichen Vorgängen befaßten, bescheinigte Weber nur wenige Jahre später, in der 1909 veröffentlichten dritten Auflage der *Agrarverhältnisse im Altertum*, „daß die Fortschritte der Erkenntnis der Historiker [...] dadurch erzielt sind, daß sie (erfreulicherweise) mit dem Kalbe der verachteten ökonomischen ‚Theoretiker' zu pflügen begannen und so zu *klaren Begriffen* kamen" (Weber 1924: 79).[1]

Die vorstehenden Zitate aus den Jahren vor Webers Arbeit an einer soziologischen und sozialökonomischen Kategorienlehre, deren Ziel selbstverständlich keineswegs „ein geschlossenes System von Begriffen" war, stecken in gewisser Weise die engen Grenzen ab, innerhalb deren wir hier, im Rahmen der umfassenderen Frage nach dem Stellenwert Weberscher „Grundbegriffe als Kategorien sozial- und kulturwissenschaftlicher Forschung", einige Aspekte der Bedeutung wirtschaftsgeschichtlicher Begrifflichkeit und Begriffssystematik in Max Webers Werk aufgreifen wollen. Dies soll nun in aller Kürze von drei Seiten aus behandelt werden. Zunächst geschieht dies aus einer werkgeschichtlichen Perspektive, zumal unter der Frage, in welchem Maß und in welcher Weise Max Weber als „Wirtschaftshistoriker" in der Weber-Literatur einerseits, im Selbstverständnis der Disziplin Wirtschaftsgeschichte andererseits präsent ist. Ein zweiter Ansatzpunkt stellt die Frage nach Webers Auffassungen zur Begrifflichkeit im Kontext der zeitgenössischen Auseinandersetzungen um das Wesen und die Methode der Nationalökonomie dar. Die dritte Frage gilt dann abschließend einigen Aspekten von Webers wirtschaftsgeschichtlichen Kategorien und (Grund-)Begriffen in seiner „Soziologie" und manchen seiner „wirtschaftsgeschichtlichen" Arbeiten. Es erübrigt sich, darauf hinzuweisen, daß diese drei Perspektiven schwer voneinander zu trennen sind. Desgleichen natürlich, daß eine isolierende Betrachtung der wirtschaftsgeschichtlichen Dimension von Webers Werk hier nicht mehr (aber auch nicht weniger) als eine analytische Funktion hat.

1 Bemerkungen aus werkgeschichtlicher Perspektive

Die Frage nach der Bedeutung der Wirtschaftsgeschichte in Max Webers Werk ließe sich relativ leicht, wenn auch nicht kurz, dadurch beantworten, daß man sein Lebenswerk, von 1889 bis 1920 unter dieser Fragestellung durchginge; es

---

[1] Weber spielt hier explizit auf Eduard Meyer und seine Schüler an und stellt dabei einschränkend fest, daß in bezug auf den Begriff der „Fabrik" noch keine Klarheit eingetreten sei.

würde sich dabei zeigen, daß die Wirtschaftsgeschichte in großen Teilen seines Werkes, und vielfach in dominanter Weise, präsent ist. Man müßte sogar noch einen Schritt weiter gehen und betonen, daß Webers große wissenschaftliche Fragestellungen meist in der einen oder anderen Weise mit Problemen wirtschaftsgeschichtlicher Natur verbunden sind. In einer etwas allgemeinen Formulierung, und mit einer den Zeitumständen entsprechenden Wendung gegen die materialistische Geschichtsauffassung, hat Weber dies nach dem Ersten Weltkrieg vor seinen Münchner Studenten mit folgenden Worten ausgedrückt: „Endlich muß noch betont werden, daß Wirtschaftsgeschichte (und vollends die Geschichte der ‚Klassenkämpfe') nicht, wie die *materialistische Geschichtsauffassung* glauben machen will, identisch mit der Geschichte der gesamten Kultur überhaupt ist. Diese ist nicht ein Ausfluß, nicht lediglich eine Funktion jener; vielmehr stellt die Wirtschaftsgeschichte nur einen Unterbau dar, ohne dessen Kenntnis allerdings die fruchtbare Erforschung irgendeines der großen Gebiete der Kultur nicht denkbar ist" (Weber 1958: 17).

Einen solchen werkgeschichtlichen Bogen würde man spannen von Webers ersten großen wissenschaftlichen Arbeiten über die *Geschichte der Handelsgesellschaften im Mittelalter* (1889) und *Die römische Agrargeschichte in ihrer Bedeutung für das Staats- und Privatrecht* (1891) bis hin zu seinen letzten Arbeiten, der „Vorbemerkung" zu den *Gesammelten Aufsätzen zur Religionssoziologie* (1920-21) und natürlich seinen eben zitierten Vorlesungen, im Winter 1919/20 über *Wirtschaftsgeschichte. Abriß der universalen Sozial- und Wirtschaftsgeschichte* (posthum veröffentlicht 1923). Man könnte dann diese Zeitspanne von dreißig Jahren mit einer langen Liste Weberscher Arbeiten auffüllen, in denen wirtschaftsgeschichtliche Fragen eine ganz hervorragende Rolle spielen. Dazu zählen so unterschiedliche Arbeiten wie jene zur antiken Agrargeschichte, zum Börsenwesen, zur Fideikommißfrage in Preußen, und vor allem der gesamte Komplex der Untersuchungen zur Entstehung des modernen Kapitalismus.

Eine derartige Hervorhebung der wirtschaftsgeschichtlichen Dimension hat nur zum Ziel, auf die Permanenz und die Eindringlichkeit wirtschaftshistorischer Fragestellungen in Webers Werk hinzuweisen. Aus der Perspektive einer intellektuellen Biographie und einer Biographie des Werkes wäre in diesem Zusammenhang auf die enge Verbindung von rechts- und wirtschaftshistorischen Fragen des Goldschmidt-Schülers Weber hinzuweisen, die seine Arbeiten bis zum Ende charakterisieren. Dem kann hier nicht im einzelnen nachgegangen werden. Knut Borchardt hat dies zuletzt anläßlich der Bearbeitung der Börsenschriften für die *Max-Weber-Gesamtausgabe* hervorgehoben (Borchardt 2000; vgl. Weber 1999a und Tribe 2002) . Für die Arbeiten Webers zur antiken Wirtschaftsgeschichte bis 1909 sind vor allem auch die Studien von Luigi Capogrossi Colognesi (2004) zu nennen.

Aus einer werkgeschichtlichen Perspektive könnte man versucht sein, zunächst zwei Fragen zu stellen: erstens ob hier, und wenn ja in welchem Sinne, eine Entwicklung vorliege, und zweitens, wann oder wo denn die wirtschaftshistorische Dimension in Webers Arbeiten ihren Höhepunkt erreicht habe. Die alte, wenig hilfreiche, aber immer noch nicht ganz aus der Sekundärliteratur verschwundene Auffassung, daß man Webers Werk in eine erste, empirische und (wirtschafts-)historische Periode und dann eine zweite soziologische Periode einteilen könne, erweist sich aus dieser Perspektive als völlig unangemessen. In dieser überholten Betrachtungsweise sah man die Trennlinie in den Jahren um 1900, das heißt in der Zeit von Webers Nervenkrankheit und seines anschließenden Verzichts auf seinen nationalökonomischen Lehrstuhl an der Universität Heidelberg. Den „soziologischen" Neubeginn verkörperten aus dieser Sicht dann einerseits die *Protestantische Ethik*, andererseits die sogenannte *Wissenschaftslehre*. In der 1926 veröffentlichten Biographie ihres Mannes hat Marianne Weber diesen letzteren Gesichtspunkt in den Vordergrund gestellt: „Jetzt, im Jahre 1902, nach einer noch lange nicht überwundenen schweren Krisis, biegt Webers Schaffenstrieb in ganz andere geistige Provinzen ein. ... Ist es äußerer Anlaß oder innere Notwendigkeit, daß er nun als Denker zunächst hinter der Wirklichkeit zurücktritt und sich dem Denken über das Denken, den logischen und erkenntnistheoretischen Problemen seiner Wissenschaft widmet?" (Marianne Weber 1926: 319; vgl. Bruhns 2003).

Nicht von ungefähr sonderte man vielfach die als historisch und empirisch bezeichnete Produktion Webers der 1890er Jahre von seiner späteren Soziologie ab. Daß für Weber Soziologie, wie Sozialwissenschaft generell, immer auf empirischer Arbeit aufbaut, hat man dabei leichthin unterschlagen und so zum eigenen Schaden darauf verzichtet, Webers großartige Erhebungen zur Lage der Landarbeiter als den Beginn seiner eigentlichen Soziologie zu verstehen. Andererseits hat jene Einteilung seines Werkes in eine erste, historisch-empirische des jungen, eine zweite, soziologisch-theoretische des reifen Weber dazu geführt, daß man die historische Dimension seiner Produktion *nach* 1900 konsequent unterschätzt hat. Denn als Höhepunkt von Max Webers (wirtschafts-)geschichtlichen Fragestellungen muß folgender, eng untereinander zusammenhängender Komplex von Arbeiten bezeichnet werden, ohne daß damit jedoch gesagt sein sollte, daß die wirtschaftsgeschichtliche Dimension hier überall die beherrschende sei: *Die protestantische Ethik und der „Geist" des Kapitalismus* (1904-05); *Agrarverhältnisse im Altertum* (3. Aufl. 1909); *Die Stadt* (1911-1914, posthum 1921) sowie *Die Wirtschaftsethik der Weltreligionen* (1915-1920). In den gleichen Zusammenhang gehören außerdem manche Partien aus *Wirtschaft und Gesellschaft* sowie selbstverständlich die *Wirtschaftsgeschichte*. Überblickt man die gesamte Schaffenszeit Webers, so läßt sich in bezug auf die Wirtschaftsgeschichte gewiß eine Entwicklung feststellen: sie zeigt sich in der Veränderung der Konzeption ihrer Fragestellungen sowie in dem Maße, in welchem die Wirtschaftsgeschichte in die Erforschung der „großen Gebiete der Kultur" integriert wurde, wie Weber es in der zuvor zitierten Vorlesung formuliert hat.

Die Feststellung, daß die Wirtschaftsgeschichte nahezu das gesamte Werk Webers durchziehe, dürfte ja doch wohl im Grunde wenig überraschend sein. Denn wie man auch Webers „zentrale Fragestellung" formulieren möge, es dürfte unbestritten sein, daß Naumanns Feststellung im Jahr 1911: „Ungefähr so wie der Franzose sein Thema hat: was ist die große Revolution, so haben wir durch unser Nationsschicksal für lange Zeit unser Thema bekommen: was ist der Kapitalismus?", erstens auch für Weber zutrifft, und daß zweitens Weber dieser Frage immer kausal, und das hieß für ihn in der Regel historisch, also auch wirtschaftshistorisch, nachging. Statt vieler Belege sei hier nur zitiert, in welcher Weise Max Weber, zusammen mit seinen Kollegen Werner Sombart und Edgar Jaffé, im *annus mirabilis* 1904 das „Arbeitsgebiet des *Archivs*" [*für Sozialwissenschaft und Sozialpolitik*], ihrer gemeinsamen Zeitschrift definieren: „Unsere Zeitschrift wird heute die historische und theoretische Erkenntnis der allgemeinen Kulturbedeutung der kapitalistischen Entwicklung als dasjenige wissenschaftliche Problem ansehen müssen, in dessen Dienst sie steht." Und dabei müsse man, so fügen sie hinzu, von einem „durchaus spezifischen Gesichtspunkt" ausgehen: „dem der ökonomischen Bedingtheit der Kulturerscheinungen" (Sombart / Weber / Jaffé 1904: V).[2]

Die Feststellung einer ganz zentralen Bedeutung der Wirtschaftsgeschichte für Webers Werk steht nun in einem offensichtlichen Kontrast zu der sekundären, wenn nicht gar tertiären Bedeutung, welche diese wirtschaftsgeschichtliche Dimension in der Weberliteratur einnimmt, wenn man einmal von der Debatte um die sogenannte Weber-These absieht, die vor, aber teilweise noch nach dem Zweiten Weltkrieg auch von Wirtschaftshistorikern geführt worden ist. Zudem ist nicht zu übersehen, daß Weber im Selbstverständnis der Disziplin Wirtschaftsgeschichte bestenfalls einen marginalen Platz einnimmt. Zur Erläuterung wäre hier auf die besondere Lage der Disziplin Wirtschaftsgeschichte in Deutschland hinzuweisen, die ihre eigentliche institutionelle Geburt erst in die Zeit nach dem Zweiten Weltkrieg datiert und ihre Vorgeschichte in der Historischen Schule der Nationalökonomie weitgehend ausblendet, die ihrerseits mit dem Ende des Ersten Weltkriegs ihre vormalige Machtstellung völlig zugunsten

---

[2] Im sogenannten „Objektivitätsaufsatz" von 1904, dem ersten Text im ersten Heft der neuen Folge der Zeitschrift, bekräftigt Weber, daß „die Pflege der ökonomischen Geschichtsinterpretation" einer der wesentlichsten Zwecke der Zeitschrift sei, und er erläutert diesen Standpunkt ausführlich (Weber 1988: 167 ff.).

einer enthistorisierten Ökonomie eingebüßt hatte.³ Wohl wird Weber gelegentlich ein Platz in der Vorgeschichte der Disziplin eingeräumt, der darin besteht, daß er eine „Gegenposition zur materialistischen Geschichtsauffassung" entwickelt und die marxistische Klassenkampftheorie modifiziert habe.⁴ Seine Vorlesungen zur Wirtschaftsgeschichte aber, die in Italien nach ihrem Erscheinen als ein Höhepunkt der Wirtschaftsgeschichte gerühmt worden waren⁵, sind wohl nie in den Kanon der deutschen Wirtschaftsgeschichte aufgenommen worden. Und als 1985 auf einem Historiker-Kongreß „Max Weber, der Historiker" international in den Vordergrund gestellt wurde, war dies nicht eine Angelegenheit der Wirtschaftshistoriker.⁶ Auch haben die deutschen Wirtschaftshistoriker in ihrer noch nicht lange zurückliegenden Identitätskrise eine ihrer zentralen Fragen, ob nämlich die Problemstellungen der Wirtschaftsgeschichte von der Ökonomie oder von der Historie zu definieren seien, sich nicht für Max Webers Auseinandersetzungen mit der historischen und der theoretischen Richtung in der Nationalökonomie interessiert.

Im englischen Sprachraum hat Webers *Wirtschaftsgeschichte* auch eher ein Schattendasein geführt. Zwar war die *General Economic History* die erste englische Übersetzung eines Textes von Weber, noch vor der „Protestantischen Ethik", im Jahr 1927; doch der Übersetzer, Frank Knight persönlich, hatte die „Begrifflichen Vorbemerkungen" weggelassen, die es erleichtert hätten, den Text mit den „Soziologischen Grundkategorien des Wirtschaftens" in *Wirtschaft und Gesellschaft* in Bezug zu setzen. Erst heute, im Zusammenhang mit der Neubelebung der Wirtschaftssoziologie, ist das Interesse an Webers *Wirtschaftsgeschichte* wieder gewachsen, und auf dem Kongreß der englischen *Economic History Society* in Birmingham im Frühjahr 2002 hat Keith Tribe eine erste englische Übersetzung dieser begrifflichen Vorbemerkungen vorgestellt.

Zu einer intensiven Auseinandersetzung mit Weber ist es auf dem Felde der Wirtschaftsgeschichte nur in zwei Bereichen gekommen: In der Zwischenkriegszeit und auch noch bis in die 60er Jahre nahm Weber in der Wirtschaftsgeschich-

---

³ Dazu allgemein Bruhns 1999. Eine verstärkte Rückbesinnung auf die Historische Schule fordert Abelshauser 2004.

⁴ So zum Beispiel Boelcke 1987, der jedoch nicht einen einzigen Titel eines Weberschen Textes nennt.

⁵ Vgl. Luzzato (1925) in seiner Rezension zu Max Webers Wirtschaftsgeschichte. In Italien war Weber früh als Wirtschaftshistoriker anerkannt worden. Ettore Ciccotti und Vilfredo Pareto haben Webers Römische Agrargeschichte schon 1907 in ihre berühmte *Biblioteca di storia economica* aufgenommen (vgl. Weber 1907). Diese italienische Übersetzung Webers, wie auch die der russischen Übersetzungen der Börsenschriften, der Stadt und der Agrarverhältnisse im Altertum, waren Johannes Winckelmann entgangen, als er die *General Economic History* (1927) als die erste Übertragung eines der Werke Webers in eine Fremdsprache bezeichnete (im Vorwort zur dritten Auflage der *Wirtschaftsgeschichte;* vgl. Weber 1958).

⁶ Die Beiträge zu der Max-Weber-Sektion sind in Kocka 1986 veröffentlicht.

te der frühen Neuzeit gelegentlich die Rolle eines genialen Störenfrieds ein: „Die Protestantische Ethik und der ‚Geist' des Kapitalismus" wurde von vielen professionellen Wirtschaftshistorikern als eine Herausforderung angesehen, und die meisten (nicht alle!) sind ihr recht kritisch entgegengetreten.[7] Fernand Braudel, um eine Stimme aus Frankreich zu zitieren, glaubte gewiß, nur die *communis opinio* wiederzugeben, als er schrieb: „Pour Max Weber, le capitalisme, au sens moderne du mot, aurait été ni plus ni moins une création du protestantisme ou, mieux, du puritanisme. Tous les historiens sont opposés à cette thèse subtile, bien qu'ils n'arrivent pas à s'en débarrasser une fois pour toutes; elle ne cesse de resurgir devant eux. Et pourtant, elle est manifestement fausse" (Braudel 1985: 69 f.). Schon in seinem großen Werk *Civilisation matérielle, économie et capitalisme* hatte Braudel stellvertretend für viele das abschließende Urteil gefällt : « L'explication 'idéaliste', univoque, qui fait du capitalisme l'incarnation d'une certaine mentalité, n'est que la porte de sortie qu'empruntèrent, faute d'une autre, Werner Sombart et Max Weber pour échapper à la pensée de Marx » (Braudel 1979: 335).[8] Das war natürlich eine völlige Fehlinterpretation, zumal in bezug auf das Verhältnis zu Marx; dem kann aber an dieser Stelle nicht weiter nachgegangen werden. Sie spiegelt aber eine weitverbreitete Meinung wider.

Der zweite Bereich ist die Geschichte der antiken Wirtschaft: In ihr hat Weber eine wirkliche Rolle gespielt, aber auch keineswegs durchgehend. Seine Habilitationsschrift über *Die römische Agrargeschichte in ihrer Bedeutung für das Staats- und Privatrecht* von 1891 ist in italienischer Übersetzung im Jahre 1907 in die *Biblioteca di Storia Economica* von Vilfredo Pareto und Ettore Ciccotti aufgenommen worden. Spätere Arbeiten Webers haben vor allem Johannes Hasebroeck und Fritz Heichelheim beeinflußt. Michail Rostovtzeff jedoch, in der Zwischenkriegszeit der bedeutendste Historiker der antiken Wirtschaft, hat Weber im Grunde nicht verstanden; trotz anfänglicher Nähe, vor dem Ersten Weltkrieg, hat er ihn später, in den beiden großen Sozial- und Wirtschaftsgeschichten des Römischen Reiches und der Hellenistischen Welt, weitgehend ignoriert (vgl. Bruhns 2004b und 2005). Dabei blieb es dann allgemein, und es war somit keine

---

[7] Die reiche Literatur dazu kann hier nicht angeführt werden. Ein interessanter neuer Beitrag stellt Kaufhold (1992), 1992 dar. Vgl. auch Bruhns 1996: 1271 f.

[8] Den Zeitgenossen wie Joseph Schumpeter war Webers intellektuelle Nähe zu Marx noch völlig klar: „Jene Art der historischen Betrachtung der Geschichte, für die Marxens ökonomische Geschichtsauffassung der große Markstein ist, ist hier [in der *Protestantischen Ethik* und der *Wirtschaftsethik der Weltreligionen*] zum erstenmal in großem Umfang aus dem Stadium des Aperçus und der bloßen Forderung eingetreten in das Stadium der Erfüllung" (Schumpeter 1954:114). Die Rezeption der Protestantismus-These in der Wirtschaftsgeschichte des 20. Jahrhunderts ist natürlich sehr viel komplizierter und differenzierter, doch kann ich darauf an dieser Stelle nicht weiter eingehen. Es ist jedoch nicht untypisch, daß Weber zum Beispiel für die französische Schule der Annales überhaupt keine Rolle gespielt hat.

große Übertreibung, als Alfred Heuss anläßlich des 100. Geburtstags von Weber schrieb, die Altertumswissenschaft sei im 20. Jahrhundert ihren Weg gegangen, so als ob Max Weber nie gelebt hätte (Heuss 1965: 554). Die Wiederentdeckung Webers in der Alten Geschichte war das Verdienst von Moses I. Finley, insbesondere mit seinem 1973 erschienenen Buch *The Ancient Economy*. Finley bezog sich auf Weber, um ein anti-modernistisches Bild der antiken Ökonomie zu zeichnen, und es ist offensichtlich, daß Finleys Bild der antiken Wirtschaft (fundamentale Bedeutung der Landwirtschaft, begrenztes Niveau ökonomischer Rationalisierung, politische Einheit von Stadt und Hinterland, schwache Entwicklung von Handel und Handelspolitik, Dominanz von Krieg und Politik mit deren Wirkung auf die Wirtschaftsmentalität der Bürger) in weitem Maße von Weber beeinflußt ist (Nippel 2002: 254; vgl. Bruhns / Nippel 1991; Nippel 1994, 2000; Andreau / Etienne 1984; Descat 1995 und 2000). Zu prüfen wäre, inwieweit das Finley-Modell wirklich mit Max Webers Sicht der antiken Wirtschaft übereinstimmt. Ich will darauf nicht im einzelnen eingehen; nicht jedoch, weil die Weberschen Arbeiten zur antiken Wirtschaft in unserem Zusammenhang vernachlässigt werden könnten, wie das in soziologischen und auch in den wenigen ökonomischen Arbeiten über Weber leider in der Regel der Fall ist.[9]

Der heutige Stand der Diskussion zu Webers Bedeutung für eine Geschichte der Ökonomie läßt sich vielleicht am besten unter Hinweis auf drei oder vier neuere Publikationen charakterisieren. Die beiden ersten gehören in den Zusammenhang des neuerwachten Interesses für die *Protestantische Ethik* bei manchen Ökonomen und Wirtschaftshistorikern:

- Karl Heinrich Kaufhold unterstreicht, als bedeutenden Beitrag zur Wirtschaftsgeschichte, daß im Zusammenhang mit Sombarts „Wirtschaftsgesinnung" und Müller-Armacks späteren Forschungen zu den „Wirtschaftsstilen" Webers Analysen der „Lebensführung" unter anderem für neuere Ansätze in der Wirtschaftsgeschichte zur Professionalisierungsforschung wichtig seien (Kaufhold 1992: 74 und 84).
- Stanley E. Engerman hebt Webers große Bedeutung für die Wirtschaftsgeschichte im methodischen Bereich, nicht überraschend, unter Hinweis auf Idealtypen (Modelle), methodischen Individualismus und Handlungstheorie hervor; auf die „Grundbegriffe" verweist er jedoch nicht. Die „major contribution to the study of economic history" aber ist für Engermann die *Protestantische Ethik*. Webers erneute große Aktualität, nach Jahrzehnten der Vernachlässigung durch die Wirtschaftshistoriker, liege in seinem breiten Frageansatz „about the process and the nature of long-term economic

---

[9] Vgl. dazu jetzt aber verschiedene Beiträge in Bruhns / Andreau (2004).

growth" (Engermann 2000: 262 und 271). So kann man Webers Fragestellung natürlich auch übersetzen; ob damit aber der zentrale Punkt getroffen ist, erscheint mir nicht so sicher. Webers Beitrag zur Wirtschaftsgeschichte vormoderner Gesellschaften wird von Engerman unter der Frage der Sklaverei, des Rationalismus, des Kapitalismus und der Herrschaftstypen behandelt, nicht aber in bezug auf Webers Verhältnis zur historischen Schule der Nationalökonomie und ihre wirtschaftshistorischen Axiome.

- Auf eine weitere neuere Publikation (Norkus 2001), in welcher der Autor mit Nachdruck auf die Bedeutung Webers als Wirtschaftshistoriker und auf die Bedeutung der (wirtschafts-)historisch-genetischen Kausalerklärungen hinweist, komme ich im nächsten Abschnitt zurück.
- Schließlich ist auf eine Arbeit von Michel Lallement zu verweisen, in der nun erstmals auch die wirtschafts*historischen* Dimensionen, die durch die Kategorien und Begriffe Webers erschlossen werden können, konsequent in die Fragestellungen der „new economic sociology", der „nouvelle sociologie économique" einbezogen werden. Lallement stellt zu Recht fest: „Max Weber a d'autant plus conscience de l'intérêt heuristique du modèle de rationalité formel qu'il se démarque soigneusement des économistes qui ont tendance à en faire le parangon d'un comportement universel" (Lallement 2004: 51).

Insgesamt ist festzuhalten, daß einerseits die innovativen neueren Arbeiten von Ökonomen und Soziologen über die ökonomische Dimension des Weberschen Werks bisher noch kaum von Wirtschaftshistorikern aufgenommen worden sind, und daß andererseits die Einbeziehung der historischen Dimension in die neueren Ansätze der Wirtschaftssoziologie eher eine Ausnahme darstellt. Bei Weber sind diese Ebenen bekanntlich nicht getrennt. In den „Soziologischen Grundkategorien des Wirtschaftens" betont Weber dies ganz ausdrücklich, wenn er, in bezug auf die Komplikationen der Grenznutzrechnung „bei ganz rationaler (also nicht traditionsgebundener) Naturalrechnung" ausführt: „Es ist eine der wichtigsten Angelegenheiten der ökonomischen Theorie, die rational mögliche Art dieser Erwägungen zu analysieren, der Wirtschaftsgeschichte: durch den Verlauf der Geschichtsepochen hindurch zu verfolgen, in welcher Art tatsächlich sich das naturale Haushalten damit abgefunden hat" (Weber 1972: 47). Dies gilt bei Weber natürlich nicht nur für die Frage der Naturalrechnung, sondern generell für das Verhältnis von ökonomischer Theorie und Wirtschaftsgeschichte.

2 Webers Auffassungen von Begriff und Typus im Kontext der zeitgenössischen Auseinandersetzungen um das Wesen und die Methode der Nationalökonomie.

Die zweite Perspektive, der wir uns nun zuwenden, ist die Frage nach Webers Auffassungen von Begriff und Typus im Kontext der zeitgenössischen Auseinandersetzungen um das Wesen und die Methode der Nationalökonomie. Damit ist eine ganz zentrale epistemologische und methodologische Problematik angesprochen, die Webers sogenannte Wissenschaftslehre durchzieht, und auf die große Teile seiner materialen Untersuchungen eine Antwort, oder einen Versuch der Antwort bilden. Das kann hier nur in sehr groben Zügen dargestellt werden. Zwei Konfliktlinien sind dabei gleichzeitig zu beobachten: erstens die Frage nach der Bedeutung der Wirtschaftsgeschichte und dem Verhältnis von Geschichte und Theorie innerhalb der Nationalökonomie. Dies war der zentrale Streitpunkt in den Auseinandersetzungen zwischen der deutschen historischen Schule und der österreichischen Grenznutzenschule. Die zweite Konfliktlinie verlief zwischen Historikern (Eduard Meyer, Georg von Below u.a.) auf der einen, und historisch arbeitenden Ökonomen (Gustav Schmoller, Karl Bücher u.a.). auf der anderen Seite. Streitpunkte waren Methode, Begriffe, und Kategorien sowie Grundannahmen über die Natur der Wirtschaft und ihre Entwicklung.

Webers Position zwischen Schmoller und Menger ist in neuester Zeit mehrfach untersucht worden, zumeist von Ökonomen und Soziologen. Im Vordergrund des Interesses, einerseits aus dogmenhistorischer Sicht, andererseits aus der Sicht der neuen „economic sociology", steht dabei meist die Frage, was Weber unter ökonomischer Theorie verstanden hat und ob er einen genuinen Beitrag zur modernen ökonomischen Theorie geleistet habe. Die Bedeutung der Wirtschaftsgeschichte für Max Weber wird dabei meist vernachlässigt oder ganz ausgeblendet, indem die Frage auf Webers Distanz zur historischen Schule einerseits und auf seine im Gegenzug behauptete Nähe zur Grenznutzenschule andererseits reduziert wird. Manche Interpreten argumentieren in diesem Zusammenhang auch mit einigen Äußerungen Webers in den bekannten Briefen an Robert Liefmann vom 12. Dezember 1919 und 9. März 1920, gewiß weil Weber sich hier nun (endlich!) zum Soziologen erklärt und eingesteht, daß er der ökonomischen Theoriebildung nicht genügend Kraft und Aufmerksamkeit habe zuwenden können (vgl. Hennis 1987: 125; Lallement 2004: 56). Das geht jedoch am Kern der Frage nach Theorie oder Geschichte vorbei, einer Frage, die es verdiente, neu aufgenommen zu werden. Dabei wäre erstens davon auszugehen, daß – trotz „Roscher und Knies" – der eigentliche Bezugspunkt für Weber in dieser Frage Gustav Schmoller war. Zweitens wäre die Neubewertung zu beachten, welche die theoretische Dimension der Schmollerschen Ökonomie in den vergangenen Jahren bei historisch interessierten Ökonomen erfahren hat (vgl. Priddat 1995; Labrousse 2002). Zur Funktion der Wirtschaftsgeschichte in der Nationalökonomie und zum Verhältnis von Theorie und Geschichte hat Gustav Schmoller sich im Jahr 1911 in der Neuauflage seines großen Beitrags „Volkswirtschaft, Volkswirtschaftslehre und -methode" in der dritten Auflage des *Handwörterbuchs der Staatswissenschaften* aus seiner Sicht in gewisser Weise abschließend geäußert: „Die Schilderung der Wirtschaftsgeschichte wie der allgemeinen Geschichte, sofern sie Volkswirtschaftliches erzählt, sind nicht nationalökonomische Theorie, sondern Bausteine zu einer solchen. Je vollendeter freilich die einzelne Schilderung ist, je mehr sie die Entwicklung der Dinge erklärt, desto mehr können auch Ergebnisse der wirtschaftsgeschichtlichen Spezialschilderung zu Elementen der Theorie werden, zu allgemeinen Wahrheiten führen." Schmoller fügte hinzu: „Die ältere sog. historische Nationalökonomie hat vielfach zu rasch die Ergebnisse der allgemeinen Geschichte theoretisch verwerten wollen; wir sehen heute, daß mühevolle wirtschaftsgeschichtliche Spezialarbeiten erst den rechten Boden geben, um die Geschichte volkswirtschaftlich und sozialpolitisch zu begreifen, die nationalökonomische Theorie genügend empirisch zu unterbauen. Und deshalb datiert fast mehr von der Epoche der wirtschaftsgeschichtlichen Monographien als von den allgemeinen Tendenzen Roscher's und Hildebrand's auf eine historische Behandlung der Nationalökonomie eine neue Zeit der nationalökonomischen Wissenschaft" (Schmoller 1998: 294; vgl. 339 ff.).

So wie Schmoller sich hier von der ersten Generation der Historischen Schule distanziert, so betont Weber (und desgleichen Sombart) etwa gleichzeitig seine Differenzen zur zweiten Generation, der Schmollerschen. Und dies in doppelter Hinsicht: Einmal wird nun auch die Schmollersche Instanz der „Sittlichkeit" dem historischen Wandel unterworfen, dem sie bei Schmoller entzogen war. Zum anderen greifen Weber und Sombart, in gewisser Weise auch Karl Bücher, die Herausforderungen der Gegner Schmollers auf und bemühen sich um eine Integration der historischen und der theoretischen Ökonomie. Webers Wertschätzung Carl Mengers und der österreichischen Schule allgemein heißt nun nicht, daß er sich im Schmoller-Menger-Streit und in Fragen der Theoriebildung auf die Seite der Neoklassik und der Grenznutzenschule geschlagen habe. Lange Ausführungen sind hierzu nicht nötig. Es mag reichen, daran zu erinnern, wie Weber, gemeinsam mit Werner Sombart, in Erwiderung eines sehr unfreundlichen Angriffs aus dem Lager der Gegner der historischen Schule (und zugleich aus dem Redaktionskomitee der eigenen Zeitschrift) seine Auffassung von Theorie und gleichzeitig seine Stellung zum Schmoller-Menger-Konflikt definiert hat.

Daß es zu einer derartigen Verschärfung des alten Konfliktes kommen würde, hatte Joseph Schumpeter in seinem Beitrag zu dem 1914 erschienenen ersten

Band des von Weber ganz maßgeblich konzipierten und herausgegebenen *Grundriß für Sozialökonomik* hellsichtig vorausgesagt. In einem Kapitel über „Historische Schule und Grenznutzenschule" analysierte Schumpeter die zeitgenössische Entwicklung der Wirtschaftswissenschaft und betonte, ganz im Gegensatz zu der üblichen Interpretation (und auch seiner eigenen, späteren), die theoretische Dimension der Schmollerschen Auffassungen und die Annäherung der Standpunkte der Vertreter der beiden Richtungen, die man als prinzipiell feindlich zu betrachten pflegte: „Eine neue Generation – auch von Anhängern der historischen Schule – wollte nicht mehr bei bloßer Tatsachensammlung verweilen und die ökonomische Theorie hatte unterdessen neues Leben gewonnen. Von einer Überwindung der letzteren konnte keine Rede mehr sein. Damit verlor die Methodendiskussion ihre polemische Spitze und es vollzog sich ein Wechsel des Themas: Man ging an die Erkenntnistheorie der Geschichte[10], man fing an, in den Gedanken mit denen der Historiker [d.h. der historische arbeitende Ökonom; H.B.] arbeitet, soziologische Probleme zu sehen" (Schumpeter 1914: 108 f.). An diesem Punkt fügt Schumpeter bedauernd hinzu, daß „die beginnende Übereinstimmung in ihrem ursprünglichen Sinn" heute erschwert werde durch eine Reaktion gegen die historische Schule, die vor allem aus dem „Zug unserer Zeit nach der Theorie hin" komme: „Und wir haben alle Aussicht, das wenig erfreuliche Schauspiel zu erleben, daß die historische Schule die gleichen Ungerechtigkeiten erfährt, die sie seinerzeit der Theorie zugefügt hat" (Schumpeter 1914: 109).

Lange brauchte Schumpeter nicht auf dieses unerfreuliche Schauspiel zu warten. Unmittelbar nach dem Tode des 79-jährigen Gustav Schmoller, im Jahr 1917, war es so weit. Unter dem Titel „Das theoretische System der kapitalistischen Wirtschaftsordnung" veröffentlichte Edgar Jaffé im *Archiv für Sozialwissenschaft und Sozialpolitik* eine Besprechung des Buches von Robert Liefmann, „Grundsätze der Volkswirtschaftslehre" (1917). Jaffé, seit 1904 gemeinsam mit Weber und Sombart Herausgeber des *Archivs*, eröffnete seinen Beitrag mit der Feststellung, daß der Tod Schmollers das Ende „einer großen wissenschaftlichen Epoche und damit zugleich den Beginn einer neuen" bezeichne, in der das Pendel endlich immer stärker „zum Gebiet der theoretischen Analyse des wirtschaftlichen Geschehens" zurückschwinge. Und das sei gut so, denn die historische Richtung, „der fast alle führenden Lehrer der Wissenschaft im Deutschen Reiche bis heute angehören, bedeutet ja letzten Endes nichts weniger als den Verzicht auf eine auf eigenen Füßen stehende, d.h. nach eigener Methode arbeitende Wissenschaft überhaupt." Und dann nahm Jaffé sich seine Kollegen Mitherausgeber

---

[10] Hier verweist Schumpeter in einer Anmerkung auf Max Webers Aufsatz über Roscher und Knies, auf den Objektivitätsaufsatz sowie auf Webers Abhandlung „Kritische Studien auf dem Gebiet der kulturwissenschaftlichen Logik".

persönlich vor. Denn, charakteristisch für den Verzicht der Nationalökonomie auf eine eigene Methode sei „die Stellungnahme von Männern wie Max Weber und Werner Sombart, von denen ersterer – trotz der außerordentlichen Breite seines Wissens und der Ausdehnung seiner Arbeit auf eine ganze Reihe angrenzender Gebiete (Rechtswissenschaft, Erkenntnistheorie, Soziologie) – die nationalökonomische Theorie vollkommen vernachlässigt hat und auch gelegentlich seine Erwartungen bezüglich möglicher Resultate der reinen theoretischen Forschung auf ein Minimum beschränkt. Sombart dagegen hat zwar die Notwendigkeit der theoretischen Unterbauung historischer Arbeiten des öfteren scharf betont, aber er will unter Theorie doch eigentlich nur die historische Typenbildung verstanden haben und lehnt Erörterungen über Wert, Preis usw. als vollkommen überflüssig ab" (Jaffé 1917: 348 f.).

Sombart und Weber antworteten im gleichen Heft mit ihrer knappen „Erklärung" auf die Ausführungen ihres Herrn Mitherausgebers „über unsere Stellung zur sog. ‚theoretischen' Nationalökonomie". Sie betonen darin mit allem Nachdruck, daß sie „beide der sog. ‚Theorie', im Rahmen der Nationalökonomie, d.h. in unserem Sinne der rationalen Begriffs-, Typen- und Systembildung, worunter natürlich auch die vermißten ‚Erörterungen über Wert, Preis usw.' fallen, die denkbar größte Bedeutung beimessen." Sie seien nur beide Gegner *schlechter* Theorien und falscher Auffassungen ihres methodologischen Sinnes. Ihrer beider Arbeiten belegten zur Genüge, daß sie gerade an den Problemen der theoretischen Forschung „in unserer Wissenschaft" regen Anteil nähmen. Ihr Ziel sei gerade nicht der Verzicht auf eine eigene Methode, sondern ihre Arbeiten bezweckten im Gegenteil „die nationalökonomische Forschung auf sichere Grundlagen zu stellen. Wir glauben allerdings, durch diese Arbeiten den Nachweis erbracht zu haben, daß es an der Zeit ist, die allzulange die Diskussion beherrschende Alternative: ‚historisch' oder 'theoretisch' durch eine andere, vertiefte Kennzeichnung der verschiedenen ‚Richtungen' in unserer Wissenschaft zu ersetzen" (Sombart / Weber 1917: 348). Sombart verwies hier ganz offensichtlich auf seinen *Modernen Kapitalismus*, dessen beiden ersten Bände im Jahr zuvor in einer zweiten, neu bearbeiteten Auflage erschienen waren. Weber seinerseits dachte gewiß nicht nur an seine methodologischen Schriften, sondern sicher in erster Linie an die dritte Auflage der *Agrarverhältnisse im Altertum*, an seine Darstellung des chinesischen Wirtschaftssystems in seiner Studie „Der Konfuzianismus" von 1915 und an die Arbeiten am *Grundriß der Sozialökonomik*.

Wenn Weber und Sombart sich hier mit einer Stimme äußern, wie im schon zitierten Geleitwort von 1904 (dort aber noch mit Edgar Jaffé, der sie nun, nach Schmollers Tod frontal attackiert!), so nicht nur, weil sie hier gemeinsam angegriffen werden. Sondern weil sie, bei aller Gegensätzlichkeit in vielen Fragen des ihnen gemeinsamen Gegenstandes (die Entstehung des modernen Kapitalismus,

Wirtschaft und Religion, etc.) in den vergangenen rund 15 Jahren eine gemeinsame Position, in Praxis und Theorie, zu ihrer Wissenschaft, der Nationalökonomie entwickelt hatten.[11] In methodischer Hinsicht ging es dabei vor allem um Theorie- und Begriffsbildung; in inhaltlicher Hinsicht in weitem Maße um die Analyse von Wirtschaftssystemen.

Webers, Sombarts und zum Teil auch Karl Büchers Arbeiten bilden in gewisser Weise einen Textkorpus, dessen Einheit in dem Bemühen um eine Methodologie und ein modernes Begriffsinstrumentarium besteht, die es erlauben, auch zeitlich, räumlich und kulturell ferne Wirtschaftssysteme zu analysieren. Dazu gehört:

1. zunächst ganz zentral die Überzeugung, daß der „Fortschritt der kulturwissenschaftlichen Arbeit" sich niederschlägt in einem „Umbildungsprozeß jener Begriffe, in denen wir die Wirklichkeit zu erfassen suchen" (Weber 1988: 207 f.)[12];

und dann spezifisch in bezug auf die Ökonomie und ihre Geschichte unter anderem:

2. eine Kritik der naiven Übertragung moderner ökonomischer Kategorien auf Phänomene der Vergangenheit;
3. eine Kritik der Gleichsetzung von wirtschaftliche Entwicklungsstufen und Zeitepochen;
4. eine Kritik der modernen ökonomischen Theorie: "Die Lehrsätze, welche die spezifisch ökonomische Theorie ausmachen, stellen nun [...] nicht nur nicht „das Ganze" unserer Wissenschaft dar, sondern sie sind nur ein [...] Mittel zur Analyse der kausalen Zusammenhänge der empirischen Wirklichkeit. Sobald wir diese Wirklichkeit selbst, in ihren kulturbedeutsamen Bestandteilen, erfassen und kausal erklären wollen, enthüllt sich die ökonomische Theorie alsbald als eine Summe ‚idealtypischer' Begriffe" (Weber 1988: 396).[13]

---

[11] Zur Frage des Verhältnisses von Wirtschaftsgeschichte und Historischer Schule siehe auch Rüstow 1987, ferner Below 1904 und 1907 sowie Neugebauer 1998.
[12] Siehe auch die darauf folgende Passage über die Bildung, Auflösung und Neubildung von Begriffen.
[13] Weber erläutert, daß die ökonomische Theorie eine Dogmatik in einem logisch sehr anderen Sinn sei als die Rechtsdogmatik, insbesondere in bezug auf das Verhältnis von Begriff und Realität. So wie aber die dogmatischen Rechtsbegriffe als Idealtypen für die Objekte der empirischen Rechtsgeschichte und Rechtssoziologie verwertet werden könnten, so sei „diese Art der Verwendung [der Begriffe als Idealtypen] für die Erkenntnis der sozialen Wirklichkeit der Ge-

5. Das Konzept des Wirtschaftssystems rückt in den Mittelpunkt, und die Nationalökonomie[14] wird definiert als eine historische Sozialwissenschaft: „Nationalökonomie ist die Lehre von den Wirtschaftssystemen". Das Konzept des Wirtschaftssystems geht zurück auf die erste Auflage von Sombarts *Der moderne Kapitalismus* (1902), in dessen *Geleitwort* Sombart für eine neue Verbindung von empirischer und theoretischer Forschung plädiert.
6. Die Kausalanalyse der Motivationen der Wirtschaftssubjekte und der Rationalitäten ihres Verhaltens wird zentral: Die „letzte Ursache, auf die wir sociales Geschehen zurückführen wollen" sei „nichts anderes als die Motivation lebendiger Menschen"; darunter verstand Sombart die das Wirtschaftsleben einer bestimmten Epoche "prävalent beherrschenden Motivreihen der führenden Wirtschaftssubjekte" (Sombart 1902: XVIII). Im Unterschied zu Sombart interessiert Weber sich für die Motivationen aller Handelnden, insbesondere für die nicht-ökonomischen Motivationen, die zur Modifikation wirtschaftlichen Verhaltens beitragen können. Wie in der jüngeren historischen Schule allgemein steht dabei jedoch nicht der individuelle Handelnde im Zentrum der Analyse, sondern das Wirtschaftshandeln einerseits, wirtschaftlich orientiertes Handeln andererseits von Menschen als Mitgliedern eines wie immer gearteten Kollektivs: Berufsgruppen, Religionsgemeinschaften, Sekten, soziale Schichten, oder Gruppen, politische und andere Verbände, usw. Handeln, in der Auffassung der Sozialökonomik und der verstehenden Soziologie, als „ein verständliches, und das heißt durch irgendeinen, sei es auch mehr oder minder unbemerkt, ‚gehabten' oder ‚gemeinten' (*subjektiven*) *Sinn* spezifiziertes Sichverhalten zu ‚Objekten'", wie Weber es ausdrückt (Weber 1988: 429; vgl. Weber 1972: 31 f.; Swedberg 1998 und 2004).
7. Schließlich: die Analyse des Einflusses außerökonomischer Faktoren auf die Wirtschaft und des Einflusses der Ökonomie auf die Kulturerscheinungen.

Zum eben erwähnten Begriff des Wirtschaftssystems sei hier noch auf die Bedeutung hingewiesen, die Weber seinen (wirtschaftshistorischen) Arbeiten zur Antike in bezug auf die Frage nach der Entstehung des modernen Kapitalismus zuweist: Im Einleitungskapitel („Zur ökonomischen Theorie der antiken Staatenwelt") der dritten Auflage seines Artikels über *Agrarverhältnisse im Altertum* von 1909 kündigt Weber als eine zentrale Frage für den gesamten Text die fol-

---

[14] genwart und Vergangenheit der geradezu *ausschließliche* Sinn der reinen ökonomischen Theorie."
Vgl. vor allem Otto Hintzes große Besprechung von Werner Sombarts *Der moderne Kapitalismus* (Hintze 1929).

gende an: „Kennt das Altertum (in einem kulturhistorisch relevanten Maß) *kapitalistische* Wirtschaft?" und er unternimmt dann eine Strukturanalyse der antiken *Wirtschaftssysteme* (Weber 1924: 12 ff.).[15] In den Antikritiken zur *Protestantischen Ethik*, ein Jahr nach dem Erscheinen der *Agrarverhältnisse*, stellt Weber explizit einen direkten Bezug zwischen den beiden Texten her: er bestehe in „den Beziehungen zwischen dem ‚Geist' des Kapitalismus und dem kapitalistischen Wirtschaftssystem" (Weber 1910: 192 f.). Weber verweist auf seine große, namentlich methodische Übereinstimmung mit Werner Sombart „in allen wesentlichen Punkten" (Weber 1910: 198 f.); ferner darauf, daß die Begriffe „Kapitalismus" und erst recht „Geist des Kapitalismus" nur als „idealtypische Denkgebilde" konstruierbar seien. Und zwar entweder abstrakt, dann werde der zweite der beiden Begriffe ziemlich inhaltsleer und fast reine Funktion des ersten, „oder historisch: so also, daß ‚idealtypische' gedankliche Bilder der für eine bestimmte Epoche im *Gegensatz* zu anderen *spezifischen* Züge gebildet, die *generell* vorhandenen dabei also als ebenfalls gegeben und bekannt vorausgesetzt werden. Dann kommt es natürlich gerade auf die, in dieser Art in den andren Lebensepochen des Gebildes *nicht* oder dem Grade nach spezifisch *verschieden* vorhanden gewesenen Züge an. Für den ‚Kapitalismus' des Altertums als Wirtschaftssystem habe ich dies in einer übrigens sicherlich noch sehr unvollkommenen Art (im Handwb. d. Staatswiss. Artikel ‚Agrargeschichte des Altertums') zu tun versucht[16]; – für das, was ich *‚Geist'* des *modernen* Kapitalismus nennen wollte, hatte mein Aufsatz den *Anfang* einer Ausführung darstellen sollen, welche zunächst die neuen durch die Reformationszeit eingewebten Fäden verfolgen wollte" (Weber 1910: 199).

Anschließend definiert Weber, was er unter „Kapitalismus" verstehe: „ein bestimmtes ‚Wirtschaftssystem', d.h. eine Art des ‚ökonomischen' Verhaltens zu Menschen und Sachgütern [...], welches Verwertung von ‚Kapital' ist und welches in seiner Gebahrung von uns ‚pragmatisch', d.h. durch Feststellung des nach der typisch gegebenen Sachlage ‚unvermeidlichen' oder ‚besten' *Mittels*, analysiert wird, – wie gesagt, entweder: Alles was solchen Wirtschaftssystemen zu allen Zeiten gemeinsam war, oder aber: die Spezifika eines bestimmten historischen Systems dieser Art" (Weber 1910: 199 f).

Dies bringt uns zur zweiten Konfliktlinie, der zwischen Historikern und Ökonomen, die ich hier nur kurz am Beispiel des sogenannten Meyer-Bücher-

---

[15] Das ist etwas anderes als eine Untersuchung der „Wirtschaftsstile", wie man es etwa bei Bertram Schefold (1994 und 1994-95) lesen kann.

[16] In einer Anmerkung (Anm. 32) präzisiert Weber, daß er früher nur vereinzelte Erscheinungen der antiken Wirtschaft als „kapitalistisch" zu bezeichnen geneigt war und daher Bedenken trug, von antikem „Kapitalismus" zu reden. Darüber denke er jetzt anders, wie aus seinem Artikel von 1909 (gemeint sind die *Agrarverhältnisse*) hervorgehe.

Streits behandeln werde.[17] Es ging dabei, kurz gesagt, um die Frage der Modernität oder der Primitivität der antiken Wirtschaft, genauer gesagt um die Frage, ob man die gesamte Antike dem Stadium der Oikenwirtschaft zurechnen könne. Dies in seinem Buch *Die Entstehung der Volkswirtschaft* getan zu haben, war der Vorwurf des Althistorikers Eduard Meyer an den Nationalökonomen Karl Bücher. Dieser Streit hat in der antiken Wirtschaftsgeschichte vor allem außerhalb Deutschlands eine lange Nachwirkung gehabt. Darauf kann hier nicht eingegangen werden. Es geht an dieser Stelle nur um die Einschätzung der Stellung Webers zu diesem Streit und zu dieser Frage. Webers Position ist in der antiken Wirtschaftsgeschichte in der Regel mißverstanden und in der sozialwissenschaftlichen Weber-Forschung in der Regel ignoriert worden. Das ist bedauerlich. Denn gerade hier, insbesondere in Webers Einstellung zu den Stufentheorien, liegt ein Schlüssel zum Verständnis seiner Methode und seiner Konzeption der wirtschaftshistorischen und -soziologischen Grundbegriffe.

Vor kurzem hat nun Zenonas Norkus in einem umfangreichen Buch auch die Frage der Weberschen Sicht der Wirtschaftsgeschichte aufgegriffen und in einem eigenen Kapitel über „Webers historisch-genetische Erklärungen der Entstehung des rationalen Kapitalismus" behandelt (Norkus 2001: 374-401). Die Bedeutung dieses Themas kann man nur unterstreichen. Norkus stellt Webers „Sicht der Wirtschaftsgeschichte" als eine „Geschichte der Vertiefung der Arbeitsteilung, der Entstehung und Verbreitung der Märkte oder (...) der Entwicklung der ‚Verkehrswirtschaft'" dar. Es ist eine „Entwicklungsgeschichte", deren Weg von der „Hauswirtschaft" zur „modernen Verkehrswirtschaft" führe (Norkus 2001: 388). Der Autor zieht für seine Darstellung vor allem Webers Vorlesungen zur Wirtschaftsgeschichte von 1919/20 und eine Reihe von Texten aus den 1890er Jahren heran, sowie die 3. Auflage der „Agrarverhältnisse im Altertum" von 1909. Er konzentriert sich dann verständlicherweise auf zwei Momente dieser Entwicklungsgeschichte: einerseits die mittelalterliche gewerbliche Binnenstadt (seltsamerweise jedoch ohne auch nur ein einziges Mal auf Webers Essay „Die Stadt" hinzuweisen), andererseits auf die Rolle der protestantischen Ethik.

Das Bild der „Entwicklungsgeschichte" ist natürlich nicht unrichtig, auch nicht der Hinweis auf die Bedeutung der verschiedenen Stufentheorien, die im Kontext der historischen Schule der Nationalökonomie (Marx inbegriffen) entwickelt worden sind, auch nicht die Feststellung, daß Weber in manchen der angeführten Texte dem Schema einer solchen Entwicklungsgeschichte folgt oder zu folgen scheint, insbesondere, aber nur scheinbar, in seinen späten Vorlesun-

---

[17] Vgl. dazu die knappe Darstellung von Schneider (1990 und 1999) und Finley (1979). Sehr materialreich und informativ für die gesamte zeitgenössische Diskussion, nicht nur zum Bücher-Meyer-Streit, ist die Bielefelder Dissertation von Takebayashi (2003).

gen zur Wirtschaftsgeschichte. Anders dagegen viele Jahre zuvor, in dem von Norkus als Kronzeugen zitierten Text über die Börse. So interessant dieser Text für die Wirtschaftsgeschichte ist, für die Frage nach Webers Einstellung zu den Wirtschaftsstufentheorien ist er unerheblich; Weber gibt hier nur, in pädagogischer Absicht, eine ganz allgemeine wirtschaftshistorische Einleitung. Interessant und spannend wird die Sache jedoch erst an dem Punkt, wo Weber sich von dieser Art der wirtschaftshistorischen Darstellung ausdrücklich absetzt und sozusagen soziologische Kategorien in den begriffstheoretischen Apparat seiner wirtschaftsgeschichtlichen Untersuchungen einführt.

Das läßt sich in aller Kürze an Webers Verhältnis zu Karl Bücher und dessen Stufentheorie darstellen. Im Einleitungskapitel („Zur ökonomischen Theorie der antiken Staatenwelt") der 3. Auflage der „Agrarverhältnisse im Altertum" von 1909 verteidigt Weber das Büchersche System, indem er dessen Wirtschaftsstufen als *Idealtypen* auffaßt, d.h. nicht im Sinn einer *determinierten* zeitlichen Aufeinanderfolge. Schon 1904, im sogenannten Objektivitätsaufsatz, hatte er, in bezug auf das „naturalistische Vorurteil, daß das Ziel der Sozialwissenschaften die Reduktion der Wirklichkeit auf ‚*Gesetze*' sein, ausgeführt: „Auch Entwicklungen lassen sich nämlich als Idealtypen konstruieren, und diese Konstruktionen können ganz erheblichen heuristischen Wert haben. Aber es entsteht dabei in ganz besonders hohem Maße die Gefahr, daß Idealtypus und Wirklichkeit ineinander geschoben werden. [...] ... Idealtypische Entwicklungs*konstruktion* und *Geschichte* [sind] zwei streng zu scheidende Dinge" (Weber 1988: 203 f.).

Dementsprechend insistiert er darauf, daß der Oikos in der Antike eigentlich das Ende und nicht den Anfang der Entwicklung gebildet habe.[18] In analoger Weise präsentiert Weber daran anschließend ein Schema der Organisationsstadien städtischer Entwicklung, in welche die Agrargeschichte eng verflochten sei (Weber 1924: 34 f.). Hier überwiegt zunächst der Gedanke der zeitlichen Aufeinanderfolge beziehungsweise der parallelen Entwicklung bestimmter Zustände oder Typen der politisch-sozialen Organisation (Bauerngemeinwesen, Adelspolis, bürokratisches Stadtkönigtum, Hoplitenpolis, Bürgerpolis, Leiturgiemonarchie), bevor Weber auch diesen Begriffen einen „idealtypischen" Charakter zuschreibt und sofort explizit die Reichweite solcher Begriffe relativiert. In den konkreten historischen Entwicklungsvorgängen schlössen sich „überhaupt oft Einzelzüge aus *verschiedenen* jener begrifflich geschiedenen ‚Stadien' zu einem spezifisch gearteten konkreten Ganzen zusammen" (Weber 1924: 44).

---

[18] Natürlich findet sich Oikenwirtschaft auch am Anfang der antiken Entwicklung, zum Beispiel oikenmäßiges Gewerbe in ägyptischen Fürstenhaushalten (Weber 1972: 86 f.). Vgl. dazu auch im Kapitel III (Typen der Vergemeinschaftung und Vergesellschaftung) den § 7: Die Entwicklung zum „Oikos" (Weber 1972: 230 ff.).

Im Hinblick auf solcherart idealtypische Konstruktionen, die gerade nicht „genetische Klassifikationen" (Weber 1988: 204) sind, hat Weber dann wenige Jahre später Karl Bücher um einen einleitenden Beitrag über die Entwicklungsstufen der Wirtschaft für den *Grundriß der Sozialökonomik* gebeten.[19] Der Text, den Bücher dann im Januar 1913 ablieferte und der im ersten Band des *Grundrisses* abgedruckt ist (Bücher 1914), erregte dermaßen Webers Unwillen, daß, wollte man Webers wiederholten brieflichen Äußerungen Glauben schenken, seine eigene gesamte spätere Soziologie als Ersatz für Büchers Fehlleistung verstanden werden könnte: „*Eben* geht ein sehr dürftiger Einleitungs-Artikel *Büchers* ein, 37 Quartseiten lang, also schwerlich mehr als 1 – 1¼ Bogen! Jetzt muß *ich* in diese Bresche springen. Das kostet *2 Monate* mindestens, also ist *mein* Artikel im *Mai* fertig" (Brief an Paul Siebeck vom 28. Januar 1913).[20] „Ich hoffe, der große Artikel ‚Wirtschaft, Gesellschaft, Recht, Staat' wird das systematisch Beste, was ich bisher geschrieben habe, gerade weil ich ihn jetzt Bücher's wegen umarbeiten mußte" (8. Februar 1913, an Paul Siebeck). Ich selbst habe meinen Beitrag zu einer Soziologie ausgearbeitet, um Ersatz für Büchers Minderleistung zu bieten" (3. November 1913, an Paul Siebeck). „Da Bücher ja – Entwicklungsstufen – *ganz* unzulänglich ist, habe ich eine geschlossene soziologische Theorie und Darstellung ausgearbeitet, welche alle großen Gemeinschaftsformen zur Wirtschaft in Beziehung setzt: von der Familie und Hausgemeinschaft zum ‚Betrieb', zur Sippe, zur ethnischen Gemeinschaft, zur Religion (alle großen Religionen der Erde umfassend: Soziologie der Erlösungslehren und religiösen Ethiken, – was Tröltsch gemacht hat, jetzt für alle Religionen, nur wesentlich knapper, endlich eine umfassende soziologische Staats- und Herrschaftslehre. Ich darf behaupten, daß es noch *nichts* dergleichen gibt, auch kein ‚Vorbild'" (Brief an Paul Siebeck vom 30. Dezember 1913; vgl. Weber 2003).

Man ist natürlich nicht gezwungen, Webers briefliche Äußerungen auf die Goldwaage zu legen. Auffällig ist es aber doch, wie Weber über ein ganzes Jahr hinweg Büchers unzulängliche „Entwicklungsstufen" zum Ausgangspunkt für seine Soziologie der Gemeinschaftsformen erklärt. Ich habe deshalb diese Briefstellen hier in größerer Ausführlichkeit und Vollständigkeit wiedergegeben, als Wolfgang Mommsen dies in seiner Einleitung zur Edition des ersten Bandes aus dem Nachlaß von *Wirtschaft und Gesellschaft* im Rahmen der Max-Weber-Gesamtausgabe getan hat. Weber versuchte in der gleichen Zeit Johann Plenge für einen Beitrag über das Problem der Wirtschaftsstufen zu gewinnen: „*Meine*

---

[19] Es ist nicht ganz klar, von wem die Initiative ausging. Weber rechnete vor allem mit einem Beitrag Büchers über „Handel", den dieser dann nicht geliefert hat.

[20] Winckelmann meinte hierzu: „Büchers Beitrag [...] ließ jegliche Erörterung der Thematik: Die Wirtschaft in ihren Beziehungen zu den gesellschaftlichen Formen und Institutionen, vermissen" (Winckelmann 1986: 16).

persönlichen Ansichten über diesen Punkt sind z. Zt. in starkem Wandel begriffen und – nachdem Bücher mich im Stich gelassen hat, denn was er lieferte, taugt nichts – werde ich frühestens bei einer etwaigen *Neu*auflage des ‚Handbuchs' in der Lage sein, zu *meinem* Teil etwas zu *diesem* Problem beizutragen, würde es aber lieber sehen, wenn Sie es thäten. Diesmal bildet mein Artikel ‚Wirtschaft und Gesellschaft' ganz andre Dinge als ‚Wirtschaftsstufen'. Die Arbeitskraft langt z. Zt. nicht" (11. August 1913 an Johann Plenge; vgl. auch den Brief vom 4. November 1913 in Weber 2003). Daß Weber hier zu verstehen gebe, er selbst wolle „in der zweiten Auflage des ‚Grundrisses' eine eigene Stufentheorie" liefern (Weber 2001: 35), führt den Leser auf eine falsche Fährte. Denn das hätte völlig der bisherigen Behandlung dieser Frage durch Weber widersprochen und verstellt den Blick auf einen anderen wichtigen Zusammenhang. Darauf komme ich im nächsten Abschnitt zurück.

Rückblickend mag es rätselhaft erscheinen, daß Weber das seit Beginn seiner Planung prominent an den Anfang des Grundrisses plazierte Kapitel „Epochen und Stufen der Wirtschaft" (so der ursprüngliche Titel im Stoffverteilungsplan für das *Handbuch der politischen Ökonomie* vom Mai 1910) Karl Bücher anvertraut hat. Was Weber von Bücher erwartet hatte (oder vorgab erwartet zu haben), läßt sich meines Erachtens aus zwei Zusammenhängen erschließen. Weber hatte Büchers historisch-ökonomische Methode zustimmend in dem Sinne interpretiert, daß hier Geschichte, d.h. das Anschauungsmaterial aus der empirisch-historischen Wirklichkeit nicht zur Dienerin der Theorie gemacht werde, sondern umgekehrt. Bücher schien für Weber der Gefahr entgangen zu sein, „die Idealkonstruktion einer Entwicklung [z.B. eine Stufentheorie; H.B.] mit der begrifflichen Klassifikation von Idealtypen bestimmter Kulturgebilde (z.B. der gewerblichen Betriebsformen von der ‚geschlossenen Hauswirtschaft' ausgehend [...]) zu einer *genetischen* Klassifikation ineinandergearbeitet" zu haben, wie er, Weber, das „an dem für uns weitaus wichtigsten Fall idealtypischer Konstruktionen zu demonstrieren [absichtlich vermieden habe]: an *Marx*" (Weber 1988: 204).

Der zweite Zusammenhang ergibt sich aus der zentralen Bedeutung, die Bücher für Weber bis zum Schluß aufgrund des von ihm entwickelten wirtschaftshistorischen und ökonomischen Begriffsapparats für die Analyse der Formen des Handwerks und der Arbeitsbeziehungen allgemein im Mittelalter hat. Noch in den späten Teilen von *Wirtschaft und Gesellschaft* greift Weber explizit zurück auf Büchers Lehre von der Arbeitsteilung (Berufsbildung, Berufsspaltung, Produktionsteilung, Arbeitszerlegung, Arbeitsverschiebung) und, spiegelbildlich dazu, die gesellschaftliche Koordinierung der einzeln aufgeteilten Verrichtungen: Arbeitshäufung, Arbeitsverbindung, gesellige Arbeit, Berufsvereinigung (in einer Person); Gang der gewerblichen Entwicklung, Betriebssysteme, Hauswerk, Lohnwerk, Handwerk, Verlagssystem und Fabrik (vgl. Spahn

2004; Winkel 1977: 108 f.). Und es ist durchaus bemerkenswert, daß Karl Bücher der einzige Wirtschaftswissenschaftler ist, auf dessen Begriffsapparat Weber in der Vorbemerkung zu den „Soziologischen Grundkategorien des Wirtschaftens" hinweist.

3 Zu Webers wirtschaftsgeschichtlichen Kategorien und (Grund-)Begriffen

In seinem Exposé zur Bielefelder Max-Weber-Tagung wies Klaus Lichtblau darauf hin, daß es Weber bei der Ausarbeitung seiner Grundbegriffe darum ging, „den in der deutschsprachigen Geschichtswissenschaft und Nationalökonomie seiner Zeit geführten Methodenstreit zwischen einer primär historisch und einer primär theoretisch orientierten Wirtschaftswissenschaft bzw. einer primär an der politischen Ereignisgeschichte und einer am Eigensinn der Kultur und der Gesellschaft orientierten Geschichtswissenschaft durch die Einführung einer soziologischen Begriffssprache zu überwinden, die gewissermaßen einen theoretischen Ersatz für die innerhalb der historischen Forschung unbrauchbaren Axiome der abstrakten Wirtschaftstheorie seiner Zeit darstellen sollte" (Lichtblau 2004: 3).[21] Vielleicht sollte man in dieser Darstellung das Element der „soziologischen Begriffssprache" durch die Elemente des methodischen Verfahrens der „Typen- und Systembildung" einerseits, das der Konstruktion, Dekonstruktion und Rekonstruktion von Begriffen andererseits ergänzen.

Begriffliche Systematiken finden sich bei Weber in unterschiedlichen Formen. Man denke etwa an die „Einleitung" in *Die Wirtschaftsethik der Weltreligionen*, oder an die „Zwischenbetrachtung", oder auch an das erste Kapitel der unvollendeten Untersuchung über *Die Stadt*: „Begriff und Kategorien der Stadt". An drei Stellen zumindest findet sich ferner eine Systematik von Grundbegriffen, bezogen auf eine wissenschaftliche Disziplin oder Subdisziplin: erstens in der Form eines Kapitels von mehr als 30 Seiten über „Die begrifflichen Grundlagen der Volkswirtschaftslehre" in Webers *Grundriss zu den Vorlesungen über Allgemeine („theoretische") Nationalökonomie (1898)*; zweitens als „Soziologische Kategorienlehre" am Anfang von *Wirtschaft und Gesellschaft* (Kapitel I: „Soziologische Grundbegriffe"; Kapitel II: „Soziologische Grundkategorien des Wirtschaftens"); und drittens als „Begriffliche Vorbemerkung" (I. Grundbegriffe; II. Typen der wirtschaftlichen Leistungsgliederung; III. Charakter der Wirtschaftsgeschichte) in der von S. Hellmann und M. Palyi herausgegebenen *Wirtschafts-*

---

[21] Vgl. auch die entsprechenden wortgleichen Ausführungen von Klaus Lichtblau in der Einleitung zu diesem Sammelband.

geschichte. Die ja aufgrund der zeitlichen und thematischen Nähe von Webers Vorlesungen zur Wirtschaftsgeschichte zum ersten (also zeitlich späteren) Teil von *Wirtschaft und Gesellschaft* keineswegs überraschende Übereinstimmung der beiden zuletzt genannten Begriffssystematiken hat, wie erwähnt, dazu geführt, daß Frank Knight das Begriffskapitel von Webers *Wirtschaftsgeschichte* unter dem Vorwand, es sei von den Herausgebern unter Rückgriff auf *Wirtschaft und Gesellschaft* zusammengestellt worden, nicht in die englische Übersetzung übernommen hat.[22] Dahinter stand wohl bewußt oder unbewußt auch die Auffassung, daß eine derartige Systematik und begriffliche Definitionen für die Wirtschaftsgeschichte entbehrlich seien.[23]

Ich möchte zum Schluß nur auf einen Aspekt dieser Grundbegriffe hinweisen, der in direktem Zusammenhang mit den oben skizzieren Irritationen Webers über Büchers Beitrag zum *Grundriß der Sozialökonomik* stehen. Das betrifft den Begriff des Verbandes, den Weber schon im Abschnitt VII. („Anstalt" und „Verband") seines Kategorienaufsatz von 1913 behandelt hatte, sowie das Kapitel „Gemeinschaften" des früheren Teils von *Wirtschaft und Gesellschaft*. In den „Soziologische(n) Grundkategorien des Wirtschaftens" geht es Weber um den *wirtschaftlich orientierten Verband*. Er unterscheidet hierbei (a) wirtschaftender Verband, (b) Wirtschaftsverband, (c) wirtschaftsregulierender Verband und (d) Ordnungsverband.

In der *Wirtschaftsgeschichte* geht Weber von der Wirtschaftseinheit aus, die er als Wirtschaftsverband bezeichnet.[24] Dieser ist *primär* wirtschaftlich orientiert. Ihm gegenüber stehen alle Verbände, die zwar in das Wirtschaftsleben eingreifen, jedoch selbst nicht Wirtschaftsverbände sind. Er unterscheidet hier *wirtschaftende Verbände*, die primär andere als ökonomische Ziele verfolgen, von Verbänden, die sich darauf beschränken, das wirtschaftliche Handeln anderer „formal zu normieren" (*Ordnungsverbände*) oder „material zu regulieren" (*wirtschaftsregulierende Verbände*). Letztere Kategorie wird dann noch unterteilt in *Verwaltungsverband* (Planwirtschaft, Kriegswirtschaft) und *Regulierungsverband* (z.B. Zünfte).

---

[22] Siehe dazu ausführlicher den Beitrag von Keith Tribe in diesem Band.

[23] Was Max Weber dazu gesagt hätte, das hätte Knight in „Agrarverhältnisse im Altertum" nachlesen können, wo Weber, wie schon zu Beginn zitiert, feststellt, „daß die Fortschritte der Erkenntnis der Historiker [...] dadurch erzielt sind, daß sie (erfreulicherweise) mit dem Kalbe der verachteten ökonomischen ‚Theoretiker' zu pflügen begannen und so zu *klaren Begriffen* kamen" (Weber 1924: 279).

[24] Die unterschiedliche Position des „Wirtschaftsverbandes" in der *Wirtschaftsgeschichte* im Vergleich zu den etwa gleichzeitig redigierten „Soziologischen Grundkategorien des Wirtschaftens" kann natürlich mit der Überlieferungslage des Vorlesungstextes zusammenhängen. Man sollte daher nicht zu spitzfindig den Unterschied zwischen diesen beiden Begriffssystemen zu erklären versuchen.

Im ersten Teil von *Wirtschaft und Gesellschaft*, in den „Soziologischen Grundkategorien des Wirtschaftens", nimmt Weber seine Kritik an den Theorien der ökonomischen Entwicklungsstufen wieder auf, in vorläufiger Art, wie er hinzufügt: „Es ist nachstehend über das Problem der ökonomischen ‚Entwicklungsstufen' noch nichts bzw. nur, soweit nach der Natur der Sache absolut unvermeidlich und beiläufig etwas zu sagen. Nur soviel sei hier vorweg bemerkt: Mit Recht zwar unterscheidet man neuerdings genauer: Arten der *Wirtschaft* und Arten der Wirtschafts*politik*. Die von Schönberg präludierten *Schmoller*schen und seitdem abgewandelten Stufen: Hauswirtschaft, Dorfwirtschaft – dazu als weitere ‚Stufe': grundherrliche und patrimonialfürstliche Haushalts-Wirtschaft –, Stadtwirtschaft, Territorialwirtschaft, Volkswirtschaft, waren in *seiner* Terminologie bestimmt durch die Art des wirtschaftsregulierendes *Verbandes*. Aber es ist nicht gesagt, daß auch nur die Art dieser Wirtschafts*regulierung* bei Verbänden verschiedenen Umfangs verschieden wäre" (Weber 1972: 64). Dann nennt Weber Beispiele: die deutsche Territorialwirtschaftspolitik bestehe in weitem Umfang aus der Übernahme stadtwirtschaftlicher Regulierungen, und ihre neuen Maßnahmen seien nicht spezifisch verschieden von der ‚merkantilistischen' Politik spezifisch patrimonialer, dabei aber schon relativ rationaler *Staaten*verbände.

Weber bestreitet den angenommenen Parallelismus von Wirtschaftsstufen (Oikos, Stadt, Staat) und Typus der Wirtschaftsregulierung und fügt hinzu: „Vollends ist aber nicht gesagt, daß die innere Struktur der Wirtschaft: die Art der Leistungsspezifikation oder –Spezialisierung und – Verbindung, die Art der Verteilung dieser Leistungen auf selbständige Wirtschaften und die Art der Appropriation von Arbeitsverwertung, Beschaffungsmitteln und Erwerbschancen mit demjenigen Umfang des Verbandes parallel ging, der (möglicher!) Träger einer Wirtschafts*politik* war und vollends: daß sie mit dem Umfang dieses immer gleich*sinnig* wechsle. Die Vergleichung des Okzidents mit Asien und des modernen mit dem antiken Okzident würde das Irrige dieser Annahmen zeigen. Dennoch kann bei der *ökonomischen* Betrachtung niemals die Existenz oder Nicht-Existenz *material* wirtschaftsregulierender Verbände – aber freilich nicht nur gerade: *politischer* Verbände – und der prinzipielle *Sinn* ihrer Regulierung beiseite gelassen werden. Die Art des *Erwerbs* wird dadurch sehr stark bestimmt. Zweck der Erörterung ist auch hier vor allem: Feststellung der optimalen Vorbedingungen *formaler* Rationalität der Wirtschaft und ihrer Beziehungen zu *materialen* ‚Forderungen' gleichviel welcher Art" (Weber 1972: 64 f.).

Weber erledigt hier das Problem der Wirtschaftsstufen („Problem" in bezug auf die Bedeutung dieser Frage in der Historischen Schule der Nationalökonomie), indem er die Frage nach der *Art der Wirtschaftsregulierung* in den Vordergrund stellt und mit der Frage nach den Verbänden zusammenführt. Das aber führt uns in das Jahr 1913 zurück, in dem Weber nicht nur an den „Gemeinschaften" schreibt, sondern gleichzeitig auch an der erst 1921 posthum veröffentlichten Studie „Die Stadt". In den „Gemeinschaften", zumal im Kapitel „Wirtschaftliche Beziehungen der Gemeinschaften im allgemeinen" schwankt Weber zwischen den Begriffen Verband und Gemeinschaft, zieht dann den letzteren vor.[25] In „Die Stadt" jedoch ist der Sprachgebrauch umgekehrt: hier ist der „Verband" allgegenwärtig. Die zuvor zitierten Sätze aus den „Soziologischen Grundkategorien des Wirtschaftens" können in gewisser Weise als eine etwas abstrakte Zusammenfassung eines, wenn nicht des zentralen Themas der „Stadt" gelesen werden. Denn diese ist in weitem Maße eine Studie über die Stadtwirtschaftspolitk unterschiedlicher städtischer Verbände in einem jeweils unterschiedlich strukturierten Umfeld (vgl. Bruhns 2000 und 2001).

Den engen Zusammenhang dieses Textes mit den *Agrarverhältnissen im Altertum* hat man immer gesehen; die wirtschaftshistorische und ökonomische Dimension beider Arbeiten ist jedoch bisher wenig beachtet worden. Liest man sie jedoch im Kontext von Webers Auseinandersetzung mit der Historischen Schule und der Grenznutzenschule (oder der Neoklassik allgemein), dann rückt folgender Argumentionszusammenhang in den Vordergrund:

a. In der 3. Auflage der *Agrarverhältnisse im Altertum* von 1909 untersucht Weber die Agrargeschichte der Antike unter dem Blickwinkel *städtischer* (politisch-gesellschaftlicher) Organisation und im Hinblick auf Stadtwirtschaftssysteme. Das Ergebnis ist erstens: Die Entwicklung der antiken Wirtschaft und des antiken Kapitalismus verläuft nicht mit der Tendenz einer Annäherung, sondern im Gegenteil mit der Tendenz einer Entfernung von den Strukturmerkmalen des modernen Kapitalismus (Weber 1924: 270). Schon damit widerspricht Weber der Stufentheorie in ihrer methodisch falschen Form als genetischer Klassifikation. Zweitens: *Diejenige* Epoche in der Antike, in welcher der Kapitalismus seinen höchsten Stand erreicht, ist gleichzeitig die, in der die Art der Rationalität der Stadtwirtschaftspolitik sich radikal von derjenigen der mittelalterlichen Stadtwirtschaftspolitik unterscheidet, welche ihrerseits den Ausgangspunkt der Entwicklung zum modernen Kapitalismus bildet. Umgekehrt verhält es sich nach Weber im Hellenismus und in der römischen Kaiserzeit: Hier entsprechen die Entwicklung des Gewerbes (Weber 1924: 278) und die ökonomische Rationalität der Stadtwirtschaftspolitik (falls man noch von solcher sprechen kann) der mittelalterlichen Stadt, fallen aber mit dem *Niedergang* des antiken Ka-

---

[25] Vgl. die Bemerkungen von W. J. Mommsen in seiner Einleitung zu dem im Rahmen der Max-Weber-Gesamtausgabe erschienenen Teilband „Gemeinschaften" aus dem Nachlaß von *Wirtschaft und Gesellschaft* (Weber 2001: 38 ff.); allerdings wird hier die Terminologie in der Abhandlung über die Stadt nicht beachtet.

pitalismus zusammen, wohingegen „die mittelalterliche Stadtentwicklung für [den modernen Kapitalismus und den modernen Staat] zwar keineswegs die allein ausschlaggebende Vorstufe und gar nicht ihr Träger war, aber als ein höchst entscheidender Faktor ihrer Entstehung allerdings nicht wegzudenken ist" (Weber 1999b: 233).

b. Diese Erkenntnis ist die entscheidende Grundlage für die Idealtypenbildung der „Stadt" (Mittelalter / Antike; Südeuropäische Stadt / nordeuropäischkontinentale Binnenstadt; okzidentale / orientalische Stadt) als begrifflichanalytisches Instrument für die Analyse der Entwicklungsgeschichte des modernen Kapitalismus, nicht nur im Vergleich zum antiken Kapitalismus, sondern auch im Vergleich zum chinesischen Wirtschaftssystem.[26]

c. Weber analysiert die Stadtwirtschaftspolitik der Antike und des Mittelalters als Verbandspolitik. Die mittelalterliche Stadt erscheint als ein *wirtschaftsregulierender* Verband, die antike Stadt, in idealtypischer Zuspitzung als ein *wirtschaftender* Verband. Die spätere, oben dargelegte Begriffssystematik wird im Kapitel „Begriff und Kategorien der Stadt" schon explizit gebraucht (Weber 1999b: 70 und 98); sie wird ganz offensichtlich (und das Gegenteil wäre ja auch sehr erstaunlich[27]) aus den materialen Untersuchungen heraus entwickelt, um Ordnung in die „ungegliederte Mannigfaltigkeit der *Fakta*" (Weber 1924: 280) bringen zu können.

d. (d) Es ist ganz sicher kein Zufall, daß Weber in „Die Stadt" seine Analyse der Stadtwirtschaftspolitik als Verbandshandeln in der idealtypischen Gegenüberstellung von „homo politicus" (antike Stadt = Bürgerzunft und Kriegerzunft, deren Wirtschaftshandeln primär politisch und militärisch orientiert ist) und „homo œconomicus" (mittelalterliche Stadt, primär ökonomisch orientiert) gipfeln läßt und damit eine zentrale Kategorie der zeitgenössischen ökonomischen Neoklassik aufgreift und in völlig anderer Weise ableitet und definiert: „Die politische Situation des mittelalterlichen Stadtbürgers wies ihn auf den Weg, *homo œconomicus* zu sein [...]" (Weber 1999b: 275; vgl. 263 und 283). Nicht die Natur des Menschen macht diesen zum *homo œconomicus*, sondern bestimmte strukturelle Bedingungen – po-

---

[26] Vgl. dazu die Agrarverhältnisse im Altertum (Weber 1924: 263): Das Problem von der Herkunft der Eigenart der spätmittelalterlichen und neuzeitlichen Wirtschaftsverfassung (und des modernen Kapitalismus) liege in zwei Fragen: 1. Entwicklung des Marktes: wie entwickelte sich im Mittelalter die Abnehmerschaft für die später kapitalistisch organisisierten Gewerbe? 2. die Richtung der Ordnung der Produktion: wie geriet das Verwertungsstreben des Kapitals in die Bahn der Schaffung derjenigen Organisation „freier" Arbeit, die das Altertum nicht gekannt hatte? (ebd., S. 15, wo Weber diese Frage aus der rein ökonomischen Definition des Kapitalismus ausschließt).

[27] Vgl. Weber 1988: 207, wo Weber betont, „daß in den Wissenschaften von der menschlichen Kultur die Bildung der Begriffe von der Stellung der Probleme abhängt".

litische, militärische, geographische, usw. – des Verbandes, dem der wirtschaftende Mensch angehört. Bedingungen, die, im Fall des mittelalterlichen Stadtbürgers, diesen „auf den Weg *rationaler* Wirtschaftsmittel" hinwiesen (Weber 1999b: 289). Im entschiedenen Gegensatz zu dem Stadtbürger des Mittelalters, wie auch zu der „auf die Bahn eines relativ modernen bürgerlichen Erwerbs" hingewiesenen Schicht der Freigelassenen im Rahmen des politisch orientierten Kapitalismus Roms konnte der „typische Demos der Vollbürger in der hellenischen Stadt, der die politisch bedingten *Renten*: Staatsrenten, Tagegelder, Hypothekarenten, Landrenten monopolisiert", „unmöglich primär in der Richtung des befriedeten *ökonomischen* Erwerbs und eines *rationalen* Wirtschaftsbetriebes orientiert sein" (Weber 1999b: 282 f. und 288).

Ebenso eindeutig wie Weber immer auf die Bedeutung von Begriffsbildung und Begriffssystematik für die Wirtschaftsgeschichte (und die Kulturwissenschaften insgesamt) hingewiesen hat, ebenso klar hat er ausgedrückt, daß Begriffs- und Kategorienlehre nicht das Ziel der Wissenschaft sind. In den „Soziologische(n) Grundkategorien des Wirtschaftens" in *Wirtschaft und Gesellschaft*, präzisiert Max Weber in Hinsicht auf soziologische und ökonomische Analyse: er verzichte hier bewußt auf wirkliche „Erklärung" (auf der Grundlage *theoretischer* Erwägungen über die materialen ökonomischen Bedingtheiten der Wirtschaftsstruktur) und beschränke sich „(vorläufig) auf soziologische *Typisierung*. Dies ist sehr stark zu betonen. Denn nur *ökonomische* Tatbestände liefern das Fleisch und Blut für eine wirkliche Erklärung des Ganges auch der soziologisch relevanten Entwicklung. Es soll eben vorerst hier nur ein Gerippe gegeben werden, hinlänglich, um mit leidlich eindeutig bestimmten Begriffen operieren zu können. Daß an dieser Stelle, also bei einer schematischen Systematik, nicht nur die empirisch-historische, sondern auch die typisch-*genetische* Aufeinanderfolge der einzelnen möglichen Formen nicht zu ihrem Recht kommt, ist selbstverständlich" (Weber 1972: 63).

In den von mir zu Beginn als Höhepunkt wirtschaftsgeschichtlicher Fragestellungen bezeichneten Schriften Webers geht es in großem Maße um die Analyse derartiger typisch-*genetischer* Aufeinanderfolgen. In diesem Sinne sind auch Webers Vorlesungen zur Wirtschaftsgeschichte nicht Entwicklungsgeschichte, sondern weitgehend Prozeßanalyse (vgl. Lallement 2004: 61), soweit das Genre der Einführungsvorlesung dies erlaubte, und soweit die Ungewißheiten der Textüberlieferung eine solche Feststellung gestatten. Festzuhalten bleibt, daß diese Art der wirtschaftsgeschichtlichen Analyse (Prozesse, Begriffskonstruktionen) keine Erscheinung des „späten", des sogenannten „soziologischen" Webers ist. Ein Musterbeispiel stellt in dieser Hinsicht der Essay über „Die sozialen Gründe des Untergangs der antiken Kultur" aus dem Jahr 1896 dar, der vor dem Hintergrund der Debatten über die Entwicklungsstufen und des Konfliktes zwischen der Grenznutzenschule und der Historischen Schule gelesen werden muß (vgl. Albert 1990; Bruhns 1998: 52-59). Die *Problematik* der „Entwicklungsstufen" bleibt in Webers Werk bis zum Schluß präsent. In der dritten Auflage der „Agrarverhältnisse im Altertum" von 1909 hatte Weber schon angekündigt, wie er selbst mit diesem Problem umgehen würde: „Eine wirklich kritische *Vergleichung* der Entwicklungsstadien der antiken Polis und der mittelalterlichen Stadt [...] wäre ebenso dankenswert wie fruchtbar, – natürlich nur, wenn sie als Ziel *nicht*, nach Art der heute modischen Konstruktionen von generellen Entwicklungsschemata, nach ‚Analogien' und ‚Parallelen' jagt, sondern gerade umgekehrt nur dann, wenn ihr Zweck die Herausarbeitung der *Eigenart* jeder von beiden, im Endresultat so verschieden Entwicklungen und so die Leitung der kausalen *Zurechnung* jenes verschiedenen Verlaufs ist" (Weber 1924: 288).

Das hat Weber dann in den folgenden Jahren bis 1914 in „Die Stadt" unternommen. Ein Teil des theoretischen Ertrags dieser Untersuchung ist dann in die „Soziologischen Grundkategorien des Wirtschaftens" eingeflossen und hier begrifflich systematisiert worden. Aus der Perspektive der Frage nach der Bedeutung der Wirtschaftsgeschichte ist dieses Kapitel II von *Wirtschaft und Gesellschaft* besonders interessant. Zwar behauptet Weber zu Beginn, es solle hier keinerlei „Wirtschaftstheorie" getrieben werden (und wie so häufig setzt er „Wirtschaftstheorie" in Anführungszeichen), sondern es gehe allein um Begriffsdefinitionen und um die Feststellung gewisser allereinfachster soziologischer Beziehungen innerhalb der Wirtschaft. Und er fügt hinzu: „Jegliche ‚Dynamik' bleibt vorerst noch beiseite", um den Gedanken im letzten Satz des Kapitels wieder aufzunehmen: „Die Zusammenhänge der ökonomischen Dynamik mit der Gesellschaftsordnung werden s. Z. stets erneut erörtert werden" (Weber 1972: 31 und 121).[28] Dennoch sind in der vielfältigen Kasuistik der soziologischen, d.h. theoretischen Beziehungen innerhalb der Wirtschaft, die Weber hier präsentiert, die historische Dynamik und die geschichtliche Entwicklung keineswegs ganz abwesend. Die Kasuistik arbeitet, wie auch in anderen Bereichen, ständig mit Fallbeispielen aus der Gegenwart, aus den verschiedensten, sehr fernliegenden historischen Epochen und aus den entferntesten Kulturräumen. Die Analyse soziologischer Beziehungen in der Wirtschaft (zum Beispiel die Beziehung zwischen Wirtschaft und primär außer-

---

[28] Der Ausschluß der „Dynamik" aus einer so verstandenen „Wirtschaftstheorie" ist für Weber ein methodisch wichtiges Prinzip. Schon im Stoffverteilungsplan (1910) für das Handbuch der politischen Ökonomie hatte er im Hinblick auf das v. Wieser zugedachte Kapitel „Wirtschaftstheorie" präzisiert: „Die Darstellung soll mittelst abnehmender Abstraktion bis an die empirische Wirklichkeit herangeführt werden. Ausgeschlossen: ‚dynamische' Probleme" (Weber 1994: 767).

wirtschaftlich orientierten Verbänden bei der Art der Beschaffung der Nutzleistungen für das Verbandshandeln oder die Rückwirkung der Art der Deckung des Verbandsbedarfs der politischen und hierokratischen Verbände auf die Gestaltung der Privatwirtschaften wird analysiert im Hinblick auf die Förderung, oder Hemmung, sei es des marktorientierten, sei es des politisch orientierten Kapitalismus. Weber präzisiert in diesem Zusammenhang: „Ehe auf die Entwicklungsstufen und Entwicklungsbedingungen der Wirtschaft zurückgekommen wird, muß erst die rein soziologische Erörterung der *außer*wirtschaftlichen Komponenten vorgenommen werden" (Weber 1972: 118).

Max Weber hat seine „soziologischen Grundkategorien des Wirtschaftens" in 41 Paragraphen aufgeteilt.[29] In einer Vorbemerkung zu diesem Kapitel betont er, wie schon erwähnt, daß es ihm hier nicht um Wirtschaftstheorie gehe, sondern lediglich um die Definition „einiger weiterhin oft gebrauchter Begriffe" und um die Feststellung gewisser allereinfachster soziologischer Beziehungen innerhalb der Wirtschaft (Weber 1972: 31). Diese Art *klassifikatorischer* Begriffe hat Weber schon im Objektivitätsaufsatz als eine aufgrund der diskursiven Natur unseres Erkennens notwendige „Begriffsstenographie" bezeichnet, die für die Eindeutigkeit der *Darstellung* der Wirklichkeit innerhalb der Kulturanalyse unvermeidlich sei (Weber 1988: 195). Die „Spezialisierung und Kasuistik" von Typen und Kategorien speist sich, das ist ja ganz offensichtlich, in großem Maße aus der Empirie, aus der Geschichte der Wirtschaft. Die historische Analyse und Darstellung kann jedoch auf die Vollständigkeit solcher „Spezialisierung und Kasuistik" verzichten, anders als etwa eine „streng ökonomische Städtetheorie", wie Weber dies im Hinblick auf den ökonomischen Begriff und die ökonomische Kategorie der Stadt feststellt (Weber 1999b: 67). Das eigentliche Thema, die Dynamik der gegenseitig aufeinander bezogenen Entwicklungen von Wirtschaft und gesellschaftlichen (politischen, religiösen usw.) Ordnungen bleibt aus der kategorialen Kasuistik „vorerst", so Weber (1972: 31) ausgeschlossen. Nicht jedoch so konsequent, wie Johannes Winckelmann (1986: 138) dies meint. Denn die aus der historischen Erfahrung abgeleiteten Kategorien werden von Weber schon in ihrer formalen Definition inhaltlich auf diese Dynamik bezogen: so zum Beispiel im Falle der Art der Deckung des Verbandsbedarfs der *politischen* Verbände und ihrer Auswirkung auf die Gestaltung der Privatwirtschaften, so im Hinblick auf die Beziehung zwischen Wirtschaft und *Verbandsbildung* (ökonomisches Interesse am Fortbestand des Verbandes) und vor allem im Hinblick auf das Wirtschaften selbst, das in der Verkehrswirtschaft immer „von den *einzelnen* Wirtschaftenden zur Deckung *eigener*, ideeller oder materieller, Interessen un-

---

[29] Siehe bei Winckelmann (1986: 126) die nützliche Zusammenstellung auf nur einer Seite. Die „Grundbegriffe" und „Typen der wirtschaftlichen Leistungsgliederung" in der *Wirtschaftsgeschichte* folgen diesem Schema in verkürzter Form.

ternommen und durchgeführt" werde, auch dann, wenn es sich an den Ordnungen von wirtschaftenden, Wirtschafts- oder wirtschaftsregulierenden *Verbänden* orientiere (Weber 1972: 119).

Literatur

Abelshauser, Werner, 2004: L'école historique et les problèmes d'aujourd'hui. S. 19-38, in: Hinnerk Bruhns (Hrsg.), Histoire et économie politique en Allemagne de Gustav Schmoller à Max Weber. Nouvelles perspectives sur l'école historique de l'économie. Paris.

Albert, Hans, 1990: Methodologischer Individualismus und historische Analyse. S. 219-239, in: Karl Acham / Winfried Schulze, Teil und Ganzes. Zum Verhältnis von Einzel- und Gesamtanalyse in Geschichts- und Sozialwissenschaften. München.

Andreau, Jean / Etienne, Roland, 1984: Vingt ans de recherches sur l'archaïsme et la modernité des sociétés antiques. Revue des Etudes Anciennes 86: 55-83.

Below, Georg von, 1904: Zur Würdigung der historischen Schule der Nationalökonomie. Zeitschrift für Sozialwissenschaft 7: 145-185, 221-237, 304-329; 367-391, 451-466, 654-659, 710-716 und 787-804.

Below, Georg von, 1907: Wirtschaftsgeschichte innerhalb der Nationalökonomie. Vierteljahresschrift für Sozial- und Wirtschaftsgeschichte 5: 481-524.

Boelcke, Willi A., 1987: Wirtschafts- und Sozialgeschichte. Einführung, Bibliographie, Methoden, Problemfelder. Darmstadt.

Borchardt, Knut, 2000: Max Webers Börsenschriften: Rätsel um ein übersehenes Werk. Bayerische Akademie der Wissenschaften, philosophisch-historische Klasse. Sitzungsberichte, Jahrgang 2000, Heft 4. München.

Braudel, Fernand, 1979: Civilisation matérielle, économie et capitalisme. Band 2. Paris.

Braudel, Fernand, 1985: La dynamique du capitalisme. Paris.

Bruhns, Hinnerk / Andreau, Jean (Hrsg.), 2004: Sociologie économique et économie de l'Antiquité : à propos de Max Weber. Cahiers du Centre de recherches historiques 34.

Bruhns, Hinnerk / Nippel, Wilfried, 1991: Max Weber, M.I. Finley et le concept de la cité antique. OPUS. Rivista internazionale per la storia economica e sociale dell'antichità VI-VII (1987-1989): 27-50.

Bruhns, Hinnerk, 1996: Max Weber, l'économie et l'histoire. Annales. Histoire, Sciences Sociales 51: 1259-1287.

Bruhns, Hinnerk, 1998: A propos de l'histoire ancienne et de l'économie politique chez Max Weber. S. 9-59 in: Max Weber: Economie et société dans l'Antiquité. Précédé de: Les causes sociales du déclin de la civilisation antique. Paris.

Bruhns, Hinnerk, 1999: La storia economica: nascita della disciplina e situazione attuale. Il caso della Germania. Storica 1998: 103-117.

Bruhns, Hinnerk, 2000: Webers „Stadt" und die Stadtsoziologie. S. 39-62 in: Hinnerk Bruhns / Wilfried Nippel (Hrsg.), Max Weber und die Stadt im Kulturvergleich. Göttingen.

Bruhns, Hinnerk, 2001: La ville bourgeoise et l'émergence du capitalisme moderne. Max Weber : Die Stadt (1913/14-1921). S. 47-78, 315-319 und 344-350 in: Bernard Lepetit / Christian Topalov (Hrsg.), La ville des sciences sociales. Paris.

Bruhns, Hinnerk, 2003: Ville et campagne: quel lien avec le projet sociologique de Max Weber? Sociétés Contemporaines 49-50: 13-42.

Bruhns, Hinnerk (Hrsg.), 2004a: Histoire et économie politique en Allemagne de Gustav Schmoller à Max Weber. Nouvelles perspectives sur l'école historique de l'économie. Préface de Jean-Yves Grenier. Textes traduits par Françoise Laroche. Paris

Bruhns, Hinnerk, 2004b: Max Weber und Michael I. Rostovtzeff. Oder: braucht (antike) Wirtschaftsgeschichte (moderne) ökonomische Theorie? S. 150-171, in: Raphaela Averkorn et al. (Hrsg.), Europa und die Welt. Festschrift zum 60. Geburtstag von Dieter Berg. Bochum.

Bruhns, Hinnerk, 2005: Mikhail I. Rostovtzeff et Max Weber: une rencontre manquée de l'histoire avec l'économie. Anabases 2: 79-99.

Bücher, Karl, 1893: Die Entstehung der Volkswirtschaft. Tübingen.

Bücher, Karl, 1914: Volkswirtschaftliche Entwicklungsstufen. S. 1-18 in: Max Weber et al. (Hrsg.), Grundriß der Sozialökonomik. I. Abteilung: Historische und theoretische Grundlagen. I. Teil: Wirtschaft und Wirtschaftswissenschaft. Tübingen.

Capogrossi Colognesi, Luigi, 2004: Max Weber und die Wirtschaft der Antike. Aus dem Italienischen von Brigitte Szabo-Bechstein. Göttingen.

Descat, Raymond, 1995: L'économie antique et la cité grecque. Un modèle en question. Annales HSS 1995: 961-989.

Descat, Raymond, 2000: Der Historiker, die griechische Polis und Webers "Stadt". S. 77-91 in : Hinnerk Bruhns / Wilfried Nippel (Hrsg.), Max Weber und die Stadt im Kulturvergleich. Göttingen.

Engerman Stanley E., 2000, Max Weber as economist and economic historian. S. 256-271 in: Stephen Turner (Hrsg.), The Cambridge Companion to Weber. Cambridge.

Finley, Moses I., 1973: The Ancient Economy. London.

Finley, Moses I. (Hrsg.), 1979: The Bücher-Meyer Controversy. New York.

Hennis, Wilhelm, 1987: Max Webers Fragestellung. Studien zur Biographie des Werks. Tübingen.

Heuss, Alfred, 1965: Max Webers Bedeutung für die Geschichte des griechisch-römischen Altertums. Historische Zeitschrift 201: 529-556.

Hintze, Otto, 1929: Der moderne Kapitalismus als historisches Individuum. Ein kritischer Bericht über Sombarts Werk. Historische Zeitschrift 139: 457-509.

Jaffé, Edgar, 1917: Das theoretische System der kapitalistischen Wirtschaftsordnung. Archiv für Sozialwissenschaft und Sozialpolitik 44: 1-18.

Kaufhold, Karl Heinrich, 1992: Protestantische Ethik, Kapitalismus und Beruf. Überlegungen zu Max Webers Aufsatz aus der Sicht der Wirtschafts- und Sozialgeschichte. S. 69-91 in: Karl Heinrich Kaufhold / Guenther Roth / Yuichi Shionoya / Bertram Schefold (Hrsg.), Max Weber und seine protestantische Ethik. Vademecum zu einem Klassiker der Geschichte ökonomischer Rationalität. Düsseldorf.

Kocka, Jürgen (Hrsg.), 1986: Max Weber, der Historiker. Göttingen.

Labrousse, Agnès, 2002: Le Methodenstreit: enjeux contemporains d'un débat ancien. Centre Marc Bloch, Working Paper 11. Berlin

Lallement Michel, 2004: Max Weber, la théorie économique et les apories de la rationalité économique. In: Hinnerk Bruhns / Jean Andreau (Hrsg.), Sociologie économique et économie de l'Antiquité: à propos de Max Weber. Cahiers du Centre de recherches historiques 34: 47-68.

Lichtblau, Klaus, 2004: Antrag auf Förderung einer Arbeitsgemeinschaft über Max Webers „Grundbegriffe" im Zentrum für interdisziplinäre Forschung der Universität Bielefeld (vervielfältigtes Manuskript).

Luzzato, Gino, 1925: Un sommario di storia economica. Nuova Rivista Storica IX, 1: 93-95.

Meyer, Eduard, 1895: Die wirtschaftliche Entwickelung des Altertums. Jahrbücher für Nationalökonomie und Statistik 9: 696-750.

Naumann, Friedrich, 1911: Das Suchen nach dem Wesen des Kapitalismus. Die Hilfe 178, Nr. 37 (14. September 1911): 578-579.

Neugebauer, Wolfgang, 1998: Zum schwierigen Verhältnis von Geschichts-, Staats- und Wirtschaftswissenschaften am Beispiel der Acta Borussica. S. 235-275 in: Jürgen Kocka (Hrsg), Die Königlich Preußische Akademie der Wissenschaften zu Berlin im Kaiserreich. Berlin.

Nippel, Wilfried, 1994: Vom Nutzen und Nachteil Max Webers für die Althistorie. Antike und Abendland XL: 169-180.

Nippel, Wilfried, 2000: From agrarian history to cross-cultural comparisons: Weber on Greco-Roman antiquity. S. 240-255 in: Stephen Turner (Hrsg.), The Cambridge Companion to Weber. Cambridge.

Norkus, Zenonas, 2001: Max Weber und Rational Choice. Marburg.

Priddat, Birger P., 1995: Die andere Ökonomie. Eine neue Einschätzung von Gustav Schmollers Versuch einer „ethisch-historischen" Nationalökonomie im 19. Jahrhundert. Marburg.

Rüstow, Alexander, 1987: Sombarts „Kapitalismus" und das Arbeitsziel der Historischen Schule, S. 378-393 in: Bernhard vom Brocke (Hrsg.), Sombarts „Moderner Kapitalismus". Materialien zur Kritik und Rezeption. München.

Schefold, Bertram, 1994: Nationalökonomie und Kulturwissenschaften: das Konzept des Wirtschaftsstils, S. 215-242 in: Knut Wolfgang Nörr / Bertram Schefold / Friedrich Tenbruck (Hrsg.), Geisteswissenschaften zwischen Kaiserreich und Republik. Zur Entwicklung von Nationalökonomie, Rechtswissenschaften und Sozialwissenschaft im 20. Jahrhundert. Stuttgart.

Schefold, Bertram, 1994-95: Wirtschaftsstile. Bd. 1: Studien zum Verhältnis von Ökonomie und Kultur. Bd. 2: Studien zur ökonomischen Theorie und zur Zukunft der Technik. Frankfurt am Main.

Schmoller, Gustav, 1998: Historisch-ethische Nationalökonomie als Kulturwissenschaft. Ausgewählte methodologische Schriften. Hrsg. von Heino Heinrich Nau. Marburg.

Schneider, Helmuth, 1990: Die Bücher-Meyer Kontroverse. S. 417-455 in: William M. Calder III / Alexander Demandt (Hrsg.), Eduard Meyer. Leiden.

Schneider, Helmuth, 1999: Bücher-Meyer Kontroverse. Sp. 551-556 in: Der Neue Pauly. Band 13.

Schumpeter, Joseph, 1914: Epochen der Dogmen- und Methodengeschichte, S. 19-124 in: Max Weber et al. (Hrsg.) Grundriß der Sozialökonomik, I. Abteilung: Historische und theoretische Grundlagen. I. Teil: Wirtschaft und Wirtschaftswissenschaft. Tübingen.

Schumpeter, Joseph A., 1954: Dogmengeschichtliche und biographische Aufsätze. Tübingen.

Sombart, Werner, 1902: Der moderne Kapitalismus. Erster Band: Die Genesis des Kapitalismus. Zweiter Band: Die Theorie der kapitalistischen Entwicklung. Leipzig.

Sombart, Werner / Weber, Max / Jaffé, Edgar, 1904: Geleitwort. Archiv für Sozialwissenschaft und Sozialpolitik 19: I-VII.

Sombart, Werner / Weber, Max, 1917: Erklärung. Archiv für Sozialwissenschaft und Sozialpolitik 44: 348.

Spahn, Peter, 2004: Max Weber et la typologie des modes d'activité industrielle de Karl Bücher. In: Hinnerk Bruhns / Jean Andreau (Hrsg.), Sociologie économique et économie de l'Antiquité: à propos de Max Weber. Cahiers du Centre de recherches historiques 34: 115-132.

Swedberg, Richard, 1998: Max Weber and the Idea of Economic Sociology. Princeton (New Jersey).

Swedberg, Richard, 2004: La sociologie économique de Max Weber: une introduction. S. 211-227 in: Hinnerk Bruhns (Hrsg.), Histoire et économie politique en Allemagne de Gustav Schmoller à Max Weber. Nouvelles perspectives sur l'école historique de l'économie. Paris.

Takebayashi, Shiro, 2003: Die Entstehung der Kapitalismustheorie in der Gründungsphase der deutschen Soziologie. Von der historischen Nationalökonomie zur historischen Soziologie Werner Sombarts und Max Webers. Berlin.

Tribe, Keith, 2002: Max Weber's Writings on the Bourse: Puzzling Out a Forgotten Corpus. Max Weber Studies 2(2): 139-162.

Weber, Marianne, 1926: Max Weber. Ein Lebensbild. Tübingen.

Weber, Max, 1904-05: Die protestantische Ethik und der „Geist" des Kapitalismus. Archiv für Sozialwissenschaft und Sozialpolitik 20: 1-54 und 21: 1-110.

Weber, Max, 1907: La storia agraria romana in rapporto al diritto pubblico e privato. S. 509-705 in: Vilfredo Pareto (Hrsg.), Biblioteca di storia economica. Vol. II, parte II. Mailand / Rom / Neapel.

Weber, Max, 1910: Antikritisches zum „Geist" des Kapitalismus. Archiv für Sozialwissenschaft und Sozialpolitik 30: 176-202.

Weber, Max, 1920-21: Gesammelte Aufsätze zur Religionssoziologie. 3 Bände. Tübingen.

Weber, Max, 1924: Gesammelte Aufsätze zur Sozial- und Wirtschaftsgeschichte. Hrsg. von Marianne Weber. Tübingen.

Weber, Max, 1958: Wirtschaftsgeschichte. Abriß der universalen Sozial- und Wirtschaftsgeschichte. Aus den nachgelassenen Vorlesungen herausgegeben von S. Hellmann und M. Palyi. Dritte, durchgesehene und ergänzte Auflage besorgt von Johannes Winckelmann. Berlin.

Weber, Max, 1972: Wirtschaft und Gesellschaft. Grundriß der verstehenden Soziologie. 5. Aufl. Tübingen.

Weber, Max, 1981: General Economic History. With a New Introduction by Ira J. Cohen. New Brunswick / London.

Weber, Max, 1986: Gesamtausgabe. Abteilung I. Band 2: Die römische Agrargeschichte in ihrer Bedeutung für das Staats- und Privatrecht. Hrsg. von Jürgen Deininger. Tübingen.

Weber, Max, 1988: Gesammelte Aufsätze zur Wissenschaftslehre. 7. Aufl. Tübingen.

Weber, Max, 1990: Grundriss zu den Vorlesungen über Allgemeine („theoretische") Nationalökonomie (1898), Tübingen.

Weber, Max, 1994: Gesamtausgabe. Abteilung II. Band 6: Briefe 1909 bis 1910. Hrsg. von M.Rainer Lepsius und Wolfgang J. Mommsen. Tübingen.

Weber, Max, 1998: Economie et société dans l'Antiquité. Précédé de: Les causes sociales du déclin de la civilisation antique. Einleitung von Hinnerk Bruhns. Paris.

Weber, Max, 1999a: Gesamtausgabe. Abteilung I. Band 5: Börsenwesen. Schriften und Reden 1893-1898. Hrsg. von Knut Borchardt mit Cornelia Meyer-Stoll. 2 Bände. Tübingen.

Weber, Max, 1999b: Gesamtausgabe. Abteilung I. Band 22-5: Die Stadt. Hrsg. von Wilfried Nippel. Tübingen.

Weber, Max, 2001, Gesamtausgabe. Abteilung I. Band 22-1: Gemeinschaften. Hrsg. von Wolfgang J. Mommsen in Zusammenarbeit mit Michel Meyer. Tübingen.

Weber, Max, 2003: Gesamtausgabe. Abteilung II. Band 8: Briefe 1913-1914. Hrsg. von M. Rainer Lepsius und Wolfgang J. Mommsen in Zusammenarbeit mit Birgit Rudhard und Manfred Schön. Tübingen.

Winckelmann, Johannes, 1986: Max Webers hinterlassenes Hauptwerk. Die Wirtschaft und die gesellschaftlichen Ordnungen und Mächte. Entstehung und gedanklicher Aufbau. Tübingen.

Winkel, Harald, 1977: Die deutsche Nationalökonomie im 19. Jahrhundert. Darmstadt.

Der Staat als „Anstalt"
Max Webers soziologische Begriffsbildung im Kontext der Rechts- und Staatswissenschaften

Siegfried Hermes

Max Webers „Theorie des modernen Staates" scheint nach den systematisch wie theoriegeschichtlich grundlegenden Arbeiten Stefan Breuers (1993 und 1999) und Andreas Anters (1996 und 2001) keine wirklichen Rätsel mehr zu bergen. Geht es diesen Autoren jedoch darum, die Anschlußfähigkeit von Webers staatssoziologischem Begriffs- und Theoriearsenal zu demonstrieren (etwa Breuer 1998), so wird aus systemtheoretischer Perspektive das traditionell-kontinentale, wesentlich juristisch geprägte Bild des Staates, wie es in der soziologischen Anstaltskonzeption Max Webers geradezu klassischen Ausdruck gewonnen hat, einer angemessenen Beschreibung der politischen Wirklichkeit in modernen Gesellschaften nicht mehr gerecht. Die mit der unaufhaltsamen „Entzauberung des Staates" diagnostizierte Untauglichkeit der klassischen Beschreibungskategorien führt hier zu der Konsequenz, sie weitgehend der Wissenschaftsgeschichte zu überantworten (Willke 1983: 11). Daß aber auch Wissenschaftsgeschichte zur Theorie-Innovation beitragen kann, zeigt die inter- und transdisziplinär ausgerichtete *„historische* Wissenschaftsforschung" (Lepenies 1978 und 1981: XVII ff.). Und gerade in der Staatsrechtswissenschaft kann man gegenwärtig eine verstärkte disziplingeschichtliche Hinwendung zu den Theorietraditionen des Faches beobachten, die einer als zunehmend krisenhaft empfundenen Herausforderung des Staates von unten und von oben (Entstaatlichungsdebatte) mit einer angemessen komplexen Staatstheorie begegnen will (Stolleis 1992 und 1999; Friedrich 1997; Kersten 2000; Schönberger 1997; Korioth 1990; dazu: Podstawski 1978: 474 und 485 f.). Insoweit kann auch eine werk- und theoriegeschichtliche Rekonstruktion von Webers Anstaltstheorie des modernen Staates der staatstheoretischen Diskussion neue Impulse geben. Zwar soll es nicht darum gehen, den wissenschaftshistorischen Kontext, aus dem namentlich Webers großer Beitrag zum *Grundriß der Sozialökonomik* herauswächst, unter spezieller Berücksichtigung der Rechts- und Staatssoziologie aufzuklären (allgemein dazu: Winckelmann 1986; Schluchter 1998, 1999 und 2005: 229 ff.; Mommsen 1999). Doch unabhängig von der historisch-kritischen Ausgabe der älteren Herrschaftssoziologie und der noch ausstehenden Edition der Rechtssoziologie im Rahmen der *Max Weber-Gesamtausgabe*¹ bildet der grundlegende methodisch-begriffliche Zusammenhang dieser Werkteile ein wichtiges Desiderat werk- und theoriegeschichtlicher Forschung. Es ist bekannt – und nicht zuletzt aus dem Umfang in der gängigen Winckelmann-Edition von *Wirtschaft und Gesellschaft* plastisch nachvollziehbar –, daß Max Weber den rechts- und herrschaftssoziologischen Abschnitten im Zuge der Arbeit an seinem Grundrißbeitrag ein stetig wachsendes Gewicht beimaß, bis er am 30. Dezember 1913 dem Verleger Paul Siebeck eine „geschlossene soziologische Theorie und Darstellung" ankündigte, welche vor allem eine „umfassende soziologische Staats- und Herrschafts-Lehre" enthalte. Insbesondere auf diesen Bestandteil seines Beitrags dürfte der Nachsatz gemünzt sein: „Ich darf behaupten, daß es noch *nichts* dergleichen giebt, auch kein ‚Vorbild'" (Weber 2003: 450). Unter den sozialen Gemeinschaftsformen, deren ökonomische Bezüge Gegenstand der Analyse sein sollten, bildete der Staat den gleichsam natürlichen Kulminationspunkt der Darstellung. Die ideellen (legitimatorischen) wie strukturellen (organisatorischen) Grundlagen des Staates einerseits, seine Entstehungsbedingungen und Entwicklungsformen andererseits *soziologisch* zu erfassen, war eine zentrale Webersche Fragestellung. In seiner letzten Lebens- und Arbeitsphase (1918-1920) hat Weber – durchaus öffentlichkeitswirksam – staatssoziologische Probleme traktiert.² Aufgrund seiner schweren Erkrankung zu Anfang des vorigen Jahrhunderts aus dem akademischen Lehramt ausgeschieden, wollte Weber nun bei dem Versuch, die akademische Lehrtätigkeit wieder aufzunehmen, vor allem als Rechts- und Staatssoziologe wahrgenommen werden.³ Die zeitgenössische politische Lage Deutschlands (Weltkrieg, Zusammenbruch des Kaiserreichs und Konstituierung der Weimarer Republik), die Weber in seinen Schriften zur Parlamentarisierung, Demokratisierung und verfassungs-

---

[1] Vgl. hierzu die Werkstattberichte von Edith Hanke (2001) und Werner Gephart (2003).
[2] Im engeren Sinne trifft das sicher für den am 25. Oktober 1917 auf Einladung der Soziologischen Gesellschaft in Wien gehaltenen Vortrag über *Probleme der Staatssoziologie* zu (vgl. den Bericht darüber in: Neue Freie Presse, Nr. 19102 vom 26. Oktober 1917, S. 10; Weber 1992: 10 f.; Hanke 2001: 42 f.), weiterhin für den Vortrag über *Politik als Beruf*, den Weber – neben *Wissenschaft als Beruf* – am 28. Januar 1919 im Rahmen einer vom bayerischen Landesverband des Freistudentischen Bundes veranstalteten Vortragsreihe *Geistige Arbeit als Beruf* hielt (vgl. Einleitung und Editorischer Bericht zu Weber 1992: 1 ff. und 113 ff.), schließlich für die im SS 1920 an der Universität München veranstaltete Vorlesung *Staatssoziologie* (einen Überblick über die thematische Gliederung der Vorlesung gibt Hanke 2001: 41).
[3] Aus dem Schriftverkehr mit Kultusministerien und Fakultäten während der Berufungsverhandlungen mit der Universität München bzw. im Zuge der gleichzeitigen Anfrage der Universität Bonn geht der nachdrückliche Wunsch Max Webers hervor, daß sein Lehrauftrag auf „Gesellschaftswissenschaft" einschließlich der empirischen Staatslehre („Rechts- und Staatssoziologie") lauten möge; vgl. unter anderem die beiden Schreiben an den preußischen Kultusminister Carl Heinrich Becker vom 6. und 9. Februar 1919, GStA Berlin, Nl. Carl Heinrich Becker.

politischen Neuorientierung reflektiert, haben dieses Forschungsinteresse sicher bestärkt; wegweisend ist es allerdings schon für die Vorkriegsmanuskripte zu *Wirtschaft und Gesellschaft*. Der scharfe Akzent jedenfalls, den Weber mit polemischer Spitze gegen die beargwöhnten organologischen oder Stammlerischen „philosophischen Dilettanten", die nach seiner Auffassung allzu lange das „soziologische Regiment" geführt hatten, auf die nüchtern wirklichkeitswissenschaftliche Behandlung von Rechts- und Staatsproblemen legt, ist in mehreren Hinsichten bemerkenswert.

Max Webers verstehende Soziologie verbindet einen handlungstheoretischen Ansatz mit einem sowohl strukturanalytischen wie entwicklungsgeschichtlichen Forschungsprogramm zum Verständnis der modernen Gesellschaft. Daß er dabei den spezifisch okzidentalen Rationalismus von Wirtschaft, Recht, Kultur und Staat als gedankliches Ordnungs- und Integrationsprinzip ausmacht, läßt das maßgeblich von ihm verfaßte Vorwort zum *Grundriß der Sozialökonomik* deutlich erkennen. „Ausgiebiger, als dies gewöhnlich geschieht", heißt es da, „sind [...] in mehreren Sonderdarstellungen [...] die Beziehungen der Wirtschaft zur Technik und ebenso zu den gesellschaftlichen Ordnungen behandelt worden. Und zwar absichtlich so, daß dadurch auch die Autonomie dieser Sphären gegenüber der Wirtschaft deutlich hervortritt: Es wurde von der Anschauung ausgegangen, daß die Entfaltung der Wirtschaft vor allem als eine besondere Teilerscheinung der allgemeinen Rationalisierung des Lebens begriffen werden müsse" (Weber, zitiert nachWinckelmann 1986: 165; ähnlich Weber 1988a: 470 f.; 1980: 196). Wenn er also seine Kategorienlehre (1913) ebenso wie die *Soziologischen Grundbegriffe* (1920) jeweils im Begriff der Anstalt bzw. des Staates als Anstalt gipfeln läßt (Weber 1988a: 448, 466; 1980: 29 f.),[4] so erscheint das im Hinblick auf die Entwicklung einer „soziologischen Anstalts- und Verbandstheorie" (Weber 1988a: 470) nur folgerichtig. Für die Staatssoziologie als Endpunkt dieser soziologischen Anstalts- und Verbandstheorie ist der Staatsbegriff – ähnlich wie in den übrigen Staatswissenschaften und namentlich in der Staats*rechts*lehre – der grundlegende Begriff.

Seitdem die Staatsrechtswissenschaft in der Mitte des 19. Jahrhunderts begann, das Staatsrecht nach dem Vorbild der pandektistischen Behandlung des Privatrechts begrifflich-systematisch zu erfassen und es auf diese Weise in das allgemeine Rechtssystem einzuordnen, fungierte naturgemäß der juristische

---

[4] Streng genommen bietet der Kategorienaufsatz den Staat nur beispielhaft für die zuvor gegebene soziologische Bestimmung der Anstalt auf, ohne eine eigene Staatsdefinition zu geben. Die *Soziologischen Grundbegriffe* schließt Weber dementsprechend mit einer das Anstaltsmoment *mit*umfassenden Begriffsbestimmung ab. Inwiefern Weber mit dem dort darüber hinaus angeführten Merkmal des legitimen Gewaltmonopols eine Akzentverlagerung in seinem Staatsbegriff vornimmt (so Breuer 1993) kann hier unentschieden bleiben.

Staatsbegriff als Zurechnungspunkt der staatsrechtlichen Systembildung. Carl Friedrich von Gerber leitet sein staatsrechtliches Hauptwerk *Grundzüge eines Systems des Deutschen Staatsrechts* mit einer Staatsdefinition ein, die neben hegelianischen Anklängen an den Staat als sittlichen Organismus vor allem die Rechtspersönlichkeitsauffassung sowie das in der Staatsgewalt verkörperte Herrschaftsmonopol schulbildend einführte (Gerber 1869: 2 f.). Der staatsrechtliche Positivismus, maßgeblich von Gerber und später Paul Laband vertreten (Laband 1911), verfolgte mit seiner „juristischen Methode" ausdrücklich den Zweck, die früheren Staatsrechtslehren von ihren sozialen, politischen, historischen und philosophischen Beimischungen zu befreien, um – ganz im Sinne des juristischen Methodenpurismus – die Staatsrechtswissenschaft zu einer wirklich *normativen* Disziplin durchzubilden. Unmißverständlich schreibt Laband im Vorwort zur zweiten Auflage seines Reichsstaatsrechts: „Ich verkenne weder die Bedeutung rechtshistorischer Forschungen, denen ich selbst lange Zeit mit Eifer mich gewidmet habe, noch den Wert, welchen Geschichte, Volkswirtschaftslehre, Politik und Philosophie für die Erkenntnis des Rechts haben. Die Dogmatik ist nicht die *einzige* Seite der Rechtswissenschaft, aber sie ist doch eine derselben. Die wissenschaftliche Aufgabe der *Dogmatik* eines bestimmten positiven Rechts liegt aber in der Konstruktion der Rechtsinstitute, in der Zurückführung der einzelnen Rechtssätze auf allgemeinere Begriffe und andererseits in der Herleitung der aus diesen Begriffen sich ergebenden Folgerungen. Dies ist, abgesehen von der Erforschung der geltenden positiven Rechtssätze [...] eine rein logische Denktätigkeit. Zur Lösung dieser Aufgabe gibt es kein anderes Mittel als die Logik; dieselbe läßt sich für diesen Zweck durch nichts ersetzen; alle historischen, politischen und philosophischen Betrachtungen – so wertvoll sie an und für sich sein mögen – sind für die Dogmatik eines konkreten Rechtsstoffes ohne Belang und dienen nur zu häufig dazu, den Mangel an konstruktiver Arbeit zu verhüllen" (zitiert nach Laband 1911: IX; vgl. auch Gerber 1869: IX).

Wenn nun Weber umgekehrt darauf insistierte, die soziologische Betrachtungsweise von juristischen „Verfälschungen" freizuhalten, dabei jedoch gleichzeitig die wesentliche Bedeutung juristischer Begriffsbildung für die Soziologie hervorhob, so galt letzteres natürlich vor allem auch für den „weitaus kompliziertesten und interessantesten Fall": den Staatsbegriff (Weber 1988a: 200). Merkwürdigerweise ist Webers Postulat selten vor dem Hintergrund der deutschen staatsrechtlichen Diskussion des späten 19. Jahrhunderts gesehen worden. Das ist um so erstaunlicher, als Weber selbst bei verschiedenen Gelegenheiten namentlich Georg Jellinek als wichtigen Anreger eigener Gedanken nennt (Weber 1963: 15; 1988a: 87, Fußnote 1 und 345, Fußnote 1). Die Abgrenzungs- und Konstitutionsfrage soll deshalb zunächst in den Blick genommen werden (Abschnitt 1).

Weber begreift den modernen Staat als „Anstalt" im soziologischen Sinn. Er hat die Verbands- und Anstaltsterminologie erstmals im Kategorienaufsatz zusammenhängend vorgestellt (Weber 1988a: 465 ff.), später dann in den *Soziologischen Grundbegriffen* weiter ausdifferenziert (Weber 1980: 26 ff.). Unter den älteren Manuskripten zu *Wirtschaft und Gesellschaft* scheint sie nur in der Rechtssoziologie, speziell in den §§ 1 und 2, einigermaßen konsistent Anwendung zu finden.[5] In der Einleitungspassage des § 1 sucht Weber die für das formal-rationale Rechtsdenken zentrale Unterscheidung soziologisch zu fassen: die Differenzierung von öffentlichem Recht und Privatrecht (Weber 1980: 387 f.). Indem er dabei die „Staatsanstalt" als theoretischen Bezugspunkt wählt, kommt er dem staatsrechtlichen Diskurs besonders nahe, wobei die eigene Begriffswahl nur beiläufig in diesem Kontext verortet wird. Daß die soziologische Rezeption der Anstaltskonzeption für den Staatsbegriff vielmehr *zunächst* an die Privatrechtsdogmatik anknüpft, dafür gibt die ausführliche Darstellung der Rechtsgeschichte der Anstalt im Mittelteil des § 2 einen deutlichen Fingerzeig. Hier geht es Weber darum, im Rahmen einer allgemeinen Erörterung der Entstehungsgründe subjektiver Rechte die Bedingungen aufzuzeigen, unter denen die Entwicklung einer Rechtspersönlichkeitskonzeption von Kollektivverbänden rechtsgeschichtlich möglich und nötig wird (Weber 1980: 424 ff.). Webers Grundbegriff des Staates als Anstalt aus seinen juristischen Wurzeln und in seiner soziologischen „Umdeutung" herauszupräparieren, wird Gegenstand des zweiten Abschnitts sein.

Die Pointe von Webers Staatsbegriff liegt aber weniger im Anschluß an die juristische Begriffsbildung überhaupt, die er aus allgemeinen methodologischen Überlegungen herleitet. Sie liegt vielmehr darin, daß er auf ein juristisches Konstrukt zurückgreift – die Anstalt –, welches in der zeitgenössischen staatsrechtlichen Diskussion als fragwürdige Rezeption aus der Zivilrechtstheorie (wo sie trotz ihres eigentlich öffentlichrechtlichen Inhalts bis hin zum BGB behandelt wird) höchst umstritten ist und in der Theorie der Publizisten nur vereinzelt ver-

---

[5] Weber hat – wie das Manuskript zeigt – begriffliche Anpassungen an die entwickelte Terminologie des Kategorienaufsatzes häufig erst in späteren Bearbeitungsphasen vorgenommen. Vgl. dazu demnächst die Einleitung und den Editorischen Bericht zu Band I/22-3: Recht der *Max Weber-Gesamtausgabe*. Insbesondere operiert Weber weder in der älteren, noch in der jüngeren Herrschaftssoziologie mit dem technischen Anstalts- bzw. Verbandsbegriff, obwohl man ihn im Rahmen der Erörterung der bürokratischen Herrschaft an sich erwarten würde. Seine inhaltliche Ausführung behielt er wohl der (nicht realisierten) Staatssoziologie vor. So hatte er in der den einzelnen Bänden des *Grundrisses der Sozialökonomik* beigefügten *Einteilung des Gesamtwerkes* für seinen eigenen Beitrag unter Punkt 8 *Die Herrschaft* einen Abschnitt d) unter dem Titel *Die Entwicklung des modernen Staates* vorgesehen (vgl. Winckelmann 1986: 169). In der jüngeren Herrschaftssoziologie wird ausdrücklich auf eine folgende *Staatssoziologie* verwiesen (Weber 1980: 168).

treten wird. Darüber hinaus läßt der in der Literatur häufig angenommene Gierke-Bezug in Webers anstaltlichem Staatsbegriff allzu leicht übersehen, daß Gierke, der herausragende Kenner der deutschen Privatrechtsgeschichte, in der *staats*rechtlichen Diskussion ein im historistischen Sinn anstalts*feindliches*, korporatives Staatskonzept favorisierte, das an die Stelle des dominanten autoritären Herrscherwillens im frühneuzeitlich-absolutistischen Staat den Staat als gemeinsame Veranstaltung aller Volksglieder, in wie immer repräsentativer Verbandsform, setzte. Das Eigenartige der Weberschen Konstruktion liegt insoweit – gegen Gierke – gerade im Festhalten des herrschaftlichen Anstaltsmomentes als definiens der modernen Staatsanstalt. Um die staatsrechtliche Kontextualisierung von Webers soziologischer Anstaltskonzeption des Staates soll es folglich im letzten Abschnitt gehen.

1 Soziologische und juristische Begriffsbildung – Grenzabsteckungen zwischen Soziologie und Rechtswissenschaft

Der ursprüngliche konzeptionelle Aufbau des *Grundrisses der Sozialökonomik* beinhaltete – wie man jetzt aus der Korrespondenz mit dem Verleger Paul Siebeck erfahren kann – ein Kapitel über die erkenntnistheoretischen Grundlagen der Sozialwissenschaften (im *Stoffverteilungsplan* von 1909/10 unter dem Titel *Objekt und logische Natur der Fragestellungen*; vgl. Winckelmann 1986: 151). Zwar sprach sich Weber aus verschiedenen Gründen schließlich für die Ausgliederung dieser „systematische[n] Erkenntnistheorie der Sozialwissenschaften" aus dem Sammelwerk aus und überwies sie im *Vorwort* zur *Einteilung des Gesamtwerkes* von 1914 einem separaten Beiheft (Winckelmann 1986: 165). Für die wissenschaftssystematische Zuordnung des *Grundrisses der Sozialökonomik* spielte von Anfang an die dort zu behandelnde Abgrenzungs- und Konstitutionsproblematik immerhin eine bedeutende Rolle. Die erkenntnistheoretisch begründete Eigenständigkeit der empirischen (generalisierenden) gegenüber einerseits den historischen (individualisierenden) und andererseits den normativen Disziplinen war ein die zeitgenössische Wissenschaftsdiskussion bewegendes Thema, angestoßen vor allem durch die hierfür bahnbrechenden wissenschaftstheoretischen Arbeiten des südwestdeutschen Neukantianismus.[6] Daran anschließend verfolgte Weber mit dem Objektivitätsaufsatz aus dem Jahre 1904 (Weber

---

[6] Zur Unterscheidung zwischen natur- und kulturwissenschaftlicher, generalisierender und individualisierender Begriffsbildung vgl. Rickert 1902: bes. 589 ff. Zur Differenz von Soziologie und Rechtsdogmatik vgl. namentlich Windelband 1911: 59 ff.

1988a: 146-214), speziell mit der hier entwickelten Idealtypenlehre, ausdrücklich den Zweck einer methodologischen Standortbestimmung der Sozialökonomik. 1909/10 gehörte zu den Disziplinen, denen gegenüber er eine solche Standortbestimmung für angezeigt hielt, auch noch die Soziologie.[7] Je mehr Weber selbst aber mit seinem *Grundriß*beitrag eine methodische und sachliche Konstitutionsleistung für die Soziologie verfolgte und je stärker der Soziologe dabei gleichzeitig aus dem juristischen Begriffsarsenal schöpfte, desto größeres Gewicht mußte er auf die Differenz „soziologischer und juristischer Betrachtungsweise" (Weber 1980: 182; 1911: 324 ff.) legen, während seine Soziologie zunehmend einen spezifisch sozialökonomischen Zuschnitt bekam.

Schon bei früheren Gelegenheiten, zuerst im Roscher und Knies-Aufsatz (1903-1906), hatte Weber den aus seiner Sicht grundlegenden Unterschied der kausal-erklärenden *empirischen* gegenüber der nicht-explikativen *juristischen* Begriffsbildung erörtert (Weber 1988a: 86 ff.). Ausgangspunkt war hier die Tatsache, daß die historischen Disziplinen sich die Begriffsbildung normativer Disziplinen häufig zunutze machten. Doch geht es nach Weber in der „eigenartige[n] subjektive[n] Welt der juristischen Dogmatik" (Weber 1988a: 87) darum, den zu definierenden Begriff so zu fassen, daß „alle diejenigen positiven Normen, welche jenen Begriff verwenden oder voraussetzen, widerspruchslos und sinnvoll neben- und miteinander bestehen können" (Weber 1988a: 86 f.), während umgekehrt der Begriff den *ideellen* Geltungssinn jener Normen verkörpert. Geschichte und Sozialwissenschaften verwendeten demgegenüber die rechtsdogmatischen Begriffskonstrukte, um die spezifisch intersubjektive Welt zunehmend komplexer Sozialbeziehungen zu erklären, deren Faktizität nicht zuletzt auf dem Bestand und *empirischen* Geltungssinn von Rechtsnormen, Rechtsinstituten, Rechtsverhältnissen beruhe: „Sie finden als diesen ‚faktischen Bestand' in der historischen Wirklichkeit die ‚Rechtsnormen' einschließlich der Produkte der dogmatisch-juristischen Begriffsbildung lediglich als in den Köpfen der Menschen vorhandene *Vorstellungen* vor, als einen der Bestimmungsgründe ihres Wollens und Handels *neben anderen*, und sie behandeln diese Bestandteile der objektiven Wirklichkeit wie alle anderen: kausal zurechnend" (Weber 1988a: 87; vgl. 200 f. und 346 ff.; Weber 1980: 181 f.). Die soziologische Bedeutung von Rechtsbegriffen und Rechtsnormen, deren „ideales Gelten-

---

[7] Vgl. den Brief Max Webers an Paul Siebeck vom 20. April 1909 (Weber 2003: 105 f.), in dem er diesem die Übernahme des methodologischen Abschnitts im projektierten Sammelwerk vorschlägt: „Die ‚Methodologie' würde *ich* ev. übernehmen (einschl[ießlich] der Beziehungen zu Jurisprudenz und Soziologie u.s.w.), ebenso den Schluß des Ganzen (‚Sozialphilosophie')." Bereits in Briefen [vor oder am 28. März 1910] sowie vom 1. Mai 1910 kündigt er den möglichen Verzicht auf die „Logik u. Methodologie" im Handbuch vor allem aus Platzgründen an (Weber 1994: 447 und 485).

sollen" die Rechtsdogmatik zum Gegenstand hat, erschließt sich also für Weber aus ihrer faktisch ordnungsstiftenden Wirkung. Die durch sie konstituierte Rechtsordnung fungiert aus empirischer Sicht als „Maxime-bildendes Wissen" (Weber 1988a: 350). Das erklärt auf den ersten Blick auch ihre große Bedeutung für die sozialwissenschaftliche oder soziologische Gegenstandskonstitution, sobald eben das Recht, die Rechtsordnung, als maßgebliches Deutungsschema das soziale Geschehen strukturiert oder, anders formuliert, die „im Recht kondensierten Erwartungsbilder" eine „kognitive Strukturierung sozialer Handlungszusammenhänge" leisten (Gephart 1998: 27). Ob aber Rechtsnormen oder die dogmatischen Konstruktionen der Rechtswissenschaft („Rechtsbegriffe") überhaupt, ob sie als „Zweckmäßigkeits"- oder als „Rechtlichkeitsmaximen" (Weber 1988a: 351; vgl. ebd.: 334, 336 und 338) für die Deutungsakte der unmittelbaren Rechtsadressaten (Rechtsanwender und Rechtsinteressenten) relevant werden, stets zielt diese Deutung auf ein spezifisches *Sinn*verstehen. Und es sind idealtypische Sinnsynthesen der Rechtsnormen und Rechtsbegriffe, die dann als Basis der Deutungsakte sowohl der Akteure wie des soziologischen Betrachters fungieren (ebd.: 346 f., 440 und 472). Nur über diese intersubjektive Verständigungsleistung ist das Recht in der Lage, „Erwartungen und Erwartungserwartungen der Akteure kontrafaktisch stabil zu halten" und dadurch „fortdauernde soziale Beziehungen und perennierende soziale Gebilde" zu ermöglichen (Gephart 1998: 27). Zwar ist es dieser spezifische Beitrag zur Herstellung und Aufrechterhaltung von sozialer Ordnung (von Weber im faktizitätsbezogenen Chance-Begriff thematisiert), der das Recht für die Soziologie zu einer sozialen Tatsache ersten Ranges macht. Apriorische Voraussetzung für seine Ordnungsleistung ist aber das für die einverständliche Erwartungsbildung aufgrund von Rechtsnormen und Rechtsbegriffen in Bezug genommene gemeinsame Sinnsystem. Diese Konsequenz liegt, wie Hans Kelsen in seiner Kritik des Weberschen Staatsbegriffs bemerkt hat (Kelsen 1963: 157), im methodischen Selbstverständnis der Verstehenden Soziologie, soweit sie sich ausdrücklich zum Ziel setzt, „soziales Handeln *deutend verstehen* und dadurch in seinem Ablauf und in seinen Wirkungen ursächlich erklären" zu wollen (Weber 1980: 1; Hervorhebung von S.H.; vgl. Weber 1988a: 428). Selbst wenn man Webers Betonung einer prinzipiellen Differenz von rechtsdogmatischer und soziologischer Betrachtungsweise zugesteht,[8] das „empirische Sein des Rechts" als eine gegenüber der „juristischen Idee seines ‚Gelten-Sollens'" (Weber 1988a: 347 und 350) logisch

---

[8] Was im übrigen gerade Kelsen tut, der aber – anders als Weber – aufgrund seines methodenmonistischen Standpunktes einen dualistischen Geltungs- sowenig wie einen dualistischen Staatsbegriff denken kann. Hier folgt Weber der methodenpluralistischen Auffassung Jellineks, für den in den verschiedenen Wissenschaften aufgrund ihrer verschiedenen Problemperspektiven unterschiedliche Seiten *desselben* Erkenntnisgegenstandes von Interesse sein können.

heterogene Kategorie begreift, so finden die *rechts*bezogene sinnhafte Verständigung der Akteure wie die *rechts*bezogenen Deutungsakte des soziologischen Beobachters doch erst an dem idealen Bedeutungsgehalt der (empirischen oder wissenschaftlichen) Rechtssprache ihren unverzichtbaren Bezugspunkt. Das deutende Verstehen rechtlich geordneter sozialer Tatbestände, also ein auf die empirische Wirkung von Rechtsbegriffen, Rechtssätzen, Rechtsverhältnissen gerichtetes Forschungsinteresse bedarf – so Kelsens begründeter Einwand – des Rechtssystems und seiner normativen Sinngehalte als heteronomes „Deutungsprinzip".[9]

Weber versucht diesen Sachverhalt in die methodologischen Präliminarien des Fachs abzuschieben, indem er den Rechtsbegriffen eine zwar formative Funktion bei der soziologischen Gegenstandskonstitution zuschreibt– zumindest für diejenigen sozialen Handlungszusammenhänge, deren auch für die soziologische Begriffsbildung relevante Merkmale bereits die juristische Begriffsbildung erfaßt (Weber 1988a: 343f. und 353). Doch, folgert er weiter, für die Sozialwissenschaften könnten auch politische, ökonomische etc. Tatbestände *ohne* rechtliche Relevanz oder unter anderen als rechtlichen Merkmalen interessant sein, weshalb zunächst offen bleibe, „inwieweit im einzelnen Fall die vom Standpunkt eines ideell geltenden Rechts und der demgemäß zu bildenden Begriffe aus *relevanten* Merkmale solcher Tatbestände es auch für die zu bildenden historischen oder ‚kulturtheoretischen' [bzw. soziologischen; S.H.] Begriffe sind" (Weber 1988a: 344). Das wirft aber die Frage auf, weshalb es dann – wie Weber etwas pathetisch im Kategorienaufsatz schreibt – geradezu das „unvermeidliche Schicksal aller Soziologie" sein soll, daß sie sehr oft die juristischen Ausdrücke verwenden müsse (Weber 1988a: 440; vgl. auch Weber 1980: 6 f.). Da offenbar die Verstehende Soziologie eine Vielfalt von politischen, ökonomischen oder kulturellen Ereignissen speziell in ihren nicht rechtsrelevanten Merkmalen interessant finden und folglich mit *nicht* juristischen Begriffen analysieren kann, werden juristische Begriffe im Umkehrschluß gerade in solchen Fällen anschlußfähig sein, in denen sich auch das soziologische Interesse auf die „vom Standpunkt eines ideell geltenden Rechts und der demgemäß zu bildenden Begriffe aus *relevanten* Merkmale solcher Tatbestände" richtet. Welche methodologische Funktion sonst sollte die von Weber vielgerühmte Präzision der juristischen

---

[9] „Der Physiker, der ein Experiment macht, der Händler, der eine Ware verkauft, sie lassen ihr Handeln von einem bestimmten Wissen oder Denken leiten, dessen Zusammenhang nachdenken, reproduzieren muß, wer ihr Handeln ‚deutend verstehen' will. Das eine Mal sind es physikalische Gesetze, das andere Mal Rechtsnormen, auf die sich die ‚Deutung' beziehen muß, ja durch die allein die ‚Deutung' erfolgen kann." „Deutendes Verstehen" sei kein Spezifikum der Verstehenden Soziologie, die im übrigen, „weil sie ihr Deutungsprinzip, richtiger ihre Deutungsprinzipe aus anderen Gebieten holen muß, einen durchaus unselbständigen Charakter" aufweise (Zitate bei Kelsen 1963: 157).

Terminologie ausgerechnet für die soziologische Begriffsbildung haben, wenn nicht die einer „präzisen" Benennung der auch soziologisch relevanten Tatbestandsmerkmale.[10] Methodologisch ist demnach die faktische Wirksamkeit idealen normativen Geltungssinns durch Vorstellungen von „Geltensollendem in den Köpfen realer Menschen" (Weber 1980: 7) das, was die soziologische Begriffsbildung erst durch idealtypisches Operieren mit der juristischen Begrifflichkeit in den Blick bekommt, nicht aber etwa aus deren „Umdeutung" gewinnt. Weber kehrt dieses Verhältnis geradezu um, wenn er im Falle des durch Befehls- und Gehorsamsbeziehungen definierten Herrschaftsbegriffs meint, „*notgedrungen* mit dem juristischen Begriffsapparat" operieren zu sollen: Es handele sich dabei eben nicht um dogmatisch-juristisch aus Rechtssätzen ideell ableitbare Befehlsgewalten und Gehorsamspflichten, sondern um faktisch bestehende autoritäre Gewalten, deren Anordnungen (Befehle) „in sozial relevantem Umfang" befolgt würden (Gehorsam). Dennoch gehe die soziologische Betrachtung „naturgemäß von der Tatsache aus, daß ‚faktische' Befehlsgewalten das Superadditum einer von ‚Rechts wegen' bestehenden normativen ‚Ordnung' zu prätendieren pflegen" (Weber 1980: 545). Begriffslogisch ist doch das soziologisch als Faktizität, Existenz, Wirksamkeit beschriebene Herrschaftsmoment ein „Superadditum" des seinem Sinngehalt nach maßgeblichen juristischen Herrschaftsbegriffs. Im Hinblick auf die Begriffsbildung wären dann die beobachtbaren Herrschaftsphänomene mit Kelsen als sekundär zu bezeichnen.[11]

Rezeptionsfähig sind also die juristischen Begriffe zum einen, weil die Soziologie mit ihrem Grundproblem der sozialen Ordnung die in Rechtsnormen und Rechtsbegriffen faßbare Rechtsordnung als wichtigen ordnungskonstituierenden Kausalfaktor entdeckt. Zum anderen aber, weil sie eine „*Vor*formung ihres eigenen Materials" und „provisorische[n] Ordnung der uns umgebenden Mannigfaltigkeit faktischer Beziehungen" ermöglichen (Weber 1988a: 353). Als weiteren Grund nennt Weber die Sprachkonvention, die Eingelebtheit der Rechtsbegriffe (z.B. Staat, Verband, Verein, Anstalt etc.; vgl. Weber 1980: 7 und 1988a: 88). Von der Alltagssprache aus wäre allerdings im Prozeß der Verwissenschaftlichung die soziologische wie jede andere Bedeutungszuschreibung *ohne* die von Weber so aufwendig begründete Transformation denkbar. Die jedoch gibt den Ausschlag für die vollständige soziologische Aneignung des

---

[10] Vgl. die Formulierungen im Kategorienaufsatz (Weber 1988a: 440): „die scharfen, weil auf syllogistischer Interpretation von Normen ruhenden, juristischen Ausdrücke") und in der Stammler-Kritik (ebd., 353): Entlehnung zum Zweck der kognitiven Strukturierung der Phänomenwelt aufgrund der „hohe[n] Entwicklung des juristischen Denkens").

[11] „Ohne den steten Bezug auf diesen [im juristischen Geltungs- oder Sollens-Begriff implizierten; S.H.] Sinngehalt wäre Soziologie unmöglich, denn alles Soziale ist in dem Sinngehalt menschlichen Handelns beschlossen, demgegenüber die Faktizität oder Regelmäßigkeit des Handelns an sich nur sekundären Charakter hat" (Kelsen 1963: 163).

juristischen Begriffs, welche eben nach Weber in einer eigentümlichen Metamorphose ihren Ausdruck findet. Man habe zu berücksichtigen, daß die „juristische Vorformung" verlassen werde, „sobald die politische oder die ökonomische [oder die *soziologische;* S.H.] Betrachtung nun ihre ‚Gesichtspunkte' an den Stoff bringt und dadurch die juristischen Begriffe in Faktizitäten mit *einem notwendig anderen Sinn umdeutet*" (Weber 1988a: 353; vgl. ebd. 88 und 440 sowie 1980: 6 f.). Gerade für eine verstehende Soziologie und ihre Methodik der verständlichen Deutung begründet allerdings – wie bereits angesprochen – der mit der juristischen *Vorformung* in die soziologische Begriffsbildung eingewanderte Sinngehalt deren fundamentale Abhängigkeit von der idealen Rechtsgeltungssphäre, die ja notwendiger Bezugspunkt aller empirisch auf das Recht bezogenen Deutungsakte von Akteuren oder soziologischem Beobachter bleibt.

Weber selbst bestätigt das unfreiwillig am Beispiel des uns hier besonders interessierenden Staatsbegriffs. In den *Soziologischen Grundbegriffen* bemerkt er dazu: „Die Juristen- sowohl wie die Alltagssprache bezeichnet z.B. als ‚Staat' sowohl den Rechts*begriff* wie jenen Tatbestand sozialen Handelns, *für* welchen die Rechtsregeln gelten wollen. Für die Soziologie besteht der Tatbestand ‚Staat' nicht notwendig nur oder gerade aus den *rechtlich* relevanten Bestandteilen" (Weber 1980: 6). Wenig später weist er allerdings auf die unmittelbare Kausalrelevanz von Geltungsvorstellungen „in den Köpfen realer Menschen" für den konkreten Handlungsverlauf hin, die eine sinnverstehende Deutung des Handelns nicht ignorieren könne. So bestehe „ein moderner ‚Staat' zum nicht unerheblichen Teil deshalb in dieser Art: – als Komplex eines spezifischen Zusammenhandelns von Menschen, – *weil* bestimmte Menschen ihr Handeln an der *Vorstellung* orientieren, *daß* er bestehe oder so bestehen *solle*: *daß* also Ordnungen von jener juristisch-orientierten Art *gelten*." Obgleich die Soziologie – prinzipiell wenigstens – die Alltags- und Juristensprache aus ihrem eigenen Begriffsapparat eliminieren könnte, „wäre wenigstens für diesen wichtigen Sachverhalt natürlich selbst dies ausgeschlossen" (Weber 1980: 7). Für den soziologischen Staatsbegriff kommen deshalb gerade jene rechtlich relevanten Bestandteile in Betracht, deren juristische Abbreviatur eben der juristische Rechtsbegriff repräsentiert. Webers Staatsdefinition in den *Soziologischen Grundbegriffen* ist denn erwartungsgemäß weit davon entfernt, die im Rechtsbegriff des Staates präparierten rechtlich relevanten Bestandteile zu vernachlässigen: In der Anstaltskonzeption des Staates werden die Anstaltssatzungen (Rechtsordnung), werden legitimes Satzungs- und Durchsetzungsmonopol zu den begriffskonstitutiven Merkmalen des Staates (Weber 1980: 29 f.).

Das wiederum läßt sich an einem von Weber an verschiedenen Stellen angeführten, aber im entscheidenden Punkt nicht ausgeführten, Beispiel näher beobachten. In seiner Stammler-Kritik von 1907 will Weber am Beispiel des

Ausdrucks „Vereinigte Staaten" und seiner Verwendung in heterogenen Aussagezusammenhängen die Sinnverschiedenheit des *Rechts*begriffs „Vereinigte Staaten" gegenüber der Benutzung desselben Begriffs in anderen Bedeutungskontexten anschaulich machen. Was hier am Ausdruck „Vereinigte Staaten" exemplifiziert wird, betrifft hinsichtlich seiner rechtsbegrifflichen Qualität auch den Staat selbst. Weber (1988a: 348 f.) stellt also folgende Satzreihe zusammen:[12]

> „Die Vereinigten Staaten sind, den Einzelstaaten gegenüber, zum Abschluß von Handelsverträgen zuständig."
> „Die Vereinigten Staaten haben demgemäß einen Handelsvertrag des Inhalts a mit Mexiko abgeschlossen."
> „Das handelspolitische Interesse der Vereinigten Staaten hätte jedoch den Inhalt b erfordert."
> „Denn die Vereinigten Staaten exportieren von dem Produkt c nach Mexiko die Quantität d."
> „Die Zahlungsbilanz der Vereinigten Staaten befindet sich daher im Zustande x."
> „Dies muß auf die Valuta der Vereinigten Staaten den Einfluß y haben."

In jedem dieser Sätze, meint Weber, trage der Ausdruck „Vereinigte Staaten" einen anderen Sinn; welchen im einzelnen, sagt er an dieser Stelle nicht. Nur scheinbar klarer sind die entsprechenden Bemerkungen auf dem Soziologentag von 1910: Immerhin schließt er dort eindeutig aus, daß in irgendeinem der angeführten Sätze der *Rechts*begriff „Vereinigte Staaten" gemeint sei (Weber 1911: 326). Das kann man zumindest für die beiden ersten Aussagen bezweifeln, die einen präzisen Sinn doch nur ergeben, wenn unter „Vereinigte Staaten" das *Rechtssubjekt* verstanden wird (so schon Weber 1988a: 88, Fußnote 1). Auch kommt er zu diesem Schluß nur, weil er hier stillschweigend[13] von der juristischen Begrifflichkeit – also einer dogmatischen Ordnung sinnhafter Tatbestände, an denen die Rechtspraxis das faktische Handeln der Beamten, Richter, Anwälte, Staatsbürger etc. „juristisch wertend" mißt (Weber 1911: 325; vgl. auch 1988a: 348) – auf die alltagssprachliche Ebene ausweicht, einer Alltagssprache freilich, die offenbar bereits juristisch infiziert ist. Indem Weber die begriffliche Syntheseleistung von Politik, Ökonomie, Soziologie etc. auf der nur scheinbar vorjuristischen Sprachebene einsetzen läßt, kann er die „Vereinigten Staaten" als einen von empirischen Disziplinen unter je verschiedenen Gesichtspunkten begrifflich zusammengefaßten „Komplex von Parlamentarien allen möglichen Charakters,

---

[12] Weber verwendet das Beispiel auch 1910 in seiner Diskussionsrede auf den Soziologentagsvortrag von Hermann Kantorowicz (1911: 325 f.; der Sache nach schon Weber 1988a: 88, Fußnote 1).

[13] Weber hatte zuvor auf die frühere Erörterung in der Stammler-Kritik hingewiesen (1911: 325).

von Präsident und Bureaukratie, Militär, von Kohlengruben und Goldgruben und Hochöfen und Eisen, was da produziert ist oder was da produziert werden könnte, von Arbeitern, [...]" (Weber 1911: 326) darstellen. Doch schon mit dieser Aufzählung von diversen Faktizitäten, die den empirischen Charakter der Begriffsbildung demonstrieren soll, gewinnt Weber kaum die vorgebliche Distanz zum Rechtsbegriff. Ganz im Gegenteil sind nicht nur „Parlamente" und „Präsident", „Bürokratie" und „Militär" offenkundig relevante (nämlich: *staatsorganisationsrechtlich* relevante) Bestandteile des Rechtsbegriffs „Vereinigte Staaten". Wichtiger erscheint, daß die Vereinigten Staaten, welche Weber in verschiedenen (ökonomischen, politischen, völkerrechtlichen etc.) Kontexten auftreten läßt, für die Aussagezusammenhänge der Ökonomie, Politik etc. erst in ihren rechtsbegrifflich erfaßten Bestandteilen einen präzise bestimmbaren Sinn erhalten, und nicht als jeweils verschieden abgegrenzte Menge heterogener Faktizitäten, sondern als Komplex von rechtlich geordneten Bereichen (vom Staats- und Verfassungsrecht bis zum Wirtschafts-, Unternehmens- und Arbeitsrecht) in Betracht kommen.

Die Sozialwissenschaften, darunter speziell die Soziologie, bilden ihre Begriffe im Anschluß an zwar *auch* alltagssprachliche Begriffskonventionen. Doch ist Webers Bezug auf die Alltagssprache eher irreführend. Denn soweit die Alltagssprache mit der Rechtssprache korrespondiert, sind die in die soziologische Begriffsbildung importierten Tatbestands- und Sinnrelevanzen rechtssprachlich determiniert – jedenfalls dann, wenn diese Begriffsbildung, wie bei Weber, ausdrücklich an die präzisen *juristischen* Begriffe anknüpft. Die sinnverstehende Deutung von Recht als ordnungsstiftender Verhaltensmaxime der Rechtsadressaten muß, will sie überhaupt *Rechts*tatbestände wahrnehmen, notwendig auf das Sinnsystem Recht Bezug nehmen;[14] die soziologische Begriffsbildung knüpft, wo es aus ihrer spezifischen Perspektive auf die *rechtlich* relevanten Tatbestände ankommt, an die juristischen Begriffe an, weil sie eben dort präzise herauspräpariert sind. Den Preis und das Ausmaß der damit erkauften Unselbständigkeit auf

---

[14] Hinsichtlich *rechts*konstitutiver Handlungen der Rechtsadressaten räumt Weber (1980: 182) das indirekt ein: „Die breiten Schichten der Beteiligten verhalten sich der Rechtsordnung entsprechend, entweder weil die Umwelt dies billigt und das Gegenteil nicht billigt, oder nur aus dumpfer Gewohnheit an die als Sitte eingelebten Regelmäßigkeiten des Lebens, nicht aber aus einer als Rechtspflicht gefühlten Obödienz. Wäre diese letztere Haltung universell, dann würde allerdings das Recht *seinen subjektiven Charakter als solches* gänzlich einbüßen und subjektiv als bloße Sitte beachtet werden" (Hervorhebung von S.H.). Ergo muß Recht wenigstens *auch* als solches bewußt befolgt, seine bewußte Befolgung erwartet werden können, um eine (inter-)subjektive Bedeutungssphäre Recht zu konstituieren. Insoweit stellt Kelsen (1963: 163) zurecht fest: „Die ‚verstehende' Soziologie muß, da der von ihr zu ermittelnde Sinn des sozialen Handelns sehr häufig eben das *Recht* ist, auch Jurisprudenz sein oder doch mit den Augen des Juristen sehen, *um überhaupt etwas zu sehen.*"

der grundbegrifflichen Ebene hat Weber, für den die prinzipielle Differenz zwischen „juristischer und soziologischer Betrachtungsweise" im Vordergrund steht und der deshalb das Rezeptionsverhältnis wesentlich als „Umdeutungsverfahren" begreift, vielleicht unterschätzt, jedenfalls verdrängt. Die Folgen sind auch an seiner Konzeption des Staates als Anstalt zu beobachten.

2 Vom juristischen Anstaltsbegriff zur soziologischen „Anstalt"

Wiederholt und sehr bezeichnend knüpft Weber die Wahl des soziologischen Begriffsapparates an Zweckmäßigkeitserwägungen (Weber 1988a: 193 und 427, Fußnote 1; 1980: 13; vgl. Schluchter 1991b: 23 f., Fußnote 31). Man wird also annehmen dürfen, daß er in erster Linie an einer dem eigenen soziologischen Forschungsprogramm adäquaten Theoriesprache interessiert ist. Als er diese im Kategorienaufsatz von 1913 erstmals systematisch entfaltet, steht zweifellos bereits der spezifische „Rationalismus der okzidentalen Kultur" (Weber 1988b: 11) im Zentrum seiner materialen soziologischen Überlegungen. *Wirtschaft und Gesellschaft* ist – neben den zwischen 1911 und 1913 entstandenen religionssoziologischen Aufsätzen – das Fragment gebliebene Resultat dieses Forschungsprogramms (Schluchter 1979, 1980, 1991a und 1991b). Der Kategorienaufsatz enthält eine handlungstheoretische Grundbegrifflichkeit, die, wie Weber eingangs bemerkt, „der methodischen Begründung sachlicher Untersuchungen, darunter eines Beitrags (,Wirtschaft und Gesellschaft') für ein demnächst erscheinendes Sammelwerk dienen sollte" (Weber 1988a: 427, Fußnote 1).

Ist demnach die „Art der Bildung soziologischer Begriffe [...] überaus weitgehend Zweckmäßigkeitsfrage" (ebd.) und entscheidet über die Zweckmäßigkeit der nicht a priori feststehende Erfolg „für die Erkenntnis konkreter Kulturerscheinungen" (Weber 1988a: 193), so verwundert es eigentlich nicht, daß Weber glaubte, seine Terminologie an die juristische Begrifflichkeit anbinden zu müssen. Die Vermutung sprach eben dafür, daß Rechtsbegriffe, welche schließlich selber gleichermaßen Produkte wie Produzenten der Rationalisierung von rechtlichen, ökonomischen und politischen Ordnungen waren, ein geeignetes Fundament abgeben würden, um relevante Tatbestände dieses Rationalisierungsprozesses auch soziologisch zu erfassen.[15] Dies gilt in besonderem Maße auch für den

---

[15] In diesem Zusammenhang weist Albert (1993: bes. 24 ff.) darauf hin, daß die Rechtswissenschaft als normative Grundlagenwissenschaft und angewandte Kunstlehre („Jurisprudenz") soweit „Realwissenschaft" sei, wie sie das Recht de lege lata et ferenda „sozialtechnologisch" als Steuerungsinstrument verstehe. Der Gesetzgeber, der bestimmte „Leistungsmerkmale" einer gesellschaftlichen Ordnung durch Normen herbeiführen wolle ebenso wie der Richter, der

soziologischen Anstaltsbegriff und im weiteren für die soziologische Bestimmung des Staates als Anstalt.

In den Rechtstexten der Vorkriegsmanuskripte zu *Wirtschaft und Gesellschaft* (Weber 1980: 181 ff.; 387 ff.; aber auch 1988a: 467) spricht Weber vornehmlich von der *Staatsanstalt*, eine Bezeichnung, welche nicht etwa den Staatsbegriff spezifiziert, sondern ein begriffswesentliches Merkmal des modernen Staates besonders unterstreicht: seine anstaltsmäßige Struktur. Welche Merkmale definieren nun die Anstalt bzw. den Staat als Anstalt? In charakteristischer Parallele zur juristischen Klassifikation bildet die Anstalt bei Weber den soziologischen Gegenbegriff zum „(Zweck-)Verein". Beide sind handlungsförmig konstituierte Vergesellschaftungsformen, die durch (zweck-)rational geschaffene Ordnungen sowie durch einen Zwangs- oder Verwaltungsstab, der die empirische Geltung dieser Ordnungen garantiert, bestimmt werden (Weber 1988a: 447 und 466; 1980: 28). Während allerdings der (Zweck-)Verein eine voluntaristische Vergesellschaftung ist, bei der die Zugehörigkeit auf entsprechende Willenserklärungen der Mitglieder zurückgeht, erfolgt bei der Anstalt die Zurechnung ohne solche Erklärungen. Der Staat ist Anstalt, soweit für das konstituierende „Gesellschaftshandeln" („Anstaltshandeln") zweckrationale („gesatzte") Ordnungen bestehen, deren Geltung ein Erzwingungsstab gewährleistet (Weber 1988a: 466). Da dies ihn noch nicht von anderen politischen Anstalten (Gemeinden, politisch autonome Regionen, Gliedstaaten eines Bundesstaates etc.) unterscheidet, muß der politische Anstaltsbegriff als genus proximum zur Begriffsbestimmung des Staates spezifiziert werden. Dem Staat als politischer Anstalt spezifisch ist nach Weber ein mit dem „Monopol legitimen physischen Zwanges" ausgestatteter Erzwingungsstab. Über das Merkmal des legitimen Gewaltmonopols also gewinnt Weber den spezifischen Anstaltsbegriff des Staates (Weber 1980: 29 f.). Diese bereits im Anstaltsbegriff des Kategorienaufsatzes, der ja noch keine Staatsdefinition enthält, angelegte Konsequenz zieht Weber in den *Soziologischen Grundbegriffen*.[16]

---

sich bei seiner Gesetzesinterpretation auf solche bezweckten Leistungsmerkmale beziehe, bedürften bestimmter Kenntnisse über kausale Geschehenszusammenhänge, über die voraussichtlichen Wirkungen der Normen bzw. ihrer Auslegung, um die Adäquanz der Norm oder Auslegung für den rechtspolitisch angestrebten Zweck beurteilen zu können. Dazu gehörten Erfahrungsregeln über menschliche Handlungs- und Motivketten, nach denen z.B. die Rechtssoziologie forsche.

[16] In dem fragmentarischen Text über *Politische Gemeinschaften* zeigt Weber (1980: 516 ff. und 519) die Parallelität, mit der sich – vermittelt über den Marktmechanismus – sowohl Satzungswie Gewaltmonopol des politischen Verbandes herausbilden und die Struktur des modernen Staates prägen. Hier und in den Rechtstexten führt er vor allem die Interessen der „Marktinteressenten" an der Einheit und Sicherheit des Rechts als – gegenüber dem ständischen Partikularismus – wesentlichen Faktor der Machtkonzentration beim politischen Verband auf (ebd.: 198, 419 und passim). Das Gewaltmonopol des Staates dient der Garantie und Durchsetzung seiner

Weber versteht somit die Staatsanstalt als eine dauerhafte Organisation zur kontinuierlichen Durchführung von Aufgaben auf der Grundlage rationaler Ordnungen, wobei die Zurechnung der Ordnungsadressaten nicht kraft persönlichen Beitritts, sondern aufgrund objektiver Tatbestände (Geburt, Gebietsansässigkeit, Aufenthaltsort etc.) erfolgt. Die handlungsrelevanten Anstalts-Satzungen werden überwiegend, so Weber, nicht vereinbart, sondern oktroyiert (Weber 1988a: 469). Die Oktroyierungsmacht wiederum kann in Form bestimmter Kompetenzregeln rational geordnet und legitimiert sein (Weber 1980: 389 und 393 f.), führt in letzter Linie jedoch auf ein spezifisches Herrschaftsverhältnis zurück. Die hierdurch aufgeworfenen Probleme der Herrschaft und ihrer Rechtfertigung (Legitimität), damit aber – wie man ergänzen kann – die Existenzgrundlagen des Staates als Anstalt, weist Weber im Kategorienaufsatz einer an anderer Stelle auszuführenden „soziologischen Verbands- und Anstaltstheorie" zu (1988a: 470). Die Vermutung liegt nahe, daß Weber die dem Verleger Ende 1913 angekündigte „soziologische Staats- und Herrschaftslehre" (Weber 2003: 450) als Ausführung dieser Verbands- und Anstaltstheorie geplant und mit der Herrschaftssoziologie wenigstens teilweise auch realisiert hat. Die wesentlichen Merkmale des Anstaltsbegriffs (Dauerorganisation, rationale Ordnungen, objektive, non-voluntaristische Zurechnung der Anstaltsangehörigen) tragen andererseits erkennbar den Stempel des juristischen Anstaltsbegriffs.

Das Wort „Anstalt" bedeutet nach Otto Mayer (1981: 309; vgl. auch 333), dem Klassiker der deutschen Verwaltungsrechtswissenschaft, zunächst lediglich „ein auf Dauer berechnetes Unternehmen" oder „alle bleibenden Einrichtungen zur Erfüllung bestimmter Zwecke" (Max Seydel; zitiert nach Mayer 1981: 333, Fußnote 4). Die Rechtsordnung kann die Anstalt mit Rechtspersönlichkeit ausstatten, wie das etwa das BGB im Falle der „Stiftungen" oder „(öffentlichen) Anstalten" tut. Die „juristische Person" in Gestalt der Stiftung oder Anstalt ist eine rationale rechtskonstruktive Lösung des Problems, wie zu wohltätigen oder gemeinnützigen Zwecken gewidmete Vermögenswerte dauerhaft zweckentsprechend verwaltet werden können, wenn aus unterschiedlichen Gründen die Verwaltung nicht dem Urheber des Zweckvermögens selbst, dem „Gründer" oder „Stifter", auferlegt werden soll. Das Zweckvermögen wird deshalb rechtlich vom Urheber abgesondert und (juristisch) personifiziert. Im Falle der Stiftung nimmt ein mit ihr eingesetzter Vertreter ihre Interessen im Rechtsverkehr wahr. Anders als etwa bei der Aktiengesellschaft dient hier die Personifikation des Sondervermögens nicht dem Zweck, die Gläubiger des Unternehmens sicherzustellen,

---

Rechtsordnung, also der Realisierung seiner Anstaltsqualität im soziologischen Sinn. Die einseitige Hervorhebung des nach innen gerichteten legitimen Gewaltmonopols in späteren Staatsdefinitionen (Weber 1992: 158 f.; 1988b: 3 f. und 547) müssen demnach im Lichte der staatlichen Anstaltsstruktur gelesen werden.

sondern dessen Kontinuität über den Tod des Stifters hinaus zu wahren (vgl. Mayer 1981: 313 f.). In wichtigen Punkten *anders* stellt sich das Bild für die sogenannten *öffentlichen* Anstalten dar (Mayer 1981: 332-336). Denn hier nimmt regelmäßig das Gemeinwesen selbst die Abspaltung und Personifizierung des Zweckvermögens vor, welches als eigenständiges Unternehmen und deshalb als „öffentliche Anstalt mit eigener Persönlichkeit" (Gierke 1895: 636) konstituiert wird. Hier steht gerade nicht der kontinuierliche Betrieb des Unternehmens in Frage, welcher bei der Stiftung die Erfüllung des Stiftungszwecks über den Tod des Stifters hinaus gewährleisten soll,[17] sondern die Sicherung privater Geldgeber („Dritter") für Unternehmungen, die als Teile der öffentlichen Verwaltung betrieben werden, gegen eine zweckfremde Vermögensnutzung. Dafür kommen (auch historisch) zuerst die Wohltätigkeitsanstalten in Frage, daneben Anstalten zu kulturellen und Bildungszwecken, schließlich Versicherungs- und Kreditanstalten aller Art (vgl. Mayer 1981: 336 und 342). Systematisch, d.h. ihrem juristischen Aufbau nach, stellt Mayer die öffentliche Anstalt daher auf eine Stufe mit dem rechtsfähigen Verein, nicht mit der privaten Stiftung. Und zwar nicht mit dem nach innen gerichteten, wegen fluktuierender Mitgliederschaft und „zersetzenden" Mitgliederrechten (Rechte auf Auflösung und Abfindung) bestandssichernden „idealen Verein", sondern mit dem nach außen gerichteten, die Sicherstellung der Gläubiger bezweckenden „wirtschaftlichen Verein". Entscheidend für Mayers Systematisierung der juristischen Personen ist die Frage nach dem Zweck der dogmatischen Konstruktion, und diesen gewinnt er durch die Analyse der jeweiligen Interessenkonstellation von Stiftern, Spendern, Mitgliedern, Gläubigern, die er in „Beteiligungsgraden" („zugehörige" bzw. „berücksichtigte" Personen) ausdrückt (vgl. die aufschlußreiche Übersicht in Mayer 1981: 344).

Schon hieraus kann man ersehen, daß Weber, wenn er den politischen Verband, speziell den Staat, nicht durch seine Zwecke, sondern durch das ihm spezifische Mittel definieren zu müssen glaubt (Weber 1980: 30; 1992: 158 f.) über den Anstaltsbegriff – soweit dieser an die privatrechtliche Konzeption anknüpft – letztlich doch wieder das Zweckmoment in den Staatsbegriff einführt. Denn das spezifische Mittel, das vom Verwaltungsstab ausgeübte legitime Gewaltmonopol, steht hinter dem „Zweck" der gebietsweiten Aufrechterhaltung und Durchführung der rationalen Ordnungen und damit der historisch wandelbaren Zwecke, welche die Ordnungen normativ fixieren. Vor dem Hintergrund der vermuteten Bedeutung des juristischen Anstaltsbegriffs für Webers soziologische Begriffsbildung, speziell seine Konzeption des Staates als Anstalt, ist es freilich von besonderem Interesse, daß gleichsam das juristische Gegenstück zur „sozio-

---

[17] Der Zweck der Anstalt sei „zugleich der des Muttergemeinwesens, das nicht stirbt und keine Erben hat" (Mayer 1981: 334).

logischen Anstalts- und Verbandstheorie" in der *Rechtssoziologie*, und zwar – ausweislich des Manuskripts – in einem langem Einschub in die primäre Textschicht des § 2 entwickelt wird. Juristisch nicht nur in sachlicher, sondern auch in begriffslogischer Hinsicht.

Beim § 2 der *Rechtssoziologie* handelt es sich nicht nur um den Ursprungstext des für *Wirtschaft und Gesellschaft* vorgesehenen Rechtskapitels,[18] sondern auch um das in mehreren Umarbeitungs- und Erweiterungsstufen zu dem bei weitem umfangreichsten Paragraphen ausgestaltete Textstück. Sachlich und methodisch scheint dabei dieser Paragraph gegenüber den übrigen erstaunlich disparat. Er fügt sich weder der Rationalitätstypologie des Handelns (Kategorienaufsatz), noch jener der Rechtsentwicklungsstufen (Schlußpassage des § 1 der *Rechtssoziologie*) bruchlos ein, obwohl Weber bei der Darstellung durchaus mit der Kategorienterminologie und ebenso einzelnen Rechtsentwicklungsstufen operiert.[19] Der § 2, den Weber schließlich *Die Formen der Begründung subjektiver Rechte* betitelt, liefert – auf eine kurze Formel gebracht – eine komplexe Institutionengeschichte der Vertragsfreiheit als dem für den modernen kapitalistischen Rechtsverkehr grundlegenden Rechtsinstitut. Der ökonomische Rationalismus wird speziell unter dem Gesichtspunkt der Rationalisierung der Rechtstechnik zum Gegenstand der Betrachtung.[20] Auffällig in dem hier besonders

---

[18] Nach dem bei Winckelmann (1986: 151) abgedruckten Stoffverteilungsplan von 1909/10 plante Weber für den Anfang seines Beitrags *Wirtschaft und Gesellschaft* einen zweiteiligen Unterabschnitt *Wirtschaft und Recht (1. Prinzipielles Verhältnis, 2. Epochen der Entwicklung des heutigen Zustands)*. Ein zehnseitiges maschinenschriftliches Manuskript des späteren § 2 bildet den Ursprungstext des zweiten Teils, d.h. der später sogenannten Rechtssoziologie (Gephart 2003: 119 ff.).

[19] Vgl. dazu näher demnächst die Einleitung und den Editorischen Bericht zu Band I/22-3: Recht der *Max Weber-Gesamtausgabe*.

[20] Die eigenständige Rolle der Rechtstechnik gegenüber den materiellen ökonomischen Bedingungen der gesellschaftlichen Entwicklung streicht Weber in der *Rechtssoziologie* wiederholt heraus, so z.B.: „Aber aus dem fehlenden ökonomischen Bedürfnis heraus, ist das Fehlen eines Rechtsinstituts in der Vergangenheit durchaus nicht immer zu erklären. Die rationalen rechtstechnischen Verkehrsschemata, welchen das Recht seine Garantie gewähren soll, müssen vielmehr ganz ebenso wie gewerblich-technische Manipulationen erst einmal ‚erfunden' werden, um in den Dienst aktueller ökonomischer Interessen treten zu können. Daher ist die spezifische rechtstechnische Eigenart einer Rechtsordnung, die Art der Denkformen, mit denen sie arbeitet, für die Chance, daß ein bestimmtes Rechtsinstitut in ihrer Mitte erfunden werde, von weit erheblicher Bedeutung, als man oft anzunehmen pflegt. Ökonomische Situationen gebären neue Rechtsformen nicht einfach automatisch aus sich, sondern enthalten nur eine Chance dafür, daß eine rechtstechnische Erfindung, wenn sie gemacht wird, auch Verbreitung finde. Daß so viele unserer spezifisch kapitalistischen Rechtsinstitute mittelalterlichen und nicht römischen Ursprungs sind – obwohl doch das römische Recht in logischer Hinsicht wesentlich stärker rationalisiert war als das mittelalterliche –, hat zwar auch einige ökonomische, daneben aber verschiedene rein rechtstechnische Gründe." (1980: 411 f.) Weber nennt hinsichtlich der Entwicklung des Wertpapier- und Gesellschaftsrechts unter anderem die germanische Auffas-

interessierenden Textinserat ist die systematisierende, rechtshistorisch- und rechtsvergleichend angelegte Argumentation. Worum geht es Weber?

Die für den modernen Kapitalismus und die marktwirtschaftliche Ordnung charakteristische Erscheinung ist der freie Austausch von Gütern und Dienstleistungen auf dem Markt. Juristisches Fundament der Marktgemeinschaft ist die rechtsgeschäftliche Autonomie der Marktteilnehmer. Die Rechtsordnung ermächtigt sie, sich über den Markttausch gegenseitig zu berechtigen und zu verpflichten (Vertragsfreiheit). Marktteilnehmer sind neben natürlichen Personen auch Personenmehrheiten, Gesellschaften und korporative Verbände. Das ist – sehr verkürzt – die Ausgangslage. In einer komplexen Gedankenreihe skizziert Weber (1980: 405 ff.) die rechtshistorischen Ursprünge des modernen Vertragsrechts im antiken und mittelalterlichen Delikts- und Prozeßrecht, die rationale Versachlichung des Vertragsrechts in der Entwicklung vom personalen Status- zum unpersönlichen Sach- oder Zweckkontrakt (vgl. Weber 1980: 401 ff.), damit zusammenhängend schließlich den Weg vom ständischen Privilegrecht der mittelalterlichen Personenverbände zum modernen Korporations- und Gesellschaftsrecht (vgl. Weber 1980: 416 ff.). Den Anstaltsbegriff behandelt Weber im Zusammenhang mit der „Konzeption des Begriffs der juristischen Person" (Weber 1980: 424). Er fragt nach den ökonomischen Bedürfnissen bzw. – aus Sicht der Rechtsinteressenten – nach den spezifisch ökonomischen Interessen, zu deren Befriedigung die Rechtspersönlichkeit von Verbänden eine rechtstechnische Lösung bieten konnte, ohne daß die rechtstechnische Form direkte Folge jener Bedürfnisse sein mußte. Die Zusammenfassung und Absonderung des Verbandes und seines Vermögens von den Einzelpersonen und deren Vermögen konnte unterschiedlich motiviert und rechtstechnisch realisiert sein. Unter anderem „der Stiftung im Prinzip verwandt, so, daß rechtlich nur Organe des Verbandes da sind, welche in seinem Namen handeln, die Mitglieder aber vorwiegend als verpflichtet zur Mitgliedschaft [behandelt werden], der Eintritt neuer Mitglieder daher unabhängig vom Willen der schon vorhandenen entweder nach Willkür jener Organe oder nach bestimmten Regeln sich vollzieht und diese bloßen Mitglieder: etwa die Kunden einer Schule, als solche prinzipiell keinen Einfluß auf die Verwaltung haben" (Weber 1980: 425). Weber nennt dies: „Anstalt im juristischen Sinn" (ebd.).[21] Von hier schlägt Weber den Bogen zum „Rechtsbegriff der staatlichen ,Anstalt' als solcher" (Weber 1980: 419).

---

sung der Urkunde als „sinnlichen ,Trägers' von Rechten" (Wertpapierrecht), die typischen „Solidarhaftpflichten aller möglichen Gemeinschaftskreise für ihre Mitglieder nach außen" sowie die „Vertrautheit mit der Scheidung von Sondervermögensmassen auf den allerverschiedensten Gebieten" (Gesellschaftsrecht).

[21] Den Nichtjuristen unter seinen Lesern gibt Weber noch mit auf den Weg, daß dieser juristische Anstaltsbegriff mit dem „sozialpolitischen" nur teilweise übereinstimme, was sich nach seiner

Da mit der Rechtspersönlichkeit des Staates normalerweise auch dessen Prozeßfähigkeit verbunden war, diente seine (juristische) Personifizierung zunächst dem Zweck, die Staatsgläubiger zu sichern. Das gelte „für die öffentlichen Verbände, wo immer die politische Gewalt mit Privaten nicht als Herrscher zum Untertan verhandeln konnte, sondern genötigt war, sich deren Leistungen durch freien Kontrakt zu beschaffen, also vor allem im Verkehr mit Kapitalisten, deren Kredithilfe oder Unternehmerorganisation sie bedurfte und die sie infolge der Freizügigkeit des Kapitals zwischen mehreren konkurrierenden politischen Verbänden nicht leiturgisch zu erzwingen vermochte; ferner beim Verkehr mit freien Handwerkern und Arbeitern, gegen welche sie leiturgische Zwangsmittel nicht anwenden konnte oder wollte. [...] Wenn die Frage der Rechtspersönlichkeit des Staats und zugleich der Zuständigkeit der ordentlichen Gerichte bejaht wurde, so bedeutete dies im allgemeinen eine Steigerung der Sicherung der privaten Interessen" (Weber 1980: 427). Trotz der mit dem modernen Souveränitätsgedanken einhergehenden Heraushebung des Staates gegenüber den übrigen Verbänden und seiner Emanzipation gegenüber der eigenen Gerichtsbarkeit bot der im Fiskusbegriff abgetrennte Teil seiner Vermögensverwaltung besondere Sicherheitsgarantien und – wie Weber zeigt (Weber 1980: 428; vgl. Gierke 1913: 250 f.) – in Deutschland beispielsweise das Fundament der Entwicklung einer besonderen Verwaltungsgerichtsbarkeit. Von den römischen Juristen, deren Fiskusbegriff die romanistisch gebildeten Verwaltungsbeamten und Juristen der absolutistischen deutschen Fürsten übernahmen, sei die im Fiskusbegriff angelegte Anstaltskonzeption jedoch *nicht* vollzogen worden. Den rechtsgeschichtlichen Herkunftsort des Anstaltsbegriffs sieht Weber vielmehr im kirchlichen Stiftungswesen.

Die charismatische Epoche der urchristlichen *ekklesia* mündete in den Aufbau einer bischöflichen Amtshierarchie, die für sich die „rechtstechnische Legitimation zur Wahrnehmung kirchlicher Vermögensrechte" anstrebte (Weber 1980: 429).[22] Die Kirche übernahm zu diesem Zweck den römisch-rechtlichen Korporationsbegriff sowie die frühmittelalterliche Vorstellung vom Heiligen als Eigentümer des Kirchengutes und der Kirchenbeamten als seiner Vertreter, deutete allerdings den Korporationsbegriff, ihrer autoritär-hierarchischen Struktur entsprechend, stark herrschafts-, eben anstaltsförmig um. Dies aber ließ die Korporationstheorie der Kanonisten zu einem geeigneten Modell für die rechtstechnische Gestaltung der differenzierten neuzeitlichen Staatsverwaltung werden:

---

[22] neukantianisierenden Begriffsbildungslehre ja von selbst versteht. Den soziologischen Anstaltsbegriff erwähnt er hier gar nicht.
Darin liegt übrigens zugleich der Gedanke der originär rechtsschöpferischen und ordnungsstiftenden Gewalt des nur auf den ersten Blick regelfernen, außeralltäglichen Charismas (Weber 1980: 446 und 511; Gephart 2001: 94 ff.).

„Wesentlich verwaltungstechnische Bedürfnisse der modernen anstaltsmäßigen Staatsverwaltung haben dann zur rechtstechnischen Prokreation so massenhafter öffentlicher Betriebe: Schulen, Armenanstalten, Staatsbanken, Versicherungsanstalten, Sparkassen usw. geführt, welche der Konstruktion als Korporationen, da sie keine Mitglieder und Mitgliedschaftsrechte, sondern nur heteronome und heterokephale Organe aufwiesen, unzugänglich waren, daß der selbständige *Rechtsbegriff der [öffentlichen; S.H.] Anstalt* konzipiert wurde" (Weber 1980: 429; vgl. 481). Indem Weber die rechtsgeschichtliche Entwicklung des römischen Korporationsbegriffs und die daran *umbildend* anknüpfende mittelalterliche Theorie nachzeichnet, hierbei die englische von der kontinentalen Entwicklung unterscheidend, nimmt er die zeitgenössische Diskussion um den vermeintlich individualistisch-staatsabsolutistischen Charakter des römischen im Gegensatz zum genossenschaftlichen Charakter des deutschen Rechts auf (hierzu bereits Weber 1993). Seine überraschende Pointe: Die hierarchische, herrschaftszentrierte und anstaltsmäßige Verwaltungsstruktur des *frühmodernen* kontinentalen Staates wurde rechtstechnisch weniger vom rezipierten römischen Recht (also der mittelalterlichen Legistik), als von der Korporationstheorie der Kanonistik befördert. Ganz ähnlich profitierte die zentralistische Verwaltungsorganisation der *mittelalterlichen* englischen Monarchie rechtstheoretisch vom *fehlenden* römisch-rechtlichen Korporationsbegriff, was die kanonistische (anstaltliche) Korporationstheorie auch hier zum Vorbild für die rechtstechnische Konstruktion aller staatlichen oder kommunalen Verbände machte. Praktisch begünstigte dann die feudalständische Struktur des englischen Staates die privilegienförmige Vergabe von Korporationsrechten, damit zugleich die Schaffung von „Zwangsverbänden mit Kollektivpflichten" und Rechten nur „kraft königlicher Verleihung oder Duldung" (Weber 1980: 435). Entsprechend markiert nach Weber eine zwar chronologisch gegenläufige, in ihrem anstaltlichen Kern aber vergleichbare Entwicklung das jeweilige Verbands- bzw. Korporationsrecht der kontinentalen und englischen Rechtsgeschichte: „Die Verstaatlichung des Verbandswesens stand also am Anfang der nationalen englischen Rechtsgeschichte – infolge der straffen patrimonialen Staatsverwaltung – auf dem Gipfel und hat von da aus allmähliche Abschwächungen erfahren, während für die kontinentale Rechtsgeschichte erst der bürokratische Fürstenstaat der Neuzeit die überkommenen korporativen Selbständigkeiten sprengte, Gemeinden, Zünfte, Gilden, Markgenossenschaften, Kirchen, Vereine aller denkbaren Art seiner Aufsicht unterwarf, konzessionierte, reglementierte und kontrollierte und alle nicht konzessionierten Rechte kassierte und so der Theorie der Legisten: daß alle Verbandsbildung selbständige Gesamtrechte und Rechtspersönlichkeit nur kraft der Funktion des Princeps haben könne, die Herrschaft über die Praxis überhaupt erst ermöglichte" (Weber 1980: 435). Damit sind wir bei den öffentlichen Anstalten als den im staatlichen Verwaltungsinteresse betriebenen und gegebenenfalls mit Rechtspersönlichkeit ausgestatteten Unternehmungen. Zwar lassen die soziologischen Anstaltsmerkmale (heteronome Zurechnung, rationale Ordnung und Erzwingungsstab zu deren Durchführung) ebenso wie die „polare" Zusammenordnung von Anstalt und (Zweck-)Verein die Anlehnung Webers an die juristische Klassifikation vermuten. Es zeigt sich darüber hinaus, wie bereits früher angedeutet, daß der weiter gefaßte und handlungstheoretisch reformulierte *soziologische* Anstaltsbegriff entgegen Webers methodologischen Bemerkungen gerade die vom Standpunkt des *Rechts*begriffs aus relevanten Tatbestände aus dem sozialen Geschehen heraushebt: heteronome Mitgliedschaft und zweckrationale Ordnung. Andererseits ist mit dem Rechtsbegriff der Anstalt nicht zugleich auch der Rechtsbegriff der „staatlichen ‚Anstalt' als solcher" gesetzt. Wohl liegt die anstaltsmäßige Auffassung des Staates in der Begriffslogik der Weberschen Kategorienlehre. Der Staat bildet den bedeutendsten Unterfall der politischen Anstalt, der gegenüber anderen politischen Anstalten (z.B. Gemeinden) durch die Besonderheit seiner Zwangsgewalt (legitimes Gewaltmonopol) gekennzeichnet ist. Gibt es aber eine analoge begriffliche Ableitung in der Rechtswissenschaft? Da Weber den Rechtsbegriffen eine grundlegende Bedeutung für die soziologische Begriffsbildung zuschreibt, wäre dies ja speziell im wichtigen Fall des Staates zu erwarten. Hat er also den juristischen Anstaltsbegriff mit Blick auf den Sonderfall des Staates rezipiert?

Bevor wir darauf abschließend zu sprechen kommen, gilt es noch kurz einzugehen auf die Art, in der Weber die *juristische* Verbands- und Anstaltstheorie komparativ – vor allem an Hand der kontinentalen bzw. angelsächsischen Rechtskulturkreise – verfolgt. Die entwicklungsgeschichtliche Darstellung der rechtspersönlichen Verbände und der korporationstheoretischen Voraussetzungen demonstriert anschaulich, wie mit Hilfe bestimmter Rechtsbegriffe und -institute (Korporation, Stiftung, Anstalt, trustee, corporation sole) allgemeine Aussagen über deren politische, ökonomische und rechtstechnische Entstehungsbedingungen und Zwecke gewonnen werden sollen, soweit eben ihre faktische Relevanz für den modernen okzidentalen Rationalismus feststeht. Die Rechtsbegriffe in ihrem dogmatischen Bedeutungsgehalt fungieren hier als idealtypische Schemata zur Formulierung von allgemeinen Deutungshypothesen für den Verlauf (rechts-)historischer Prozesse. Bedenkt man, daß Weber noch in den *Soziologischen Grundbegriffen* die Aufgabe der Soziologie dahin bestimmt, „Typenbegriffe" zu bilden und „generelle Regeln des Geschehens" zu suchen, „vor allem auch unter dem Gesichtspunkt: ob sie damit der historischen kausalen Zurechnung der kulturwichtigen Erscheinungen einen Dienst leisten kann" (Weber 1980: 9), setzt sich diese Form einer historischen Rechtssoziologie speziell auch zur Rechtsgeschichte ins Verhältnis.[23] Die Rolle der Rechtsdogmatik entspricht dabei ganz dem, was Weber bereits früher gegen Forderungen nach einer *Soziologisierung* der Rechtsgeschichte einwandte: „Als heuristisches Prinzip ist eine rechtsdogmatische Konstruktion auch für das Recht der Vergangenheit, auch für die Rechtsgeschichte, nicht zu entbehren" (Weber 1911: 328). So kann Weber etwa die Eigenart der englischen Verbandstheorie nur unter Heranziehung des entwickelten römisch-kanonischen Korporationsbegriffs als „heuristisches" und „Darstellungs-Mittel" charakterisieren. Eine zusammenhängende Darstellung historischen Rechts wäre in diesem wie in anderen Fällen anders kaum möglich, „weil ein fester eindeutiger und widerspruchsloser juristischer Begriff empirisch gar nicht entwickelt oder nicht allgemein akzeptiert war" (Weber 1988a: 357, Fußnote 1). Auf der Ebene der materialen Forschung bestätigt das, was oben zu Webers methodologischer Prämisse gesagt wurde: Die historische Rechtssoziologie schiebt den Rechtsbegriffen, die sie in ihrem dogmatischen Sinn als idealen Wertstandard verwendet, wie der Richter eine Rechtsnorm, durchaus *keinen* eigenen soziologischen, „von dem juristischen der Wurzel nach verschiedenen" Sinn unter (Weber 1988a: 440). Seine heuristische Funktion in der kulturvergleichenden Rechtsanalyse erfüllt beispielsweise der Rechtsbegriff der Anstalt gerade, indem er seinen dogmatischen Sinn beibehält.

3 Von der juristischen Anstaltstheorie des Staates zur Staatsanstalt der Verstehenden Soziologie

In der zeitgenössischen Staatsrechtswissenschaft war die Anstaltstheorie des Staates umstritten. Der herrschenden Meinung, die den Staat als juristische Person faßte, lief sie zuwider. Georg Jellinek – um nur diesen zu nennen – lehnte sie ab. Als Beispiel einer „Objektsstaatslehre" verlegte diese Theorie nach seiner Ansicht die staatliche Willensbildung in ein externes souveränes Subjekt (den Herrscher), ohne dessen Rechtssubjektivität überzeugend begründen zu können (Jellinek 1914: 165 ff.; vgl. Kersten 2000: 45 ff.).[24] Hinsichtlich der von Weber an den juristischen Begriffen geschätzten Präzision spricht Jellinek im Falle der Anstaltstheorie geradezu von einer „unentwickelten" oder „unklar[en] und nicht zu Ende gedacht[en]" Lehre (Jellinek 1914: 166, Fußnote 1). Bei Otto Gierke

---

[23] Dieses Verhältnis von Rechtssoziologie und Rechtsdogmatik bei Weber wird selten diskutiert, ist z.B. bei Berman / Reid (2000) völlig übersehen.

[24] Demgegenüber weist Möllers (2000: 26, Fußnote 120) auf anstaltliche Momente in Jellineks eigenem Staatsbegriff hin, die aus der machtstaatlichen (vorrechtlichen) Grundlage der Selbstverpflichtungslehre resultierten, aus der wiederum Jellinek den Rechtsstaat als Rechtspersönlichkeit hervorgehen läßt.

hingegen konnte Weber fündig werden. Schon seine vergleichende Rekonstruktion von Theorie und Praxis des Korporationsrechts orientiert sich über weite Strecken an Gierkes voluminösem Hauptwerk über das Genossenschaftsrecht. Gierke hatte die Genossenschaft im Sinne einer demokratisch-mitgliedschaftlich organisierten Vereinigung mit eigener Rechtspersönlichkeit als spezifisch deutsche Rechtsidee und den historischen Dualismus von zentripetalem Herrschaftsverband und partikularem Genossenschaftsverband als systematisierendes Ordnungsprinzip der deutschen Rechtsgeschichte entdeckt (vgl. Boldt 1982). Auf der Basis der Volksgeistlehre der historischen Rechtsschule und einer organologischen Verbändetheorie sah er die Geschichte der Genossenschaft im dialektischen Wechsel von herrschaftlichem Universalismus und genossenschaftlichem Partikularismus. Demnach folgte auf die Blütezeit genossenschaftlicher Organisation in den hochmittelalterlichen freien Städten („Einungen") eine Renaissance der herrschaftlichen Einheitsbildung im Absolutismus, der korporative Bildungen nur noch als staatliche Anstalten zuließ. Die herrschaftsverbandlich organisierten absolutistischen Territorialstaaten faßte Gierke (1873: 958 ff.) auch schlechthin als Anstaltspersonen oder Anstaltsstaaten. Damit war jedoch die gesellschaftlich-staatliche Entwicklung noch nicht an ihr Ende gelangt: der zeitgenössische Staat brachte nämlich die Genossenschaftsidee zum vollständigen Durchbruch (allgemeine Staatsbürgerschaft und Selbstverwaltung) und versöhnte in seiner konstitutionellen Verfassung Herrschafts- und Genossenschaftsprinzip (Gierke 1883: 1130 ff.; vgl. Boldt 1982: 8; Schönberger 1997: 349 und 355 f.; kritisch hierzu Mayer 1981: 319; Jellinek 1914: 165f.). Da folglich bei Gierke der Anstaltsstaat lediglich ein *defizitäres* Durchgangsstadium der gesellschaftlich-staatlichen Entwicklung bildet, zudem organologisch nicht nur im metaphorischen Sinn, sondern substantialistisch gedacht ist, so daß alle Verbände, einschließlich des Staates, „reale Verbandspersönlichkeiten" verkörpern,[25] stellt Webers anstaltliche Staatskonzeption nicht nur erkenntnistheoretisch die Gegenposition zu Gierkes Staatsauffassung dar (Weber 1988a: 35f., Fußnote 1; anders

---

[25] Vgl. etwa die folgende Formulierung: „Was ferner das *Wesen* des Staates im Allgemeinen betrifft, so müssen wir [...] ihm eine *eigene reale Wesenheit* zuschreiben. Er erscheint uns als ein menschlicher Gesellschaftsorganismus mit einem von dem Leben seiner Glieder verschiedenen einheitlichen Gesammtleben. Allerdings besteht er, weil er *Allgemeinheit* ist, aus anderen in sich eine Besonderheit bildenden Wesenheiten; er setzt sich als ein gesellschaftlicher Organismus aus vielen theils einfachen theils wiederum gesellschaftlichen Organismen, aus Menschen und engeren Verbänden, zusammen; sein Leben kommt in der Lebensthätigkeit von Gliedern und Organen, die zugleich eine Sonderexistenz führen, zur Erscheinung. Allein er ist trotzdem eine reale *Einheit*, weil die sämmtlichen Sonderexistenzen insoweit, als sie Elemente des Staates sind, sich nach der Idee des Staatsganzen gruppieren, gliedern und verbinden, und den Inhalt ihres Daseins nicht in sich selbst, sondern in der Bestimmung für das höhere Gesammtleben finden" (Gierke 1874: 305 f.).

Breuer 1993: 202 f,. Fußnote 4). Das wird deutlicher, sobald man die zeitgenössische staatsrechtliche Diskussion mitberücksichtigt.

In diesem Zusammenhang spricht speziell die durch die typologische Kontrastierung von (Zweck-)Verein und Anstalt nahegelegte Annahme, Weber lehne sich mit seiner Begrifflichkeit wesentlich an das zivilistische Begriffsschema an, gegen den Anschluß an Gierke. Schließlich war es Gierke, der an Labands Staatsrechtssystem vor allem die bewußt ins Staatsrecht rezipierte zivilrechtliche Begrifflichkeit monierte,[26] an deren Stelle vielmehr „eine genuin öffentlichrechtliche ‚materiale' Begrifflichkeit" (Stolleis 1992: 361), wie etwa der Begriff der realen Verbandspersönlichkeit, treten solle.

Immerhin ist damit der wesentliche Anknüpfungspunkt der *juristischen* Anstaltstheorien vom Staat benannt: die für die staatsrechtliche Dogmengeschichte des 19. Jahrhunderts zentrale Frage nach dem Rechtsbegriff des Staates. Wir hatten bereits gesehen, daß Weber selbst die ökonomischen und politischen Bedingungen einer rechtspersönlichen Auffassung des Staates behandelt, dabei aber in erster Linie den im rechtsgeschäftlichen Verkehr mit Privaten auftretenden Fiskus als normative Teilbeschreibung des staatlichen Rechtssubjekts im Auge hat. In der staatsrechtlichen Diskussion des 19. Jahrhunderts allerdings (Restauration, Vormärz, Reichsgründung) verbargen sich hinter der Diskussion um das Subjekt der Staatsgewalt die verfassungspolitisch-ideologischen Richtungskämpfe der Zeit. Die seit der Mitte des Jahrhunderts kanonisierte normative Auffassung des Staates mit Hilfe der dem Privatrecht entlehnten Rechtsfigur der „juristischen Person" hatte zunächst einen erkennbar antimonarchischen Zug. Der patrimonialen Staatslehre, welche die staatlichen Herrschaftsrechte des Monarchen konsequent *privat*rechtlich nach Art von Eigentumsrechten begründete (vgl. Haller 1820-825), sollte eine *staats*rechtliche, der konstitutionellen Monarchie adäquate Auffassung des Staates und Trägers der Staatsgewalt entgegengesetzt werden. Durch die Konstruktion der juristischen Persönlichkeit des Staates wurde der Übergang von der Fürsten- zur *Staats*souveränität vollzogen. Dies erlaubte es, Monarch und Volk als Willensorgane der verselbständigten Staatsperson aufzufassen und so den latenten Dualismus von König und Volk in den konstitutionellen Verfassungen juristisch zu neutralisieren. Die Formel verdrängte den Monarchen aus seiner absoluten Stellung, ohne dem Volk die höchste Gewalt

---

[26] Nach Laband (1911: VII) handelt es sich hierbei um Begriffe, welche zwar auf privatrechtlichem Gebiet voll entwickelt worden seien, ihrer Natur nach jedoch „allgemeine Begriffe des Rechts" darstellten und deshalb, nach Abzug ihrer „spezifisch privatrechtlichen Merkmale", ohne Bedenken rezipiert werden könnten. Darin sieht Gierke (1879: 224 f.; vgl. auch 1883: 1121-1124) einen grundsätzlichen methodischen Fehler, da die Begriffe für die Bedürfnisse der Privatrechtswissenschaft „ohne Rücksicht auf ihre allgemeinere Bedeutung ausgebildet und hierbei im Wesentlichen lediglich aus den römischen Rechtsquellen herausgearbeitet [...], grossentheils zu eng gefasst, mitunter aber geradezu verbildet" worden seien.

zuzuerkennen, was sie sichtlich zu einem Verfassungskompromiß stempelte (vgl. Uhlenbrock 2000: 45-47, 54; Stolleis 1992: 368; Quaritsch 1970: 497 f.; Kersten 2000: 36 f. und 457). Die rechtliche Verselbständigung des Staates konnte andererseits den Antagonismus von Staat und Gesellschaft verstärken. Vor allem bot sie nach der Reichsgründung dem deutschen Staatsrechtspositivismus[27] die Möglichkeit, die Staatsperson über den *Herrschafts*begriff wieder so eng an den Monarchen als alleinigen Träger der Staatsgewalt zurückzubinden, daß der ursprünglich monarchiekritische Gehalt der Rechtspersönlichkeitsformel in eine Normativlegitimation der autoritären Verfassungswirklichkeit des Kaiserreichs umgemünzt wurde (Stolleis 1992: 333-335; Friedrich 1997: 7 f., 227-229, 237; Uhlenbrock 2000: 67, 76 und 85-88).[28] Der „(staats-)rechtswissenschaftliche Positivismus" (bei Gerber) bzw. „gesetzeswissenschaftliche Positivismus" (bei Laband)[29] konstruierte den Staat aus einer höchsten Willensmacht und aus Willensverhältnissen, welche das ausführende Organ der Staatsgewalt (Monarch) im verfassungsmäßigen Rahmen *herrschaftlich*, d.h. im Sinne verpflichtender Befehls- und verpflichteter Gehorsamsakte (vgl. Gerber 1869: 3 und 21),[30] gegenüber Individuen wie privaten und öffentlichen Verbänden zur Erfüllung der Staatszwecke organisierte. Diese monozentrische, auf die Staatsgewalt als herrschaftliches Willenszentrum fokussierte Auffassung konkretisierte den Staat wesentlich in der ordnenden und verwaltenden Organtätigkeit der die Staatsgewalt verkörpernden Staatsorgane. Staatsbürger, gesellschaftliche Gruppen und

---

[27] Erklärtes Ziel dieser eigentlichen Neugründung staatsrechtlicher Dogmatik war es, nach pandektistischem Vorbild das Staatsrecht systematisch und rein normativ, d.h. ohne philosophische, politische oder historische Beimischungen, zu behandeln. Paul Laband sprach in diesem Sinne von der auf das positive Recht und das vorausliegende Rechtssystem anzuwendenden „juristischen Methode".

[28] Von einem „realpolitischen Einschlag" in die Theorie des öffentlichen Rechts „unter Laband's Einfluß" spricht Weber in einer gestrichenen Passage des § 7 (Ms. S. 9), und variiert damit ein Wort Hugo Preuss' (1903: 375): „[...] die Aera seiner [Bismarck; S.H.] materiellen und geistigen Herrschaft bezeichnet zugleich das große Interregnum in der allgemeinen Staatslehre; der Herrschaft seiner ‚Realpolitik' entspricht die Herrschaft des staatsrechtlichen Positivismus."

[29] Zu dieser Unterscheidung, die darauf beruht, daß Gerber sein System noch nicht – wie nach ihm Laband – an einem zusammenhängenden, einheitlichen Gesetzesstoff entfalten konnte, vgl. Stolleis 1992: 343 f.; differenzierend dazu Schönberger 1997: 89-91.

[30] Bemerkenswert hinsichtlich Webers Unterscheidung zwischen den „politischen" und dem „hierokratischen Verband" als den beiden Formen von „Herrschaftsverbänden" ist eine Notiz Gerbers (1869: 3, Fußnote 3): „Das Wort und den Begriff ‚Herrschen' nehme ich als einen specifisch dem Staatsrechte angehörenden in Anspruch. Er bezeichnet den eigenthümlichen Willensinhalt der Staatspersönlichkeit. Nur noch für die Kirche kann eine ähnliche Auffassung berechtigt erscheinen." Im Zentrum seines Staatsrechtssystems steht auch bei Laband (1911: 68) der Herrschaftsbegriff: „Herrschen ist das Recht, freien Personen (und Vereinigungen von solchen) Handlungen, Unterlassungen und Leistungen zu befehlen und sie zur Befolgung derselben zu zwingen."

Verbände sowie untergeordnete staatliche Verwaltungseinheiten (Gemeinden) sind im Prinzip Objekte der Staatstätigkeit. Das Parlament verharrt, trotz seiner konstitutionellen Organstellung – in der Rolle eines passiven Beschluß- und Kreationsorgans ohne Anteil an der Ausübung der Staatsgewalt (Stolleis 1992: 335 und 356; Uhlenbrock 2000: 82 und 87 f.). Die staatliche Willensmacht ist Herrschaftsmacht und äußert sich – analog zum zivilrechtlichen Willensdogma, wonach Rechtsverhältnisse nur zwischen (natürlichen oder juristischen) Personen bestehen – in herrschaftlichen Willensbeziehungen zwischen der als unteilbar gedachten Staatsperson („Impermeabilität") und anderen Rechtspersonen. Der Staat wird hier offensichtlich von seinem steuernden und unternehmenden Zentrum aus, in diesem Sinne *anstaltlich*, gedacht. Das Konstrukt der „anorganischen" Staatspersönlichkeit steht der genossenschaftlichen („organischen") Staatstheorie, für die der Staat lediglich die „reale Gesamtverbandspersönlichkeit" der ihn organisch konstituierenden und deshalb korporativ berechtigten Einzelindividuen und Verbände darstellt, unversöhnlich gegenüber.[31] Betrachtet man die über den Herrschaftsbegriff konstruierte Distanz zu den Untertanen und untergeordneten (gesellschaftlichen) Verbänden, so fällt – vorsichtig formuliert – Webers soziologische Parallelformulierung der Verbandsterminologie ins Auge, welche auf den „politischen Verband" und „Staat" zuläuft, diese aber ebenfalls über den Herrschaftsbegriff distanziert (hierzu auch Speer 1978: 39 ff.). Aber es kommt hier weniger auf den Nachweis konkreter Rezeptionsverhältnisse an, als auf die in der Logik der beiderseitigen Begriffsbildung liegenden Korrespondenzen. Denn die Frage lautete ja, ob die aus der Weberschen Begriffslogik folgende Anstaltskonzeption des Staates eine *juristische* Parallele hat.

Der in der Gerber/Laband-Schule immerhin nur der Natur der Sache nach bürokratisch-anstaltlich gedachte Staat wird schließlich von Otto Mayer – bezeichnenderweise in einer Laband-Festgabe – auch ausdrücklich so genannt (Mayer 1981 314 ff., bes. 320 f.; dazu: Schönberger 1997: 311 ff.; Kersten 2000: 45 ff.). Ausgangspunkt von Mayers Argumentation ist die Frage, ob der Staat juristische Person sein könne. Im Privatrecht entstehen juristische Personen durch Absonderung von Zweckvermögen, deren korporative Verfassung die Rechtsordnung zu bestimmten Zwecken ermöglicht und garantiert (Gläubigerschutz, Bestandsschutz, Schutz von begünstigten Personen). Die Rechtsordnung richtet zu diesem Zweck eine „Scheidewand" zwischen Gründern oder Stiftern und der juristischen Person auf. Auf den Staat übertragen, argumentiert Mayer, hätte die Vorstellung der juristischen Persönlichkeit zur Folge, „dass das große Unternehmen Staat mit allem was dazugehört von der menschlichen Trägerschaft

---

[31] Herausragender Vertreter der Genossenschaftstheorie auf staatsrechtlichem Gebiet ist Hugo Preuss (1899).

der Staatsgewalt, dem Souverän, *rechtlich gelöst* werde; dergestalt, dass dieser Souverän fortan, was er hier wirkt, nicht mehr eignen Namens wirkt, sondern *in Vertretung* einer für dieses Unternehmen geschaffenen besonderen Rechtspersönlichkeit" (Mayer 1981: 322). Fürsten oder/und Volk als souveräne Staatsgründer blieben jedoch so eng mit der Staatsgewalt verbunden, daß sie als Träger der Staatsgewalt Organe und nicht Vertreter einer fremden Staatsperson sind: „zu Gunsten der Rechtsfigur einer juristischen Person abzudanken, die aus eigener Macht nichts ist", mache „in dieser Sphäre keinen Sinn: wer hielte hier die Scheidewand?" (ebd.). Wenn demnach der Staat keine juristische Person sein kann, wie ist er dann rechtsbegrifflich zu fassen? Als *Anstalt*, meint Mayer. Löse man den Anstaltsbegriff von dem absolutistischen Herkunftsdiskurs ab, dann „hat dieser Name von vorneherein keineswegs einen so schlechten Klang" (Mayer 1981: 319). Die wesentlichen Attribute der Anstalt zieht Mayer aus der zivilrechtlichen Analogiebildung mit Unternehmen, Geschäftsbetrieben oder sonstigen Einrichtungen zur dauerhaften Verwirklichung bestimmter Zwecke. Unabhängig von der konkreten Trägerschaft der Staatsgewalt bildet der Staat einen territorial und personal definierten Herrschaftsverband, der durch rationale Disposition über verfügbare Mittel jeweils bestimmte (politische, soziale, ökonomische, kulturelle) Zwecke kontinuierlich erfüllt. Oder mit den Worten Otto Mayers: „Also: der Staat ist eine grosse Anstalt, ja! Die Staatsgewalt bedeutet die Leitung dieser Anstalt. Dazu gehört ein Volk und ein Gebiet, ohne das kann ja der grosse geschichtliche Zweck der Anstalt nicht gedacht werden. Die Leitung kann einer Bürgerschaft allein zustehen oder einem Fürsten allein oder Zwischengebilden" (Mayer 1981: 321). Mayer trägt der „ursprünglichen Herrschermacht" des Staates (Georg Jellinek) Rechnung, indem er – entgegen der Gerber/Labandschen Auffassung des Staates als juristische Person – den souveränen Gründer und Träger der Staatsgewalt aus der rechtlichen Konstruktion des Staates wieder herausnimmt und ihm als Anstaltsherrn einen dauerhaft bestimmenden Einfluß auf seine Schöpfung sichert.[32] In der Sache – und auch in den normativen Prämissen – liegen freilich die Konzeption von Gerber/Laband und Otto Mayer nicht weit auseinander: beide bieten trotz terminologischer Differenz letztlich eine normative Fundierung des monarchisch-bürokratischen Anstaltsstaats im Kaiserreich (vgl. Schönberger 1997: 312 f.).

Tatsächlich führt also – ähnlich wie bei der vermuteten soziologischen Parallelbildung in Max Webers Staatsbegriff – eine Spur von der privatrechtlichen Konzeption der (öffentlichen) Anstalt zur staatsrechtlichen Anstaltstheorie des

---

[32] „Der Staat ist der Simson, den man vergeblich zu binden sucht mit den neuen Stricken der juristischen Persönlichkeit" (Mayer 1981: 331). In diesem Sinn hat Böckenförde (1973: bes. 295-297) den Anstaltsbegriff zur Verbindung von Verfassungstheorie und -wirklichkeit der parlamentarischen Demokratie staatsrechtlich fruchtbar zu machen versucht.

Staates. Alle begriffskonstitutiven Merkmale der Weberschen Staatsanstalt, von der „Herrschaft" über die rationale Ordnung bis hin zur Gebietshoheit, finden sich bereits in der letztlich auf Gerber/Labandscher Linie liegenden Anstaltstheorie Otto Mayers. Dies wiederum stärkt die Vermutung, daß Organisations- und Herrschaftszentriertheit der staatsrechtlichen Begriffsbildung die Sinnstruktur der soziologischen Parallelterminologie maßgeblich determiniert.[33] Und zwar gerade weil Weber mit dem Rechtsbegriff auch die Relevanzkriterien für die soziologische Gegenstandskonstitution aus der Jurisprudenz importiert.

4 Schlußbemerkung

Gelegentlich wird die Auffassung vertreten, daß an juristischen Fragestellungen interessierte Sozialtheoretiker, welche als Juristen ausgebildet wurden, mit ihrer Hinwendung zur sozialwissenschaftlichen Theorie zugleich aufhörten, juristisch zu arbeiten (so Möllers 2002: 47). Inwiefern dies auf Max Weber und seine soziologische Anstaltstheorie des Staates tatsächlich zutrifft, war Gegenstand der vorangehenden Überlegungen. So sehr die These dem methodologischen Selbstverständnis Webers an sich entspricht, stößt sie in seinem Fall gleichwohl auf eine wesentliche Einschränkung. Mit seiner Entscheidung, der juristischen Terminologie Modellcharakter für die soziologische Begriffsbildung zuzuerkennen, bleibt Weber dem juristischen Diskurs methodologisch und forschungspraktisch stärker verhaftet, als er zugeben will oder kann.

Es wäre sicher abwegig, Webers Soziologie als Kryptojurisprudenz charakterisieren zu wollen, da ein solcher Reduktionismus nicht nur seinem vehement verfochtenen methodendualistischen Credo widersprochen hätte, sondern auch seinem materialen rechts- und herrschaftssoziologischen Forschungsprogramm zuwider liefe. Dennoch hatte die zentrale Bedeutung der Ordnung für Webers soziologische Begriffsstrategie unvermeidlich zur Folge, daß vor allem Rechtsphänomene in deren Blickfeld rückten. Die naheliegende Anbindung der soziologischen an die juristische Begriffsbildung zeitigt aber von Weber nicht weiter reflektierte Konsequenzen. Auf der Ebene der Gegenstandskonstitution gelingt ihm die Abgrenzung von soziologischer und juristischer Begrifflichkeit nicht wirklich überzeugend. Konstitutiv für die soziologischen Begriffe werden die

---

[33] Ähnlich Böckenförde (1973: 295, Fußnote 87), der bei seiner Rezeption des Anstaltsbegriffs von einem zunächst sozialwissenschaftlichen Bedeutungsgehalt ausgeht, welcher aufgrund des engen Zusammenhanges von sozialwissenschaftlichen und rechtlichen Aspekten der Organisation allerdings auch Konsequenzen für die juristische Konstruktion des Staates haben müsse. Im Falle Webers geht es um die umgekehrte Relation, weil Weber diesen Zusammenhang eben methodologisch begründet sieht (Problematik der Gegenstandskonstitution).

rechtlich relevanten Wirklichkeitstatbestände, d.h. Tatbestände, welche gerade Rechtsbegriffe „denkend ordnen" (Weber 1988a: 213). Sachlich bestimmen – wie in der *Rechtssoziologie* die Korporationstheorie beispielhaft zeigt – Rechtsbegriffe und -theorien, als rechtsdogmatische Deutungshypothesen verwendet, den Deutungshorizont seines Rationalisierungstheorems. Schließlich entspricht die Gewalt- und Ordnungsfixierung von Webers soziologischem Staatsbegriff der Herrschaftszentriertheit des Staatsbegriffs in der Gerber/Laband-Schule.

Daß den Rechtshistoriker, Handelsrechtler und Staatssoziologen Max Weber womöglich mehr mit dem Rechtshistoriker, Handels- und schließlich Staatsrechtler Paul Laband[34] verband als eine besondere Vorliebe für die präzisen handelsrechtlichen Begriffe,[35] wäre vor diesem Hintergrund im Hinblick auf das Werk Max Webers nicht nur eine werkbiographische Randnotiz, sondern von außerordentlichem, bisher leider nur wenig beachtetem Interesse (vgl. den Hinweis bei Schönberger 1997: 315 f., Fußnote 59).

Literatur

Albert, Hans, 1993: Rechtswissenschaft als Realwissenschaft. Das Recht als soziale Tatsache und die Aufgabe der Jurisprudenz. Baden-Baden.
Anter, Andreas, 1996: Max Webers Theorie des modernen Staates. Herkunft, Struktur und Bedeutung. 2. Aufl. Berlin.
Anter, Andreas, 2001: Von der politischen Gemeinschaft zum Anstaltsstaat. Das Monopol der legitimen Gewaltsamkeit. S. 121-138 in: Edith Hanke / Wolfgang J. Mommsen (Hrsg.), Max Webers Herrschaftssoziologie. Studien zu Entstehung und Wirkung. Tübingen.
Berman, Harold J. / Reid, Charles J., 2000: Max Weber as legal historian. S. 223-239 in: The Cambridge Companion to Weber. Hrsg. von Stephen Turner. Cambridge.
Böckenförde, Ernst-Wolfgang, 1973: Organ, Organisation, Juristische Person. Kritische Überlegungen zu Grundbegriffen und Konstruktionsbasis des staatlichen Organisationsrechts. S. 269-305 in: Fortschritte des Verwaltungsrechts. Festschrift für Hans. J. Wolff zum 75. Geburtstag. Hrsg. von Christian-Friedrich Menger. München.

---

[34] Labands frühe Arbeiten kreisen um rechtshistorische Fragestellungen. Daneben fungierte er zwischen 1865 und 1898 als Mitherausgeber der *Zeitschrift für das gesamte Handelsrecht*; vgl. zu Laband u.a. Kleinheyer / Schröder 1989: 158-161.
[35] Die Verbindung zwischen Handelsrecht und Staatssoziologie wäre beispielsweise über den für die *Soziologischen Grundbegriffe* rezipierten Betriebs-Begriff herzustellen, wenn man sich Webers Ausführungen zum Kaufmanns-Betrieb am Anfang des § 8 der Rechtssoziologie ansieht (Weber 1980: 503 f.). Nach der Staatsdefinition der *Soziologischen Grundbegriffe* zeichnet den Staat neben seinem Anstalts- und Monopolcharakter vor allem sein rationaler „Betriebscharakter" aus (Weber 1980: 29 f.).

Boldt, Hans, 1982: Otto von Gierke. S. 7-23 in: Deutsche Historiker. Hrsg. von Hans-Ulrich Wehler. Band VIII. Göttingen.
Breuer, Stefan, 1993: Max Webers Staatssoziologie. Kölner Zeitschrift für Soziologie und Sozialpsychologie 45: 199-219.
Breuer, Stefan, 1998: Der Staat. Entstehung, Typen, Organisationsstadien. Reinbek bei Hamburg.
Breuer, Stefan, 1999: Georg Jellinek und Max Weber. Von der sozialen zur soziologischen Staatslehre. Baden-Baden.
Friedrich, Manfred, 1997: Geschichte der deutschen Staatsrechtswissenschaft. Berlin.
Gephart, Werner, 1998: Handeln und Kultur. Vielfalt und Einheit der Kulturwissenschaften im Werk Max Webers. Frankfurt am Main.
Gephart, Werner, 2001: Juridische Grundlagen der Herrschaftslehre Max Webers. S. 73-98 in: Edith Hanke / Wolfgang J. Mommsen (Hrsg.), Max Webers Herrschaftssoziologie. Studien zu Entstehung und Wirkung. Tübingen.
Gephart, Werner, 2003: Das Collagenwerk. Zur so genannten „Rechtssoziologie" Max Webers. Rechtsgeschichte 3: 111-127.
Gerber, Carl Friedrich von, 1869: Grundzüge eines Systems des Deutschen Staatsrechts. 2. Aufl. Leipzig.
Gierke, Otto, 1873: Das deutsche Genossenschaftsrecht. Band 2: Geschichte des deutschen Körperschaftsbegriffs. Berlin.
Gierke, Otto, 1874: Die Grundbegriffe des Staatsrechts und die neuesten Staatsrechtstheorien. Zeitschrift für die gesamte Staatswissenschaft 30: 153-198 und 265-335.
Gierke, Otto, 1879: Rezension zu Paul Laband, Das Staatsrecht des Deutschen Reiches. Band 2. (Grünhuts) Zeitschrift für das Privat- und Öffentliche Recht der Gegenwart 6: 221-235.
Gierke, Otto, 1883: Labands Staatsrecht und die deutsche Rechtswissenschaft. Jahrbuch für Gesetzgebung, Verwaltung und Volkswirtschaft im Deutschen Reich 7: 1098-1195.
Gierke, Otto, 1895: Deutsches Privatrecht. Band 1: Allgemeiner Teil und Personenrecht. Leipzig.
Gierke, Otto, 1913: Das deutsche Genossenschaftsrecht. Band 4: Die Staats- und Korporationslehre der Neuzeit. Durchgeführt bis zur Mitte des siebzehnten, für das Naturrecht bis zum Beginn des neunzehnten Jahrhunderts. Berlin.
Haller, Carl Ludwig von, 1820-1825: Restauration der Staatswissenschaft oder Theorie des natürlich-geselligen Zustandes der Chimäre des künstlich-bürgerlichen entgegengesetzt. 6 Bände. 2. Aufl. Winterthur.
Hanke, Edith, 2001: Max Webers „Herrschaftssoziologie". Eine werkgeschichtliche Studie. S. 19-46 in: Edith Hanke / Wolfgang J. Mommsen (Hrsg.), Max Webers Herrschaftssoziologie. Studien zu Entstehung und Wirkung. Tübingen.
Jellinek, Georg, 1914: Allgemeine Staatslehre. 3. Aufl. Berlin.
Kelsen, Hans, 1963: Der juristische und der soziologische Staatsbegriff. Kritische Untersuchung des Verhältnisses von Staat und Recht. Aalen (= Nachdruck der 2. Aufl. 1928).
Kersten, Jens, 2000: Georg Jellinek und die klassische Staatslehre. Tübingen.

Kleinheyer, Gerd / Schröder, Jan, 1989: Deutsche Juristen aus fünf Jahrhunderten. 3. Aufl. Heidelberg.
Korioth, Stefan, 1990: Integration und Bundesstaat. Ein Beitrag zur Staats- und Verfassungslehre Rudolf Smends. Berlin.
Laband, Paul, 1911: Das Staatsrecht des Deutschen Reiches. Band 1. 5. Aufl. Tübingen.
Lepenies, Wolf, 1978: Wissenschaftsgeschichte und Disziplingeschichte. Geschichte und Gesellschaft 4: 437-451.
Lepenies, Wolf, 1981: Einleitung. S. I-XXXV in: Wolf Lepenies (Hrsg.), Geschichte der Soziologie. Studien zur kognitiven, sozialen und historischen Identität. Band 1. Frankfurt am Main
Mayer, Otto, 1981 [1908]: Die juristische Person und ihre Verwertbarkeit im öffentlichen Recht. S. 278-353 in: Otto Mayer, Kleine Schriften zum öffentlichen Recht. Hrsg. von Erk Volkmar Heyen. Band 1: Verwaltungsrecht. Berlin.
Möllers, Christoph, 2000: Staat als Argument. München.
Möllers, Christoph, 2002: Theorie, Praxis und Interdisziplinarität in der Verwaltungsrechtswissenschaft. Verwaltungsarchiv 93: 22-61.
Mommsen, Wolfgang J., 1999: Zur Entstehung von Max Webers hinterlassenem Werk „Wirtschaft und Gesellschaft. Soziologie". Europäisches Zentrum für Staatswissenschaften und Staatspraxis. Discussion Paper Nr. 42.
Podstawski, Gerhard, 1978: Die Bedeutung der Disziplingeschichte für die moderne Rechtswissenschaft. Geschichte und Gesellschaft 4: 472-486.
Preuss, Hugo, 1899: Gemeinde, Staat, Reich als Gebietskörperschaften. Versuch einer deutschen Staatskonstruktion auf der Grundlage der Genossenschaftstheorie. Berlin.
Preuss, Hugo, 1903: Ein Zukunftsstaatsrecht. Archiv für öffentliches Recht 18: 373-422.
Quaritsch, Helmut, 1970: Staat und Souveränität. Band 1: Die Grundlagen. Frankfurt am Main
Rickert, Heinrich, 1902: Die Grenzen der naturwissenschaftlichen Begriffsbildung. 2. Aufl. Tübingen.
Schluchter, Wolfgang, 1979: Die Entwicklung des okzidentalen Rationalismus. Eine Analyse von Max Webers Gesellschaftsgeschichte. Tübingen.
Schluchter, Wolfgang, 1980: Rationalismus der Weltbeherrschung. Studien zu Max Weber. Frankfurt am Main.
Schluchter, Wolfgang, 1991a: Religion und Lebensführung. Band 1: Studien zu Max Webers Kultur- und Werttheorie. Frankfurt am Main.
Schluchter, Wolfgang, 1991b: Religion und Lebensführung. Band 2: Studien zu Max Webers Religions- und Herrschaftssoziologie. Frankfurt am Main.
Schluchter, Wolfgang, 1998: Max Webers Beitrag zum „Grundriß der Sozialökonomik". Kölner Zeitschrift für Soziologie und Sozialpsychologie 50: 327-343.
Schluchter, Wolfgang, 1999: „Kopf" oder „Doppelkopf" – Das ist hier die Frage. Kölner Zeitschrift für Soziologie und Sozialpsychologie 51: 735-743.
Schluchter, Wolfgang, 2005: Zur Entstehung von Max Webers Hauptbeitrag zum *Handbuch der politischen Oekonomik*, später: *Grundriss der Sozialökonomik*. S. 229-238 in: Wolfgang Schluchter, Handlung, Ordnung und Kultur. Studien zu einem Forschungsprogramm im Anschluß an Max Weber. Tübingen.

Schönberger, Christoph, 1997: Das Parlament im Anstaltsstaat. Zur Theorie parlamentarischer Repräsentation in der Staatsrechtslehre des Kaiserreichs (1871-1918). Frankfurt am Main.
Speer, Heino, 1978: Herrschaft und Legitimität. Zeitgebundene Aspekte in Max Webers Herrschaftssoziologie. Berlin.
Stolleis, Michael, 1992: Geschichte des öffentlichen Rechts. Band 2: Staatsrechtslehre und Verwaltungswissenschaft 1800-1914. München.
Stolleis, Michael, 1999: Geschichte des öffentlichen Rechts. Band 3: Staats- und Verwaltungsrechtswissenschaft in Republik und Diktatur. München.
Uhlenbrock, Henning, 2000: Der Staat als juristische Person. Dogmengeschichtliche Untersuchung zu einem Grundbegriff der deutschen Staatsrechtslehre. Berlin.
Weber, Max, 1911: Diskussionsbeitrag zum Referat von Hermann Kantorowicz über „Rechtswissenschaft und Soziologie". S. 323-330 in: Verhandlungen des Ersten Deutschen Soziologentages vom 19-22. Oktober 1910 in Frankfurt am Main. Tübingen.
Weber, Max, 1963: Gedenkrede auf Georg Jellinek. S. 13-17 in: René König / Johannes Winckelmann (Hrsg.), Max Weber zum Gedächtnis (= Kölner Zeitschrift für Soziologie und Sozialpsychologie. Sonderheft 7). Köln / Opladen.
Weber, Max, 1980: Wirtschaft und Gesellschaft. Studienausgabe. 5. Aufl. Tübingen.
Weber, Max, 1988a: Gesammelte Aufsätze zur Wissenschaftslehre. 7. Aufl. Tübingen.
Weber, Max, 1988b: Gesammelte Aufsätze zur Religionssoziologie. Band 1. 9. Aufl. Tübingen.
Weber, Max, 1992: Gesamtausgabe. Abteilung I: Schriften und Reden. Band 17: Wissenschaft als Beruf (1917/19) / Politik als Beruf (1919). Hrsg. von Wolfgang J. Mommsen und Wolfgang Schluchter. Tübingen.
Weber, Max, 1993: „Römisches" und „deutsches" Recht. S. 524-534 in: Gesamtausgabe. Abteilung I: Schriften und Reden. Band 4, 1. Halbband: Landarbeiterfrage, Nationalstaat und Volkswirtschaftspolitik. Schriften und Reden 1892-1899. Hrsg. von Wolfgang J. Mommsen. Tübingen.
Weber, Max, 1994: Gesamtausgabe. Abteilung II: Briefe. Band 6: 1909-1910. Hrsg. von M. Rainer Lepsius und Wolfgang J. Mommsen. Tübingen.
Weber, Max, 2003: Gesamtausgabe. Abteilung II: Briefe. Band 8: 1913-1914. Hrsg. von M. Rainer Lepsius und Wolfgang J. Mommsen. Tübingen.
Willke, Helmut, 1983: Entzauberung des Staates. Überlegungen zu einer sozietalen Steuerungstheorie. Königstein (Taunus).
Winckelmann, Johannes, 1986: Max Webers hinterlassenes Hauptwerk. Die Wirtschaft und die gesellschaftlichen Ordnungen und Mächte. Tübingen.
Windelband, Wilhelm, 1911: Normen und Naturgesetze. S. 59-98 in: Wilhelm Windelband, Präludien: Aufsätze und Reden zur Einleitung in die Philosophie. Band 2. 4. Aufl. Tübingen.

Typen und Tendenzen der Demokratie

Stefan Breuer

„Demokratie" gehört nicht zu den *Soziologischen Grundbegriffen* Max Webers. In der letzten Fassung von *Wirtschaft und Gesellschaft* taucht sie erstmals auf in Kapitel II, § 38, dann wieder in Kapitel III, §§ 1, 5, 6 und häufiger ab § 14. Sie ist jedoch insofern an die Grundbegriffe angebunden, als sie in Gestalt der „führerlosen Demokratie" als „Minimisierung der Herrschaft" (Weber 1976: 157), in Gestalt der „unmittelbaren Demokratie" als „herrschaftsfremde Verbandsverwaltung" (Weber 1876: 169 f.) vorgestellt wird, mithin auf den in § 16 der *Soziologischen Grundbegriffe* entwickelten Begriff der „Herrschaft" bezogen ist. Somit ist es nicht nur vom Gegenstand, sondern auch von der Thematik dieses Sammelbandes her gerechtfertigt, sich etwas näher mit diesem Begriff zu beschäftigen.[1]

1 Ein Liberaler vor der Demokratie

Wofür immer sich Max Weber in den Anfängen seiner akademischen Karriere bis zu seinem Ausscheiden aus dem Professorenamt 1903 interessierte – Fragen der Demokratie und der Demokratisierung nahmen darunter keinen prominenten Rang ein. Politisch bevorzugte er Anfang der 90er Jahre die Konservativen. 1893 trat er sogar dem Alldeutschen Verband bei, jenem vor allem aus Anhängern der rechtsliberalen und konservativen Parteien zusammengesetzten Agitationsverein, der sich außenpolitisch für ein stärkeres imperialistisches Engagement einsetzte und innenpolitisch immer wieder mit Angriffen auf das Reichstagswahlrecht und Vorschlägen zu seiner Umgestaltung in einem, sei es ständischen, sei es plutokratischen Sinne, hervortrat (Mommsen 1974: 18 und 58 f.; Hering 2003: 320 ff.). Zwar verließ Weber diesen Verband 1899 wieder, jedoch nicht aus innenpolitischen, sondern aus wirtschafts-, speziell agrarpolitischen Gründen: wegen der Unterordnung nationaler Belange unter die ökonomischen Interessen der ostelbischen Agrarier. Daß er sich 1896 dem Nationalsozialen Verein Friedrich Nau-

---

[1] Einen ersten Versuch in dieser Richtung, der jedoch mit Victor Turners Begriff der Antistruktur ein „systemfremdes" Element in die Exposition von Webers Auffassungen hineinträgt und mich deshalb heute nicht mehr befriedigt, habe ich in einer früheren Studie unternommen (vgl. Breuer 1994: 176-187).

manns anschloß, der in seiner Satzung für die Unantastbarkeit des Reichstagswahlrechts und dessen Ausdehnung auf Landtage und Kommunalvertretungen eintrat (Naumann 1900: 229), geschah nicht wegen, sondern trotz dieses Programmpunktes, galt ihm damals doch das allgemeine Stimmrecht als „das Danaergeschenk Bismarcks", das den „reinste(n) Mord für die Gleichberechtigung aller im wahren Sinn des Worts" darstellte.[2] Die von Weber auf der Erfurter Gründungsversammlung der Nationalsozialen erhobene Forderung nach einer „Demokratie, der wir die Leitung Deutschlands durch unsere Wahlstimmen anvertrauen müssen" (Weber 1993: 621), muß man in den Kontext seines Plädoyers für eine Ausrichtung auf bürgerliche Klasseninteressen rücken, um zu erkennen, daß es sich mehr um eine Konzession an die Versammlung handelt, als um ein prinzipielles Votum für Demokratisierung. Für Naumann, das hat Marianne Weber zutreffend ausgedrückt, „blieb vorerst der nationale Machtstaat Mittel zur sozialen Reform, während umgekehrt Weber zur Sicherung des Nationalstaats soziale und politische Gerechtigkeit fordert" (Marianne Weber 1950: 256).

Ein positiveres Verhältnis zur Demokratie hat Max Weber wohl erst durch seine Amerikareise im Herbst 1904 gewonnen.[3] Zwar agierte er dort durchaus „in der Rolle eines Verteidigers der deutschen politischen Institutionen seiner Zeit" (Mommsen 1974a: 80), doch brachte ihn die konkrete Anschauung der amerikanischen Wirtschafts- und Gesellschaftsordnung zu der Überzeugung, daß hier Individualismus und industrieller Kapitalismus, Demokratie und nationaler Machtstaat in einer Weise vereint waren, der Deutschland nichts Vergleichbares entgegenzustellen hatte. Nimmt man den Enthusiasmus hinzu, mit dem Marianne Weber die gesellschaftliche und politische Stellung der Frauen in den USA registrierte[4], dann versteht man, weshalb Max Weber in dem nach seiner Rückkehr geschriebenen zweiten Teil der *Protestantischen Ethik* die Autoritätsfeindlichkeit und Respektlosigkeit „der heutigen Demokratie puritanisch beeinflußter Völker" (Weber 1996: 113) keineswegs von vornherein verwarf, vielmehr, in dem wiederum ein Jahr später geschriebenen Aufsatz über *Kirchen und Sekten in Nord-*

---

[2] Max Weber an Hermann Baumgarten vom 8.11.1884, in: Weber 1936: 143. Die für den klassischen Liberalismus typische Distanz zum allgemeinen Wahlrecht hielt bei Weber lange an. Noch 1917, als er sich längst zu einer anderen Auffassung bekehrt hatte, hielt er es mit Blick auf Deutschland für eine wohlberechtigte Frage, „ob für die ersten Jahrzehnte der neuen Reichsgründung ein die ökonomisch und sozial prominenten und politisch (damals) geschulten Schichten etwas stärker privilegierendes Wahlrecht – etwa so, wie es das bisherige englische tat – den inneren und äußeren Ausbau des Reichs, vor allem: die Eingewöhnung in parlamentarische verantwortliche Mitarbeit, nicht erleichtert hätte" (Weber 1984: 348).

[3] Zu ihr vgl. Rollmann 1993; Scaff 1998. Die Bedeutung der amerikanischen Erfahrungen für die Parteisoziologie betont Portinaro 2001: 294 ff.

[4] Vgl. Scaff 1998: 73 ff. Demokratisierung bedeutete für beide Webers seitdem auch die Inklusion der Frauen ins politische System. Vgl. Gilcher-Holtey 1988: 149.

amerika, in den höchsten Tönen pries: „Die Sekten allein haben es fertig gebracht, positive Religiosität und politischen Radikalismus zu verknüpfen, sie allein haben vermocht, auf dem Boden protestantischer Religiosität breite Massen und namentlich: moderne Arbeiter, mit einer Intensität kirchlichen Interesses zu erfüllen, wie sie außerhalb ihrer nur in Form eines bigotten Fanatismus rückständiger Bauern gefunden wird. Und darin ragt ihre Bedeutung über das religiöse Gebiet hinaus. Nur sie gaben z.b. der amerikanischen Demokratie die ihr eigene elastische Gliederung und ihr individualistisches Gepräge. (...) Gewiß: der demokratische Charakter Nordamerikas ist durch den kolonialen Charakter seiner Kultur bedingt und zeigt daher die Neigung, gemeinsam mit diesem sich abzuschwächen. Und ferner: auch von jenen speziellen amerikanischen Eigentümlichkeiten, die hier besprochen wurden, ist ein Teil durch die nüchterne pessimistische Beurteilung der Menschen und alles Menschenwerks, die allen, auch den ‚kirchlichen' Ausprägungen des Puritanismus eignet, bestimmt. Aber jene Verbindung der innerlichen Isolierung des Individuums, die ein Maximum von Entfaltung seiner Tatkraft nach außen bedeutet, mit seiner Befähigung zur Bildung von sozialen Gruppen von festestem Zusammenhalt und einem Maximum von Stoßkraft – sie ist, in ihrer höchsten Potenz, zuerst auf dem Boden der Sektenbildung gewachsen" (Weber 1906: 393 und 395).

Diese neue Wertschätzung der Demokratie schlug sich fortan in zahlreichen privaten und öffentlichen Äußerungen nieder. Man begegnet ihr im Briefwechsel mit Adolf von Harnack, in dem Weber den Puritanismus gegenüber dem Luthertum verteidigt; im Austausch mit Robert Michels, in dem Weber die angelsächsischen Länder als die „politisch entwickeltsten" bezeichnet und für Deutschland die „politische Demokratisierung" auf die Tagesordnung setzt; in der Korrespondenz mit seinem Bruder Alfred, mit dem Max Weber im Mai 1907 eine Strategie zur Parlamentarisierung der Bundesstaaten entwirft, die diesen durch Einführung des allgemeinen Wahlrechts und der effektiven Ministerverantwortlichkeit in den Einzelstaaten aus einer Dynastien- in eine Staatenvertretung verwandeln sollte (Weber 1990: 32 f., 58, 312 und 423); in den Rußlandschriften von 1906, die, bei aller Skepsis gegenüber den potentiell freiheitsfeindlichen Auswirkungen der Demokratisierung doch von der Einsicht in die Unmöglichkeit eines Zensuswahlrechts unter kapitalistischen Bedingungen durchdrungen sind (Weber 1989: 117); endlich auch in seinem Diskussionsbeitrag auf der Generalversammlung des Vereins für Sozialpolitik am 2. Oktober 1907, in dem er – gegen Adolph Wagner – für die Einführung des allgemeinen gleichen Wahlrechts auf kommunaler Ebene eintritt (Weber 1998a: 304 ff.). Wie wichtig ihm die Demokratisierung der Vertretungskörperschaften unterhalb der Reichsebene mittlerweile ist, zeigt die dramatisierende Zuspitzung in einem Brief an Lujo Brentano vom 3. Juni 1908, in dem es heißt: „Entscheidend ist m.E.: ob es gelingt, gegen Conzessionen auf finanziellem Gebiet (im Reich) preußische Wahlrechts-Conzessionen von Bedeutung einzutauschen. Mißlingt das, – dann ist ‚Alles aus'. Und: wahrscheinlich mißlingt es. Aber versucht muß es werden" (Weber 1990: 581 f.). Und noch einige Jahre später bekennt sich Weber mit Emphase zu jener Revolution, die als erste das demokratische Prinzip der Volkssouveränität in Europa zum Verfassungsprinzip erhoben hat: „Daß Revolutionen und Vernunft-Prinzipien a priori nicht in den Himmel wachsen, – dafür ist gründlich gesorgt. Aber wir danken den ‚Prinzipien von 89' – deren Kindlichkeit unser Lächeln, deren pedantische Vergewaltigungen der Realität unsren Protest erregen – Dinge, ohne welche das Leben nicht mehr ertragen würde. Und ein Volk, welches (wie wir Deutschen) niemals den traditionellen Gewalten den Kopf vor die Füße zu legen die Nerven gehabt hat, wird nie die stolze Sicherheit seiner selbst gewinnen, welche die Angelsachsen und Romanen uns in der Welt so überlegen macht, trotz all unserer (durch Disziplin gewonnenen) ‚Siege' im Krieg und in der Technik" (Brief an Hermann Graf Keyserling vom 21.6.1911, in: Weber 1998: 237).

2 Die antiautoritäre Dimension der Demokratie

Solchen Pointierungen begegnet man in den Jahren unmittelbar vor dem Ersten Weltkrieg freilich nur in der privaten Korrespondenz Webers. Aus der Politik hält er sich in dieser Zeit zumeist heraus und widmet sich ganz den großen Arbeiten, die seinen Weltruhm begründen werden: den *Agrarverhältnissen im Altertum*, den Studien über die *Wirtschaftsethik der Weltreligionen* und den Beiträgen zum *Grundriß der Sozialökonomik*, aus denen *Wirtschaft und Gesellschaft* hervorgegangen ist. Demokratie kommt hier zunächst ins Spiel als eine eigentümliche Erscheinung der okzidentalen Stadt, bei der ein Teil der Beherrschten den Herrschenden erfolgreich das Recht auf Teilhabe an politischer Macht und den damit verbundenen Chancen abtrotzt, ohne daß die ständische Sozialordnung davon grundsätzlich tangiert würde. Im Fall der antiken Stadt führt dies zu einer „Demokratisierung des Militarismus" (Weber 1988a: 109), in deren Folge sich die bis dahin ausschließlich vom Adel geprägte „Kriegerzunft" in Richtung der „Hoplitenpolis" und schließlich der „demokratischen Bürgerpolis" mit starker Minimisierung der Verwaltungsfunktionen erweitert (Weber 1988a: 40 ff.; 1999: 219; 1976: 546); im Falle der mittelalterlichen Stadt zu veränderten Machtteilungen im Rahmen eines nach wie vor oligarchischen Gefüges, die je nach Zeit und Ort unterschiedlich ausfallen.

Ohne den Rang dieser auf die Stadt fokussierten Untersuchungen damit abwerten zu wollen, läßt sich doch behaupten, daß Weber zu Aussagen von systematischer Qualität erst um 1913 im Kontext seiner Herrschaftssoziologie gelangt (zur werkgeschichtlichen Einordnung vgl. Hanke 2001: 31 und 39). Überraschenderweise stößt man hier bereits im zweiten Paragraphen auf Ausführungen über „Wesen und Grenzen demokratischer Verwaltung", also noch bevor Weber seine berühmte Typologie der Geltungsgründe der Herrschaft eingeführt hat, die doch nicht bloß für die Beziehung zwischen Herrschenden und Beherrschten, sondern auch für die „Struktur einer Herrschaft", für die Prinzipien ihrer Organisation und die Art und Weise der Verwaltung relevant sein sollen. Der Grund für diese Entscheidung ist nicht, daß Demokratie schlechthin nichts mit Legitimität zu tun hätte, denn tatsächlich stellt ein späteres Kapitel genau diese Beziehung her.[5] Maßgeblich ist vielmehr, daß es sich hier nur um eine bestimmte Form der Demokratie handelt, die auf Abbau und Reduktion ausdifferenzierter Verwaltung als der Realisierungsform von Herrschaft zielt und deshalb logischerweise nicht zu den Typen der Herrschaft gerechnet werden kann. Umbau der Verwaltung im „unmittelbar demokratische(n)" Sinn bedeutet zum einen, daß die Führung der gemeinsamen Geschäfte nicht mehr auf bestimmten, ungleich verteilten Qualifikationen beruhen, sondern allen Verbandsmitgliedern ohne Vorbedingung zugänglich sein soll; zum andern, daß der Umfang der Befehlsgewalt minimiert wird. „Die Verwaltungsfunktionen werden entweder einfach im Turnus übernommen oder durch das Los oder durch direkte Wahl auf kurze Amtsfristen übertragen, alle oder doch alle wichtigen materiellen Entscheidungen dem Beschluß der Genossen vorbehalten, den Funktionären nur Vorbereitung und Ausführung der Beschlüsse und die sog. ‚laufende Geschäftsführung' gemäß den Anordnungen der Genossenversammlung überlassen" (Weber 1976: 546).

Diese Art der Verwaltung, fährt Weber fort, „findet ihre normale Stätte in Verbänden, welche 1. lokal oder 2. der Zahl der Teilhaber nach eng begrenzt, ferner 3. der sozialen Lage der Teilhaber nach wenig differenziert sind, und sie setzt ferner 4. relativ einfache und stabile Aufgaben und 5. trotzdem ein nicht ganz geringes Maß an Entwicklung von Schulung in der sachlichen Abwägung von Mitteln und Zwecken voraus. (So die unmittelbar demokratische Verwaltung in der Schweiz und in den Vereinigten Staaten und innerhalb des altgewohnten Umkreises der Verwaltungsgeschäfte auch des russischen ‚Mir'.) Sie gilt also auch für uns hier nicht etwa als typischer historischer Ausgangspunkt einer ‚Entwicklungsreihe', sondern lediglich als ein typologischer Grenzfall, von dem wir hier bei der Betrachtung ausgegangen sind. Weder der Turnus noch das Los noch eine eigentliche Wahl im modernen Sinn sind ‚primitive' Formen der Bestellung von Funktionären einer Gemeinschaft" (Weber 1976: 546). Das ent-

---

[5] Vgl. im 5. Abschnitt „Die charismatische Herrschaft und ihre Umbildung" den § 2: „Entstehung und Umbildung des Charisma" (Weber 1976: 665 ff.).

spricht exakt dem Befund, zu dem Weber bereits in seinen Studien über die antike Demokratie gekommen war: in der Sequenz von „Organisationsstadien", die zu Beginn der *Agrarverhältnisse im Altertum* skizziert wird, steht die „demokratische Bürgerpolis" erst an vierter Stelle.

Hinsichtlich der Stabilität fällt Webers Urteil über die unmittelbar demokratische Verwaltung negativ aus. Ihr entgegen stehe sowohl die ökonomische Differenzierung, die den aufgrund von Vermögen und Einkommensart „abkömmlichen" Schichten einen Vorteil gegenüber den „unabkömmlichen" gewähre, als auch die soziale bzw. ständische Differenzierung, die unweigerlich bestimmten, durch soziale Schätzung herausgehobenen Personen (Honoratioren) Befehls- und damit Herrschaftsgewalt zuspiele (Weber 1976: 546 f.). Ebenso ungünstig wirke sich die rein quantitative Vergrößerung des politischen Verbandes aus, der Übergang zu einem „Massengebilde": „Die Bedingungen der Verwaltung von Massengebilden sind radikal andere als diejenigen kleiner, auf nachbarschaftlicher oder persönlicher Beziehung ruhender Verbände. Insbesondere wechselt der Begriff der ‚Demokratie', wo es sich um Massenverwaltung handelt, derart seinen soziologischen Sinn, daß es widersinnig ist, hinter jenem Sammelnamen Gleichartiges zu suchen. Die quantitative und ebenso die qualitative Entfaltung der Verwaltungsaufgaben begünstigt, weil nun in zunehmend fühlbarer Weise Einschulung und Erfahrung eine technische Ueberlegenheit in der Geschäftserledigung begründen, auf die Dauer unweigerlich die mindestens faktische Kontinuität mindestens eines Teils der Funktionäre. Es besteht daher stets die Wahrscheinlichkeit, daß ein besonderes perennierendes soziales Gebilde für die Zwecke der Verwaltung, und das heißt zugleich: für die Ausübung der Herrschaft, entsteht. Dies Gebilde kann, in der schon erwähnten Art, honoratiorenmäßig ‚kollegialer', oder es kann ‚monokratischer', alle Funktionäre hierarchisch einer einheitlichen Spitze unterordnender, Struktur sein" (Weber 1976: 548).

In der Substanz hat Weber an diesen Bestimmungen auch in späteren Texten festgehalten. Die letzte Fassung der Herrschaftssoziologie von 1919/20 enthält im § 19, nun allerdings *nach* den Typen der Herrschaft, Ausführungen über die „Herrschaftsfremde Verbandsverwaltung und Repräsentantenverwaltung", die im wesentlichen die gleichen technischen Mittel für eine „Minimisierung der Herrschaft" auflisten wie im Vorkriegsmanuskript (Weber 1976: 169), darüber hinaus auch die gleichen Schranken benennen: die „unmittelbare Demokratie", bei welcher „der Verwaltende als lediglich nach Maßgabe des Willens, im ‚Dienst' und kraft Vollmacht der Verbandsgenossen fungierend gilt", habe ihre besten Chancen in „kleinen Verbänden, deren sämtliche Genossen örtlich versammelt werden können und sich untereinander kennen und als sozial gleich werten" (wie z.B. den nordamerikanischen town-ships und den Kleinkantonen der Schweiz),[6] versage aber technisch, sobald „es sich um Verbände über eine gewisse (elastische) Quantität hinaus (einige Tausend vollberechtigte Genossen) oder um Verwaltungsaufgaben handelt, welche Fachschulung einerseits, Stetigkeit der Leitung andererseits erfordern". Sie bestehe „ferner nur so lange genuin, als keine Parteien als Dauergebilde entstehen, sich bekämpfen und die Aemter zu appropriieren suchen. Denn sobald dies der Fall ist, sind der Führer der kämpfenden und – mit gleichviel welchen Mitteln – siegenden Partei und sein Verwaltungsstab herrschaftliches Gebilde, trotz Erhaltung aller Formen der bisherigen Verwaltung" (Weber 1976: 171).

Eine interessante Modifikation gegenüber dem Vorkriegsmanuskript liegt allerdings darin, daß Weber jetzt zwischen verschiedenen Formen der unmittelbaren Demokratie unterscheidet: „Die unmittelbare Demokratie", heißt es ohne weitere Erläuterung, „ist ein rationaler Verband oder kann es doch sein" (Weber 1976: 170). Kleine Verbände, so muß man dies verstehen, können sich also auf herrschaftsfreie Weise verwalten, und sie können dies entweder in „rationale(r) Form" oder in nicht-rationaler Form. Das letztere ist der Fall, wenn die Verwaltung entweder gänzlich regelfrei, ad hoc und rein personalistisch verfährt oder nach Regeln, die sich aus strenger Traditionsbindung ergeben; das erstere aber liegt vor, wie Weber an anderer Stelle andeutet, wenn bei der Wahl oder Auslosung der Amtsträger nach gesatzten Regeln verfahren wird (Weber 1973: 477) – eine Form, bei der allerdings die Grenzen zur legalen *Herrschaft* fließend sind. Wie auch immer: Festzuhalten bleibt, daß Weber nicht nur herrschaftlich gestaltete soziale Beziehungen kennt, sondern auch „herrschaftsfreie" (Weber 1976: 171), demokratisch gestaltbare, und daß es innerhalb dieser Beziehungen die Alternative zwischen mehr oder weniger rationalen Formen gibt.

3 Demokratie und Charisma

Demokratie wird von Weber jedoch nicht nur in diesem herrschaftsfreien Bereich, als „Kontrasttyp zur legitimen Herrschaft" (Thomas 1984: 225), verortet. Sie kommt auch in den Blick bei den Ausführungen, die einem der drei reinen Typen der Herrschaft gelten, der charismatischen Herrschaft. In der älteren Fassung der Herrschaftssoziologie finden sich die einschlägigen Passagen im Abschnitt über „Entstehung und Umbildung des Charisma". Charismatische Herrschaft steht bei Weber bekanntlich für das Neue, Niedagewesene, Außeralltägli-

---

[6] Im Fall der attischen Bürgerdemokratie und der frühmittelalterlichen italienischen Stadt sieht Weber dagegen die Grenzen der unmittelbaren Demokratie bereits deutlich überschritten. Vgl. Weber 1976: 170.

che, das in Krisen und Zusammenbrüchen der gewohnten Ordnung Halt und Orientierung gewährt und die Menschen von innen her revolutioniert, speziell durch den „Glauben an die spezifische, absolute oder relative, für den Beherrschten (...) schlechthin gültige Heiligkeit der Autorität konkreter Personen" (Weber 1976: 662). Das muß hier nicht weiter vertieft werden. Für den Demokratiebegriff wichtig sind erst die folgenden Hinweise, in denen Weber der Frage nachgeht, wie denn die charismatische Herrschaft das in allen Herrschaftsverhältnissen zentrale Bedürfnis nach Kontinuierung der Herrschaftsbeziehung bewältigt. Im Prinzip gibt es dazu zwei Möglichkeiten:

Die eine bezeichnet Weber als „Versachlichung des Charisma", ohne allerdings hinreichend zu klären, ob damit eine bloße Objektivierung bzw. Vergegenständlichung gemeint ist oder eine Transformation des Charisma bzw. der mit ihm verbundenen ‚Sendung'.[7] Die andere Möglichkeit ist die „Veralltäglichung des Charisma", die „dessen streng an die konkrete Person gebundenen Charakter unberührt" läßt (Weber 1976: 671). Prozesse dieser Art knüpfen an die Regelung der Nachfolge in charismatischen Herrschaftsverhältnissen an. Schon die bloße Ernennung eines Nachfolgers oder Stellvertreters durch den Charismatiker bedeute einen ersten „Schritt von der freien, auf persönlicher Eigengewalt des Charisma ruhenden Herrschaft nach der Seite der auf der Autorität der ‚Quelle' ruhenden ‚Legitimität' hin" (Weber 1976: 664), nämlich zur „Anerkennung durch die Beherrschten"; diese sei allerdings zunächst noch durchaus keine ‚Wahl' im strengen Sinne eines rein rationalen Verfahrens, sondern etwas völlig anderes: eine „Erkennung oder Anerkennung des Vorhandenseins der durch die Wahl nicht erst entstehenden, sondern vorher vorhandenen Qualifikation, eines Charisma also, auf dessen Anerkennung umgekehrt der zu Wählende als sein Träger einen Anspruch hat" (Weber 1976: 665). Als eine Veralltäglichung in diesem Sinne müsse „das demokratische System der sogenannten plebiszitären Herrschaft" angesehen werden, wie es sich speziell im „französischen Cäsarismus", also dem Bonapartismus, manifestiert habe. Dieses trage „seiner Idee nach wesentlich charismatische Züge, und die Argumente seiner Vertreter laufen alle auf die Betonung eben dieser seiner Eigenart hinaus. Das Plebiszit ist keine ‚Wahl', sondern erstmalige oder (beim Plebiszit von 1870) erneute Anerkennung eines Prätendenten als persönlich qualifizierten, charismatischen Herrschers. Aber auch die Demokratie des Perikles, der Idee ihres Schöpfers nach die Herrschaft des Demagogos durch das Charisma von Geist und Rede, enthielt gerade in der Wahl des einen Strategen (neben der Auslosung der anderen – wenn Ed. Meyers

---

[7] Ich bin auf diese Ambiguität an anderer Stelle eingegangen (vgl. meine Ausführungen über „Hierokratie, Bürokratie und Charisma" in Breuer 1994: 197 ff.).

Hypothese zutrifft –) ihren charakteristischen charismatischen Einschlag" (Weber 1976: 665; zu den Begriffen vgl. Eliaeson 1998 und 2000). Die Veralltäglichung kann indes noch weiter gehen und eine noch stärkere Temperierung des Charisma bewirken. Die rationale Normierung des Wahlverfahrens und die Durchsetzung des Mehrheitsprinzips kann im Extrem zur „unmittelbaren Demokratie" führen, bei der der Gewählte „Beauftragter und also der Diener seiner Wähler (ist), nicht ihr gekürter ,Herr'", womit „der Struktur nach die charismatische Grundlage völlig verlassen" ist (Weber 1976: 666), damit aber auch der Bereich herrschaftlich strukturierter Beziehungen. Wird dieses Extrem vermieden, in der – wie Weber an dieser Stelle nicht expressis verbis sagt, wie aber aus seinen Ausführungen unschwer zu entnehmen ist – „mittelbaren" Demokratie, die in der Gegenwart vor allem von den Parteien geprägt ist, bleibt ein Bezug zum Charisma erhalten, und dieser ist um so stärker, je weniger es sich dabei um rein ständische Honoratiorenparteien, Klassenparteien oder Weltanschauungsparteien handelt. Gerade „,gesinnungslose', d.h. ihr Programm nach den Chancen des einzelnen Wahlkampfs ad hoc formende Gefolgschaftspartei(en) von Stellenjägern", wie sie für die USA so typisch sind – „Patronageparteien", wie der spätere terminus technicus heißt (Weber 1976: 167) – machen es nach Weber „eindrucksvollen Persönlichkeiten", die über das „Charisma der Rede" verfügen, leicht, Anhänger zu gewinnen und die Macht der Parteibürokratie zurückzudrängen: nicht ohne Widerstand und niemals auf Dauer, „weil eben die Kontinuierlichkeit des fachmännischen Betriebes als solchen taktisch auf die Dauer der emotionalen Heldenverehrung überlegen bleibt", wohl aber kurzfristig und oft mit erstaunlicher Wirkung. „Daß alle emotionale Massenwirkung notwendig gewisse ‚charismatische' Züge an sich trägt, bewirkt es auch, daß die zunehmende Bürokratisierung der Parteien und des Wahlgeschäfts gerade dann, wenn sie ihren Gipfel erreicht, durch ein plötzliches Aufflammen charismatischer Heldenverehrung in deren Dienst gezwungen werden kann. Das charismatische Heldentum gerät in diesem Fall – wie die Roosevelt-Kampagne zeigte – in Konflikt mit der Alltagsmacht des ‚Betriebs' der Partei" (Weber 1976: 667 f.).

Weiter ausgeführt und präzisiert wird dieser Gedanke in dem posthum publizierten Aufsatz über *Die drei reinen Typen der legitimen Herrschaft*, der leider nicht exakt datierbar ist, jedoch grob auf die Zeit nach der Abfassung der „älteren" Herrschaftssoziologie und vor der endgültigen Fassung derselben 1919/20 eingegrenzt werden kann.[8] Der Text gibt eine äußerst geraffte Kasuistik der Ve-

---

[8] In manchen Punkten wie z.B. der Rede von der „traditionellen Herrschaft" (1919/20: „traditionale Herrschaft"), der Unterscheidung der „patriarchalen" von der „ständischen" Struktur oder der Kasuistik der Veralltäglichung des Charisma steht der Aufsatz den Vorkriegstexten so nahe, daß man in ihm einen Entwurf für den in der Gliederung von 1914 ausgewiesenen Abschnitt 8(a) „Die drei Typen der legitimen Herrschaft" sehen kann. In anderen dagegen über-

ralltäglichung des Charisma, die sich auf dreifache Weise vollziehen kann: durch Traditionalisierung der Ordnungen, durch Umwandlung des charismatischen Verwaltungsstabes in einen, sei es legalen, sei es ständischen Stab, und durch „Umbildung des Sinnes des Charisma selbst" (Weber 1973: 485). Die letztere kann wiederum mehrere Formen annehmen, unter denen eine in besonderer Beziehung zur Demokratie steht: die „antiautoritäre" Umdeutung des „seinem primären Sinn nach autoritär gedeutete(n) charismatische(n) Legitimitätsprinzip(s)". Die nach der „genuinen Auffassung des Charisma" dem charismatisch qualifizierten Herrschaftsträger geschuldete Anerkennung wird jetzt in dem Sinne neu gedeutet, „daß die freie Anerkennung durch die Beherrschten ihrerseits die Voraussetzung der Legitimität und ihre Grundlage sei (demokratische Legitimität). Dann wird die Anerkennung zur ‚Wahl' und der kraft eigenem Charisma legitimierte Herr zu einem Gewalthaber von Gnaden der Beherrschten und kraft Mandats. Sowohl die Designation durch die Gefolgschaft, wie die Akklamation durch die (militärische oder religiöse) Gemeinde, wie das Plebiszit haben geschichtlich oft den Charakter einer durch Abstimmung vollzogenen Wahl angenommen und dadurch den seinen charismatischen Ansprüchen gemäß gekorenen Herrn zu einem von den Beherrschten rein nach ihrem Belieben gewählten Beamten gemacht" (Weber 1973: 487).[9]

An diese Überlegungen schließt die Endfassung der Herrschaftssoziologie an.[10] Auch hier spricht Weber von der demokratischen Legitimität und führt sie auf eine antiautoritäre, „herrschaftsfremde Umdeutung des Charisma" zurück;

---

schreitet er den Horizont der Vorkriegstexte und weist voraus auf die Terminologie von 1919/20: so z.B. in der Einführung des Begriffes „legale Herrschaft" und in der Auffassung der Demokratie. Daß indes schon die bloße Verwendung des Ausdrucks „Führer-Demokratie" (Weber 1973: 488) für eine Abfassung nach 1918/19 spricht, wie Wolfgang J. Mommsen meint (1974a: 275), erscheint mir nach wie vor nicht zwingend. „Führer" und „Führertum" sind Leitbegriffe schon in Robert Michels *Soziologie des Parteiwesens* von 1911, ganz zu schweigen von anderen damals viel gelesenen Büchern wie Thomas Carlyles *Über Helden und Heldenverehrung,* auf das Hubert Treiber in einem vor kurzem veröffentlichten Aufsatz über Max Webers Charismakonzept verweist (vgl. Treiber 2005). Es bedurfte deshalb durchaus nicht erst der Revolution, um sie Weber nahezubringen.

[9] Angelegt ist die Idee einer „antiautoritären" Umdeutung des Charisma schon in der älteren Herrschaftssoziologie, in dem weiter oben bereits bemühten Kapitel über „Politische und hierokratische Herrschaft". Dort wird der autoritären Gewalt der Kirche die Sekte gegenübergestellt, die Gemeinschaft der im Sinne eines persönlichen Charisma Qualifizierten. Für sie behauptet Weber eine „innere Wahlverwandtschaft mit der Struktur der Demokratie", und zwar näher der „unmittelbar demokratischen Verwaltung" (Weber 1976: 724).

[10] Die im folgenden zitierten Passagen dürften im Winter 1919/20 abgefaßt worden sein. Im September 1919 reichte Weber die Soziologischen Grundbegriffe (Kapitel I) beim Verlag ein, Ende März 1920 den Schluß von Kapitel II (Soziologische Grundkategorien des Wirtschaftens), das Kapitel III (Die Typen der Herrschaft) und den Anfang von Kapitel IV (Stände und Klassen); vgl. Winckelmann 1986: 46 und 48.

auch hier sieht er infolge dieser Umdeutung den kraft Eigencharisma legitimen Herrn in einen „Herrn von Gnaden der Beherrschten" verwandelt, „den diese (formal) frei nach Belieben wählen und setzen, eventuell auch: absetzen" können (Weber 1976: 156). Neu ist allerdings die systematische Anordnung, die die antiautoritäre Umdeutung nun nicht mehr als eine Form der Veralltäglichung des Charisma vorstellt, sondern in einem eigenen Paragraphen behandelt, der durch Zählung und Überschrift deutlich abgesetzt ist, neu auch die Beziehung, die Weber zu seinen politischen Schriften herstellt. Als „Uebergangstypus", in dem sich charismatische und rationale Züge kreuzen, gilt ihm die „plebiszitäre Herrschaft", wie sie sich vor allem „in dem ‚Parteiführertum' im modernen Staat" manifestiere, jedoch darüber hinaus überall dort zu erkennen sei, „wo der Herr sich als Vertrauensmann der Massen legitimiert fühlt und als solcher anerkannt ist". Im politischen Verband artikuliert sie sich in der Gestalt der „plebiszitäre(n) Demokratie", ihrem genuinen Sinn nach „eine Art der charismatischen Herrschaft", „die sich unter der Form einer vom Willen der Beherrschten abgeleiteten und nur durch ihn fortbestehenden Legitimität verbirgt. Der Führer (Demagoge) herrscht tatsächlich kraft der Anhänglichkeit und des Vertrauens seiner politischen Gefolgschaft zu seiner Person als solcher. Zunächst: über die für ihn geworbenen Anhänger, weiterhin, im Fall diese ihm die Herrschaft verschaffen, innerhalb des Verbandes" (Weber 1976: 156). Als historische Beispiele werden „die Diktatoren der antiken und modernen Revolutionen" genannt, von den griechischen Tyrannen über die Capitani del popolo in den italienischen Städtestaaten des Mittelalters bis hin zum Jakobinismus und Bonapartismus im revolutionären Frankreich.

Hinzuzufügen ist: die antiautoritäre Umdeutung des Charisma kann außer auf den „Herrn" im Sinne des Leiters der Exekutive auch auf den exekutiven Apparat angewendet werden. Aus den „Beamten" werden dann Wahlbeamte, „legitim kraft Vertrauens der Beherrschten, daher abberufbar durch Erklärung des Mißtrauens dieser" (Weber 1976: 156). Da der Amtsträger und Funktionär dadurch zum „‚Diener' der Beherrschten" wird, „in schwacher hierarchischer Unterordnung und mit vom ‚Vorgesetzten' nicht beeinflußbaren Chancen des Aufrückens und der Verwendung" (ebd.), ist der Rationalitätsgrad der Verwaltung deutlich geringer als im Fall rein satzungsmäßiger Herrschaft, geringer auch als bei der plebiszitären Demokratie, bei der sich die antiautoritäre Umdeutung des Charisma auf die Spitze beschränkt. Dort wirkt zwar der Umstand, daß der plebiszitäre Führer die Mitglieder des Stabes nach charismatischen, nicht nach sachlichen Kriterien rekrutiert, ebenfalls rationalitätsmindernd, doch kann dies durch die Zentralisierung und Hierarchisierung des Apparats bis zu einem gewissen Grad kompensiert werden. „Die antiautoritäre Umdeutung des Charisma führt normalerweise in die Bahn der Rationalität. Der plebiszitäre Herrscher wird regelmäßig sich auf einen prompt und reibungslos fungierenden Beamtenstab zu stützen suchen. Die Beherrschten wird er entweder durch kriegerischen Ruhm und Ehre oder durch Förderung ihres materiellen Wohlseins – unter Umständen durch den Versuch der Kombination beider – an sein Charisma als ‚bewährt' zu binden suchen. Zertrümmerung der traditionalen, feudalen, patrimonialen und sonstigen autoritären Gewalten und Vorzugschancen wird sein erstes, Schaffung von ökonomischen Interessen, die mit ihm durch Legitimitäts-Solidarität verbunden sind, sein zweites Ziel sein. Sofern er dabei der Formalisierung und Legalisierung des Rechts sich bedient, kann er die ‚formal' rationale Wirtschaft in hohem Grade fördern" (Weber 1976: 157).

4 Die drei reinen Typen der Demokratie

Die bisherigen Ausführungen haben gezeigt, daß die Herrschaftssoziologie zwei deutlich voneinander zu unterscheidende Aussagenkomplexe zum Thema Demokratie enthält. Der erste Komplex bezieht sich auf kleine Verbände, die über die Möglichkeit verfügen, ihre Verbandsverwaltung herrschaftsfrei zu gestalten, als „unmittelbare Demokratie", welche wiederum in mehr oder weniger rationaler Form organisiert sein kann. Der zweite Komplex bezieht sich auf Verbände größeren Umfangs, die nicht mehr auf einer „effektiven Genossenversammlung" beruhen, also nicht mehr interaktionsnah strukturiert sind, um einen Terminus Luhmanns aufzugreifen. Demokratie erscheint hier im Rahmen einer idealtypischen Sequenz, die zunächst als Veralltäglichung, später als Umdeutung des Charisma gefaßt wird. Die ersten und für die historisch-soziologische Analyse wichtigsten Etappen dieser Sequenz halten sich dabei noch im Bereich der durch charismatische Herrschaft strukturierten sozialen Beziehungen: der Cäsarismus und der Bonapartismus, die auf dem „militärischen Charisma" beruhen, ihre Herrschaft aber durch das Instrument des Plebiszits legitimieren sowie die mit dem modernen Parteiwesen verbundene, auf freier Wahl beruhende „Führer-Demokratie", die zwar der Form nach antiautoritär, dem Inhalt nach aber autoritär ist und leicht in Diktatur, also illegitime Herrschaft, umschlagen kann. Denkbar ist allerdings auch, daß die Umdeutung des Charisma so weit getrieben wird, daß die Sphäre der Herrschaftsbeziehungen verlassen wird: „Dem Typus der plebiszitären Führerdemokratie stehen die (...) Typen der führerlosen Demokratie gegenüber, welche durch das Streben nach Minimisierung der Herrschaft des Menschen über den Menschen charakterisiert sind" (Weber 1976: 157).

Es entspricht der Gegenstandsdefinition einer *Herrschafts*soziologie, wenn Weber sich mit dieser zuletzt genannten Möglichkeit nur wenig befaßt und sich statt dessen vor allem für die „Übergangstypen" interessiert. Dabei ist es wichtig zu sehen, daß er bei seinen diesbezüglichen Überlegungen von vornherein zwei Seiten ins Auge faßt. Ab einer gewissen Größe und einem gewissen Grad an sozialer Differenzierung tendieren soziale Verbände dazu, sich herrschaftlich zu ordnen; diese Herrschaft kann unter besonderen Umständen – in Zeiten der Krise, der Bedrohung etc. – charismatischen Charakter annehmen (muß aber nicht). Die gleichen Bedingungen wirken aber auch dahin, den Spielraum der Herrschaft zu beschränken, Herrschaft nicht zur alleinigen Strukturform sozialer Beziehungen zu machen. Die dabei denkbaren Möglichkeiten skizziert Weber in den von seinen Kritikern nur selten beachteten Paragraphen, die unmittelbar an den Abschnitt über die antiautoritäre Wendung des Charisma anschließen. Dazu zählt zunächst das Prinzip der Kollegialität, das als solches nichts mit Demokratie zu tun habe und auch stets nur um den Preis einer „Hemmung präziser und eindeutiger, vor allem schneller Entschließungen (in ihren irrationalen Formen auch: der Fachgeschultheit)" zu verwirklichen sei (Weber 1976: 162). Sodann das Prinzip der „spezifizierten Gewaltenteilung", worunter Weber die – für sich genommen ebenfalls nicht demokratische – „Uebertragung spezifisch verschiedener, im Legalitätsfall (konstitutionelle Gewaltenteilung) rational bestimmter ‚Funktionen' als Herrengewalten auf verschiedene Inhaber (versteht), derart, daß nur durch ein Kompromiß zwischen ihnen in Angelegenheiten, welche mehrere von ihnen angehen, Anordnungen legitim zustande kommen" (Weber 1976: 165). Dem Okzident eigentümlich ist dabei die Existenz von „Repräsentativ-Körperschaften", die zunächst ständisch strukturiert sind, dann aber mehr und mehr durch freie, voluntaristische Vergesellschaftungen der Beherrschten bestimmt werden, die sich zu bestimmten Zwecken verbinden und diese auch von der Politik beachtet wissen wollen – die „Interessentenverbände" und die Parteien (Weber 1976: 172 und 175).

In modernen politischen Verbänden wirken beide normalerweise nebeneinander. Dies schließt jedoch nicht aus, sie analytisch zu isolieren und ihre Wirkungsweise jeweils für sich zu betrachten. Der Repräsentation durch Interessenvertreter, „bei welcher die Bestellung der Repräsentanten nicht frei und ohne Rücksicht auf die berufliche oder ständische oder klassenmäßige Zugehörigkeit erfolgt, sondern nach Berufen, ständischer oder Klassen-Lage gegliedert Repräsentanten durch je ihresgleichen bestellt werden, und zu einer – wie jetzt meist gesagt wird: – ‚berufsständischen Vertretung' zusammentreten", ist es eigentümlich, daß zwar nicht Herrschaft schlechthin, wohl aber die Herrschaft im politischen Verband abgeschwächt und direktionslos wird, bis hin „zur Führerlosigkeit". „Denn als berufsmäßige Interessenvertreter werden nur solche Repräsentanten in Betracht kommen, welche ihre Zeit ganz in den Dienst der Interessenvertretung stellen können, bei den nicht bemittelten Schichten also: besoldete Sekretäre der Interessentenverbände" (Weber 1976: 174 f.).

Ganz anders bei der „freien Repräsentation", wie sie (nicht nur, aber mit zunehmender Verbandsgröße und sozialer Differenzierung vor allem) für das moderne Parteiwesen charakteristisch ist. Bei ihr ist der in aller Regel gewählte Repräsentant „an keine Instruktion gebunden, sondern Eigenherr über sein Verhalten. Er ist pflichtmäßig nur an sachliche eigene Ueberzeugungen, nicht an die Wahrnehmung von Interessen seiner Deleganten gewiesen", was sowohl die „allgemeine Versachlichung: Bindung an abstrakte (politische, ethische) Normen: das Charakteristikum der legalen Herrschaft" begünstigt (Weber 1976: 172), als auch zugleich der Vermischung zwischen Politik und Wirtschaft, wie sie für die Repräsentation durch Interessenvertreter typisch ist, einen Riegel vorschiebt, auch wenn sie sie nicht vollständig ausschalten kann. Vom Gegenpol der durch Parteien geprägten Repräsentativkörperschaft, der plebiszitären Demokratie, gilt dies gerade nicht: „Der Führerdemokratie ist dabei im allgemeinen der naturgemäße emotionale Charakter der Hingabe und des Vertrauens zum Führer charakteristisch, aus welchem die Neigung, dem Außeralltäglichen, Meistversprechenden, am stärksten mit Reizmitteln Arbeitenden als Führer zu folgen, hervorzugehen pflegt. Der utopische Einschlag aller Revolutionen hat hier seine naturgemäße Grundlage. Hier liegt auch die Schranke der Rationalität dieser Verwaltung in moderner Zeit, – die auch in Amerika nicht immer den Erwartungen entsprach" (Weber 1976: 157).

Auf der Basis dieser Bestimmungen konstruiert Weber eine Reihe von möglichen institutionellen Arrangements, ohne sich selbst für eines davon auszusprechen. Wird die Parteiherrschaft voll durchgeführt und die Gewaltenteilung stark reduziert, bedeutet dies „die volle Appropriation aller Macht durch die jeweiligen Parteistäbe: die leitenden, aber oft weitgehend auch die Beamtenstellen werden Pfründen der Anhängerschaft: parlamentarische Kabinettsregierung" (Weber 1976: 173). Bleibt dagegen die Exekutive der Parteiherrschaft weitgehend entzogen, wie in der konstitutionellen Monarchie oder dem plebiszitären Präsidialsystem, haben wir es mit einer „konstitutionellen" bzw. „plebiszitär-repräsentativen Regierung" zu tun. Eine „rein repräsentative Regierung" liegt vor, wenn „die Leitung eines rein parlamentarisch regierten Verbandes (…) lediglich durch Wahl der Regierungsbehörden (oder des Leiters) durch das Parlament bestellt" wird (ebd.). Die Regierungsgewalt der Repräsentativorgane kann wiederum „durch Zulassung der direkten Befragung der Beherrschten begrenzt und legitimiert sein" – der Fall der sogenannten „Referendums-Satzung" (ebd.).

Diese knappe Skizze zeigt, wie unhaltbar die Ansicht ist, Webers Demokratielehre enthalte nichts über institutionelle Schranken und Gegenkräfte zur politischen Führung und zur Staatsmacht generell (so Schmidt 1995: 129). Tatsächlich kennt Weber ein ganzes Arsenal solcher Schranken und Gegenkräfte, wie immer er über deren Wirkung urteilen mag. Der „Demos" hat (a) die Möglichkeit, Herrschaft überhaupt abzubauen – der Fall der unmittelbaren Demokratie; er kann (b) einer bestehenden Herrschaft einen Mann seines Vertrauens entgegensetzen: plebiszitäre Demokratie; er kann (c) das Wahlprinzip auf den Verwaltungsstab ausdehnen und (d) Repräsentativkörperschaften wählen, die bei formeller Gewaltenteilung die Regeln festlegen, nach denen die Exekutive prozediert, und die über die Einhaltung dieser Regeln wachen. Schließlich (e) gibt es auch noch den direkten Einfluß der Beherrschten (des „Volkes") auf die Gesetzgebung, wie er der Möglichkeit nach im Begriff der Referendums-Satzung enthalten ist. In *Wirtschaft und Gesellschaft* erwähnt Weber zwar nur die Befragung der Beherrschten durch die Regierung, doch tritt er an anderer Stelle dafür ein, „daß eine gewisse Anzahl von Bürgern jederzeit den Antrag stellen kann, daß über eine bestimmte Frage das Volk befragt wird" (Weber 1988: 391). In der Weimarer Republik, die mit Artikel 73 WRV diese Möglichkeit eröffnete, hat sich dafür in der staatsrechtlichen Literatur der Ausdruck „Volksgesetzgebung" eingebürgert, während heute eher die Bezeichnung „direkte Demokratie" bevorzugt wird (Anschütz 1919: 339; Cronin 1989; Luthard 1992; Jung 1995). Stark vereinfacht, unter Absehung von Querverbindungen und Kombinationsmöglichkeiten sowie gleichzeitiger Behandlung des „Demos" als einer *black box*, lassen sich die Eingriffs- und Partizipationsmöglichkeiten des Demos wie folgt veranschaulichen:

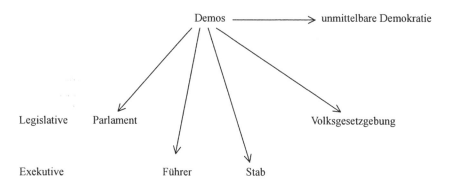

Angesichts dieses insgesamt doch recht breiten Spektrums stellt sich die Frage, warum ein nicht unerheblicher Teil der Literatur darüber hinweggeht und Weber lieber zum Prügelknaben aller demokratischen Musterschüler macht. Ein wesentlicher Grund dürfte darin zu sehen sein, daß Weber in der Tat nicht von einer „Legitimität der parlamentarischen Demokratie" spricht (Vollrath 1990: 105), ja schon den bloßen Begriff der parlamentarischen Demokratie, wenn ich recht sehe, tunlichst vermeidet. Für Weber, in dieser Beziehung ganz klassischer Liberaler, sind Parlamentarismus und Demokratie zwei sachlich und historisch wohl zu unterscheidende Begriffe, welche „durchaus nicht notwendig in Wechselbeziehung, sondern oft im Gegensatz zueinander" stehen[11], wie das Beispiel Englands zeigt, wo die parlamentarische Herrschaft im Rahmen einer Aristokratie oder Plutokratie entstand (Weber 1976: 174).

Dieser Gegensatz der Strukturprinzipien, auf dem Weber im Unterschied etwa zu Hugo Preuß insistiert[12], ist jedoch kein Antagonismus. Er ist in der empirischen Wirklichkeit des politischen Lebens bis zu einem gewissen Grad aufhebbar, wenn auch nicht so weit, daß man beides zugleich haben kann: die Herrschaft eines Parlaments und die Vollstufe der Demokratie. Der Parlamentarismus kann nach Weber durch eine Demokratisierung des Wahlrechts von einer exklusiven auf eine inklusive Grundlage gestellt werden. Demokratisierung des Wahlrechts aber, so seine Überzeugung, sei nicht mit Demokratie im vollen, emphatischen Sinne des Wortes zu verwechseln. Die „echte Demokratie" sei auf kleine Staaten wie die Schweiz beschränkt, in denen die Mehrzahl der Bürger einander noch kenne oder sich kennen lernen könne. In den großen Macht- und Massenstaaten hingegen, zu denen auch Deutschland heute gehöre, wandle sich dies „bis zur Unkenntlichkeit: die Bürokratie statt der vom Volk gewählten oder ehrenamtlichen Verwaltung, die gedrillte Armee statt der Volkswehr wird unvermeidlich. Das ist das unentrinnbare Schicksal des im Massenstaat organisierten Volkes." Da Deutschland keine andere Wahl gehabt habe, als sich als ein solcher Machtstaat zu konstituieren – „Wir mußten ein Machtstaat sein und mußten, um mitzusprechen bei der Entscheidung über die Zukunft der Erde, es auf diesen Krieg ankommen lassen" – sei allenfalls eine minimale, reduzierte Demokratie möglich: eine „Wahlrechtsdemokratie", die sich mit Mächten und Strukturprinzipien zu arrangieren habe, die ihr eigentlich Anathema seien: dem Parlamenta-

---

[11] Weber 1984: 526. Wie ausgeprägt dieser Gegensatz im Denken des 19. Jahrhunderts war, zeigt Backes 2000: 17 ff. Auch die Linksliberalen, die der revolutionären Tradition von 1848/49 näher standen, unternahmen in den achtziger und neunziger Jahren keine Anstrengung, das Reichstagswahlrecht auf die Landes- und Kommunalebene auszudehnen. Vgl. Gilg 1965: 116 ff., 121 ff.; Sheehan 1983: 185 ff., 232 ff., 242, 251 und 313. Für Webers Fachkollegen Ferdinand Tönnies, dessen politische Sympathien deutlich weiter links lagen, war der Liberalismus seiner Tendenz nach aristokratisch und in verfassungspolitischer Hinsicht auf das „System der beschränkten oder konstitutionellen Monarchie" ausgerichtet, das alle seine Bedürfnisse befriedigte; dem gleichen und geheimen Wahlrecht habe er ablehnend gegenübergestanden oder es nur mit Vorbehalten akzeptiert (Tönnies 1929: 40 f.).

[12] So heißt es in der Denkschrift zum Entwurf des allgemeinen Teils der Reichsverfassung vom 3. Januar 1919 einmal pointiert: „Es sind falsche Propheten, die den prinzipiellen Gegensatz von Parlamentarismus und Demokratie lehren (...) Unsere Aufgabe kann nicht die Verdrängung des Parlamentarismus durch die Demokratie sein; vielmehr die Entwicklung und Festigung der parlamentarischen Demokratie" (Preuß 1964: 386 f.). Der conclusio hat Max Weber zugestimmt, nicht jedoch der Prämisse.

rismus und der Bürokratie (Weber 1984: 191 f. und 527). Gesetzt, so Weber im April 1917, es gelänge, das Reichstagswahlrecht allgemein durchzusetzen, so wäre damit zwar das Ende der Wahlrechtskämpfe erreicht und die unentbehrliche „Vorbedingung aller sachlichen Arbeit" geschaffen. „Demokratie" im vollen Sinne aber bedeute dies nicht, sondern allenfalls: die Möglichkeit für das Volk, auf die Führerauslese im Parlament und, darüber vermittelt, auf die Kontrolle der Bürokratie Einfluß zu nehmen: „Es ist kindlich, nicht sehen zu wollen, wie gründlich, namentlich in Deutschland, durch die Verhältnisse dafür gesorgt ist, daß die Bäume der Demokratie nicht in den Himmel wachsen. Die ungeheure sachliche Bedeutung der Fachschulung und des Beamtentums hindert dies ein für allemal. Und es handelt sich gerade darum, eine Stätte zu finden, wo den durch dies Fachmenschentum Beherrschten das absolute Mindestmaß von Einfluß auf die Auslese der leitenden Politiker gewährt ist" (Weber 1984: 235).

Das absolute Mindestmaß: diese Formulierung drückt recht genau aus, was „repräsentative Demokratie"[13] im Vergleich zu den beiden starken Formen der Demokratie in Webers Sicht bedeutet. Und man geht wohl nicht fehl mit der Vermutung, daß es gerade die darin liegende Illusionslosigkeit ist, die bis heute den Emphatikern der Demokratie unerträglich ist.

Ich fasse zusammen. Sieht man von den stärker historisch orientierten Ausführungen über antike und mittelalterliche Demokratie ab, so thematisiert Max Weber in seiner Herrschaftssoziologie Demokratie zum einen als eine Form der herrschaftsfremden Verwaltung (unmittelbare Demokratie), zum andern als eine Form der Herrschaft, die ihre Legitimität aus dem veralltäglichten Charisma ableitet (plebiszitäre Demokratie). Zu diesen beiden Typen tritt als weiterer, deutlich reduzierter Typus die „repräsentative Demokratie", in der sich freie Repräsentation und demokratische Wahl der Repräsentanten verbinden. Diese repräsentative Demokratie kann als herrschaftsbeschränkende und -begrenzende Form wirksam werden (z.B. im Rahmen der konstitutionellen Monarchie), sie kann aber auch auf die Führerauslese übergreifen und dabei in Konkurrenz zur plebiszitären Demokratie treten. Das wirft zum Abschluß die Frage auf, wie Weber das Verhältnis dieser beiden Strukturformen in Gegenwart und Zukunft gesehen hat.

---

[13] Diese Wendung, die eine Welt von Gegensätzen in sich vereint, kommt in der Herrschaftssoziologie ein einziges Mal vor – bezeichnenderweise im Kleingedruckten (Weber 1976: 174).

5 Repräsentative und plebiszitäre Demokratie

In der Forschung wird diese Frage von einer einflußreichen Strömung etwa wie folgt beantwortet: Max Weber, bis zur Revolution von 1918 ein Anhänger, wenn schon nicht der parlamentarischen Demokratie, so doch der Demokratisierung des Parlaments und der Parlamentarisierung der Monarchie, sei im Herbst 1918 von diesem Pfad abgewichen und zum Befürworter der plebiszitären Demokratie geworden. Dieses politische Versagen sei zugleich ein Versagen des politischen Soziologen Max Weber, das sich in der merkwürdigen Inkongruenz zwischen seinen Handlungstypen und der Herrschaftstypologie niedergeschlagen habe. Während das affektuelle Handeln seine Entsprechung in der charismatischen Herrschaft, das traditionale in der traditionalen und das zweckrationale in der legalen Herrschaft gefunden habe, fehle eine derartige Entsprechung für das wertrationale Handeln, obwohl sich hier die (repräsentative) Demokratie anbiete.[14] Weber, so die Behauptung seiner Kritiker, sei im letzten Augenblick vor der politischen Form der westlichen Welt zurückgeschreckt und in die Arme Nietzsches geflüchtet.

Diese Argumentation ist in allen wesentlichen Punkten falsch. Sie ist es, um mit dem letzten zu beginnen, in bezug auf die soziologischen Aspekte, ist doch das Verhältnis zwischen Handlungs- und Herrschaftstypologie nicht durch eine Eins-zu-eins-Entsprechung charakterisiert, sondern durch Mischung: Wertrationalität, um nur diesen Fall zu nehmen, spielt sowohl bei der charismatischen Herrschaft eine Rolle (ethische Prophetie) als auch bei der traditionalen oder der legalen Herrschaft, so daß von fehlender Institutionalisierung nicht gesprochen werden kann. Allein aus diesem Grund muß der Vorschlag abgelehnt werden, das Dreier-Schema der Herrschaft durch einen der Wertrationalität korrespondierenden vierten Typus zu ergänzen, wie er mit der Demokratie gegeben sei.[15] Darüber hinaus ist es eine Weber nicht angemessene Sicht, Demokratie hauptsächlich auf der Ebene der Herrschaftstypen zu verorten. Sie kommt dort zwar

---

[14] Vgl. Spencer 1970; Habermas 1981: Bd. 1, 345. Zur Kritik dieser und ähnlicher Einwände vgl. Thomas 1984.

[15] Weber selbst scheint zwar 1917 in einem Vortrag in Wien die Möglichkeit eines „vierten Legitimitätsgedankens" ins Spiel gebracht und diesen mit der Demokratie verknüpft zu haben (vgl. den Bericht der Neuen Freien Presse vom 26.10.1917: „Ein Vortrag Max Webers über die Probleme der Staatssoziologie"). Doch deckt sich lediglich die dort gebrauchte Wendung von der „Herrschaft, welche wenigstens offiziell ihre eigene Legitimität aus dem Willen der Beherrschten ableitet", mit den Formulierungen des Typen-Aufsatzes und der letzten Fassung der Herrschaftssoziologie, nicht aber die Zuspitzung zu einem eigenen „vierten Typus", die sich in keinem anderen Text Webers findet. Es ist deshalb nicht auszuschließen, daß es sich hierbei um eine als Präzisierung gemeinte Einfügung des Berichterstatters handelt. Man kann es ja auch leicht so verstehen.

vor, als Übergangstypus im Rahmen der Veralltäglichung charismatischer Herrschaft, doch liegt hier nicht ihr eigentlicher Schwerpunkt. Die Überschriften, unter denen Weber die verschiedenen Typen der Demokratie behandelt, lauten, wie gezeigt: antiautoritäre Umdeutung des Charisma und herrschaftsfremde Verbandsverwaltung. Selbst für die schwache Form der repräsentativen Demokratie gilt, daß sie ihr Zentrum in einer Repräsentation der Beherrschten hat, deren Aufgabe im Minimum die Beschränkung und Kontrolle der (wie immer legitimierten) Herrschaft ist.

Falsch ist die Kritik aber auch in ihren politisch-normativen Aspekten. Weber hat wohl seine zunächst negative Haltung gegenüber der plebiszitären Demokratie[16] im Herbst 1918 modifiziert und sich „für die Schaffung eines plebiszitären Reichspräsidenten als Haupt der Exekutive und Inhaber eines suspensiven Vetos" eingesetzt, dem das Recht zufallen sollte, im Fall eines Konflikts zwischen Parlament und Regierung einerseits, der Vertretung der Einzelstaaten andererseits „an die Volksabstimmung zu appellieren" (Weber 1988: 145), sich also eben jenes Mittels zu bedienen, das Weber noch in der Parlamentsschrift verworfen hatte. Er hat damit jedoch keinen Frontwechsel vollzogen. Auch nach diesem Votum hält er an der Notwendigkeit eines Parlaments fest, und zwar nicht bloß in der Funktion als Kontrollorgan der Regierung, sondern auch im Sinne der Koalitions- und Regierungsbildung. Bei den Beratungen über die Weimarer Verfassung macht er zu den entsprechenden Bestimmungen im Entwurf von Hugo Preuß keine Einwendungen; der endgültigen Fassung erteilt er ausdrücklich sein Plazet.[17] Seine Überlegungen zur Schaffung eines Reichspräsidenten verbindet er mit dem Vorschlag, das Parlament diesem gegenüber mit der scharfen Waffe des Abberufungsreferendums auszustatten (Weber 1988: 129).

Die Gründe schließlich, die Weber zu seinem Sinneswandel in bezug auf die plebiszitäre Demokratie veranlaßt haben, haben nichts mit der repräsentativen Demokratie als solcher zu tun, sondern mit ihrer, von Weber zunehmend

---

[16] So heißt es noch im Frühjahr 1918 mit Blick auf die „cäsaristische Wendung der Führerauslese": „Als Mittel sowohl der Auslese von Fachbeamten wie der Kritik ihrer Leistung ist im Massenstaat das spezifische Mittel der rein plebiszitären Demokratie: die unmittelbaren Volkswahlen und -abstimmungen und vollends das Absetzungs-Referendum, durchaus ungeeignet" (Weber 1984: 545). Speziell auf Deutschland mit seinen völlig anders gearteten politischen Traditionen sei die plebiszitäre Demokratie „ganz unübertragbar und auch schwerlich wünschenswert", nicht zuletzt auch deswegen, weil mit ihr die Politik stark emotionalen und irrationalen Einflüssen geöffnet werde (Weber 1984: 548 f.).

[17] Vgl. den Editorischen Bericht in Weber 1988: 53. Es geht deshalb nicht an, Preuß und Weber auf dieser Ebene gegeneinander auszuspielen, wie Detlef Lehnert dies tut. Die Behauptung, Weber habe sich in den Verfassungsberatungen für eine Art persönliches Regiment eingesetzt, blendet die von Weber expressis verbis geforderte Verfassungs- und Gesetzesbindung des Reichspräsidenten aus (Weber 1988: 221), der insofern gerade keine Instanz ist, die *persönlichen* Gehorsam erwarten darf. Vgl. Lehnert 2003: 153.

kritisch beurteilten Ausprägung in Deutschland. Dem einzigen Vorzug, den Deutschland aufweise, heißt es in *Politik als Beruf* – der „ungeheure(n) Bedeutung des geschulten Fachbeamtentums" – stünden Merkmale gegenüber, die nicht anders als rückständig zu bezeichnen seien: Parlamente, die niemals über Macht verfügt hätten; „gesinnungspolitische Parteien (...), die zum mindesten mit subjektiver bona fides behaupteten, daß ihre Mitglieder ‚Weltanschauungen' vertreten"; Berufspolitiker, die noch tief im Honoratiorenwesen steckten und von „typischen Zunftinteressen" beseelt seien; Gefolgschaften, die mit wenigen Ausnahmen der festen Disziplin ermangeln; ein starkes Gewicht der Interessenverbände, das die Unabhängigkeit der Parteien gefährde; und schließlich: die „durchaus kleinbürgerliche Führerfeindschaft aller Parteien" (Weber 1992: 219 f. und 225). Das „Fehlen einer im Glauben der Nation verwurzelten Autorität der Volksvertretung" habe die Bahn frei gemacht für eine revolutionäre Diktatur, die sämtliche Chancen einer Neuordnung zu verspielen drohe, und diese fehlende Legitimität werde sich auch auf eine parlamentarisch gewählte Exekutive übertragen (Weber 1988: 103 und 127). Zu befürchten sei ein „Banausenparlament", welches gänzlich unfähig sein werde, „in irgend einem Sinne eine Auslesestätte politischer Führer darzustellen" (Weber 1988: 222), eine „Herrschaft des ‚Klüngels'", die durch den „Kuhhandel der Honoratioren" und einen übermäßigen Einfluß der Interessenverbände geprägt sein werde. Zusammen mit dem durch die Einführung des Verhältniswahlrechts geförderten Proporzdenkens und den aus dem Föderalismus resultierenden zentrifugalen Tendenzen werde dies zu einer „führerlosen Demokratie" führen, von der das Schlimmste zu erwarten sei. Angesichts dieser Lagebeschreibung spricht manches für die Deutung von Gustav Schmidt, die die Kontinuität von Webers Option für Parlamentarismus und Demokratie auch über 1918 hinaus betont und im Votum für den plebiszitären Präsidenten nur einen ‚Widerruf auf Zeit' zu sehen vorschlägt, der der spezifischen Lage des Parlamentarismus und der Parteien in Deutschland geschuldet sei: „Solange das Parlament nicht gewillt und fähig war, aus seinen Reihen eine stabile Regierung zu stellen, sollte der Reichspräsident die Parteien zwingen können, sich auf diese Aufgabe hin zu wandeln, ohne daß inzwischen die von der Gegenwart aufgeworfenen Übergangsprobleme die Staatsordnung in Mitleidenschaft zogen" (Schmidt 1964: 273).

Ganz zu überzeugen vermag freilich auch dieser Vorschlag nicht, weil er sich zu sehr auf die besondere Lage Deutschlands konzentriert und darüber die Partien in Webers Analysen vernachlässigt, die der Dynamik des politischen Prozesses in den beiden wichtigsten westlichen Ländern, England und Amerika, gewidmet sind. *Politik als Beruf* zieht zwar einerseits eine negative Bilanz des deutschen Parlamentarismus, die sich als Plädoyer für die Herstellung eines „reifen" Parlamentarismus lesen läßt, entwirft aber andererseits gerade für die klassischen Länder der Parlamentsherrschaft ein Szenario, das auf eine Gewichtsverlagerung zugunsten der plebiszitären Demokratie hinausläuft. In England, so Webers an die Arbeiten von Ostrogorski anschließende These, hätten die Wahlrechtsreformen von 1867 und 1883-85 eine tiefgreifende Änderung nicht nur im Parteiensystem, sondern auch in der organisatorischen Struktur der Parteien bewirkt, die dem Parteiführer eine überragende Position verschafft und den Wahlen den Charakter eines persönlichen Plebiszits verliehen habe. Die Abgeordneten, vormals die eigentlichen Träger der Politik, seien nun Wachs in den Händen des Leaders, der faktisch zum plebiszitären Diktator geworden sei. Während in England aber das Parlament auch weiterhin eine wesentliche Rolle spiele – als Ort der Bewährung und der Erziehung der Führer –, seien die Vereinigten Staaten bereits einen Schritt weiter. Anknüpfend an die Arbeiten von James Bryce, die ihm spätestens seit 1906 geläufig sind[18], schildert Weber die dort weit fortgeschrittene Professionalisierung der Politik und die Durchsetzung des *spoils system*, in dessen Gefolge sich die Parteien in Maschinen zur Stimmenmaximierung verwandelten. Hier, wo ein plebiszitär gewählter Präsident Haupt der Exekutive und Chef der Amtspatronage sei, habe das Parlament gegenüber den Parteien „fast jede Macht verloren"; die Parteien aber seien reine Maschinen, Gefolgschaften von Stellenjägern, die ohne jede eigene Gesinnung seien und ihren Führern blind gehorchten (Weber 1992: 211 ff.). Damit ist nicht gesagt, daß Weber die englischen und amerikanischen Parteien in jeder Hinsicht bereits als das letzte Wort gegolten hätten. An der amerikanischen Parteiorganisation, „die das plebiszitäre Prinzip besonders früh und besonders rein zur Ausprägung brachte" (Weber 1992: 212), bemängelt er die geringe Professionalisierung und eine Auslese, die durchweg „Dilettanten" und Unqualifizierte in die Spitzenpositionen der Partei und dadurch auch der Regierung bringe (Weber 1992: 217 f.). Aber er notiert zugleich, „daß dies System im langsamen Absterben begriffen" sei und durch zunehmende Gewichtung der Fachschulung korrigiert werde, wie er dies bereits in seinem Vortrag über den Sozialismus (Juni 1918) hervorgehoben hatte, wo von einer „Europäisierung Amerikas" im Sinne von Bürokratisierung die Rede ist (Weber 1984: 606). In der letzten Fassung der Herrschaftssoziologie heißt es sogar, die Bürokratisierung der Parteien sei „spezifisch plebiszitären Charakters" (Weber 1976: 174), also in der plebiszitären Demokratie begründet und nicht im okzidentalen Rationalismus, auch wenn die eine des anderen bedarf.

Der Eindruck, den diese Passagen hinterlassen, ist eindeutig. Weber hat in der plebiszitären Demokratie keineswegs bloß eine intermittierende Erscheinung

---

[18] Vgl. Weber 1990: 57, 99 f. und 618; 1994: 761. Das Verhältnis Weber-Bryce beleuchtet Portinaro (2001: 285-302, bes. 297 f.).

gesehen, ein pädagogisches Instrument, um die noch tief im 19. Jahrhundert steckenden Deutschen zum Parlamentarismus zu erziehen. Vielmehr erscheint sie ihm als eine Größe eigener Art, die alle Voraussetzungen besitzt, um die Politik der Zukunft zu bestimmen – und zwar in dem Maße, in dem sie sich mit der anderen „unentrinnbaren Macht" der Moderne verbindet, der bürokratischen Organisation. Je mehr sich speziell die Parteien aus locker organisierten Honoratiorenvereinigungen in straff organisierte Apparate mit Massenmitgliedschaft, „höchster Einheit der Leitung und strengster Disziplin" (Weber 1992: 202) verwandeln, desto größer wird der Spielraum für die plebiszitäre Strukturform, steigen die Chancen für die neuen Cäsaren des Wahlschlachtfeldes, die ihre Apparate in den Kampf führen wie einst die römischen Feldherren ihre Legionen. Die Repräsentativkörperschaften büßen deswegen ihre herrschaftsbeschränkenden und herrschaftskontrollierenden Funktionen nicht ein. Sie verlieren aber das Monopol auf Öffentlichkeit, auf die Auslese der politischen Führung, das sie im klassischen Parlamentarismus besitzen. Wohl bleibt das politische Handeln auch jetzt noch vom „Prinzip der kleinen Zahl" beherrscht, von der überlegenen politischen Manövrierfähigkeit kleiner führender Gruppen (Weber 1984: 483), doch formieren diese sich nicht länger in geschlossenen sozialen Kreisen, sondern in einer virtuell die ganze Gesellschaft umfassenden politischen Arena. Die in ihr dominierende Figur ist nicht länger der unabhängige Notable, der im rationalen Diskurs die Interessenlage seines Standes ermittelt, sondern der „Demagoge" – jene zum ersten Mal in der antiken Bürgerpolis anzutreffende Führergestalt, die im Idealfall die Massen in den Bann ihrer Rede zu schlagen und mit dem festen Glauben an ihre Person zu erfüllen vermag.[19] Die darin liegende Gefahr – die „Möglichkeit starken Vorwiegens emotionaler Elemente in der Politik" (Weber 1984: 549) – hat Weber nicht geleugnet. Er hat sie jedoch, wie die bemerkenswerte Umwertung des Demagogen in seinen Schriften spätestens ab 1917 belegt, auch als eine Chance gesehen, bislang verdrängte und deshalb um so gefährlichere Affekte zu kanalisieren und zu „zivilisieren", indem man die als solche unvermeidliche Demagogie dem Zwang zur Verantwortung unterwirft.[20] Im Zeichen der plebiszitären Strukturform, so die interessante These von Volker Heins, formt sich für Weber „das Bild einer modernen Demokratie, in der öffentliche Repräsentanten und Politiker, ‚Zufallsdemagogen' mit hoher *street credibility*, eine von geschulten Journalisten getragene ‚Pressedemagogie' sowie prophetische Intellektuelle ein halbwegs stabiles Gleichgewicht öffentlicher Emotionen und daraus resultierender Machtwirkungen herstellen." (Heins 2002: 432). Für jemanden, für den Politik „zwar mit dem Kopf, aber ganz gewiß nicht *nur* mit

---

[19] Vgl. Weber 1992: 162; 1973: 483; 1971: 281 ff.
[20] Zur Umwertung der Demagogie in Webers politischen Schriften vgl. Llanque 2000: 252 ff.

dem Kopf gemacht" wird (Weber 1992: 249), gewiß nicht die schlechteste aller Perspektiven.

Literaturverzeichnis

Anschütz, Gerhard, o.J.: Die Verfassung des Deutschen Reiches vom 11. August 1919. 13. Aufl. Berlin.
Backes, Uwe, 2000: Liberalismus und Demokratie – Antinomie und Synthese, Düsseldorf.
Breuer, Stefan, 1994: Bürokratie und Charisma. Zur politischen Soziologie Max Webers. Darmstadt.
Cronin, Thomas E., 1989: Direct Democracy. The Politics of Initiative, Referendum, and Recall. Cambridge.
Eliaeson, Sven, 1998: Max Weber and Plebiscitary Democracy. S. 47-61 in: Ralph Schroeder (Hrsg.), Max Weber, Democracy and Modernization. Houndmills / New York.
Eliaeson, Sven, 2000: Constitutional Caesarism: Weber's Politics in their German Context. S. 131-148, in: Stephen Turner (Hrsg.), The Cambridge Companion to Weber. Cambridge.
Gilcher-Holtey, Ingrid, 1988: Max Weber und die Frauen. S. 142-154 in: Christian Gneuss und Jürgen Kocka (Hrsg.), Max Weber. Ein Symposion. München.
Gilg, Peter, 1965: Die Erneuerung des demokratischen Denkens im wilhelminischen Deutschland. Wiesbaden.
Habermas, Jürgen, 1981: Theorie des kommunikativen Handelns. 2 Bände. Frankfurt.
Hanke, Edith, 2001: Max Webers „Herrschaftssoziologie". Eine werkgeschichtliche Studie. S. 19-46, in: Edith Hanke / Wolfgang J. Mommsen (Hrsg.), Max Webers Herrschaftssoziologie. Tübingen.
Heins, Volker 2002: Politik und Emotion: Von Max Weber zur Zweiten Moderne. Zeitschrift für Politik 49: 424-448.
Hering, Rainer, 2003: Konstruierte Nation. Der Alldeutsche Verband 1890-1939. Hamburg.
Jung, Otmar, 1995: Direkte Demokratie: Forschungsstand und –aufgaben. Zeitschrift für Parlamentsfragen 26: 658-677.
Llanque, Marcus, 2000: Demokratisches Denken im Krieg. Die deutsche Debatte im Ersten Weltkrieg. Berlin.
Lehnert, Detlef, 2003: Verfassungsprojekte: Hugo Preuß zwischen Hans Kelsen und Max Weber. S. 151-178 in: Detlef Lehnert / Christoph Müller (Hrsg.), Vom Untertanenverband zur Bürgergenossenschaft. Symposion zum 75. Todestag von Hugo Preuß am 9. Oktober 2000. Baden-Baden.
Luthard, Wolfgang, 1992: Direkte Demokratie. Ein Vergleich in Westeuropa. Baden-Baden.
Mommsen, Wolfgang J., 1974: Max Weber und die deutsche Politik 1890-1920. 2. Aufl. Tübingen.

Mommsen, Wolfgang J., 1974a: Max Weber. Gesellschaft, Politik und Geschichte. Frankfurt.
Naumann, Friedrich, 1900: Demokratie und Kaisertum. Berlin 1900.
Portinaro, Pier Paolo, 2001: Amerika als Schule der politischen Entzauberung. Eliten und Parteien bei Max Weber. S. 285-302 in: Edith Hanke / Wolfgang J. Mommsen (Hrsg.), Max Webers Herrschaftssoziologie. Tübingen.
Preuß, Hugo, 1964: Staat, Recht und Freiheit. Hildesheim.
Rollmann, Hans, 1993: „Meet me in St. Louis": Troeltsch and Weber in America. S. 357-383 in: Hartmut Lehmann / Guenther Roth (Hrsg.), Weber's Protestant Ethic. Origins, Evidence, Contexts. Cambridge.
Scaff, Lawrence, 1998: The 'cool objectivity of sociation': Max Weber and Marianne Weber in America. History of the Human Sciences 11: 61-82.
Schmidt, Gustav, 1964: Deutscher Historismus und der Übergang zur parlamentarischen Demokratie. Untersuchungen zu den politischen Gedanken von Meinecke-Troeltsch-Max Weber. Lübeck.
Schmidt, Manfred G., 1995: Demokratietheorien. Opladen.
Sheehan, James, 1983: Der deutsche Liberalismus. Von den Anfängen im 18. Jahrhundert bis zum Ersten Weltkrieg 1770-1914. München.
Spencer, Martin E., 1970: Weber on Legitimate Norms & Authority. The British Journal of Sociology 21: 123-134.
Thomas, J. J. R., 1984: Weber and Direct Democracy. The British Journal of Sociology 35: 216-240.
Tönnies, Ferdinand, 1929: Demokratie und Parlamentarismus. S. 40-84 in: Soziologische Studien und Kritiken, Band 3. Jena.
Treiber, Hubert, 2005: Anmerkungen zu Max Webers Charismakonzept. Zeitschrift für Altorientalische und Biblische Rechtsgeschichte 11: 195-213.
Vollrath, Ernst, 1990: Max Weber – Sozialwissenschaft zwischen Staatsrechtslehre und Kulturkritik. Politische Vierteljahresschrift 31: 102-108.
Winckelmann, Johannes, 1986: Max Webers hinterlassenes Hauptwerk. Tübingen.
Weber, Marianne, 1950: Max Weber. Ein Lebensbild. Heidelberg.
Weber, Max, 1906: „Kirchen" und „Sekten" in Nordamerika. S. 382-397 in: Max Weber: Soziologie, weltgeschichtliche Analysen, Politik. Hrsg. von Johannes Winckelmann. 4. Aufl. Stuttgart 1968.
Weber, Max, 1936: Jugendbriefe. Hrsg. von Marianne Weber. Tübingen.
Weber, Max, 1971: Gesammelte Aufsätze zur Religionssoziologie, Band 3. Hrsg. von Johannes Winckelmann. 5. Aufl. Tübingen.
Weber, Max, 1973: Gesammelte Aufsätze zur Wissenschaftslehre. Hrsg. von Johannes Winckelmann. 4. Aufl. Tübingen.
Weber, Max, 1976: Wirtschaft und Gesellschaft. Studienausgabe. Hrsg. von Johannes Winckelmann. 5. Aufl. Tübingen.
Weber, Max, 1984: Gesamtausgabe. Abteilung I: Schriften und Reden. Band 15: Zur Politik im Weltkrieg. Hrsg. von Wolfgang J. Mommsen in Zusammenarbeit mit Gangolf Hübinger. Tübingen.

Weber, Max, 1988: Gesamtausgabe. Abteilung I: Schriften und Reden. Band 16: Zur Neuordnung Deutschlands. Hrsg. von Wolfgang J. Mommsen in Zusammenarbeit mit Wolfgang Schwentker. Tübingen.

Weber, Max, 1988a: Gesammelte Aufsätze zur Sozial- und Wirtschaftsgeschichte. Hrsg. von Marianne Weber. 2. Aufl. Tübingen.

Weber, Max, 1989: Gesamtausgabe. Abteilung I: Schriften und Reden. Band 10: Zur Russischen Revolution von 1905. Hrsg. von Wolfgang J. Mommsen in Zusammenarbeit mit Dittmar Dahlmann. Tübingen.

Weber, Max, 1990: Gesamtausgabe. Abteilung II: Briefe. Band 5: Briefe 1906-1908. Hrsg. von M. Rainer Lepsius und Wolfgang J. Mommsen in Zusammenarbeit mit Birgit Rudhard und Manfred Schön. Tübingen.

Weber, Max, 1992: Gesamtausgabe. Abteilung I: Schriften und Reden. Band 17: Wissenschaft als Beruf. Politik als Beruf. Hrsg. von Wolfgang J. Mommsen und Wolfgang Schluchter in Zusammenarbeit mit Birgitt Morgenbrod. Tübingen.

Weber, Max, 1993: Gesamtausgabe. Abteilung I: Schriften und Reden. Band 4: Landarbeiterfrage, Nationalstaat und Volkswirtschaftspolitik. Schriften und Reden 1892-1899. Hrsg. von Wolfgang J. Mommsen in Zusammenarbeit mit Rita Aldenhoff. Tübingen.

Weber, Max, 1994: Gesamtausgabe. Abteilung II: Briefe. Band 6: Briefe 1909-1910. Hrsg. von M. Rainer Lepsius und Wolfgang J. Mommsen in Zusammenarbeit mit Birgit Rudhard und Manfred Schön. Tübingen.

Weber, Max, 1996: Die protestantische Ethik und der „Geist" des Kapitalismus. Textausgabe auf der Grundlage der ersten Fassung von 1904/05. Hrsg. und eingeleitet von Klaus Lichtblau und Johannes Weiß. 2. Aufl. Weinheim.

Weber, Max, 1998: Gesamtausgabe. Abteilung II: Briefe. Band 7: Briefe 1911-1912. Hrsg. von M. Rainer Lepsius und Wolfgang J. Mommsen in Zusammenarbeit mit Birgit Rudhard und Manfred Schön. Tübingen.

Weber, Max, 1998a: Gesamtausgabe. Abteilung I: Schriften und Reden. Band 8: Wirtschaft, Staat und Sozialpolitik. Schriften und Reden 1900-1912. Hrsg. von Wolfgang Schluchter in Zusammenarbeit mit Peter Kurth und Birgitt Morgenbrod. Tübingen.

Weber, Max, 1999: Gesamtausgabe. Abteilung I: Schriften und Reden. Band 22-5: Wirtschaft und Gesellschaft. Die Stadt. Hrsg. von Wolfgang Nippel. Tübingen.

Zur Systematik der „Grundbegriffe" von Max Weber

Zum Status von „Grundbegriffen" in Max Webers Werk

Klaus Lichtblau

1 Einführung

Max Weber hat bekanntlich der Bildung klarer und eindeutig bestimmter Begriffe eine große Bedeutung innerhalb der kultur- und sozialwissenschaftlichen Forschung zugesprochen. Bereits zum Zeitpunkt der Niederschrift seines berühmten Objektivitätsaufsatzes neigte er dazu, idealtypischen Begriffsbestimmungen an sich schon den Status einer „Theorie" zuzusprechen (vgl. Weber et al. 1904: VI). Entsprechend groß war auch der Stellenwert, der ihm zufolge einer „Kritik der Begriffsbildung" innerhalb des „Fortschritt(s) der kulturwissenschaftlichen Arbeit" zukam (Weber 1985: 207 f.). Jedoch verdankte sich Webers Hochschätzung dieser kritischen Auseinandersetzung mit den überlieferten Begriffen innerhalb der Kultur- und Sozialwissenschaften zu diesem Zeitpunkt noch seiner Parteinahme für eine idealtypische Form der Begriffsbildung, die primär auf das Problem einer *historischen* Kausalerklärung bezogen war. Ihm zufolge waren die begrifflichen Abstraktionen innerhalb der historischen Kulturwissenschaften vermittels über die theoretischen Wertbeziehungen bzw. erkenntnisleitenden Interessen der Forschergemeinschaft an die jeweiligen Kulturprobleme ihrer Epoche zurückgebunden. Mit jedem Wandel der Kulturprobleme ist deshalb dieser Auffassung zufolge auch das bisherige grundbegriffliche Selbstverständnis der Kultur- und Sozialwissenschaften immer wieder erneut zur Disposition gestellt, weshalb Weber letzteren auch eine „ewige Jugendlichkeit" zusprach (Weber 1985: 206).

Diese Aufwertung des Vergänglichen zugunsten des Bleibenden ging damals noch mit Webers Geringschätzung einer *systematischen* Form der Erkenntnis in den Kultur- und Sozialwissenschaften einher. „Begriffssysteme" waren ihm zufolge kein Selbstzweck, sondern ihrerseits von dem „Begriffsvorrat ihrer Zeit" abhängig und als solche in ihrer eigenlogischen Geltung zu relativieren: „Große begriffliche Konstruktionsversuche haben auf dem Gebiet unserer Wissenschaft ihren Wert regelmäßig gerade darin gehabt, daß sie die *Schranken* der Bedeutung desjenigen Gesichtspunktes, der ihnen zugrunde lag, enthüllten" (Weber 1985: 207). Einem „System der Kulturwissenschaften" konnte Weber deshalb nur den Status einer „chinesische(n) Erstarrung des Geisteslebens" zusprechen, die den eigentlichen Erkenntnisfortschritt notwendig erschwert, wenn nicht gar verunmöglicht (Weber 1985: 184). Dies galt seiner Meinung nach auch für den ökonomischen Wertbegriff, der innerhalb der Nationalökonomie damals noch den Status eines „Grundbegriffs" besaß, dessen Tage Weber zufolge allerdings bereits gezählt waren, weil auch die zu seiner Zeit inflationär zunehmenden grenznutzentheoretischen Reformulierungen des ökonomischen Wertbegriffs Webers Ansicht nach dem Gesetz des „abnehmenden Grenznutzens" unterworfen waren (Weber 1985: 196).

Weber neigte zum Zeitpunkt der Niederschrift seines Objektivitätsaufsatzes offensichtlich dazu, solchen „Grundbegriffen" und „Begriffssystemen" innerhalb der historischen Kultur- und Sozialwissenschaften primär eine negative Bedeutung zuzusprechen, die eine entsprechende Kritik an deren „einseitigen Gesichtspunkten" geradezu heraufbeschwor. Dies änderte sich erst, als er sich im Zuge der Arbeit am *Grundriß der Sozialökonomik* zunehmend gezwungen sah, seinem eigenen Beitrag zu diesem Handbuch eine solidere begriffliche Grundlage zu geben. Aus der Korrespondenz, die Weber in diesem Zusammenhang geführt hat, ragen zwei theoretische Ansätze heraus, von denen er sich einerseits kritisch abgegrenzt hat und auf die er dennoch – wenn auch nur in ironischer Weise – zur Klärung des logischen Status seines eigenen *Grundriß*beitrages in signifikanter Weise Bezug genommen hat. Der eine Bezugspunkt für die Positionierung seiner eigenen Bemühungen war die Theorie der Wirtschaftsstufen, die sich in der deutschen Nationalökonomie der Jahrhundertwende großer Beliebtheit erfreute und der Weber ursprünglich einen hohen Stellenwert für eine theoretische Integration der einzelnen Teile des *Grundrisses der Sozialökonomik* zusprach.[1] Der andere Bezugspunkt war Heinrich Rickerts Versuch, der historischen Forschung durch die Ausarbeitung eines „Systems der Werte" eine theoretische Grundlage zu geben, die eine gewisse Immunität gegenüber dem ständigen Wandel der

---

[1] Siehe hierzu auch Hinnerk Bruhns Beitrag zu dem vorliegenden Sammelband.

Kulturprobleme in Aussicht stellte.² Im ersteren Fall charakterisierte Weber seinen eigenen Grundrißbeitrag euphorisch als eine Sprengung des Bezugsrahmens der nationalökonomischen Stufenlehre, die ihn dazu ermunterte, nun verstärkt von seiner „Soziologie" zu sprechen, womit offensichtlich ein theoretischer Anspruch verbunden war, der in seinen Augen kein entsprechendes Vorbild besaß.³ Im letzteren Fall verglich er Heinrich Rickerts „System der Werte" in ironischer Weise mit seiner eigenen „Religionssystematik", wie er sie im religionssoziologischen Kapitel des älteren Teils von *Wirtschaft und Gesellschaft* ausgearbeitet hatte und die er in Abgrenzung zum primär historischen Charakter seiner Aufsätze über die Wirtschaftsethik der Weltreligionen wiederholt als seine „systematische" Religionssoziologie bezeichnete.⁴ Hinzu kommt, daß Weber im gleichen Zeitraum seinen Aufsatz „Über einige Kategorien der verstehenden Soziologie" veröffentlicht hatte, der schon im Titel deutlich macht, daß Weber mit diesem Aufsatz zwar keinen Anspruch auf kategoriale *Vollständigkeit*, wohl aber einen *kategorialen* Anspruch gestellt hat, der offensichtlich den theoretischen Bezugsrahmen des Objektivitätsaufsatzes von 1904 sprengt. Zwar betonte Weber auch jetzt noch den Zweckmäßigkeitscharakter der neuen Art der soziologischen Begriffsbildung, wie er sie in seinem Kategorienaufsatz vorgenommen hat.⁵ Und selbst noch in seinen *Soziologischen Grundbegriffen* von 1920 wies Weber darauf hin, daß er die von ihm in diesem Zusammenhang vorgeschlagenen und in zum Teil vom üblichen Sprachgebrauch abweichenden Fachtermini selbstverständlich niemandem aufzwingen möchte, und daß es auch noch andere Möglichkeiten gebe, Soziologie zu betreiben, als es in der von ihm im Rahmen

---

[2] Zu diesem letztlich gescheiterten Versuch einer werttheoretischen Begründung der modernen Kulturwissenschaften vgl. auch die entsprechenden Ausführungen von Oakes (1990).

[3] Siehe hierzu Max Webers enthusiastischen Brief an Paul Siebeck vom 30. Dezember 1913: „Da *Bücher* ja – Entwicklungsstufen – *ganz* unzulänglich ist, habe ich eine eine geschlossene soziologische Theorie und Darstellung ausgearbeitet, welche alle großen Gemeinschaftsformen zur Wirtschaft in Beziehung setzt: von der Familie und Hausgemeinschaft zum ‚Betrieb', zur Sippe, zur ethnischen Gemeinschaft, zur Religion (*alle* großen Religionen der Erde umfassend: Soziologie der Erlösungslehren und der religiösen Ethiken, – was Tröltsch gemacht hat, jetzt für *alle* Religionen, nur wesentlich knapper), endlich eine umfassende soziologische Staats- und Herrschafts-Lehre. Ich darf behaupten, daß es noch *nichts* dergleichen giebt, auch kein ‚Vorbild'" (Weber 2003: 449 f.). Vgl. ferner Webers Brief an Johann Plenge vom 11. August 1913 sowie seinen Brief an Paul Siebeck vom 6. November 1913 (Weber 2003: 305 und 349).

[4] Vgl. Max Webers Brief an Heinrich Rickert vom Juli 1913 (Weber 2003: 261 f.); siehe hierzu auch Kippenberg (2001).

[5] Vgl. Weber 1985: 427. Charakteristisch für diese pragmatische Einstellung Webers ist auch sein Brief an Hermann Kantorowicz vom 29. Dezember 1913: „,'Verstehende Soziologie' – unverständlich? ... Es ist der Versuch, *alles* ‚Organizistische', Stammlerische, Überempirische, ‚Geltende' (= *Norm*haft Geltende) zu *beseitigen* und die ‚soziologische Staatslehre' als Lehre vom rein empirischen typischen *menschlichen Handeln* aufzufassen, – m.E. der einzige Weg – während die einzelnen *Kategorien* Zweckmäßigkeitsfragen sind" (Weber 2003: 442 f.).

seiner verstehenden Soziologie entwickelten Variante der Fall ist. Allerdings fügte er dem zugleich hinzu, daß die von ihm vorgenommene Form der Begriffsbildung in einer vielleicht etwas zweckmäßigeren und korrekteren Ausdrucksweise dasjenige zur Sprache bringe, „was jede empirische Soziologie tatsächlich meint, wenn sie von den gleichen Dingen spricht" (Weber 1972: 1).

Offensichtlich verbinden sich mit seinen Grundbegriffen der verstehenden Soziologie aber auch systematische Ansprüche und Überlegungen, die über reine „Zweckmäßigkeitsfragen" hinausgehen. Auch lassen sie sich nicht auf eine kritische Rekonstruktion dessen reduzieren, was Rudolf Stammler „hätte meinen sollen", mit dem sich Weber intensiv auseinandergesetzt hat und dessen Buch *Wirtschaft und Recht nach der materialistischen Geschichtsauffassung* er bereits 1907 eine ätzende Kritik hat zukommen lassen (vgl. Weber 1985: 291-359 und 427). Jedoch hat uns Max Weber außer den spärlichen Hinweisen auf die Quellen, auf die er sich bei seinem Versuch einer „verstehenden" Grundlegung der modernen Soziologie hat stützen können, nicht mitgeteilt, welche Selektionskriterien und Konstruktionsprinzipien seinen soziologischen Grundbegriffen bzw. Kategorien zugrunde liegen. Selbst Marianne Weber war offensichtlich überrascht über das Ausmaß an Fremdheit und Rätselhaftigkeit, das in ihren Augen mit der von Weber selbst noch für den Druck vorbereiteten „soziologischen Begriffslehre" von 1920 verbunden war und um deren Verständnis sich nach seinem Tod ein sich um sie scharender Kreis von Schülern und Verehrern Max Webers bemühte: „Im Winter versammelte sich allwöchentlich eine kleine Gemeinde von Schülern um Webers verlassenen Schreibtisch. Sie können keinen anderen Kult treiben als sich Bruchstücke aus seinen Werken zu deuten und verstehend anzueignen. Wie herbe es ist! Es versagt sich gefühlsmäßiger Hingabe und dem Bedürfnis nach Erbaulichkeit. Es verlangt nüchterne Wachheit, Anspannung des Denkens bis zum Schmerz. Vor allem die fremdartige soziologische Begriffslehre muß Satz um Satz erschlossen werden, obwohl die Definitionen sehr prägnant sind, aber sie umfassen und verdichten einen unser Wissen und unsere Vorstellungskraft überfordernden Gehalt. Wir umrätseln ihre Klarheit. Die Begriffe sind wie eine Zeichensprache der Wirklichkeit – Erleuchtung für den Kundigen. Jeder von uns trägt sein Lichtchen herzu. Hier und da tut sich ein Spalt auf in dem Begriffs-Gequader. Verborgenes Feuer glüht auf, wir spüren das schlagende Herz, den gigantischen Erkenntniswillen, das Allmenschliche" (Marianne Weber 1948: 124 f.).

Nun, wir sind heute immer noch damit befaßt, die Konstruktionsprinzipien und den systematischen Aufbau von Max Webers „Grundbegriffen" bzw. „Kategorien" zu enträtseln, auch wenn dies in der Regel nicht mehr in einer kultischen Form geschieht. Daß Weber beide Ausdrücke bis zuletzt synonym verwendet hat, läßt sich im übrigen auch dem Titel seiner ersten Münchener Vorlesung entnehmen, die er im Sommersemester 1919 gehalten hat und in der er die gerade in Arbeit befindliche Neufassung seiner soziologischen Kategorienlehre vortrug.[6] Um zu verstehen, warum Weber dazu neigte, der Bildung exakter Begriffe eine solch große Bedeutung zuzusprechen, die ja noch keine „Theorie" im Sinne von nomologischen Gesetzen und den entsprechenden Regeln ihrer empirischen Überprüfbarkeit beinhalten, müssen die logisch-methodologischen Auffassungen seiner Zeit berücksichtigt werden, von denen seine eigenen Überlegungen bezüglich der logischen Eigenart der Begriffsbildung in den Kultur- und Sozialwissenschaften ihren Ausgang nahmen.[7] Erst dann kann die Frage beantwortet werden, inwieweit Weber von diesen zeitbedingten Auffassungen abwich und an welchen Kriterien er sich bei der Ausarbeitung seiner eigenen soziologischen Grundbegriffe bzw. Kategorien möglicherweise orientiert hat.

2 Mögliche historische Quellen für Webers Verständnis von „Grundbegriffen"

Daß gegen Ende des 19. Jahrhunderts nicht nur in einem logisch-methodologischen Sinne über den Status von „Grundbegriffen" nachgedacht wurde, zeigt das erstmals 1878 veröffentlichte und 1893 in überarbeiteter Form erschienene Buch *Die Grundbegriffe der Gegenwart* des Jenaer Philosophen Rudolf Eucken, der mit dieser Untersuchung das Ziel verfolgte, die geistige Signatur seines Zeit-

---

[6] Weber hatte diese Vorlesung unter dem Titel „die allgemeinsten Kategorien der Gesellschaftswissenschaft" angekündigt und eine Fortsetzung derselben im kommenden Wintersemester in Aussicht gestellt. Aufgrund des ausdrücklichen Wunsches der Studentenschaft hielt er im darauffolgenden Semester jedoch eine Vorlesung über „universale Sozial- und Wirtschaftsgeschichte". Vgl. Marianne Weber (1926: 671 ff.) und Eduard Baumgarten (1964: 716).

[7] Zur Kritik an Webers Gleichsetzung von Begriffsbildung mit Theoriebildung siehe Schmid (2004). Schmid hat bei seiner Weber-Kritik im wesentlichen die erkenntnistheoretische Position im Auge, wie sie Max Weber in Anlehnung an Heinrich Rickert 1904 in seinem Objektivitätsaufsatz vertreten hat. Diese ist tatsächlich für eine systematische Grundlegung der modernen Soziologie als einer „erklärenden Wissenschaft" völlig unzureichend. Schmid übersieht dabei jedoch in einer für einen Fachsoziologen fast schon als tragisch zu bezeichnenden Art und Weise, daß sich die von Weber entwickelte Variante der verstehenden Soziologie weitgehend von diesen Rickertschen Vorgaben gelöst hat. Wäre Weber tatsächlich bis zuletzt Rickertianer geblieben, wären die gerade für das Fach Soziologie weitreichenden Schlußfolgerungen der Schmidschen Weber-Kritik berechtigt. Zu einer ähnlich gelagerten und von einem dezidiert nationalökonomischen Standpunkt vorgetragenen Kritik an den Rickertschen Anleihen Max Webers vgl. auch den polemischen Beitrag von Wilbrandt (1917). Auch Wilbrandt trifft mit seiner Kritik jedoch nicht den Soziologen, sondern nur den „Kulturwissenschaftler" Max Weber, sofern man unter „Kulturwissenschaft" dabei die Rickertsche Lehre der historischen Begriffsbildung versteht, was auch heute selbst bei gestandenen Soziologen leider immer noch zum Teil der Fall ist.

alters zu bestimmen, indem er eine Analyse jener philosophischen Begriffe durchführte, in denen die zentralen weltanschaulichen Strömungen seiner Zeit zum Ausdruck kamen (vgl. Eucken 1893). Nicht dieses anspruchsvolle Programm einer philosophisch inspirierten Begriffsgeschichte in zeitdiagnostischer Absicht, sondern die wissenschaftstheoretischen Bemühungen um eine Klärung des logischen Status und der Eigenart der Begriffsbildung in den einzelnen kultur- und sozialwissenschaftlichen Disziplinen fanden jedoch Max Webers Interesse und Aufmerksamkeit.[8] Noch vor der Jahrhundertwende unternahm Webers Jugendfreund Heinrich Rickert den Versuch, ausgehend von den Grenzen der naturwissenschaftlichen Begriffsbildung die Eigenart der „logischen Grundbegriffe der historischen Wissenschaften" zu bestimmen (vgl. Rickert 1896: 22). Rickert wies in diesem Zusammenhang ausdrücklich darauf hin, daß er mit seinen logischen Untersuchungen der Lehre vom Begriff und der Begriffsbildung wieder den „Platz an der Spitze des Systems" zuweisen wollte, den diese seit dem Erscheinen der Sigwartschen Logik innerhalb der modernen Wissenschafts- und Erkenntnistheorie verloren hatte (Rickert 1896: 25; vgl. Sigwart 1911).[9] Dieser Glaube an den zentralen Stellenwert von Begriffen innerhalb des logischen Systems der Wissenschaften war im südwestdeutschen Neukantianismus weit verbreitet. Bezeichnenderweise sah auch noch Rickerts Schüler Emil Lask „eine von wenigen letzten Grundbegriffen einheitlich durchherrschte Logik" als Ziel seiner eigenen philosophischen Bemühungen an (Laks 1911: III).

Aber nicht nur die zuletzt genannten Philosophen und „Logiker" wiesen der Lehre vom Begriff und der Begriffsbildung eine zentrale Stellung innerhalb der Wissenschaftslehre zu. Auch in den einzelnen kultur- und sozialwissenschaftlichen Disziplinen war die Auffassung weit verbreitet, daß der Bildung von Begriffen eine konstitutive Funktion für die jeweilige Gegenstandserfassung zukomme. In seiner 1901 erschienenen Studie *Die Herrschaft des Wortes* hatte sich der von Weber geschätzte Heidelberger Privatdozent Friedrich Gottl auch ausführlich mit der Stellung der „Grundbegriffe" in der Nationalökonomie auseinandergesetzt. Er wies in seiner diesbezüglichen Untersuchung darauf hin, daß man zwar wie selbstverständlich von der Existenz von nationalökonomischen Grundbegriffen ausgehe, daß aber weder Klarheit darüber herrsche, wodurch sich solche „Grundbegriffe" eigentlich auszeichnen, noch welches die nationalökonomischen Grundbegriffe im engeren Sinne seien. Gottls eigene Untersuchung zielte deshalb primär auf eine Kritik des diesbezüglichen nationalökono-

---

[8] Zu entsprechenden Versuchen, die epochale Eigenart einer Zeit durch die sie charakterisierenden Begriffe zu bestimmen, siehe auch Jaspers (1979) und Habermas (1979.
[9] Zur wirkungsgeschichtlichen Bedeutung dieser erstmals 1873-1878 erschienenen Sigwartschen „Logik" für die Wissenschaftslehre des ausgehenden 19. Jahrhunderts siehe auch Hansen (2000).

mischen Sprachgebrauchs seiner Zeit ab, ohne selbst etwas Konstruktives zur Klärung der Kriterien für die Bildung nationalökonomischer Grundbegriffe beizutragen (vgl. Gottl 1901).[10]

1912 erschien die zweite Auflage von Ferdinand Tönnies' Buch *Gemeinschaft und Gesellschaft*, mit dem sich Weber intensiv auseinandergesetzt hat und auf das er sich auch in seinen *Soziologischen Grundbegriffen* von 1920 ausdrücklich bezog. Es dürfte ihm dabei nicht entgangen sein, daß Tönnies in dieser zweiten Auflage seines Jugendwerkes nicht nur eine Reihe von inhaltlichen Ergänzungen vornahm, sondern auch den Untertitel dieses Buches in signifikanter Weise verändert hatte. Lautete der Untertitel der Erstausgabe dieses Buches von 1887 noch „Abhandlung des Communismus und des Socialismus als empirischer Culturformen", so zog es Tönnies vor, der Zweitauflage den Untertitel „Grundbegriffe der reinen Soziologie" zu geben, um nun den strikt akademischen Charakter seiner Untersuchung zu unterstreichen (vgl. Tönnies 1887 und 1912). Damit hatte Tönnies unmißverständlich seine Ansicht zum Ausdruck gebracht, daß der Ausarbeitung solcher Grundbegriffe eine zentrale Rolle bei der wissenschaftlichen Fundierung der modernen Soziologie zukomme. Aber auch Webers Heidelberger Kollege Karl Jaspers, der 1913 zeitgleich mit Webers Kategorienaufsatz eine Aufmerksamkeit erregende handbuchartige Einführung in die moderne psychiatrische Forschung veröffentlichte, hatte sich zu dieser Zeit intensiv Gedanken über den Status von Grundbegriffen innerhalb der Psychologie und Psychopathologie gemacht. Er tat dies bezeichnenderweise mit einem Seitenblick auf die zentrale Stellung der Atomtheorie in der modernen Chemie, zu der es seiner Auffassung nach in seiner eigenen Disziplin keine Entsprechung gab. Jaspers zog daraus die Schlußfolgerung, daß innerhalb der Psychologie und Psychopathologie das Fehlen einer systematischen Grundlage durch die Bildung einer Reihe von „Grundbegriffen" ausgeglichen werden müsse, die für die diagnostische Tätigkeit des Psychiaters unerläßlich seien und die ihr überhaupt erst einen wissenschaftlichen Charakter verleihen (Jaspers 1913: 12 ff.).

Auch innerhalb der kunstgeschichtlichen Forschung kam zu dieser Zeit der Beschäftigung mit grundbegrifflichen Problemen und Fragestellungen eine entsprechende Bedeutung zu. Dies wird an dem 1915 erschienenen Buch *Kunstgeschichtliche Grundbegriffe* von Heinrich Wölfflin deutlich, dessen Arbeiten Max Weber als Beitrag zu einer rein empirischen Feststellung des Fortschritts in der kunstgeschichtlichen Entwicklung sehr geschätzt hatte. Wölfflin zufolge war die „begriffliche Forschung" innerhalb der Kunstgeschichte gegenüber der eigentlichen „Tatsachenforschung" durch eine gewisse Rückständigkeit gekennzeichnet.

---

[10] Zu Webers Verhältnis zu Gottl siehe auch die einschlägige Untersuchung von Morikawa (2001).

Dieses Hinterherhinken der Begriffsbildung versuchte er durch die Ausarbeitung einer Reihe von formalen Grundbegriffen auszugleichen, die der Entwicklung der Stilbildung und der Sehformen innerhalb der europäischen Kunstgeschichte der letzten Jahrhunderte Rechnung tragen sollten. Durch die Kontrastierung der Kunst der Renaissance und des Barock versuchte er dabei gewisse antithetische Gesetzmäßigkeiten zu rekonstruieren, die er zwar dem konkreten Beispiel der Ablösung der Renaissance durch den Barock entnommen hatte, die aber dennoch von allgemeiner kunstgeschichtlicher Bedeutung waren (vgl. Wölfflin 1917: VII ff.).[11]

Diese Beispiele zeigen, daß sich Max Weber in Übereinstimmung mit einer weit verbreiteten Hochschätzung der grundbegrifflichen Forschung in den verschiedensten Disziplinen befand, als er seine eigene soziologische Begriffs- und Kategorienlehre auszuarbeiten begann. Auch die weitgehende Gleichsetzung von „Grundbegriffen" mit „Kategorien", die wir bei Max Weber feststellen können, findet ihre Entsprechung in der diesbezüglichen Fachliteratur seiner Zeit. Der Heidelberger Philosoph Kuno Fischer, dessen Logik-Vorlesung Max Weber als Student in Heidelberg besucht hatte, ging noch wie selbstverständlich davon aus, daß die von ihm vertretene Form von „Logik" im Grunde genommen mit einer „Begriffslehre" identisch sei (Fischer 1865: 6 ff.). Denn Urteile und Schlüsse seien nichts anderes als die Verdeutlichung bzw. Explikation eines gegebenen Begriffsinhaltes. Jeder Begriff, der einem synthetischen Urteil a priori zugrunde liege, stelle eine Zusammenfassung verschiedener Merkmale unter einem übergreifenden Gesichtspunkt dar. Dieser „Synthese" entspreche aber keine empirische Vorstellung, da sie auf rein verstandesmäßigem Weg erfolge. Die in ihr zum Ausdruck kommende begriffliche Bedeutung stelle insofern auch keinen „empirischen", sondern einen „reinen" Begriff dar. Aufgrund ihrer erkenntniskonstitutiven Funktion seien solche „urtheilende Begriffe" zugleich identisch mit „Grundbegriffen". Denn sie sprechen Denknotwendigkeiten aus, ohne die es keine menschliche Erkenntnis gebe (Fischer 1865: 7). Zu „Kategorien" würden solche Begriffe dagegen, wenn wir sie im Hinblick auf ihre prädikative Funktion betrachten. Es handelt sich dabei insofern nicht um einen substantiellen Unterschied, sondern um eine funktional verschiedene Betrachtungsweise ein- und desselben logischen Sachverhaltes. Fischer zog daraus die Schlußfolgerung: „Die Kategorien sind Denkbegriffe, Grundbegriffe (Principien), Erkenntnisbegriffe. Die Wissenschaft der Kategorien ist also zugleich Wissenschaft der Denkbegriffe, Grundbegriffe, Erkenntnisbegriffe" (Fischer 1865: 8).

---

[11] Wölfflin wies im Vorwort zur zweiten Auflage dieses Buches dabei ausdrücklich darauf hin, daß „in der Aufstellung der Begriffe als solcher der Schwerpunkt der Arbeit liegt und daß die Frage, inwieweit diese Begriffe über den einen historischen Fall hinaus Gültigkeit behalten, den wesentlichen Inhalt des Buches nicht berührt" (Wölfflin 1917: X). Zu Webers positiver Bewertung der formalästhetischen Betrachtungsweise Wölfflins vgl. Weber 1985: 523.

Diese unter anderem bei Kuno Fischer anzutreffende Gleichsetzung von „reinen Begriffen" mit „Kategorien" geht zurück auf die *Kritik der reinen Vernunft* von Immanuel Kant, der als erster eine Einteilung der Begriffe in „empirische", d.h. *Erfahrungsbegriffe*, „reine" *Verstandesbegriffe* bzw. „Kategorien" und *Vernunftbegriffe* bzw. „Ideen" vornahm. Bereits Kant bestimmte die Begriffe allgemein als Prädikate möglicher Urteile, wobei er die operative Funktion von Begriffen hervorhob, die Einheit eines Urteils herzustellen bzw. zu gewährleisten. Er ging dabei von den einzelnen Verstandes- bzw. Urteilsfunktionen aus, um die ihnen entsprechenden reinen Verstandesbegriffe bzw. Kategorien in systematischer Weise abzuleiten (Kant 1983: 111 ff.). Mit der von ihm auf diese Weise entwickelten Kategorientafel war zugleich ein Vollständigkeitsanspruch verbunden, der bis heute umstritten geblieben ist, der aber in der neukantianischen Literatur um 1900 immer wieder zum Maßstab der eigenen wissenschaftslogischen und werttheoretischen Bemühungen gemacht wurde. Insofern blieb er das Ideal all jener Versuche, die zu diesem Zeitpunkt noch von der Möglichkeit eines „Systems der Kategorien" bzw. eines „Systems der Werte" ausgingen. Ein solches theoretisches „System" war dabei an der Vorstellung einer Ableitbarkeit aller konkreteren begrifflichen Bestimmungen aus einem einheitlichen Grundprinzip orientiert, wie es in Kants Augen das menschliche Vermögen zur Bildung von synthetischen Urteilen auf rein apriorischem Wege, d.h. ohne Bezugnahme auf sinnliche Anschauung darstellt (vgl. Windelband 1900; Rickert 1913). Bei Kant war es die Newtonsche Mechanik, die ihn dazu veranlaßt hatte, von einem sicheren Gang der modernen naturwissenschaftlichen Erkenntnis zu sprechen, auf die sich seine eigenen transzendentalphilosophischen Überlegungen bezogen. Doch welche erfahrungswissenschaftlichen Erkenntnisse lagen den diesbezüglichen philosophischen Systemen von Wilhelm Windelband, Heinrich Rickert und Emil Lask zugrunde?

3 Weiterführende Überlegungen bezüglich des Status von „Grundbegriffen" in Webers Werk

Max Weber hatte offensichtlich die Sackgasse gesehen, in die sich die neukantianische Wissenschaftslehre seiner Zeit manövriert hatte, indem er als Erwiderung auf Rickerts „System der Werte" seine eigene „Religionssystematik" ankündigte, die er bei einer anderen Gelegenheit Rickert gegenüber auch als „(empirische) Casuistik der Contemplation und aktiven Religiosität" bezeichnet hatte.[12] Doch welche Kriterien hat Weber der Bildung seiner Grundbegriffe bzw.

---

[12] Vgl. Webers undatierten Brief an Heinrich Rickert vom Ende November 1913 (Weber 2003: 411).

Kategorien der verstehenden Soziologie zugrunde gelegt, wenn es nicht das von den „Logikern" seiner Zeit vertretene Ideal einer Deduktion aller Verstandesfunktionen bzw. Kategorien aus einem obersten Prinzip war? Auf diese Frage gibt die einschlägige wissenschaftstheoretische Literatur seiner Zeit offensichtlich keine zufriedenstellende Antwort. Wir müssen deshalb einen anderen Weg einschlagen und danach fragen, an welchen Kriterien sich Max Weber bei der Bildung seiner Grundbegriffe bzw. Kategorien *faktisch* orientiert hat. Zur Beantwortung dieser Frage sollen im folgenden einige Überlegungen vorgestellt werden, die zwar keinen Anspruch auf eine erschöpfende Behandlung dieses Themas stellen, jedoch möglicherweise einige Hinweise darauf geben, welche Gesichtspunkte für die von Weber gewählte Form der Begriffsbildung im Rahmen der Ausarbeitung seiner verstehenden Soziologie maßgeblich waren.

a. Weber unterschied im Rahmen der theoretischen Grundlegung der modernen Sozialwissenschaften die Erörterung logisch-methodologischer Fragestellungen von den konkreten Problemen der Begriffsbildung. Die „Methode" seiner verstehenden Soziologie hatte er seit 1903 in einer Reihe von wissenschaftstheoretischen Aufsätzen entwickelt und erstmals 1913 in seinem Kategorienaufsatz auch explizit für die Bildung seiner soziologischen Grundbegriffe fruchtbar zu machen versucht. Von letzteren gibt es bekanntlich zwei verschiedene Fassungen, die jedoch beide den Grundsätzen des von Weber vertretenen methodologischen Individualismus verpflichtet sind. In methodologischer Hinsicht besteht zwischen seinem Kategorienaufsatz von 1913 und seinen *Soziologischen Grundbegriffen* von 1920 also offensichtlich eine größere Kontinuität als in terminologischer Hinsicht. Wie stark die terminologischen Abweichungen zwischen den beiden Fassungen der Grundbegriffe bzw. Kategorien seiner verstehenden Soziologie tatsächlich sind, ist in der Sekundärliteratur jedoch ebenso umstritten wie die Frage, welche Gründe ihn dazu bewogen haben, seine diesbezügliche Terminologie nach dem Ersten Weltkrieg noch einmal vollständig umzuarbeiten (vgl. Lichtblau 2000; Norkus 2001: 94 ff.; Giesing 2002: 20-66; Hermes 2003: 34-113; Schluchter 2005: 7 ff. und 221 ff.).

b. Nicht nur bei der Entwicklung seiner Methodologie, sondern auch bei der Bildung seiner soziologischen Grundbegriffe spielte die Auseinandersetzung mit prominenten zeitgenössischen Ansätzen innerhalb der Kultur- und Sozialwissenschaften eine zentrale Rolle. Bereits im Objektivitätsaufsatz von 1904 hatte Weber der kritischen Auseinandersetzung mit den überlieferten kulturwissenschaftlichen Begriffen eine zentrale Funktion für den wissenschaftlichen Fortschritt zugesprochen. Diese Kritik war damals noch primär um eine Klärung der Eigenart der spezifisch historischen Form der

Begriffsbildung bemüht und richtete sich sowohl gegen einen problematischen Gebrauch von Kollektivbegriffen als auch gegen ein falsches Verständnis des Kausalitätsprinzips innerhalb der kulturwissenschaftlichen Forschung. Aufgrund ihrer Orientierung an der Bestimmung der Eigenart von „historischen Individuen" war mit der von Weber propagierten idealtypischen Form der Begriffsbildung allerdings noch kein Anspruch auf die Entwicklung einer systematischen *Theorie* verbunden. Im Gegenteil: Weber wies zu diesem Zeitpunkt nicht nur die Forderung nach einem „geschlossene(n) System von Begriffen", sondern auch nach einem „System der Kulturwissenschaften" ausdrücklich zurück (Weber 1985: 184). Dies änderte sich erst, als er damit begann, die Grundzüge seiner verstehenden Soziologie zu entwickeln, auch wenn er in bezug auf seine eigenen soziologischen Grundbegriffe nie einen entsprechenden Vollständigkeitsanspruch stellte. In terminologischer Hinsicht waren es insbesondere Ferdinand Tönnies und Rudolf Stammler, von denen er bestimmte begriffliche Vorgaben übernahm, auch wenn er letzten Endes seine eigenen soziologischen Grundbegriffe völlig neu zu definieren begann. Andere terminologische Einflüsse kommen hinzu, die noch innerhalb der zukünftigen Weber-Forschung im einzelnen zu klären wären. Weber „erfand" also keine neuen Begriffe, sondern ging aus von dem „Begriffsvorrat seiner Zeit", d.h. von Fachtermini, die bereits in den Werken anderer Autoren einen entsprechenden grundbegrifflichen Status zugesprochen bekamen und die er in einer für ihn selbst charakteristischen Art und Weise umzudefinieren begann. Dies erklärt auch, warum Weber eine ausgesprochene Neigung besaß, die von ihm verwendeten Begriffe mit Anführungszeichen zu versehen, um einerseits den Bezug zum entsprechenden Sprachgebrauch anderer Autoren zu unterstreichen, andererseits aber zugleich in unmißverständlicher Weise den Unterschied zwischen seinem eigenen Sprachgebrauch und der herkömmlichen Verwendungsweise solcher nationalökonomischen und soziologischen Fachtermini zu signalisieren. Seine Situation war insofern ähnlich wie die von Karl Marx, der im Rahmen seiner Ökonomiekritik ja ebenfalls keine neuen Begriffe entwickelt hatte, sondern sich darauf beschränkte, den überlieferten Begriffen der klassischen politischen Ökonomie durch eine dialektische Form der Darstellung eine völlig neue, nämlich ideologiekritische und damit zugleich auch kapitalismuskritische Bedeutung abzugewinnen. Im Unterschied zu Marx und den Vertretern der älteren Richtung innerhalb der Historischen Schule der deutschen Nationalökonomie orientierte sich Weber bei der von ihm vorgeschlagenen Art der soziologischen Begriffsbildung aber nicht mehr an der spekulativen Logik Hegels, von deren „emanatistischen" Implikationen er sich bereits in seinem Aufsatz über „Roscher und Knies und die logischen Probleme der historischen Nationalökonomie" vehement abgegrenzt hatte, sondern an den Prinzipien des methodologischen Individualismus.

c. Weber wurde nicht müde zu betonen, daß seine Art der Definition der soziologischen Grundbegriffe eine reine „Zweckmäßigkeitsfrage" sei. Selbst für die von ihm im Sommer 1919 in Angriff genommene vollständige Überarbeitung dieser erstmals im Kategorienaufsatz entwickelten soziologischen Grundbegriffe machte er primär sein Bedürfnis nach „Verständlichkeit", nicht aber sachliche Gesichtspunkte geltend (Weber 1972: 1). In der Neufassung seiner Herrschaftssoziologie, die in dem von Weber noch selbst für den Druck vorbereiteten neueren Teil von *Wirtschaft und Gesellschaft* veröffentlicht worden ist, machte er jedoch für die von ihm vorgenommene Einteilung der verschiedenen Herrschaftsformen ein Kriterium geltend, das weit über reine Zweckmäßigkeitsfragen hinausgeht und das auf alle von ihm selbst entwickelten Begriffstypologien angewendet werden kann. Weber sagt dort nämlich: „Die Zweckmäßigkeit dieser Einteilung kann nur der dadurch erzielte Ertrag an Systematik erweisen" (Weber 1972: 124). Doch damit spitzt sich das Problem auf eine Klärung der Frage zu, welches Verständnis von „Systematik" in der von Max Weber im Rahmen seiner Schriften vorgenommenen Art der Begriffs- und Typenbildung jeweils zum Ausdruck kommt.

d. In dem ebenfalls im neueren Teil von *Wirtschaft und Gesellschaft* veröffentlichten wirtschaftssoziologischen Kapitel wies Weber ausdrücklich darauf hin, daß mit der von ihm vorgenommenen Art der soziologischen Begriffsbestimmung kein theoretischer Anspruch im Sinne der abstrakten „Wirtschaftstheorie" verbunden sei. Auch würden zunächst nur statische, nicht jedoch „dynamische" Gesichtspunkte berücksichtigt (Weber 1972: 31). Weber sprach denn auch ausdrücklich von einem Verzicht auf jegliche „Erklärung" des realen wirtschaftlichen Geschehens zugunsten einer rein „soziologische(n) *Typisierung*" bzw. von einem „Gerippe", um mit „leidlich eindeutig bestimmten Begriffen operieren zu können" (Weber 1972: 63). Bei einer solchen „schematischen Systematik" könne deshalb weder die „empirisch-historische" noch die „typisch-*genetische* Aufeinanderfolge" der einzelnen möglichen Wirtschaftsformen berücksichtigt werden (ebd.). An dieser Stelle wird Webers Verzicht auf eine theoretische Erklärung des realen Geschehens zugunsten rein begrifflicher Unterscheidungen am deutlichsten, auch wenn Weber weiterhin von der Notwendigkeit solcher „eindeutig bestimmten Begriffen" überzeugt war. Wie man von ihnen aus zu empirisch überprüfbaren Aussagen kommt, hat Weber allerdings nicht mehr konkret aufgezeigt, auch wenn ihm selbstverständlich klar war, daß dieser Schritt noch geleistet werden muß, um zu einer theoretischen Erklärung zu gelangen. Offensichtlich treffen diese Charakterisierungen auch auf den logischen Status seiner soziologischen Grundbegriffe zu, wie er sie im ersten Kapitel des neueren Teils von *Wirtschaft und Gesellschaft* entwickelt hat.

e. Weber hatte seine soziologischen Grundbegriffe als Beitrag zur „allgemeinen Soziologie" verstanden und letzterer eine Reihe von „inhaltlichen" bzw. „speziellen Soziologien" wie die Wirtschafts-, Rechts-, Herrschafts- und Religionssoziologie zur Seite gestellt, zu denen er selbst maßgebliche Beiträge geleistet hat.[13] Auch in diesen speziellen Soziologien spielen grundbegriffliche Unterscheidungen eine zentrale Rolle. Allerdings sind dies keine allgemeinsoziologischen Grundbegriffe, sondern jeweils auf das entsprechende Teilgebiet bezogene Typenbildungen. Nur wenn gezeigt werden kann, daß den Grundbegriffen seiner „allgemeinen Soziologie" zugleich eine fundierende Rolle in bezug auf diese empirisch ausgerichteten Teilsoziologien zukommt, kann ersteren zu Recht ein *grundbegrifflicher* Status zugesprochen werden. Dies wäre denn auch das *eigentliche* Kriterium für „Grundbegriffe". Ob in diesem Zusammenhang die beiden Fassungen seiner soziologischen Grundbegriffe von 1913 und 1920 dabei tatsächlich hinsichtlich seiner verschiedenen „inhaltlichen" Soziologien eine integrative bzw. konstitutive Funktion zugesprochen werden kann oder ob eher davon auszugehen ist, daß Weber für jede Teilsoziologie jeweils neue Formen der sie fundierenden Begriffs- und Typenbildungen entwickelt hat, wäre dabei noch im einzelnen zu klären. Gleichwohl gibt es bereits jetzt genügend Hinweise darauf, daß die konkrete Verzahnung zwischen Webers soziologischen Grundbegriffen und seinen verschiedenen Teilsoziologien nicht den Erwartungen entspricht, die man üblicherweise mit der Aufstellung von „Grundbegriffen" verbindet.[14] Doch dies spricht weniger gegen diese

---

[13] Zum Begriff „inhaltliche Soziologie", der mit der heute üblichen Bezeichnung „spezielle Soziologie" identisch ist, vgl. Weber 1985: 460. Weber unterschied in der Vorkriegsfassung von *Wirtschaft und Gesellschaft* ferner zwischen den „allgemeinen Strukturformen menschlicher Gemeinschaften" und den entsprechenden „Entwicklungsformen", die seiner damaligen Ansicht nach den Gegenstand der Herrschaftssoziologie bilden sollten (vgl. Weber 1972: 212). Inwieweit eine solche interne Differenzierung des Aufgabengebietes der Soziologie auch noch für jene Konzeption von „Soziologie" Gültigkeit beanspruchen kann, die Weber nach dem Ersten Weltkrieg vertreten hat, ist eine in der bisherigen Weber-Forschung noch ungeklärte Frage.

[14] Zu den terminologischen Differenzen zwischen dem Kategorienaufsatz von 1913 und den verschiedenen Teilen der Vorkriegsfassung von *Wirtschaft und Gesellschaft* vgl. die skeptisch anmutenden Bemerkungen von Schluchter (1999). Dieses Problem stellt sich in ähnlicher Weise bezüglich des Verhältnisses der *Soziologischen Grundbegriffe* von 1920 zu Webers späteren Wirtschaftssoziologie sowie zur zweiten Fassung seiner Herrschaftssoziologie, die uns in der Nachkriegsfassung von *Wirtschaft und Gesellschaft* überliefert worden sind. Siehe hierzu auch die entsprechenden Überlegungen, die Richard Swedberg in seinem Beitrag zu diesem Sam-

Grundbegriffe selbst, sondern ist vielmehr als ein Hinweis auf die höchst fragmentarische Art und Weise zu verstehen, in der uns Webers letztlich unabgeschlossen gebliebenes Werk aufgrund seines unerwartet frühen Todes im Juni 1920 überliefert worden ist.

Literatur

Baumgarten, Eduard, 1964: Max Weber. Werk und Person. Tübingen.
Eucken, Rudolf, 1893: Die Grundbegriffe der Gegenwart. Historisch und kritisch entwickelt. 2. Aufl. Leipzig.
Fischer, Kuno, 1865: System der Logik und Metaphysik oder Wissenschaftslehre. Zweite völlig umgearbeitete Auflage. Heidelberg.
Giesing, Benedikt, 2002: Religion und Gemeinschaftsbildung. Max Webers kulturvergleichende Theorie. Opladen.
Gottl, Friedrich, 1901: Ueber die „Grundbegriffe" in der Nationalökonomie. S. 1-64 in: Die Herrschaft des Wortes. Untersuchungen zur Kritik des nationalökonomischen Denkens. Jena.
Habermas, Jürgen (Hrsg.), 1979: Stichworte zur ‚Geistigen Situation der Zeit'. 2 Bände. Frankfurt am Main.
Hansen, Frank-Peter, 2000: Geschichte der Logik des 19. Jahrhunderts. Eine kritische Einführung in die Anfänge der Erkenntnis- und Wissenschaftstheorie. Würzburg.
Hermes, Siegfried, 2003: Soziales Handeln und Struktur der Herrschaft. Max Webers verstehende Soziologie am Beispiel des Patrimonialismus. Berlin.
Jaspers, Karl, 1913: Allgemeine Psychopathologie. Ein Leitfaden für Studierende, Ärzte und Psychologen. Berlin.
Jaspers, Karl, 1979: Die geistige Situation der Zeit. Achter Abdruck der im Sommer 1932 bearbeiteten 5. Auflage. Berlin / New York.
Kant, Immanuel, 1983: Kritik der reinen Vernunft. Werke in sechs Bänden. Hrsg. von Wilhelm Weischedel. Band II. Darmstadt.
Kippenberg, Hans G., 2001: „Meine Religionssystematik". S. 13-30 in: Hans G. Kippenberg / Martin Riesebrodt (Hrsg.), Max Webers „Religionssystematik". Tübingen.
Lask, Emil, 1911: Die Logik der Philosophie und die Kategorienlehre. Eine Studie über den Herrschaftsbereich der logischen Form. Tübingen.
Lichtblau, Klaus, 2000: „Vergemeinschaftung" und „Vergesellschaftung" bei Max Weber. Eine Rekonstruktion seines Sprachgebrauchs. Zeitschrift für Soziologie 29: 423-443.
Morikawa, Takemitsu, 2001: Handeln, Welt und Wissenschaft. Zur Logik, Erkenntniskritik und Wissenschaftstheorie für Kulturwissenschaften bei Friedrich Gottl und Max Weber. Wiesbaden.
Norkus, Zenonas, 2001: Max Weber und Rational Choice. Marburg.

---

melband bezüglich der Rekonstruktion einer „verstehenden Wirtschaftssoziologie" entwickelt hat.

Oakes, Guy, 1990: Die Grenzen kulturwissenschaftlicher Begriffsbildung. Heidelberger Max Weber-Vorlesungen 1982. Frankfurt am Main.

Rickert, Heinrich, 1896: Die Grenzen der naturwissenschaftlichen Begriffsbildung. Eine logische Einleitung in die historischen Wissenschaften. 1. Hälfte. Freiburg / Leipzig.

Rickert, Heinrich, 1913: Vom System der Werte. Logos 4: 295-427.

Sigwart, Christoph, 1911: Logik. 4. Auflage besorgt von H. Maier. Band I: Die Lehre vom Urteil, vom Begriff und vom Schluß. Band II: Die Methodenlehre. Tübingen 1911.

Schluchter, Wolfgang, 1999: „Kopf" oder „Doppelkopf" – das ist hier die Frage. Kölner Zeitschrift für Soziologie und Sozialpsychologie 51: 735-743.

Schluchter, Wolfgang, 2005: Handlung, Ordnung und Kultur. Studien zu einem Forschungsprogramm im Anschluss an Max Weber. Tübingen.

Schmid, Michael, 2004: Kultur und Erkenntnis. Kritische Bemerkungen zu Max Webers Wissenschaftslehre. Berliner Journal für Soziologie 14: 545-560.

Tönnies, Ferdinand, 1887: Gemeinschaft und Gesellschaft. Abhandlung des Communismus und des Sozialismus als empirischer Culturformen. Leipzig.

Tönnies, Ferdinand, 1912: Gemeinschaft und Gesellschaft. Grundbegriffe der reinen Soziologie. 2., erheblich veränderte und vermehrte Auflage. Berlin.

Weber, Marianne, 1926: Max Weber. Ein Lebensbild. Tübingen.

Weber, Marianne, 1948: Lebenserinnerungen. Bremen.

Weber, Max, 1972: Wirtschaft und Gesellschaft. Grundriß der verstehenden Soziologie. 5. Aufl. Tübingen.

Weber, Max, 1985: Gesammelte Aufsätze zur Wissenschaftslehre. 6. Aufl. Tübingen.

Weber, Max, 2003: Gesamtausgabe. Abteilung II. Band 8: Briefe 1913-1914. Hrsg. von M. Rainer Lepsius und Wolfgang J. Mommsen. Tübingen.

Weber, Max et al., 1904: Geleitwort. Archiv für Sozialwissenschaft und Sozialpolitik 19: I-VII.

Wilbrandt, R., 1917: Die Reform der Nationalökonomie vom Standpunkt der „Kulturwissenschaften". Eine Antikritik. Zeitschrift für die gesamte Staatswissenschaft 73: 345-403.

Windelband, Wilhelm, 1900: Vom System der Kategorien. S. 41-58 in: Philosophische Abhandlungen. Christoph Sigwart zu seinem siebzigsten Geburtstag. Tübingen / Freiburg / Leipzig.

Wölfflin, Heinrich, 1917 [1915]: Kunstgeschichtliche Grundbegriffe. Das Problem der Stilentwicklung in der neueren Kunst. 2. Aufl. München.

"Soziales Handeln" und "Ordnung" als operative und strukturelle Komponenten sozialer Beziehungen*

Rainer Greshoff

(1) Will man das Thema „Handlung und Ordnung" in Webers *Soziologischen Grundbegriffen* von 1920 für eine erste Orientierung systematisch verorten können und zu diesem Zweck einen Gegenstandsbezug angeben, den Weber mit dieser Thematik in den Blick nimmt, dann scheint mir dafür folgende Formulierung von ihm geeignet: Unter „Handlung und Ordnung" behandelt er das, was er „Gleichartigkeiten, Regelmäßigkeiten und Kontinuitäten der Einstellung und des Handelns" nennt (Weber 1976: 15). Für diesen Sachverhalt sollen Gründe und Bedingungen differenziert sowie auf den Begriff gebracht und es sollen Typen solcher Sachverhalte unterschieden werden. Webers Gegenstand läßt sich in einem weiteren Schritt noch dahin gehend näher charakterisieren, daß mit der zitierten Verbindung von „Einstellung *und* Handeln" ein Kausalverhältnis gemeint ist: Aus bestimmten Einstellungen resultieren bestimmte Handlungen in dem Sinne, daß die jeweiligen Handlungsträger Wahl und Ausführung ihrer Handlungen an der Umsetzung dieser Einstellungen orientieren. Im folgenden soll diese erste Einordnung etwas genauer in Webers *Grundbegriffen* verortet werden (Abschnitt 1). Daran anknüpfend wird die Anlage von Webers Soziologie, insbesondere ihre handlungskonzeptuelle Seite, erörtert (Abschnitt 2), um im nächsten Schritt sein zentrales Konzept „soziale Beziehung" vorstellen zu können (Abschnitt 3.). Abschließend wird insbesondere mit Blick auf „soziale Beziehung" Webers Ordnungsbegriff zu untersuchen sein (Abschnitt 4).

1 Worum geht es Max Weber beim Thema „Soziales Handeln und Ordnung"?

(2) „Handlung und Ordnung" hat in der obigen Umschreibung noch nicht erkennbar die soziale Dimensionierung, die Weber als Soziologe interessierte und die ihm – man denke an seine Bemerkung in einem Brief an Rickert von 1920, „soziales Handeln" und „(geltende) Ordnung" seien Grundbegriffe, mit denen

man in der Soziologie fast gänzlich auskomme – so wichtig war.[1] Um diese Dimensionierung einholen zu können, setze ich zunächst bei Webers Ausgangspunkt in der Bestimmung des Gegenstandes an, den er als „Soziales" in den Blick nimmt: soziales Handeln. In seiner Soziologie-Definition in den *Grundbegriffen* ist dieser Ausgangspunkt folgendermaßen verankert: „Soziologie ... soll heißen: eine Wissenschaft, welche soziales Handeln deutend verstehen und dadurch in seinem Ablauf und seinen Wirkungen ursächlich erklären will" (Weber 1976: 1). An anderer Stelle bezeichnet Weber „soziales Handeln" auch als den „zentralen Tatbestand", der für die Soziologie, wie er sie betreibt, „sozusagen *konstitutiv* ist" (Weber 1976: 12). Bedenkt man nun weiter, wie er „soziales Handeln" definiert, nämlich als ein Handeln, „welches seinem von dem oder den Handelnden gemeinten Sinn nach auf das Verhalten *anderer* bezogen wird und daran in seinem Ablauf orientiert ist" (Weber 1976: 1), dann kann man vor dem Hintergrund der eben referierten Rickert-Briefstelle insofern irritiert sein, als der Eindruck entstehen mag, daß in diesen Definitionen „Ordnung" gar nicht im Horizont ist, obwohl Weber sie im Rickert-Brief, begrifflich gewendet, als Grundlage der Soziologie ähnlich gewichtet wie „soziales Handeln". Das wäre aber wohl ein falscher Eindruck. Denn auch wenn „Ordnung" sich nicht explizit genannt findet, so wird in den Definitionen doch die Stelle angegeben, an der sie ihren Ort hat bzw. haben kann.

(3) Damit meine ich die Stelle, an der Weber von sozialem Handeln „in seinem Ablauf" schreibt. „Ablauf sozialen Handelns" korrespondiert dem, was er „Sinnzusammenhang" nennt.[2] Mit „Sinnzusammenhang" hebt er auf jeweilige subjektiv-sinnhafte Gründe ab, die sozialem Handeln zugrunde liegen, also darauf, an welchen Motiven ein solches Handeln durch den Handelnden ausgerichtet bzw. orientiert ist.[3] „Ablauf sozialen Handelns" (bzw. „Sinnzusammenhang") bezieht sich somit auf den kausalen Zusammenhang von Motiv und durch dieses Motiv orientiertes bzw. an diesem Motiv orientiertem Handeln. Solche Abläufe bzw. Sinnzusammenhänge bilden *den* Erklärungsgegenstand von Webers Sozio-

---

* Ich danke Will Martens für seine ausführliche Diskussion und produktive Kritik dieses Artikels.

[1] Einen längeren Ausschnitt aus diesem Brief hat Schluchter (2005) jetzt seinem neuen Buch vorangestellt.

[2] Siehe Webers wiederholte Umschreibungen von „Sinnzusammenhang" durch Bezugnahme auf „Abläufe des Handelns" bzw. „zusammenhängend ablaufendes Verhalten" (Weber 1976: 4 f.). „Sinnzusammenhang" steht ähnlich umfassend wie „soziales Handeln (in seinem Ablauf)" für den zentralen Forschungsgegenstand seiner Soziologie: „Für die Soziologie ... ist ... gerade der *Sinn*zusammenhang des Handelns Objekt der Erfassung" (Weber 1976: 6).

[3] Das zugehörige Stichwort ist das des „motivationsmäßigen (erklärenden) Verstehens" – im Unterschied zum „aktuellen Verstehen", welches allein den Sinn eines Handelns thematisiert, ohne es in seinen sinnhaft-begründenden Zusammenhang – eben Sinnzusammenhang – zu stellen (Weber 1976: 3 f.).

logie, wie er sie in den *Grundbegriffen* darstellt.[4] Und alles das, was er unter Sinn- und Kausaladäquanz als solche bestimmte Sinnzusammenhänge abhandelt, meint solche spezifische Abläufe sozialen Handelns.[5]

(4) Der Punkt „Ablauf sozialen Handelns" taucht nun noch einmal an späterer Stelle in den *Grundbegriffen* gesondert auf und wird dort in einem eigenen Paragraphen behandelt. Im § 4 nämlich sind „*Typen* des Ablaufs von Handeln" Webers Gegenstand (Weber 1976: 14). Gemeint sind damit Regelmäßigkeiten innerhalb des sozialen Handelns, also beim gleichen Handelnden sich wiederholende bzw. bei zahlreichen Handelnden verbreitete Abläufe von Handeln. Zur Erläuterung dessen, worauf er damit hinaus will, stellt Weber die Komponente solcher „Typen des Ablaufs sozialen Handeln" vor, um die es ihm in diesem Paragraphen dem Schwerpunkt nach geht, und das ist „*Regelmäßigkeit* der Einstellung sozialen Handelns" (Weber 1976: 15). Diese Komponente „Regelmäßigkeit der *Einstellung*" wird konkretisierend expliziert an verschiedenen Formen derartiger „Einstellungsregelmäßigkeiten": „Brauch", „Sitte" und „Interessenlage" (sowie daneben auch noch „Mode").[6] Die Denkfigur, mit der Weber zur Erläuterung solcher Regelmäßigkeiten dann immer wieder arbeitet – und die auch, wie noch zu zeigen sein wird, beim Thema „Ordnung" Anwendung findet – ist die des „immer wieder/regelmäßig an bestimmten Einstellungen *orientierten* sozialen Handelns". Gegenstand ist damit ein *spezifischer* Sinnzusammenhang, und zwar hinsichtlich der Komponente „Grund/Motiv". Für diese Komponente ist im hier gemeinten Sinnzusammenhang „bestimmte Einstellung" einzusetzen, denn ausgesagt wird mit der Denkfigur, daß die Handelnde ihr Handeln – analog wie an einem „Grund/Motiv" – an einer bestimmten Einstellung orientiert: es ist ihr darum zu tun, diese Einstellung irgendwie „umzusetzen", d.h. das soziale Handeln ist, wie Weber es nennt, durch diese Einstellung „*bedingt*" (Weber 1976: 16).

(5) Bedenkt man das konzeptuelle Verhältnis von „Regelmäßigkeit der Einstellung" und „Typen des Ablaufs sozialen Handeln", dann ist „Regelmäßigkeit der Einstellung" dergestalt als Komponente von „Typen des Ablaufs sozialen Handeln" einzuschätzen, daß „Typen des Ablaufs sozialen Handeln" für regelmäßig wiederkehrende Einstellungs- und – dadurch bedingte – Handlungsformen steht. Dieser Zusammenhang bildet ein mehrgliedriges Geschehen. Die *Einstel-*

---

[4] So schreibt er von „verständliche(n) *Sinnzusammenhänge(n)*, deren Verstehen wir als ein *Erklären* des tatsächlichen Ablaufs des Handelns ansehen. ‚Erklären' bedeutet also für eine mit dem Sinn des Handelns befaßte Wissenschaft soviel wie: Erfassung des Sinn*zusammenhangs*, in den, seinem subjektiv gemeinten Sinn nach, ein aktuell verständliches Handeln hineingehört" (Weber 1976: 4).

[5] Das, was Weber in den *Grundbegriffen* zu „Sinnzusammenhang" und konkretisierend zu „Sinn- und Kausaladäquanz" schreibt, macht ja im wesentlichen sein Erklärenskonzept aus.

[6] Auf Brauch und Mode geht Weber in den *Grundbegriffen* nicht näher ein.

lung ist ein Glied, ein anderes ist das *soziale Handeln*, das wie gerade beschrieben zustande kommt durch ein von der Trägerin dieses Geschehens vorgenommenes „Orientieren" an der Einstellung. Dieses *„Orientieren"* ist somit ein weiteres Glied. Man kann es als eine Art von *sinn*haftem Verknüpfungsmoment begreifen, das selber mehrgliedrig vorzustellen ist: Es sind erstens Gedanken/Vorstellungen, die andere Gedanken/Vorstellungen (nämlich die, die eine Einstellung ausmachen) als für ein in einer Situation intendiertes soziales Handeln zu berücksichtigenden Rahmen auswählen und die zweitens zur Konsequenz haben, daß unter Berücksichtigung dieses Rahmens als einschränkende und im intendierten Handeln umzusetzende Vorgabe ein dazu passendes soziales Handeln – wie (nicht-) elaboriert auch immer – entworfen und umgesetzt wird. Zwischen der Einstellung und dem Handeln besteht dann – es geht ja um einen Sinnzusammenhang – insofern ein Kausalverhältnis, als es ohne Orientierung an dieser Einstellung das jeweilige Handeln nicht gegeben hätte. Einstellungen als Rahmen/Vorgabe[7] für soziales Handeln werden hier als „Struktur" bezeichnet (siehe auch Kalberg 2001: 52), da sie anders als Handlungen, die ablaufen und dann vorbei sind, sich in ihrer Funktion durchhalten können.

(6) Webers Denkfigur „mit regelmäßig an bestimmten Einstellungen orientierten sozialen Handlungen gehen Regelmäßigkeiten solchen Handelns einher" wird nun hinsichtlich der Komponente „Einstellungen" dem Wortlaut nach auch dahin gehend variiert, daß es bestimmte *Regeln* bzw. *Maximen* sind, die Regelmäßigkeiten sozialen Handelns zur Folge haben. „Sitte" etwa als eine Form einer „Regelmäßigkeit der Einstellung" beschreibt er als eine *„nicht* äußerlich garantierte Regel", an welcher der Handelnde „sein Handeln ... orientiert", d.h. an welche er sich „‚freiwillig, sei es einfach ‚gedankenlos' oder aus ‚Bequemlichkeit' ... tatsächlich hält und deren wahrscheinliche Innehaltung er von anderen ... aus diesen Gründen gewärtigen kann" (Weber 1976: 15 f.). Was oben als „Umsetzen der Einstellung" beschrieben wurde, bedeutet hier also „Umsetzen der Regel". Das Kausalverhältnis, das Weber wie eben skizziert zwischen Einstellung und Handeln annimmt, ist entsprechend auch für „Regel" bei ihm zu finden – allerdings zumeist in früheren Arbeiten: Eine „Regel", so Weber, ist in dem Sinne „‚Ursache' eines bestimmten Handelns", als „die empirische Vorstellung des Handelnden, daß die Norm (gemeint ist in diesem Fall: die Regel; R.G.) für sein Verhalten ‚gelten solle', ... der Grund" für das Verhalten ist (Weber 1973: 330 f.).[8]

---

[7] „Einstellungen" lassen sich parallelisieren mit dem, was man mit Esser (2001: 259 ff.) als die orientierenden Inhalte von „Frames" begreifen kann.

[8] Siehe für weitere Beispiele Weber 1973: 327 f. und 348 f. sowie hinsichtlich „Ordnung" Weber 1976: 17.

(7) Neben Regelmäßigkeiten des sozialen Handelns durch Regelorientierung schreibt Weber auch von solchen Regelmäßigkeiten durch Orientierung an Maximen. „Maxime" steht bei Weber in den *Grundbegriffen* stets im engen Zusammenhang mit „Ordnung", was insofern nur konsequent ist, als „Ordnung" über „Maxime" definiert wird. Bevor diese Definition und damit die Ordnungsthematik näher behandelt werden können, ist folgender Punkt zu berücksichtigen. „Regelmäßigkeiten der Einstellung" umschreibt Weber definitorisch im § 4 hinsichtlich sozialer Handlungen. Das macht er teilweise in gleicher Weise mit „Ordnung", die er in § 5 einführt. Weber thematisiert zu Anfang des § 5 eine spezielle „Ordnung", nämlich „legitime Ordnung" und bringt diese dort zunächst in Bezug mit „Handeln", vor allem „soziales Handeln" und insbesondere „soziale Beziehung". Aber explizit definitorisch bestimmt wird „Ordnung" dann unter § 5 (Absatz 2) *allein* mit Bezug auf „soziale Beziehung". Und nicht nur die dann folgenden konkretisierenden Erläuterungen zu „Ordnung" erfolgen ganz überwiegend mit Blick auf soziale Beziehungen, sondern alle Paragraphen ab § 8 thematisieren mehr oder weniger nur noch soziale Beziehungen. Daß das in mehrfacher Hinsicht nicht verwunderlich ist, muß gerade auch in seiner Relevanz für das Thema „Ordnung" jetzt in einem Exkurs etwas ausführlicher dargelegt werden.

2 Max Webers Grundlegung einer soziologischen Handlungskonzeption im Spannungsfeld von funktionaler Begriffsbildung und methodologischem Individualismus

(8) Weber begreift „soziales Handeln" zwar als den „konstitutiven Tatbestand" der Soziologie und rückt es in den Mittelpunkt seiner Soziologie-Definition. Aber das in den *Grundbegriffen* dann ganz überwiegend im Mittelpunkt stehende Konzept ist nicht („bloßes") „soziales Handeln" in seinen Abläufen und Wirkungen, sondern ist „soziale Beziehung" (die ja, um kein Mißverständnis aufkommen zu lassen, „soziales Handeln" als Merkmal umfaßt).[9] Diese Anlage von Webers Soziologie, ihre Grundlegung mittels „soziales Handeln" in § 1 und

---

[9] Die *Grundbegriffe* werden als Text durch die Seiten 1-30 von *Wirtschaft und Gesellschaft* (Weber 1976) gebildet. Läßt man davon mal die „Vorbemerkung" sowie die 9 Seiten „Methodische Grundlagen" beiseite, ist auf den verbleibenden 20 Seiten die Verteilung wie folgt: auf 3,5 Seiten sind soziale Beziehungen gar nicht (oder nur implizit) Thema (S. 11-13 Mitte plus § 4), auf 4,5 Seiten (§§ 5-7) sind sowohl soziales Handeln (z.T. auch bloßes Handeln) als auch soziale Beziehungen und auf den verbleibenden 12 Seiten sind ganz überwiegend allein soziale Beziehungen Thema. Von 20 Seiten sind also nur 3,5 Seiten gar nicht (oder nur implizit) mit sozialen Beziehungen befaßt.

dessen baldige Konkretion zu „soziale Beziehung" in § 3 (über den Zwischenschritt der Konkretion von „Handeln"/„soziales Handeln" zu Formen solchen Handelns [traditionales, affektuelles usw.] in § 2), kann man als Konsequenz der Verbindung von methodischen Vorstellungen mit der Intention, soziales Geschehen unter Zugrundelegung und Anwendbarkeit dieser methodischen Vorstellungen angemessen komplex konzeptualisieren zu können, begreifen. Für dieses Spannungsverhältnis lassen sich zwei Stichworte nennen: Webers methodologischer Individualismus, also das, was er als „individualistische Methode" bezeichnet sowie das, was er „funktionale (vom ‚Ganzen' ausgehende) Begriffsbildung" nennt (Weber 1976: 9). Das ausdrücklich positive Aufgreifen dieser funktionalen Begriffsbildung ist eine Perspektive, die sich in dieser Form im Kategorienaufsatz von 1913 nicht findet.[10] In Konsequenz dieser Perspektive, so meine These, führt Weber in den Grundbegriffen einen sozusagen methodologisch-individualistisch reflektierten Begriff für „soziale Ganzheiten" ein, nämlich „soziale Beziehung". Seine Überlegungen zu „Methodischen Grundlagen" im Anschluß an den § 1 machen hinsichtlich dieser Perspektive zwei Punkte ganz deutlich:

(9) Soziales Geschehen besteht zu einem wesentlichen Teil aus sozialen Handlungen. Solches Handeln gibt es für Weber immer nur als „Handeln ... von einer oder mehreren *einzelnen* Personen", denn „diese allein [sind] ... verständliche Träger von sinnhaft orientiertem Handeln" (Weber 1976: 6). Erklärungen sozialen Geschehens sind folglich für Weber nur möglich über ein verstehendes Erfassen des jeweiligen Sinnzusammenhanges, in den soziales Handeln hinein gehört, und ein solches verstehendes Erfassen begreift er als ein Erklären des tatsächlichen Ablaufs dieses Handelns.[11] Diese Annahmen, die ja vor allem solche *methodischer* Art sind, bilden den basalen Ausgangspunkt seiner verstehenden Soziologie. Nun kennt Weber, und damit komme ich zum zweiten Punkt, als soziales Geschehen nicht nur einzelnes soziales Handeln oder additive Aggregationen solchen Handelns, sondern auch abgegrenzte soziale Gebilde als „Komplex(e) eines spezifischen Zusammenhandelns von Menschen" (Weber 1976: 7). Solche Gebilde lassen sich für ihn in ihrer Entstehung, ihrem Fortbestand und ihrer Entwicklung nur über Erklärungen der Handlungen der Träger dieses Gebildes erklären. Und diesbezüglich geht er davon aus, daß der Stellenwert und somit die Beschaffenheit der sozialen Handlungen, die dieses Zusammenhandeln

---

[10] Möglicherweise wird sie an der Stelle gestreift, an der er mit einer Organismus-Analogie operiert (Weber 1973: 454); des weiteren ist an die Stelle zu denken, an der die (methodische) Reduktion sozialer Gebilde auf „das Einzelindividuum und sein Handeln" Thema ist (Weber 1973: 439). Siehe zur funktionalen Begriffsbildung auch Schwinn, der sie, anders als ich, als „nicht so recht in seine (Webers; R.G.) Analysestrategie passend begreift (Schwinn 2001: 49).

[11] Vgl. Weber 1976: 4 f.; siehe auch die obigen Anmerkungen 2-5.

ausmachen, erst dann adäquat einschätzbar ist, wenn man um den Gesamtzusammenhang weiß, in den das soziale Handeln eingebettet ist. Um solcherart Handeln richtig erklären zu können, braucht man folglich ein Wissen von diesem Gesamtzusammenhang und muß ihn dafür auf den Begriff bringen. Genau das kann „die *funktionale(...)* Betrachtung der „*Teile*" eines *Ganzen*" leisten (Weber 1976: 7; siehe auch 8 f.). Allerdings warnt Weber davor, diese Methode zu überschätzen. Es wäre „falscher Begriffsrealismus" (Weber 1976: 7), würde man etwa annehmen, ein soziales Gebilde als ein „Gesamt" *verstehen* zu können. Eine Aussage, wie man sie Luhmann zuschreiben kann, daß ein soziale Gebilde etwas macht/herstellt usw.[12], hätte Weber höchstens in einem übertragenden Sinne akzeptieren können. Von daher kann er die Methode der funktionalen Betrachtung nur in Kombination mit seiner individualistischen Methode anwenden. Das macht folgende Aussage exemplarisch klar: „Auch eine sozialistische Wirtschaft müßte soziologisch ... ‚individualistisch', d.h.: aus dem *Handeln der Einzelnen* ... heraus deutend *verstanden* werden. ... Denn stets beginnt auch dort die entscheidende empirisch-soziologische Arbeit erst mit der Frage: welche Motive *bestimmten* und *bestimmen* die einzelnen ... Glieder dieser ‚Gemeinschaft', sich so zu verhalten, *daß* sie *entstand* und *fortbesteht?* Alle funktionale (vom ‚Ganzen' ausgehende) Begriffsbildung leistet nur *Vor*arbeit dafür, deren Nutzen und Unentbehrlichkeit ... natürlich unbestreitbar ist" (Weber 1976: 9).

(10) Diese Aussage macht nicht nur die Relevanz („unentbehrlich") und Grenze („nur Vorarbeit") der funktionalen Begriffsbildung deutlich[13], sondern auch, daß Weber zweierlei braucht, um soziale Gebilde wie etwa eine sozialistische Wirtschaft erklären zu können: einen Begriff von einem „sozialen Ganzen", von dessen Entstehung, Reproduktion und Wandel sowie ein Konzept für das soziale Handeln der „Glieder" dieses Ganzen. Über letzteres verfügt er durch den Ausgangspunkt seiner Soziologie mit „sozialem Handeln", über ersteres durch sein Konzept „soziale Beziehung". Zu beachten ist dabei, daß Weber die, wie es im vorstehenden Zitat heißt, „entscheidende empirisch-soziologische Arbeit" nur leisten kann, wenn er „soziales Handeln" so konkretisiert verwendet, daß darüber das Handeln der „Glieder dieser *Gemeinschaft*" erklärt werden kann. Genau das aber ist durch die Begriffsanlage der *Grundbegriffe* gewährleistet: über die Kon-

---

[12] Zur „normalisierenden" Auflösung solcher Luhmannschen Annahmen siehe Greshoff 2005.
[13] Auch Walther (1926. 45 f.) betont in diesem Sinne die Relevanz der funktionalen Begriffsbildung für Webers Soziologie. Anders Schwinn (2001: 42 und 49), der keinen rechten Zusammenhang zwischen Webers soziologischer Grundbegrifflichkeit und der funktionalen Begriffsbildung sehen kann. Allerdings identifiziert Schwinn „Ganzheit" zu umstandslos mit „Gesellschaft", um dann (mit Recht) darauf zu verweisen, daß Weber nicht mit einem ganzheitlichen Gesellschaftskonzept gearbeitet habe. Wie gleich deutlich wird, muß man aber bei „Ganzheit" keineswegs allein an Gesellschaft denken.

kretion von „soziales Handeln" zu „sozialer Beziehung" wird „soziales Handeln" entsprechend konkretisiertes Merkmal von „sozialer Beziehung".

(11) Nun wird immer wieder behauptet, daß Weber den eigenständigen – „emergenten" – Charakter sozialer Gebilde gar nicht erfassen könne, weil er fordere, diese – als Konsequenz seiner methodologisch-individualistischen Position – auf das „Handeln der beteiligten Einzelmenschen" zu reduzieren (Weber 1973: 439). Es geht Weber aber mit dieser Reduktionsperspektive gar nicht um so etwas wie eine Bestandsgrenze oder eine Minimalbestimmung von Sozialem bzw. von Formen des Sozialen, sondern lediglich um eine *methodisch* gemeinte Verstehensperspektive, die Beschreibung und Erklärung von sozialem Geschehen ermöglichen soll. Erklären solchen Geschehens ist für Weber nur möglich über das Verstehen der Handlungen, die dieses Geschehen ausmachen. Dieses Handeln aber gibt es für ihn nur als Handeln von einzelnen Personen. Folglich muß er, wenn sein Gegenstand ein soziales Gebilde ist, welches durch mehrere soziale Handlungen gebildet wird, methodisch so vorgehen können, daß er diese Handlungen – und zwar, das ist wichtig, als *„Glieder" des Gebildes* – nacheinander *einzeln* in den Blick nehmen kann, um zu einem Verständnis des Gesamtgeschehens zu gelangen. Genau auf dieses methodische Vorgehen zielt seine bekannte Aussage, daß Soziologie „nur ... strikt ‚individualistisch' in der Methode ... betrieben werden" kann (Weber, zitiert nach Mommsen 1965: 137). Ebenso methodisch gemeint ist Webers Aussage von der Reduktion sozialer Gebilde auf „Handeln". Ausdrücklich schickt er seiner Reduktionsperspektive vorweg: „Das Ziel der Betrachtung: ‚Verstehen', ist schließlich auch der Grund, weshalb die verstehende Soziologie ... das Einzelindividuum und sein Handeln als unterste Einheit ... behandelt" (Weber 1973: 439). Dieses Verstehen zielt auf „Erklären können" und ist somit methodisch gemeint. Daß diese „Reduktion" gar nicht gegenständlich gemeint sein *kann* in dem Sinne, daß Weber als Minimum bzw. – Luhmannsch gedacht – als „Letztelement" eines sozialen Gebildes ein einzelnes soziales Handeln annimmt und in der Konsequenz solche Gebilde nur als – wie der Vorwurf lautet – „bloße Aggregation" individueller Handlungen begreifen kann und damit deren „emergenten" Charakter verfehlen muß, wird gleich bei der Darstellung von „soziale Beziehung" deutlich werden.[14]

(12) Die Kritik am methodologischen Individualismus, auch wenn sie unzutreffend ist, kann dazu anregen, sich klar zu machen, daß Sachverhalte wie „bloßes" soziales Handeln von ganz anderer, und zwar qualitativ viel geringerer Komplexität sind als die, die mittels „soziale Beziehung" in den Blick genommen werden können.[15] Webers Soziologie in diesem Sinne allein oder primär als

---

14 Ausführlicher zu diesem Thema siehe Greshoff 2004.
15 Der Perspektivenwechsel „von der ‚vertikalen', mikrosoziologischen, an der Einzelhandlung orientierten Perspektive zur ‚horizontalen', makrosoziologischen, an der Eigenlogik von Ord-

eine Soziologie sozialen Handelns zu sehen, würde sie depotenzieren. Auf „gleicher Augenhöhe" diskussions- und anschlußfähig mit modernen soziologischen Konzeptionen wie etwa der von Luhmann oder Esser kann Webers Soziologie meiner Ansicht nur dann sein, wenn man – mit den eben angedeuteten Zuschnitten – das Konzept „soziale Beziehung" in den Mittelpunkt rückt, wie Weber es in den *Grundbegriffen* ja auch macht.[16] Der Gegenstandsbereich, der sich mit „soziale Beziehung" erfassen läßt, korrespondiert dann dem, jedenfalls in der groben Linie, den Luhmann und Esser mit „sozialem System" bzw. „sozialen Situationen" intendieren.

(13) Das soll nicht heißen, daß Sachverhalte „bloßen" sozialen Handelns belanglos sind. Und ebenso wenig soll die Relevanz des Konzeptes „soziales Handeln" für Webers methodisch orientierte Grundlegung der Soziologie relativiert werden. Denn über dieses Konzept verankert er ja nicht nur seine methodologisch-individualistische Vorgehensweise, sondern es fungiert – im Ausgang von „Handeln" – auch als Konkretionsbasis, um weitere Grundformen des Sozialen auf den Begriff zu bringen. Ein paar Punkte dieser Konkretionsbasis sind zu vergegenwärtigen, um dem komplexen Charakter der Weberschen *Grundbegriffe* gerecht werden zu können.

(14) Indem Weber wie dargelegt „soziales Handeln" in den Mittelpunkt seiner Soziologie-Definition stellt und dieses Handeln von einem allgemeinen Handlungsbegriff her expliziert, verortet er die Soziologie in „den Disziplinen vom Handeln" (Weber 1976: 9). „Handeln" als menschliches Verhalten, mit dem die Handelnden einen subjektiv gemeinten Sinn verbinden, wird von Weber sein ganzes Werk hindurch immer wieder als eine Art „reflexiver Zweck-Mittel-Zusammenhang" dargestellt.[17] So schreibt er etwa von der „ganz unmotivierte(n) Einschränkung des Begriffes ‚Handlungen' als lediglich ‚äußerer' Vorgänge"; zu „Handlung" gehöre „auch die ‚innere' Seite des Hergangs, auch die Vorstellung der Handlung als einer ‚zu bewirkenden', die Abwägung der ‚Mittel', endlich die Abwägung ihres ‚Zwecks'" (Weber 1973: 361). Mit „vom völlig ‚triebmäßigen' bis zum völlig ‚durchreflektierten' Handeln" nennt er an dieser Stelle zudem noch ein Spektrum möglicher Handlungen. Eine ähnlich abstrakt ansetzende Bestimmung lautet: „Jede denkende Besinnung auf die letzten Elemente sinnvollen menschlichen Handelns ist zunächst gebunden an die Kategorien ‚Zweck'

---

16 nungen orientierten Perspektive" (Breuer 1991: 194), den Stefan Breuer für die Erfassung von Herrschaftsphänomenen für notwendig erachtet, wird durch das Konzept „soziale Beziehung" erreicht.
Auch Allerbeck (1982: 668) schlägt vor, Webers Grundbegrifflichkeit vom Konzept „soziale Beziehung" her auzurollen.
17 Auffällig ist allerdings, wie wenig Weber Begriffe wie „Sinn", „Einstellung", „Erwartung", „Orientierung", „Verstehen" (im Gegenstandsbereich) definiert; vgl. dazu Greshoff 1999: 181-186.

und ‚Mittel'. Wir wollen etwas in concreto entweder ‚um seines eigenen Wertes willen' oder als Mittel im Dienste des in letzter Linie Gewollten" (Weber 1973: 149). Auch hier wird mit Anspielung auf die entgegengesetzten Pole wertrationalen bzw. erfolgsorientierten Handeln ein Spektrum möglicher Handlungen aufgespannt, und dieses Spektrum wird ebenfalls vom übergreifenden und „Handeln" charakterisierenden Bezug auf „Zweck-Mittel" her aufgespannt. Dieser Bezug findet sich genau so auch in den *Grundbegriffen* (Weber 1976: 3).[18] Im Kern scheint Weber „Handeln" als ein zumindest der Möglichkeit nach reflexives Entwerfen und Setzen von Zwecken (Richtpunkten)[19] und zu deren Realisierung anzuwendenden Mitteln, nebst dem anschließenden Umsetzen des gesetzten Zweckes (Richtpunktes) durch die gewählten Mittel, begriffen zu haben.[20] Dabei ist das Merkmal des „der Möglichkeit nach reflexiv" in mehrfacher Hinsicht von besonderer Bedeutung: es steht erstens für ein „auch anders möglich sein", dessen, was sich als Handeln jeweils ereignet; darüber ist zweitens weiter das Moment des „Bedenkens von (Neben-) Folgen" in der Entwurfsphase mit im Blick; und es steht drittens dafür, daß Handlungstypen danach zu unterscheiden sind, ob

---

[18] Eine „Zweckkomponente" findet sich durchweg in Webers wenigen Umschreibungen von „subjektiv gemeintem Sinn"; etwa: „von den subjektiven Erlebnissen, Vorstellungen, Zwecken der Einzelnen – vom ‚Sinn'" (Weber 1976: 245); oder: aus seinem „Sinn deutbar und verständlich" ist ein Artefakt durch „die Bezogenheit menschlichen *Handelns* darauf, entweder als ‚Mittel' oder als ‚Zweck', der dem oder den Handelnden vorschwebte, und woran ihr Handeln orientiert wurde. *Nur* in diesen Kategorien findet ein Verstehen solcher Objekte statt. Sinnfremd bleiben dagegen alle ... Vorgänge oder Zuständlichkeiten ohne *gemeinten* Sinngehalt ... soweit sie *nicht* in die Beziehung vom ‚Mittel' und ‚Zweck' zum Handeln treten, sondern nur seinen Anlaß, seine Förderung oder Hemmung darstellen" (Weber 1976: 3).

[19] „Richtpunkte" ist ein Terminus, den Weber öfters zur Charakterisierung von wertrationalem Handeln verwendet, und zwar tendenziell synonym mit „Werte" bzw. „letzten Zwecken" (Weber 1976: 2 und 12). Damit wird meiner Deutung nach abstrakt das bezeichnet, was „Sinn" beim wertrationalen Handeln bedeutet: nämlich daß „der Sinn des Handelns nicht in dem jenseits seiner liegenden Erfolg, sondern in dem bestimmt gearteten Handeln als solchen liegt", das „ohne Rücksicht auf die vorauszusehenden Folgen" umgesetzt wird (Weber 1976: 12), weil der Handelnde Geboten/Forderungen/Überzeugungen folgt, die er – im Unterschied zu „einfachen", nicht-letzten Zwecken – als nicht zur Disposition stehend, sondern als unbedingt zu erfüllen an sich gestellt glaubt und die ein solches Handeln zur Konsequenz haben. Daß Weber wie oben zitiert (Weber 1973: 149) wertrationales Handeln unter „Zweck-Mittel" subsumieren kann, verwundert insofern nicht, als er dieses Handeln auch als „bewußte Herausarbeitung der letzten Richtpunkte des Handelns und durch *konsequente* planvolle Orientierung daran" charakterisiert (Weber 1976: 12). Interessant ist in diesem Zusammenhang die in die Richtung meiner Deutung gehende Position von Rehberg, der Zweck- und Wertrationalität als Unterfälle „eines methodisch-rationalen Handelns" begreift, bei denen „es um die sehr genaue Durchrechnung der Konsequenzen einzelner Handlungsschritte" geht, wobei „die durch die religionshistorischen und -soziologischen Forschungen geschärfte Kategorie der ‚Wertrationalität' jede Form einer kasuistischen und wirklich planvollen Virtuosität von Handlungsvollzügen meint, die ‚im Dienste einer Überzeugung' steht" (Rehberg 1979: 210).

[20] Für weitere Belegstellen vergleiche etwa Weber 1973: 126-133.

bzw. in welchem Ausmaß Abschwächungen/Relativierungen – z.b. beim traditionalen Handeln – oder ein Ausbau des reflexiven Momentes – z.B. beim zweckrationalen Handeln – der Fall sind und markiert im Falle von Abschwächungen/Relativierungen die Grenze gegen ein rein instinktgebundenes oder bloß reaktives Verhalten, das als grundsätzlich verschieden von „Handeln" zu begreifen ist.[21]

(15) „Soziales Handeln" ist auch „Handeln", aber nicht als irgendein beliebiger reflexiver „Zweck-Mittel-Zusammenhang", wie es „Handeln" charakterisiert, sondern als ein *bestimmter*. Denn „soziales Handeln" hat im Vergleich zu „Handeln" dahin gehend eine konkretisierte und dadurch eingeschränkte In- wie Extension, als es „seinem vom dem oder den Handelnden gemeinten Sinn nach auf das Verhalten *anderer* bezogen wird und daran in seinem Ablauf orientiert ist" (Weber 1976: 1). Mit Blick auf „soziales Handeln als Konkretionsbasis" sind anhand dieser Definition und ihres Kontextes verschiedene Punkte herauszustellen:

1. Der „Zweck-Mittel-Zusammenhang" des sozialen Handelns hat einen spezifischen „Gegenstandsbezug", nämlich das Verhalten Anderer – wobei „Verhalten Anderer" für das Verhalten ebenso sinnfähiger Akteure steht, wie es die sozial Handelnden selber sind. Der Bezug auf ein solches Verhalten bildet für Weber sozusagen das „Minimum", das vorkommen muß, um von existierender Sozialität ausgehen zu können. Daß das soziale Handeln „in seinem Ablauf" am Verhalten Anderer orientiert ist, impliziert dann auch, daß die Komponente „Verhalten Anderer" bei der sozial Handelnden zu repräsentieren ist. Im Handlungsentwurf muß die sozial Handelnde den „Zweck-Mittel-Zusammenhang" über entsprechende Zurechnungen so vorstellen, daß darin das *eigene* projektierte Tun vom vorgestellten Verhalten des oder der *Anderen* erst unterschieden und dann aufeinander bezogen wird.
2. Über soziales Handeln können Akteure sich auf unterschiedliche Weise mit jeweiligen „Gegenübern"[22] bzw. deren Verhalten in Beziehung setzen. Solches Handeln wird daher hier als operatives Geschehen bezeichnet. Weber streicht zwei Formen heraus. Man kann über ein overtes („*äußeres*") soziales Handeln auf Gegenüber bzw. deren Verhalten in „gestalterischer" oder welcher Weise auch immer einwirken; und man kann über ein covertes

---

[21] Gewohnheitsmäßig-automatisiertes Tun z.B. ist danach nur dann Handeln, wenn es der Möglichkeit nach im Sinne eines „reflexiven Zweck-Mittel-Zusammenhangen" bewußt gemacht werden könnte; vgl. Balog/Cyba 2004: 29. Grundlegend zur Handlungsthematik siehe den schönen Handbuchartikel von Werner Greve (2004).

[22] Die von ganz unterschiedlicher Beschaffenheit sein können: „Einzelne und Bekannte, oder unbestimmt Viele und ganz Unbekannte" (Weber 1976: 11).

(„*inneres*") Tun sozial Handeln. Ein solches inneres Sichverhalten „ist soziales Handeln nur dann, wenn es sich am Verhalten anderer orientiert" (Weber 1976: 11). Auf diese Weise kann Weber nicht nur „Unterlassen" und „Dulden", sondern auch rezeptives Handeln, z.B. „Verstehen", als soziales Handeln einbeziehen. Das ist insofern nicht unerheblich, als solchem Verstehen in sozialen Beziehungen eine besondere Relevanz zukommt.[23]

3. Weber beschreibt mit „sozialem Handeln" das „Minimum", so hatte ich es eben genannt, um von existierender Sozialität ausgehen zu können. In seiner Begriffsbestimmung ist aber schon angelegt, daß es dabei nicht bleiben muß, sondern daß dieser Fall zu anderen Sozialitätsformen „ausbaubar" ist. Solche deuten sich an, wenn Weber nicht nur im Singular schreibt („gemeinter Sinn des Handelnden"), sondern auch den Plural verwendet („gemeinter Sinn *der* Handelnden"). Weber nimmt also nicht nur „soziales Handeln" als Einzelhandeln in den Blick, sondern durch den Plural werden auch mehrere soziale Handlungen als aufeinander beziehbar vorstellbar. Das „Minimum" von Sozialität läßt sich somit dahingehend konkretisieren, daß beim Bezug einer Handlung auf einen Anderen dieser Andere sich auf die auf ihn beziehende Handlung (bzw. auf den Träger dieser Handlung) rückbezieht. Der Fall des Rückbezugs ist insofern ein Schritt zu einer entscheidenden Erweiterung, als beim bloßen sozialen Handeln eben noch nicht, wie Schluchter es annimmt, „Mutualismus und doppelte Kontingenz ins Spiel" kommen (Schluchter 2003: 48), sondern dies erst beim gegenseitigen sozialen Handeln geschieht. Bedenkt man, daß „soziales Handeln" bei Weber im Grunde „Sinnzusammenhang" impliziert, also „Gründe/Motive/Einstellungen/Regeln/Maximen", an denen dieses Handeln orientiert wird, dann kann man zeigen, daß durch die gerade skizzierte Konkretisierungs-Möglichkeit seinem Konzept „soziale Beziehung" schon der Boden bereitet wird.[24] Die-

---

[23] Auch wenn „Verstehen" nicht völlig in Handeln aufgeht – dafür ist anzuführen, daß Verstehen (vielfach) „unausweichlich passiert" –, so hat es doch immer eine handlungsförmige Komponente. Denn Webers Begriffsbestimmung, daß inneres Sichverhalten nur dann soziales Handeln ist, wenn es sich am Verhalten anderer orientiert, trifft genau auf das hier gemeinte „Verstehen" zu. Als ein routinisiertes Handeln ist es als Umsetzung der Zielsetzung aufzufassen, herauszufinden, was mein Gegenüber z.B. mit seiner mitgeteilten Information von mir will. Diese Einschätzung paßt exakt zu Forschungsergebnissen über frühes menschheitsgeschichtliches bzw. über frühkindliches Sozialitätslernen. Das Verstehen Anderer wird dort als „eine Art von intentionaler Wahrnehmung" begriffen (Tomasello 2002: 86), mit dem sich bei den Verstehenden eine doppelt kontingente Sicht der Situation verbindet.

[24] An dieser Stelle ist kurz auf Hartmann Tyrells auch gegen Weber gerichtete Kritik am Handlungsbegriff als (vermeintlicher) Grundbegriff der Soziologie einzugehen. Tyrell findet es erstaunlich, „daß ‚das Handeln' zum Grundbegriff ... der *Soziologie* hat avancieren können", und zwar deshalb, weil „der Begriff den Handelnden wie das Handeln (als Einzelgeschehen) auf eigentümliche Weise ‚isoliert'. Was am ‚Handeln' weiterhin auffällt, ist sein Sozialitätsdefizit:

ses Konzept, die damit zu erfassende Grundform von Sozialität und deren besondere Komplexität ist nun zu erörtern.

3 Max Webers Konzept der „Sozialen Beziehung"

(16) „Soziale Beziehung" wird von Weber definiert als ein „seinem Sinngehalt nach aufeinander gegenseitig *eingestelltes* und dadurch orientiertes Sichverhalten mehrerer" (Weber 1976: 13). Als Beispiele für soziale Beziehungen werden etwa Familie, Freundschaft, Verband, erotische Beziehung, Marktaustausch oder Kampf angeführt. Das Merkmal „Sichverhalten mehrerer" ist nach unten begrenzt. Mindestens zwei Personen sind entsprechend beteiligt (ich nenne sie im folgenden Alter bzw. Ego): „Ein Mindestmaß von Beziehung des *beider*seitigen Handelns *aufeinander* soll ... Begriffsmerkmal sein" (Weber 1976: 13). Wichtig ist weiter, daß eine soziale Beziehung mehr ist als bloßes gegenseitiges soziales Handeln, denn Weber schreibt von einem „*seinem Sinngehalt nach* aufeinander eingestelltem und dadurch orientiertem Handeln". An dieser Stelle ist wieder die Denkfigur erkennbar, die oben (Nr. 4) benannt wurde, nämlich die des „vom

---

von sich aus hat es keinerlei soziale Implikation, keinerlei sozialen Sinn; man muß für die soziologische Benutzbarkeit des Begriffs das soziale Moment erst hinzufügen, also von ‚sozialem Handeln' ... sprechen. Schließlich ist ‚das Handeln' ... bemerkenswert ‚inkommunikabel'" (Tyrell 1998: 115 f.). Abgesehen davon, daß bei Weber nicht „Handeln", sondern „soziales Handeln" Grundbegriff seiner Soziologie ist, scheint mir diese Kritik in mehrfacher Hinsicht auf Mißverständnissen zu beruhen. Den Begriff des Handelns zu kritisieren, daß er keinerlei soziale Implikation hat, kann insofern nicht überzeugen, als Handeln als Allgemeinbegriff doch gar keine spezifische Implikation dieser Art haben *darf*, soll er seine Funktion als Allgemeinbegriff erfüllen können. Es geht doch darum, mit einem Allgemeinbegriff „Handeln" allen Handlungen – also sozialen wie nicht-sozialen Handlungen – Typisch-Kennzeichnende merkmalsmäßig auf den Begriff zu bringen. Eine „soziale Implikation" als Merkmal aufzunehmen würde es geradezu *verhindern*, „Handlung" als Allgemeinbegriff zu definieren! Ein gegenüber sozialen Sachverhalten notwendigerweise „neutraler" Allgemeinbegriff läßt sich dann aber konkretisieren, und zwar so, daß soziale Sachverhalte damit erfaßt werden können. Dann hat man einen konkretisierten Begriff, den man aber nicht dahingehend kritisieren kann, daß der Allgemeinbegriff, von dem her er konkretisiert wurde, das kennzeichnende Merkmal des konkretisierten Begriffes nicht enthält. (Ähnlich verfehlt wäre es etwa, den für die Biologie grundlegenden Begriff des „Lebendigen" dafür zu kritisieren, daß er das Merkmal „Säugetier" nicht enthält.) Ebenso wenig kann man dann vom Allgemeinbegriff „Handeln" her argumentieren, daß „man mit dem Handlungsbegriff vor allem da in Schwierigkeiten gerät, wo es gilt, komplexe(re) soziale Prozesse, ‚Verhältnisse' und ... ‚Wechselwirkungen' zu beschreiben" (Tyrell 1998: 101). Wer wollte das bestreiten? Natürlich kann man mit „Handeln" nicht gegenseitige soziale Handlungen erfassen und auch nicht Kommunikationen. Deshalb konkretisiert Weber ja „Handeln" zu „soziales Handeln" und dieses zu „gegenseitigem Handeln". Und erst letzteres läßt sich so konkretisieren, daß darüber Kommunikation erfaßbar wird – was man auch für Webers Begrifflichkeit zeigen kann (Greshoff 2004: 266 f.).

Handelnden an bestimmten Einstellungen orientierten sozialen Handelns". Nur ist sie jetzt komplexer angelegt, denn Alter *und* Ego sind gegenseitig aufeinander eingestellt, und zwar vermittels eines Sinngehaltes. „Sinngehalt" entspricht hier also „Einstellung", er macht – jedenfalls zu einem wesentlichen Teil – das gegenseitig aufeinander Eingestelltsein aus, an dem das Handeln von Alter/Ego orientiert wird. Für „Sinngehalt" ist dann ebenso – wie oben (Nr. 5) beschrieben – eine gewisse (analytische) Eigenständigkeit gegenüber „Handeln" und dem „Orientieren" anzunehmen.

(17) Diese Eigenständigkeit ist in Webers Umschreibungen, auch wenn er „Sinngehalt" nirgendwo explizit definiert, immer wieder erkennbar. So etwa wenn er formuliert: „Der Sinngehalt einer sozialen Beziehung kann wechseln" (Weber 1976: 14). Die Besonderheit der Eigenständigkeit von „Sinngehalt" ist darin zu sehen, daß er von Alter *und* Ego in bestimmter korrespondierender Weise anteilsmäßig getragen wird, z.B. auf folgende Weise: der Sinngehalt einer sozialen Beziehung „Restfamilie" (mein Terminus) besteht nach Weber aus (Alters) „Vatereinstellung" *und* (Egos) „Kindeseinstellung" (Weber 1976: 14). Die beiden Einstellungen bestehen, das läßt sich dem weiteren Kontext entnehmen, aus so etwas wie gegenseitigen „Rollenverpflichtungen und -regeln". Diese Deutung paßt zu Giesings Beschreibung von „Sinngehalt": „Der Sinngehalt läßt sich darstellen als Bündel von Ansprüchen und Verbindlichkeiten der Beteiligten zueinander. Die ungefähre theoretische Kenntnis und praktische Beherrschung dieses Bündels ist notwendige Voraussetzung für adäquates Beziehungshandeln" (Giesing 2002: 64). „Sinngehalt" enthält also über die Einstellungen ein präskriptives Moment, das, wie oben (Nr. 5) skizziert, einen Rahmen für mögliche Handlungen von Alter und Ego absteckt mit der Maßgabe, orientiert an dieser Rahmensetzung in bestimmten Situationen zu handeln. Mit diesen Einstellungen gehen aber auch noch spezifische, bei Alter und Ego zu verortende und ebenso einander korrespondierende Erwartungen einher, die gleichfalls zum Sinngehalt gehören.[25]

(18) Um vor dem Hintergrund der bislang dargestellten Punkte deren Stellenwert im Konzept „soziale Beziehung" genauer einschätzen zu können, sollen nun, was von Webers Ausführungen her nicht immer ganz leicht möglich ist, dessen kennzeichnende Merkmale erschlossen werden. Dafür sind nicht nur Webers allgemeine Begriffsbestimmungen heranzuziehen, sondern vor allem seine Bemerkungen zu einer „objektiv ‚einseitigen' sozialen Beziehung", die man als „Minimalfall" einer solchen Beziehung begreifen kann.[26]

---

[25] Zur Vereinheitlichung der Terminologie könnte man Webers „Einstellungen" auch präskriptive Erwartungen, und seine „Erwartungen" auch deskriptive Erwartungen nennen.

[26] Bei einer „objektiv ‚einseitigen' sozialen Beziehung" gibt es *faktisch* keine sich *inhaltlich* korrespondierenden Einstellungen. Trotzdem ist die für eine solche Beziehung kennzeichnende

1. Setzt man beim anteilsmäßig von Alter getragenen Sinngehalt an, dann besteht letzterer darin, daß Alter eine bestimmte Einstellung bei Ego erwartet, die sich auf Alter bezieht. Mit dieser *Einstellungserwartung* verbunden ist, daß Alter „sich sinnhaft entsprechend der (erwarteten, R.G.) Einstellung des Partners (also Ego; R.G.) innerlich zu ihm (Ego; R.G.) *einstellt* (Hervorhebung R.G.)" (Weber 1976: 13). *Orientiert* an dieser (Einstellungs-)Erwartung *sowie* an dieser Einstellung handelt Alter mit Bezug auf Ego. Alters Handeln ist somit durch diese Orientierung auf Ego ausgerichtet und dadurch soziales Handeln.
2. Für Ego ist umgekehrt gleiches annehmen. (1.) und (2.) zusammen ergeben ein gegenseitig aufeinander eingestelltes, dadurch orientiertes und aufeinander bezogenes (also soziales) Handeln von Alter und Ego. Das gegenseitige soziale Handeln und der Sinngehalt als die Einstellungen bzw. Einstellungserwartungen von Alter/Ego sind als Momente einer sozialen Beziehung zu unterscheiden. Durch die Einstellungserwartung sowie der damit verknüpften Einstellung wird das Handeln von Alter bezüglich Ego (und umgekehrt) orientiert. Über diese Orientierung als weiterem Moment spielen die beiden anderen Momente zusammen. Bezüglich der zu einer sozialen Beziehung gehörenden Handlungen fällt auf, daß Weber hinsichtlich ihrer Charakteristika nicht darauf abhebt, daß sie von einer bestimmten Art sein müssen. Daß die Handlungen z.B. so gestaltet zu sein haben, daß von Alter etwas mitgeteilt bzw. von Ego das Mitgeteilte verstanden wird, schreibt Weber nicht. Wichtig ist ihm das Moment des „Aufeinander*bezogensein* des beiderseitigen Handelns" (Weber 1976: 14). Allerdings liest man in einer früheren Arbeit zu „soziale Beziehung", daß der „Umstand, daß ‚äußere Zeichen' als ‚Symbole' dienen, ... eine der konstitutiven Voraussetzungen aller ‚sozialen' Beziehungen" ist (Weber 1973: 332). Von daher kann man annehmen, daß das, was oben „äußeres Handeln" genannt wurde (Nr. 15), in sozialen Beziehungen immer vorkommen muß im Sinne von: daß sie ohne solche Handlungen nicht möglich sind.[27]

---

[27] Eigenschaft des beiderseitigen Aufeinanderbezogenseins „insofern [existent], als der Handelnde vom Partner (vielleicht ganz oder teilweise irrigerweise) eine bestimmte Einstellung dieses letzteren ihm (dem Handelnden) gegenüber *vorausetzt* und an diesen Erwartungen sein eigenes Handeln orientiert" (Weber 1976: 14). Von dem im Zitat erwähnten Partner ist umgekehrt Gleiches anzunehmen, sonst läge nicht die notwendige Beiderseitigkeit vor.
Das Beispiel, aus dem die Aussage stammt, kann man als kommunikatives Geschehen deuten. „Zwei, im übrigen außer jeder ‚sozialen Beziehung' stehende Menschen: – also zwei Wilde verschiedener Stämme, oder ein Europäer, der im schwärzesten Afrika einem Wilden begegnet, und dieser letztere, ‚tauschen' zwei beliebige Objekte gegeneinander aus. Man legt alsdann – und ganz mit Recht – den Nachdruck darauf, daß hier eine bloße Darstellung des äußerlich wahrnehmbaren Hergangs: der Muskelbewegungen also und eventuell, wenn dabei ‚gespro-

3. Ein weiteres Moment – Verstehen – ist unabdingbar für eine soziale Beziehung. Weber erwähnt es eher beiläufig, wenn er vom „gegenseitigen Verstehen, also der Stiftung *aller* sozialen Beziehungen" schreibt (Weber 1976: 23). Verstehen bezieht Weber auf den gemeinten Sinn einer Handlung von Alter bzw. Ego. Letztere bilden jeweils die verstehenden Instanzen. Dieses Verstehen muß demnach als auf (den Sinn von) Handlungen sozialer Beziehungen – und dadurch vermittelt auf die mit den Handlungen verknüpften Einstellungen/Erwartungen – bezogen angenommen werden. Verstehen von Handlungen bedeutet dann, daß Alter die Handlung(en) von Ego repräsentieren muß (und umgekehrt). Das ergibt sich aus dem Moment des „nacherlebend verständlich machen" (vgl. Weber 1976: 2; 1973: 67, 433 und öfter), welches jeglichem „Verstehen", so Weber, inhärent ist. Alter und Ego müssen also, wie oben (Nr. 15) zum Begriff „soziales Handeln" bereits erwähnt, „Hypothesen der Zurechnung" (Weber 1973: 437) bilden, durch die ein jeweiliges Verhalten als mit einem bestimmten Sinn (Motiv, Zweck usw.) verbunden gedeutet wird.

Um die Komponente des Verstehens in einer sozialen Beziehung konzeptuell angemessen begreifen zu können, muß sie, wie gerade schon angedeutet, folgendem umfassenderen Zusammenhang angegliedert vorgestellt werden, der auch für das gegenseitige soziale Handeln insofern maßgeblich ist, als das Handeln in seinem Zustandekommen auch daran ausgerichtet wird. Der unter (1.) genannte Punkt, daß Alter orientiert an einer (Einstellungs-) Erwartung sowie an einer Einstellung mit Bezug auf Ego handelt, ist also um diesen umfassenderen Zusammenhang zu erweitern.

---

chen' wurde, der Töne, welche sozusagen die ‚Physis' des Hergangs ausmachen, dessen ‚Wesen' in gar keiner Weise erfassen würde. Denn dieses ‚Wesen' bestehe ja in dem ‚Sinn', den beide diesem ihrem äußern Verhalten beilegen, und dieser ‚Sinn' ihres gegenwärtigen Verhaltens wiederum stelle eine ‚Regelung' ihres künftigen dar. Ohne diesen ‚Sinn' sei – so sagt man – ein ‚Tausch' überhaupt weder real möglich, noch begrifflich konstruierbar. Ganz gewiß! Der Umstand, daß ‚äußere' Zeichen als ‚Symbole' dienen, ist eine der konstitutiven Voraussetzungen aller ‚sozialen' Beziehungen" (Weber 1973: 331 f.). Von daher könnte man annehmen, daß Rehberg mit folgender Aussage Recht hat: „Wenn es die Orientierungen des Einzelnen, das gegenseitige Aufeinander-Eingestelltsein Mehrerer und schließlich deren stabilisierte Beziehungen sind, aus denen soziale Wirklichkeit überhaupt erst hervorgeht, dann ist es ... auch bei Weber *Kommunikation*, welche den Gegenstand der Soziologie ausmacht" (Rehberg 2003: 376). Träfe das in dieser grundlegenden Weise zu, dann wäre es allerdings erstaunlich, daß Weber in den *Grundbegriffen* keinen Kommunikationsbegriff gebildet hat – auch wenn man das Phänomen „Kommunikation" dort problemlos verorten kann (siehe dazu Anm. 24). Ich glaube aber nicht, daß Weber annahm, jedes gegenseitige soziale Handeln sozialer Beziehungen als Kommunikation begreifen zu können, z.B. solches nicht (oder zumindest nicht durchweg), welches zur sozialen Beziehung „Kampf" gehört.

4. Wenn „Sinngehalt" für Einstellungserwartungen sowie Einstellungen hinsichtlich jemandem steht, dann impliziert dies auch, daß Alter Ego gedanklich repräsentieren muß. Denn Alter erwartet eine Einstellung von Ego und diese Erwartung umfaßt die genannte Repräsentation. Dabei muß Alter auch sich selber repräsentieren, denn er erwartet eine Einstellung (von Ego) sich selber gegenüber. In Alters Erwartung wird also notwendigerweise eine Vorstellung von Ego wie von sich selbst aufgebaut. (Gleiches gilt wieder umgekehrt für Ego hinsichtlich Alter.) Dies kommt bei Weber über seine einschlägigen Ausführungen in den *Grundbegriffen* hinaus auch insofern immer wieder zum Ausdruck, als er etwa hinsichtlich „Tausch" schreibt: „Die ... am Tausch Beteiligten hegen jeder die Erwartung, daß der *andere* Teil sich in einer der eigenen Absicht entsprechenden Art verhalten werde" (Weber 1976: 192). Diese Erwartungen betreffen aber nicht Einstellungserwartungen, sondern Verhaltenserwartungen (bzw. Handlungserwartungen; Weber 1976: 12 und 14; 1973: 442 und 453), die mit zum Sinngehalt sozialer Beziehungen gehören. Verhaltens-/Handlungserwartungen sind als verknüpft anzunehmen mit den Einstellungserwartungen. Wenn Alter von Ego eine bestimmte Einstellung erwartet, dann erwartet Alter auch, daß daraus bestimmte Handlungen Egos resultieren (umgekehrt gilt wieder gleiches für Ego). Weiter scheint es plausibel davon auszugehen, daß außer solchen Verhaltens-/Handlungserwartungen zudem Erwartungserwartungen, auch wenn Weber sie nicht explizit erwähnt, Bestandteil sozialer Beziehungen sind (Weiß 1992: 84). Denn wenn Alter wie beschrieben eine Einstellung von Ego erwartet, dann kann man – unterstellend, daß Alter seine von ihm repräsentierte Einstellungs- und Erwartungskonstellation analog als bei Ego existent wähnt – annehmen, daß Alter dabei in seiner Repräsentation von Ego auch damit rechnen (also erwarten) wird, daß Ego erwartet, daß Alter sein Handeln nicht nur an Egos Handeln orientiert, sondern des weiteren daran, daß Alter damit eine bestimmte Einstellung einhalten will, was er (Alter) auch von ihm (Ego) erwartet (umgekehrt gilt wiederum gleiches für Ego).

(19) Bedenkt man die vorstehende Merkmalszusammenstellung im Bezug auf die oben erwähnte Kritik an Webers methodologischem Individualismus bzw. an seiner Reduktionsperspektive (Nr. 11), dann sollte deutlich geworden sein, daß mit dieser Reduktionsperspektive nicht gemeint sein kann, eine soziale Beziehung in *gegenständlicher* Perspektive auf *ein* Handeln zu reduzieren. Denn sie auf ein Handeln zu reduzieren bedeutete schlicht, sie gar nicht mehr im Blick zu haben. Weiter ist eine soziale Beziehung nicht eine bloße Aggregation individueller Handlungen, sondern ein Gebilde aus verschiedenen Akteuren, die sich mit

ihren an jeweiligen Sinngehalten orientierten Handlungen gegenseitig aufeinander beziehen und darüber einen abgegrenzten Zusammenhang bilden. Damit ist denn auch folgende Konsequenz zu verbinden: Wenn man in der oben erläuterten methodischen Verstehensperspektive eine Handlung als Komponente einer sozialen Beziehung untersucht, dann muß man sie als Teil einer solchen Beziehung in den Blick nehmen und nicht als bloßes (soziales) Handeln. D.h. die Anschlüsse an und die Bezugnahmen auf das Handeln der jeweiligen Gegenüber sowie die Einbettung in die verschiedenen Einstellungs- und Erwartungszusammenhänge sind dabei explizit zu berücksichtigen (also zu konzeptualisieren), sonst versteht bzw. erklärt man nicht eine soziale Handlung *als Teil* einer sozialen Beziehung.

(20) Die beidseitigen Handlungen sozialer Beziehungen kommen immer erst über bestimmte Voraussetzungen zustande, nämlich über die oben beschriebenen (gegenseitigen) Einstellungs- und Erwartungszusammenhänge. Diese Voraussetzungen wirken insofern „grenzziehend", als sie nicht durch beliebige Handlungen irgendwelcher Akteure erfüllt werden können, sondern dies an die *wechselseitig erwartete* und von den Trägern dieses wechselseitigen Erwartens auch irgendwie im Handeln gegenseitig *zu bestätigende* Orientierung *an diesen* Einstellungs- und Erwartungszusammenhängen gebunden ist – und darüber eben andere Akteure bzw. Handlungen, die diese Voraussetzungen nicht erfüllen, ausschließt. Die Annahme einer solchen Grenzziehung kommt bei Weber vor allem bei seiner Unterscheidung von „offenen bzw. geschlossenen sozialen Beziehungen" zum Ausdruck. Er geht davon aus, daß „die Teilnahme an dem an ihrem Sinngehalt orientierten gegenseitigen sozialen Handeln" durch den Sinngehalt so geregelt sein kann, daß eine Beteiligung jedem offen steht oder aber ausgeschlossen bzw. an Bedingungen geknüpft wird (Weber 1976: 23). Derartige Teilnahmeregelungen, die von den Trägerinnen sozialer Beziehungen ebenso repräsentiert wie auch praktiziert werden müssen, machen die Abgrenzung sozialer Beziehungen gegen eine Umgebung deutlich.[28]

(21) In diesem Sinne sind soziale Beziehungen als eigenständige Gebilde zu begreifen.[29] Zu beachten ist dabei, daß diese Eigenständigkeit nichts jenseits der gegenseitigen Einstellungen und Erwartungen sowie der dadurch orientierten gegenseitigen Handlungen der beteiligten Akteure ist. Damit soll der Punkt benannt werden, auf den Weber meiner Deutung nach hinaus will, wenn er (in

---

[28] Weber erwähnt solcherart „Grenzen" explizit immer wieder; vgl. etwa Weber 1976: 217 und 240. Für weitere Belege siehe Greshoff 1999: 195.

[29] Schluchter ordnet sie „eine(r) neue(n) Ebene mit emergenten Eigenschaften" zu (Schluchter 2000: 45-47). Man kann soziale Beziehungen als systemische Gebilde begreifen (Tyrell 1994: 402 f.), bestehend aus operativen Elementen (sozialen Handlungen) und sozialen Strukturen (Einstellungen, Ordnungen), über welche sie sich von einer Umgebung abgrenzen.

begrifflicher Perspektive) schreibt, daß das „Bestehen" einer sozialen Beziehung „ausschließlich und lediglich in der *Chance* (also Wahrscheinlichkeit; R.G.)" liegt, „daß ein seinem Sinngehalt nach in angebbarer Art aufeinander eingestelltes Handeln stattfand, stattfindet oder stattfinden wird. Dies ist immer festzuhalten, um eine ‚substanzielle' Auffassung dieser Begriffe zu vermeiden" (Weber 1976: 13). Soziale Beziehungen haben also keine irgendwie geartete Existenz „neben" oder unabhängig von den jeweiligen Einstellungen/Erwartungen bzw. Handlungen, sondern sind *konstitutiv* daran gebunden. Das gilt ähnlich auch für die Dauer sozialer Beziehungen. Sie können sehr vorübergehend sein oder aber dauerhaften Bestand haben. Letzteres ist dann der Fall, wenn „die Chance einer kontinuierlichen Wiederkehr" gegenseitigen Handelns besteht, wobei es vor allem die sich durchhaltenden Einstellungen von Alter und Ego sind, die eine solche kontinuierliche Wiederkehr sicherstellen (Weber 1976: 14). Daran kann man erkennen, daß insbesondere die Einstellungen Alter und Ego gleichsam darauf „programmieren", in bestimmter Weise zu handeln – was nicht verwundern kann, denn die Einstellungen sind ja, wie mehrfach erläutert, präskriptiv beschaffen, beinhalten also ein „strukturelles Sollen".

4 Zur Bestimmung von „Ordnung" im Horizont von „sozialer Beziehung"

(22) Sich durchhaltende und immer wieder angewandte Einstellungen (und zudem Erwartungen, wie sich zeigen wird), die das Bestehen einer sozialen Beziehung sichern, sind auch der Punkt, an dem das Thema „Ordnung" anzubinden ist. Hinsichtlich dauerhafter sozialer Beziehungen schreibt Weber: „Der Sinngehalt, welcher eine soziale Beziehung *perennierend* konstituiert, kann in ‚Maximen' formulierbar sein, deren durchschnittliche oder sinnhaft annähernde Innehaltung die Beteiligten von dem oder den Partnern *erwarten* und an denen sie ihrerseits (durchschnittlich und annähernd) ihr Handeln orientieren" (Weber 1976: 14).[30] Diese Aussage ist zunächst hinsichtlich des „der Sinngehalt einer sozialen Beziehung kann in ‚Maximen' formulierbar sein" mit Webers Bestimmung von „Ordnung" zu verbinden. Er will den „Sinngehalt einer sozialen Beziehung ... nur dann eine ‚Ordnung' nennen, wenn das Handeln an angebbaren ‚Maximen' ... orientiert wird" (Weber 1976: 16). Eine solche Orientierung trifft für den im Zitat zuvor erwähnten „Sinngehalt", der eine soziale Beziehung perennierend konstituiert, zu. Es handelt sich bei ihm also offensichtlich um eine „Ordnung".

---

[30] An diesem Zitat kann man wiederum die (relative) Eigenständigkeit von „Sinngehalt", für die oben (Nr. 16-17) argumentiert wurde, erkennen.

Weiter ist festzuhalten, daß Weber nicht eine soziale Beziehung insgesamt als „Ordnung" bestimmt, vielmehr nur den Sinngehalt einer solchen. „Ordnung" ist also keine soziale Beziehung, wie etwa Schluchter schreibt,[31] sondern ein Sinngehalt, der aus angebbaren Maximen besteht, an denen das Handeln orientiert wird.[32] Ein solcher Sinngehalt kann, wie Weber im ersten Zitat dieses Abschnittes schreibt, für das Perennieren sozialer Beziehungen maßgeblich sein. Zu klären ist, warum ein solcher Sinngehalt zu einem Perennieren führt. Ein erster Hinweis ist dem genannten Zitat zu entnehmen: Ein Perennieren ist dann der Fall, wenn und solange (a) die einzelne Trägerin einer sozialen Beziehung von ihren jeweiligen Gegenübern die Einhaltung der Maximen erwartet und (b) sie selber ihr Handeln an diesen Maximen orientiert. Beides zusammen ist für das Perennieren wichtig: die Erwartung hinsichtlich der Anderen, daß sie die Maximen einhalten und die Orientierung des eigenen Handelns an den Maximen. Und beides zusammen ist jeweils für Alter und Ego anzunehmen. Um die Komplexität des von Weber gemeinten sozialen Sachverhaltes richtig einschätzen zu können, muß man die gerade skizzierten Eigenschaften, die das Perennieren ausmachen, in die obigen (Nr. 16-18) Bestimmungen einer sozialen Beziehung eingefügt denken. Dabei ist vor allem das zu berücksichtigen, was jeweils bei Alter bzw. Ego deren Einstellungen und Erwartungen ausmacht und der Orientierung ihres Handelns zugrunde liegt.

(23) Darauf wird noch einzugehen sein. Zuvor ist jedoch Webers Ordnungsbegriff näher zu untersuchen. Weber unterscheidet nämlich verschiedene Ordnungsformen; man könnte sagen: „einfache" Ordnungen (mein Terminus) von „legitimen Ordnungen".[33] Zunächst zu letzteren. Weber ergänzt seine Bestimmung von „Ordnung" als Sinngehalt, der aus angebbaren Maximen besteht, die das soziale Handeln orientieren, folgendermaßen: „Wir wollen ... nur dann von einem ‚Gelten' dieser Ordnung sprechen, wenn diese tatsächliche Orientierung an jenen Maximen mindestens *auch* ... in einem praktisch ins Gewicht fallenden Maß ... deshalb erfolgt, weil sie als irgendwie *für* das Handeln geltend: verbindlich oder vorbildlich, angesehen werden" (Weber 1976: 16). Dieses „Gel-

---

[31] Der Weber folgendermaßen zitiert: „Eine soziale Beziehung will Weber nur dann einen Ordnung nennen, ‚wenn das Handeln an angebbaren »Maximen« ... orientiert wird'" (Schluchter 2000: 47); siehe ähnlich Anter 2004: 87.

[32] Hier ist wieder die Denkfigur erkennbar, auf die schon mehrfach verwiesen wurde (Nr. 16): Soziales Handeln wird orientiert an Einstellungen bzw. Maximen.

[33] Wie gesagt, findet sich der Terminus „einfache Ordnung" nicht bei Weber. Formuliert ist bei Weber ein allgemeines Konzept „Ordnung" sowie ein Konzept „legitime Ordnung". Ein Konzept „einfache Ordnung" ist nur über Ordnungsformen wie „Sitte" oder „Interessenlage" indirekt zu erschließen. Auf letztere sowie auf Formen „legitimer Ordnung" wie Konvention oder Recht werde ich hier nicht näher eingehen. Zur Kritk an Webers Ordnungskonzept („keine genaue Definition von ‚Ordnung'") siehe Prewo 1979: 398 f.

"Soziales Handeln" und "Ordnung" 277

ten einer Ordnung" bezeichnet Weber als „legitime Ordnung" (oder „geltende Ordnung"). Er schreibt, daß soziale Beziehungen „von seiten der Beteiligten an der *Vorstellung* vom Bestehen einer *legitimen Ordnung* orientiert werden [können]. Die Chance, daß dies tatsächlich geschieht, soll ‚Geltung' der betreffenden Ordnung heißen" (Weber 1976: 16).

Maximen als verbindlich „und also gelten *sollend*" anzusehen (Weber 1976: 16), deshalb sein Handeln daran zu orientieren und sie darüber (gegebenenfalls) zu befolgen, bedeutet bei Weber, daß die Maximen wertrational fundiert sind. Die Zuschreibung als „verbindlich" beruht dann etwa auf Geboten, deren Einhaltung wertrational begründet ist (Weber 1976: 15 f.). Das ist bei „einfachen" Ordnungen nicht der Fall. Diese sind, wie noch zu erläutern, traditional – „Sitte" ist eine solche Form einfacher Ordnung – oder zweckrational – „Interessenlage" ist dafür eine Form einfacher Ordnung – fundiert.[34] Bevor diese Unterschiede näher erörtert werden können, ist zu klären, was Weber mit „Maxime" als wichtiges Merkmal von „Ordnung im allgemeinen" meint.

(24) In den *Grundbegriffen* findet sich der Begriff nicht näher erläutert. Zurückgreifen kann man aber auf Webers einschlägige Ausführungen im Stammler-Aufsatz, der nicht nur das Thema „Ordnung" behandelt, sondern auf den Weber im § 5 der *Grundbegriffe*, in dem „Ordnung" thematisch ist, explizit Bezug nimmt. Webers Ausgangspunkt ist die Klärung des Gebrauchs des Terminus „Regel". Er listet verschiedene Bestimmungen auf: zum einen kann „Regel" bedeuten (a) generelle Aussagen über kausale Verknüpfungen, zum anderen (b) Normen im Sinne von generellen logischen, ethischen, ästhetischen („dogmatischen") Imperativen, die ein „Sollen" ausdrücken. Der Begriff „Maximen des Handelns" geht nun, wie er formuliert, „nicht ohne weiteres glatt in einer jener beiden" Bestimmungen von „Regel" auf (Weber 1973: 323). Erkennbar ist aber, daß „Maxime" auch in der Bedeutung, wie Weber das Wort im Zusammenhang mit „sozialer Beziehung" bzw. einer Ordnung derselben gebraucht, eher mit der zweiten Bedeutungsvariante von „Regel" zu tun hat. „Maximen" beinhalten demnach etwas zu Erreichendes im Sinne eines „Imperatives", eine Art von „Sollen" also, und zwar von generellem Sollen, dabei allerdings ein „empirisches" Sollen – im Unterschied zu einem „dogmatischen" Sollen.[35] „Generelles empirisches Sollen"[36] ist meiner Deutung nach genau das, was Weber in den

---

[34] Siehe dazu mit ganz ähnlicher Einschätzung auch Schwinn (1993: 223).
[35] „Dogmatisch" bezieht sich, wie Weber an anderer Stelle ausführt, auf „ideelle" („wertende") Imperative etwa innerhalb einer juristischen Betrachtungsweise, im Unterschied zu der empirisch(-soziologisch)en Betrachtungsweise, welche ihn interessiert und die danach „fragt: was innerhalb einer Gemeinschaft *faktisch ... geschieht*" (Weber 1976: 181; siehe auch 1973: 440).
[36] Im Sinne von „Maxime als generelles empirisches Sollen" benutzt Weber – neben den Bedeutungen (a) und (b) – den Terminus „Regel" auch synonym mit „Maxime".

Grundbegriffen – und auch im Stammler- sowie im Kategorienaufsatz – bezüglich „Ordnung" mit „Maxime" meint. Daß im Zusammenhang mit der so verstandenen „Maxime" auch die eben referierte Bedeutung (a) von „Regel" (generelle Aussagen über kausale Verknüpfungen) von Belang sein kann, wird noch zu zeigen sein.[37]

(25) Die Ordnungen, die Weber in den *Grundbegriffen* (und auch in früheren Schriften) in den Blick nimmt, sind durch die sie ausmachenden Maximen bzw. Regeln, die ein generelles Sollen implizieren, *generelle Ordnungen*. Deren Maximen finden somit in den verschiedensten Situationen, in denen und über die „geordnete" soziale Beziehungen sich ereignen, zur Orientierung des Handelns durchgängig Anwendung, und zwar (zumindest vielfach) als so etwas wie „rahmensetzende Leit-Maximen" für die jeweilige soziale Beziehung.[38] Damit gehen dann zweierlei Regelmäßigkeiten – und auch ein Perennieren dieser Beziehungen – einher: Die Maximen dienen regelmäßig der Orientierung des Handelns und aus dieser Orientierung resultieren Regelmäßigkeiten des Handelns. Solche Regelmäßigkeiten können unterschiedlich beschaffen sein bzw. zustande kommen. Darüber, wie dies der Fall ist, unterscheidet Weber „einfache" und „legitime" Ordnungen. Letztere hebt er in folgender Weise von einfachen Ordnungen ab: „,Gelten' einer *Ordnung* soll uns ... mehr bedeuten als eine bloße, durch Sitte oder Interessenlage bedingte Regelmäßigkeit eines Ablaufs sozialen Handelns"

---

[37] Daraus, daß Weber aus den beiden Regel-Bedeutungen (a) und (b) Komponenten entnimmt und in seinen Maxime-Begriff einfügt, erschließt sich auch, warum er schreibt, daß dieser Begriff „nicht ohne weiteres glatt in einer jener beiden" Bedeutungen von „Regel" aufgeht (Weber 1973: 323).

[38] Ein solcher genereller Charakter ist weder für „einfache" noch für „legitime" Ordnungen notwendigerweise anzunehmen, wie Weber schreibt: „Nicht jede geltende Ordnung hat notwendig generellen und abstrakten Charakter. Geltender ‚Rechtssatz' und ‚Rechtsentscheidung' eines konkreten Falles z.B. waren keineswegs unter allen Umständen so voneinander geschieden, wie wir dies heute als normal ansehen. Eine ‚Ordnung' *kann* also auch als Ordnung lediglich eines konkreten Sachverhalts auftreten ... Wir werden vorerst ... zweckmäßigerweise mit der modernen Vorstellungsweise über die Beziehung von Rechtssatz und Rechtsentscheidung arbeiten" (Weber 1976: 18). Und im Stammler-Aufsatz schreibt er allgemeiner, daß „die Worte ‚geregelt' und ‚Regelung' keineswegs notwendig eine Subsumtion unter eine generelle ‚Regel' enthalten ... der Begriff des ‚Geregelten' setzt in keiner Weise *logisch* den Gedanken *genereller* ‚Regeln' bestimmten Inhaltes voraus. Wir stellen diesen Sachverhalt hier nur fest und behandeln auch weiterhin, der Einfachheit halber, die normative Regelung durchweg als eine Unterstellung unter ‚generelle' Regeln" (Weber 1973: 334; „normative Regelung" meint hier die Maximen einer legitimen Ordnung). – Der Begriff „Leit-Maximen" ist angeregt durch das, was Luhmann „Leit-Differenzen" nennt. An Webers Beispiel der Leit-Maxime bzw., wie er es nennt, Spielnorm „Skatregel" ist das damit Gemeinte zu verdeutlichen: „Wir ‚klassifizieren' einen Komplex von Vorgängen dann als ‚Skat', wenn solche für die Anwendung der Norm als relevant geltenden Vorgänge sich darin finden ... sie konstituieren das empirische Kollektivum eines ‚Skatspiels' und den empirischen Gattungsbegriff ‚Skat'. In summa: Die Relevanz vom Standpunkt der ‚Norm' grenzt das Untersuchungs-*Objekt* ab" (Weber 1973: 340).

(Weber 1976: 16). An dieser Aussage ist zunächst abzulesen, daß solche Handlungsregelmäßigkeiten nicht nur Folge von Sitte und Interessenlage sind, sondern auch im Zusammenhang mit legitimen Ordnungen vorkommen.[39] Worauf aber eigentlich in der Aussage abgehoben wird, ist das „geltende Ordnung bedeutet *mehr* als *bloße* Regelmäßigkeit solcher Handlungsabläufe". In eine ähnliche Richtung weist das „bloß" in folgender Beschreibung: „Die Uebergänge von der bloß traditional oder bloß zweckrational motivierten Orientierung an einer Ordnung zum Legitimitäts-Glauben sind natürlich in der Realität durchaus flüssig" (Weber 1976: 16). Die Parallelität zum Zitat davor besteht darin, daß das „bloß", wie aus dem Kontext zu erschließen ist, sich auf die gleichen Sachverhalte bezieht. Denn „traditionale Orientierung an einer Ordnung" steht für „Sitte" und „zweckrationale Orientierung an einer Ordnung" für „Interessenlage".

Die Differenz von „einfacher" und „legitimer Ordnung", auf die Weber mit solchen Anspielungen hinweist, liegt darin, daß die Träger sozialer Beziehungen auf verschiedene Weise an jeweilige Ordnungs-Maximen bzw. -Regeln *gebunden* sind. Der Unterschied in der Bindung besteht darin, ob die Orientierung an den Maximen bzw. die Einhaltung der Maximen den Handelnden im Prinzip frei steht *oder* ob dies nicht der Fall ist und die Maximen – wie oben (Nr. 23) beschrieben – von den Trägern sozialer Beziehungen *bewußt als „gelten sollend"* angenommen werden,[40] somit die Orientierung daran bzw. ihre Einhaltung ihnen für ihre Handlungen „verbindlich" ist. Letzteres macht das „mehr als bloße Regelmäßigkeit" aus und trifft für legitime Ordnungen zu, ersteres für einfache Ordnungen.[41] „Sitte" etwa bezeichnet Weber als „freigestellt" (Weber 1976: 18), hinsichtlich „Interessenlage" schreibt er von „innerer Ungebundenheit" (Weber 1976: 15).[42] Die Konsequenz ist – und jetzt komme ich auf eine Gemeinsamkeit

---

[39] Gleiches läßt sich für Einstellungsregelmäßigkeiten belegen. Denn Webers Aussage von den „Gleichartigkeiten, Regelmäßigkeiten und Kontinuitäten der Einstellung und des Handelns" (Weber 1976: 15) besagt dem Kontext nach, daß solche Regelmäßigkeiten mit den Maximen geltender wie denen einfacher Ordnungen einher gehen.

[40] Und die gegebenenfalls darüber hinaus, wie bei „Recht" und „Konvention", sogar *sanktionsbewehrt* als „verlangt" und „zugemutet" angenommen werden.

[41] Den ersten Fall beschreibt Weber auch mit „Regelmäßigkeiten *des* Handelns", den zweiten mit „Regeln *für* das Handeln" (Weber 1973: 355; 1976: 192 und 195). Schluchter umschreibt den Unterschied als „Differenz zwischen der Ordnung *des* Handelns und der Ordnung *für* das Handeln" (Schluchter 2003: 46).

[42] Die Maximen im Falle von „Sitte" könnte man „Gewohnheits-Maximen" nennen (mein Terminus). Wie oben (Nr. 6) bereits zitiert, schreibt Weber bezüglich „Sitte" von „Regeln", die gewohnheitsmäßig-traditional und durch unreflektierte Nachahmung eingehalten werden (Weber 1976: 187 und 195 f.) und die Regelmäßigkeiten bewirken, „so lange das Handeln der Mehrzahl ... mit dem Bestehen der Sitte rechnet und darauf eingestellt ist" (Weber 1976: 16). Maximen der Ordnung „Interessenlage" sind das, was Weber in früheren Arbeiten „Zweck-Maximen" nennt (Weber 1973: 336 und 355). Abstrakt lassen sich solche Maximen dahingehend charakterisieren, daß sie Alter (bzw. Ego) bei Entwurf und Ausführung einer sozialen

von einfachen und legitimen Ordnungen, die hier als charakteristisch für „generelle Ordnung im allgemeinen" angenommen wird –, daß dann die *berechenbare Erwartbarkeit* bestimmten Handelns, die mit „existierenden Ordnungen"[43] sozialer Beziehungen einhergeht, für deren Träger unterschiedlich stark ist. Bei einfachen Ordnungen ist sie schwächer ausgeprägt als bei legitimen Ordnungen. In Webers Worten: Die Stabilität von einfachen Ordnungen ist ungleich labiler als eine mit dem „Prestige der Vorbildlichkeit oder Verbindlichkeit ... der ‚Legitimität' auftretende" Ordnung (Weber 1976: 16; 1973: 445 f.).[44]

Handlung, die sein Interesse realisieren soll, darauf einstellen, das Interesse von Ego, das durch diese Handlung berührt wird, einzubeziehen und zu berücksichtigen. Und zwar so, „daß die Art des sozialen Handelns der Beteiligten ... ihren normalen, subjektiv eingeschätzten, *Interessen* so am durchschnittlich besten entspricht und daß sie an dieser subjektiven Ansicht und Kenntnis ihr Handeln orientieren" (Weber 1976: 15). Alter und Ego sind durchaus daran orientiert, die eigenen Interessen so zweckrational wie nur möglich umzusetzen, aber dies geschieht unter Einbeziehung der Perspektive und Interessen der Gegenüber, um zu vermeiden, daß „wer sein Handeln nicht an dem Interesse der andern orientiert – mit diesen nicht ‚rechnet' –, deren Widerstand herausfordert oder einen von ihm nicht gewollten und nicht vorausgesehenen Erfolg hat und also Gefahr läuft, an eigenem Interesse Schaden zu nehmen" (Weber 1976: 16). An einer solchen bewußt-reflektierten Einstellung wird das Handeln als „Maxime(...) subjektiv *zweckrationalen* Handelns im eigenen Interesse jedes der daran Beteiligten, auf dessen Wirksamkeit sie oder die anderen zählen und oft auch ohne weiteres ... objektiv zählen können" (Weber 1976: 190), so orientiert, daß daraus „Gleichartigkeiten, Regelmäßigkeiten und Kontinuitäten der Einstellung und des Handelns" entstehen (Weber 1976: 15; siehe auch 192; 1973: 453). – Neben den Regeln der Sitte (oder, wenn man den Terminus akzeptieren will, den Gewohnheits-Maximen) und den Zweck-Maximen verwendet Weber vor allem in früheren Schriften den Terminus „Norm-Maxime" oder auch „Norm" (Weber 1973: 330 f. und 334 f.; 1976: 15). Damit bezeichnet er wertrational fundierte Maximen/Regeln von legitimen Ordnungen wie etwa „Konvention" und „Recht". Die Nähe von „Sitte", „Interessenlage" sowie „legitimer Ordnung" zu Bestimmungsformen des Handelns („traditional", „wertrational" und „zweckrational") ist unverkennbar. Da eine „affektuelle Ordnungsform" von Weber in den *Grundbegriffen* nicht genannt wird, schlägt Thomas Schwinn vor, diese Form „als eigenständigen Ordnungstypus" einzuführen (Schwinn 1993: 222).

[43] „Existierende Ordnungen" sind hier gemeint im Sinne von Ordnungen, an deren Maximen das Handeln von den Trägerinnen sozialer Beziehungen tatsächlich orientiert wird und die dabei gegenseitig als von ihnen einzuhalten erwartet werden. Den Terminus „sozial gültige Ordnungen", den man sonst vielfach für das verwendet, was ich gerade mit „existierenden Ordnungen" umschrieben habe, kann man hier nicht gut anwenden, weil Weber „Gelten" als kennzeichnendes Merkmal mit legitimen Ordnungen verbindet und man einfache Ordnungen dann nur schlecht mit „sozial gültig" bezeichnen kann. Im Kategorienaufsatz hat er meiner Deutung nach „Gelten" noch abstrakter, nämlich im Sinne von „existierende Ordnungen" gebraucht; vgl. Weber 1973: 443 ff. Zur Mehrdeutigkeit von Geltung/Gelten bei Weber siehe auch Bader 1989: 299. Grundsätzlich zur Geltungsthematik bei Weber und ihren philosophischen Wurzeln siehe Treiber 1998.

[44] Webers Position ist in diesem Punkt insofern nicht ganz klar, als er kurz zuvor schreibt, daß die Orientierung an „Interessenlage" Regelmäßigkeiten der Einstellung und des Handelns bewirkt, „welche sehr oft weit stabiler sind, als wenn Handeln sich an (verbindlichen, R.G.) Normen und Pflichten orientiert" (Weber 1976: 15). Das „sehr oft weit stabiler" widerspricht in gewis-

(26) Um diesen Punkt nachvollziehen zu können, ist zu erörtern, was „berechenbare Erwartbarkeit" als charakteristisches Merkmal von Ordnungen ausmacht. Ich ziehe dafür eine bereits zitierte Aussage von Weber heran, die sich, wie oben belegt, auf generelle Ordnungen schlechthin und nicht nur auf solche legitimer Art bezieht (siehe Nr. 22): „Der Sinngehalt, welcher eine soziale Beziehung *perennierend* konstituiert, kann in ‚Maximen' formulierbar sein, deren durchschnittliche oder sinnhaft annähernde Innehaltung die Beteiligten von dem oder den Partnern *erwarten* und an denen sie ihrerseits (durchschnittlich und annähernd) ihr Handeln orientieren" (Weber 1976: 14). Der Sachverhalt, der im Zitat dargestellt wird, ist im Anschluß an Webers abstrakte Konzepte so vorzustellen: Es geht um miteinander „verschränkte" Sinnzusammenhänge sozialer Beziehungen, also darum, daß Alter und Ego ihr für eine soziale Beziehung typisches Handeln an einem für eine solche Beziehung ebenso typischen Sinngehalt orientieren. „Sinngehalt" steht, wie oben (Nr. 16-18) erläutert, für auf Alter und Ego anteilsmäßig verteilte gegenseitige Einstellungs- und Erwartungszusammenhänge. Auch „Ordnung als Sinngehalt" ist in diesem Sinne „Sinngehalt", allerdings ein spezieller Sinngehalt, mit – abgekürzt formuliert – Maximen/Regeln als generellem Sollen sowie Erwartungen solcher Maximen und daran orientierten Handelns.

(27) „Berechenbare Erwartbarkeit" resultiert nun in den verschiedensten Situationen, in denen und über die sich eine wie im vorstehenden Zitat beschriebene „geordnete" soziale Beziehungen ereignet, auf folgende Weise: Alter und Ego erwarten voneinander, daß der jeweilige Gegenüber durchweg *bestimmte* Maximen/Regeln einhält und in diesem Sinne sein Handeln an diesen Maximen/Regeln orientiert, so daß durchweg anzunehmen ist, daß daraus *bestimmte* Handlungsweisen resultieren, die Alter und Ego ebenfalls voneinander erwarten.[45] Weiter *orientieren* Alter und Ego ihrerseits ihr Handeln an denselben Maximen/Regeln[46] und berücksichtigen bei ihrer Handlungsselektion neben den Maximen/Regeln auch die gerade skizzierten Erwartungen von bestimmten Handlungsweisen, die sie jeder vom Anderen gebildet haben. Was hierbei die „berechenbare Erwartbarkeit" ausmacht, ist besser zu erkennen, wenn man ein Beispiel von Weber heranzieht. An der sozialen Beziehung „Skatspiel" erläutert er, was diesbezüglich „Ordnung" heißt: Die "*Spielenden* ‚setzen' ... voneinander ‚voraus', daß jeder die Spielregel zur ‚Maxime' seines Handelns machen werde: diese faktisch normalerweise ge-

---

ser Weise seiner oben referierten Annahme einer tendenziell geringeren Stabilität von „Interessenlage-Ordnungen" im Vergleich zu legitimen Ordnungen.

[45] D.h. sie erwarten, wie oben als Merkmal von „sozialer Beziehung" dargestellt (Nr. 16-18), daß entsprechende Einstellungen der Fall sind und entsprechende Handlungen daraus resultieren.

[46] D.h. sie stellen sich, wie oben beschrieben (Nr. 16-18), entsprechend der erwarteten Einstellung des Gegenüber ihm gegenüber ein.

machte Annahme, ... ist regelmäßige *sachliche* ‚Voraussetzung' dafür, daß jeder von ihnen sich dazu entschließt, seinerseits sein Handeln durch die entsprechende Maxime ... bestimmen zu lassen" (Weber 1973: 339). Damit ist die das soziale Geschehen rahmende und abgrenzende Einstellung bzw. Maxime genannt, aus der als einem Teil „berechenbare Erwartbarkeit" resultiert. Was die weiteren Komponenten sind, wird deutlich, wenn Weber einen Spieler beschreibt, der einen Spielzug plant, um damit das Spiel zu gewinnen: „Er kalkuliert als Erfolg seines Tuns z.B., daß der andere die Zehn dazu legen werde und daß dies in Verbindung mit einer Serie weiterer, von ihm erwarteter Ereignisse, eben jenen Enderfolg herbeiführen werde. Er zählt dabei einerseits darauf, daß die andern sich durch die auch ihnen gleichförmig vorschwebende ‚Spielregel' in ihrem Handeln bestimmen lassen werden ... Andrerseits zieht er die Wahrscheinlichkeit in Rechnung, ... daß sie ... ihren Interessen gemäß ... handeln werden ... Seine, für sein Verhalten maßgebliche Erwägung kleidet sich also dabei in Sätze von der Form: wenn ich x tue, so ist, da die andren die Spielregel a nicht bewußt verletzen und zweckmäßig spielen werden, und da die Konstellation z vorliegt, y die wahrscheinliche Folge" (Weber 1973: 338 f.).[47]

(28) Der Spieler kann unter Berücksichtigung der von ihm erwarteten Spielkonstellation – also vor allem der Einstellungen (durchgängige Regelkonformität) und Handlungen seiner Gegenüber – sowie der von ihm für sein eigenes Handeln zugrunde gelegten Prämissen – durchgängige Einhaltung der Spielregeln, Gewinnen wollen usw. – einigermaßen genau kalkulieren, welche Handlung er wählen muß, um seine Prämissen umzusetzen. Wenn der Spieler dann gehandelt hat, können Gegenspieler ähnliche Erwartungen und Prämissen entwickeln, um ihre Spielzüge zu entwerfen und auszuführen. Eine „berechenbare Erwartbarkeit" resultiert insofern, als von den wie beschrieben vorausgesetzten Maximen/Regeln her immer nur bestimmte Spielzüge möglich sind, die hinlänglich sicher und genau antizipiert werden können. Und die gleichsam Kehrseite einer solchen „berechenbaren Erwartbarkeit" ist dann, daß mit ihr sozusagen

---

[47] Das „ihren Interessen gemäß" im Zitat ist eine Anspielung darauf, daß Weber „Ordnungen" nicht nur als reine Typen thematisiert (die in dieser Arbeit primär Gegenstand sind), sondern auch Mischformen aus „Zweck-Maximen" und „Norm-Maximen" kennt (Weber 1976: 16). Auf solche Mischfälle spielt auch das „mindestens *auch*" in seiner oben (Nr. 23) zitierten Bestimmung von legitimer Ordnung an („Wir wollen ... nur dann von einem ‚Gelten' dieser Ordnung sprechen, wenn diese tatsächliche Orientierung an jenen Maximen mindestens *auch* ... in einem praktisch ins Gewicht fallenden Maß ... deshalb erfolgt, weil sie als irgendwie *für* das Handeln geltend: verbindlich oder vorbildlich, angesehen werden" [Weber 1976: 16]). Auf solche Mischfälle wird hier ebenso wenig näher einzugehen sein wie darauf, daß Handeln an mehreren Ordnungen gleichzeitig orientiert sein kann (Weber 1973: 445 und 461 f.; 1976: 16 f.). – Die im obigen Text-Zitat erwähnte Skatspiel-Erwägung („wenn ich x tue, so ist ... ") ist ein Beleg dafür, daß Webers Verständnis von „Regel" als „generelle Aussagen über kausale Verknüpfungen" (Nr. 24) in seinem empirischen Ordnungskonzept Anwendung findet.

regelmäßig Regelmäßigkeiten der Einstellung und des Handelns einhergehen. (Diese Konsequenzen gelten prinzipiell, wenn auch in unterschiedlichen Graden, für alle „generellen Ordnungen".) Solche Spielkonstellationen werden über eine gewisse Dauer aber nur funktionieren können, wenn genügend häufig und wiederkehrend von den Spielenden in Form von Spielzügen gehandelt wird, die immer wieder derartige Erwartungs- und Prämissenbildungen sinnvoll machen – *und diese darüber dann auch stabilisieren* (bzw. im umgekehrten Falle *destabilisieren*). Sobald etwa die Spielenden nicht mehr sicher erwarten können, daß die Regeln als durchgängig „verpflichtend"/„gelten sollend" von den Mitspielenden angenommen werden, können sie nur noch mit geringerer Sicherheit und Elaboriertheit antizipieren – mit Konsequenzen für den möglichen Grad „berechenbarer Erwartbarkeit". Allgemeiner formuliert (und an Webers oben, Ende Nr. 25 dargelegte Position anknüpfend): Aus unterschiedlich sicheren Maximen/Regeln resultieren unterschiedliche Grade von „berechenbarer Erwartbarkeit".

(29) Welche systematischen Konsequenzen ergeben sich daraus, daß, wie eben angedeutet, die ausgeführten Spielzüge die skizzierten Prämissen und Erwartungen von jeweils Alter *und* Ego irgendwie erfüllen, bestätigen oder in bestimmter Weise modifizieren lassen müssen – soll eine soziale Beziehung eine „*ordnungsgeleitete*" perennierende soziale Beziehung *sein oder bleiben*? Ein paar generelle Aspekte dieses Problems sollen abschließend – und eher ansatzweise – bedacht werden.

Ein wichtiger Punkt ist, daß die Ordnung einer sozialen Beziehung dauerhaft nur dann funktionieren kann, wenn die einzelnen Tätigkeiten von Alter bzw. Ego so angelegt werden, daß sie das eigene Handeln im Hinblick darauf entwerfen, was der Gegenüber getan hat bzw. tun wird und an das „Tun" des Gegenüber wie an das eigene bestimmte Bedingungen stellen, nämlich die, die Maximen einzuhalten bzw. eingehalten zu haben. Zur Abklärung, ob diese Bedingungen erfüllt sind, kommt den jeweiligen overten Handlungen sowie deren Deutung im Verstehen eine besondere Relevanz zu (siehe auch Nr. 18, Punkt 2). Je nachdem, wie Alter bzw. Ego die overten Handlungen ihres Gegenübers deuten, werden sie, in welchem Zeitraum auch immer, entsprechende Konsequenzen für ihr eigenes Eingestelltsein (also für die von ihnen zugrunde zu legenden Maximen) und ihre dann daran zu orientierenden Handlungen ziehen. Der zuletzt genannte Aspekt nimmt das Problem der Reproduktion bzw. des Wandels von Ordnungen in den Blick. Es geht dann nicht um das „Kausalverhältnis zwischen ‚Ordnung' und realem Handeln" (Weber 1976: 17), sondern darum, in welchem Kausalverhältnis Ordnung sich reproduziert oder wandelt.[48] Während das erst

---

[48] Thomas Schwinn hat diesen Komplex so umschrieben: „Ordnungen leben aus dem ständigen Wechsel ihrer regulativen Vorgaben *für* das Handeln und der Erhaltung oder Veränderung des Ordnungsmusters *durch* das Handeln" (Schwinn 1993: 223).

genannte Kausalverhältnis, wie oben an Webers Soziologie-Definition festgemacht (Nr. 3-4), die Bedingtheit (den Ablauf) sozialen Handelns betrifft, sind mit dem zweiten Kausalverhältnis, wiederum an der Soziologie-Definition festgemacht[49], Wirkungen sozialen Handelns auf die Ordnung gemeint. Thema sind dann also *Folgen* sozialen Handelns.

(30) Zu letzterem findet man in Webers systematischen Arbeiten wenig entfaltete Ausführungen. In einem Beispiel aus dem Kategorienaufsatz kann man aber soziologisch relevante Dimensionen des „Folgenproblems" verorten. Zur sozialen Beziehung „Zweckverein"[50] schreibt er: „Bei voller Entwicklung ist der Zweckverein ... ein perennierendes ‚soziales Gebilde' ... trotz des Wechsels der am Gesellschaftshandeln Beteiligten ... betrachtet man ihn als mit sich identisch bleibend ... so lange, als trotz des Wechsels der Personen ein an den ‚gleichen' Ordnungen des Verbandes orientiertes Handeln ... tatsächlich erwartet werden darf. ‚Gleich' aber ist die (subjektiv erfaßte) Ordnung im soziologischen Sinne solange, als die durchschnittlichen Denkgewohnheiten der Vergesellschafteten diese Identität bezüglich der durchschnittlich für wichtig angesehenen Punkte annehmen" (Weber 1973: 448 f.). An dieser Aussage läßt sich Verschiedenes festmachen. Einmal findet sich hier ein weiterer Beleg für die grenzziehende Bedeutung von „Ordnung" (bzw. „Sinngehalt"), denn darüber erlangt das soziale Gebilde eine „Identität" (vgl. Nr. 20; siehe auch Gephart 1993: 491). Weiter bestätigt sich an Webers Annahme von der „Identität eines sozialen Gebildes", daß „soziale Ganzheiten" ihm keineswegs ein fremder Gedanke sind. An der zitierten Stelle geht es nun darum, daß solche „Ganzheiten" sich unter bestimmten Bedingungen als „gleich bleibende" durchhalten können. Dieses „gleich bleiben" ist offenbar an die *Reproduktion* der für das soziale Gebilde charakteristischen Ordnung gebunden. Was das genauer heißt, wird von Weber nicht näher erläutert. Seine Bemerkung, daß „ein an den gleichen Ordnungen des Verbandes orientiertes Handeln tatsächlich erwartet werden darf", läßt aber vermuten, daß er damit das meint, was er (ebenfalls im Kategorienaufsatz) den „normalen Aus-

---

[49] Sie sei hier noch einmal wiederholt: „Soziologie ... soll heißen: eine Wissenschaft, welche soziales Handeln deutend verstehen und dadurch in seinem Ablauf und seinen Wirkungen ursächlich erklären will" (Weber 1976: 1).

[50] Mit der Deutung des Zweckvereins als soziale Beziehung folge ich Prewo, der meiner Ansicht nach völlig zu Recht davon ausgeht, daß die „Ebene der sozialen Beziehung ... im Kategorienaufsatz unkontrolliert unter der Hand Webers ein[fließt]" (Prewo 1979: 404). Viele komplizierte Darstellungen von Gesellschafts- oder etwa auch Einverständnishandeln sind im Grunde erst zu verstehen, wenn man den Begriff „soziale Beziehung" als Deutungsfolie hinzunimmt. Von daher ist auch Klaus Lichtblau darin zuzustimmen, daß der Begriff der sozialen Beziehung insofern eine Erweiterung gegenüber der im Kategorienaufsatz verwendeten Terminologie darstellt, als er überhaupt zum ersten Mal deutlich macht, durch welches gemeinsame Kriterium soziale Geschehnisse bestimmt sind, die wesentlich aus wechselseitig aufeinander bezogenen Handlungen bestehen (Lichtblau 2000: 437).

druck der empirischen ‚Geltung' einer Ordnung" nennt. Diese Geltung einer Ordnung[51] besteht in der „Chance ihres ‚Befolgtwerdens' ... Das heißt also: daß die Vergesellschafteten durchschnittlich sowohl auf das nach der Durchschnittsauffassung ‚ordnungsgemäße' Verhalten anderer mit Wahrscheinlichkeit zählen, als auch im Durchschnitt ihr eigenes Handeln den gleichartigen Erwartungen anderer gemäß einrichten" (Weber 1973: 445 f).[52]

(31) Man kann nun annehmen, daß die Konstellation, die Weber als „Chance des Befolgtwerdens einer Ordnung" skizziert, von den Trägern der sozialen Beziehung immer wieder reproduziert wurden muß, soll das resultieren, was er „ein an den gleichen Ordnungen des Verbandes orientiertes Handeln" nennt. Aus welchen Gründen, gegen welche Widerstände und auf welche Art und Weise dies geschieht (wie etwa neu hinzu kommende Träger der sozialen Beziehung in den Reproduktionszusammenhang eingebunden werden, welche Rolle Sanktionen spielen usw.), kann hier nicht erörtert werden. Der Punkt, auf den es mir ankommt, ist der, daß der Reproduktionszusammenhang aus aufeinander verweisenden und „ineinander verschränkten" Perspektiven sowie dadurch bedingten Handlungen besteht, die nur in ihrem Zusammenhang den Sachverhalt ausmachen, den Weber mit „Chance des Befolgtwerdens einer Ordnung" beschreibt: die Perspektive von Alter (bzw. Ego) auf einen jeweiligen Gegenüber, die Erwartung von ordnungsgemäßem Handeln des Gegenüber und die Orientierung

---

[51] „Geltung" ist hier im Sinne von „existierende Ordnung" gemeint (siehe Anm. 40). „Ordnungen" thematisiert Weber im Kategorienaufsatz von „zweckrational gesatzten Ordnungen" vergesellschaftet Handelnder her. Er setzt damit hierin konkretistischer an als in den *Grundbegriffen*, in denen er, im Unterschied zum Kategorienaufsatz (Prewo 1979: 398), einen abstrakten Ordnungsbegriff skizziert, macht die Systematik zu „Ordnung in den Grundbegriffen" unten im Anhang deutlich. Neben „zweckrational gesatzten Ordnungen" behandelt Weber im Kategorienaufsatz noch „auf Einverständnis beruhende Ordnungen" (Weber 1973: 443-447; 456-459). Auf beides, und auch auf die dabei benutzte Terminologie („Gesellschaftshandeln", „Einverständnishandeln" usw.), die von der der *Grundbegriffe* abweicht, ist hier nicht näher einzugehen.

[52] Weber unterscheidet den „normalen Ausdruck der empirischen Geltung einer Ordnung" von dem, was er das „Entscheidende für die empirische Geltung" einer Ordnung nennt (Weber 1973: 443 f.). Das Entscheidende für die Geltung im Sinne einer Art von „Minimum" ist nach Weber, daß Alter (bzw. Ego) sein Handeln „lediglich" an der Ordnung *orientiert*, was nicht heißen muß, die Ordnung einzuhalten, sondern auch bedeuten kann, gegen sie zu verstoßen, während er aber von seinem Gegenüber erwartet, daß dessen Handeln an der *Einhaltung* der Ordnung orientiert ist. Alter (bzw. Ego) rechnet also bei seinem Verstoßen gegen die Ordnung mit der Gültigkeit derselben (sonst bräuchte und könnte er gar nicht dagegen verstoßen), und er macht dies mit Blick auf das die Ordnung einzuhalten erwartete Handeln seines Gegenübers. Erst wenn auf *beiden* Seiten *nur noch* gegen die Ordnung verstoßen wird und in der Folge deren Einhaltung auch von den jeweiligen Gegenübern nicht mehr erwartet wird, hört die Ordnung schließlich auf zu existieren, weil nicht mehr von ihrer Gültigkeit ausgegangen wird (Weber 1976: 17). – „Ordnung" ist an der eingangs dieser Anmerkung genannten Stelle aus dem Kategorienaufsatz auf „zweckrational gesatzte Ordnung" bezogen, der gerade skizzierte Sachverhalt gilt aber auch für „auf Einverständnis beruhende Ordnungen" (Weber 1973: 456 f.).

von Alters (bzw. Egos) Handelns daran, daß der Gegenüber gleiches von ihm (Alter bzw. Ego) erwartet, nämlich ebenfalls ordnungsgemäßes Handeln. Erfolgt keine Änderung in dem, was jeweils als ordnungsgemäßes Handeln erwartet wird, sondern wird dies in der skizzierten Alter-Ego-Konstellation über die verschiedenen sozialen Handlungen immer wieder bestätigt, wird darüber die Ordnung reproduziert.

Diese Konstellation, das wird hier gleichsam „in Klammern" eingefügt, muß auch berücksichtigt werden für das oben (Nr. 29) bereits erwähnte, ein Handeln bedingendes „Kausalverhältnis zwischen ‚Ordnung' und realem Handeln" (Weber 1976: 17; siehe auch Nr. 6). In exemplarischer Perspektive umschreibt Weber ein solches Kausalverhältnis folgendermaßen: „Zwischen der *Chance* ..., daß an der *Vorstellung* vom Gelten einer durchschnittlich so und so verstandenen Ordnung das Handeln orientiert wird, und dem wirtschaftlichen Handeln besteht selbstverständlich (gegebenenfalls) ein Kausalverhältnis im ganz gewöhnlichen Sinn des Worts. Für die Soziologie aber ‚ist' eben lediglich jene Chance der Orientierung an dieser *Vorstellung* ‚die' geltende Ordnung" (Weber 1976: 17). Wenn soziologisch die „Chance[53] der Orientierung (des Handelns) an dieser Vorstellung", also an der Vorstellung vom „Gelten-Sollen" der Maximen XY, die Ordnung *ist*,[54] dann muß, jedenfalls wenn es um Ordnungen sozialer Beziehungen geht, unter „an dieser Vorstellung" die Perspektive von Alter bzw. Ego auf den jeweiligen Gegenüber, also die Orientierung an seiner Einstellung und die Erwartung von dessen Handeln, mitgedacht werden. Nur so ist zu gewährleisten, daß man ein Kausalverhältnis zum Erklärungsgegenstand hat, aus dem ein Handeln hervorgeht, das Teil einer sozialen Beziehung ist.

(32) Die Alter-Ego-Konstellation von aufeinander verweisenden und „ineinander verschränkten" Perspektiven muß auch für den Fall des *Wandels* von Ordnungen sozialer Beziehungen als die maßgebliche abgenommen werden. Hinweise darauf, was solchen Wandel ausmacht, sind Webers Aussage vom

---

[53] „Chance" bezieht Weber auf – über Sinnzusammenhänge/Sinnadäquanzen in den Blick genommene – Kausalverhältnisse. Er meint damit eine jeweils „faktische *Wahrscheinlichkeit*" (Weber 1924: 477), daß Alter/Ego auf Grund tatsächlicher Einstellungen/Maximen tatsächlich gegenseitig handeln (gehandelt haben, handeln werden). Ähnlich die Deutung von Mühlmann: „Die Chancen beziehen sich auf den als wahrscheinlich zu gewärtigenden Ablauf (von Handeln; R.G.)" (Mühlmann 1966: 22). Daß Weber immer wieder auf solche „Chancen-Zusammenhänge" abhebt, ist Konsequenz seines Konzeptes der Kausaladäquanz, das mit Wahrscheinlichkeiten arbeitet (Weber 1976: 5 f.). Um dieses Konzept anwenden zu können, muß er Kausalzusammenhänge idealtypisch so „modellieren", daß Kausaladäquanzen erforscht und nachgewiesen werden können.

[54] Weber meint hier eine „legitime" Ordnung. In sinngemäßer Abwandlung von dieser Bestimmung Webers ist „Ordnung im allgemeinen" dann zu konzipieren als die Chance, daß an der – mehr oder weniger bewußten – Vorstellung von durchschnittlich so und so verstandenen Maximen/Regeln das Handeln orientiert wird.

"identisch bleibenden Zweckverein" zu entnehmen. Hinsichtlich des Punktes „gleich bleibende Ordnung" ließt man bei ihm, daß „die ‚Gleichheit' ... soziologisch ein durchaus nur relativ und gleitend bestehender Sachverhalt [ist]. Die im Verein Vergesellschafteten können Ordnungen durch neues Vergesellschaftungshandeln bewußt ändern, oder diese können durch Veränderung der sich durchsetzenden durchschnittlichen Auffassung ihres ‚Sinnes' oder, und namentlich, durch Veränderung der Umstände, ohne neues Vergesellschaftungshandeln die Art ihrer praktischen Bedeutung für das Handeln wechseln (‚Bedeutungswandel' ... genannt) oder ganz verlieren" (Weber 1973: 449).[55] Wenn „Ordnung", um an Webers Bestimmung anzuknüpfen, als „Chance der Orientierung des Handelns an der Vorstellung von so und so verstandenen Maximen/Regeln" zu begreifen ist, dann muß der Wandel von Ordnung in einem Wandel der gerade genannten Vorstellung bestehen. Der vollzogene Vorstellungswandel ist dabei – es geht ja um „existierende Ordnung" sozialer Beziehungen – immer als „sozial verteilt" auf die Trägerinnen dieser Beziehung vorzustellen, er muß also bei Alter wie Ego korrespondierend verankert sein.[56]

Sowohl für den Fall, daß eine Ordnung durch soziale („Änderungs"-)Handlungen bewußt geändert wird, als auch für den Fall, daß sich Ordnungen ohne solche Handlungen wandeln, sondern durch eine, wie Weber es umschreibt, „Veränderung der sich durchsetzenden durchschnittlichen Auffassung ihres Sinnes", kommt nun ein Moment sozialen Geschehens in den Blick, das sich in den *Grundbegriffen* wenig systematisch bedacht findet, nämlich das aneinander Anschließen von sozialen Handlungen.[57] Daß sich eine Ordnung „durch Veränderung der sich durchsetzenden durchschnittlichen Auffassung ihres Sinnes" ändert, kann ja bedeuten, daß diese Veränderung Ergebnis dessen ist, was man, in Hayekscher Diktion, „Ergebnis menschlichen Handelns, aber nicht menschlichen Entwurfs" oder heute „transintentional" nennt.[58] Etwa: Alter mag mit der Ordnung nicht mehr zufrieden sein und dies in seinem sozialen Handeln auch irgendwie zum Ausdruck bringen. Ego knüpft an dieses Handeln an und greift die Kritik an der Ordnung auf, will aber die Kritik in eine andere Richtung lenken, die er dann in seinem sozialen Handeln mitteilt. Dies mögen Dritte, Vierte usw. aufgreifen, die angeregt dadurch die Ordnung in eine noch andere Richtung kritisch reflektieren und dies in ihren sozialen Handlungen auch äußern, usw. Auf

---

[55] Bewußte Neuschöpfungen von Ordnungen sind auch in den *Grundbegriffen* Thema; siehe etwa Weber 1976: 19.
[56] Was für den Fall der Reproduktion natürlich entsprechend gilt.
[57] Auch hierin sind Entsprechungen zum Fall der Reproduktion auszumachen.
[58] Daß Weber das Phänomen der nicht-intendierten Folgen keineswegs unbekannt war, ist seinen religionssoziologischen Arbeiten zu entnehmen. Siehe etwa Weber 1993: 50; allgemein zum Thema siehe Greshoff 2003.

diese Weise kann die Ordnung nach und nach „erodieren" und dieser Erosionsprozeß, so sei hier angenommen, mündet in einer neuen Ordnung, die sich zwischen den Trägerinnen der sozialen Beziehung mit der Zeit „einspielt", welche aber in dieser Form keiner von ihnen vorschwebte. Ein zentrales Moment dieses Änderungsprozesses ist in dem iterativen Rezipieren und Deuten des sozialen Handelns der jeweiligen Gegenüber zu sehen. Dieses Rezipieren und Deuten ist als eine Art von Situationsdefinition zu begreifen, mit der z.B. Ego Alters Handeln aufgreift, es deutet, darüber die Kritik von Alter an der Ordnung aufnimmt, seinerseits die bislang für ihn „gültige" Ordnung bedenkt, sie im Lichte von Alters Kritik selber kritikwürdig findet und dies in einem anschließenden sozialen Handeln bekundet, das von anderen wiederum auf im Prinzip gleiche Weise rezipiert und gedeutet wird, usw. Will man derartigen Ordnungswandel als transintentionales Geschehen erklären können, kommt dafür solchen Situationsdefinitionen, die ja sozial perspektiviert und von daher als Teil sozialer Beziehungen zu begreifen sind, eine besondere Bedeutung zu (vgl. Esser 1999: 167-169).

(33) Man kann nun nicht sagen, daß sich solche Situationsdefinitionen bei Weber nicht verorten ließen. Das oben (Nr. 18, Punkt 3) erwähnte „Verstehen" als inneres soziales Handeln einer sozialen Beziehung ist eine Stelle, bei der man diesbezüglich ansetzen müßte.[59] Darüber hinaus ist anzuknüpfen an sein Situationskonzept, das allerdings kaum expliziert wird (Weber 1976: 4; 1973: 133). Wie wichtig es ihm war, kann man aber daran ermessen, daß er „Erfahrungsregeln" darüber gewinnen wollte, „wie Menschen auf gegebene Situationen zu reagieren pflegen" (Weber 1973: 276 f.). Aber systematisch entfaltet findet sich dieses Konzept genau so wenig wie der Punkt, welcher auch im Zusammenhang mit derartigen Situationsdefinitionen von Relevanz sein kann, nämlich „kollektive Selbstbeschreibungen" sozialer Gebilde, an denen sich die Träger bei ihrem Tun orientieren.[60] Solche – wiederum als „sozial verteilt" auf die Trägerinnen derartiger Gebilde anzunehmende – Selbstbeschreibungen klingen allenfalls in Webers Grundbegrifflichkeiten hier und da an, so etwa im obigen Zitat zum Zweckverein oder in der Aussage, daß ein „moderner ,Staat' ... zum nicht unerheblichen Teil ... in dieser Art [besteht]: – als Komplex eines spezifischen Zusammenhandelns von Menschen, – *weil* bestimmte Menschen ihr Handeln an der

---

[59] Es finden sich auch immer wieder Äußerungen, die in diesem Zusammenhang aufzugreifen wären, etwa: "Um ein *Verstehen* ... des *Gesprochenen* handelt es sich ... bei dem *Aufnehmen* ... eines *Kommandos*" (Weber 1973: 94).

[60] Um sozusagen auf Grundbegriffsniveau „kollektive Selbstbeschreibungen" einbeziehen zu können, wird empfohlen, den Kulturaspekt von Webers Soziologie zu berücksichtigen, wie er sich etwa in der Religionssoziologie f.inden läßt (Schwinn 2001: 420). „Kultur" in der Deutung von Schluchter umfaßt denn auch solche Selbstbeschreibungen und wird von ihm als gleichsam in die *Grundbegriffe* einzubauendes Konzept vorgeschlagen (Schluchter 2000: 98-100).

Vorstellung orientieren, *daß* er bestehe oder so bestehen *solle*" (Weber 1976: 7). Hier zeichnen sich bestimmte Ergänzungsnotwendigkeiten von Webers Grundbegrifflichkeit ab, die allerdings nicht das betreffen, was man in einschlägiger Terminologie als „Mikro-Makro-" oder „Aggregationsproblem" bezeichnet.[61] Wenn man die Ebene „soziale Beziehung" in den Blick nimmt, dann befindet man sich bereits auf der Makro- bzw. Aggregationsebene und nicht mehr auf der Ebene der Einzelhandlung. Man mag dann auf dieser Aggregationsebene Regelmäßigkeiten der Entwicklung sozialer Gebilde erforschen wollen und damit nach der speziellen Aggregations*logik* solcher Gebilde fragen, wie es etwa Hartmut Esser nennt. Derartige Probleme wollte Weber mit seinen soziologischen *Grund*begriffen aber offenbar nicht behandeln, sondern dies ist für ihn Aufgabe einer „inhaltlichen Soziologie". Denn er geht davon aus, „daß für die einzelnen, nach der vorwaltenden subjektiven ‚Sinnrichtung' zu scheidenden Arten von Gemeinschaftshandeln sowohl wie speziell von Einverständnishandeln sich recht wohl Motive, Interessen und ‚innere Lagen' inhaltlich angeben lassen, welche durchschnittlich am häufigsten deren Entstehung und Fortbestand begründen. Eben diese Feststellung ist ja eine der Aufgaben jeder inhaltlichen Soziologie. Solche ganz allgemeinen Begriffe aber, wie sie hier zu definieren waren, sind notwendig inhaltsarm" (Weber 1973: 460).

Literatur

Albert, Gert, 2005: Moderater methodologischer Holismus. Eine weberianische Interpretation des Makro-Mikro-Modells. Kölner Zeitschrift für Soziologie und Sozialpsychologie 57: 387-413.

Allerbeck, Klaus, 1982: Zur formalen Struktur einiger Kategorien der verstehenden Soziologie. Kölner Zeitschrift für Soziologie und Sozialpsychologie 34: 664-676.

Anter, Andreas (2004): Die Macht der Ordnung. Tübingen.

Bader, Veit-Michael, 1989: Max Webers Begriff der Legitimität. S. 296-334 in: Johannes Weiß (Hrsg.), Max Weber heute. Frankfurt am Main.

Balog, Andreas, Cyba, Eva (2004): Erklärung sozialer Sachverhalte durch Mechanismen; S. 21-441 in: Manfred Gabriel (Hrsg.): Paradigmen der akteurszentrierten Soziologie. Wiesbaden.

Breuer, Stefan (1991): Max Webers Herrschaftssoziologie. Frankfurt am Main / New York.

Esser, Hartmut, 1999: Soziologie. Spezielle Grundlagen. Band 1: Situationslogik und Handeln. Frankfurt am Main / New York.

---

[61] Für eine weiterführende Diskussion zum Thema „Mikro-Makro" bzw. „Makro-Mikro-Makro" bei Max Weber wäre an die spannenden (und streitbaren) Thesen von Gert Albert (2005) anzuknüpfen, der Weber als einen moderaten methodologischen Holisten deutet.

Esser, Hartmut, 2001: Soziologie. Spezielle Grundlagen. Band 6: Sinn und Kultur. Frankfurt am Main / New York.
Gephart, Werner (1993): Gesellschaftstheorie und Recht. Frankfurt am Main.
Giesing, Benedikt (2002): Religion und Gemeinschaftsbildung. Opladen.
Greshoff, Rainer (1999): Die theoretischen Konzeptionen des Sozialen von Max Weber und Niklas Luhmann im Vergleich. Opladen / Wiesbaden.
Greshoff, Rainer (2003): Soziale Transintentionalität als Forschungsproblem. S. 376-390 in: Rainer Greshoff et al. (Hrsg.), Die Transintentionalität des Sozialen. Wiesbaden.
Greshoff, Rainer (2004): Methodologischer Individualismus und die Konzeptualisierung von Sozialität bei Friedrich A. von Hayek und Max Weber. S. 261-286 in: Manfred Gabriel (Hrsg.), Paradigmen der akteurszentrierten Soziologie. Wiesbaden.
Greshoff, Rainer (2005): Soziologische Grundlagen kontrovers: erklärende Soziologie (Esser) versus soziologische Systemtheorie (Luhmann) – wie groß sind die Unterschiede?; S. 78-119 in: Rainer Greshoff, Uwe Schimank (Hrsg.): Was erklärt die Soziologie? Methodologien, Perspektiven, Modelle. Münster.
Greve, Werner, 2004: Handeln in Widerfahrniskontexten. Handlungsabsichten, Handlungsbedingungen und Bedingungen von Handlungsabsichten. S. 220-248 in: Friedrich Jaeger / Jürgen Straub (Hrsg.), Handbuch der Kulturwissenschaften. Band 2: Paradigmen und Disziplinen. Stuttgart / Weimar.
Kalberg, Stephen (2001): Einführung in die historisch-vergleichende Soziologie Max Webers. Wiesbaden.
Lichtblau, Klaus (2000): „Vergemeinschaftung" und „Vergesellschaftung" bei Max Weber. Zeitschrift für Soziologie 29: 423-443.
Mommsen, Wolfgang J. (1965): Diskussionsbeitrag; S. 130-138 in: Otto Stammer (Hrsg.), Max Weber und die Soziologie heute. Tübingen.
Mühlmann, Wilhelm E. (1966): Max Weber und die rationale Soziologie. Tübingen.
Prewo, Rainer (1979): Max Webers Wissenschaftsprogramm. Frankfurt am Main.
Rehberg, Karl-Siegbert (1979): Rationales Handeln als großbürgerliches Aktionsmodell. Kölner Zeitschrift für Soziologie und Sozialpsychologie 31: 199-236.
Rehberg, Karl-Siegbert (2003): Person und Institution. S. 371-394 in: Gert Albert et al. (Hrsg.), Das Weber-Paradigma. Tübingen.
Schluchter, Wolfgang (2000): Individualismus, Verantwortungsethik und Vielfalt. Weilerswist.
Schluchter, Wolfgang (2003): Handlung, Ordnung und Kultur. S. 42-74 in: Gert Albert et al. (Hrsg.), Das Weber-Paradigma. Tübingen.
Schluchter, Wolfgang (2005): Handlung, Ordnung und Kultur. Tübingen.
Schwinn, Thomas (1993): Max Webers Konzeption des Mikro-Makro-Problems. Kölner Zeitschrift für Soziologie und Sozialpsychologie 45: 220-237.
Schwinn, Thomas (2001): Differenzierung ohne Gesellschaft. Weilerswist.
Tomasello, Michael (2002): Die kulturelle Entwicklung des menschlichen Denkens. Frankfurt am Main.
Treiber, Hubert, 1998: Im „Schatten" des Neukantianismus: Norm und Geltung bei Max Weber. S. 245-254 in: Jürgen Brand / Dieter Stempel (Hrsg.), Soziologie des Rechts. Baden-Baden.

Tyrell, Hartmann (1994): Max Webers Soziologie – eine Soziologie ohne „Gesellschaft". S. 390-414 in: Gerhard Wagner / Heinz Zipprian (Hrsg.), Max Webers Wissenschaftslehre. Frankfurt am Main.

Tyrell, Hartmann (1998): Handeln, Religion und Kommunikation – Begriffsgeschichtliche und systematische Überlegungen. S. 83-134 in: Hartmann Tyrell et al. (Hrsg.), Religion als Kommunikation. Würzburg.

Walther, Andreas, 1926: Max Weber als Soziologe. Jahrbuch für Soziologie 2: 1-65.

Weber, Max (1924): Gesammelte Aufsätze zur Soziologie und Sozialpolitik. Tübingen.

Weber, Max (1973): Gesammelte Aufsätze zur Wissenschaftslehre. 4. Aufl. Tübingen.

Weber, Max (1976): Wirtschaft und Gesellschaft. 5. Aufl. Tübingen.

Weber, Max (1993): Die protestantische Ethik und der „Geist" des Kapitalismus. Bodenheim.

Weiß, Johannes (1992): Max Webers Grundlegung der Soziologie. München / London / New York / Paris.

Verstehende Wirtschaftssoziologie. Über die Beziehung zwischen Max Webers „Soziologischen Grundbegriffen" und seiner Wirtschaftssoziologie

Richard Swedberg

Mit diesem Beitrag möchte ich eine andere Sicht auf Max Webers Wirtschaftssoziologie anregen.[1] Dabei möchte ich damit beginnen, seine Gedanken zu diesem Thema mit der heutigen Wirtschaftssoziologie in Verbindung zu bringen. Der Grund für dieses Vorgehen ist, daß seine Vorstellungen meiner Meinung nach höchst relevant für die theoretische Sackgasse sind, in der sich die Wirtschaftssoziologie derzeit befindet. Wie ich zu zeigen versuchen werde, ist Webers allgemeiner Ansatz für das Projekt einer Wirtschaftssoziologie anders als gemeinhin angenommen – und genau das macht ihn so interessant für die heutige Wirtschaftssoziologie.

Es gibt heute verschiedene theoretische Ansätze in der Wirtschaftssoziologie – und gleichzeitig ein weitverbreitetes Gespür dafür, daß auf der theoretischen Ebene noch viel zu tun übrig bleibt. Mark Granovetter hat bekanntlich vorgeschlagen, daß der Begriff der Einbettung in Kombination mit dem Netzwerk-Ansatz die Grundlage der Wirschaftssoziologie bilden sollte, während Pierre Bourdieus Denkmodell für die Wirtschaftssoziologie auf seinen Vorstellungen von Habitus, Feld und unterschiedlichen Kapitaltypen basiert (z.B. Granovetter 1985 und Bourdieu 2005). Dann gibt es auch noch Michel Callons Argument, daß eine Wirtschaft immer, wie er es ausdrückt, praktiziert wird, und daß große Teile des Wirtschaftslebens als Versuch angesehen werden können, Wirtschaftstheorien praktisch umzusetzen (zur Problematik der „Performativität" vgl. Callon 1998). Trotz der sehr positiven Aspekte dieser Ansätze ist unter den Wirtschaftssoziologen heute das Gefühl weit verbreitet, daß sie nicht stark genug sind, das Gewicht einer vollständig entwickelten Wirtschaftssoziologie zu tragen – und das ist der Punkt, an dem Weber ins Spiel kommt.

Man kann die Diskussion der Weberschen Wirtschaftssoziologie damit beginnen, die gängige Interpretation in Frage zu stellen: Ist es richtig, Webers Wirtschaftssoziologie als historisch-vergleichende Herangehensweise zu interpretieren? Oder muß man umdenken, wenn man sie mit Webers allgemeiner

---

[1] Für Kommentare zu diesem Beitrag danke ich Patrik Aspers und den Teilnehmern der Bielefelder Konferenz über Max Webers „Grundbegriffe" im Juni 2005.

theoretischer Soziologie in Zusammenhang bringt, wie er sie in seinen „Soziologischen Grundbegriffen" im ersten Kapitel von *Wirtschaft und Gesellschaft* entwickelt hat? Mit „gängiger Interpretation" von Webers Wirtschaftssoziologie meine ich die Sichtweise, die deren historischen und vergleichenden Charakter in den Mittelpunkt stellt; üblicherweise unter Nichtbeachtung der größeren theoretischen und methodologischen Anliegen in Webers Soziologie. Ein Beispiel dessen, was ich im Sinne habe, stellt Reinhard Bendix' Buch *Max Weber: An Intellectual Portrait* (1960) dar. In dieser sachkundigen und noch immer sehr lesbaren Studie sind jegliche Verweise auf Webers Wissenschaftslehre einschließlich der „Soziologischen Grundbegriffe" herausgelassen worden. Es wird uns eine Version von Webers Werk vorgestellt, die ein Plädoyer dafür enthält, daß die beste Art, Soziologie zu machen, die vergleichende und historische sei.

Während die Geschichte und der vergleichende Ansatz zweifelsohne zentral für Webers Soziologie sind, hat diese doch noch erheblich mehr zu bieten. In diesem Beitrag werde ich zu bestimmen versuchen, in welchem Ausmaß wir dazu berechtigt sind, Webers Wirtschaftssoziologie als eine *verstehende Wirtschaftssoziologie* aufzufassen. Dieser Begriff taucht übrigens in Webers Werk nicht auf; es ist eher ein Ausdruck, der Assoziationen zu Werner Sombarts „verstehender Nationalökonomie" hervorruft (Sombart 1930). Sombarts diesbezügliche Ansicht war allerdings, daß die Wirtschaftswissenschaft zu den Kulturwissenschaften gehöre und durch die Soziologie ersetzt werden solle.[2] Das primäre Anliegen meines Beitrages besteht hingegen darin, eine Klärung darüber herbeizuführen, ob das Kapitel über die „Soziologischen Grundbegriffe" in *Wirtschaft und Gesellschaft* in einen engeren Zusammenhang mit Max Webers Wirtschaftssoziologie gebracht werden sollte oder aber nicht.

1 Über die mögliche Relevanz des ersten Kapitels von *Wirtschaft und Gesellschaft* für Webers Wirtschaftssoziologie

Webers Projekt einer verstehenden Soziologie wird bekanntlich im ersten Kapitel von *Wirtschaft und Gesellschaft* unter dem Titel „Soziologische Grundbegriffe" präsentiert und diskutiert. Um zu überprüfen, ob sich Weber ebenfalls dem

---

[2] Vgl. Lachmann (1990: 134): „During the 1920s, when there was no single dominant school of economic theory in the world, and streams of thought flowing from diverse sources (such as Austrian, Marshallian and Paretian) each had their own sphere of influence, 'interpretive' voices (mostly of Weberian origin) were still audible on occasions. After 1930, however, economists all over the world followed Pareto in embracing the method of classical mechanics as the only truly 'scientific' style."

Projekt einer verstehenden Wirtschaftssoziologie verpflichtet fühlte, muß man eindeutig dieses erste Kapitel selbst betrachten. Ein Versuch dieser Art wird das Hauptstück meines Beitrages ausmachen, und ich werde genau darzustellen versuchen, was das erste Kapitel von *Wirtschaft und Gesellschaft* über die Möglichkeit aussagt, Webers soziologischen Ansatz auf ökonomische Themen anzuwenden. Ich möchte ferner klären, inwieweit sich dies von einem wirtschaftswissenschaftlichen Ansatz im herkömmlichen Sinn unterscheidet, wie oft sich Weber in diesem ersten Kapitel auf wirtschaftliche Themen im engeren Sinne bezieht und ob sich unter seinen soziologischen Grundbegriffen auch solche befinden, die wirtschaftlicher Art sind. Danach werde ich außerdem die Beziehung zwischen dem ersten und dem zweiten Kapitel von *Wirtschaft und Gesellschaft* betrachten, da letzteres einen wichtigen Versuch Max Webers darstellt, eine theoretische Grundlage für die Wirtschaftssoziologie auszuarbeiten. In welchem Ausmaß beziehen sich das erste und das zweite Kapitel aufeinander? Wird im zweiten Kapitel unmißverständlich auf die verstehende Dimension wirtschaftlicher Phänomene eingegangen? In den abschließenden Bemerkungen werde ich auch etwas über die Beziehung zwischen Webers Projekt einer verstehenden Soziologie von 1919-1920 und seinen früheren wirtschaftssoziologischen Arbeiten sagen.

Vor Beginn der Analyse des ersten Kapitels von *Wirtschaft und Gesellschaft* muß jedoch noch etwas über eine frühe Version dieses Textes gesagt werden, die 1913 in der Zeitschrift *Logos* unter dem Titel „Über einige Kategorien der verstehenden Soziologie" erschien, und wie diese mit Webers Wirtschaftssoziologie in Beziehung steht. Dieser Aufsatz ist in einige wenige Abschnitte aufgeteilt, von denen zwei die Beziehung zwischen verstehender Soziologie, Psychologie und Recht diskutieren. Die Beziehung zur Wirtschaftstheorie stellt nicht Gegenstand eines eigenständigen Paragraphen dar, wird aber hier und da in dem Aufsatz angeschnitten. Der Text geht normalerweise in Form eines Beispieles sporadisch auch auf verschiedene wirtschaftliche Phänomene wie Geld, Börse und Büroangestellte ein.

Mit seiner Diskussion der Wirtschaftstheorie und der Erörterung der Frage, wie diese mit der verstehenden Soziologie verbunden ist, geht Weber im *Logos*-Aufsatz vielleicht am weitesten auf wirtschaftssoziologische Themen beziehungsweise Themen von direkter Relevanz für die Wirtschaftssoziologie ein. Wir lesen beispielsweise, daß die verstehende Soziologie ganz ähnlich wie die Wirtschaftstheorie mit der Klärung der Frage beginnt, was als rational analysiert werden sollte. Wie wäre es, wenn die Handelnden einen rationalen Standpunkt einnähmen, und wie können wir mögliche reale Abweichungen vom rationalen Handlungsverlauf erklären? Die Argumentationsweise, der sich Weber hier bedient, ist von allgemeiner Bedeutung und insofern nicht beschränkt auf die Wirtschaftssoziologie, aber trotzdem auf sie anwendbar.

Soweit ich sehe, gibt Weber uns lediglich an einer Stelle des *Logos*-Aufsatzes einen Hinweis darauf, wie eine verstehende Soziologie aussehen könnte. Und das geschieht im folgenden interessanten Passus, in dem Weber die unterschiedlichen Arten des sozialen Handelns diskutiert, die mit ein und derselben ökonomischen Handlung verbunden sind: „An einer Vielzahl von Arten des Gemeinschaftshandelns kann dabei der Einzelne natürlich auch durch ein- und denselben Akt seines Handelns beteiligt sein. Ein Tauschakt, den jemand mit X, dem Bevollmächtigten von Y, vollzieht, der etwa seinerseits ‚Organ' eines Zweckvereins ist, enthält 1. eine Sprach- und 2. Schriftvergesellschaftung, 3. eine Tauschvergesellschaftung mit X persönlich, 4. eine solche mit Y persönlich, 5. eine solche mit dem Gesellschaftshandeln der an jenem Zweckverein Beteiligten, 6. ist der Tauschakt in seinen Bedingungen an den Erwartungen des potentiellen Handelns anderer Tauschreflektanten (Konkurrenten von beiden Seiten) und an den entsprechenden Legalitätseinverständnissen mit orientiert usw." (Weber 1985: 461 f.).

Während das eben zitierte Beispiel in seiner Art beispielhaft dafür ist, wie man ausgehend von Webers handlungstheoretischem Ansatz zu einer Bestimmung des ökonomischen Handelns kommt, macht es jedoch ähnlich wie der gesamte *Logos*-Aufsatz nicht deutlich, wie eine verstehende Wirtschaftssoziologie aussehen könnte. Ein kurzer Blick auf das erste Kapitel von *Wirtschaft und Gesellschaft* ergibt insgesamt das gleiche Resultat: Zwar finden wir viele Verweise auf Wirtschaftstheorie und wirtschaftliche Beispiele, doch bekommt der Leser nicht den Eindruck, daß Weber über eine verstehende Wirtschaftssoziologie nachdenkt oder uns zu dieser hinführt. Das bedeutet natürlich nicht, daß es diesem Kapitel an Interesse für Wirtschaftssoziologie mangelt. Es mag zwar stimmen, daß Weber an keiner Stelle dieses Kapitels auf eine *Wirtschaftssoziologie* Bezug nimmt (während dies hinsichtlich der „Rechtssoziologie" und der „Religionssoziologie" durchaus der Fall ist); trotzdem kann ein Wirtschaftssoziologe viel aus diesem Kapitel lernen. Während in keinem der siebzehn Paragraphen wirtschaftssoziologische Begriffe im engeren Sinne behandelt werden, haben einige der dort eingeführten Begriffe unter ihren zahlreichen Bedeutungen dennoch auch eine ökonomische Bedeutung. Diese ökonomische Bedeutung mag vielleicht sogar die wichtigste sein. Als Beispiele hierfür seien die Begriffe „Wettbewerb" und „Betrieb" genannt (Weber 1972: 20 ff. und 28). Wettbewerb wird als friedlicher Konflikt bezüglich Kontrollchancen definiert, und Betrieb als kontinuierliches rationales Handeln.

Einige der im *Logos*-Aufsatz vorgetragenen Argumente können ebenfalls im ersten Kapitel von *Wirtschaft und Gesellschaft* wiedergefunden werden wie zum Beispiel der Gedanke, daß es die jeweilige Art der sinnhaften Orientierung ist, die das ökonomische Handeln, wie es der Wirtschaftstheorie zugrunde liegt, vom sozialökonomischen Handeln unterscheidet, wie es in der Soziologie gebräuchlich ist; ferner der Gedanke, daß man die Analyse vorzugsweise mit einem rationalen Geschehensmodell beginnen sollte. Dies sind beides wichtige Punkte in Webers Wirtschaftssoziologie, die im ersten Kapitel von *Wirtschaft und Gesellschaft* sowohl besser erklärt als auch besser ausgeführt sind als im *Logos*-Aufsatz. In den „Soziologischen Grundbegriffen" finden wir zum Beispiel folgende unzweideutige Äußerung: „Das Wirtschaften eines Einzelnen ist erst dann und nur insofern, als es das Verhalten Dritter mitberücksichtigt, soziales Handeln" (Weber 1972: 11). Daß man die Analyse mit dem Idealtypus des rationalen Handelns beginnen sollte, wird ähnlich wie im *Logos*-Aufsatz ebenfalls durch das Beispiel einer Börsenpanik erläutert, aber dieses Mal wird dem Leser eine bessere Chance gegeben, den Fall vollständig zu verstehen, den Weber erörtert (vgl. Weber 1972: 2; 1985: 432).

Wie im *Logos*-Aufsatz verwendet Weber auch im ersten Kapitel von *Wirtschaft und Gesellschaft* viele Beispiele, um allgemeinere Punkte zu veranschaulichen. Der aufmerksame Leser wird zum Beispiel Verweise auf den Sozialismus feststellen; dies war 1919-1920, als der Text geschrieben wurde, ein Thema von offensichtlichem Interesse. Außerdem gibt es den bei Weber häufigen und irgendwie merkwürdigen Gebrauch des Ausdruckes „Grenznutzen", um die Art und Weise zu charakterisieren, wie eine Person ihre Bedürfnisse ausrichtet. Preisstatistiken werden als Beispiel für soziologische Statistiken angeführt, und so weiter.

Viele dieser Verweise sind denen nützlich, die Webers Wirtschaftssoziologie ernst nehmen, auch wenn sie den durchschnittlichen Leser vielleicht nicht erreichen. Aber es gibt auch Ausnahmen hiervon, und ich würde gern zwei von ihnen hervorheben. Eine ist das Beispiel der empirisch beobachtbaren Regelmäßigkeiten am Markt, die andere der Begriff des Eigentums. Das erste Beispiel findet man in dem Paragraphen über Brauch, Sitte und Interessenlage; wesentlich hierbei sind die empirisch beobachtbaren Regelmäßigkeiten des sozialen Handelns (Weber 1972: 14-16). Webers Argument lautet, daß die Interessenlage sehr robuste Regelmäßigkeiten erzeugen kann, die oft beständiger sind als Regelmäßigkeiten, die auf das Befolgen von Normen zurückzuführen sind. Eine besondere Art des intentionalen Bewußtseins begleitet diese Art des durch die *Interessenlage* bedingten Handelns. Weber gibt auch interessante Hinweise darauf, wie interessengeleitete Akteure im Rahmen eines rationalen Marktes von anderen erwarten, daß diese sich rational verhalten und sie sanktionieren, wenn sie es nicht tun.

Die Diskussion des Eigentums im ersten Kapitel von *Wirtschaft und Gesellschaft* ist meines Erachtens außergewöhnlich, weil sie eine rein soziologische Definition von Eigentum enthält, das normalerweise rechtlich definiert wird. Im

Gegensatz zu den Property Rights-Theoretikern, die bei legalen k͟...͟ zen, geht Weber dagegen von der Vorstellung sogenannter geschlosse͟... Beziehungen aus. Wenn diese Art Beziehung bestimmten Parteien ein. auf „appropriierte Chancen" garantiert, haben sie entsprechende „Rech͟...͟ wenn diese vererbt werden können, spricht man von „Eigentum" (Webe͟. ͟1972: 23). Eigentum, das – wie im modernen Gebrauch des Begriffes – frei gekauft und verkauft werden kann, nennt Weber „freies Eigentum".

2 Eine andere Lektüre der Beziehung zwischen den „Soziologischen Grundbegriffen" und Webers Wirtschaftssoziologie

So weit etwa führt uns die Lektüre der „Soziologischen Grundbegriffe" aus der Perspektive der Mainstream-Soziologie. Ich spreche von „Mainstream", weil Webers Wirtschaftssoziologie aus dieser Perspektive kaum mehr darstellt als eine konventionelle Soziologie, die auf ökonomische Phänomene angewendet wird, auch wenn dies sehr klug und durch Webers hervorragende Geschichtskenntnis untermauert geschieht. Aber meines Erachtens kann man über diesen Punkt hinausgelangen und versuchen, Webers Modell für die verstehende Soziologie aus dem ersten Kapitel von *Wirtschaft und Gesellschaft* herauszuarbeiten, um zu sehen, was passiert, wenn es auf wirtschaftliche Phänomene angewendet wird. Ich meine, daß man durch dieses Vorgehen das für die Wirtschaftssoziologie Kostbarste und Wertvollste herausbekommen kann.

Mit Webers Modell der verstehenden Soziologie meine ich grob gesprochen das, was er über dieses Thema im ersten Paragraphen der „Soziologischen Grundbegriffe" und in den entsprechenden Ausführung im ersten Kapitel von *Wirtschaft und Gesellschaft* sagt. So wie Soziologie (wenn auch ein „sehr vieldeutig gebrauchtes Wort"!) als deutendes Verstehen des sozialen Handelns definiert werden kann, um seinen Ablauf und seine Wirkungen ursächlich zu erklären, kann Wirtschaftssoziologie (ein gleichermaßen vieldeutiges Wort!) als deutendes Verstehen des sozialökonomischen Handelns definiert werden, um dessen Ablauf und seine Folgen ursächlich zu erklären. Oder, um die entsprechende Formulierung in Paragraph 1 der „Soziologischen Grundbegriffe" zu paraphrasieren:

> Wirtschaftssoziologie soll heißen: eine Wissenschaft, welche ökonomisches Handeln deutend verstehen und dadurch in seinem Ablauf und seinen Wirkungen ursächlich erklären will. „Ökonomisches Handeln" soll dabei ein menschliches Verhalten heißen, wenn und insofern als der oder die Handelnden mit ihm einen subjek-

tiven Sinn verbinden, der seinen wirtschaftlichen Charakter unterstreicht. Ökonomisches Handeln ist insofern „sozial", als sein subjektiv gemeinter Sinn auf das Verhalten anderer bezogen wird und daran in seinem Ablauf orientiert ist *(vgl. Weber 1972: 1).*

Nachdem er seine Definition von Soziologie im ersten Paragraphen der „Soziologischen Grundbegriffe" vorgestellt hat, geht Weber sorgfältig alle Kernpunkte dieser Definition durch und führt diese auf etwa zwanzig Seiten aus. In ähnlicher Weise würde man versuchen, die Punkte näher zu erläutern, die den Kern einer verstehenden Wirtschaftssoziologie bilden. Was ich hierbei im Sinn habe, wäre, die vier „Schritte" auszuführen, die zusammen das ausmachen, was gemäß dem ersten Kapitel von *Wirtschaft und Gesellschaft* eine soziologische Analyse darstellt. Zuerst nähert man sich dem Geschehen aus der Perspektive des deutenden Verstehens (Schritt 1), wendet sich dann dem fraglichen wirtschaftlichen (sozialen) Handeln zu (Schritt 2), fährt mit einer ursächlichen Erklärung dessen fort (Schritt 3), um dann seine Auswirkungen und unbeabsichtigten Folgen zu erklären (Schritt 4).

Für jeden dieser „Schritte" müssen verschiedene Fragen gestellt und beantwortet werden. Für Schritt 1 (deutendes Verstehen) müssen wir beispielsweise wissen, wie man in zuverlässiger Weise den Sinn feststellt, den die Akteure mit ihrem Handeln verbinden. Schritt 2 (soziales Handeln) bedeutet, daß der Forscher sich wieder mit dem Thema Sinn (einschließlich dem Sinnzusammenhang) und ebenso mit der Frage, was das Handeln sozial macht (Orientierung auf andere Akteure), befassen muß. Schritt 3 (kausale Erklärung) wirft das Problem auf zu entscheiden, was Weber mit „Sinnadäquanz" und mit „Kausaladäquanz" meint. Und Schritt 4 (Bestimmung des Verlauf und der Folgen des Handelns) bedeutet, daß man sich mit beabsichtigten Folgen, Sekundärfolgen und unbeabsichtigten Folgen auseinandersetzen muß (siehe Abbildung 1).

Bis an diese Stelle meines Beitrages habe ich nur zusammengefaßt, was ich Webers Modell der verstehenden Soziologie nenne, aber die Auseinandersetzung damit wird hoffentlich interessanter, wenn wir es auf *ökonomisches* Handeln anwenden – und damit ein Gespür dafür bekommen, wie eine wahrhaft verstehende Wirtschaftssoziologie im Weberschen Sinne aussehen könnte. Im Idealfall würde man mit einer Diskussion von Schritt 1 – wie man den subjektiv gemeinten Sinn des Handelnden feststellt – beginnen. Wir würden dann zum nächsten Schritt übergehen, bis die ganze Prozedur beendet wäre.

Schritt 1 hat mit deutendem Verstehen zu tun: der Soziologe – der Wirtschaftssoziologe! – muß den Sinn verstehen, den die ökonomischen Akteure mit ihrem Handeln verbinden. Das kann mit dem beginnen, was Weber „aktuelles Verstehen" nennt oder, um ein berühmtes Beispiel anzuführen: Der Forscher beobachtet den Holzfäller dabei, wie er die Axt an den Holzklotz anlegt, um ihn zu spalten (Weber 1972: 4). Diese frühe Phase der Untersuchung würde wahrscheinlich keine besonderen Schwierigkeiten machen. Um es anders auszudrücken: Es gibt keinen Grund zu glauben, daß diese Art, das Thema anzugehen, spezifisch wirtschaftssoziologische Probleme aufwerfen würde, die sich von denen der allgemeinen Soziologie grundlegend unterscheiden.

Abbildung 1: Vier Schritte, um eine soziologische Analyse gemäß Paragraph 1 des ersten Kapitels von *Wirtschaft und Gesellschaft* durchzuführen

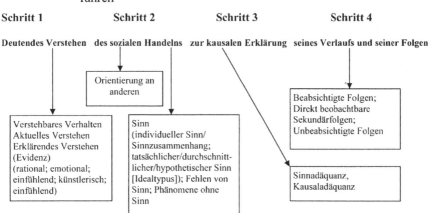

Kommentar: Man könnte die vier „Hauptschritte" der soziologischen Analyse, die wir in Kapitel 1 von *Wirtschaft und Gesellschaft* vorfinden, wie folgt darstellen: (1) Man geht das zu untersuchende Thema aus einer verstehenden Perspektive an; (2) man beschreibt das fragliche soziale Handeln; (3) man klärt die inhärente Kausalität und legt (4) beabsichtigte Folgen, Sekundärfolgen und unbeabsichtigte Folgen fest. Ich gebrauche das Wort „Schritte" dabei bewußt in Anführungszeichen, um damit eine gewisse Distanz zum Ausdruck zu bringen; tatsächlich sind damit Prozesse gemeint, die eng miteinander verbunden sind.
Quelle: Max Weber, *Wirtschaft und Gesellschaft* (Weber 1972: 1-12).

Komplexer wird es, wenn der Wirtschaftssoziologe versucht, die empirische Realität tiefer zu durchdringen und zu dem voranschreitet, was Weber „erklärendes Verstehen" nennt. Durch Webers Beispiel des Holzfällers wird deutlich, daß dieser Prozeß höchst bedeutend für den Wirtschaftssoziologen ist. Laut Weber kann der Holzfäller gegen Lohn arbeiten; er kann im Begriff sein, Vorräte für seinen eigenen Gebrauch anzulegen oder er kann zur Entspannung Holz hacken. Weber endet damit, daß er ein weiteres mögliches Motiv ins Spiel bringt: Der Holzfäller könnte auch einen Wutanfall abarbeiten. Die Begründung für dieses letzte Beispiel lautet, daß das Motiv irrational ist. So wird unsere Aufmerksamkeit darauf gelenkt, daß die drei früheren Beispiele in der einen oder anderen Art rational sind.

Der Prozeß des erklärenden Verstehens wirft auch eine wichtige Frage auf, die Weber im ersten Kapitel von *Wirtschaft und Gesellschaft* scheinbar meidet, nämlich was für eine soziale Ausstattung der Handelnde in seine Handlung einbringt. Ich werde das „die Habitus-Frage" nennen, weil dieser Begriff folgendes Problem erfaßt: Der Sinn, den Handelnde ihrem Tun zuschreiben, ist in gewissem Maß immer von ihrem sozialen Hintergrund abhängig. Ich sage, daß Weber diese Frage „scheinbar vermeidet", weil er sie in den „Soziologischen Grundbegriffen" zwar nirgendwo anspricht, sich aber auch nicht so ausdrückt, daß man sagen kann, er schlösse sie aus. Das ist unbefriedigend und läßt dem Leser meines Erachtens keine andere Wahl als eine Position zu diesem Thema einzunehmen, die Weber an anderer Stelle vertreten hat: nämlich den Hintergrund des Handelnden mit einzubeziehen, um zu bestimmen, welchen Sinn der Handelnde mit seiner Handlung verbindet. Beispielsweise ist gemäß den Worten der *Protestantischen Ethik* der Handelnde in den „ungeheuren Kosmos" der heutigen kapitalistischen Wirtschaftsordnung „hineingeboren" (Weber 1920: 37).

Weber zufolge muß das verstehende Erfassen in einer zuverlässigen und verantwortlichen Art betrieben werden. Dieser Prozeß beinhaltet das, was Weber „Evidenz" nennt und was (von Talcott Parsons) in *Economy and Society* mit „clarity and verifiable accuracy of insight and comprehension" übersetzt wurde. Es scheint für den Wirtschaftssoziologen zwei, vielleicht drei Wege zu geben, um zu einer angemessenen Form von *"evidence"* (wie Keith Tribe diesen Ausdruck übersetzt) zu gelangen: durch rationales Denken, Empathie und (oder?) künstlerische Einfühlung (vgl. Weber 1972: 2; 2004a: 313).

In wirtschaftlichen Angelegenheiten sollte es üblich sein, mit rationaler Evidenz zu arbeiten, da Geld im Spiel ist und von daher in vielen, wenn nicht allen Fällen, Quantifizierung (beziehungsweise das, was Weber „formale Rationalität" nennt) damit verbunden ist. Im Gegensatz dazu müßte in Fällen materialer Rationalität mit Empathie gearbeitet werden, wenn der wirtschaftlich Handelnde sich wertrational verhält. Arbeiter zum Beispiel können sich an einem Bummelstreik beteiligen, weil sie das Gefühl haben, in unfairer Weise behandelt worden zu sein. Schwer zu beantworten finde ich die Frage, ob bei wirtschaftlichen Angelegenheiten Platz für künstlerische Einfühlung ist (vorausgesetzt, daß diese ein eigenständiges Verfahren darstellt). Vielleicht ist das raffinierte Manöver eines Finanzjongleurs nur verständlich, wenn der Wirtschaftssoziologe es in ähnlich geistreich-künstlerischer Manier angeht.

Weber gibt ebenfalls einen kurzen Überblick über die drei verschiedenen Weisen, zuverlässig über den Sinn der Handelnden entscheiden zu können. Zuerst einmal können wir versuchen, den „tatsächlich gemeinten Sinn" zu bestimmen, den die Handelnden mit ihren Handlungen verbinden. Dann gibt es den „durchschnittlich und annähernd in einer gegebenen Masse von Fällen von den Handelnden subjektiv gemeinten Sinn". Und schließlich gibt es auch noch den „in einem begrifflich konstruierten *reinen* Typus von dem oder den als Typus *gedachten* Handelnden subjektiv *gemeinte* Sinn" (Weber 1972: 1).³ Einen Idealtypus rationalen Handelns zu verwenden, kann in einem frühen Stadium der Untersuchung ebenfalls nützlich sein, da dadurch die entsprechenden Abweichungen von diesem Typus des rationalen Handeln hervorgehoben werden (Weber 1972: 9 ff.).

Um Schritt 1 zusammenzufassen, insofern er den Wirtschaftssoziologen in eine neue Rolle versetzt: Verstehende Wirtschaftssoziologie zu betreiben würde bedeuten, daß der Wirtschaftssoziologe in verschiedenen Techniken, wie man ein wirtschaftliches Problem angeht, trainiert werden muß; ferner darin, wie man den Sinn, den ökonomische Akteure mit ihrem Handeln verbinden, erfaßt; schließlich darin das so zu tun, daß es wissenschaftlich verläßlich ist („Evidenz"). Auf die moderne Soziologie übertragen bedeutet das zum Beispiel, daß alle Wirtschaftssoziologen ein gewisses Training in „qualitativen Methoden" erhalten müssen. Obwohl es keinen Grund gibt anzunehmen, daß man bei einer Analyse wirtschaftlicher Themen im Gegensatz zu anderen Themen aus soziologischer Sicht unterschiedliche Methoden anwenden müßte, ist ebenfalls klar, daß alle menschlichen Aktivitäten ihre eigenen unterschiedlichen Profile haben. Geschäftsleute beispielsweise behalten einige Aspekte ihres Tuns für sich; Börsenmakler unterdrücken Emotionen, wenn sie handeln – und so weiter. Und ein kompetentes Training für Wirtschaftssoziologen würde sich mit derartigen Themen beschäftigen.

In Schritt 2 der wirtschaftssoziologischen Analyse richtet sich die Aufmerksamkeit auf das soziale Handeln. „Handeln" stellt Weber zufolge ein Verhalten dar, das sinnhaft orientiert ist. Und „sozial" bedeutet, daß das Handeln am Verhalten anderer orientiert ist. Was den Unterschied zwischen dem, was Weber Handeln nennt, und dem Nicht-Handeln ausmacht, wird jedoch nicht so klar, wie man es sich wünschen würde, auch wenn es hierbei keine unterschiedlichen Probleme für den Wirtschaftssoziologen und dem Soziologen im allgemeinen gibt. Doch noch einmal: In der Wirtschaft, wie in jedem anderen Bereich der Gesellschaft gibt es die Tendenz, die Dinge auf eigene, bereichsspezifische Art zu tun. Weber sagt, daß Verhalten sowohl „offen" als auch „geschlossen" sein kann und daß sowohl Einbindungen wie auch Ausschließungen mitberücksichtig werden müssen. All dies könnte in der Fabrik, im Büro, im Sitzungssaal eine beson-

---

3   In Kapitel 1 bezieht sich Weber auch ausdrücklich auf das, was er in seinem Objektivitätsaufsatz von 1904 über die Verwendung von Idealtypen gesagt hat (vgl. Weber 1972: 4).

dere Bedeutung bekommen – und der Wirtschaftssoziologe sollte darauf vorbereitet sein. Verhalten wird Weber zufolge erst dann zu einem Handeln, wenn der Handelnde damit einen Sinn verbindet. Und das führt uns wieder zur „Sinn"-Problematik zurück. Im Mittelpunkt steht hier jedoch nicht wie bei unserem ersten Untersuchungsschritt die Frage, wie der Wirtschaftssoziologe in den Kopf des wirtschaftlich Handelnden schauen kann, sondern zunächst einmal die Frage, wie der ökonomische Akteur mit seinem Verhalten einen Sinn verbindet. Der Handelnde muß sich einen Reim auf das machen, was passiert, und in diesem Sinne aus der Situation heraus sinnschöpfend wirken. Das ist ein Prozeß, der sowohl in der theoretischen Darstellung als auch in der empirischen Untersuchung subtil und kompliziert ist.

Trotzdem muß er vollzogen werden, und der Wirtschaftssoziologe benötigt daher ein Minimum an philosophischem und linguistischen Hintergrund, um mit dem Problem des Sinns und der Sprache umzugehen. Heutzutage findet man in der Wirtschaftssoziologie selten Verweise auf Ludwig Wittgensteins Sprachphilosophie; doch dürfen wir korrekterweise davon ausgehen, daß Weber, unterrichtete er heute Wirtschaftssoziologie, von seinen Studenten erwarten würde, daß sie Wittgensteins *Philosophische Untersuchungen* kennen. Ebenfalls wichtig ist es, darauf hinzuweisen, daß Weber mit „Sinn" nicht nur das meint, was man vielleicht den subjektiven oder spezifischen Sinn nennt, den ein Individuum mit seinem Handeln verbindet. Es gibt nämlich auch noch jenen weiter gefaßten Sinn, den Weber als einen *Sinnzusammenhang* bezeichnet. Ein typischer Sinnzusammenhang, den er in seinem späteren Werk diskutiert, ist das, was er „Weltreligion" – wie zum Beispiel Hinduismus oder Buddhismus – nennt.

Für den Wirtschaftssoziologen ist der subjektiv gemeinte Sinn von großer Bedeutung. Die Kenntnis der lokalen Gegebenheiten ist in wirtschaftlichen Angelegenheiten – hierauf hat besonders Hayek hingewiesen – für den Geschäftsmann entscheidend; sie stellt nicht nur eine eigene Art Wissen dar, das von den Wirtschaftswissenschaftlern und in der Wirtschaftstheorie meistens ignoriert wird (Hayek 1945). Im Gegensatz dazu ist der Wirtschaftssoziologe, geübt darin, auf verschiedene Weise in den Kopf verschiedener ökonomischer Akteure, Geschäftsleute eingeschlossen, zu schauen, in einer guten Ausgangslage, um sich mit genau dieser Art von Information zu beschäftigen.

Aber dann gibt es noch den größeren Sinnzusammenhang, in dem der ökonomische Akteur steht und von dem er seine allgemeine Orientierung bezieht. Dieser muß nicht von singulärer Art sein, da man sich leicht Situationen vorstellen kann, in denen zum Beispiel Geschäftsleute gleichzeitig in mehreren Sinnzusammenhängen agieren. Das könnte beispielsweise sowohl in einem lokalen wie auch nationalen und internationalen Rahmen stattfinden. Dem könnte man wirtschaftliche Traditionen unterschiedlicher Art hinzufügen, und das Wort „Tradition" erinnert uns auch an Webers Aussage, daß das Element „Sinn" sehr schwach ist und die Tendenz hat, sich beim traditionalen Handeln (das den Großteil der alltäglichen Handlungen ausmacht) zu verflüchtigen. Ein weiteres Beispiel für wirtschaftliche Sinnzusammenhänge wären ökonomische Ideologien wie der Keynesianismus und der Neoliberalismus. Für den Wirtschaftssoziologen ist es eine anspruchsvolle Aufgabe, in all diesen Fällen die Sinnzusammenhänge aufzudecken und zu sehen, wie ökonomische Akteure darin operieren und eingebettet sind.

Damit Handeln für den Soziologen interessant ist, muß es gemäß dem ersten Kapitel von *Wirtschaft und Gesellschaft* auch „sozial" sein, und diesem Teil von Webers Auffassung von verstehender Soziologie werde ich mich jetzt zuwenden. „Sozial" wird als „Orientierung an anderen" definiert, und wir wissen aus Paragraph 1 der „Soziologischen Grundbegriffe", daß Soziologie sich mit solchem Handeln beschäftigt, das „auf das Verhalten anderer bezogen wird und daran in seinem Ablauf orientiert ist" (Weber 1972: 1). Um sein Verhalten auf das anderer auszurichten, muß man die Absicht dazu haben; so kann beispielsweise das unfallbedingte, mithin also unbeabsichtigte Kollidieren mit einem anderen Fahrradfahrer nicht als „sozial" gelten.

Die Formulierung „Orientierung an" hat in der Sekundärliteratur wenig Aufmerksamkeit erfahren und ist komplexer, als es auf Anhieb erscheint. So beinhaltet zum Beispiel der Akt der Orientierung an anderen eine mentale Qualität, die sich nicht so leicht erschließt. Wenn der ökonomische Akteur an einen Konkurrenten denkt, kann dies dann als Orientierung seines Handelns an dieser Person gelten, auch wenn er dabei irgend etwas völlig Nebensächliches macht? Ich würde das bejahen und noch hinzufügen, daß es ein einzigartiger, ein durchschnittlicher oder ein typischer Konkurrent sein kann – jeder etwas anderes als der andere. Bedeutet „Orientierung an", daß der Geschäftsmann Männer und Frauen unterschiedlich behandelt und vielleicht sogar das Geschäftemachen mit Leuten vermeidet, die er nicht mag (zum Beispiel eine Minorität)? Die korrekte Antwort ist ihrer Natur nach offensichtlich empirisch – aber auch von der Tatsache beeinflußt, daß Geschäftsleute nicht nur Vorurteile haben, sondern auch Geld machen wollen.

Schaut man darauf, wie Weber den Ausdruck „Orientierung an" benutzt, wird bald klar, daß er seinen Gebrauch manchmal deutlich über dessen legitime Reichweite ausdehnt, wie sie gemäß Paragraph 1 der „Soziologischen Grundbegriffe" festgelegt worden ist. In seiner Definition von Soziologie beschränkt Weber seine Anwendung ausdrücklich auf Individuen, aber später im gleichen Kapitel benutzt er ihn ebenfalls in Verbindung mit dem, was er „Ordnung" nennt. „Ordnung" wird von Weber als Vorschrift definiert, wie man mit einiger

Konsistenz handelt, und schließt viele verschiedene Phänomene wie Normen („Konventionen"), Gesetze und Organisationen ein. Für den Wirtschaftssoziologen bedeutet das, daß ein Handeln beispielsweise an wirtschaftlichen Normen, wirtschaftlichen Regulierungen und wirtschaftlichen Organisationen orientiert sein kann. Ein anderes Beispiel für eine „Ordnung" von wirtschaftssoziologischer Relevanz wäre eine „ökonomische Ethik" jenes Typs, den Weber in seiner Religionssoziologie diskutiert. Der Leser mag daraus schließen, daß der Ordnungsbegriff ziemlich flexibel ist und daß Weber nicht den Begriff Institution gebraucht.

Schritt 3 innerhalb einer weberianischen Erklärungsstrategie hat mit Kausalität zu tun, und zentral ist hierbei die Annahme, daß ein Handeln objektiv mehr darstellt, als der Handelnde zu tun beabsichtigt. Was in der Realität passiert, ist nicht notwendigerweise das, was der Handelnde will. Ein Grund hierfür ist, daß das Handeln das beinhalten muß, was Weber „Sinnadäquanz" nennt; die Erklärung muß außerdem „kausal adäquat" sein (Weber 1972: 5 f. und 10).

In Webers verstehender Soziologie gibt es zwei schwierige Termini, und mein Verständnis von ihnen mag oberflächlich und falsch sein. Unter Sinnadäquanz vestehe ich jedoch, daß die Handlung und der Sinn, der mit ihr verbunden wird, in irgendeiner Form zusammenpassen sollten. Wenn Herr X Herrn Y umbringen will, bedeutet Sinnadäquanz, daß X zum Beispiel eine Waffe nimmt, auf den Kopf von Y zielt und schießt. Er könnte jedoch auch beabsichtigen, Y zu töten, in den Himmel zielen und feuern – und dann gäbe es keine Sinnadäquanz. Daß das Handeln „kausal adäquat" sein sollte, interpretiere ich in dem Sinne, daß die Art des Handelns *typischerweise* den intendierten Effekt habe sollte, im Gegensatz zu einem nur selten erzielten Effekt. Wo die Grenze zwischen den beiden gezogen werden sollte, könnte von einem Gericht entschieden werden, das festlegt, was Schuld ausmacht. Wenn unser X das Gewehr in einer verschneiten Bergregion abfeuert und dadurch eine Lawine ausgelöst wird, wie man in diesem speziellen Fall erwarten würde, und wenn die Lawine dann Y töten würde, läge ein Fall von Kausaladäquanz vor. Ein In-die-Luft-Feuern von anderer Stelle in der Absicht, daß die Kugel Y tötet, wenn sie zur Erde zurückkommt, wäre im Gegensatz dazu *kein* Fall von Kausaladäquanz.

Wie hängt dies alles mit Wirtschaftssoziologie zusammen? Zunächst einmal ist klar, daß Webers Verständnis von Kausalität, das ja zentral für seine verstehende Soziologie ist, ein schwieriges Thema darstellt. Es führt den Forscher ebenfalls auf unbekanntes Terrain. Für den Wirtschaftssoziologen scheint ähnlich klar zu sein, daß er sich auf Gebiete vorwagen müßte, die den Wirtschaftswissenschaftlern unbekannt sind, da sie den Begriff „Sinn" und dessen Rolle im wirtschaftlichen Leben derzeit nicht thematisieren.

Es gab eine Zeit, in der die Mainstream-Wirtschaftswissenschaftler mit einem Sinnbegriff arbeiteten, der durch den ersten Paragraphen der „Soziologischen Grundbegriffe" Max Webers abgedeckt wird, nämlich mit einer hypothetischen und zugeschriebenen Bedeutung des Handelns, wie sie in der Theorie des „Homo oeconomicus" ausgeführt wird; und dies ist eine Vorgehensweise, von der Weber sagt, daß sie in manchen Situationen von großem Wert sein kann. Im Gegensatz dazu ist ein Großteil der modernen Wirtschaftswissenschaft zum Begriff der „revealed preference" übergegangen; etwas, das bedeutet, daß man den Sinn des Handelns eher aus dem Verhalten denn aus der Interpretation dessen, was im Kopf des Handelnden vor sich geht, ableiten kann. Kurz gesagt, aus der Perspektive der *Revealed Preference-Theorie* ist es unmöglich zu sagen, warum der Holzfäller Holz fällt; alles, was gesagt werden kann, ist, daß die fragliche Person anscheinend Holz fällen möchte. In Webers Terminologie bedeutet das, daß Wirtschaftswissenschaftler nicht von dem „erklärenden Verstehen" Gebrauch machen können.

Ich werde jetzt auf Webers Kausaltheorie und die Frage, welche Konsequenzen ihre Anwendung möglicherweise für den Wirtschaftssoziologen haben könnte, nicht weiter eingehen. Nicht, weil ich denke, daß ich zu diesem Thema gesagt habe, was zu sagen ist, sondern weil ich Webers Vorstellungen von Kausalität schwer zu durchdringen finde. Laut Weber machen Verlauf und Folgen des sozialen Handelns den letzten Teil der soziologischen Analyse aus (Schritt 4), und ich werde auch dazu etwas sagen. Zuallererst differenziert Weber zwischen dem beabsichtigten und dem Sekundäreffekt, beispielsweise in seiner Diskussion der vier grundlegenden Typen des sozialen Handelns. Während Handelnde, die sich wertrational verhalten, das, was sie tun, ungeachtet der Erfolgsaussicht betreiben, achten zweckrational Handelnde typischerweise auch auf Sekundäreffekte, da diese als Mittel zum Zweck dienen (Weber 1972: 12 f.).

Es mag der Eindruck vorherrschen, daß wertrationales Handeln qua Definition nicht wirtschaftlich sein kann – wer, zum Beispiel, hat jemals von wirtschaftlichen Märtyrern gehört? – und daß dessen Folgen im engeren Sinne damit nicht zu jenem Typus des Handelns gehören, der von dem Wirtschaftssoziologen untersucht wird. Ich bin jedoch nicht so sicher, daß dies zutrifft; beschäftigt sich die Wirtschaftssoziologie doch manchmal mit religiösem und politischem Verhalten, das wertrational sein kann. Da das Miteinbeziehen von Sekundärfolgen jedenfalls für instrumentales Handeln charakteristisch ist, und da wirtschaftliches Handeln häufig zweckrational ist, verdient dieser Typus von Folgen besondere Aufmerksamkeit innerhalb der Wirtschaftssoziologie. Ein Geschäftsmann muß beispielsweise lernen, die Gedanken seiner Kunden zu lesen, in etwa der gleichen Art, wie ein Liebender lernt, die Gedanken der Liebsten zu lesen, um es mit einer berühmten Formulierung von Georg Simmel zu sagen (Simmel 1955: 62).

Die Kunden ihrerseits entwickeln ein Bild von dem Geschäftsmann, bei dem sie kaufen, was bedeutet, daß ebenfalls Sekundärfolgen berücksichtigt werden, wenn auch entschieden weniger, als dies beim Geschäftsmann der Fall ist. Wenn nur wenige Leute bei einem Geschäftsinhaber kaufen, wird ihnen bewußt werden, daß sie für ihn wichtig sind („Ich kaufe bei X und X hängt von mir ab"). Wenn es aber im Gegensatz dazu viele Käufer gibt, wird das nicht zutreffen („Ich kaufe bei X, und tausend andere tun das auch").

Das Handeln hat auch wahrhaft unbeabsichtigte Folgen, dessen sind sich die Wirtschaftswissenschaftler schon lange bewußt. Die paradoxen Resultate des Kapitalismus haben Mandeville zum Lächeln gebracht und Adam Smith dazu animiert, seine Leser dahingehend zu beruhigen, daß durch Interessenlage geleitetes Handeln letztlich Wohlstand für alle schafft. Webers Werk, insbesondere seine Religionssoziologie, ist ebenfalls voller Beispiele von unbeabsichtigten Folgen: Man beichtet eine Sünde, und das steigert die Wahrscheinlichkeit, eine andere zu begehen (Katholizismus); man versucht, gemäß Gottes Wort zu leben, und endet damit, die Religion zu unterminieren und den modernen Kapitalismus von seinen Fesseln zu befreien (asketisches Protestantentum), und so weiter.

Wirtschaftssoziologen werden als Teil ihrer Ausbildung auch diesen letzteren Effekt des Handelns mitberücksichtigen müssen. Die Frage, wie man das tut, wird in der Soziologie und in den Sozialwissenschaften allgemein viel diskutiert, und einige Erklärungen aus dieser Literatur mögen sich für Wirtschaftssoziologen als nützlich erweisen. Der Leser könnte zum Beispiel an James Colemans Makro-Mikro-Makro-Modell denken, das er auch auf die von Weber in der *Protestantischen Ethik* vertretene These angewendet hat (Coleman 1990). Die zahlreichen Beispiele von Thomas Schelling, wie Mikro-Motive sich in das Makro-Verhalten übersetzen lassen, könnten ebenfalls eine Quelle der Inspiration für die Wirtschaftssoziologie sein.

3 Die Beziehung zwischen dem ersten und dem zweiten Kapitel („Soziologische Grundkategorien des Wirtschaftens") von *Wirtschaft und Gesellschaft*

Vor jeder weiteren Diskussion darüber, wie eine verstehende Wirtschaftssoziologie auf der Grundlage des ersten Kapitels von *Wirtschaft und Gesellschaft* aussehen könnte, muß man sich darüber klar werden, daß Weber ungefähr zur gleichen Zeit, als er das Kapitel über die soziologischen Grundbegriffe schrieb, für das gleiche Werk auch ein Kapitel über Wirtschaftssoziologie verfaßte. Dieses zwischen 1919 und 1920 geschriebene Kapitel trägt den Titel „Soziologische Grundkategorien des Wirtschaftens" und wurde, genau wie das erste Kapitel, von

Weber kurz vor seinem Tod im Juni 1920 noch fertig für den Druck korrigiert. Sowohl das erste als auch das zweite Kapitel sollten laut Weber Teil eines Lehrbuches sein, und von daher würde man erwarten, daß sie so etwas wie ein gesichertes Grundwissen enthalten und nicht neues Wissen von der Art, das einen Forschungsartikel oder eine Forschungsmonographie auszeichnet.

Das zweite Kapitel von *Wirtschaft und Gesellschaft* ist in der amerikanischen Ausgabe etwa 150 Seiten lang und stellt für sich genommen ein kleines Buch dar. Es enthält besonders lange Abschnitte über das Geld und die Arbeitsteilung; außerdem behandelt es Themen wie die unterschiedlichen Arten des Kapitalismus, den Handel und die wirtschaftlichen Organisationsformen. Während das erste Kapitel aus siebzehn Paragraphen besteht, gibt es im zweiten Kapitel dreimal so viel. Nichtsdestotrotz beginnt es, genau wie das erste Kapitel, mit dem sozialem Handeln (Wirtschaften), fährt fort mit Organisationen (Wirtschaftsorganisationen) und endet mit einer Diskussion über große Ordnungskategorien (wie Wirtschaftssysteme).

Über die einzelnen wirtschaftlichen Phänomene, die Weber im zweiten Kapitel diskutiert, kann man viel sagen, aber da im Rahmen dieses Beitrages die verstehende Wirtschaftssoziologie im Mittelpunkt steht, werde ich an dieser Stelle auf diese Diskussion nicht weiter eingehen (siehe zu diesem Punkt zum Beispiel Swedberg 1998). Statt dessen werde ich folgende Fragen stellen und zu beantworten versuchen: Kann man das zweite Kapitel unabhängig vom ersten Kapitel lesen? Lag es in Webers Absicht, daß das erste und das zweite Kapitel unmittelbar hintereinander gelesen werden? Wie eng beziehen sich diese beiden Kapitel aufeinander?

Ja, das zweite Kapitel kann unabhängig vom ersten Kapitel gelesen werden, und es ist auch schon so gelesen worden. Ein Grund hierfür ist, daß das zweite Kapitel in der Sekundärliteratur normalerweise vernachlässigt wurde, was vielleicht zu der Gegenreaktion geführt hat, sich ausschließlich damit zu beschäftigen. Dies zu tun erhöht jedoch meines Erachtens das Risiko, Webers Wirtschaftssoziologie in ein Mainstream-Modell zu pressen oder sie ausschließlich als eine Form der historischen und vergleichenden Soziologie (miß)zuverstehen. In anderen Worten: Viele der kostbarsten Teile der Weberschen Wirtschaftssoziologie laufen Gefahr, übergangen zu werden, wenn man in dieser Art verfährt.

Nun komme ich zur Frage, ob das erste und das zweite Kapitel hintereinander oder jedes für sich getrennt gelesen werden sollte. Wir wissen ziemlich wenig über Webers Vorstellung, wie *Wirtschaft und Gesellschaft* allgemein gelesen werden sollte, denn meines Wissens gibt es von ihm keine Äußerung zu dieser Angelegenheit. Auf der anderen Seite geht man bei Lehrbüchern davon aus, daß sie, mit einem Stift in der Hand, von der ersten bis zur letzten Seite gelesen werden. Da *Wirtschaft und Gesellschaft* Teil eines allgemeinen Handbuches der Wirtschaftswissenschaft war, können wir ebenfalls annehmen, daß das zweite Kapitel nicht versehentlich nach dem ersten Kapitel eingefügt wurde; des weiteren kann man argumentieren, daß Webers Beitrag zum *Grundriß der Sozialökonomik* ohne ein Kapitel über Wirtschaft nicht komplett gewesen wäre. Trotzdem ist es sehr schwierig, Wirtschaftssoziologie zu betreiben, ohne zu wissen, was Soziologie ist, und aus dieser Beobachtung können wir erneut schließen, daß das erste und das zweite Kapitel tatsächlich zusammen gelesen werden sollten.

Es besteht also Veranlassung dazu, von der Annahme auszugehen, daß es Webers Absicht war, daß das erste und das zweite Kapitel von *Wirtschaft und Gesellschaft* aus der Sicht der Wirtschaftssoziologie als *ein* Text gelesen werden, und nicht als zwei separate Texte, einer über allgemeine Soziologie und einer über Wirtschaftssoziologie. Falls dies zutrifft, lautet eine Schlußfolgerung aus diesem Argument, daß es sehr unwahrscheinlich ist, daß das zweite Kapitel Wiederholungen enthält. Wir würden auch erwarten, daß das allgemeine Vokabular in beiden Kapiteln identisch ist und können damit rechnen, daß das zweite Kapitel ab und zu auf das erste Kapitel verweist.

Mein allgemeiner Eindruck ist der, daß diese Annahmen tatsächlich durch eine eingehende Lektüre des zweiten Kapitels bestätigt werden. In ihm finden wir keine Zusammenfassungen dessen, was im ersten Kapitel diskutiert wird, wie zum Beispiel die vier Typen des sozialen Handelns oder die drei Arten von Regelmäßigkeiten des Handelns. Des weiteren ist das allgemeine Vokabular das gleiche, wie die Verwendung von Begriffen wie soziales Handeln, Ordnung und Organisation in beiden Kapiteln zeigt. Auch verweist Weber im zweiten Kapitel auf eine Reihe von untergeordneten Punkten des ersten Kapitels. Ich habe eine Handvoll solcher Referenzen ausgemacht, von denen einige auf die Diskussion über geschlossene soziale Beziehungen im ersten Kapitel verweisen (Weber 1972: 31 [zweimal], 61, 70 und 114).

Bedeutet dies, daß das derzeitig vorherrschende Verständnis des zweiten Kapitels als einem weiteren Beispiel für Webers historisch-vergleichende Soziologie falsch ist, und eine Lektüre, die es statt dessen als einen Beitrag zur verstehenden Wirtschaftssoziologie begreift, demgegenüber richtig ist? Insgesamt würde ich sagen, daß dies tatsächlich der Fall ist. Aber bei einer erneuten Lektüre des zweiten Kapitels, die auf der Annahme beruht, daß Webers Wirtschaftssoziologie als verstehende Wirtschaftssoziologie verstanden werden sollte, habe ich auch den Eindruck gewonnen, daß die Belege für ein derartiges Vorhaben nicht so reichhaltig sind, wie man erwartet hätte.

Ich möchte versuchen darzustellen, warum das der Fall ist, indem ich auf das zweite Kapitel das anwende, was ich als die vier Schritte in Webers verstehender Wirtschaftssoziologie bezeichnet habe. Nach dieser Sicht beginnt man mit deutendem Verstehen (Schritt 1); dann wendet man sich dem wirtschaftlichen Handeln als einer besonderen Form des sozialen Handelns zu (Schritt 2); man geht weiter zum kausalen Erklären (Schritt 3) und legt sich schließlich Rechenschaft ab über beabsichtigte Folgen, Sekundärfolgen und unbeabsichtigte Folgen (Schritt 4; siehe Tabelle 1).

Es führt zu nichts, wenn wir im zweiten Kapitel nach Informationen suchen, die sich auf den ersten Schritt beziehen, der Fragen zum deutenden Verstehen mit einschließt. Im zweiten Kapitel finden sich nirgendwo Verweise darauf, wie der Wirtschaftssoziologe vorgehen sollte, um in die Köpfe der Handelnden zu schauen. Ausdrücke wie aktuelles Verstehen, erklärendes Verstehen, Evidenz und Empathie finden sich auf diesen Seiten nicht. Während es wahr ist, daß das zweite Kapitel zu dem langen Kapitel angewachsen ist, wie wir es heute kennen, und sogar noch länger geworden wäre, hätte Weber eine Diskussion dieser Vorstellungen miteinbezogen, muß das völlige Fehlen einer solchen Diskussion trotzdem registriert werden.

Zu Schritt 2 – mit der Betonung des sozialen Charakters des ökonomischen Handelns – hat das zweite Kapitel bedeutend mehr zu sagen. Die Tatsache, daß sich der Wirtschaftssoziologe im Prinzip nur mit sinnhaftem Verhalten beschäftigt, und daß „Sinn" ein schwieriges Thema darstellt, wird im zweiten Kapitel gründlich bestätigt. Zum Beispiel bemerkt Weber an einigen Stellen ausdrücklich, daß ein spezifischer Typus wirtschaftlicher Phänomene nur korrekt identifiziert werden kann, wenn der subjektiv gemeinte Sinn der Handelnden, deren Handeln die in Frage stehenden Phänomene konstituiert, berücksichtigt wird. Eines dieser Beispiele hat mit der Unterscheidung zwischen Haushalten und Erwerben zu tun, ein anderes mit der Frage, ob etwas in die Kategorie Wirtschaft oder Technik fällt (Weber 1972: 31 f. und 40). „Sinn" ist ebenfalls für den Gebrauch von Geld bedeutsam, argumentiert Weber, wenn er (Georg Friedrich Knapp folgend) feststellt, daß modernes Geld zu Geld wird, wenn der Staat ihm seinen Stempel aufdrückt (Weber 1972: 39 und 104 f.).

Wichtiger als diese verstreuten Verweise ist jedoch die Feststellung gleich zu Beginn des zweiten Kapitels, wo Weber in einigen gehaltvollen Sätzen die Rolle des Sinns in der Wirtschaftssoziologie diskutiert. Hier schreibt er: „Die Definition des Wirtschaftens hat möglichst allgemein zu sein und hat zum Ausdruck zu bringen, daß alle ‚wirtschaftlichen' Vorgänge und Objekte ihr Gepräge als solche gänzlich durch den *Sinn* erhalten, welchen menschliches Handeln ihnen – als Zweck, Mittel, Hemmung, Nebenerfolg – gibt" (Weber 1972: 31). Dann fährt er damit fort, die Vorstellung zu kritisieren, daß „Sinn" das gleiche sei wie „subjektiv" und der Sinnbegriff von daher in den Bereich der Psychologie falle: „....sie haben einen besondersartigen gemeinten *Sinn:* dieser allein konstituiert die Einheit der betreffenden Vorgänge und macht sie allein verständlich" (ebd.).

Tabelle 1: Verstehende Wirtschaftssoziologie: Ein Leitfaden

1. Mit dem deutendem Verstehen beginnen Stelle die Motive und Sinndeutungen der Handelnden mit Hilfe des aktuellen und des erklärenden Verstehens fest; benutze Idealtypen (und rationale Schemata), wenn nötig. Um den Sinn festzustellen, an dem sich die Handelnden orientieren, muß durch rationales Verstehen sowie emotionale und/oder künstlerische Einfühlung eine überprüfbare Gewißheit oder Evidenz erreicht werden.
2. Sich dann dem wirtschaftlichen Handeln zuwenden Untersuche den Sinn, den der Handelnde mit seinem Handeln verbindet; denke dabei daran, daß nicht nur der individuelle Sinn, sondern die allgemeineren Sinnzusammenhänge in Betracht gezogen werden müssen. Außerdem müssen die Orientierung des Handelnden an den anderen Akteuren sowie die einzelnen gesellschaftlichen Ordnungen berücksichtigt werden, durch die das individuelle Handeln überhaupt erst zu einem sozialen Handeln wird.
3. Mit dem kausalen Erklären fortfahren Was als Folge des sozialen Handelns geschieht, hängt davon ab, ob die Absicht und das Handeln zusammenpassen (Sinnadäquanz); außerdem muß eine gewisse Wahrscheinlichkeit vorliegen – die in jedem Fall geklärt werden muß –, daß das fragliche beabsichtigte Handeln normalerweise den gewünschten Effekt hat (Kausaladäquanz).
4. Sich Rechenschaft ablegen über beabsichtigte Folgen, sekundäre Folgen und unbeabsichtigte Folgen Neben dem beabsichtigten Resultat des sozialen Handelns gibt es häufig sekundäre Folgen sowie unbeabsichtigte Folgen einschließlich solcher auf der Makroebene, die mit in Betracht gezogen werden müssen.

Kommentar: In *Wirtschaft und Gesellschaft* gibt Weber einen kurzen Überblick über die allgemeinen Konturen dessen, was wir als verstehende Wirtschaftssoziologie bezeichnen können, und die obige Tabelle versucht, seine diesbezügliche Argumentation zusammenzufassen. Viele der hierbei verwendeten Begriffe sind dem ersten Kapitel von *Wirtschaft und Gesellschaft* entnommen worden, das Webers theoretische Soziologie enthält. Das zweite Kapitel des gleichen Werkes ist der Wirtschaftssoziologie gewidmet.

Quelle: Max Weber, *Wirtschaft und Gesellschaft* (Weber 1972:1-30 und 31-121).

Das zweite Kapitel von *Wirtschaft und Gesellschaft* bedient sich auch häufig der Formulierung „Orientierung an", was ein weiterer Hinweis darauf ist, daß Weber in beiden Kapiteln die gleichen Termini benutzt. Während das erste Kapitel zu erläutern versucht, was „Orientierung an" bedeutet, und woran Handeln orientiert sein kann (Personen und Ordnungen), trägt das zweite Kapitel jedoch eher zu Verwirrung bei. Das, was Weber beispielsweise „wirtschaftlich orientiertes Handeln" nennt, ist kein an einer Person oder Ordnung orientiertes wirtschaftliches Handeln, sondern wirtschaftliches Handeln, das entweder Gewaltanwendung mit einschließt oder ein ursprüngliches Ziel hat, das nicht wirtschaftlicher Natur ist (Weber 1972: 31 f.). Und das, was von ihm „politisch orientierter Kapitalismus" genannt wird, ist die Art Kapitalismus, in der der Staat eine zentrale Rolle spielt (Weber 1972: 95 ff.). Weber stellt ebenfalls fest, daß wirtschaftliches Handeln an „Profitmöglichkeiten" und „Marktvorteilen" orientiert sein kann – dies ist für jemand, der versucht, Webers Terminologie zu verstehen, ebenfalls verwirrend; es sei denn, eine Erläuterung kommt hinzu, was *nicht* der Fall ist (vgl. Weber 1972: 95 und 113).

In bezug auf die Schritte 3 und 4 – die sich mit der Thematik der Kausalität und den Ergebnissen des sozialen Handelns beschäftigen – hat das zweite Kapitel wenig oder gar nichts zu sagen. Genauer gesagt, steht darin nichts über Kausalität, was meines Erachtens ein Fehlurteil von seiten Webers darstellt, da seine Vorstellungen von Kausalität für den Leser kompliziert sind und, je nachdem, ob das fragliche Phänomen religiöser, wirtschaftlicher oder sonstiger Natur ist, vermutlich leicht variieren. Bezüglich der Folgen wissen wir aus dem ersten Kapitel, daß ein Handelnder, der in (formal) rationales wirtschaftliches Handeln verwickelt ist, typischerweise Sekundäreffekte mitberücksichtigt, wenn er sein Handeln plant. Diese Thematik wird im zweiten Kapitel genauso wenig diskutiert wie die unbeabsichtigten Folgen im eigentlichen Sinne.

Bezogen auf die Folgen des ökonomischen Handelns besteht Weber an einer Stelle im zweiten Kapitel darauf, daß die Wirkung ökonomischer Vorstellungen, wie sie von staatlicher Seite propagiert werden, normalerweise nicht stark genug ist, die persönlichen Interessen des Handelnden außer Kraft zu setzen. Die Stelle, auf die ich mich beziehe, lautet: „,...daß ,Interessen' der Einzelnen, nicht ,Ideen' einer Wirtschaftsverwaltung, künftig wie heute die Welt beherrschen werden" (Weber 1972: 109). Jedoch ist das wichtigste an dieser Stelle vielleicht nicht so sehr, daß sie den Wirtschaftssoziologen mahnt, hinsichtlich staatlicher Versuche, das Marktverhalten zu bestimmen, skeptisch zu sein, sondern daß sie ein Thema anschneidet, das in der üblichen Rezeption des ersten und zweiten Kapitels von *Wirtschaft und Gesellschaft* tendenziell keine Beachtung findet, nämlich die Rolle der *Interessen,* die das Handeln der Menschen antreibt. Weber selbst scheint genau dies zu denken, da er gegen Ende des zweiten Kapitels sagt, daß eine Tendenz dazu besteht, daß die handlungsbestimmende Rolle der Interessen vergessen wird.[4] Die genaue Formulierung lautet folgendermaßen: „Alles Wirtschaften wird in der Verkehrswirtschaft von den *einzelnen* Wirtschaftenden zur Deckung *eigener*, ideeller oder materieller, Interessen unternommen und durchgeführt. Auch dann natürlich, wenn es sich an den Ordnungen von wirtschaftenden, Wirtschafts- oder wirtschaftsregulierenden *Verbänden* orientiert, – was merkwürdigerweise oft verkannt wird" (Weber 1972: 119).

4 Abschließende Bemerkungen

In diesem Aufsatz habe ich versucht, das Verhältnis zwischen dem ersten Kapitel von *Wirtschaft und Gesellschaft* und Max Webers Wirtschaftssoziologie zu diskutieren, mit dem Ergebnis, daß wir erforschen sollten, in welchem Ausmaß Weber seine Wirtschaftssoziologie als *verstehende Wirtschaftssoziologie* verstanden wissen wollte mit all dem, was das nach sich ziehen würde. Dem Leser ist wahrscheinlich auch klar geworden, daß diese Problemstellung verallgemeinert werden kann – und daß wir folglich auch fragen können, wie eine Webersche verstehende Rechtssoziologie, verstehende Religionssoziologie usw. aussehen würde.

Man sollte auch zur Kenntnis nehmen, daß es einige Versuche anderer Gelehrter gibt, eine verstehende Wirtschaftssoziologie zu begründen oder zumindest etwas, das manchmal als „hermeneutische Wirtschaftswissenschaft" bezeichnet wird. Österreichische Wirtschaftswissenschaftler von Ludwig von Mises über Boettke bis zu Lachmann gehören in gewissem Umfang zu dieser Kategorie (z. B. Lachmann 1970 und 1990; Lavoie 1990; Prychitko 1995). Das an Weber ausgerichtete bedeutende Werk von Alfred Schütz ist in diesem Kontext ebenfalls von großer Relevanz (siehe besonders Schütz 1967, aber auch Schütz 1970-1971 und 1996). Außerdem befürworten einige zeitgenössische Wirtschaftssoziologen und in jüngster Vergangenheit sogar Douglass North – in *Explaining the Process of Economic Change* aus dem Jahr 2005 – den verstehenden Ansatz in der ökonomischen Analyse (z.B. Aspers 2001; Knorr Cetina und Brügger 2002; Velthuis 2004; Abolafia 2005; North 2005). Bei ihnen läßt sich einiges finden, das für ein besseres Verständnis der Weberschen Argumentation und für die Weiterentwicklung einer verstehenden Wirtschaftssoziologie im allgemeinen nützlich ist.

---

[4] Der Leser könnte sich Webers berühmten Ausspruch ins Gedächtnis rufen, daß nicht Ideen, sondern ideelle und materielle Interessen das menschliche Handeln antreiben – der 1919-1920 hinzugefügt wurde, als Weber die Einleitung zu *Die Wirtschaftsethik der Weltreligionen* überarbeitete (vgl. Weber 1988: 252).

Bevor ich mit diesem Aufsatz zum Ende komme, möchte ich noch ein Thema berühren, das in direktem Zusammenhang mit Webers Werk steht. Genauer gesagt, habe ich in diesem Beitrag seine Wirtschaftssoziologie hauptsächlich mit dem zweiten Kapitel „Soziologische Grundkategorien des Wirtschaftens" von *Wirtschaft und Gesellschaft* gleichgesetzt, aber natürlich ist auch wahr, daß es viele andere Schriften von Weber gibt, die als „wirtschaftssoziologisch" gelten können. Erste Frage: Sollten alle diese anderen Schriften als Beispiele für eine *verstehende Wirtschaftssoziologie* betrachtet werden? Die Anwort hierauf ist wahrscheinlich „nein", da Weber seine verstehende Soziologie erst zu entwickeln begann, als er über vierzig Jahre alt war. Wann genau das stattfand, ist nicht klar. Manchmal wird der Zeitraum 1908-1909 erwähnt; zumindest aber weiß man, daß es unter keinen Umständen nach 1913 war, dem Erscheinungsjahr des *Logos*-Aufsatzes (vgl. Käsler 1988: 15).

Das bedeutet, daß Webers Arbeiten auf dem Gebiet der „Wirtschaftssoziologie" vor etwa 1908 aus der Perspektive der verstehenden Wirtschaftssoziologie betrachtet werden müssen, aber in etwas anderer Art als seine Arbeiten nach dieser Zeit. Sie müssen zum einen auf Anhaltspunkte hin untersucht werden, wann die Vorstellung einer verstehenden Soziologie entwickelt wurde, zum anderen auf frühe Versionen der Begriffe und Vorstellungen, die dieses Projekt ausmachen. Der Leser könnte sich beispielsweise an Webers Diskussion in seiner Stammler-Kritik erinnern, wie „Metallplättchen (oder entsprechend ‚wirkende' Papierfetzen)" unter bestimmten Umständen als „Geld" angesehen werden (Weber 1985: 327).

Wir können diese frühen Arbeiten aber ebenfalls aus der Perspektive von Webers voll entwickelter verstehender Wirtschaftssoziologie betrachten und sehen, wohin uns das führt. Sind wir zum Beispiel mit dieser Verfahrensweise eher in der Lage, die einigen früheren Arbeiten zugrunde liegende Logik zu erfassen, die *Protestantische Ethik* miteingeschlossen? Es gibt noch immer vieles, was wir an dieser berühmten Studie nicht verstehen, und vielleicht wäre uns geholfen, wenn wir mit den vier Schritten der verstehenden Wirtschaftssoziologie an sie herangingen.

Was Webers Werk nach 1908 anbelangt, gibt es an vorderster Stelle die Studien zur *Wirtschaftsethik der Weltreligionen,* die von Weber selbst als relevant für seine Wirtschaftssoziologie betrachtet wurden (Weber 2004b: 55). Sie wurden hauptsächlich geschrieben, nachdem Weber das Projekt einer verstehenden Wirtschaftssoziologie ausformuliert und, wenn die Argumentation dieses Beitrages akzeptiert wird, vielleicht auch, nachdem er die Idee dazu zu Papier gebracht hatte. In anderen Worten: Sie können uns vielleicht weitere Hinweise darauf geben, was ein Wirtschaftssoziologe tun sollte, um in die Köpfe der ökonomischen Akteure hineinzuschauen, die er in einer zuverlässigen Weise studiert; wie das Handeln der ökonomischen Akteure zu verstehen ist; wie man die damit verbundene Kausalität erfaßt und schließlich, wie die Ergebnisse des Handelns zu analysieren sind.

Da ich diesen Aufsatz mit Verweisen auf die heutige Wirtschaftssoziologie begonnen habe – und das habe ich getan, weil ich der Meinung bin, daß Webers Vorstellungen dem, was Soziologen heute tun, gegenübergestellt werden sollten – möchte ich ebenfalls damit enden, indem ich aus dieser Perspektive etwas über Webers verstehende Wirtschaftssoziologie sage. Die heutige Wirtschaftssoziologie hat sich unterschiedliche Aufgaben gestellt; sie reichen von dem Versuch, *Business*-Schulen mit einer besseren empirischen Analyse zu versorgen, als dies Mainstream-Wirtschaftswissenschaftler tun können, bis hin zu dem allgemeineren Versuch, mit der überholten Vorstellung zu brechen, daß Wirtschaftsthemen am besten den Wirtschaftswissenschaftlern überlassen werden. Allerdings sind bis heute nicht die wirklich grundlegenden Fragen gestellt worden, mit denen sich jede sozialwissenschaftliche Diszipin auseinandersetzen muß, um wirklich erstklassig zu sein. Statt dessen sind einfach eine Menge fundamentaler Vorstellungen und Methoden aus verschiedenen Zweigen der Soziologie übernommen worden; hierin eingeschlossen die Mainstream-Soziologie, Netzwerk-Theorie, Rational Choice usw. Webers Wirtschaftssoziologie, die auf der engen Verbindung zwischen den ersten beiden Kapiteln von *Wirtschaft und Gesellschaft* beruht, lädt jedoch zu einer Diskussion genau dieser Grundfragen ein. Sie bietet ebenfalls eine differenzierte Antwort auf diese Fragen in Form einer, wie ich nahelegen möchte, *verstehenden Wirtschaftssoziologie*.

Literatur

Abolafia, Mitchel, 2005: Making Sense of Recession. Towards an Interpretive Theory of Economic Action. S. 204-226 in: Victor Nee / Richard Swedberg (Hrsg.), The Economic Sociology of Capitalism. Princeton.
Aspers, Patrik, 2001: Markets in Fashion. A Phenomenological Approach. Stockholm.
Bendix, Reinhard, 1960: Max Weber: An Intellectual Portrait. New York.
Bourdieu, Pierre, 2005: Principles of an Economic Anthropology. S. 75-89 in: Neil Smelser / Richard Swedberg (Hrsg.), The Handbook of Economic Sociology. 2. Aufl. New York / Princeton.
Callon, Michel (Hrsg.), 1998: The Laws of the Market. Oxford.
Coleman, James, 1990: The Foundations of Social Theory. Cambridge, MA.
Granovetter, Mark, 1985: Economic Action and Social Structure. The Problem of Embeddedness. American Journal of Sociology 91: 481-495.
Hayek, Friedrich von, 1945: The Use of Knowledge in Society. American Economic Review 35: 519-530.
Käsler, Dirk, 1988: Max Weber. An Introduction to His Life and Work. Cambridge.

Knorr Cetina, Karin / Brügger, Urs, 2002: Global Macrostructures. The Virtual Societies of Financial Markets. American Journal of Sociology 107: 905-950.
Lachmann, Ludwig M., 1970: The Legacy of Max Weber. London.
Lachmann, Ludwig M., 1990: Austrian Economics. A Hermeneutic Approach. S. 134-148 in: Don Lavoie (Hrsg.), Economics and Hermeneutics. London.
Lavoie, Don (Hrsg.), 1990: Economics and Hermeneutics. London.
North, Douglass, 2005: Understanding the Process of Economic Change. Princeton.
Prychitko, David, 1995: Individuals, Institutions, Interpretations. Hermeneutics Applied to Economics. Aldershot.
Schütz, Alfred, 1967: The Phenomenology of the Social World. London.
Schütz, Alfred, 1970-71: Collected Papers. Band I-III. Den Haag.
Schütz, Alfred, 1996. Collected Papers. Band IV. Dordrecht.
Schelling, Thomas, 1978: Micromotives and Macrobehavior. New York.
Simmel, Georg, 1955: Conflict and the Web of Group-Affiliation. New York.
Sombart, Werner, 1930: Die Drei Nationalökonomien. Geschichte und System der Lehre von der Wirtschaft. München / Leipzig.
Swedberg, Richard, 1998. Max Weber and the Idea of Economic Sociology. Princeton.
Velthuis, Olav, 2004: An Interpretive Approach to Meanings of Prices. Austrian Economics and Entrepreneurial Sciences 17(4): 371-386.
Weber, Max. 1920: Gesammelte Aufsätze zur Religionssoziologie. Band I. Tübingen.
Weber, Max, 1946: From Max Weber. Hrsg. von Hans Gerth und C. Wright Mills. New York.
Weber, Max, 1958: The Protestant Ethic and the Spirit of Capitalism. Übersetzt von Talcott Parsons. Cloucester (Mass.).
Weber, Max, 1972: Wirtschaft und Gesellschaft. Grundriß der verstehenden Soziologie. 5. Aufl. Tübingen.
Weber, Max, 1985: Gesammelte Aufsätze zur Wissenschaftslehre. 6. Aufl. Tübingen.
Weber, Max, 2004a: "Basic Sociological Concepts". Übersetzt von Keith Tribe. S. 311-358 in: Sam Whimster (Hrsg.), The Essential Weber. London.
Weber, Max, 2004b: The Essential Weber. Hrsg. von Sam Whimster. London.

Rezeptions- und Übersetzungsprobleme

Die Übersetzung des Begriffes „Geist"

Sam Whimster

Inmitten des Wirbels um die Verdienste und die Genauigkeit von Talcott Parsons' Übersetzung von *Die Protestantische Ethik und der Geist des Kapitalismus* hat meines Wissens nach niemand seinen Gebrauch des Wortes „spirit" für „Geist" hinterfragt, oder, als ergänzende Frage, Webers Gebrauch des Begriffes „Geist" (den er, wie wir wissen, im Titel der *Archiv*-Veröffentlichung von 1904-05 in Anführungszeichen gesetzt hat). Es wird selten zugegeben, daß das Wort „spirit" einige recht ernsthafte Probleme für englische und amerikanische Leser aufwirft. „Spirit" ist kein wissenschaftlicher Terminus und bedeutet, ganz allgemein gesehen, einen Zustand der Unverbundenheit mit dem materiellen Leib oder der materiellen Welt. Seine zahlreichen Definitionen im *Oxford English Dictionary* umfassen seinen Besitz durch Individuen als ein „animierendes und vitales Prinzip", seinen religiösen und magischen Gebrauch wie in dem Begriff „Heiliger Geist" sowie Geister im Zusammenhang mit Elfen und in Märchen. Eine weitere Bedeutungskomponente betrifft die moralische Beschaffenheit oder Eigenschaften einer Person, wie „in schlechter Verfassung" sein. Wenn das Wort „spirit" in einem wissenschaftlichen Sinn gebraucht werden soll, muß dieser so definiert werden können, daß er durch beobachtbare Merkmale (direkt oder indirekt) und kausale Wirksamkeit bezeichnet werden kann. In dieser Beziehung versagen die Definitionen des *English Dictionary*.

Die Lage wird noch schlechter, wenn man sich die Konnotationen des Wortes in Erinnerung ruft. Sie haben alle eine Tendenz zum Spiritistischen, Abergläubischen und Ätherischen. In einer entrückten sozialen Gemeinschaft (ob religiös oder *New Age*) sind diese Konnotationen wunderbar und zweifellos freudespendend.

Die Situation wird nicht besser, wenn wir den pseudo-wissenschaftlichen Gebrauch des Wortes „Zeitgeist" betrachten, das als „the spirit of the age" übersetzt wird. Im Bereich der Geisteswissenschaften mag der Zeitgeist als weitreichende Verallgemeinerung heraufbeschworen werden – aber die Verallgemeinerung ist so umfassend und vage, daß sie in den Universitäten nicht gebräuchlich ist. Natürlich hat Oswald Spengler „Zeitgeist" zum zentralen Begriff gemacht, aber Spenglers Buch *Der Untergang des Abendlandes* ist im „Kanon" des angloamerikanischen Denkens im Gegensatz zu Webers *Die Protestantische Ethik und der Geist des Kapitalismus* niemals akzeptiert worden.

Es gibt einiges, was die Ausdrücke „spirit" und „Geist" gemeinsam haben. In meinem *Collins German-English Dictionary* ist die Definition (b) religiös und steht in Zusammenhang mit „Seele" und „außerirdisches Wesen"; und Definition (d) bezieht sich auf die Gemeinsamkeit von „Wesen", „Sinn" und „Gesinnung", wie in „kollegialer Geist". Definition (a) lautet „mind" – Denken, Vernunft, und Definition (c) beinhaltet den Intellekt. Wenn man den Gebrauch des Wortes in (b) und (d) beiseite läßt – Religion und Kameradschaft –, scheint das Wort „Geist" die Eignung zu einem annehmbaren sozialwissenschaftlichen Begriff zu haben. Es ist gleichbedeutend mit etwas Positivem und Präzisem. „Geist" gehört zum Intellekt, ist Abstraktionsvermögen oder mentale Qualität. Er ist nicht, wie das englische Wort „spirit", durch andere Wortbedeutungen kompromittiert.

Ich glaube nicht, daß Parsons etwas anderes übrig blieb, als „Geist" mit „spirit" zu übersetzen – es ist die direkte Übersetzung, und jedes andere Wort wäre noch weit problematischer gewesen. Parsons, oder eigentlich Weber, ist damit in einer Englisch sprechenden Welt „davongekommen"; tatsächlich ist „Geist des Kapitalismus" wie das „stahlharte Gehäuse" Gegenstand des populären Diskurses geworden. Ein Teil des Erfolges von *Die Protestantische Ethik und der Geist des Kapitalismus* muß dem Gebrauch des Wortes „spirit" im Titel dieser Studie zugeschrieben werden. Im angloamerikanischen akademischen Milieu assoziiert man damit etwas fast Esoterisches und Exotisches, das 1930 sicherlich die Stärke eines unbekannten Genies vom alten Kontinent signalisiert haben muß. Wahrscheinlich müssen wir auch einen Gutteil der Kontroverse – die endlosen Debatten über die Richtigkeit der in der *Protestantischen Ethik* vertretenen These – auf den Gebrauch des Wortes „spirit" zurückführen. Sogar als Begriff zeichnet ihn eine wissenschaftliche Unbestimmtheit aus, wenn es darum geht, den „Geist des Kapitalismus" zu definieren und seine kausale Bedeutung zu spezifizieren. Aber da das englische und amerikanische Denken für den größten Teil des zwanzigsten Jahrhunderts eindeutig daran gescheitert ist, mit der Methodologie der Humanwissenschaften zurechtzukommen, hat es der anglophonen Rezeption immer an kritischem Scharfsinn gemangelt; sie war normalerweise von grundlegenden Mißverständnissen und -deutungen der von Weber aufgestellten These geprägt.¹

Im Englischen lautet das entsprechende Wort für „Geist" also „spirit", und dabei wird es auch bleiben. Aber egal ob „Geist" oder „spirit", es bleibt ein sehr merkwürdiges Wort. Am Schluß dieses Essays werde ich einiges von dem, was ich hinsichtlich Webers diesbezüglichem Wortgebrauch herausgefunden habe, umreißen.

„Geist" scheint zunächst einmal eine riskante Wortwahl wegen der entsprechenden Assoziation zu Hegels Philosophie des Geistes zu sein. Die meisten Leser der *Protestantischen Ethik* werden sich Webers Kritik am Hegelianismus in den Aufsätzen über Roscher und Knies nicht bewußt sein, so daß sie keine Ahnung davon haben, daß Weber Hegel ablehnte. Außerdem könnte Weber, von außen betrachtet, mit Hegel als Vertreter einer „idealistischen" Geschichtstheorie in einen Topf geworfen werden. In den kritischen Debatten über die These der *Protestantischen Ethik* taucht Webers „Idealismus" oft als Strohmann auf, auf den die Kritik gerichtet ist. Jegliche Ähnlichkeit kann aber ausgeschlossen werden, wenn man *Die Protestantische Ethik* liest. Hegels „Geist" ist ein wahrlich beeindruckender Begriff – die Idee, Vernunft, ist eine immanente Kraft im dialektischen Prozeß der Geschichte, die in der Realität verwirklicht wird. Im Gegensatz dazu ist Webers „Theorie", wie Ideen in der Geschichte kausal wirksam werden, viel anspruchsloser und läßt vor allen Dingen Klarheit vermissen.

1 Der moderne Kapitalismus von Werner Sombart

Wenn man jetzt einmal Hegel beiseite läßt: worauf beziehen sich Webers Anführungszeichen im Gebrauch des Wortes „Geist"? Meiner Meinung nach beziehen sich diese mit an Sicherheit grenzender Wahrscheinlichkeit auf Werner Sombarts Gebrauch dieses Ausdrucks in dessen Buch *Der Moderne Kapitalismus* von 1902.² Sombart machte in seiner Erklärung für den Aufstieg des modernen Kapi-

---

[1] In den dreißiger Jahren des zwanzigsten Jahrhunderts übernahm der Historiker und Archäologe R.G. Collingwood bestimmte Elemente von Wilhelm Diltheys Vorstellungen von Verstehen und Empathie, auch wenn er nicht bereit war, eine Psychologie des Glaubens, wie sie von William James vertreten wurde, zu unterstützen. Parsons Sich-Verlassen auf Alexander von Schelting ist eine wohlbekannte Schwäche. Und man fragt sich, ob sich die Situation im späten zwanzigsten Jahrhundert mit der weit verbreiteten Rezeption und unkritischen Akzeptanz der Hermeneutik verbessert hat.

[2] In diesem Essay verwende ich die erste Ausgabe von Sombarts Buch *Der moderne Kapitalismus*. Meine Darstellung wird die Zusammenhänge zwischen Simmels *Philosophie des Geldes (1900), Der moderne Kapitalismus* (1902) und Webers *Die Protestantische Ethik und der Geist des Kapitalismus* (1904-05), das heißt zwischen den Erstausgaben aufzeigen, so daß die Chro-

talismus einen ausgedehnten Gebrauch von der Vorstellung, daß es so etwas wie einen „Geist" des Kapitalismus gebe. Ich sage „mit an Sicherheit grenzender Wahrscheinlichkeit", weil Weber äußerst sparsam bei der Anerkennung anderer Autoren war. Auch scheint er gegenüber Sombart, einem Akademiker seines Alters, der die gleichen Sympathien und den gleichen Hintergrund wie er selbst besaß, zu einem gewissen Grad eine Rivalität empfunden zu haben. *Der moderne Kapitalismus* sorgte bei seiner Erstveröffentlichung für einen Eklat (und wurde mit den späteren Auflagen zu einem bedeutenden Publikationserfolg). *Die Protestantische Ethik und der Geist des Kapitalismus* war Webers Antwort auf Sombarts bahnbrechendes Buch, das eine Neuorientierung innerhalb der nationalökonomischen Kontroversen seiner Zeit bewirkte. In Webers *Protestantischer Ethik* gibt es eine Reihe korrigierender Passagen und Fußnoten zu Sombarts *Moderner Kapitalismus*. Sie beziehen sich auf Sombarts Abwertung der Religion als Faktor der westlichen Wirtschaftsentwicklung und auf Webers Hervorhebung der Rolle der religiösen Ethik für das wirtschaftliche Verhalten. Webers Verweise auf Sombart sind zum einen von korrigierender Art. Sie sind zum anderen aber auch leicht herabsetzend und erwecken den Eindruck, daß Sombarts eigene Thesen vernachlässigt werden kann. Das ist besonders heute der Fall, wo nur noch wenige *Der moderne Kapitalismus* lesen.

Sombart nimmt bei seiner entwicklungsgeschichtlichen Erklärung nicht nur den Begriff „Geist" in Anspruch, sondern stellt auch einen Bezugsrahmen für die

---

nologie der Ideen deutlich wird. Soweit ich sagen kann, ist die zweite Auflage von Simmels *Philosophie des Geldes* zwar erweitert worden, aber weicht nicht grundsätzlich von der ersten ab. Der englischen Übersetzung liegt die zweite Auflage von 1907 zugrunde. Anders verhält es sich mit späteren Auflagen von Werner Sombarts Buch *Der Moderne Kapitalismus*, die in großem Umfang erweitert und stark durch kritische Debatten, nicht zuletzt durch Webers eigene Kommentare in *Die Protestantische Ethik und der Geist des Kapitalismus* und an anderer Stelle, beeinflußt wurden. Zum Beispiel fügt Sombart in der zweiten Ausgabe eine Definition von Kapitalismus ein, die Weber entnommen sein könnte. Er führt „Geist" als bürgerliche Ethik und Unternehmensethik ein und degradiert so die Rolle von Prinzipien ökonomischer Motivation, die 1902 im Vordergrund standen. Sombarts progressive Ansichten von 1902 driften in Richtung romantischer Anti-Modernität ab, und seine noch 1902 vorgenommene Abwertung von Rassemerkmalen fällt seinen späteren ethnischen Charakterisierungen des Kapitalismus zum Opfer. Die Änderungen an der zweiten Auflage der *Protestantischen Ethik* sind natürlich wohlbekannt und spiegeln teilweise Webers jahrzehntelange Auseinandersetzung mit Sombart wider. Talcott Parsons' einflußreicher Aufsatz „'Capitalism' in recent German literature: Sombart and Weber" (Parsons 1991: 3-37) arbeitet mit den Zweitauflagen von *Der moderne Kapitalismus* und *Die Protestantische Ethik* und verfehlt die Verknüpfungen – den „Sinnzusammenhang" – von 1900. Parsons nimmt an, daß Sombart zum organizistischen Flügel der deutschen Nationalökonomie gehört, und der Begriff Geist ist tatsächlich von Hegel abgeleitet. 1902 ist Sombart jedoch ein herausragender Befürworter des, man könnte sagen, „psychologischen Individualismus". Dies „methodologischen Individualismus" zu nennen, gibt keine Antwort auf die (eigentliche) Frage: Um welche Methode handelt es sich hierbei?

Erklärung ökonomischer Aktivität unter Zuhilfenahme psychischer Motive zur Verfügung. Webers *Protestantische Ethik* bediente sich der gleichen psychologischen Argumentationsweise, und man muß sich daran erinnern, daß sein eigener soziologischer Ansatz bis etwa 1910 noch nicht genau festlegt war. *Der moderne Kapitalismus* umriß ein ganzes Programm für die Nationalökonomie, das einen Weg anbot, Wirtschaftsgeschichte mit ökonomischer und soziologischer Theorie zu verknüpfen. Das Buch beginnt mit mehreren methodologischen Kapiteln, die auf der Notwendigkeit bestehen, zwischen den von den Historikern festgestellten Fakten und der Interpretation dieser Fakten mit Hilfe von nationalökonomischen Begriffen zu unterscheiden. Historiker tendieren dazu, die ökonomische Bedeutsamkeit von Fakten zu verfehlen, da ihnen eine Theorie des ökonomischen Handelns fehlt. Die wichtige Unterscheidung, die Sombart einführen wollte, war die zwischen „Betrieb" und „Wirtschaft" im weiteren Sinne. Sombart argumentierte, daß man vergleichbare Betriebe wie die industrielle Werkstatt in der ganzen Geschichte finden kann. Entscheidend war jedoch, den Betrieb innerhalb der vorherrschenden Prinzipien einer Wirtschaft zu plazieren. Man findet die industrielle Werkstatt im antiken Griechenland, in den mittelalterlichen Gilden und im modernen Kapitalismus. Die ökonomischen Leitsätze der antiken Wirtschaft schlossen ein Wirtschaften aus, das überwiegend auf Konkurrenz und auf Marktprinzipien beruht; dem ähnlich, waren die Gilden einer restriktiven Wirtschaft verpflichtet, und in der kapitalistischen Ära kann man die Existenz von Werkstatt-Betrieben feststellen, die kooperativ funktionierten.

Sombart suchte von daher eher nach den ökonomischen Prinzipien eines Wirtschaftssystems als nach seinen speziellen Organisationsformen wie Haushalt, Betrieb, Landgut oder Fabrik. Seine Hauptidee war, daß zwei Prinzipien unterschieden werden müssen, um den Aufstieg des westlichen Kapitalismus zu erklären. Das eine war das Prinzip der Bedarfsdeckung, das andere das der Erwerbswirtschaft. Jedes dieser Prinzipien führte zur Definition der ihm entsprechenden Wirtschaft. Sombart wies in diesem Zusammenhang darauf hin, daß der Zweck einer kapitalistischen Fabrik, die Stiefel herstellt, nicht der sei, Stiefel zu produzieren, sondern den Profit zu steigern, während der Zweck einer bäuerlichen Bedarfswirtschaft, die Stiefel herstellt, darin bestünde, die Füße vor Nässe und Kälte zu schützen (Sombart 1902: 51). Dies ist denn auch der Unterschied zwischen einer traditionellen und einer modernen kapitalistischen Wirtschaft. Die traditionelle Wirtschaft in ihren vielfältigen Formen gründet auf der Motivation der unmittelbaren Bedarfsdeckung und wird durch begrenzte Arbeitsteilung charakterisiert. Die moderne kapitalistische Wirtschaft ist psychologisch von dem Wunsch nach Profit als Selbstzweck angetrieben; und zwar unabhängig davon, welche Ware oder welche Dienstleitung zur Verfügung gestellt wird.

Sombarts eigentliche Frage ist, was den Übergang vom Prinzip der Bedarfsdeckung zum Erwerbsprinzip verursacht; letzteres beinhaltet zugleich die Kapitalismus-Problematik, worauf Parsons in einem frühen Aufsatz hinweist.[3] Der Wechsel wurde im späten Mittelalter durch eine erhöhte Wertschätzung des Konsums und Wohlstands ausgelöst, nachdem Europa in Kontakt mit dem Nahen Osten gekommen war, die Kreuzzüge zu entsprechenden Verheerungen führten und später die Expeditionen zum Finden neuer Wohlstandsquellen in den Kolonien unternommen wurden. Sombart sagt, daß anstelle einer durch Traditionen regulierten Wirtschaft eine neue Lust am Wohlstand – *auri sacra fames* – aufkam (Sombart 1902: 383). Die Gier nach Reichtum, gefolgt von einem auf der doppelten Buchführung (1494 von Luca Paciola eingeführt) beruhenden neuen „ökonomischen Rationalismus" machte der Profitkalkulation den Weg frei. Der moderne Kapitalismus hat daher in den italienischen Städten seinen Anfang genommen, die durch Handel reich geworden waren, die technischen Details der Profitkalkulation übernommen hatten und von der traditionellen Zurückhaltung in ihrem Streben nach Wohlstand befreit waren.

Der Begriff „Geist" spielt eine bedeutende Rolle in Sombarts Erklärung, besonders hinsichtlich des Übergangs von einem ökonomischen Prinzip zum anderen. Der dritte Teil seiner entsprechenden Ausführungen ist „Die Genesis des kapitalistischen Geistes" betitelt. Er besteht aus zwei Kapiteln: eines befaßt sich mit dem Erwachen des „Erwerbstriebes", das andere mit der Ausbildung des ökonomischen Rationalismus. Sombart faßt das Problem der Entstehung des modernen Kapitalismus unter Rückgriff auf psychische Motive, während bei seiner Behandlung der ökonomischen Prinzipien und der daraus resultierenden ökonomischen Organisationsformen Normen und Regime im Mittelpunkt stehen. (In der Tat ist das von der Methode her kein bißchen parsonianisch). Sombart benutzt den Ausdruck „Psychogenese", um die große Veränderung innerhalb der psychischen Motivation hervorzuheben, die am Ende des Mittelalters stattfand (Sombart 1902: 391).

Webers *Protestantische Ethik* ist im Vergleich zu Sombarts Buch ein Aufsatz. Weber erörterte eine spezielle Ätiologie in Sombarts Darstellung. Wie wir gesehen haben, wandte sich Sombarts Ätiologie der neuen *auri sacra fames* zu – der verwünschten Lust auf Gold. Kapitel 14 des *Modernen Kapitalismus* erörtert mögliche alternative Gründe und läßt sie wieder fallen. Sombart schließt in diesem Zusammenhang auch die Religion als einen möglichen Grund für die Entstehung des modernen Kapitalismus aus. Ihm zufolge stellt der Protestantismus die Konsequenz, nicht jedoch die Ursache des modernen kapitalistischen Geistes dar. Wie Weber, zitiert Sombart (in einer Fußnote) Eberhard Gotheins Beitrag

---

[3] Siehe hierzu auch den informativen Aufsatz von Hartmut Lehmann (1996).

zur Debatte: „Wer den Spuren kapitalistischer Entwicklung nachgeht, in welchem Lande Europas es auch sei, immer wird sich dieselbe Thatsache aufdrängen: die calvinistische Diaspora ist zugleich die Pflanzschule der Kapitalwirtschaft. Die Spanier drückten sie mit bitterer Resignation dahin aus: die Ketzerei befördert den Handelsgeist" (Gothein 1892: 674; vgl. Sombart 1902: 380 f.).[4] Was jedoch benötigt wird, um einen solchen Irrtum zu vermeiden, ist laut Sombart eine genauere Untersuchung der aktuellen historischen Konstellation, um eine zufriedenstellende Antwort bezüglich der Entstehung des modernen Kapitalismus zu erhalten.

Die wissenschaftliche Bedeutsamkeit dessen, was Sombart und Weber versuchten, dreht sich um das Erfassen von Kausalität. Ein ungezügelter Erwerbsdrang (Sombart) oder innerweltliche Askese (Weber) war das entscheidende Motivierungsprinzip, das die wirtschaftliche Entwicklung in Westeuropa in eine neue Phase und eine neue Dynamik hineinführte. Der neue kapitalistische Geist (wie auch immer beschrieben) ist Teil der kulturellen Genealogie der Moderne. Sowohl Sombart als auch Weber führten einen historischen Versuch durch, um dieses kulturelle „Gen", das den modernen Kapitalismus auf den Weg gebracht hatte, zu isolieren.[5] Wenn es, wie sie argumentierten, ausschlaggebend und unverwechselbar wäre, dann würde es auch die Verhaltensmuster der zeitgenössischen ökonomischen Verhaltensformen prägen.

Eine genaue Lektüre von Kapitel 2 („Der Geist des Kapitalismus") des ersten Teils der *Protestantischen Ethik* bringt zum Vorschein, daß es sich hierbei um einen kritischen Dialog mit Sombarts Position über die Triebkräfte des ökonomischen Verhaltens handelt. Webers Kapitelüberschrift läßt absichtlich Sombarts Titel für Teil 3 des *Modernen Kapitalismus* („Die Genesis des kapitalistischen Geistes") anklingen. Weber entschuldigt sich für den hochtrabenden Begriff „Geist", versäumt seltsamerweise aber anzuerkennen, daß Sombart diesen Begriff bereits zwei Jahre früher geprägt hatte.[6] Weber benutzt die Fallstudie von

---

[4] Gotheins Buch unterstützt Sombarts Position allgemein in dem Punkt, daß es gegen die institutionentheoretische und rechtswissenschaftliche Analyse von Historikern wie Georg von Below angeht, aber es bleibt letztlich selbst diesem Bezugsrahmen verhaftet und verfehlt damit den Primat des ökonomischen Prinzips, das Sombart eingeführt hatte.

[5] Siehe Runciman (2001) für eine zeitgenössische Darstellung der Darwinschen Selektionslehre, angewandt auf die These der *Protestantischen Ethik*.

[6] Siehe Weber (1920:30): „,In der Ueberschrift dieser Studie ist der etwas anspruchsvoll klingende Begriff: ,Geist des Kapitalismus' verwendet. Was soll darunter verstanden werden?" Die Anführungszeichen werden an diesem Punkt sehr interessant. Wenn Weber gegen den hochtrabenden Charakter des Wortes „Geist" Einspruch erhebt, werden die Anführungszeichen bezeichnend. Aber sie könnten nur durch die implizite Anerkennung des Tatbestandes, daß Sombart derjenige war, der prätentiös war, bezeichnend werden. Man beachte ebenfalls die Bemerkung von Lehmann (1996: 97): „Daß Weber in der ersten Fassung seines Essays von 1904/05

Benjamin Franklin, um zu illustrieren, was er mit dem neuem Geist des Kapitalismus meint. Es ist eine systematische Arbeitsethik, deren Motor eine ethische Haltung gegenüber der Welt ist: „Vor allem ist das ‚summum bonum' dieser ‚Ethik': der Erwerb von Geld und immer mehr Geld, unter strengster Vermeidung alles unbefangenen Genießens, so gänzlich aller eudämonistischen oder gar hedonistischen Gesichtspunkten entkleidet, so rein als Selbstzweck gedacht, daß es als etwas gegenüber dem ‚Glück' oder dem ‚Nutzen' des einzelnen Individuums jedenfalls gänzlich Transzendentes und schlechthin Irrationales erscheint" (Weber 1920: 35).

Weber diskutiert die Bedeutsamkeit eines von Sombarts Hauptbeispielen für den neuen Erwerbsgeist. Sombart setzte auf das Titelblatt des zweiten Buches („Die Genesis des Modernen Kapitalismus") ein Zitat aus den Memoiren Anton Fuggers: „...aber Herr Jacob Fugger hat ihm allweg zur Antwort gegeben: ... er hätte viel einen andern Sinn, wollte gewinnen, dieweil er könnte" (Sombart 1902: 193). Der Fragende war ein Geschäftskollege, der schon aus dem Arbeitsleben ausgeschieden war und Jacob Fugger gefragt hatte, warum er nicht das gleiche tat, wo er doch schon ein riesiges Vermögen gemacht hatte. (Jacob Fugger [1459-1525] gehörte einer von Europas größten Unternehmensdynastien an, deren Mitglieder als Kaufleute, Banker, Steuereintreiber und Geldverleiher an Könige und Kaiser Geld machten). Die hochkalibrige Auseinandersetzung zwischen Sombart und Weber betraf die Motivation Jacob Fuggers. Für Sombart war sie ein spektakuläres Beispiel für den neuen Erwerbsgeist und die neue Geschäftsmentalität, die sich von den italienischen Städten aus nordwärts ins katholische Bayern ausbreitete. Jacob Fuggers Kommentar könnte als Motto für den kapitalistischen Unternehmer dienen, merkt Sombart an, bei dem Berechnung, Spekulation und Geschäfte zur Lebensform an sich werden (Sombart 1902: 396 f.). Während Fugger für Weber merkantilen Wagemut und Risikofreudigkeit verkörperte, fehlte ihm die nüchterne und systematische Haltung gegenüber dem Geschäft, wie sie von Benjamin Franklin veranschaulicht worden ist. Letzterer verkörperte die moderne Haltung, während die Fugger für traditionelle kaufmännische Aristokratie standen.

Über Arbeit als „Selbstzweck" sagt Weber das gleiche wie Sombart. Aber was Weber natürlich zeigen muß, ist, daß diese durch religiöse Motive inspiriert ist und nicht durch Profitstreben aus eigener Kraft. Weber verlangt, daß die spezifischen historischen Ursprünge dieses religiös geprägten Geistes aufgezeigt werden, weil die spätere Entwicklung des Kapitalismus im Zuge seiner unvermeidlichen Säkularisierung die religiöse in die kapitalistische Disziplin verwan-

---

Sombart nur wenige Male erwähnte und daß die Stellen, wo er dies tut, nicht von zentraler Bedeutung sind, sollte uns nicht täuschen."

delt und dabei den historischen Ursprung vernebelt. Dies führe zu dem durch den „naiven historischen Materialismus" gemachten Fehler, die kausale Beziehung umzukehren. Weber zufolge produziert jedoch ein bestimmter Religionstypus den kapitalistischen Geist, und nicht der Kapitalismus eine religiöse Haltung. Was er dabei als Fehler ausmacht, war genau die von Sombart vertretene Position, der, wie wir gesehen haben, den Einfluß des Protestantismus und des Calvinismus als kausale Faktoren heruntergespielt.

Als nächstes nimmt Weber Sombarts Beschreibung des Auftauchens der Gier nach Gold auf, die in den Texten beider Männer durch eine lateinische Redewendung deutlich hervorgehoben wird: *auri sacra fames*. Sombart zufolge ist diese Gier nach Gold mittelalterlichen Ursprungs, während Weber die Ansicht vertritt, daß diese so alt sei „wie die uns bekannte Geschichte der Menschheit" (Weber 1920: 42). Das heißt, für Weber ist nichts Neues daran, und von daher muß es als neuer Faktor außer acht gelassen werden. Sombarts Erwerbsgeist könne auf der ganzen Welt gefunden werden – beim italienischen wie auch beim chinesischen Taxifahrer, bei Handwerkern in Südeuropa und Asien etc. Dann geht Weber auf Sombarts Argument an, daß sich durch die europäische Erfahrung mit den Kreuzzügen ein Abenteurer-Kapitalismus entwickelt habe. Weber macht dagegen geltend: „Und wie, äußerlich, der kapitalistische Erwerb als ‚Abenteuer' in allen Wirtschaftsverfassungen heimisch war, welche geldartige Vermögensobjekte kannten und Chancen boten, sie gewinnbringend zu verwerten ... so fand sich auch jene innerliche Abenteurer-Gesinnung, welche die Schranken der Ethik spottet, überall. Die absolute und bewußte Rücksichtslosigkeit des Gewinnstrebens stand oft ganz hart gerade neben strengster Traditionsgebundenheit" (Weber 1920: 43). Sombart war bestrebt, den Traditionalismus dem neuen Erwerbsgeist gegenüberzustellen. Weber zufolge muß der Traditionalismus des skrupellosen Abenteurer-Kapitalismus mit einem neuen ethischen Lebensstil bekämpft werden. So sieht Weber das, was für Sombart neu ist (Erwerbsstreben), als uralt an; ferner besteht er darauf, daß das, was uralt war – eine traditionelle Haltung gegenüber dem Erwerb – durch das Auftauchen eines neuen ethischen Lebensstil umgewandelt werden mußte. An dieser Stelle wird Sombart im Haupttext formell nicht erwähnt, obwohl er ganz klar der kritische Bezugspunkt von Webers Ausführungen ist.

Einige Seiten weiter diskutiert Weber explizit Sombarts Unterteilung der ökonomischen Motivation in Bedarfsdeckung und den „neuen" Erwerbsgeist. Wie wir gesehen haben, hat Sombart beträchtliche Mühe auf sich genommen, um zweierlei Arten von Betrieb zu unterscheiden: einen ordnete er der Handwerks-Mentalität zu (Produktion zur Bedarfsdeckung), den anderen dem kapitalistischen Geist (dem Profitstreben frei von Bedürfnissen). Weber scheint sich in Richtung der Sombartschen Position zu bewegen, indem er die Produktion zur

Bedarfsdeckung mit dem gleichsetzt, was er selbst ökonomischen Traditionalismus nennt. Dies ist für Sombart die vorkapitalistische Welt, die geändert werden muß. Weber ist in ähnlicher Weise an der Transformationsproblematik interessiert, führt aber den Begriff des traditionellen Kapitalismus ein. Dieser beinhaltet neue Differenzierungsmöglichkeiten: die traditionelle Erscheinungsform des Kapitalismus ist auf beiden Seiten der historischen Entwicklung hin zur Moderne anzutreffen. Man kann Beispiele von Kapitalismus im Mittelalter und in der Antike anführen, die in ihrer Ausrichtung traditionell gewesen sind: „Auch Wirtschaften nämlich, die von privaten Unternehmern in der Form eines Umschlags von Kapital (= Geld oder geldwerten Gütern) zu Gewinnzwecken durch Ankauf von Produktionsmitteln und Verkauf der Produkte, also zweifellos als ‚kapitalistische Unternehmungen' geleitet werden, können gleichwohl ‚traditionalistischen' Charakter an sich tragen" (Weber 1920: 49). Sombart hebt zu Recht hervor, was Weber eine „adäquate Beziehung" zwischen dem kapitalistischen Geist und dem kapitalistischen Unternehmen nennt – in der modernen Ära passen sie zusammen. Aber dies ist keine „notwendige Beziehung", sagt Weber. Man kann in der Antike eine kapitalistische Werkstatt finden, die unter traditionellen Gesichtspunkten geführt wird. Umgekehrt sind in der modernen europäischen Geschichte kapitalistische Unternehmen üblich, die nach traditionellen Prinzipien geführt werden.

Weber bedient sich des Beispieles der Textilindustrie im neunzehnten Jahrhundert, um zu verdeutlichen, daß kapitalistische Unternehmen häufig traditionell sind und es ihnen an dem dynamischen Impuls für endloses Wachstum fehlt. Beim Leinengeschäft handelte es sich um Heimindustrie, die Zwischenhändler benutzte, um das Rohmaterial zu verarbeiten: „Es war in jeder Hinsicht ‚kapitalistische' *Form* der Organisation, wenn man auf den rein kaufmännisch-geschäftlichen Charakter der Unternehmer, ebenso wenn man auf die Tatsache der Unentbehrlichkeit des Dazwischentretens von Kapitalien, welche in dem Geschäft umgeschlagen wurden, ebenso endlich, wenn man auf die objektive Seite des ökonomischen Hergangs oder auf die Art der Buchführung sieht" (Weber 1920: 51). Buchführung war ein zentrales Merkmal in Sombarts Darstellung des ökonomischen Rationalismus. Für Weber aber stand sie lediglich für einen Kapitalismus, der nach wie vor einem traditionalistischen Entwicklungsstadium angehörte. Weber fährt damit fort, diesen Punkt über die nächsten Seiten hinweg auszuarbeiten und versucht in Wirklichkeit, die Unhaltbarkeit von Sombarts Unterscheidungen zu verdeutlichen.

Als nächstes geht Weber auf einen schon von Sombart eingeführten Punkt ein, nämlich daß nicht die Verfügbarkeit von Geld wesentliche Voraussetzung für die Entwicklung des modernen Kapitalismus sei, sondern die Einstellung gegenüber dem Geschäftemachen: „Die Frage nach den Triebkräften der Expansion des modernen Kapitalismus ist nicht in erster Linie eine Frage nach der Herkunft der kapitalistisch verwertbaren Geldvorräte, sondern vor allem nach der Entwicklung des kapitalistischen Geistes" (Weber 1920: 53). Dies ist genau Sombarts Argument, aber natürlich möchte Weber einen anderen Geist zum Ausdruck bringen. Weber möchte demonstrieren, daß das Entscheidende die ethischen Qualitäten sind, durch die der Geist geprägt ist. Das kapitalistische System „braucht diese Hingabe an den ‚Beruf' des Geldverdienens", welche die vorausgegangene Ära mit ihrem *auri sacra fames* als „pervers" empfunden hätte (Weber 1920: 55).

Wiederum ohne Sombart zu erwähnen, wendet sich Weber der Haltung der Kirche gegenüber dem Geldverdienen in den italienischen Städten des späten Mittelalters zu. Wie wir festgestellt haben, waren die italienischen Städte für Sombart der Ausgangsort des neuen kapitalistischen Geistes. Im Gegensatz dazu besteht Weber darauf, daß der Einfluß der Kirche entscheidend dafür war, daß das ungebändigte Profitstreben damals noch als ethisch verwerflich angesehen wurde.[7]

Kapitel 2 endet schließlich mit einem weiteren Verweis auf Sombart. Weber gibt in diesem Zusammenhang zu, daß der ökonomische Rationalismus zentraler Bestandteil der „modernen Wirtschaft" sei (Weber 1920: 60). Weber erwähnt sogar die Möglichkeit, daß es scheinen könnte, „als sei die Entwicklung des ‚kapitalistischen Geistes' am einfachsten als Teilerscheinung in der Gesamtentwicklung des Rationalismus zu verstehen und müsse aus dessen prinzipieller Stellung zu den letzten Lebensproblemen ableitbar sein. Dabei käme also der Protestantismus nur insoweit historisch in Betracht, als er etwa als ‚Vorfrucht' rein rationalistischer Lebensanschauungen eine Rolle gespielt hätte" (Weber 1920: 61). Wie nun erwartet werden kann, läßt Weber diesen Gedankengang wieder fallen, weil der Rationalismus in der europäischen Geschichte seiner Meinung nach keine einheitliche Bewegung darstellt. Das Römische Recht war zwar in hohem Maße rational, aber im modernen Zeitalter habe dies kaum Auswirkungen auf die kapitalistische Entwicklung gehabt.

In fast jeder Phase von Webers Ausführungen im zweiten Kapitel des ersten Teils der *Protestantischen Ethik* ist Sombart der heimliche Bezugspunkt seiner Argumentation, und von daher läßt sich die Struktur der Weberschen Argumentation von Sombart ableiten. Weber verändert, und zwar ganz entscheidend, zentrale Punkte von Sombarts Auffassung: dies betrifft sowohl das Verhältnis des Abenteurer-Kapitalismus zum ethischen Lebensstil als auch das Verhältnis des modernen zum universellen Erwerbsstreben. Weber faßt Sombarts begriffli-

---

[7] In der zweiten Auflage der *Protestantischen Ethik* von 1920 fügte Weber in diesem Zusammenhang eine lange Fußnote ein, in der er Sombarts Position angriff (vgl. Weber 1920: 56-59).

che Unterscheidungen neu und ist in seiner Definition von Kapitalismus (aber nicht in seiner Definition von Geist) auch prägnanter. Aber wir sollten nicht aus dem Auge verlieren, daß die Zurechnung auf Motive beziehungsweise den „Geist" von Werner Sombart als neue Denkart in der Nationalökonomie eingeführt wurde. Weber mag in inhaltlicher Hinsicht anderer Meinung sein, aber die auch von ihm praktizierte strukturelle Vorgehensweise, die Beziehung der Wirtschaft zu Wirtschaftssubjekten in vergleichender Perspektive zu denken, stammt von Sombart.

2 Simmels Philosophie des Geldes

Wir haben gesehen, daß Sombarts *Moderner Kapitalismus* eine bestimmte Art von „Geist" (oder „Mentalität") als die entscheidende Kraft geltend zu machen versuchte, welche die Dynamik des modernen Kapitalismus auslöste; und wir haben gesehen, daß Weber Sombarts Behauptung, Gier sei die Triebkraft des Erwerbslebens, direkt entgegentrat. Sombart und Weber teilten beide die Meinung, daß psychische Motive der Schlüssel zu jedem Verständnis für den Aufstieg des modernen Wirtschaftslebens waren, und beide nahmen an, daß die Zwecke des wirtschaftlichen Verhaltens – die Erfüllung von Bedürfnissen – entscheidend durch ein ökonomisches System verändert worden waren, das die Betonung auf vorletzte Zwecke legte, nämlich dem Profitstreben ungeachtet des wirtschaftlichen Nutzens und Bedarfs. Sombart zufolge wurde das Profitstreben angetrieben durch Gier in Verbindung mit ökonomischem Rationalismus, und nach Webers Ansicht führte die puritanische Askese zur Konzentration auf Arbeit als einem Selbstzweck. Letzte Ziele wie Konsum, Bedürfnisbefriedigung, Ausgaben zur Demonstration von Statusunterschieden oder der Führung von Kriegen wurden durch einen zum Selbstzweck gewordenen ökonomischen Mechanismus ersetzt. Sombarts Kaufmann und Webers Puritaner hatten durch ihre Mißachtung der eigentlichen Zwecke des ökonomischen Handelns eine völlig neue Charakterdisposition in die westliche Zivilisation eingebracht.

Beide Autoren, besonders Sombart, fühlten sich Simmels Einsicht verpflichtet, daß letzte Ziele durch Mechanismen ersetzt werden können, die vom Verstand und Verhalten der ökonomischen Akteure Besitz ergreifen.[8] Das Werk, auf das sie sich bezogen, war Simmels *Philosophie des Geldes,* eine 550 Seiten lange Abhandlung, die erstmals im Jahr 1900 als Buch veröffentlicht wurde. Dieses Projekt wurde zum ersten Mal 1889 in einem Essay in Angriff genom-

---

[8] Friedrich Lenger (1994: 121-123) ist die Einsicht zu verdanken, daß das Thema „Geist" Sombart, Simmel und Weber miteinander verbindet.

men, der in einer von Gustav Schmoller herausgegebenen Fachzeitschrift unter dem Titel „Zur Psychologie des Geldes" veröffentlicht worden ist.[9] In den neunziger Jahren des 19. Jahrhunderts hatte Simmel viele Themen des Buches in separat veröffentlichten Aufsätzen entwickelt, und man kann daraus folgern, daß sowohl Sombart als auch Weber Simmels Projekt bereits in den neunziger Jahre des 19. Jahrhunderts kannten (vgl. Frisby 1978: 37, Anm. 3). Selbstverständlich erkennen sie beide *Die Philosophie des Geldes* in ihren Werken (*Der moderne Kapitalismus* und *Die Protestantische Ethik und der Geist des Kapitalismus*) an.[10]

Einfach gesagt, sollte das von Simmel gelieferte Argument zeigen, wie Geld zu einem mächtigen Mechanismus wurde, der eine große Bandbreite ökonomischer Transaktionen ermöglichte und als Instrument des ökonomischen Prozesses auch entscheidend die Qualität und Struktur sozialer Beziehungen prägte. Wenn für Sombart Gier die primäre psychische Triebkraft war, dann war das Geld ihr Gegenstand – Simmel war derjenige, der darauf hinwies, wie eng diese Verbindung war. Und wenn der Puritaner mit seinem ökonomischen Verhalten den rein weltlichen Sinngehalt des Wirtschaftens in den inneren Trost einer religiösen Heilserwartung verwandeln konnte, dann war es Simmel, der gezeigt hatte, wie solche psychischen Umstrukturierungen möglich waren. Durch seine Analyse des Geldes ist Simmel der erste Sozialtheoretiker, der die Betonung auf die Bedeutung von vermittelnden Mechanismen legt, durch die das Mittel entscheidend für den Zweck der Handlung und, unter bestimmten Umständen, zum Selbstzweck wird. Simmel war es ebenfalls, der den Gebrauch des Wortes „Geist" für eine Gruppe von psychologischen Attributen einführte, die in Beziehung zur

---

[9] Es handelt sich hierbei um das Jahrbuch für Gesetzgebung, Verwaltung und Volkswirtschaft im deutschen Reich (vgl. Simmel 1889).

[10] „Damit aber war die Zeit erfüllet, daß sich jener merkwürdige psychologische Prozeß in den Menschen abermals vollzog, dessen Verlauf uns neuerdings mit gewohnter Meisterschaft Georg Simmel geschildert hat: die Erhebung des absoluten Mittels – des Geldes – zum höchsten Zweck" (Sombart 1902: 383). Parsons liefert eine exzellente Zusammenfassung von Sombarts Auffassung über das Geld, ohne sich darüber im Klaren zu sein, daß sie von Simmel stammt: „All the qualitative differences of the most diverse economic goods are reduced to a single common denominator, money. This quantitative measure gives a means of comparison of diverse goods on the one hand. On the other hand it gives an objective purpose for all economic activitiy, which is primarily the making of profit in terms of money, and only indirectly the securing of the goods for which money can be exchanged. Thus a wedge is driven between the 'natural' end of economic action, the satisfaction of needs, and the means to that satisfaction" (Parsons 1991: 8). Sombart riskierte viel bezüglich der historischen Beweisführung, als er Simmels Theorie auf die Periode des ausgehenden Mittelalters anwandte; dies spiegelt sich in den Kritiken der Historiker wider, von denen sich Sombarts These nie wirklich erholte. Max Weber betonte demgegenüber den Einfluß, den Simmel auf Sombarts Beschreibung des modernen Kapitalismus ausübte: „Seine Gedankengänge knüpfen hier an die glänzenden Bilder in Simmels ‚Philosophie des Geldes' (letztes Kapitel) an" (Weber 1920: 34).

Natur des Geldes analysiert werden mußten.[11] Es gibt mehr als nur einen Hinweis auf den magischen und faustischen Charakter des Begriffes „Geist". Geld ist eine Art von Alchimie, die normale soziale und wirtschaftliche Beziehungen zwischen Menschen in etwas verwandelt, das zum Teil außerhalb ihrer eigenen Kontrolle liegt; indem es so viel möglich macht, macht es zu viel möglich.

Kapitel 3 der *Philosophie des Geldes,* „Das Geld in den Zweckreihen", ist ein wichtiger Bezugspunkt sowohl für Sombart als auch für Weber. Es stellt das Modell für eine Sichtweise des modernen Kapitalismus dar, in der die Jagd nach Geld zum Selbstzweck wird. Es beinhaltet ferner eine Theorie des sozialen Handelns, wie sie heute genannt wird. Sombart hatte bereits einige ihrer Kennzeichen in seiner eigenen schematischen Darstellung des Zusammenhangs zwischen ökonomischen Prinzipien, psychischer Motivation und organisatorischen Normen verwendet. Da Weber eine psychologistische Darstellung der innerweltlichen Askese bevorzugte, kam er in *Die Protestantische Ethik und der Geist des Kapitalismus* noch ohne eine Theorie des sozialen Handelns aus, obwohl die erste Fassung seiner soziologischen Handlungstheorie 1913 in seinem *Logos*-Aufsatz erschien, als das Projekt einer vergleichenden Religionssoziologie seinen Anfang nahm. Weber wird allgemein als Urheber der Theorie des sozialen Handelns angesehen, aber Simmel zeichnete in seiner *Philosophie des Geldes* den ersten klaren Umriß. Weber erkannte Simmels Bedeutung zu Beginn seines *Logos*-Aufsatzes an.[12]

In der Philosophie der Sozialwissenschaften wird der Begriff „Kausalität" in bezug auf menschliches Handeln in höchst unterschiedlicher Weise in Anspruch genommen. Um Vergleiche zwischen den einzelnen philosophischen Positionen anzustellen, müssen wir deshalb sowohl hinsichtlich der zugrundelie-

---

[11] Die Bezugnahme ist hier schwierig, weil sie uns zum Kern der Simmelschen Analyse bringt. Aber: „Jene Projizierung bloßer Verhältnisse auf Sondergebilde ist eine der großen Leistungen des Geistes, indem in ihr der Geist zwar verkörpert wird, aber nur um das Körperhafte zum Gefäß des Geistigen zu machen und diesem damit eine vollere und lebendigere Wirksamkeit zu gewähren. Mit dem Gelde hat die Fähigkeit zu solchen Bildungen ihren höchsten Triumph gefeiert" (Simmel 1989: 137). „Alle jene indirekten Bedeutungen seiner für die anderweitigen Seiten des Kulturprozesses hängen an seiner wesentlichen Leistung, daß der ökonomische Wert der Dinge mit ihm den gedrängtesten Ausdruck und eine Vertretung von absoluter Intensität gewonnen hat. ... Man könnte dies als eine steigende Vergeistigung des Geldes bezeichnen. Denn das Wesen des Geistes ist, der Vielheit die Form der Einheit zu gewähren" (Simmel 1989: 245 f.).

[12] In der Anmerkung zu Beginn des Kategorienaufsatzes bezieht sich Weber auf Simmels *Probleme der Geschichtsphilosophie.* Am Ende dieser Anmerkung weist er darauf hin, daß er den subjektiv gemeinten Sinn schärfer vom objektiv gültigen Sinn unterscheiden möchte. Der gleiche Punkt wird in der Neufassung der „Soziologischen Grundbegriffe" von 1920 wiederholt, aber dieses Mal wird sowohl Simmels *Philosophie des Geldes* als auch seine *Soziologie* ausdrücklich erwähnt (vgl. Weber 1973: 427 und 541).

genden Handlungsmodelle als auch bezüglich der Terminologie wachsam sein. Simmel ist sich dessen von Anfang an bewußt: „Der große Gegensatz aller Geistesgeschichte: ob man die Inhalte der Wirklichkeit von ihren Ursachen oder von ihren Folgen aus ansieht und zu begreifen sucht – der Gegensatz der kausalen und der teleologischen Denkrichtung – findet sein Urbild an einem Unterschiede innerhalb unserer praktischen Motivationen" (Simmel 1989: 254). Nehmen wir, fragt Simmel, einen Ansatz an, der menschliches Handeln als durch Faktoren jenseits unserer Kontrolle verursacht ansieht, oder sind wir bewußte Wesen, mit Absichten, und haben Kontrolle über die Verfolgung unserer eigenen Ziele? Dies entspricht der von Martin Hollis (1977: 1-21) getroffenen Unterscheidung zwischen dem „plastischen" und dem autonomen Menschen.

Simmel unterscheidet zwischen instinktgeleitetem und geplantem beziehungsweise beabsichtigtem Handeln. Beispielsweise ist das Essen wilder Erdbeeren eine instinktive Reaktion auf Hunger. Das Erdbeerpflanzen im Frühjahr ist eine zielgerichtete Aktivität. In beiden Fällen (instinktive und intentionale Handlungen) nimmt Simmel an, daß Energie verausgabt wird. Instinkte verursachen das Freisetzen aufgestauter Energie, und bei der Verwirklichung von Absichten wird ebenfalls Energie verausgabt. Eine Absicht könne der „ideelle Sachgehalt des Handelns oder Geschehens" bleiben; sie könne nur dann real werden, wenn sie „der Inhalt einer realen Energie wird: so wie die Gerechtigkeit oder die Sittlichkeit als Ideen niemals eine Wirksamkeit in der Geschichte üben, das vielmehr erst können, wenn sie von konkreten Mächten als Inhalt des Kraftmaßes derselben aufgenommen werden" (Simmel 1989: 255). Die Ergebnisse des Handelns, sagt Simmel, existieren hier in einer psychologisch wirksamen Form, bevor sie eine objektive Existenz annehmen. In beiden Fällen wird der wahre Status des Handelns durch den Energieaufwand bestätigt. Von daher wird jedes menschliche Handeln eine Energie-Spur hinterlassen, und es ist Aufgabe des Sozialwissenschaftlers, diese Energie dem Motiv der Verfolgung eines Zieles zuzurechnen oder als durch Instinkte motiviert aufzufassen. So wird Simmel zufolge der Streit um Kausalität und Teleologie durch den Energieaufwand, der gemeinsamer Nenner beider Handlungskomplexe ist, geschlichtet.[13] Die Energie-

---

[13] Dies ist eine bemerkenswerte Äußerung, denn sie bietet eine Vereinigung der Human- und Naturwissenschaften. Die Naturwissenschaften sehen die Geltendmachung von Kausalität – den Einfluß eines Ereignisses auf ein anschließendes Ereignis – und von Energie als fundamental an. Die englische Übersetzung erfaßt die Bedeutsamkeit der ursprünglichen Äußerung nicht ganz: „Der Kompetenzstreit zwischen Kausalität und Teleologie innerhalb unseres Handelns schlichtet sich also so: indem der Erfolg, seinem Inhalte nach, in der Form psychischer Wirksamkeit da ist, bevor er sich in die objektive Sichtbarkeit kleidet, wird der Strenge der Kausalverbindung nicht der geringste Abbruch getan; denn für diese kommen die Inhalte nur, wenn sie Energien geworden sind, in Betracht, und insofern sind Ursache und Erfolg durchaus geschieden, während die Identität, die die ideellen Inhalte beider zeigen, wiederum mit der rea-

Komponente des Handelns muß dabei mit Simmels Diskussion des Begehrens als einem Wert, der gegen Widerstand verwirklicht wird, verknüpft werden. Das Begehren beinhaltet, daß Arbeit (die Verausgabung von Energie) geleistet wird, bevor eine Bedürfnisbefriedigung erreicht wird. Folglich sind Verführung, Küche, Kultivierung alles Formen von Energieaufwand bei der Jagd nach irdischen Gütern, deren sofortige Erfüllung – wie Sex, Fast-Food, hübsches Aussehen – das Begehren außer Kraft setzen würde.

Dies ist eine außerordentlich saubere und kompakte Theorie des Handelns. Sie ist nicht besonders soziologisch. Sie macht psychologische Gründe (intentionale oder instinktive) geltend, die in der Welt verwirklicht werden und dabei spezifische Ergebnisse erzeugen. Als Weber 1913 in seinem Logos-Aufsatz eine ähnliche Theorie des Handelns entwickelte, ließ er die Energiekomponente aus. In *Die Protestantische Ethik und der Geist des Kapitalismus* war es für seine These ausreichend, psychische Motivationen und Zwänge als kausal wirksam zu behandeln.

Simmel wird in seiner Argumentation soziologisch, wenn er bestätigt, daß die Realisierung eines Zieles oder Zweckes in der Welt die Vermittlung durch das Subjekt erfordert, das dieses Ziel tatsächlich eintreten läßt: „Unser Handeln ist die Brücke, über welche der Zweckinhalt aus seiner psychischen Form in die Wirklichkeitsform übergeht. Der Zweck ist seinem Wesen nach an die Tatsache des Mittels gebunden" (Simmel 1989: 257). Um unsere Ziele zu erreichen, müssen wir uns in der tatsächlichen Welt engagieren, und dies schließt vielschichtige Mittel-Zweck-Komplexe ein. In anderen Worten: Wenn ich zum Fußball-Cup-Finale gehen will, muß ich mein Verlangen realisieren, indem ich beim *Box Office* anrufe, ein Ticket kaufe und mich dann durch London nach Wembley begebe. Indem ich dies tue, werde ich Werkzeuge oder Instrumente benutzen – das Telefon, eine Kreditkarte, und das Transportsystem. Für Simmel ist ein Werkzeug die intensivierte Form eines Mittels, und Geld ist für Simmel das reinste Beispiel für ein Werkzeug: „Und damit ist endlich der Punkt erreicht, an dem das Geld in den Verwebungen der Zwecke seinen Platz findet. ... Es ist eine Institution, in die der Einzelne sein Tun oder Haben einmünden läßt, um durch diesen Durchgangspunkt hindurch Ziele zu erreichen, die seiner auf sie direkt gerichteten Bemühung unzugängig wären" (Simmel 1989: 263).

Die Natur des Geldes als Mittel zum Erreichen von Zielen führt Simmel zu einer interessanten Überlegung bezüglich der Kongruenz zwischen dem Fremden und dem Geld, wobei die Puritaner als besonderes Beispiel aufgeführt werden. Es gibt soziale Gruppen, die von den vollen Rechten und Vorteilen der Staats-

---

len Verursachung überhaupt nichts zu tun hat" (Simmel 1989: 255; vgl. demgegenüber Simmel 1978: 205).

bürgerschaft ausgeschlossen sind. Die Quäker in England sind ein interessanter Fall, weil sie freiwillig auf politische Beteiligung verzichteten: „Als die Quäker schon die volle politische Gleichberechtigung hatten, schlossen sie sich selbst von den Interessen der Anderen aus: sie schwuren nicht, konnten also keine öffentlichen Ämter übernehmen, sie verschmähten alles, was mit dem Schmuck des Lebens zusammenhängt, sogar den Sport, sie mußten sogar den Landbau aufgeben, weil sie den Kirchenzehnten verweigerten. So waren sie, um überhaupt noch ein äußeres Lebensinteresse zu haben, auf das Geld hingewiesen, als auf das einzige, zu dem sie sich den Zugang nicht versperrt hatten" (Simmel 1989: 282). Simmel macht das gleiche Argument in bezug auf die deutschen Pietisten und die Herrenhuter Gemeinde geltend, deren „nackte Erwerbslust" als ihr einziges praktisches Streben herausrage, da ihnen „aller ideale Gehalt von Wissenschaften, Künsten, heiterer Geselligkeit fehle" (ebd.).

Simmel hat also mehr als Hinweise (über die Puritaner) für die in der *Protestantischen Ethik* vertretenen These anzubieten, ihm verdanken wir eine Philosophie sozialen Handelns. Diese wurzelt in einer Theorie des Begehrens, des Widerstandes, der Erkenntnis und des Wertes und kann allgemein als psychologisch bezeichnet werden. Vielleicht erhebt Weber 1913 in diesem Zusammenhang seinen Einwand, daß Simmel den subjektiv gemeinten Sinn nicht ausreichen von dem objektiv gültigen Sinn unterscheide (Weber 1973: 427). Aber 1904-1905 arbeitet Weber selbst mit psychologischen Begründungen, da seine eigene Theorie des sozialen Handelns zu diesem Zeitpunkt noch nicht vorliegt.

3 Abschließende Bemerkungen

Im wesentlichen habe ich einen methodologischen Schritt von Webers Gebrauch des Begriffs „Geist" zu Sombarts und schließlich zu Simmels Gebrauch dieses Begriffs gemacht. Mit Simmel gelangen wir zu Geld als dem Mittel, das die Ziele des Handelnden durch die Jagd nach den Mitteln ablöst. Geld, das Maß aller Dinge, das Form, Funktion und Substanz (letztere symbolisch) verbindet, wird zum universellen Mittel. Es verbindet in sich die Erweiterung des Denkens als Abstraktion, als „Geist", und das Wertmaß der Dinge. In dem spinozistischen Dualismus Simmels können die Welt des Geistes und die Welt der Dinge aufgrund ihres radikal unterschiedlichen ontologischen Status niemals miteinander versöhnt werden. Aber Geld ist ein Instrument, das zwischen den Schätzungen von Objekten und Dingen ausgleichen kann, wenn sie zwischen Menschen ausgetauscht werden. Geld selbst hat keinen substantiellen Wert, aber es fungiert als universelles Wertmaß, wo der Wert nur durch den Prozeß des Austausches objektiviert wird, und verwirklicht so die subjektiven Werte der Wünsche und Präferenzen der Individuen. Hier kann Geld als eine neue Stufe der Existenz betrachtet werden.

Die Moderne ist, eher als die Kapitalismus-Problematik, durch endlose Mittel-Zweck-Reihen charakterisiert, die dichter und dichter werden, wenn sich einmal die Fähigkeit zum Tausch entwickelt hat und ein Wertmaßstab verfügbar ist. Heutzutage nennen wir das Vermarktung der Welt, aber für Simmel ist es eine philosophische These. Die Ebene des Geistes hat sich mit der Ebene der Dinge verbunden. Obwohl Simmel keine Reflexionen über die Besonderheit des Westens anstellte, kann die Entwicklung des Geldes durch den modernen Menschen in vergleichender Perspektive als einzigartiges Ereignis gelten.

Weber und Sombart versuchten beide, eine historische Ätiologie für den Aufstieg der Mittel-Zweck-Mentalität zu liefern. Sie verschoben das historische Denken von der Kontingenz von Fakten und Faktoren hin zu einem Denken darüber, welche soziologischen und historischen Bedingungen der Problematik des modernen Kapitalismus gerecht werden würden. Das Explanandum, das einer Erklärung bedurfte, war das Auftauchen ausgedehnter Arbeitsteilung, auf Profit ausgerichteter Produktion und Mittel-Zweck-Kalkulationen, in denen Menschen wie Dinge als Mittel für einen weiteren Zweck behandelt wurden. Sombart und Weber betrieben beide ihre Analyse (der Gier und der Askese) so, daß sie in das Simmelsche Mittel-Zweck-Schema paßte.

Simmels schematischer Ansatz blieb historisch unbestimmt. Seine Methode war immer die, Details (und nicht multi-kausale Faktoren) zu liefen, die das sich ändernde Ganze enthüllten. Es ist schwierig, der *Philosophie des Geldes* zu entnehmen, ob Simmel das Auftreten von Geld bis zu seiner modernen Phase als einen graduellen oder als einen diskontinuierlichen Prozeß betrachtete. Sein Interesse gilt den Ursprüngen des Austausches als einem ursozialen Phänomen, das heißt er hat eine spekulative Ethnologie. Aber seine Sache ist nicht die elaborierte historische Methodologie von Sombart und Weber, die das entwicklungsgeschichtliche Denken in der Nationalökonomie zu überwinden versuchten – weg von den Stufentheorien und hin zu definitorischen und theoretischen Spezifierungen des modernen Kapitalismus.

Dazu eine letzte Bemerkung: Weder Sombart noch Weber waren in ihren theoretischen Bemühungen erfolgreich, wenn man die akademischen Reaktion auf ihre Bücher als Maßstab nimmt. Der moderne Kapitalismus stellt für Sombart und Weber einen radikalen Bruch mit aller bisherigen Geschichte dar. Er ist einzigartig, darauf besteht Weber, da die Welt nie zuvor ein solches Phänomen erlebt hatte. Die Suche nach Ursprüngen war für Weber und Sombart bedeutsam, weil diese Ursprünge das zeigen würden, was wir heute sein genetisches Material nennen. Sombarts und Webers Kritik der kapitalistischen Gigantomanie, des Kapitalismus als Moloch oder als „stahlhartes Gehäuse", läßt sich aus ihrer historischen

Analyse von Mitteln, die eine Vormachtsstellung gegenüber gemeinschaftlich eingebetteten Zwecken erlangen, ableiten (Sombart 1902: 397; Weber 1920: 203 f.). In der Ära des „Hochkapitalismus", dem von Sombart entwickelten Begriff (der von Ferdinand Tönnies stammt und der Jürgen Habermas' Diktum bezüglich der „Kolonialisierung der Lebenswelt" entspricht), lag die dynamische Expansion des Kapitalismus außerhalb des Kontrolle der eigentlichen Wirtschaftssubjekte. Doch in Gestalt von Simmels Philosophie wurden Weber und Sombart mit einer Frage nach den Ursprüngen konfrontiert, die, liest man Simmel intensiver, jenseits der Möglichkeit einer historischen Veranschaulichung liegt. Denn Geld konnte als eine neue *media res* angesehen werden, als eine neue Stufe der Existenz; bestimmend, aber nicht selbst historisch bestimmbar.

Und eine letzte Bemerkung zur Übersetzung: „Geist" ist ein Begriff, der uns weit wegführt von den Definitionen des Wörterbuches. Der Begriff Geist existiert innerhalb eines theoretischen Gedankengebildes, einer Problematik. Für Weber und Sombart war diese Problematik eine Kulturkritik des modernen Kapitalismus; für Simmel hing sie mit Spinozas dualistischer Vorstellung von Ausdehnung zusammen. Dies ist für englische Leser trotz einiger hervorragender Übersetzungen, insbesondere der *Philosophie des Geldes,* schwer zu erkennen. Das Problem für den englischen Leser besteht darin, daß sein begriffliches Vokabular einer angelsächsischen Tradition der Philosophie und Wirtschaftswissenschaft zugehört. Bei konzeptueller Divergenz zwischen unterschiedlichen kulturellen und akademischen Traditionen ist es schwer, eine Übersetzungsäquivalenz zu erreichen. Und das ist der Grund, warum die Klarstellung der damit verbundenen Probleme, die im Gefühl und im Sinn ihrer je eigenen Sprache bestehen, so wichtig für die Sozialwissenschaften ist.

Literatur

Frisby, David, 1978: Introduction to the Translation. S. 1-49 in: Georg Simmel, The Philosophy of Money. London.
Gothein, Eberhard, 1892: Wirtschaftsgeschichte des Schwarzwaldes. Straßburg.
Hollis, Martin, 1977: Models of Man. Philosophical thoughts on social action. Cambridge.
Lehmann, Hartmut, 1996: Die Entstehung des modernen Kapitalismus: Weber contra Sombart. S. 94-108 in: Max Webers "Protestantische Ethik". Beiträge aus der Sicht eines Historikers. Göttingen.
Lenger, Friedrich, 1994: Werner Sombart 1863-1941. Eine Biographie. München.
Parsons, Talcott, 1991: The Early Essays. Hrsg. von Charles Camic. Chicago.
Runciman, W. G., 2001: Was Max Weber a Selectionist in Spite of Himself? Journal of Classical Sociology 1(1): 13-32.

Talcott Parsons als Übersetzer der „Soziologischen Grundbegriffe" Max Webers

Keith Tribe

1 Die englischsprachige Rezeption der Schriften Max Webers

Vor über zwanzig Jahren machte Wilhelm Hennis auf die Unzuverlässigkeit der englischen Übersetzungen der Schriften von Max Weber aufmerksam, als er eine erste Reihe bedeutender Essays über Weber abschloß. Den Passus aus dem Essay von 1913 über die Wertfreiheit zitierend, in dem Weber argumentiert, daß man jede Ordnung sozialer Beziehungen in bezug auf ihre anthropologischen Konsequenzen einschätzen solle, regte Hennis an, daß ein Student etwas Schlechteres tun könne, als diesen Passus auf ein Stück Papier niederzuschreiben und darauf zurückzukommen, wann immer Weber sich auf soziale Strukturen oder Institutionen bezieht. Es sei jedoch wichtig, fuhr er fort, daß der Passus korrekt niedergeschrieben sei. Wenn man diesen Passus in der bestehenden englischen Übersetzung läse, käme ein ganz anderer Gedankengang zum Ausdruck: welcher Menschentypus hat die beste Chance, in leitende Positionen zu gelangen? Die anthropologische Perspektive weicht einer Analyse sozialer Mobilität (vgl. Hennis 1987: 56-57).[1]

Seit den frühen achtziger Jahren ist die zentrale Bedeutung Max Webers für die Prägung der Sozialwissenschaften des 20. Jahrhunderts zunehmend akzeptiert worden, begleitet allerdings von der wachsenden Erkenntnis, daß der Max Weber, wie er den englischen Lesern auf der ganzen Welt bekannt ist, nur eine flüchtige Ähnlichkeit mit dem Original aufweist. Wie Hennis so treffend hervorhebt, hat das zum Teil mit der Art zu tun, in der einzelne Arbeiten übersetzt worden sind. Aber die gezielte Auswahl, in der Webers Schriften verfügbar gemacht wurden, hat ebenfalls wichtige Konsequenzen gehabt. In den späten vierziger Jahren des 20. Jahrhunderts wurden drei bedeutende Textsammlungen veröffentlicht: 1946 Gerths und Mills' *From Max Weber"*, 1947 Parsons' *„The Theory of Social and Economic Organization"*, und 1949 Shils' und Finchs *„The Methodology of the Social Sciences"*. Das erste Buch bestand hauptsächlich aus

---

[1] Hennis bezog sich dabei auf die Übersetzung von Edward Shils und Henry A. Finch, die unter dem Titel "The Meaning of 'Ethical Neutrality' in Sociology and Economics" veröffentlicht worden ist. Vgl. Weber 1949: 27; 1982: 517.

Auszügen aus dem dritten Teil von *Wirtschaft und Gesellschaft* und dem ersten Band der *Religionssoziologie,* außerdem den Vorlesungen über Wissenschaft als Beruf und über Politik als Beruf,[2] das zweite war eine Übersetzung der ersten vier Kapitel von *Wirtschaft und Gesellschaft,* und das dritte bestand aus drei Essays aus der *Wissenschaftslehre.* Alle drei Publikationen wurden von ihren Herausgebern als beispielgebend für die Nachkriegsentwicklung in den Sozialwissenschaften entworfen.[3]

Max Weber wurde so zum theoretischen Prüfstein für eine neue amerikanische Soziologie, die mit der internationalen Erweiterung der universitären Lehre in den fünfziger und sechziger Jahren des letzten Jahrhunderts florierte.[4] Die „soziologische Theorie", mit der ich erstmals in den späten sechziger Jahren Bekanntschaft machte, war sicherlich amerikanischen Ursprungs, aber diese reichte über die englischsprachige Welt hinaus, denn die deutsche Nachkriegssoziologie entsprang den gleichen Quellen.[5] Von daher ist dies nicht nur eine beschränkte Geschichte über Anglophone, die dem Geschäft des Übersetzens verfallen sind: In seiner kürzlich erschienenen „intellektuellen Biographie" Max Webers verweist Fritz Ringer ständig auf Weber im deutschen Original, bleibt aber bei der Ansicht, daß Weber 1902 „die Richtung wechselte" und fährt damit fort, eine Deutung von Webers Werk zu entwickeln, die völlig mit dem Mainstream der amerikanischen Nachkriegssoziologie übereinstimmt.[6]

Die Ansicht, daß Weber „die Richtung wechselte", als er sich von seinem Zusammenbruch erholte, ist nicht einfach ein methodologischer Glaube, an dem mit einer gewissen Hartnäckigkeit festgehalten wird; es ist eine Ansicht, die von der Geschichte der englischsprachigen Weber-Übersetzung bestätigt wird. Max Weber starb im Juni 1920. Er hinterließ eine Menge veröffentlichter Arbeiten, eine beträchtliche Korrespondenz und einige unveröffentlichte Schriften, vornehmlich Entwürfe für seinen Beitrag zum *Grundriß der Sozialökonomik,* dessen Herausgeber er war. Seinen letzten vollständigen Vorlesungszyklus hielt er während des Wintersemesters 1919 an der Universität München unter dem Titel „Abriß der universalen Sozial- und Wirtschaftsgeschichte". Diese Vorlesungen

---

[2] Mit eingeschlossen war der St. Louis-Vortrag von 1904; ein Text, dessen Bedeutung lange übersehen wurde, obwohl er den einzigen Teil von Webers Werk darstellt, der zu seinen Lebzeiten auf Englisch veröffentlicht worden ist. Vgl. die Neubewertung und „Neu-Übersetzung" dieses Vortrages in Ghosh 2005a und 2005b.

[3] Obwohl Gerth and Mills natürlich nicht die Perspektive von Parsons und Shils teilten.

[4] Zur Erfindung und Verbreitung von Soziologie als Systemtheorie vgl. Vidich 2000.

[5] Als ich 1969 als Student Jürgen Habermas in Cambridge eine Vorlesung halten sah, stimmte seine Darstellung zu meinem großen Mißfallen völlig mit der amerikanischen Systemtheorie überein.

[6] Vgl. Ringer 2004. Obwohl er da, wo es möglich ist, gewissenhaft aus der *Gesamtausgabe* zitiert, sind seine Argumente weitgehend amerikanischen Ursprungs.

wurden anhand studentischer Aufzeichnungen von S. Hellmann, Professor für Geschichte in München, mit Hilfe von Melchior Palyi rekonstruiert und 1923 unter dem Titel *Wirtschaftsgeschichte von Max Weber. Abriß der universalen Sozial- und Wirtschaftsgeschichte* veröffentlicht (vgl. Weber 1923). Frank Knight, Professor für Wirtschaftswissenschaften in Chicago, übersetzte dieses Buch und veröffentlichte es 1927 unter dem Titel *General Economic History* (vgl. Weber 1927), ließ dabei jedoch die „Begriffliche Vorbemerkung" (Weber 1923: 1-16) in dem Glauben weg, daß dieses Teilstück eine von den Herausgebern geschriebene Zusammenfassung der relevanten Punkte aus dem zweiten Kapitel von *Wirtschaft und Gesellschaft* sei. Da Knight ebenfalls die meisten Fußnoten weggelassen hat, ähnelt seine Version der *Wirtschaftsgeschichte* einer von vielen solcher allgemeinen Einführungen in die Wirtschaftsgeschichte, und ihre Verknüpfung mit Webers anderen Schriften ist meines Wissens in der Literatur niemals systematisch untersucht worden.

Im Juni 1925 ging Talcott Parsons mehr oder weniger zufällig zum Studium nach Heidelberg, da das deutsch-amerikanische Studenten-Austauschprogramm[7], das ihm sein Stipendium gewährte, dort ansässig war. Hier stieß er zum ersten Mal auf Max Webers Werk, traf Marianne Weber und Else von Richthofen, und machte erstmalig Bekanntschaft mit Webers *Protestantischer Ethik*. In den Jahren 1925 und 1926 arbeitete er unter der Betreuung von Edgar Salin an seiner Doktorarbeit und kehrte dann nach Amherst zurück, wo er Tutor für Anfänger in den Wirtschaftswissenschaften wurde und seinen eigenen *Senior*-Kurs unter dem Titel "Recent European Social Developments and Social Theories" abhielt. Er ging nach Heidelberg zurück, um die Anforderungen für seinen Abschluß zu erfüllen, und wurde im Juli 1927 promoviert. Der Doktortitel wurde ihm 1929 nach der im *Journal of Political Economy* erschienenen Veröffentlichung seines Essays über die Kapitalismustheorie von Werner Sombart und Max Weber (Parsons 1928-29) verliehen. Im Herbst 1927 war er wegen der Anstellung im *Harvard's Department of Economics* von Amherst weggezogen, und während der dreißiger Jahre spielte er eine zunehmend wichtige Rolle in der Entwicklung der soziologischen Lehre in Harvard (vgl. Camic 1991: XIX-XXIII).

1930 veröffentlichte Parsons seine Übersetzung der *Protestantischen Ethik*, inzwischen Webers berühmtestes Werk, aber ein Buch, das nicht sofort weit verbreitete Anerkennung in der englischsprachigen Welt gewann.[8] Wenn wir uns klarmachen, daß Weber Mitte der dreißiger Jahre im englischsprachigen Raum durch den 1904 in St. Louis gehaltenen Vortrag, die *General Economic History* und durch die Übersetzung der *Protestantischen Ethik* präsent war, scheint es

---

[7] Es handelt sich dabei um den Vorläufer des Deutschen Akademischen Austauschdienstes.
[8] Vgl. Weber 1930. Die Verkäufe lagen Oakes und Vidich (1999: 157) zufolge Ende 1933 kaum bei 1000 Exemplaren.

heute offensichtlich, daß letztere den Wendepunkt in der Rezeption seines Werkes darstellt.[9] Die ersten Sätze von Parsons' „Einführung" zu *The Theory of Social and Economic Organization* stellen jedoch fest, daß diese beiden letzten Werke „form a wholly inadequate basis on which to understand the general character of his contributions to social science"; sie geben ferner zu bedenken, daß Weber „never completed a systematic work", daß es „exceedingly important systematic elements in his thought" gebe und daß dieses neue Werk „contains the nearest approach to a comprehensive statement of these elements of all his published works" (Parsons 1964: 3). Der Leser mag daraus schließen, daß Parsons mit seinem Übersetzungsvorhaben Webers Bedeutung endlich zu voller Anerkennung verhelfen wollte; aber wie wir sehen werden, gehen seinem eigenen Projekt einer Übersetzung der ersten vier Kapitel von *Wirtschaft und Gesellschaft* zwei andere Übersetzungsprojekte voraus.

Es ist allerdings wahr, daß die Publikation der *General Economic History* und der *Protestant Ethic* in der Mitte der dreißiger Jahre die zeitgenössischen Sozialwissenschaften nicht besonders beeindruckten. Oakes und Vidich stellen fest, daß Max Weber vor 1934 in der amerikanischen soziologischen Literatur kaum erwähnt wurde und daß keines seiner Werke im *American Journal of Sociology* rezensiert worden war, obwohl Rezensionen fremdsprachiger Arbeiten in den englischen und amerikanischen Soziologie-Zeitschriften damals üblich waren. Stattdessen war es die 1937 erfolgte Veröffentlichung von Parsons' *The Structure of Social Action*, die einen wichtigen Anstoß für die weitere Beschäftigung mit Max Weber geben sollte und die wir auch hier heranziehen können, um einige von den Entscheidungen zu beleuchten, die Parsons bei der Übersetzung von Webers Werk traf.[10] Darüber hinaus fällt *The Structure of Social Action* in die Zeitspanne direkt vor Parsons' Übersetzung der ersten vier Kapitel von *Wirtschaft und Gesellschaft*, so daß Auswahl und Hervorhebungen hierbei als diejenigen angesehen werden können, die Parsons machen würde, wäre er neuerlich mit der Aufgabe der Weber-Übersetzung konfrontiert. Parsons hatte nicht den Plan, *The Structure of Social Action* eine neuerliche Weber-Übersetzung folgen zu lassen. Die Initiative hierzu ging von einem britischen Verlagshaus aus, das bereits eine Übersetzung der ersten beiden Kapitel von *Wirtschaft und Gesellschaft* in Auftrag gegeben hatte und Parsons' Rat bezüglich der Qualität der Entwürfe suchte.

---

[9] Zwei weitere englischsprachige Artikel Max Webers sind kürzlich in *The Americana. A Universal Reference Library* entdeckt und in der *Kölner Zeitschrift für Soziologie und Sozialpsychologie* nachgedruckt worden (vgl. Weber 2005a und 2005b).

[10] Die Auswirkungen der Ankunft einiger deutscher Sozialwissenschaftler in den Vereinigten Staaten – darunter Hans Gerth, Emil Lederer, Albert Salomon und Hans Speier – , die mit Webers Schriften vertraut waren, sollten wir jedoch nicht übersehen.

2 Die Entstehung von The Theory of Social and Economic Organisation

Talcott Parsons' Ausgabe von Webers *The Theory of Social and Economic Organization* wurde 1947 veröffentlicht. Auf der Titelseite der *Free Press Edition* – der Version, mit der die Mehrheit der Leser am ehesten vertraut ist – wird angegeben, daß die Übersetzung von A.M. Henderson und Talcott Parsons stamme und daß sie von Parsons redigiert und mit einer Einführung versehen worden sei. Parsons schreibt in seinem „Vorwort", daß das Projekt in den späten dreißiger Jahren enstanden sei, als er von dem Edinburgher Verleger William Hodge beauftragt wurde, eine von A. M. Henderson angefertigte Übersetzung der ersten beiden Kapitel von *Wirtschaft und Gesellschaft* zu überarbeiten und zu redigieren (vgl. Parsons 1964: v). Auf die publizierte Version dieser Kapitel bezieht er sich als „eine ziemlich freie Überarbeitung" von Hendersons Entwurf. Er merkt ebenfalls an, daß der Kriegsdienst Henderson daran gehindert hatte, die geplanten Übersetzungen von Kapitel 3 und 4 vorzulegen, die nun ganz Parsons' Werk seien. Parsons bestätigt ebenfalls, daß er Einblick in den Entwurf einer Übersetzung des ersten Teils von Kapitel 1 von Alexander von Schelting und Edward Shils nehmen durfte, so daß die 1947 veröffentlichte Version des ersten Teils von Kapitel 1 Parsons' endgültige Entscheidung nach Überprüfung zweier vorher bestehender Versionen darstellt. Seine Übersetzung wurde später in Roths und Wittichs vollständiger Ausgabe von *Wirtschaft und Gesellschaft* benutzt, ohne daß der Text wesentlich überarbeitet worden wäre; allerdings wurden einige von Parsons' erläuternden Anmerkungen weggelassen. Wichtig ist, daß Roth und Wittich die Änderungen nicht rückgängig gemacht haben, die Parsons an Layout und Format vorgenommen hatte, wie unten zu diskutieren sein wird. Die in der Ausgabe von Roth und Wittich erscheinende Version der Übersetzung ist daher im wesentlichen identisch mit dem Parsonsschen Original[11]; aber sie ist insofern weniger nützlich, als sie noch nicht einmal die ganzen Fußnoten enthält, in denen Parsons seine Entscheidungen als Übersetzer erläutert hat. Der Bezugstext für die ersten vier Kapitel von *Economy and Society* ist deshalb die Version von 1947, und nicht diejenige, die in der von Roth und Wittich besorgten Ausgabe von *Economy and Society* abgedruckt ist. Es ist allerdings eine gewisse Zweideutigkeit darin enthalten, wenn man sich auf die „Version von 1947" bezieht, da es tatsächlich zwei verschiedene 1947er- Ausgaben gibt.

---

[11] Roth und Wittich geben an, daß alle Übersetzungen, die ihre Ausgabe von *Economy and Society* enthält, systematisch überprüft und, wo nötig, überarbeitet wurden (vgl. Roth 1968: XXV-XXVI), aber in der ersten Hälfte von Kapitel 1 folgen sie weitgehend Parsons sogar in seinen Ungenauigkeiten. Von § 6 an beginnen sie, Parsons abzuändern, seltsamerweise zum Schlechteren hin, denn an diesem Punkt wird Parsons' Text klarer und genauer.

Parsons erkannte die „Beharrlichkeit der englischen Verleger" an, die durch den Krieg verursachten Probleme zu bewältigen, und stellte fest, daß die amerikanische Ausgabe „Nachdruck der englischen Korrekturfahnen sei" (Parsons 1964:v). Er suggerierte damit, daß die amerikanische Ausgabe schlicht und einfach die englische wiedergibt. Dies ist jedoch ungenau. Die englische Ausgabe von William Hodge hat ein völlig anderes Seitenlayout, eine andere Seitengröße und verwendet eine andere Schriftart. Die amerikanische Ausgabe ist – aus unbekannten Gründen – offensichtlich in Gänze nach den englischen Korrekturfahnen neu gesetzt worden. Der einzige substantielle Unterschied zwischen den beiden Texten besteht in der amerikanischen Auslassung der ursprünglichen laufenden Seitennummern am Seitenrand der englischen Ausgabe. Angesichts der verspäteten Veröffentlichung und der offensichtlichen Kommunikationsprobleme zwischen Parsons in Harvard und dem Redaktionsbüro in London sollten wir beachten, daß der Wiederabdruck des ganzen Textes in den Vereinigten Staaten Parsons die Gelegenheit gegeben hätte, sowohl seine langatmige Einführung als auch den Text selber zu überarbeiten. Die flüchtige Prüfung der beiden Versionen legt den Schluß nahe, daß er von dieser Möglichkeit keinen Gebrauch gemacht hat. Trotzdem stellt die amerikanische Version, die uns heute vertraut ist, eine Zweitausgabe dar, und nicht das Original.

Parsons macht in seinem „Vorwort" klar, daß er nicht der Initiator des Projektes war, sondern darauf reagierte, daß William Hodge wegen eines von Henderson vorbereiteten Übersetzungsentwurfes an ihn herantrat. Die tatsächliche Abfolge der Ereignisse kann von seiner Seite aus gesehen über die Korrespondenz mit den Verlegern rekonstruiert werden[12] und wirft viel Licht auf die Probleme, Weber ins Englische zu übersetzen.

William Hodge & Company war formell ein Londoner Verlagshaus, allerdings mit einem Büro in Edinburgh, wo William Hodge lebte (Parsons korrespondierte mit James Hodge in London). William Hodge hatte in Leipzig Musik studiert. Da er aber nicht in der Lage war, eine Karriere als professioneller Musiker zu verwirklichen, war er dann Chef eines Verlagshauses geworden.[13] In den späten dreißiger Jahren befreundete er sich mit Ragnar Nurkse, der ihn mit der Unterstützung von Friedrich Hayek überredete, eine Reihe von Übersetzungen deutscher und österreichischer Wirtschaftstexte anzugehen.[14] Einer von Hayeks

---

[12] Die Unterlagen und die Korrespondenz von William Hodge & Co. wurden laut einer Information von Sir Alan Peacock vernichtet (Telefongespräch vom 19. April 2005).
[13] Siehe mein Interview mit Sir Alan Peacock in Tribe 1997: 199.
[14] Unter den William-Hodge-Titeln aus diesem Zeitraum befinden sich Haberler (1936), Morgenstern (1937), Machlup (1940), von Mises (1945 und 1949) sowie Eucken (1950). Hayeks Fingerabdrücke lassen sich in der ganzen Auswahl an Autoren und Übersetzern finden; daß Weber bei dieser Firma erschien, gibt einen völlig neuen Aufschluß darüber, wie sein Werk, im

Vorschlägen an Hodge war, eine Übersetzung der ersten beiden Kapitel von *Wirtschaft und Gesellschaft* herauszubringen, gefolgt von weiteren Kapiteln in einem zweiten Band. In dem gleichen Brief, in dem diese Ausgangsabsicht geklärt wird, steht ebenfalls klar und deutlich, daß Henderson auf direkte Empfehlung von Hayek, der ihn einmal früher in Wien getroffen und einige seiner Arbeiten gesehen hatte, zu dem Projekt dazukam.[15] Parsons' Beteiligung war anfänglich indirekt: Es sieht so aus, als seien die Übersetzungsentwürfe – wiederum auf Empfehlung von Hayek – irgendwann in den letzten Monaten des Jahres 1938 an Fritz Machlup in den Vereinigten Staaten geschickt worden, um seinen Kommentar einzuholen. Der wiederum schickte sie an Parsons weiter, wahrscheinlich wegen der Reputation, die dieser mit *The Structure of Social Action*[16] erlangt hatte. Zu dem Zeitpunkt, als Parsons miteinbezogen wurde, waren daher der Vorschlag, die ersten beiden Kapitel von *Wirtschaft und Gesellschaft* auf Englisch zu publizieren, schon gemacht und angenommen; Henderson war mit der Übersetzung betraut und Übersetzungsentwürfe für das geplante Zwei-Kapitel-Buch lagen bereits vor. Daher ist es wahrscheinlich so, daß Hayeks ursprünglicher Vorschlag zurück auf die Mitte des Jahres 1937 oder sogar noch früher datiert werden muß. Und deshalb ist die Wahrscheinlichkeit am größten, daß Henderson Hayek traf, kurz nachdem er im Juni 1936, dem Monat seines zweiundzwanzigsten Geburtstages, in Cambridge seinen Abschluß gemacht hatte. Dies ist bedeutsam, weil es die Beziehung umkehrte, die bei der Übersetzung der *Protestantischen Ethik* zwischen Parsons und Tawney vorherrschte, wo der junge Parsons Tawneys redaktionelles Urteil zu akzeptieren hatte.[17] Wie wir sehen werden, hatte Henderson absolut vernünftige Vorstellungen zur Problematik der Weber-Übersetzung ins Englische, aber diesmal waren die Rollen anders verteilt und Parsons war schnell in der Lage, hier seinen Willen durchzusetzen.

Parsons erhielt Hendersons Übersetzungsentwürfe in den letzten Monaten des Jahres 1938 von Fritz Machlup, und in seinem erster Brief an James Hodge beurteilte er deren Qualität in aller Ausführlichkeit negativ.[18] Parsons erklärte, daß es größere technische Schwierigkeiten bei der Übersetzung des ersten Kapi-

---

[15] Gegensatz zu den Vereinigten Staaten, in Großbritannien während der späten vierziger und frühen fünfziger Jahre des 20. Jahrhunderts aufgenommen worden wäre.
Brief von James H. Hodge an Talcott Parsons, 14. März 1939, Parsons Paper, Pusey Library, Harvard University HUG (FP) 15.2 Box 13. Ich möchte Robin Carlaw und den Universitätsarchiven Harvard für diese Information danken, und ebenfalls Larry Scaff für die enorme Großzügigkeit, mir eine komplette Kopie dieser Korrespondenz zu geben.

[16] Brief von Parsons an James Hodge, 26. Januar 1939, HUG (FP) 15.2 Box 13.

[17] Diese vertragliche Beziehung zwischen Parsons und Tawney ist durch Larry Scaff (2005) ans Licht gebracht worden. Die Konsequenzen dieser Beziehung werden im folgenden Abschnitt diskutiert.

[18] Brief von Parsons an James Hodge, 26. Januar 1939, Parsons Papers, HUG (FP) 15.2 Box 13.

tels aus dem Deutschen ins Englische gäbe, da mit Begriffen und Argumenten gearbeitet würde, die dem deutschen Leser geläufig seien, die aber keine direkten Entsprechungen in englischer Sprache hätten. Er argumentierte, daß ein Übersetzungsversuch sorgfältig redigiert und ausgestattet sein müsse mit einer "extensive introduction which would provide a setting and prepare the reader for the many difficulties of the work, and with quite full explanatory notes wherever misinterpretation seemed at all likely".[19] Webers Kapitel einfach in einer schlichten Übersetzung von einem Nicht-Fachmann darzubieten wäre, argumentierte Parsons, „völlig unangemessen". Und seine kurze Prüfung der Hendersonschen Übersetzungsentwürfe zeigte, daß sie „vom Anfang bis zum Ende eine gründliche und ausgedehnte Überarbeitung" benötigten. Nachdem er einiges zum englischen Stil und zur Bedeutung der Weberschen Schlüsselbegriffe angemerkt hatte[20], sprach er sich vehement gegen die Veröffentlichung in der vorliegenden Form aus. Er fügte dem hinzu, daß er es unter diesen Umständen lieber sähe, daß Webers Werk unübersetzt bliebe als daß es nur in Gestalt der vorliegenden Übersetzung verfügbar sei.[21]

Parsons hatte auch direkt von Henderson gehört, der unter dem Eindruck stand, daß Parsons bereit sei, den gesamten Übersetzungsentwurf zu überarbeiten. Dies entspricht dem, was er schließlich tat, aber zu diesem Zeitpunkt blieb Parsons dabei, diese Aufgabe ohne ein „spezielles Arrangement" mit William Hodge & Company nicht übernehmen zu können. Er beendete seinen Brief mit der Feststellung, daß er die Übersetzung des ersten Abschnittes des ersten Kapitels von Alexander von Schelting und Edward Shils gesehen habe, die „eine viel besssere Arbeit als die von Mr. Henderson"[22] sei. Außerdem schlug er vor, daß der beabsichtigte Band das dritte Kapitel „Typen der Herrschaft" mit einschließen solle.

James Hodge schickte diese Kommentare an Alexander Henderson und antwortete Parsons dann Mitte März, nachdem er von Hendersons eigenen Überlegungen Kenntnis genommen hatte. Hodge erkannte die Wucht der Parsonsschen Argumente an, aber seine Beschreibung von Hendersons Reaktion legt den Schluß nahe, daß Henderson die generelle Problematik der Übersetzung von

---

[19] Parsons an Hodge, 26. Januar 1939.
[20] Die Essenz dieser Bemerkungen und Hendersons Antwort sind unten umrissen.
[21] Parsons an Hodge, 26. Januar 1939.
[22] Daraus kann geschlossen werden, daß dieser Entwurf spätestens aus dem Herbst 1938 stammt. In Parsons' Papieren gibt es keine Kopie dieses Typoskriptes. Larry Scaff hat in Frank Knights Papieren einen Kopie gefunden, die er mir freundlicherweise zur Verfügung gestellt hat. Der abschließende Teil dieses Aufsatzes beinhaltet eine Diskussion der von Schelting/Shils-Übersetzung.

Webers Prosa ins Englische bereits verstand.[23] Von daher kann man davon ausgehen, daß Hendersons Entwürfe nicht so wahllos ungenau und uninformiert waren, wie Parsons andeutete. James Hodge für seinen Teil zögerte, von der bestehenden Übersetzung Abstand zu nehmen; teilweise aus rein kommerziellen Erwägungen, aber auch, weil Henderson von Friedrich Hayek als Übersetzer für Max Weber empfohlen worden war. Von daher schlug er vor, daß Parsons formal als Herausgeber fungieren sollte, und er bat ihn, ein Honorar zu nennen.

Parsons nahm diesen Vorschlag an und reagierte darauf, indem er sich dafür aussprach, daß der geplante Band auch die Kapitel 3 und 4 enthalten solle, da die ersten vier Kapitel, wie er schrieb, „eine natürliche Einheit" und auch den begrifflichen Bezugsrahmen bildeten, an den das umfangreiche empirische Material des Werkes angepaßt werden müsse.[24] Falls dieser Vorschlag akzeptabel sei, fuhr Parsons fort, könne Henderson aufgefordert werden, die erste Übersetzung anzufertigen – und erhärtete damit die Ansicht, daß Hendersons Übersetzungen nicht so schlecht seien, daß jeder Herausgeber am besten daran täte, damit noch einmal von vorn anzufangen.[25] Laut Hodge fing Henderson sofort mit der Arbeit an Kapitel 3 und 1 an.[26] Und Mitte Mai akzeptierte Parsons die finanziellen Bedingungen, die William Hodge ihm anbot.[27] Mitte Juni 1939 schickte Parsons Henderson eine Musterübersetzung des ersten Abschnitts von Kapitel 3 und stellte zur gleichen Zeit fest, daß Henderson seinen Entwürfen den Arbeitstitel „Economy and Society" gegeben hatte. Wie wir gesehen haben, hatte Parsons schon dahingehend argumentiert, daß die ersten vier Kapitel von *Wirtschaft und Gesellschaft* eine theoretische Einführung zu den späteren Kapiteln darstellten – und dementsprechend schlug er einen anderen Titel vor: „The Theory of Social and Economic Organization"[28].

Parsons hörte nichts von Henderson, nachdem er ihm die Musterübersetzung von Kapitel 3 geschickt hatte. Stattdessen fuhr er den Sommer über weg und stellte die Übersetzung allein fertig. Im späten September berichtete er, daß die Übersetzung nun fertig sei.[29] Er hatte, wann immer möglich, versucht, die

---

[23] Hodge an Parsons, 14. März 1939. Die von Henderson angesprochenen wesentlichen Punkte werden im Schlußteil dieses Aufsatzes diskutiert.
[24] Brief von Parsons an James Hodge, 13. April 1939, Parsons Papers, HUG (FP) 15.2 Box 13.
[25] Was beispielsweise meine Erfahrung mit der Übersetzung des Weberschen Objektivitätsaufsatzes von Shils und Finch war.
[26] Brief von Hodge an Parsons, 4. Mai 1939, Parsons Papers, HUG (FP) 15.2 Box 13.
[27] Brief von Parsons an James Hodge, 17. Mai 1939, Parsons Papers, HUG (FP) 15.2 Box 13.
[28] Brief von Parsons an James Hodge, 28. Juni 1939, Parsons Papers, HUG (FP) 15.2 Box 13. In dem gleichen Brief weist er darauf hin, daß keine Vorkehrungen für eine Publikation in den Vereinigten Staaten getroffen worden waren und daß es lohnend wäre, etwas für eine amerikanische Ausgabe aus den von Hodge gelieferten Blättern zu arrangieren.
[29] Brief von Parsons an James Hodge, 25. September 1939, Parsons Papers, HUG (FP) 15.2 Box 13.

Entwürfe von Henderson zu benutzen, aber er meinte, daß „the translation is really more mine than his. ... A number of qualified persons have sampled both texts and assure me that, apart from the technical matter of accuracy as such, I have succeeded in making it quite reasonably readable."[30]

Die britische Kriegserklärung an Deutschland im frühen September verzögerte die weitere Entwicklung des Projektes und es ist nicht ganz klar, wann Parsons die Einführung beendete und der Übersetzung Anmerkungen beifügte. Das „Vorwort" zur amerikanischen Ausgabe des Buches ist auf den „24. März 1947" datiert worden, was darauf hinweist, daß Parsons das Projekt einfach zur Seite legte und darauf wartete, daß der britische Verleger Pläne für die Publikation des Buches nach dem Ende des Krieges machte. Henderson war nicht weiter beteiligt. In den ersten Kriegsmonaten trat er dem *Royal Tank Regiment* bei[31] und übernahm nach der Entlassung aus dem Kriegsdienst eine Dozentur in Manchester.[32] 1936 hatte er in Cambridge ein *Double-First*-Prädikat in Wirtschaftswissenschaften erhalten und 1937 wurde er als Nachfolger von Kenneth Boulding auf eine Dozentenstelle in Edinburgh berufen.[33] 1949 war er Professor für Wirtschaftstheorie an der Universität Manchester – ein bedeutender Titel in einem wichtigen Department – und 1959 ging er ans *Carnegie Institute* in Pittsburgh, was für einen britischen Wirtschaftswissenschaftler in den frühen Nachkriegsjahren äußerst ungewöhnlich war.[34] Hendersons Übersetzungsentwurf scheint nicht erhalten geblieben zu sein, und von daher können wir nicht direkt einschätzen, in welchem Ausmaß Parsons damit arbeitete. Trotzdem sind die technischen Überarbeitungen, die Parsons an der Präsentation der Kapitel von Max Weber vornahm, von Bedeutung, da sie seine das Webersche Werk betreffenden Annahmen verraten. Ich wende mich jetzt diesen Aspekten des endgülti-

---

[30] Parsons an Hodge, 25. September 1939.
[31] Das heißt, er wurde Soldat, nachdem Parsons die Übersetzung schon fertiggestellt hatte, und nicht davor, wie Parsons in seinem „Vorwort" andeutet.
[32] Mein Dank gilt Patricia McGuire, Archivarin am King's College, Cambridge, für das Bestätigen persönlicher Details über Alexander Henderson.
[33] Hendersons Vornamen waren Alexander Morell; das auf der Titelseite der William-Hodge-Ausgabe angegebene „A. R. Henderson" ist ein Druckfehler. Die Kataloginformation der *Bodleian Library* gibt seine Vornamen korrekt wieder und gibt als sein Geburtsjahr 1914 an; Informationen, die wahrscheinlich von den Verlegern stammten.
[34] Durch seinen Tod in Folge einer Herzattacke im Januar 1954 in den Vereinigten Staaten trug Henderson unbeabsichtigterweise zu seiner anhaltenden Unbekanntheit bei. Aber durch einen jährlichen Preis an der *Tepper School of Business,* Carnegie Mellon, wird an ihn erinnert, und als Mitverfasser des ersten Textbuches über lineares Programmieren bleibt er im Gedächtnis (vgl. Charnes et al. 1953). Warum ein solch innovativer Wirtschaftstheoretiker ein frühes Interesse an den ersten beiden Kapiteln von *Wirtschaft und Gesellschaft* hatte, wird, leider, ein Rätsel bleiben.

gen Textes zu, bevor ich mich im engeren Sinn mit Parsons' Übersetzungspraxis beschäftige.

3 Das Layout des Textes

Weber hatte die ersten vier Kapitel von *Wirtschaft und Gesellschaft* während des Drucks gesehen; von daher können wir davon ausgehen, daß er dieses Layout aus einem bestimmten Grund so wünschte. Parsons diskutiert dies ausführlich, und dabei zeigt sich, daß er Struktur und Zweck des Textes als Ganzes nicht verstanden hat. Er beginnt mit der Feststellung, daß Webers Text „in einer irgendwie ungewöhnlichen Art" angeordnet sei: „He lays down certain fundamental definitions and then proceeds to comment upon them" (Weber 1964: 89, Fn. 4). Die Kapitel 1 bis 4 haben eine strenge logische Struktur, ähnlich dem Wechselspiel zwischen systematischer, kumulativer Definition und Erläuterung, den man sehr häufig bei juristischen Texten findet. Daß Parsons dies bei jemandem mit Webers juristischem Hintergrund „ungewöhnlich" findet, ist erstaunlich. Der „Zweite Halbband" von *Wirtschaft und Gesellschaft* in der Winckelmann-Ausgabe, über den es natürlich viele Auseinandersetzungen gibt, ist nicht so strukturiert; numerierte Überschriften wechseln sich mit laufendem Text ab. Da nur der Teil von *Wirtschaft und Gesellschaft*, den Weber direkt für den Druck vorbereitet hat, diese streng erklärende Form hat, kann man vernünftigerweise davon ausgehen, daß sie wesentlich für die Zielsetzung dieses Textes ist.

Parsons merkt an, daß Weber die Definitionen in großer Schrift drucken ließ und die Erläuterungen in einer kleineren Schriftart. Aber Parsons übernimmt diese typographischen Unterscheidungen ebensowenig wie die zahlreichen Hervorhebungen im Text, die so typisch für Webers Schreibweise sind und die dem Leser helfen, einer Argumentation über seitenlangen Sätzen und Paragraphen zu folgen.[35] Parsons läßt auch Webers Auflistungen in fortlaufende Prosa zerfallen,

---

[35] In seinem Übersetzungsentwurf der *Protestantischen Ethik* hatte Parsons sich an Webers Betonungen, den großzügigen Gebrauch von Anführungszeichen (wie im Titel des Werkes), zusammen mit Satz-/Absatzstruktur, gehalten. Aber sein Vertrag hatte das letzte Wort zur Übersetzung Tawney vorbehalten. In den späten zwanziger Jahren des 20. Jahrhunderts war Parsons lediglich ein junger amerikanischer *Post-doc*-Student, der die Unterstützung von Marianne Weber hatte, und dessen Rolle als Übersetzer dieser Verbindung zu verdanken war. Im Gegensatz hierzu war Tawney *Senior Professor* und Engländer. Er war der Ansicht, daß sklavisches Festhalten an Webers Stil und Betonungen nicht wünschenswert war; von daher wurde Parsons' Übersetzungsentwurf unter Auslassung dieser charakteristischen Merkmale stark verändert (vgl. Scaff 2005). Bestimmt wurden Parsons die an der *Protestantischen Ethik* vorgenommenen Änderungen aufgezwungen, aber warum er mehr als ein Jahrzehnt später freiwillig eine ähnliche Praxis verfolgte, ist unklar.

wie in § 7, dem Parsons den Titel „The Bases of Legitimacy of an Order" gibt (vgl. Weber 1964:130;1972: 19).

Webers Text beginnt mit einer Vorbemerkung, gefolgt von § 1, dem zwei Unterabschnitte folgen: „I. Methodologische Grundlagen", der sich über elf numerierte Unterabschnitte hinzieht, von denen nicht alle einfach nur aus einem Paragraphen bestehen; und „II. Begriff des sozialen Handelns", der sich im Unterschied dazu über vier numerierte Teilstücke erstreckt. Die numerierten und in Großschrift gesetzten Hauptparagraphen 1-17 von *Wirtschaft und Gesellschaft* bekommen von Parsons gesonderte Überschriften. § 1 wird zu „1: The Definitions of Sociology and Social Action". Webers Abschnitt mit der Überschrift „I. Methodologische Grundlagen" wird zu „(a) The Methodological Foundations of Sociology". „II. Begriff des sozialen Handelns" wird zu seinem „(b) The Concept of Social Action", gefolgt von vier numerierten Unterabschnitten, bevor wir bei § 2 ankommen, den Parsons „2: The Types of Social Action" nennt. Während Parsons eine Numerierung für die Paragraphen-Überschriften, die er einfügt, beibehält, sind die Paragraphen selber nicht numeriert und erscheinen von daher bloß als erste, unnumerierte Paragraphen eines neuen Abschnitts, gefolgt von einer Reihe numerierter erläuternder Paragraphen–denn für die Erläuterungen behält Parsons die Original-Numerierung bei. Diese Änderungen lassen Parsons' eigene Überschriften als Gliederungsprinzip des Argumentationsganges erscheinen, und nicht den ersten Paragraphen jedes Teilstückes.

Die Verwirrung, die diese Änderungen stiften, und der Fehler, Webers Typographie „zu säubern", liegen klar auf der Hand, wenn wir die zwei Unterabschnitte von § 1 betrachten. In diesem Paragraphen hebt Weber den Begriff *Sinn* am Ende des zweiten Satzes hervor und beginnt dann den ersten Absatz von Abschnitt I mit „Sinn". Dieser Abschnitt führt eindeutig den zweiten Satz von § 1 näher aus. Dem ähnlich, beginnt der Abschnitt „II. Begriff des sozialen Handelns", den Anfang des dritten Satzes von § 1 wiederholend, mit den Worten: „Soziales Handeln ...". Diese Verknüpfung wird in der Parsons'schen Übersetzung unterschlagen, da die Hervorhebungen und Anführungszeichen ausgelassen wurden und der Leser dadurch nicht dahin geführt wird, diese zwei Abschnitte als auf verschiedene Teile des ersten Paragraphen verweisend zu verstehen (der jedenfalls nicht eindeutig als das einleitende Statement deutlich gemacht wird, das in den folgenden Paragraphen näher ausgeführt wird). Zudem hat Parsons aus den drei Sätzen Webers im ersten Paragraphen vier gemacht und damit die Verknüpfung der folgenden Passagen als direkte Erläuterung der Eingangsdefinition noch weiter verdunkelt.

Abgesehen von diesen Änderungen am Seitenlayout weist Parsons darauf hin, daß der Text „relativ fragmentarisch" in seiner Entwicklung sei und schließt daraus, daß „Weber apparently did not intend this material to be read in the ordinary sense, but ruther to serve as a reference work for the clarification and systematization of theoretical concepts and their implications. ... Weber wrote what is essentially a methodological essay" (Weber 1964: 89, Fn. 4). Bei der sorgfältigen Lektüre des ersten Kapitels ist jedoch besonders bemerkenswert, wie Weber seine Argumentation Schritt für Schritt entwickelt, indem er mit dem menschlichen Handeln beginnt, dann zu verschiedenen Arten von sozialen Beziehungen und sozialen Verbänden übergeht, hierbei einen Grundbegriff nach dem anderen einführt und seine Argumentation kumulativ auf ihnen aufbaut. Parsons' Einführung seiner eigenen Überschriften, die Umstellung der Rangordnung, Abschaffung der typographischen Unterscheidungen und Weglassung der Hervorhebungen lassen den Text, weit mehr als das Original, durchgehend narrativ aussehen. Auf der anderen Seite deutet er an, daß es sich hierbei um einen Text handelt, dessen Teilstücke unzusammenhängend gelesen werden sollten, obwohl er visuelle Hinweise, die eine solche Lektüre erleichtern würden, entfernt hat.

All das oben Ausgeführte verdeutlicht uns zwar, wie es dazu kam, daß das Buch 1947 in der dann angenommen Form publiziert wurde, löst aber nicht das eingangs in diesem Essay aufgeworfene Problem: wie liest Parsons Weber, und wie übersetzt er ihn ins Englische? Wir müssen zuerst die in *The Structure of Social Action* vorhandenen Hinweise betrachten, bevor wir uns Parsons' eigenen Kommentaren in der ausführlichen Einführung zuwenden, die er für das neue Buch schrieb.

4 Probleme der sozialen und historischen Methode in Parsons' Weber-Lektüre

In den letzten vierzig Jahren ist eine *Ad-hoc*-Kritik an Talcott Parsons' soziologischen Forschungsambitionen an der Tagesordnung gewesen. Da diese Kritik jedoch von Soziologen geübt wurde, die größtenteils mit der Geschichte des politischen Denkens, des ökonomischen Denkens, der Geschichte des Buches oder der Übersetzungstheorie nicht vertraut waren, sind Kontext und „Struktur" von *The Structure of Social Action* weitgehend ungeprüft geblieben. In diesem Buch unterbreitet Parsons eine Agenda für die Erneuerung der Sozialwissenschaften; und genau diese Agenda hat am meisten Aufmerksamkeit erregt.[36]

---

[36] Obwohl die Art und Weise, in der Parsons tatsächlich eine Neustrukturierung der Sozialwissenschaften unabhängig von der Wirtschafts- und Politikwissenschaft vorschlägt, weitgehend nicht wahrgenommen wurde, war es genau dieser Gesichtspunkt, der in zahlreichen Kritiken zum Vorschein kam.

Aber er bietet ebenfalls Interpretationen der Werke von Locke, Hobbes und Hume neben denen von Pareto, Marshall und Weber an; der Untertitel lautet sogar „A Study in Social Theory with Special Reference to a Group of Recent European Writers". Im Vorwort zur zweiten Ausgabe versucht er, die Kritik an diesen Interpretationen abzuwehren: "*The Structure of Social Action* was intended to be primarily a contribution to systematic science and not to history, that is the history of social thought. The justification of its critical orientation to the work of other writers thus lay in the fact that this was a convenient vehicle for the clarification of problems and concepts, of implications and interrelations" (Parsons 1949: A-B).

Wenn Parsons das Recht in Anspruch nimmt, Autoren aus der Vergangenheit zur „Abklärung von Problemen und Begriffen" heranzuziehen, statt ein Verständnis im Kontext der Probleme und Begriffe *ihrer* Zeit anzustreben, wird dieser instrumentale und utilitaristische Ansatz Konsequenzen für seinen Umgang mit Weber haben. Allgemeiner könnte man sagen, daß die Kritik an *The Structure of Social Action* die Parsons-Weber-Achse eröffnet hat, ohne daß dabei registriert worden ist, daß es sich hier um ein exemplarisches Problem für die Arbeit als Ganzes handelt. Von daher ist nichts Persönliches an Parsons' Weber-Lektüre – er hat die gleichen dubiosen Techniken auf alle seine „klassischen" Quellen angewendet.

Parsons greift in *The Structure of Social Action* in hohem Maße auf Webers Werk zurück, verändert es aber auf charakteristische Weise im Tonfall und überträgt diese Lesart dann in seine Übersetzungspraxis. Sein „*action frame of reference*", der sich mit Phänomenen und Ereignissen aus der Sicht des Handelnden beschäftigt, hat klare Verbindungen zu Webers verstehender Soziologie, wie sie im ersten Kapitel von *Wirtschaft und Gesellschaft* dargestellt worden ist. Parsons argumentiert, daß sich alle empirische Wissenschaft mit dem Verstehen der Phänomene der äußeren Welt beschäftigt und daß von daher die Tatsachen einer Handlung Tatbestände der äußeren Welt, mithin also „objektive Tatsachen" sind: „But in this particular case, unlike that of the physical sciences, the phenomena being studied have a scientifically relevant subjective aspect. That is, while the social scientist is not concerned with studying the content of his own mind, he is very much concerned with that of the minds of the persons whose action he studies. This necessitates the distinction of the objective and subjective points of view. The distinction and the relation of the two to each other are of great importance. By 'objective' in this context will always be meant 'from the point of view of the scientific observer of the action' and by 'subjective', 'from the point of the view of the actor'" (Parsons 1949: 46).

Und so ist „Objektivität" für Parsons eher eine spezielle, den Wissenschaften eigene Perspektive, als eine Konstruktion, die einer Überprüfung in der einen oder anderen Art zugänglich ist. In Parsons' Übersetzungspraxis wird ständig „subjektiv" eingefügt, wo Weber *sinnhaft* schreibt, „sinnhaft" wird (überflüssigerweise) zu „subjectively meaningful". Parsons' Interpolation geht durchgehend davon aus, daß es einen Bereich „objektiver Sinnhaftigkeit" gibt, der in der Lage ist, die minderwertigere „subjektive Sinnhaftigkeit" zu evaluieren; eine Vorstellung, die viele von Webers Erläuterungen in Kapitel 1 verkürzt. Dies wird auch bei Parsons' Darstellung des rationalen Handelns deutlich sichtbar. Das ist schlicht und einfach das Streben nach realisierbaren Zielen mit den geeignetsten Mitteln, die dem Handelnden zu Verfügung stehen. Aber in Parsons' Worten wird daraus: „Action is rational in so far as it pursues ends possible within the conditions of the situation, and by the means which, among those available in the actor, are intrinsically best adapted to the end for reasons understandable und verifiable by positive empirical science" (Parsons 1949: 58).

Folglich erfindet Parsons einen Bereich „wissenschaftlicher Objektivität", der die „Rationalität" der vom Handelnden getroffenen Wahlen gemäß einem unabhängigen Kriterium prüft. Und er verkürzt ganz ähnlich die Art und Weise, in der Weber seine Auffassung von Rationalität vermittels der idealtypischen Methode der Begriffsbildung entwickelt hat. Dies wirft nicht nur ein Problem hinsichtlich seines Verständnisses der Weberschen Darstellung auf, sondern bringt ebenfalls nicht zum Ausdruck, daß die modernen Wirtschaftswissenschaften in den späten dreißiger Jahren des 20. Jahrhunderts implizit Webers idealtypischer Methodologie folgten, wenn sie die Beziehung zwischen „Abstraktion" und „konkreter Handlung" erklärten. Trotz der Tatsache, daß Parsons ein Jahr lang an der *London School of Economics* studiert und in Harvard im *Department of Economics* gearbeitet hatte, war seine Kenntnis der zeitgenössischen Wirtschaftswissenschaften rudimentär.[37] Dies kann an einem dritten Beispiel gezeigt werden, das ebenfalls die Fehler in seiner historischen Methode verdeutlicht. Wir bekommen in diesem Zusammenhang einen größeren Einblick in die Art, wie Parsons Weber las, wenn wir Weber einen Moment beiseite lassen und stattdessen betrachten, was er aus Alfred Marshall gemacht hat.

Kapitel IV von *The Structure of Social Action* ist eine überarbeitete und erweiterte Version seines Artikels über Alfred Marshall aus dem Jahr 1931. In der Fußnote 2 auf Seite 130 stellt er fest, daß sich alle Verweise auf die achte Auflage von Marshalls *Principles of Economics* beziehen (Parsons 1931: 130). Dies stellt ein ziemliches Problem dar, da Marshall seinen Text gegenüber der ersten

---

[37] Wie Howard Brick (2000) anmerkte und Vidichs Bericht über Harvard in den späten vierziger Jahren des 20. Jahrhunderts bestätigt, schloß Parsons neue Systemtheorie die politische und ökonomische Theorie zugunsten der Anthropologie und Sozialpsychologie aus – dies war eine „neue Wissenschaft", die absichtlich mit den klassischen, bis ins achtzehnte Jahrhundert und weiter zurückreichenden Grundlagen der „social theory" brach.

Auflage von 1890 beträchtlich verändert hatte, und das insbesondere, seit dieser Ausgabe 1891 Neville Keynes' Buch *Scope and Method of Political Economy* folgte, das als eigentlicher Standardtext für eine „Methodologie der Wirtschaftswissenschaften" angesehen werden kann.[38] Wenn wir Marshall ernsthaft lesen wollen, müssen wir bei der ersten Auflage anfangen, da wir den Text präzise in bezug auf eine Reihe anderer Texte positionieren müssen, die ihm chronologisch vorangehen und folgen. Das heißt natürlich nicht, daß wir ihn so lesen sollen, wie es ein Leser früher getan hat, sondern daß wir, wo wir Gewißheit über das Erscheinungsdatum haben, uns nicht von späteren Zuwächsen und Überarbeitungen irreleiten lassen sollten. Parsons' Herangehensweise an Marshall demonstriert seine mangelnde Sensibilität bezüglich der Bedeutung der historischen Methode im Umgang mit den „Klassikern" der Sozialwissenschaften.

Parsons folgt Neville Keynes indem er nahelegt, daß Marshall unabhängiger Entdecker des Prinzips des Grenznutzens war, wofür es allerdings keinen Beweis gibt (Parsons 1949: 131). Dann führt er, ohne Erläuterung, den Begriff des Konsumenten-Surplus als „ein wichtiges Ergebnis" des Grenznutzens ein. Der Begriff der Opportunitätskosten wird ein paar Zeilen weiter auch noch ins Spiel gebracht, wiederum ohne jegliche Erklärung. Parsons gibt eine relativ dichte, aber auf niedrigem Niveau angesiedelte Darstellung der Annahmen, die Alfred Marshalls Gedankengang zugrunde liegen, von dem in bedeutsamer Weise gesagt wird, er bilde ein „einheitliches Ganzes". Die Kohärenz dieses „Ganzen" ergibt sich aus den „Annahmen", die Marshall Parsons zufolge gemacht hat. Die allgemeine Herangehensweise kann anhand folgender Passage deutlich gemacht werden: „It is not to be imagined that this element [rational action] of Marshall's thought is to be found in his writings worked out as a complete logical system apart from the rest of his ideas and recognized by him as such. His empiricist bent precluded that. Nor is he always explicit in making the assumptions brought out above. On the contrary, the elements of this system are closely interwoven with other strands of thought. This is a natural result of Marshall's refusal to work out his more abstract ideas to their logical conclusions, on the plea of the fruitlessness of 'long chains of deductive reasoning'. It has been necessary to sketch the outlines of this implicit, logical system in order by contrast to get a clear view of the other aspect of his doctrine which is of interest here" (Parsons 1949: 133).

Von daher sind diese „Annahmen", die ihrerseits die ökonomischen Prinzipien von Marshall zu einem kohärenten Ganzen werden lassen, von Marshall selbst nicht explizit geäußert worden. Die „Kohärenz" von Marshalls Werk „als

---

[38] Für eine Diskussion von Marshalls Überarbeitungspraxis vgl. Whitaker 1988: 60 ff. Insgesamt hat Marshall die *Principles of Economics* sieben Mal überarbeitet und umgeschrieben und die Neudrucke mit vielen bedeutenden Änderungen der angeblich gleichen Ausgabe versehen.

Ganzes" ist aus Annahmen konstruiert, die Parsons ihm unterstellt. Wenn man Parsons' Herangehensweise an Marshall so betrachtet, werden die Fehlerhaftigkeiten, die sie mit seiner Herangehensweise an Weber teilen, klar deutlich. Die Mängel in Parsons' Weber-Lektüre sind Mängel, die sich ebenfalls in seinem Umgang mit Marshall und Pareto zeigen: sie ergeben sich aus der Art und Weise, in der er sein eigenes Anliegen in bestimmte klassische Autoren „hineingelesen" hat und dann ihr Werk derart zusammengefaßt hat, daß sie seine eigene Vorstellung der Sozialwissenschaften wiederzugeben scheinen.

Und was ist mit Parsons' eigenem Verständnis der Wirtschaftstheorie im ausgehenden neunzehnten Jahrhundert? Auch das ist wieder ein Problem, das bumerangartig seine Weber-Lektüre beeinflussen wird, da Weber die Gewohnheit hatte, sich auf die zeitgenössische Wirtschaftswissenschaft als „unsere Wissenschaft" zu beziehen. Einige Seiten später diskutiert Parsons Marshalls Arbeit in Beziehung zu Jevons: „It is, of course, possible that the personal jealousy of Jevons, who published the marginal utility before Marshall, but who probably did not anticipate Marshall in its discovery, played a part" (Parsons 1949: 137).

Tatsächlich publizierte Jevons die Grundzüge seiner „Mathematischen Theorie" 1862 nach ihrer Präsentation beim Jahrestreffen der *British Association* in Cambridge. Zu dieser Zeit war Marshall zwischen seinem ersten und zweiten Jahr als *Undergraduate* in Cambridge. 1865 machte er sein mathematisches Abschlußexamen, und das ernsthafte Studium der politischen Ökonomie fing er nicht vor den späten sechziger Jahren an. Jevons' *Theory of Political Economy* wurde 1871 publiziert, die zweite Auflage von 1879 erschien mit einem Vorwort über die jüngsten Entwicklungen des mathematischen Ansatzes in den Wirtschaftswissenschaften; darin bezieht sich Jevons auf seinen Vortrag von 1862. Er merkt später an, daß sein Histogramm über den abnehmenden Grenznutzen seit fünfzehn Jahren in Vorlesungen benutzt wurde, das heißt, seit er 1863 in Manchester begann (Jevons 1879: 50). Die zweite Auflage von Jevons' *Theory of Political Economy* ist ein bedeutender Text für das Verständnis des Entwicklungstempos der Wirtschaftstheorie im ausgehenden 19. Jahrhundert, aber es gibt keinen Beweis dafür, daß Parsons jemals einen Blick auf ihn geworfen hat.

Das war nicht die Art, in der Parsons arbeitete. Sein Bestreben war nicht, durch systematische Lektüre der zeitgenössischen Quellen den begrifflichen Bezugsrahmen zu schaffen, in dem ein bestimmter Text positioniert werden konnte – die grundlegendste Voraussetzung jeder historischen Methode. Im Gegensatz dazu glaubte er, daß die genaue Lektüre eines Buches die tieferliegenden „Annahmen" hervorbringen würde, die seine „Logik" ausmachten. Es gibt natürlich keine Garantie dafür, daß ihn eine weitergehende Lektüre zeitgenössischer Literatur zwangsläufig von den Behauptungen abgebracht hätte, die er aufgestellt hat. Aber eine derartige Lektüre ist wichtig, um *Neuheit und Bedeutung* des fraglichen Textes einschätzen zu können: Wiederholt er einfach nur landläufige Meinung? Macht er das besser oder schlechter? Scheitert er daran, selbst den Anforderungen der zeitgenössischen landläufigen Meinung gerecht zu werden? Ist er vielleicht sogar genuin neuartig? Was haben seine Zeitgenossen über ihn gedacht, und, sofern die Anworten auf die vorangegangenen Fragen vorliegen, inwiefern genügen sie unseren heutigen Einschätzungen? Bei seiner Diskussion über Nutzen, Bedürfnisse und ökonomische Aktivität geht Parsons vor, als ob die Struktur des von Marshall entwickelten Argumentes *sui generis* sei. Er versäumt es, die Frage zu klären, ob manche Gesichtspunkte, die notgedrungen Marshall zugeschrieben werden, tatsächlich ursprünglich von Marshall stammen oder aber Gemeinplätze sind, die aus einer anderen Quelle übernommen worden sind.

Das Versäumnis, diese elementaren Unterscheidungen zu vorzunehmen, macht seine Argumentation ziemlich verworren, da Marshall (aus unserer Sicht) in seiner Darstellung schlicht das Rad neu zu erfinden scheint. Parsons' Unfähigkeit, die grundlegende Chronologie in der Entwicklung der Grenznutzentheorie zu verstehen – in den späten dreißiger Jahren alles andere als ein Rätsel – zeugt vom Scheitern in größerem Maßstab. Darüber hinaus ist die Ausgabe von Marshalls *Principles of Economics,* auf die er sich bezieht, eine Ausgabe mit vielen Ergänzungen und einer kompletten Umordnung von Abschnitten und hat seit der Originalversion von 1890 einen weiten Weg zurückgelegt. Daß dies für Parsons nicht von Belang zu sein scheint, läßt sich aus der Art und Weise ableiten, in der er seine Aufmerksamkeit auf die „allgemeinen Annahmen" richtet, die dem Text zugrunde liegen, und nicht auf die Sprache des Textes und seine Struktur. Diese Annahmen sind eher die von Parsons als von Marshall. Auf diesem Sachgebiet wurde der Standard zuerst durch Edwin Cannans *History of the Theories of Production and Distribution in English Political Economy from 1776 to 1848* festgesetzt, das zum ersten Mal 1893 veröffentlicht wurde und dessen „Vorwort" kurz und bündig Grundregeln für das Studium älterer Texte der Literatur der politischen Ökonomie festlegt (vgl. Cannan 1924: X-XI). Cannan war bis 1926 Professor für Politische Ökonomie an der *London School of Economics*; Parsons war während des akademischen Jahres 1924-1925 an der *London School of Economics.*

Diese Lücke könnte natürlich mit Howard Bricks Argument in Verbindung gebracht werden, daß sich Parsons' „new social sciences" von den klassischen Grundlagen der Politik- und Wirtschaftswissenschaften entfernt und hin zur Soziologie, Kulturanthropologie und Sozialpsychologie bewegt haben. In den dreißiger Jahren des 20. Jahrhunderts waren die Kommentare über politische und ökonomische Literatur nach heutigen Standards ziemlich hoch entwickelt, während die kulturanthropologische und sozialpsychologische Literatur im Gegensatz hierzu natürlich sehr neu war. Diese neuen Gebiete wurden nach 1946 in

Harvards *Department of Social Relations* miteinander verbunden, wobei die Grundlegung der Sozialwissenschaften ausgehöhlt wurde, wie sie bis dahin von der politischen und ökonomischen Theorie gewährleistet wurde. Wie Brick anmerkt, entzog dies implizit einer Vorstellung von bürgerlicher Gesellschaft die Grundlage, die mit den Begriffen Markt und Macht zum Ausdruck gebracht wurde; an ihre Stelle setzte Parsons eine soziale, nicht-ökonomische Vorstellung von Gesellschaft (Brick 2000: 491-492). Das Ergebnis ist eine radikale Trennung zwischen Weber als Autor und Parsons als Leser, und zwar eine Trennung, die über die offensichtlichen Unterschiede wie Kultur, Ort und Umstände hinausgeht.

Daß Parsons' Weber-Lektüre problematisch war, ist schon lange anerkannt; die hauptsächlichen Einwände wurden vor etwa dreißig Jahren erhoben (vgl. Cohen et al. 1975). Zum einen wurde argumentiert, daß Parsons Teilen von Webers Schriften eine Bedeutung zugesprochen hat, die für Weber nicht die gleiche Bedeutung besaßen, während jene Aspekte, die nicht mit Parsons eigenem Projekt zusammenpaßten, entweder unberücksichtigt gelassen oder ignoriert wurden. Zum anderen wurden unbestätigte Behauptungen bezüglich dessen gemacht, „was Weber meinte", die in einigen Fällen dem widersprechen, was man bei Weber finden kann. In welchem Ausmaß ist diese Vorgehensweise schon in Parsons' „Einführung" zu *The Theory of Social and Economic Organization* offensichtlich?

5 Webers „Methodologie der Sozialwissenschaften"

Parsons' „Einführung" ist in fünf Abschnitte unterteilt. Der erste bietet einen kurzen Überblick über Webers Leben und Karriere; die zweiten, dritten und vierten Abschnitte sind jeweils auf Kapitel I, II und III ausgerichtet, während der letzte Abschnitt Webers Bedeutung als „an interpreter of the course of modern Western Society" umreißt (Parsons 1964: 39). Der zweite Abschnitt trägt den Titel „Weber's Methodology of Social Science": das ist es also, worum es Parsons zufolge im ersten Kapitel hauptsächlich geht. Meine Kommentare werden sich hierbei auf den zweiten Abschnitt der „Einführung" beschränken.

Wie schon oben bemerkt, hat Weber das erste Kapitel in zwei Abschnitte unterteilt, „I. Methodische Grundlagen" und „II. Begriff des sozialen Handelns". Dies legt deutlich nahe, daß Weber dieses Kapitel so konzipiert hat, daß es zuerst einige Bemerkungen über Prinzipien und Methoden vorstellt, bevor es mit einer substantielleren Erläuterung des sozialen Handelns fortschreitet. Die einführenden Bemerkungen, die Parsons dem ersten Kapitel gewidmet hat, legen jedoch eindeutig nahe, daß das ganze Kapitel „methodologisch" in dem strengen Sinn einer Diskussion von Methoden und Verfahren sei. Das aber ist falsch. Natürlich gibt es im ersten Kapitel methodologische Aspekte, wo Weber seine eigene Argumentationslinie der anderer Autoren gegenüberstellt, aber sein absoluter Schwerpunkt ist die Entwicklung einer Theorie der sozialen Formen, die in den Grundelementen menschlichen Handelns und Verstehens begründet ist.

Trotzdem fährt Parsons damit fort, den dualen Kontext von Webers „neuer Methodologie" zu identifizieren: dies ist erstens der deutsche Historismus und zweitens der Unterschied zwischen den „Natur"-Wissenschaften" und den „sozio-kulturellen" Wissenschaften, eine Unterscheidung, die Parsons mit Kant in Verbindung bringt (Parsons 1964: 8 f.). Während diese Unterscheidung natürlich fundamental für Webers soziologische Grundbegriffe ist, geht Parsons jedoch weiter, indem er nahelegt, daß es Webers wahre, wenn auch unvollständige Neuerung gewesen sei, „the treatment of social material in a systematic scientific manner rahter than an Art" zu ermöglichen (Parsons 1964: 10 f.). Dem liegt implizit Parsons' eigener Glaube an die Einheitlichkeit der wissenschaftlichen Methode zugrunde, und zwar insbesondere in bezug auf die Kausalbeziehung und das logische Schema des Beweises. Weber, so sagt er, hat in seinen früheren methodologischen Schriften große Betonung auf die Einheitlichkeit der letzteren beiden Punkte gelegt – er bezieht sich dabei jedoch nicht direkt auf diese „frühen Schriften", sondern stattdessen auf das 16. Kapitel von *The Structure of Social Action*. Parsons schreibt Weber die Ambition zu, eine einheitliche Methodologie schaffen zu wollen. Diese Ambition sei letztlich unerfüllt geblieben, aber ihre Vollendung sei möglich.

Nach dieser Schilderung der wissenschaftlichen Methode betrachtet Parsons als nächstes den Status des Idealtypus bei Weber. Es gibt keinen Zweifel, meint er „that the rational ideal type is an authentic generalized theoretical concept, and on one level adequately met the requirements of his methodological problems". Aber Weber sei es nicht geglückt, „to place it adequately in relation to certain other possibilities" (Parsons 1964: 13). Diese Diskussion ist wieder nicht direkt auf Weber-Texte bezogen, sondern auf *The Structure of Social Action* und das Werk Alexander von Scheltings. Parsons schreibt, daß Weber den Prozeß der systematischen Begriffsbildung mit einer Klassifizierung von vier Typen des Handelns beginne, aber er „neglected to inquire systematically on a comparable level into the structure of total social systems of action" (Parsons 1964: 14). Und dies, fährt er fort, wäre eine logisch notwendige Vorbedingung für eine komplette typologische Klassifizierung gewesen. Von daher betrachtet Parsons Webers Text als unvollständig: eine unvollendete Methodologie, die nicht in der Lage sei, eine Analyse „ganzer sozialer Handlungssysteme" durchzuführen. Das sind beides natürlich Parsons' Probleme und nicht die von Weber.

Webers Typologie sozialer Beziehungen hält er ebenfalls für unvollständig: „In each case the question is not raised of how this particular type, and the conceptual elements which make it up, fit into the conception of a total functioning social system of action or of relationships, as the case may be" (Parsons 1964: 15). Darüber hinaus, so Parsons, führe die mit der idealtypischen Methode verbundene Tendenz, extreme Faktoren überzubetonen, zu einer Vernachlässigung von selbstausgleichenden und integrierenden Kräften, die durch die Verbindungen zwischen dem einen und dem anderen Typus von Faktoren geschaffen werden. Parsons läßt diesem Punkt eine Diskussion über Rationalität und Irrationalität folgen, bevor er erneut wiederholt, daß das Grundproblem in „Weber's failure to carry through a systematic functional analysis of a generalized social system of action" liege (Parsons 1964: 18). Hier verläßt Parsons Weber und widmet den Rest des Abschnitts einer Darstellung der Elemente einer strukturell-funktionalen Analyse.

Nirgendwo in dieser Darstellung der *Soziologischen Grundbegriffe* Max Webers erwähnt Parsons ihr offensichtlichstes Merkmal: nämlich daß sich aus den Elementen menschlichen Handelns und ihrer Interpretation ein Verstehen sozialen Handelns innerhalb verschiedener Typen von Institutionen erschließt. Das ist mit Sicherheit keine „Methodologie", aber so liest und stellt Parsons es dar. In dem allerersten Paragraphen bezieht sich Weber bei der Erläuterung seiner terminologischen Auswahl auf den *Logos*-Artikel von 1913. Parsons jedoch bezieht sich nie auf diesen oder irgendeinen ähnlichen Text, wenn er aufzudecken sucht, „was Weber wirklich meinte", da, wie schon bemerkt, seine einzigen direkten Bezugnahmen die auf von Schelting und *The Structure of Social Action* sind. Die „Einführung" zu *The Theory of Social and Economic Organization* sagt sehr viel mehr über Parsons als über Weber aus; und sein Beharren darauf, die *Soziologischen Grundbegriffe* als einen methodologischen Text zu behandeln, hat sicherlich zu dessen Vernachlässigung als systematische Darstellung sozialer Theorie beigetragen.

Parsons stand mit dieser Herangehensweise an Max Weber nicht allein da. 1948 rezensierte Edward Shils *The Theory of Social and Economic Organization*[39], und seine Weber-Darstellung bringt mit einiger Klarheit die Art von interpretierenden Protokollen, die hier zur Debatte stehen, zum Audruck. Shils faßte den Text erstmal ohne spezielle Kommentare bezüglich der Auswahl oder der Übersetzung zusammen, machte aber einige bezeichnende Randbemerkungen Zum Beispiel merkt er an, daß „although Weber has no explicit theory of personality – it is the greatest deficiency in his whole conception of the dynamics of social structure" (Shils 1948: 44). Und: „Although his methodology as formu-

---

[39] Das besprochene Buch war die englische Ausgabe von William Hodge & Co.

lated in the first decade of the century required a theory to answer concrete historical questions such as he posed, he did not supply us with such a theory. The chapters of *Wirtschaft und Gesellschaft* which we are discussing have contributed greatly to our understanding of the modern world, they help us to order our historical knowledge by giving us the names of things, by designating precisely the classes into which they fall, and by showing wherein they differ from each other. They do not constitute a theory in the sense of logically coherent, empirically established or establishable, universal propositions referring to relationships of causal interdependence among several series of events – they are only the beginning of a theory in this sense. ... We know what Weber was aiming at – the establishment of universal causal propositions – because so much of that subsequent part of *Wirtschaft und Gesellschaft* which was written earlier than the four chapters here translated, though less rigorous and more discursive than the present object of our consideration, is filled with the most striking and ingenious causal hypotheses" (Shils 1948: 45 und 47).

Von daher teilte Shils in weiten Zügen Parsons' Sicht und betrachtete *Wirtschaft und Gesellschaft* als ein unvollendetes System, unzureichend für eine umfassende Soziologie sozialer Struktur. Überdies unterstellte er Weber diese Sichtweise, dem er den Ehrgeiz zuschrieb, „universelle kausale Thesen" aufzustellen. Shils irrte natürlich in beiden Fällen. Aber Shils ging an Webers Schriften im gleichen Geist wie Parsons heran: er versuchte ausfindig zu machen, „was Weber wirklich meinte" und nahm an, daß eine moderne Soziologie eine theoretische Wissenschaft menschlichen Handelns und der Sozialstruktur sei, die auf einer entsprechenden Methode beruhe. Wenn Parsons Weber in diesem Geiste übersetzte und Shils als Zeitgenosse Weber in dieser Art las, hilft das, die relative Vernachlässigung von Webers „letzten Worten" über das Verstehen sozialen Handelns zu erklären.

6 Übersetzungsprotokolle

Es war aber nicht nur Parsons' eigenes Vorhaben für eine moderne Soziologie, das seine Übersetzung der *Soziologischen Grundbegriffe* beeinträchtigte und seinem Verständnis im Wege stand. Seine Übersetzungsstrategie bestand darin, im Rahmen der Bearbeitung von Webers dichter Prosa deren Bedeutung zu klären; der englische Text ist ungefähr ein Drittel länger als das deutsche Original. Man kann sich darüber streiten, ob diese Übersetzungsstrategie den Text ungenauer werden läßt statt präziser, ganz abgesehen von den inhaltlichen Annahmen, von denen Parsons ausging, als er Webers Text bearbeitete. Abschließend sollen einige allgemeine Überlegungen darüber angestellt werden, wie Webers Schriften in ein klares Englisch übersetzt werden können.

Hans Gerth und C. Wright Mills haben dieses Problem in ihrem Vorwort zu *From Max Weber* kurz, aber klar dargestellt. Sie haben zwei verschiedene Traditionen in der deutschen Sprache unterschieden. Die erste entspricht „to the drift of English towards brief and grammatically lucid sentences" (Gerth / Mills 1948: v). Sie ist an das „innere Ohr" gerichtet und ähnelt dem Rhythmus der alltäglichen Sprache. Die zweite ist dieser jedoch entgegengesetzt, denn sie richtet sich an „das Auge" und ist ungeeignet dazu, laut gelesen zu werden – jeder muß „für sich selbst lesen". Die Unterscheidung, die hier gemacht wird, ist sehr treffend, aber es gibt da auch noch ein allgemeineren Punkt – wissenschaftliches Deutsch bedient sich sehr selten üblicher gesprochener Redewendungen, während das im Englischen möglich ist und getan wird. Der Abstand zwischen Geschriebenem und Gesprochenem ist im Englischen beträchtlich kleiner als im Deutschen. Eine stilistisch „originalgetreue" Weber-Übertragung ins Englische wäre für den durchschnittlichen Studenten heute mehr oder weniger unlesbar – seine Sprachebene entspräche der des juristischen Englisch in Gesetzen, wo jegliche Interpunktion, mit Ausnahme des Punktes, vermieden wird. Dies dient einem Zweck, aber es muß in spezieller Weise gelesen werden. An anderer Stelle habe ich die Aufmerksamkeit auf die Art und Weise gelenkt, in der das geschriebene Deutsch eines engen Zeitgenossen Webers – Sigmund Freud – in der Übersetzung den umgekehrten Weg gegangen ist, von schlichtem umgangssprachlichem Deutsch in „wissenschaftliches" Englisch.[40]

Gerth und Mills erwähnen Nietzsche, Lichtenberg und Kafka als Beispiel für den ersten Sprachstil, der durch „transparente Gedankenzüge" gekennzeichnet ist, in denen „die wichtigsten Dinge an erster Stelle stehen". Der letzte dieser drei steht Weber am nächsten, und zwar nicht nur chronologisch – 1906 war Max Webers Bruder Alfred der Hauptgutacher für Franz Kafkas juristische Promotion (vgl. Wagenbach 1958: 129 ff.). Kafka entwickelte seine „knappe, kühle, distanzierte, sparsame, logisch konstruierte Sprache" in Reaktion auf den blumigen und sich wiederholenden Stil seiner Prager Zeitgenossen.[41] Webers Stil ist natürlich nicht blumig oder sich wiederholend, aber die Vorstellung, daß er, wäre das sein Wunsch gewesen, wie Kafka geschrieben haben könnte, ist überhaupt kein Anachronismus. Im Sinne einer „wahren" Übersetzung muß man sich diese Ent-

---

[40] Siehe mein „Translator's Appendix" zu Hennis 2000: 206.
[41] Vgl. Wagenbach 1958: 83. Aber nicht alle Zeitgenossen – Robert Walsers erstes Buch, *Fritz Kochers Aufsätze,* wurde erstmalig 1904 veröffentlicht. Als eine Sammlung von Schulaufsätzen sind Vokabular und Ausdruck absichtlich begrenzt gehalten, sicherlich wegen des parodistischen Effektes – aber vergleichen Sie den Stil seines Briefes vom 6. Januar an seinen Verleger in einem konventionell formal geschriebenen Deutsch (Walser 1979: 140).

scheidung vorbehalten, aber was, wenn der Preis ein Verlust an ursprünglicher Klarheit ist? George Orwell, ein Musterbeispiel für einfachen englischen Stil, hat zwischen den späten zwanziger und den frühen dreißiger Jahren des zwanzigsten Jahrhunderts absichtlich und bewußt einen sparsamen und prägnanten englischen Stil entwickelt – so bewußt, daß zwei Freunde der Familie seine ersten Versuche als „außergewöhnlich unbeholfen" beschrieben haben: „ ... we used to laugh till we cried at some of the bits he showed us". Sein Biograph faßt Orwells Leistung sehr sauber zusammen: „It seems he then regarded his journalistic style as merely workmanlike and still strove to achieve a ‚literary style'. It took him some years to discover that he already possessed something much finer than what he thought he was still seeking" (Crick 1992: 179 und 192; vgl. Hitchens 2002: 141 ff.).

Angesichts der Tatsache, daß die verfügbare Bandbreite an geschriebenen und gesprochenen Redewendungen sowie ihre Verbindung voneinander abweichen, gibt es eine (offene) Frage bezüglich der *Sprachebene,* die man wählt, wenn man von einer Sprache in die andere übersetzt. Aber darüber hinaus gibt es ein weiteres Problem, eines, das wir mit Rhythmus und Betonung in Wort und Satz in Zusammenhang bringen könnten. Die deutschen grammatischen Formen erleichtern das Verfassen von Sätzen in Manier russischer Puppen, indem die Interpunktion benutzt wird, um die Grammatik zu unterstützen. In englischen Sätzen wird die Interpunktion angewandt, um den Sinn klarzustellen, sie ist nicht primär grammatisches Mittel, sie ahmt die Betonungen der Sprache nach. Im Gegensatz dazu ist die deutsche Sprache ziemlich unakzentuiert (und macht, verglichen mit anderen Sprachen, relativ wenig Gebrauch von Gestik oder Gesichtsausdruck), da die Grammatik die Arbeit erledigt. Natürlich ist dies alles in hohem Maße diskussionswürdig, aber was nach einer ausgedehnten Diskussion übrig bliebe, ist die Tatsache, daß Sprachrhythmen einen großen Teil dessen ausmachen, was gesprochenes und geschriebenes Englisch wirklich verständlich macht (oder auch nicht). Das gilt nicht für die deutsche Sprache, und von daher ist die Vorstellung, daß eine englische Übersetzung den Stil des deutschen Ursprungstext originalgetreu wiedergeben sollte, oder die Leichtigkeit des Originaltextes beibehalten sollte – zwei oder drei Übersetzungsprinzipien, mit denen Gerth und Mills ihre Diskussion eröffnen – ‚wie sie selbst betonen, im Falle Max Webers „ziemlich strittig" (vgl. Gerth / Mills 1948: v).

Im Gegensatz zu Deutsch oder Französisch ist Englisch eine „ungeregelte" Sprache. Der Gebrauch ist der entscheidende Faktor, durch den die Bedeutung bestimmt wird, nicht die Autorität der Akademie oder der Rechtschreibungsvorschriften. Es wird zum Beispiel manchmal behauptet, daß es so etwas wie eine „englische Grammatik" gar nicht gäbe, daß dies ein auf Latein basierendes Konstrukt mit sehr begrenztem Vorrat an tatsächlichem linguistischem Ausdruck sei.

Sicherlich ist es wahr, daß es kein offizielles Handbuch des Stils gibt. Stattdessen haben wir Fowlers *Dictionary of Modern English Usage* und Michael Dummetts exzellentes *Grammar and Style* (vgl. Fowler 1965; Dummett 1993). Diese Werke überzeugen durch Beispiele und nicht durch Regeln – und indem sie das tun, betonen sie permanent, daß gutes geschriebenes Englisch klar, präzise und einfach verständlich sein sollte. Wenn wir das als Losung für die Herangehensweise an die Übersetzung Max Webers ins Englische annehmen, könnten wir einigermaßen abzuschätzen, was an Parsons' eigenen Bemühungen in dieser Hinsicht falsch ist.

Parsons war mit einigen der obigen Argumente nicht unvertraut. Nachdem er zum ersten Mal Alexander Hendersons Übersetzungsentwürfe der ersten beiden Kapitel von *Wirschaft und Gesellschaft* gelesen hatte, faßte er seine Gedanken über den Stil zusammen. Zuallererst müsse man anerkennen, daß es da, wo eine Idee oder ein Begriff in der einen, aber nicht der anderen Sprache beheimatet sei, schwierig, wenn nicht sogar unmöglich sei, eine einzige, vollkommen zufriedenstellende Übersetzung zu finden: „I feel that it is often much better to bring out the author's meaning as accurately as possible than to attempt word-for-word translation. I do not feel that Mr. Henderson takes advantage of this possibility sufficiently in the difficult places."[42] Es scheint so, als habe Henderson beständig *Verein* mit „club" und *sinnvoll* mit „significant" übersetzt – was sicherlich in einigen lexikalischen Kontexten passend ist, aber nicht notwendigerweise bei Weber. Parsons stellte auch in Frage, ob die Begriffe *zweckrational* und *Vergemeinschaftung* überhaupt übersetzt werden könnten oder sollten und deutete an, daß Henderson an einigen Stellen qualifizierende Satzteile ausließ und an anderen Stellen eindeutig falsch übersetzt hatte.

Wie schon oben bemerkt, wurden diese Kommentare an Henderson weitergeleitet, und seine Anwort wurde teilweise wörtlich in James Hodges Anwort vom 14. März 1939 zitiert. Henderson schrieb: „As between coining and literal translation I have used both but more often the latter – translating a German word when used in a technical sense by the English word corresponding to its everyday meaning. This follows the same lines as the development of a special sociological terminology in German and of the English economic and philosophical jargon, though I recognize that the absence of a recognized tradition in the English-speaking countries constitutes a serious disadvantage – but a disadvantage which would be diminished by the fact that all such words were precisely defined by Weber himself and that it is intended to provide a glossary giving an explanation of Weber's use of the words. In the case of words coined in the German I had to produce what Professor Parsons terms 'forced neologisms'. On

---

[42] Brief von Parsons an James H. Hodge, 26. Januar 1939.

the whole I still believe that this choice was right, though following a hint of Professor Hayek's, I might have done well to coin rather more. I was however expecting some suggestions for alternative translations of important words and I included a list for that purpose. But all this is of subsidiary importance; Weber makes his reader think in terms of concepts which are new to the English reader and if the concepts are to be used a new terminology must come too, and it does not greatly matter whether new technical meanings are given to ordinary words or whether new words are coined, but there is no escape from the alternative."[43]

Das alles macht den Eindruck, daß der noch nicht einmal fünfundzwanzigjährige Henderson ein hochentwickeltes Verständnis für die durch die ersten beiden Kapitel von *Wirtschaft und Gesellschaft* aufgeworfenen Probleme hatte und sich in der Angelegenheit klar verständlich machen konnte. Das macht den offensichtlichen Verlust seines Manuskriptentwurfes um so größer, weil es ohne ihn keinen direkten Weg gibt, Parsons' Übersetzung auf die Schliche zu kommen und die Entscheidungen, die er erwogen und getroffen hat, zu untersuchen.

Aber wir haben die Version des ersten Abschnittes von *Wirtschaft und Gesellschaft* von Alexander von Schelting und Edward Shils, und wir können die Diskussion über die mit der Übersetzung der *Soziologischen Grundbegriffe* Max Webers verbundenen Probleme beenden, indem wir diese Übersetzungsversion mit Parsons' Version sowie meiner eigenen Version der Übersetzung des ersten Paragraphen direkt einander gegenüberstellen:

„§1. Sociology, that ambiguously defined word, means, in the sense in which it is used here, a science which attempts to understand social actions through interpretation and thus to explain them causally in the course and effects. "Action" refers to all human conduct when and in so far as the acting individual "attaches" a subjective *meaning* to his conduct. Action may be either outward on inward; and it may consist in "doing" or in "refraining from doing" or tolerating. Action is "social" when, through the meaning attached by the behaving individual (or individuals), it is related to the conduct of others, and is therewith oriented in its course with reference to the conduct of others."[44] (114 Wörter)

„§1. Sociology (in the sense in which this highly ambiguous word is used here) is a science which interprets the interpretive understanding of social action in order thereby to arrive at a causal explanation of its course and effects. In 'action' is included all human behaviour when and in so far as the acting individual attaches a subjective

---

[43] Alexander Henderson, in einem Brief von James Hodge an Parsons vom 14. März 1939 zitiert.
[44] Alexander von Schelting und Edward Shils, Typoskript der Übersetzung von Max Weber „The Methodological Foundations of Sociology", S. 2, University of Chicago Library Archives, Frank H. Knight papers, Box 53, Ordner 1. Vielen Dank an Larry Scaff, der diese Kopie ausfindig gemacht hat.

meaning to it. Action in this sense may be either overt or purely inward or subjective; it may consist of positive intervention in a situation, or of deliberately refraining from such intervention or passively acquiescing in the situation. Action is social in so far as, by virtue of the subjective meaning attached to it by the acting individual (or individuals), it takes account of the behaviour of others and is thereby oriented in its course."[45] (132 Wörter)

„§1. Sociology, a word often used in quite diverse ways, shall mean here: a science that seeks interpretative understanding of social action, and hence causal explanation of the course and effects of such action. By 'action' is meant human behaviour linked to a subjective *meaning* on the part of the actor or actors concerned; such behaviour may be overt or occur inwardly – whether by positive action, or by refraining from such action, or by acquiescence to some situation. Such behaviour is 'social' action where the meaning intended by actor or actors is related to the behaviour of *others*, and conduct so oriented."[46] (101 Wörter)

Alle drei Versionen desselben Textabschnittes von *Wirtschaft und Gesellschaft* sagen mehr oder weniger „das gleiche". Aber sie sagen es in unterschiedlicher Weise, und das hat nichts mit dem Vergleich zwischen dem Englisch zu tun, das Mitte des zwanzigsten Jahrhunderts verwendet worden ist, und dem Gebrauch von modernem Englisch. Parsons hielt mehr von der Übersetzungsversion von Alexander von Schelting und Edward Shils als von der Hendersonschen Version, aber die Klarheit und Intelligenz von Hendersons Antwort auf Parsons' Kommentare läßt eher Zweifel an dieser Beurteilung aufkommen. Was diese drei Passagen unterscheidet, ist der „Stil". Parsons' Glaube, daß man Webers Prosa klarer für einen englischen Leser macht, wenn man Weber weiter ausführt, steht im Gegensatz zu meiner eigenen Ansicht, daß der Sinn leichter vermittelt wird, indem man einen komprimierten und exakten Ausdruck sucht. Es kann gut sein, daß von Schelting und Shils Webers eigenem Stilempfinden am nächsten kommen – nämlich, daß es auf Stil nicht ankomme und daß im Zweifelsfall begriffliche Genauigkeit immer vor Lesbarkeit gehe.

Was mich angeht, halte ich das für eine falsche Entgegensetzung. Orwell hat diese Idee in *Politics and the English Language* höchst prägnant in Worte gefaßt: „A man may take to drink because he feels a failure, and then fail all the more completely because he drinks. It is rather the same thing that is happening to the English language. It becomes ugly and inaccurate because our thoughts are foolish, but the slovenliness of our language makes it easier for us to have foolish thoughts" (Orwell 1961: 353). Orwells schlichter Stil bezweckte eine Präzisi-

---

[45] Max Weber, The Theory of Social and Economic Organization, übersetzt von Talcott Parsons, in: Weber 1964: 88.
[46] Meine eigene Übersetzung.

on des Ausdrucks. Eine solche Präzision bedarf weder der Qualifizierungen und Umschreibungen, mit denen Parsons seine Weber-Übersetzungen befrachtete, noch ist sie am besten mit der akkuraten, aber unzugänglichen Prosa von Alexander von Schelting und Edward Shils bedient. Es ist sicherlich oft schwierig, Webers Prosa bei der Erstlektüre völlig zu schätzen, aber sie ist immer sehr präzis, wenn man den Punkt einmal verstanden hat. Die Übersetzung von Webers Prosa in modernes, idiomatisches Englisch ist wegen des komplexen Charakters seines Ausdrucks schwierig, und nicht deshalb, weil die Bedeutung selber unklar wäre. Aber der Vorgang des Übersetzens stellt selbst eine Intervention in den Text dar, die seine Bedeutung erneuern kann. Denn die Übersetzung eines Textes aus der älteren Idiomatik einer Sprache in die modernen Redewendungen einer anderen eröffnet immer die Möglichkeit, unser Verständnis eines Textes zu revidieren – dies ist einer der Gründe, warum manche Werke Gegenstand vieler Übersetzungen gewesen sind.[47] Und in kleinerem Rahmen findet der gleiche Prozeß nun im Umgang mit den Schriften Max Webers statt.

Literatur

Brick, Howard, 2000: Talcott Parsons's "Shift Away from Economics", 1937-1946. Journal of American History 87: 490-514.
Camic, Charles, 1991: Introduction: Talcott Parsons before *The Structure of Social Action*. S. ix-lxix in: Talcott Parsons, The Early Essays. Chicago.
Cannan, Edwin, 1924: History of the Theories of Production and Distribution in English Political Economy from 1776 to 1848. 3. Aufl. London.
Charnes / Cooper / Henderson, 1953: An Introduction to Linear Programming. New York.
Cohen, Jere / Hazelrigg, Lawrence E. / Pope, Whitney, 1975: De-Parsonizing Weber: A Critique of Parsons' Interpretation of Weber's Sociology. American Sociological Review 40: 229-241.
Crick, Bernard, 1992: George Orwell. A Life. Neuaufl. London.
Daniell, David, 2004: Translating the Bible: Why Tyndale ist Still Vital, The Tyndale Society Journal 27 (Juli 2004): 29-41.
Dummett, Michael, 1993: Grammar and Style for Examination Candidates and Others. London.
Eucken, Walter, 1950: The Foundations of Economics. Übersetzt von Terence Hutchison. London.

---

[47] Ich behaupte nicht, daß dieser Überarbeitungsprozeß unbedingt progressiv sein sollte, nur, daß wohlüberlegtes Aktualisieren eine Möglichkeit ist, wenn sich die Beziehung zwischen geschriebener und gesprochener Sprache geändert hat. Seit 1945 hat es 87 neue Übersetzungen des Neuen Testamentes ins Englische gegeben, aber viele davon sind im Vergleich zu der King-James-Version von 1611, die weitgehend auf den Originalen von William Tyndale aus den Jahren 1526 und 1534 basiert, schlicht unlesbar. Vgl. Daniell 2004: 32-33.

Fowler, H. W., 1965: A Dictionary of Modern English Usage. 2. Aufl. Oxford.
Hans H. Gerth / Mills, C. Wright Mills, 1948: Preface. S. v-vii in: From Max Weber. London.
Ghosh, Peter, 2005a: Max Weber on "The Rural Community": A Critical Edition of the English Text. History of European Ideas 31: 327-366.
Ghosh, Peter, 2005b: Not the *Protestant Ethic?* Max Weber at St. Louis. History of European Ideas 31: 367-407.
Haberler, Gottfried von, 1936: The Theory of International Trade. Übersetzt von Alfred Stonier und Frederic Benham. London.
Hennis, Wilhelm, 1987: Max Webers Fragestellung. Tübingen.
Hennis, Wilhelm, 2000: Max Weber's Science of Man. Newbury.
Hitchens, Christopher, 2002: Orwell's Victory. London.
Jevons, William Stanley, 1879: The Theory of Political Economy. 2. Aufl. London.
Keynes, Neville, 1891: Scope and Method of Political Economy. London.
Machlup, Fritz, 1940: The Stock Market, Credit and Capital Formation. Übersetzt von Vera Smith. London.
Mises, Ludwig van, 1945: Bureaucracy. Übersetzt von Terence Hutchison. London.
Mises, Ludwig van, 1949: Human Action. Übersetzt von Terence Hutchison. London.
Morgenstern, Oskar, 1937: The Limits of Economics. Übersetzt von Vera Smith. London.
Oakes, Guy / Vidich, Arthur J., 1999: Collaboration, Reputation and Ethics in American Academic Life. Hans H. Gerth and C. Wright Mills. Urbana.
Orwell, George, 1961: Politics and the English Language (1946). S. 353-367 in: Collected Essays. London.
Parsons, Talcott, 1928-29: "Capitalism" in Recent German Literature: Sombart and Weber. Journal of Political Economy 36: 641-661 und 37: 31-51.
Parsons, Talcott, 1931: Wants and Activities in Marshall. Quarterly Journal of Economics 46: 101-140.
Parsons, Talcott, 1949: The Structure of Social Action. A Study in Social Theory with Special Reference to a Group of Recent European Writers. 2. Aufl. New York.
Parsons, Talcott, 1964: "Preface" und "Introduction". S. v-vi und 3-86 in: Max Weber, The Theory of Social and Economic Organization. New York.
Parsons, Talcott, 1991: The Early Essays. Hrsg. von Charles Camic. Chicago.
Ringer, Fritz, 2004: Max Weber. An Intellectual Biography. Chicago.
Roth, Guenther, 1968: Introduction. S. i-cx in: Max Weber, Economy and Society: An Outline of Interpretive Sociology. New York.
Scaff, Larry, 2005: The Creation of the Sacred Text: Talcott Parsons Translates *The Protestant Ethic and the Spirit of Capitalism*. Max Weber Studies 5.2: 205-228.
Shils, Edward A., 1948: Some Remarks on "The Theory of Social and Economic Organization". Economica N.S. 15: 36-50.
Tribe, Keith (Hrsg.), 1997: Economic Careers. Economics and Economists in Britain 1930-1970. London.
Vidich, Arthur J., 2000: The Department of Social Relations and "Systems Theory" at Harvard: 1948-50. International Journal of Politics, Culture and Society 13: 607-648.
Wagenbach, Klaus, 1958: Franz Kafka. Eine Biografie seiner Jugend 1883-1912. Berlin.

Walser, Robert, 1979: Fritz Kochers Aufsätze. Frankfurt am Main.
Weber, Max, 1923: Wirtschaftsgeschichte von Max Weber. Abriß der universalen Sozial- und Wirtschaftsgeschichte. Hrsg. von S. Hellmann und M. Palyi. München.
Weber, Max, 1927: General Economic History. Übersetzt von Frank H. Knight. New York.
Weber, Max, 1930: The Protestant Ethic and the Spirit of Capitalism. Übersetzt von Talcott Parsons und mit einem Vorwort von Richard H. Tawney. London.
Weber, Max, 1946: From Max Weber. Essays in Sociology. Übersetzt, hrsg. und mit einer Einführung von Hans H. Gerth und C. Wright Mills. New York.
Weber, Max, 1947: The Theory of Social and Economic Organization. Übersetzt von Alexander M. Henderson und Talcott Parsons. Hrsg. und mit einer Einführung von Talcott Parsons. London / New York.
Weber, Max, 1949: The Methodology of the Social Sciences. Übersetzt und hrsg. von Edward A. Shils und Henry A. Finch. New York.
Weber, Max, 1972: Wirtschaft und Gesellschaft. Grundriß der verstehenden Soziologie. Hrsg. von Johannes Winckelmann. 5. Aufl. Tübingen.
Weber, Max, 1982: Der Sinn der „Wertfreiheit" der soziologischen und ökonomischen Wissenschaften. S. 489-540 in: Gesammelte Aufsätze zur Wissenschaftslehre. 5. Aufl. Tübingen.
Weber, Max, 2005a: Germany – Agriculture and Forestry. Kölner Zeitschrift für Soziologie und Sozialpsychologie 57: 139-147.
Weber, Max, 2005b: Germany – Industries. Kölner Zeitschrift für Soziologie und Sozialpsychologie 57: 148-156.
Whitaker, John, 1988: Editing Alfred Marshall. S. 43-66 in: Donald Moggridge (Hrsg.), Editing Modern Economists. New York.

Max Weber auf französisch oder Max Weber „à la française"?

Jean-Pierre Grossein

Versucht man die Rolle der Übersetzungen in der französischen Rezeptionsgeschichte von Max Webers Werk einzuschätzen, dann dürfen nicht nur deren Eigenwert in Betracht gezogen werden, sondern auch äußere Elemente wie das Erscheinungsjahr und die Zeitfolge der verschiedenen Ausgaben sowie die Wahl der übersetzten Texte. Dabei muß die Frage untersucht werden, inwieweit die später erschienenen Übersetzungen die frühere Rezeption modifiziert haben. Im folgenden werden zwei verschiedene Phasen innerhalb der französischen Rezeption von Webers Werk behandelt: die frühe Rezeptionsphase, die noch nicht auf französischsprachige Übersetzungen seines Werkes zurückgreifen konnte, und die sich daran anschließende Rezeptionsphase, die durch entsprechende französische Übersetzungen beeinflußt worden ist.

I. Die französische Weber-Rezeption ohne französische Weber-Übersetzungen

Die sprachliche Barriere stellte an sich kein absolutes Hindernis dar. Denn andere Autoren aus Max Webers Generation wie Gustav Schmoller, Karl Lamprecht, Karl Bücher, Heinrich Rickert, Georg Simmel und Wilhelm Windelband wurden schon um die Jahrhundertwende in Frankreich eingeführt. Während *Die protestantische Ethik und der Geist des Kapitalismus* erst 1964 übersetzt worden ist, wurden jene Studien von Werner Sombart, die sich auf Webers Fragestellung bezogen, sehr früh übersetzt: *Die Juden und das Wirtschaftsleben* im Jahre 1923 und *Der Bourgeois* im Jahre 1926 (vgl. Bihl / Epting 1987). Ganz allgemein kann man sagen, daß die deutsche intellektuelle Produktion in Frankreich keineswegs unbekannt geblieben ist. Das zeigen die Rezensionen in *L'Année sociologique* und früher noch in der *Revue de synthèse historique* von Henri Berr. Das bedeutet also, daß die Weberrezeption einer eigenartigen, spezifisch aufzuhellenden Logik folgt. Nicht zuletzt wurde die Rezeption Max Webers durch die Schwierigkeit, die Fachzugehörigkeit dieses Autors zu definieren, in einer Zeit erschwert, in der die Frage der intellektuellen und institutionellen Definition der verschiedenen Fächer im Gebiet der Kultur- und Sozialwissenschaften heftig umstritten war.

1 Die Weber-Rezeption bei den Historikern

Die Probleme, welche die Historiker mit Webers Werk hatten, lagen im Bereich der Methodologie und der Erkenntnistheorie. Die Frage der historischen Kausalität und die idealtypische Begriffsbildung standen im Mittelpunkt der Ablehnung Webers durch die französischen Historiker, die sehr früh ein echtes Sperrfeuer gegen die *Protestantische Ethik* auslösten. In dieser Hinsicht kann man eine Kontinuität von Henri Pirenne über Henri Hauser, Lucien Febvre und Robert Mandrou bis zu Fernand Braudel und Jacques le Goff wahrnehmen.[1] Die anfängliche und lange anhaltende Fokussierung der Weberrezeption auf die *Protestantische Ethik* hat Webers Sache nachhaltig geschadet, indem sie einen Überblick über sein Gesamtwerk verhinderte.

Allerdings wurde Webers Schicksal in Frankreich sehr früh und für eine lange Zeit im Rahmen der von Henri Berr gegründeten und von ihm 50 Jahre lang geleiteten Zeitschrift *Revue de synthèse historique* entschieden, die sich offen für Karl Lamprecht einsetzte: Schon in der ersten Nummer dieser Zeitschrift erschien (im Jahre 1900) die Übersetzung eines Aufsatzes von Lamprecht über die historische Methode. Gleichzeitig widersetzte sich die Zeitschrift Heinrich Rickerts Auffassung der historischen Erkenntnis; ein Aufsatz von ihm erschien in derselben Zeitschrift (vgl. Rickert 1901). Aufgrund seiner Definition des Individuellen als Gegenstand der historischen Wissenschaften wurde Rickerts Auffassung als eine theoretische Rechtfertigung der Ereignisgeschichte („histoire événementielle") im Sinne von Charles Seignobos wahrgenommen. In den in der *Revue de synthèse historique* geführten Auseinandersetzungen über das Wesen der Geschichte, in denen die deutschen Historiker stark herangezogen wurden, wurde die theoretische Situation in Deutschland ganz eigenartig wahrgenommen: die „guten" deutschen Theoretiker der Geschichte waren diejenigen, die wie Lamprecht, Schmoller, Breysig und andere für eine sozialpsychologische Geschichte eintraten; die „schlechten" diejenigen, die wie Windelband, Rickert, Simmel, Gottl, Münsterberg und Eduard Meyer für einen epistemologischen Pluralismus plädierten, die historische Kontingenz in Rechnung stellten und eine ontologische Auffassung von kollektiven Wesenheiten ablehnten. Es ist kein Wunder, daß bei solcher Ablehnung des deutschen Neukantianismus Webers erkenntnistheoretische Aufsätze keinen Nachhall fanden: Weber wird weder in

---

[1] Zur französischen Rezeptionsgeschichte der Protestantischen Ethik siehe Grossein 2005a.

der Zeitschrift noch in Berrs Studie *La synthèse en histoire* (1911) erwähnt. Webers theoretische Position in Betracht zu nehmen hätte bedeutet, daß das Amalgam Meyer/Rickert/Seignobos unvermeidlich aufgelöst worden wäre (vgl. Escudier 2004).

Die Gründung der Zeitschrift *Annales* im Jahre 1929 hat an Webers Rezeption in Frankreich nichts verändert. In ihrem Kampf gegen die Durkheim-Schule und deren Vorherrschaftsansprüche auf dem Gebiet der Sozialwissenschaften sowie in ihrer Ablehnung der „historisierenden Geschichte" hätte Webers historische Soziologie der Annales-Schule einen methodologischen und begrifflichen Rahmen bieten können. Das geschah aber nicht. Vielmehr charakterisierten Verärgerung und Herablassung die Haltung der Annales-Schule insgesamt. Noch im Jahre 1972 konnte ein bekannter französischer Historiker, Robert Mandrou, über *Wirtschaft und Gesellschaft* herablassend erklären: „Diese unglaubliche Juravorlesung mit der Erörterung aller nur möglichen Fälle scheint mir wenig geeignet, eine große Anregung für die Historiker zu bieten."[2]

Zwei Ausnahmen sind unter den Historikern zu finden. Zunächst Henri I. Marrou[3], der sich in seinem Kampf gegen den Positivismus an Weber und Aron anlehnte. Über Marrou schrieb Braudel: „Er ist zu tief in Webers Denken eingetaucht und daher über jedes Maß hinaus von der Objektivität der Geschichte besorgt" (Braudel 1969: 101). Dieselbe Feindseligkeit Weber gegenüber brachte Braudel mit Gurvitch, dem hauptsächlichen und aggressivsten Gegner Webers und Aron an der Sorbonne, zusammen (siehe hierzu die Ausführungen weiter unten). Eine spätere Ausnahme stellte Paul Veyne dar.[4]

2 Die Weber-Rezeption bei den Soziologen

Die erste Etappe ist bekannt: Es ist die Zeit der Vorherrschaft der Durkheim-Schule. Trotzdem muß die übliche Darstellung der Verhältnisse, das heißt die völlige Mißachtung von Webers Werk nuanciert werden, sobald man Maurice Halbwachs erwähnt. Es wurde angenommen, daß die Nichtbeachtung Webers durch Durkheim damit zusammenhing, daß Weber zu dieser Zeit als Nationalökonom galt. Demgemäß sollte man den Blickwinkel verschieben und die Be-

---

[2] „Ce cours de droit invraisemblable avec l'étude de tous les différents cas possibles et imaginables..." (zitiert in Joutard 1977: 374 f.).

[3] Vgl. Marrou 1954 (manche der in diesem Band zusammengefaßten Aufsätze sind schon vor 1940 erschienen).

[4] „Webers historisches Werk ist das vorbildlichste in unserem Jahrhundert; es ist eine von einer Topik getragene vergleichende Geschichte" (Veyne 1971: 340).

ziehungen der Wirtschaftssoziologen unter den Durkheim-Schülern (hauptsächlich Simiand und Halbwachs) zu Webers Werk betrachten. Als Wirtschaftssoziologe interessiert sich Halbwachs für Weber und vor allem für die *Protestantische Ethik*, über die er 1925 eine eingehende Rezension in einer Straßburger Theologiezeitschrift schreibt (vgl. Halbwachs 1925). In anderen kurzen Rezensionen erörtert er die kritischen Stellungnahmen zu Webers These (Brentano, Sombart, Robertson) und unterstreicht deutlich deren Unhaltbarkeit. Tawneys Kritik gegenüber zeigt er sich dagegen aufgeschlossener. In der gemeinsamen Front gegen die „historisierende Geschichte" hätte Weber wohl als Gegenmittel eingesetzt werden können. Von Webers Idealtypen schreibt Halbwachs: „Hinter dieser ein wenig unsicheren Konstruktion ahnt man eine ziemlich richtige Einschätzung der traditionellen Begriffe" (Halbwachs 1929: 87). Insofern als Halbwachs von der Soziologie die Aufstellung von Gesetzen erwartete, mußte er aber Webers Methodologie und Wissenschaftslehre mit Vorbehalt betrachten. Webers Problematik und Methodologie bringen ihn offenbar in Verlegenheit. „Hinter dieser ganzen Konstruktion", schreibt er in der ersten Nummer der Zeitschrift *Annales*, „steckt eine nicht leicht zu formulierende Lehre der soziologischen Kategorien" (Halbwachs 1929: 86). Schließlich lautet Halbwachs' Urteil doch positiv: „Diejenigen, die an dieselben Probleme herangehen werden, werden Webers Spuren noch lange wiederfinden, und mit vollem Vertrauen werden sie die von ihm gewiesenen Richtungen einschlagen können" (Halbwachs 1929: 88). Einen Einfluß von Webers Analysen auf Halbwachs' Werk ist aber in der Tat nicht zu spüren.

Auf jeden Fall bildet Halbwachs eine Ausnahme innerhalb der Durkheim-Schule, die insgesamt wenig Interesse und Sympathie für Webers Werk zeigte, wie es die Worte illustrieren, mit denen Marcel Mauss dem jungen Soziologen Roger Bastide – später ein bekannter französischer Religionssoziologe und Anthropologe – im Jahr 1935 schreibt: „Max Weber ist einer von denjenigen, mit denen wir Durkheim, Hubert und ich am wenigsten im Einklang sind. Als er sich damit begnügte, uns nachzuahmen – was er ausführlich im Krieg tat, in einer Zeit wo alles zu entschuldigen war – war das allerdings ärgerlich. Er hat sich aber darauf beschränkt, Meinungen auszudrücken, von denen viele anregend sind, aber von denen fast ausnahmslos keine bewiesen ist. Jene Achtung für Max Weber ist auch etwas, was mich in dem großartigen Buch meines Vetters Raymond Aron ärgert."[5]

---

[5] Den Zugang zu diesem Brief verdanke ich Marcel Fournier. Zu dem erwähnten Buch von Raymond Aron siehe Aron 1935.

3 Eine religiös-kulturelle Dimension der Rezeptionsgeschichte

Ein weiteres Hindernis in der Weberrezeption stellte die schon erwähnte Konzentration auf die *Protestantische Ethik* dar, indem sie eine religiös-kulturelle Dimension, und zwar die kulturelle und politische Bedeutung des Protestantismus in Frankreich, ins Spiel brachte. Diese Dimension möchte ich hervorheben, weil sie gewöhnlich vernachlässigt wird.

Bis zum Beginn des 20. Jahrhunderts war Frankreich tief durch die Gegenreformation geprägt und der Protestantismus war noch Gegenstand einer heftigen anti-protestantischen Propaganda, obwohl er nur eine sehr kleine Minorität bildete: 2 % der Gesamtbevölkerung im Jahre 1920, das heißt ungefähr 1.100.000 Menschen. Aus verschiedenen historischen Gründen wurde der französische Protestantismus in Verbindung mit dem Ausland wahrgenommen, wenn nicht mit jenem identifiziert: er wurde als ein Fremdkörper betrachtet. Daher bemühten sich die französischen Protestanten, sich von der deutschen Erbschaft der Reformation zu distanzieren und sich auf eine spezifisch französische Tradition zu berufen. In dieser Hinsicht ist ein Heft der *Revue de Métaphysique et de Morale* anläßlich der vierten Jahrhundertfeier der Reformation mitten im Ersten Weltkrieg besonders bemerkenswert. Eine „unüberbrückbare Kluft zwischen der germanischen Welt und der okzidentalen Welt" wird behauptet und für den Calvinismus eine führende Rolle im „Lager der Freiheit" beansprucht (Revue de Métaphysique et de Morale 1918: 888). Nach dem Ersten Weltkrieg hörte die antiprotestantische Polemik nicht auf, sie wurde aber hauptsächlich von einem beschränkten Kreis (*Action Française*) geführt. 1933 konnte Charles Maurras schreiben: „Hält man sich an das Wesentliche, [...] ist die Filiation Luther, Rousseau, Kant, Bismarck, Hitler selbstverständlich" (vgl. Nguyen 1977: 240).

Diese Polemik fügte sich aber in einen anderen Zusammenhang ein, der von heftigen Auseinandersetzungen über das Wesen des Kapitalismus, die Entstehung des Kommunismus und den Aufstieg des Faschismus gekennzeichnet war. In diesem Zusammenhang wurde Webers Studie direkt in die antiprotestantische Polemik miteinbezogen. Dabei war die antikapitalistische und antibürgerliche Thematik nicht auf die rechtsextremistischen Kreise begrenzt. Die christliche Personalismus-Bewegung um Emmanuel Mounier und seine Zeitschrift *Esprit* propagierten mit derselben Heftigkeit die gleiche antiliberale Thematik: die Welt mit ihren antikatholischen, eventuell protestantischen Zügen wurde schonungslos kritisiert. So erklärt Mounier zum Beispiel, daß „das Bürgertum gegen den christlichen Geist im 16. Jahrhundert entstanden ist" (Mounier 1933: 880); oder: „Die Väter der bürgerlichen Welt sind nicht die Kirchenväter, gleich ob man sie mit Weber auf der Seite von Calvin oder auf der von Rousseau sucht (Mounier

1933: 898). In einem solchen Zusammenhang liegt es nahe, daß die Protestanten nicht geneigt waren, die Hypothese einer Kollusion oder sogar einer Gleichstellung von Protestantismus und Kapitalismus zu akzeptieren. Kein Wunder also, daß man in diesen Kreisen keine Stimme hörte, die bereit gewesen wäre, diese These wieder aufzunehmen. Für den linksgesinnten liberalen Protestanten André Philip bedeutete dies folgendes: "Der bürgerliche Geist und das kapitalistische System verwirklichen in jedem Punkt die vollendetste Verneinung aller christlich-sozialen Prinzipien" (Philip 1933: 931).[6] Wie man sieht, hatten die französischen Protestanten viele Gründe, Webers sogenannte „Protestantismus-Kapitalismus-These" zu verwerfen; und das machten sie sehr früh, und zwar zuerst von theologischer Seite aus (vgl. Grossein 2005a).

Über Max Weber schrieb René König, er sei „einzigartig im deutschen Kulturraum: Calvinist als Politiker und Theoretiker, dem das soziale Dasein nicht ein Gegenstand unter anderen ist, sondern die theoretisch-praktische Dimension menschlicher Bewährung schlechthin im Sinne einer eigentlichen Verantwortungsethik" (vgl. Hufnagel 1971: 352). Daß Webers Werk vom reformierten Protestantismus geprägt war, ist in Frankreich nicht unbemerkt und wirkungslos geblieben. Georges Gurvitch, der hauptsächliche und aggressivste Gegner Webers an der Sorbonne (wo er von 1945 bis 1965 Soziologie unterrichtete und bis zur Ernennung Arons im Jahre 1958 autokratisch herrschte) schrieb Webers angeblichen „Atomismus", „Spiritualismus" und „Individualismus" seinem Calvinismus – zusammen mit seinem Kantianismus – zu (vgl. Gurvitch 1957: 77 f.). In einem anderen Gebiet und in einem anderen Kreis (es handelt sich um die „Groupe de sociologie religieuse" und ihre Zeitschrift *Archives de sociologie des religions*, die von katholisch gesinnten Forschern beherrscht waren) wurde Weber mißtrauisch behandelt. Ihr theoretisches Vorbild war Joachim Wach, ein „christlicher Soziologe", wie die Herausgeber hervorhoben.[7] Zugleich übte aber auch der Marxismus unzweifelhaft eine gewisse Anziehungskraft auf diese Gruppe aus. Angesichts dieser Gesinnung ist es nicht erstaunlich, daß Webers Religionssoziologie ihr zu kritisch erschien. Der nach dem Auseinanderbrechen der Gruppe am Anfang der 70er Jahre selbsterkorene „Weber-Spezialist" und spätere Leiter der Zeitschrift, Jean Séguy, nutzte jede Gelegenheit, um die Grenzen der Weberschen Analysen zu unterstreichen und ihnen gegenüber die Arbeiten von Troeltsch oder Wach zu bevorzugen. In diesem Zusammenhang wundert es nicht, daß die *Protestantische Ethik* kein dringendes Interesse erregte. Von

---

[6] Einen gleichartigen Grundton drückt die liberal-protestantische Zeitschrift *Foi et vie* aus (vgl. Conord 1936).
[7] Vgl. hierzu Heft 1 (1956) des *Archives de sociologie des religions*, S. 19-70. Zur intellektuellen Geschichte dieser Gruppe siehe die lehrreiche Studie von Isambert (1996), ferner Grossein 2005a.

Weber wurden vor allem die Ausführungen über das Charisma und die Gemeinde aufgegriffen, wobei letztere infolge einer falscher Übersetzung systematisch als „communauté émotionnelle" [*emotionale Gemeinschaft*] interpretiert wurde (vgl. Grossein 2005c: 686 ff.).

4 Der Wendepunkt in der Rezeptionsgeschichte: Raymond Aron

Eine Wende in der französischen Weberrezeption schreibt man gewöhnlich Raymond Aron zu. In den 1930er Jahren, als das Durkheimsche Paradigma erschöpft war, suchten junge Philosophen, besonders aus der Ecole Normale Supérieure (unter anderem Merleau-Ponty, Sartre und Aron) eine theoretische Erneuerung in der deutschen Philosophie (in der Phänomenologie, bei Heidegger oder im Neukantianismus). Aron, der den Durkheimschen Positivismus nicht ertrug, schrieb nach seinem Aufenthalt in Deutschland ein Buch über die zeitgenössische Soziologie in Deutschland, von dem ein Drittel Weber gewidmet war (vgl. Aron 1935).

In *La philosophie critique de l'histoire* (1938) behandelte Aron neben Rickert, Simmel und Dilthey ebenfalls Max Weber. Was Aron an Weber hauptsächlich interessierte, war die in eine kritische Theorie der Geschichte mündende Wissenschaftslehre einerseits sowie die politische Theorie andererseits. In seinem Kampf gegen den Positivismus verteidigte Aron die deutsche Philosophie und Soziologie aufgrund ihrer „spiritualistischen Orientierung" und verwendete dabei merkwürdige Formulierungen: „Die deutsche Soziologie ist spiritualistisch in ihrer Ausrichtung, die französische positivistisch" (Aron 1935: 128). „Fast die gesamte deutsche Soziologie strebt nach dem Verstehen (im weiten Sinn des Wortes)" (Aron 1935: 129). „Man muß zuerst verstehen, bevor man kausal erklärt" (Aron 1986: 230). „Webers eigenste und zugleich bedenklichste Vorstellung ist die der Zurückführung des ganzen Wirklichen auf psychische Vorgänge" (Aron 1938: 271). Kein Wunder, daß solche Äußerungen bei Arons Disputation ebenso bedenkliche Erwiderungen von seiten der Mitglieder der Jury hervorriefen. Bréhier stellte fest: „Das deutsche Denken hat ganz auf Ihr Denken abgefärbt" (Aron 1986: 451). Bouglé meinte: „Der zentrale Begriff für Sie ist der Verstehensbegriff deutscher Herkunft, den Sie der in Frankreich lieber verwendeten Erklärung gegenüberstellen" Aron 1986: 450). Und Vermeil machte den Einwand geltend: „Diese Philosophien haben den totalen Relativismus vorbereitet, der jeden Universalismus zugrunde richtet" (Aron 1986: 451).

Außer dem schon erwähnten katholischen Historiker H.I. Marrou blieb Arons Einfluß bis zu den 1960er Jahren gering. Nach dem Zweiten Weltkrieg, als der Existentialismus, der Marxismus und der Strukturalismus die französische intellektuelle Szene beherrschten, war die Soziologie fast exklusiv auf die aus den USA importierte empirische Soziologie beschränkt. Die empirischen Forschungen machten sich die Methoden und die Techniken der amerikanischen Soziologie zu eigen und verkannten dabei die epistemologischen Probleme; die theoretische Tradition der europäischen Soziologie fiel der Vergessenheit anheim.

Die akademische Soziologie (an der Sorbonne) wurde von einem entschiedenen Gegner von Webers Soziologie, Georges Gurvitch, beherrscht. Weber wurde unter anderem „die Zerstörung der sozialen Wirklichkeit durch einen probabilistischen und individualistischen Nominalismus" vorgeworfen (Gurvitch 1958: 14 f. und 57). Als letzter von acht „schweren Fehlern" wird von Gurvitch „die Abwesenheit jegliches dialektischen Geistes" erwähnt: „Dieser Mangel hinderte Weber wahrscheinlich daran, die konkreten Totalitäten zu erfassen und über das geschlossene Bewußtsein hinauszugehen; er verhinderte ihn einzusehen, daß Verstehen und Erklären nur zwei Momente desselben Prozesses sind" (Gurvitch 1958: 15).

Bevor er 1957 an die Sorbonne berufen wurde, war Aron am *Institut de sciences politiques* als Professor und zugleich an der rechtsorientierten Zeitung *Le Figaro* als „Leitartikelschreiber" tätig. Er entwickelte eine liberale Interpretation von Weber, sah in ihm aber auch einen „Nachfahren Machiavellis" und distanzierte sich von dessen angeblichem „Relativismus". Zur gleichen Zeit trug er jedoch direkt zur Entwicklung der Weberforschung in den sechziger Jahren bei. Er unterstützte die Übersetzung von Webers Werk, ohne jedoch selbst daran teilzunehmen oder gar die Qualität der Arbeit zu überprüfen. In seinem Unterricht räumte er Weber natürlich einen angemessenen Platz ein. Und nachdem die Soziologie ab 1959 zu einem autonomen akademischen Lehrfach in Frankreich geworden war, förderte er den Unterricht über Weber, indem er Pierre Bourdieu und dann Jean-Claude Passeron als Assistenten zu sich berief. Sein Buch *Les étapes de la pensée sociologique* (1967) sowie Julien Freunds *Sociologie de Max Weber* (1968) boten einen relativ umfangreichen Überblick über das Webersche Werk.

Dabei war die Rolle der französischen Darstellungen und Kommentare um so größer, als ausländische Studien über Weber zu diesem Zeitpunkt ebenfalls nicht übersetzt wurden. Erst spät erschienen folgende Arbeiten in französischer Übersetzung: Wolfgang J. Mommsen, *Max Weber und die deutsche Politik* (1985), Wilhelm Hennis, *Max Webers Fragestellung* (1996), Dirk Kaesler, *Max Weber. Eine Einführung in Leben, Werk und Wirkung* (1996) sowie Stephen Kalberg, *Max Weber's comparative-historical sociology* (2002).

II. Die Übersetzungen und ihr Einfluß auf die französische Weber-Rezeption

1 Bestandsaufnahme

Die ersten französischen Übersetzungen von Max Webers Werk erschienen in folgender Reihenfolge: *Le savant et le politique* (Weber 1959), übersetzt von Julien Freund und mit einer Einleitung von Raymond Aron; *L'éthique protestante et l'esprit du capitalisme* (Weber 1964), übersetzt von Jacques Chavy; *Essais sur la théorie de la science* (Weber 1965), übersetzt und eingeleitet von Julien Freund (es handelt sich hierbei um eine unvollständige Übersetzung, denn es fehlen besonders die Aufsätze über Roscher und Knies sowie die Stammler-Aufsätze); *Le Judaïsme antique* (Weber 1970), übersetzt von Freddy Raphaël; *Economie et société* (Weber 1971), übersetzt von Julien Freund, Pierre Kamnitzer, Pierre Bertrand, Eric de Dampierre, Jean Maillard und Jacques Mailly unter der Leitung von Jacques Chavy und Eric de Dampierre (es handelt sich hierbei ebenfalls um eine unvollständige Übersetzung, die den „I. Teil" sowie die ersten sechs Kapitel des „II. Teils" der 4., von Johannes Winckelmann besorgten Auflage von *Wirtschaft und Gesellschaft* umfaßt, deren Einleitung ebenfalls nur teilweise übersetzt wurde; bis heute gibt es noch keine vollständige französische Übersetzung von *Wirtschaft und Gesellschaft*). Die zeitliche Reihenfolge und der lückenhafte Charakter der Übersetzungen, die zudem ohne jeden kritischen Apparat publiziert worden sind, erschwerten jedoch ein methodisches und historisch-kritisches Studium des Weberschen Werks in Frankreich.

Die relativ frühe, wenngleich nicht vollständige Übersetzung der *Wissenschaftslehre* hat eine verzerrte Wahrnehmung des Gesamtwerkes gefördert, indem die wissenschaftstheoretischen Fragen als vorrangig erscheinen konnten. Die Verspätung der französischen Übersetzungen hat auch dazu beigetragen, daß in vielen Fällen terminologische Entscheidungen aus anderen, besonders aus englischen und amerikanischen Übersetzungen unkritisch übernommen wurden und so die Interpretation von Webers Werk nachhaltig geprägt haben. Einige Beispiele: „désenchantement du monde" für *Entzauberung der Welt*, „cage d'acier" für *stahlhartes Gehäuse*, „routinisation" für *Veralltäglichung*. Die Übersetzung von *Vergemeinschaftung* mit „communalisation" stellt eine direkte Kopie der amerikanischen Übersetzung „communalisation" dar, macht aber im Französischen keinen Sinn (vgl. Grossein 2005c).

Die Frage ist folgende: Inwieweit konnten die Übersetzungen als solche den Zugang zu Webers Analysen erschweren, vielleicht sogar verhindern? Beschwerden über die schlechte Qualität der Übersetzungen sind regelmäßig bei französischen Weber-Interpreten zu finden. Das Schlimme dabei ist, daß die

Mangelhaftigkeit des französischen Textes dem Original zugeschrieben werden konnte. Ein karikaturhaftes, aber symptomatisches Beispiel stellt Jeanne Favret-Saada (eine bekannte französische Anthropologin) dar. In einem Aufsatz über Webers Auffassung der Emotionen in der Religion versucht sie mühselig in den „Dschungel [le maquis] der Grundbegriffe" oder in einen „Wortsalat" (*salade de mots*) einzudringen. Und wenn sie auf das zweckrationale Handeln zu sprechen kommt, schreibt sie: „Ich verzichte darauf, die französische Übersetzung zu zitieren: sie ist einfach unverständlich"; und sie fährt unverblümt fort: „Wahrscheinlich ist der deutsche Text ebenso unverständlich" (Favret-Saada 1994: 100)! Da verwundert es nicht, daß ihre Schlußfolgerung lautet: „Die Lehre, die ich aus meiner Lektüre von *Wirtschaft und Gesellschaft* ziehe, ist die, daß man Weber so schnell wie möglich vergessen sollte. ... Für die Konstruktion der Geisteswissenschaften ist Weber heute, 1990, keinen Pfifferling wert!" (Favret-Saada 1994: 108).

Die meisten Übersetzungen waren bisher mit drei Hauptmängeln behaftet: 1. Gewisse grobe Fehler stammten offensichtlich aus einem Mangel an sprachlicher Kompetenz. 2. Der Mangel an Begriffsschärfe zeitigte viel Ungenauigkeit und Inkohärenz – mit den schwersten Folgen für die Rezeption. 3. Fragwürdige terminologische Entscheidungen wurden getroffen, die problematische Interpretationen voraussetzten und zugleich förderten.[8]

Außer dem Eigenwert der Übersetzungen haben noch andere Faktoren die französische Rezeption der soziologischen Grundbegriffe Max Webers gehemmt. Das Fehlen einer kritischen Ausgabe machte es unmöglich, das Verhältnis zwischen den „Soziologischen Grundbegriffen" und dem Kategorien-Aufsatz zu erläutern. Da die mit Webers Schriften verbundenen werkgeschichtlichen Probleme in Frankreich bis heute fast völlig unbekannt geblieben sind, kamen zum Beispiel die gröbsten Mißverständnisse bei der Deutung der Begriffe „Vergemeinschaftung" und „Vergesellschaftung" und der damit im Zusammenhang stehenden Wortverbindungen Webers vor. Obwohl beide Texte von derselben Person (Julien Freund) übersetzt wurden, ist deren Übersetzung nicht harmonisiert worden. Ein einziges Beispiel: Der Begriff „Einverständnis" verschwindet als solcher in der Übersetzung von *Wirtschaft und Gesellschaft*. Im Kategorienaufsatz wird er mit „entente" übersetzt; in *Economie et société* mit „accord", „concorde", „assentiment", „consentement" usw.

Die Frage ist aber, ob wir es mit einem französischen „Sonderweg" auf dem Gebiet der Übersetzungen zu tun haben? In dieser Hinsicht kann der Vergleich mit anderssprachigen Übersetzungen lehrreich sein. Insbesondere wäre der Vergleich mit den englischen Übersetzungen um so mehr gerechtfertigt, als diese

---

[8] Für weitere Einzelheiten siehe Grossein 2001 und 2005c.

aufgrund ihrem früheren Erscheinen auch im französischen Raum eine Rolle spielten. Dabei sollte man einen polemischen Ton nicht scheuen, wenn die Kritik berechtigt ist.⁹
Max Weber übersetzen ist – sie sollte es auf jeden Fall sein – eine begriffliche Tätigkeit; es ist aber auch eine asketische Leistung, zumindest wenn sie nicht vornehmlich dadurch motiviert ist, nach dem Gewinn zu streben, der dem gegönnt wird, der seinen eigenen Namen mit dem eines „Klassikers" verbindet.

2 Einige theoretische Betrachtungen

Die heutige Hegemonie des Englischen verbunden mit der Entwicklung der formalisierten Methoden und Gedankengänge innerhalb der Geistes- und Sozialwissenschaften hat die Hoffnung auf eine universelle Sprache genährt, sei diese natürlicher Art wie etwa das Englische oder künstlich im Sinne einer rein formalen protokollartigen Sprache. Die Vorstellung, daß eine solche Sprache die Fesseln der Mehrsprachigkeit sprengen könnte, erweist sich jedoch als reine Utopie, insofern als dies die epistemologische Eigentümlichkeit der Sozialwissenschaften verkennen würde. Diese Eigentümlichkeit beruht auf der Tatsache, daß diese Disziplinen ihre Interpretationen notwendigerweise in einer natürlichen Sprache ausdrücken müssen, damit sie verständlich sind. Das bedeutet, und das ist der entscheidende Punkt, daß diese Disziplinen, selbst wenn sie, um ihre Beweise zu erstellen, auf quantitative Methoden oder eine formalisierte Art der Gedankenführung zurückgreifen, die Resultate ihrer formalen Operationen unvermeidlicherweise in den Rahmen einer natürlichen Sprache einbinden müssen. Was wiederum bedeutet, daß die volle Verständlichkeit der Resultate dieser Disziplinen eng an Begriffssysteme gebunden ist, die ihren vollen Sinn nur im Rahmen wissenschaftlicher Traditionen haben, welche ihrerseits an nationale Gemeinschaften gebunden sind.

Wenn sich eine „künstliche Sprache" auch vollständig in eine andere übertragen läßt, weil sie ausschließlich auf einer von jedem historischen Kontext unabhängigen Formalisierung und Axiomatik beruht, so gilt dies nicht für die deskriptive oder vergleichende Sprache eines Historikers, Soziologen oder Anthropologen, deren idealtypische Begrifflichkeit und Gedankengänge ihre Substanz aus dem, so Weber, „historischen oder Alltagsleben" gewinnen. Daß er viele

---

⁹ In dieser Hinsicht scheint mir auch die von Keith Tribe vorgenommene neue Übersetzung der *Soziologischen Grundbegriffe* der von Max Weber beanspruchten „Begriffsschärfe" nicht gerecht zu werden. Nur einige Beispiele: „als Typus gedachte Handelnde" wird mit „hypothetical actors" übersetzt (Weber 2004: 312); „evident" mit „plausible" (Weber 2004: 318); und „innegehaltene Ordnung" mit „internalized order" (Weber 2004: 335).

seiner Begriffe aus der „historischen oder Alltagssprache" entnimmt, betonte Weber mehrmals, wie zum Beispiel in seiner Polemik gegen Felix Rachfahl, der ihm die Verwendung des Askese-Begriffs vorwarf. Webers Antwort lautete: „Solange wir uns aber nicht entschließen, jedesmal ad hoc gänzlich neue Wörter zu prägen oder aber, nach Art der Chemie oder der Avenariusschen Philosophie, mit Buchstabenbezeichnungen zu operieren, müssen wir für einen Sachverhalt, der noch keine Bezeichnung trägt, die möglichst nächstliegenden und bezeichnendsten Wörter der traditionellen Sprache nehmen und nur besorgt sein, sie – wie ich es bezüglich der ‚innerweltlichen Askese' m.E. genugsam getan habe – unzweideutig zu definieren" (Weber 1978: 152).

Das Problem ist also folgendes: Wir haben es mit einer scharfen Begriffssprache zu tun, die aber in einer traditionellen Sprache eingebettet ist. Wie löst man beim Übersetzen dieses Problem? Zu dieser Frage hat Guenther Roth eine bestimmte Stellung eingenommen. 1.Weber schrieb, so Roth, als ein Mitglied einer gemeinsamen epistemologischen Tradition und mit einer besonderen angelsächsischen Affinität, was trotz einiger epistemologischer Schwierigkeiten Webers Übertragbarkeit und Rezeption relativ leicht macht: „By large and large Weber's œuvre has proved to be quite ‚transmissible'" (Roth 1992: 451). 2. Weil eine Übersetzung so oft überholt wird, wie neue theoretische Probleme entstehen, ist eine allgemeine Lesbarkeit das Beste, was eine Übersetzung leisten kann.

Wenn die Sache so einfach wäre, warum gibt es dann so viele fragwürdige Übersetzungen, was Roth selbst nicht verneint? Warum gibt es das wiederholte Geständnis hervorragender Geister, daß dieser oder jener Begriff „unübersetzbar" sei?[10] Ich bin kein Übersetzungstheoretiker, aber ich vertrete eine entgegengesetzte Position, und in diesem Zusammenhang scheint mir Friedrich Schleiermachers Lektion heute noch gültig zu sein. Was sagt Schleiermacher? 1. Im Unterschied zum Dolmetschen, das für das Geschäftsleben ausreichend ist, stellt das eigentliche Übersetzen keine mechanische Übertragung von einer Sprache in die andere dar. Die Eigenartigkeit jeder beliebigen Sprache kann nicht, soll nicht in eine andere Sprache eingeschmolzen werden: „Das Ziel, so zu übersetzen wie der Verfasser in der Sprache der Uebersetzung selbst würde ursprünglich geschrieben haben, ist nicht nur unerreichbar, sondern es ist auch in sich nichtig und leer" (Schleiermacher 1838: 74). Das heißt also, daß sich der Übersetzer

---

[10] Wenn Talcott Parsons Webers Grundbegriffe darstellt, läßt er zum Beispiel „zweckrational" und „wertrational" unübersetzt: „These two terms are purposely left untranslated" (Parsons 1949: 642). Dasselbe gilt für die Begriffe „Gemeinschaft" und „Gesellschaft": „These terms have become practically internationalized in their German form so it seems futile to attempt to translate them" (Parsons 1949: 686). Bezüglich der Begriffe „Vergemeinschaftung" und „Vergesellschaftung" erklärt Raymond Aron, es sei unmöglich, den damit gemeinten Gegensatz mit „Gemeinschaft" und „Gesellschaft" zu übersetzen (Aron 1935: 121).

dem Autor annähern soll und nicht umgekehrt. Indem die heimische Sprache das spezifisch Fremde an der Fremdsprache in sich aufnimmt, muß sie zum Teil auf ihre eigenen Qualitäten verzichten. Eleganz und Schönheit der Sprache soll nicht das Ziel des Übersetzens sein, besonders wenn es sich um Wissenschaft handelt. Dem gemäß erheischt das Übersetzen „Entsagungen", die der Übersetzer ertragen muß: „Wer möchte nicht seine Muttersprache überall in der volksgemaessten Schönheit auftreten lassen, deren jede Gattung nur fähig ist? Wer möchte nicht lieber Kinder erzeugen, die das väterliche Geschlecht rein darstellen, als Blendlinge?" (Schleiermacher 1838: 64).

Es wäre naiv und vermessen zugleich, sich einzubilden, daß die Übersetzungen Webers Analysen zugänglicher als im deutschen Original machen könnten. Die von Weber vermittels einer lexikalischen Systematisierung gewonnene eindeutige Begriffsbildung sollte unbedingt in den Übersetzungen wiedergefunden werden: das hat mit punktgenauer Treue und wortwörtlichem Übersetzen nichts zu tun. Stabilisierung des Wortschatzes, Strenge und Folgerichtigkeit sollten die Haupteigenschaften einer Übersetzung sein, besonders wenn es sich um theoretische Texten handelt, für die Weber jedes Wort abgewogen hat. Tatsächlich übersetzt man nicht einzelne Wörter, man übersetzt vielmehr Texte, die Beschreibungen und Gedankengänge enthalten, welche auf ein System von Begriffen verweisen, auf eine wissenschaftliche Tradition und einen kulturellen Gesamtzusammenhang, deren Kenntnis Vorbedingung für jede Übersetzungsarbeit ist. Nicht nur der Wortschatz, sondern auch Webers Stil verweist direkt auf den Verlauf und die Art seiner Gedankenführung: er kann nicht verfranzösischt werden, ohne daß dadurch die Beweiskraft der Argumentation geschwächt wird. Was wiederum heißt, daß die rein sprachliche Kompetenz nicht ausreicht. Das Übersetzen kann und darf nur der letzte Akt der Übersetzungsarbeit sein, der am Ende eines Rekonstruktionsprozesses steht (vgl. Grossein 2005b).

Wenn man weiß, daß Martin Luther eine ganze Abhandlung fast ausschließlich dazu schrieb (*Sendbrief vom Dolmetschen*), um beim Übersetzen von Pauls Römerbrief (3,28) die Hinzufügung eines einziges Wortes (*sola*) zu rechtfertigen, darf man von jemandem, der theoretische Grundlagentexte übersetzt, erwarten und sogar verlangen, daß er sich selbst hohe intellektuelle Forderungen auferlegt.[11]

Zum Schluß möchte ich mich ganz bescheiden Luther anschließen, wenn er über die erforderlichen Eigenschaften eines Übersetzers schreibt: „Ah! es ist dolmetschen ja nicht eines iglichen kunst , wie die tollen Heiligen meinen. Es gehöret dazu ein recht, frum, fleissig, forchtsam, Christlich, gelert, erfarn, geü-

---

[11] Zu diesen Forderungen gehört auch die Erstellung eines Glossars und eines analytisches Sachregisters.

bet herz» (vgl. Kluge 1918: 63). Es genüge hier nur, „christlich" durch „weberianisch" zu ersetzen.

Literatur

Aron, Raymond, 1935: La sociologie allemande contemporaine. Paris.
Aron, Raymond, 1938: La philosophie critique de l'histoire. Essai sur une théorie allemande de l'histoire. Paris.
Aron, Raymond, 1967: Les étapes de la pensée sociologique. Paris.
Aron, Raymond, 1986: Introduction à la philosophie de l'histoire: essai sur les limites de l'objectivité historique. Nouvelle édition revue et annotée. Paris.
Berr, Henri, 1911: La synthèse en histoire. Essai critique et théorique. Paris.
Bihl, Liselotte / Epting, Karl, 1987: Bibliographie de traductions françaises d'auteurs de langue allemande, 2. Période VI-VII: 1871-1944. Tübingen.
Braudel, Fernand, 1969: Écrits sur l'Histoire. Paris.
Conord, Paul, 1936: Le christianisme et la crise du libéralisme capitaliste. Foi et Vie 81-82: 329-340.
Escudier Alexandre, 2004: Epistémologies croisées? L'impossible lecture des théoriciens allemands de l'histoire en France autour de 1900. S. 139-177 in: M. Werner / B. Zimmermann (Hrsg.), De la comparaison à l'histoire croisée. Paris.
Favret-Saada, Jeanne, 1994: Weber, les émotions et la religion. Terrain 22: 93-108.
Freund, Julien, 1966: Sociologie de Max Weber. Paris.
Grossein, Jean-Pierre, 2001: Traduire Weber. De quelques pas de clercs? S. 247-272 in: Jean-Louis Fabiani (Hrsg.), Le goût de l'enquête. Pour Jean-Claude Passeron. Paris.
Grossein, Jean-Pierre, 2005a: Die protestantische Ethik und der 'Geist' des Kapitalismus. Elemente zur der Geschichte ihrer Rezeption in Frankreich. S. 281-296 in: Wolfgang Schluchter / Friedrich Wilhelm Graf (Hrsg.), Asketischer Protestantismus und der 'Geist' des Kapitalismus. Tübingen.
Grossein, Jean-Pierre, 2005b: Traduire: un versant de la recherche fondamentale. S. 107-112 in: Fritz Nies (Hrsg.), Europa denkt mehrsprachig / L'Europe pense en plusieurs langues. Tübingen.
Grossein, Jean-Pierre, 2005c: De l'interprétation de quelques concepts wébériens. Revue Française de Sociologie 46(4): 685-721.
Gurvitch, Georges, 1957: Continuité et discontinuité en histoire et en sociologie. Annales 12: 73-84.
Gurvitch, Georges (Hrsg.), 1958: Traité de sociologie. Band I. Paris.
Halbwachs, Maurice, 1925: Les origines puritaines du capitalisme. Revue d'histoire et de philosophie religieuse: 132-157.
Halbwachs, Maurice, 1929: Max Weber: un homme, une œuvre. Annales d'histoire économique et sociale 1: 5-22.
Hufnagel, Gerhard, 1971: Kritik als Beruf. Der kritische Gehalt im Werk Max Webers. Frankfurt am Main / Berlin / Wien.

Isambert, François-André, 1996: Quarante ans déjà ... . Archives de sciences sociales des religions, 41: 93.
Joutard, Philippe (Hrsg.), 1977: Historiographie de la Réforme. Neuchâtel.
Kluge, Friedrich, 1918: Von Luther bis Lessing. 5. Aufl. Leipzig.
Marrou, Henri Irénée, 1954: De la connaissance historique. Paris.
Mounier, Emmanuelle, 1933: Confession pour nous autres chrétiens. Esprit 6: 887-896.
Nguyen, Victor, 1977: L'action Française devant la Réforme. S. 239-266 in: Philippe Joutard (Hrsg.), Historiographie de la Réforme. Neuchâtel.
Parsons, Talcott, 1949: The Structure of Social Action. 2. Aufl. New York.
Philip, André, 1933: Le christianisme et le monde moderne. Esprit 6: 917-932.
Revue de Métaphysique et de Morale, 1918: Numéro spécial. Paris.
Rickert, Heinrich, 1901: Les quatre modes de l'"Universel' dans l'histoire. Revue de synthèse historique 2 (5): 121-140.
Roth, Guenther, 1992: Interpreting and Translating Max Weber. International Sociology 7(4): 449-459.
Schleiermacher, Friedrich, 1838: Ueber die verschiedenen Methoden des Uebersezens. S. 207-245 in: Sämtliche Werke. Dritte Abteilung: Zur Philosophie. 2. Band. Berlin.
Veyne, Paul, 1971: Comment on écrit l'histoire. Paris.
Weber, Max, 1959: Le savant et le politique. Übersetzt von Julien Freund. Einleitung von Raymond Aron. Paris.
Weber, Max, 1964: L'éthique protestante et l'esprit du capitalisme. Übersetzt von Jacques Chavy. Paris.
Weber, Max, 1965: Essais sur la théorie de la science. Übersetzt und eingeleitet von Julien Freund. Paris.
Weber, Max, 1970: Le Judaïsme antique. Übersetzt von Freddy Raphaël. Paris.
Weber, Max, 1971: Economie et société. Übersetzt von Julien Freund, Pierre Kamnitzer, Pierre Bertrand, Eric de Dampierre, Jean Maillard und Jacques Mailly unter der Leitung von Jacques Chavy und Eric de Dampierre. Paris.
Weber, Max, 1978: Die protestantische Ethik II: Kritiken und Antikritiken. Hrsg. von Johannes Winckelmann. Gütersloh.
Weber, Max, 2004: The Essential Weber. A Reader. Hrsg. von Sam Whimster. London / New York.

Auf der Suche nach einem Paradigma.
Zur Relevanz von Max Webers handlungstheoretischem Ansatz für die italienische Soziologie

Gabriele Cappai

Einleitung

Über die Rezeption eines Autors zu schreiben kann leicht zu einem langweiligen und auch nutzlosen Unterfangen werden, wenn sich diese Aufgabe darin erschöpft, Stellungnahmen der Fachwelt über das Werk – und Übersetzungen desselben – chronologisch zu ordnen und dann kritisch zu würdigen. Diese Gefahr ist selbst dann gegeben, wenn der Autor, der im Mittelpunkt des Interesses steht, Max Weber heißt. Eine Alternative dazu ergibt sich bereits aus einer Überlegung über die logische Struktur von Rezeptionen und den Versuchen, darüber zu reflektieren.

Rezeptionsgeschichten sind Beobachtungen zweiten Grades: sie stellen Rekonstruktionen von Rekonstruktionen dar. Dabei ist es wichtig im Auge zu behalten, daß auf beiden Ebenen Selektivität im Spiele ist. Wir können diese Selektivität nicht ausschalten, sondern sie nur mehr oder weniger dadurch unter Kontrolle bringen, daß wir den Gesichtspunkt angeben, von dem aus die Rekonstruktion erfolgen soll. Eine „problembezogene" Betrachtung der Rezeption von Webers Werk, wie ich sie im folgenden anstrebe, versucht dieser unaufhebbaren Selektivität dadurch Rechnung zu tragen, daß sie bewußt darauf verzichtet, eine Geschichte zu erzählen und dabei so zu tun, als sei der Blick des Erzählers auf das zu Erzählende „ein Blick von nirgendwo her". „Problembezogen" meint also, daß ein bestimmtes Problem (und Lösungen desselben) die Perspektive vorgeben sollen, aus der die Weberrezeption thematisiert wird. Konkret gesagt geht es im folgenden um den Versuch der Rekonstruktion der Rezeption der methodologischen und handlungstheoretischen Schriften Webers in einer besonders kritischen Phase der Umorientierung und Umstrukturierung der italienischen Sozialwissenschaften im allgemeinen und der Soziologie im besonderen.

Ich werde meinen Beitrag im wesentlichen in drei Schritten entfalten. Zuerst werde ich dafür argumentieren, Rezeptionen von Klassikern als einen Prozeß zu betrachten, der idealtypisch drei aufeinander aufbauende Modalitäten durchlaufen kann. Diese sind: *Vermittlung, Diffusion* und *praktische Umsetzung.* Ich werde mich im folgenden hauptsächlich auf die Modalitäten der Vermittlung und der Diffusion und weniger auf jene der praktischen Umsetzung konzentrieren. Der Grund dafür ist, daß in der italienischen Rezeption der theoretischen und methodologischen Schriften Webers die praktische Anwendung eine zweitrangige Rolle spielt.

In einem zweiten Schritt werde ich dann den Aspekt der Weberrezeption, der hier im Mittelpunkt steht, im Kontext der italienischen Bemühungen einordnen, nach 1945 die Soziologie als eigenständige Disziplin zu etablieren. Um diese Einbettung richtig vornehmen zu können, muß ich freilich auf jene Argumente eingehen, die in Italien gegen eine solche Institutionalisierung immer wieder gebracht wurden. In einem dritten und letzten Schritt werde ich dann die These vertreten, daß die Rezeption des Weberschen Werkes nicht im luftleeren Raum, sondern vor dem Hintergrund bestimmter kultureller Vorprägungen und Erwartungen stattfindet. Ich werde zeigen, wie in Italien der Nachkriegszeit die methodologischen und handlungstheoretischen Schriften Webers einerseits und bestimmte philosophische und sozialwissenschaftliche Denkströmungen andererseits in dem Bestreben konvergierten, ein taugliches Paradigma für die italienische Soziologie zu etablieren.

1 Modalitäten der Werkrezeption

Werkrezeptionen, wie gesagt, artikulieren sich normalerweise, jedoch nicht notwendigerweise, nach der Modalität der *Vermittlung*, der *Diffusion* und der *praktischen Umsetzung*.[1]

Im Falle eines fremdsprachigen Autors geht normalerweise *Vermittlung* Hand in Hand mit Übersetzung. Vermittlung ohne Übersetzung kennzeichnet jedoch die Modalität der ersten Rezeptionsphase von Max Weber Schriften in den USA (Talcott Parsons), Frankreich (Raymond Aron) und Italien (Carlo Antoni, Pietro Rossi). Mit anderen Worten, in diesen Ländern zirkulierte ein substantielles Wissen des Weberschen Werkes schon bevor dieses übersetzt wurde.

---

[1] Alle drei Modalitäten sind durch spezifische Arten von Selektivität gekennzeichnet. Selektivität auf der Vermittlungs- und Diffusionsebene meint, daß nur bestimmte Aspekte der Gesamtproduktion eines fremdsprachigen „Klassikers" zu bestimmten Zeiten aufgegriffen werden und daß diese dann je nach Kompetenz der Rezipienten und der Empfänglichkeit der kulturellen Umwelt mit unterschiedlichem Erfolg Verbreitung finden. Selektivität ist aber auch bei der Nutzung des heuristischen Potentials eines Werkes im Spiel. Insbesondere Webers Werk besitzt im hohen Maße dieses Potential. Seine Religionssoziologie, Bürokratisierungstheorie oder Charismatheorie, um nur einige Beispiele zu nennen, liefern gültige Instrumente, mit denen wir aktuelle Lagen analysieren können.

Erst Übersetzung schafft aber eine sichere Basis für Vermittlung und Diffusion. Übersetzung reduziert die Beobachterebenen: Wenn vor der Übersetzung Diskussionen in der Form von Interpretationen von Interpretationen des Originals stattfanden, so sind nach der Übersetzung Interpretationen mit direktem Bezug auf das übersetzte Original möglich.

Ich komme zum Begriff der *Diffusion* und hebe dabei drei Bedingungen derselben hervor:

- Eine erste Voraussetzung für Werkdiffusion ist die Empfänglichkeit des Umfeldes, in dem diese stattfinden soll: Es müssen passende kulturelle, soziale und wissenschaftliche Anschlußmöglichkeiten vorhanden sein. Man könnte diesen Gedanken auch negativ ausdrücken: Bestimmte dominierende Denkströmungen verlangsamen bzw. verhindern die Diffusion eines Werkes, weil sie nicht „kongenial" sind bzw. diesem widersprechen. Vieles deutet darauf hin, daß zuerst die Denkströmung des Neu-Idealismus, dann die der „Frankfurter Schule" und schließlich die des Postmodernismus, welche in Italien als kulturelle „Mächte" mit hegemonialem Anspruch auftraten und nacheinander die kulturelle Landschaft dominierten, die Diffusion des Weberschen Werkes verlangsamten bzw. verhinderten.[2]
- Eine zweite wichtige Bedingung für Werkdiffusion ist die Reife der jeweiligen Disziplin, in der diese erwartungsgemäß stattfinden könnte. Im Falle der italienischen Weberrezeption, namentlich der Rezeption der methodologischen und handlungstheoretischen Schriften, ist die Tatsache auffällig, daß diese hauptsächlich durch theoretische, politische und Moral-Philosophen und weniger durch Soziologen vorangetrieben wurde. Dieser Umstand ist teilweise damit zu erklären, daß die italienische Soziologie lange Zeit brauchte, um eine eigene Identität zu finden und sich bis heute schwer tut, das Institutionalisierungs- und Professionalisierungsniveau anderer Soziologien in europäischen und außereuropäischen Ländern zu erreichen. Das Gesagte gilt selbstverständlich für die Soziologie als Disziplin, und nicht für einzelne Soziologen.
- Eine dritte Bedingung für Werkdiffusion hängt mit dem „Vermittler" zusammen. Dieser muß Anerkennung bzw. Prestige in der *scientific community* genießen. Wir können in vielen Fällen aber auch beobachten, daß die Vermittlung bzw. Diffusion eines Werkes und das Prestige des Vermittlers Hand in Hand gehen: Letzterer gewinnt Prestige durch die Bekanntmachung eines bestimmten Werkes und nützt dann wiederum dieses Prestige dazu aus, um seine Diffusion weiter voranzutreiben. Das Gesagte gilt für die An-

---

[2] Für eine Beschreibung dieser Situation verweise ich auf Rossi 1989.

fänge der Diffusion des Werkes von Max Weber in den USA, Frankreich und Italien (T. Parsons, R. Aron, P. Rossi).

Schließlich ist *Anwendung* als dritter Aspekt der Rezeption eines Klassikers zu nennen. Mit Anwendung meine ich die Tatsache, daß ein Werk wie das Webersche nicht allein Anlaß dazu bietet, werkimmanente Diskussionen zu generieren (Werkgenese, historische, theoretische und methodologische Kontextualisierung, Werkkritik), sondern darüber hinaus auch als Instrument für das Verständnis konkreter sozialer Lagen eingesetzt werden kann. Es geht hier also um die Anerkennung und Nutzung des heuristischen und explanatorischen Potentials eines Werkes.

Ich bin der Meinung, daß in Italien interessante „Anwendungsversuche" des Weberschen Werkes unter Bezugnahme auf die religionssoziologischen und politikwissenschaftlichen, nicht aber auf die methodologischen und handlungstheoretischen Aspekte stattgefunden haben. Dies ist der Grund dafür, daß ich mich im folgenden hauptsächlich auf die beiden Modalitäten der Vermittlung und der Diffusion konzentrieren werde.

2 Der Streit um die Soziologie als autonome Disziplin

Die italienische ist sicherlich eine der intensivsten und vielfältigsten unter den nationalen Weberrezeptionen. Sie setzt relativ früh ein und zeichnet sich durch Lebendigkeit und teilweise auch durch hohe Professionalität aus. Wirft man einen Blick auf die Gesamtproduktion, so kann jedoch nicht behauptet werden, daß hier methodologische bzw. grundlagentheoretische Aspekte dominieren (Losito / Fotino 1983) Die italienische Weberrezeption, insbesondere die der letzten drei Jahrzehnte hat eindeutig der Religionssoziologie und der politischen Soziologie den Vorzug gegeben. Gleichwohl stellen wir fest, daß dort, wo Methodologie und Grundlagentheorie im Mittelpunkt der Diskussion standen, dies teilweise mit hoher Fachkompetenz und Intensität geschehen ist.

Intensität schließt hier keineswegs Konflikt aus. Ganz im Gegenteil. Kein anderer Aspekt des Weberschen Werkes wie der methodologische und handlungstheoretische hat in Italien kontroversere Diskussionen hervorgerufen. Dies ist sicherlich kein Zufall, denn in Italien kann – insbesondere nach 1945 – die Auseinandersetzung mit Webers Auffassung über das Objekt, die Aufgabe und die Methode der Sozialwissenschaften nicht auf eine Angelegenheit der „richtigen" Auslegung reduziert werden: Sie koinzidierte weitgehend mit der Möglichkeit der Institutionalisierung der Soziologie als Einzeldisziplin. Dies ist der Grund dafür, daß ich im folgenden auf diesen besonders instruktiven Fall der italienischen Weberrezeption relativ ausführlich eingehen werde.

Ausgangspunkt meiner Analyse ist Carlo Antonis Weberinterpretation von 1939 in der Schriftensammlung *Dallo storicismo alla sociologia* (Antoni 1973). Antonis Weberdarstellung koinzidiert zwar nicht mit der „Stunde Null" der Weberrezeption in Italien, sie kann aber als die erste eingehende Auseinandersetzung mit Webers theoretischen und methodologischen Schriften angesehen werden.

Antonis Interpretation kann zugleich als Beleg für eine verbreitete Einstellung im damaligen Italien hinsichtlich der Möglichkeit einer eigenständigen „Wissenschaft des Sozialen" angesehen werden. Die in *Dallo storicismo alla sociologia* vertretene Grundthese ist, daß in seiner späten Phase der deutsche Historismus eine Entwicklung in Richtung auf einen „Soziologismus" durchmachte, dessen auffälligstes Merkmal die Betrachtung der Geschichte unter der Perspektive von Typologien darstellt. Antoni kritisiert diese Wende aufs Schärfste, denn dadurch werde die reale Dynamik und der grundsätzliche Emergenzcharakter des historischen Geschehens verkannt. Historiographie verwandele sich dadurch in eine „starre Typologie und Soziologie" (Antoni 1973: 38).

Diese Art von Degenerierung glaubt Antoni bei vielen Wissenschaftlern des ersten Viertels des 20. Jahrhunderts feststellen zu können. Die Krise kündige sich bereits mit Diltheys Theorie der „Weltanschauungstypen" an. Richtig offenkundig werde sie aber im Werk nachfolgender Kulturwissenschaftler unterschiedlicher Provenienz. Dieselbe Tendenz diagnostiziert Antoni bei der Psychophysik von Eduard Spranger und Karl Jaspers, bei der Charakterologie von Ludwig Klages, bei der Kulturanthropologie von Oswald Spengler, bei den kunstgeschichtlichen Sehformen von Heinrich Wölfflin, bei den Kulturformen von Ernst Troeltsch und nicht zuletzt bei der damals sich entwickelnden deutschen Soziologie. Auch Webers theoretische Arbeit fügte sich nach Antoni teilweise diesem Trend ein, wie wir bald sehen werden. Hinterfragt man die Beobachterperspektive des Zeitdiagnostikers Antoni, so ließe sich seine Kritik als Dokument der „geistigen Lage" seiner Nation lesen. Um das zu erläutern, muß ich ein wenig weiter ausholen.

In der Zeit zwischen 1900 bis 1945 setzt sich in Italien der Neu-Idealismus, dessen prominentester Vertreter Benedetto Croce ist, ununterbrochen als die dominierende geistige Strömung durch. Was in unserem Zusammenhang interessiert, sind insbesondere die „antisoziologischen" Implikationen dieser Denkbewegung. Ich verzichte hier auf eine eingehende Diskussion dieser Problematik und begnüge mich mit dem Hinweis, daß der Historismus Croces wenig Verständnis für eine begrifflich-klassifikatorische Konzeption des sozialen Geschehens hatte.[3]

---

[3] Für eine Rekonstruktion des Austausches zwischen Weber und Croce verweise ich auf Rossi 1985 (darin insbesondere die Seiten 190-123).

Der frühere Croce unterscheidet 1893 zwischen „theoretischen" Wissenschaften, die ihren Gegenstand „unter Begriffe subsumieren", und „historischen Wissenschaften", die beschreibend vorgehen. Während erstere die Erfahrungswelt klassifikatorisch-subsumtiv bestimmen, verfolgen die zweiten „die Entwicklung der Dinge in der Zeit" (Croce 1984: 60). Später, in der Logik von 1908, hebt Croce hervor, daß nur die Philosophie und die Historiographie das Monopol echter begrifflicher Erkenntnis beanspruchen können. Den empirischen Wissenschaften bzw. den Naturwissenschaften wird ein „praktischer Nutzen", jedoch gleichzeitig auch ein „fiktionaler" Charakter zugesprochen. Als rein klassifizierende bzw. messende Wissenschaften würden diese auf Quasi- bzw. Pseudobegriffe zurückgreifen (Croce 1996: 43). Croce wendet sich damit gegen Versuche, die Geschichtswissenschaft an die empirisch klassifizierenden Wissenschaften zu assimilieren: „Man hat die Erzählung der individuellen Wirklichkeit [narrazione della realtá individua] durch blasse Schemata und leere Abstraktionen ersetzt, die auf alle bzw. auf viele Zeitalter anwendbar sind. Ähnliches beobachtet man im sogenannten Soziologismus und in der Polemik, die dieser gegen die psychologische bzw. individuelle Geschichte führt ... und zugunsten der Institutions- bzw. Sozialgeschichte" (Croce 1996: 220).

Der Croce-Schüler Antoni schließt sich dieser Perspektive an. Seine Ablehnung der typologisierenden Verfahrensweisen des späten deutschen Historismus muß im Lichte von Croces Kritik an der Möglichkeit einer „Wissenschaft des Sozialen" interpretiert werden. Vor demselben Hintergrund muß auch Antonis Weberinterpretation gelesen werden. Antonis Weberdarstellung in *Dallo storicismo alla sociologia* enthält viele scharfsinnige Beobachtungen und Überlegungen, sie bleibt jedoch insgesamt höchst ambivalent. Sätze des Lobes wechseln sich hier mit negativen Urteilen ab. Auf Versuche der Vereinnahmung folgen Versuche der Distanzierung. Auf Schritt und Tritt vernehmen wir hier die Zuneigung gegenüber einem Autor, dessen Werk sich dem eigenen konzeptuellen Rahmen nicht recht fügen will.

So lesen wir in *Dallo storicismo alla sociologia*, Weber habe keineswegs beabsichtigt, die Soziologie als autonome Wissenschaft zu etablieren. Seine Soziologie wollte „nichts anderes sein als ein hermeneutisches Instrument der historischen Erkenntnis" (Antoni 1973: 180). Auch *Wirtschaft und Gesellschaft* sei nicht in systematischer Absicht verfaßt worden. Webers *Grundbegriffe* würden zwar von einer systematischen Reflexion zeugen, sie würden aber jegliche Einheitlichkeit entbehren. Diese Tatsache stehe vollkommen im Einklang mit Webers Auffassung, daß die Wirklichkeit immer unterschiedliche Formen annehmen kann.

Die Webersche Soziologie zeichnet sich nach Antoni durch ihre nichtfunktionalistische Ausrichtung aus. Die Aufgabe dieser Soziologie bestehe nicht darin, menschliches Verhalten als eine Funktion im Kontext einer Ganzheit zu erfassen, sondern darin, den „Sinn", den die Individuen mit ihrem Handeln verbinden, zu verstehen (Antoni 1973: 181 f.). Gleichwohl unterstreicht Antoni – dies vor allem gegen ein reduktionistisches Verständnis von Webers methodologischem Ansatz – daß auch Kollektivbegriffe, insofern diese eine reale Repräsentation „in den Köpfen der Menschen" darstellen und ihr Handeln leiten, ein Objekt der soziologischen Forschung darstellen können (Antoni 1973: 182).

Souverän geht Antoni auf Unterscheidungen logischer und methodologischer Natur in Webers Werk ein. Er betrachtet es als Webers Verdienst, erkannt zu haben, daß der Versuch Diltheys und seiner Nachfolger, die historischen Wissenschaften vom naturalistischen Herrschaftsanspruch zu befreien, auf einem Mißverständnis basierte. Die Unterscheidung zwischen Geistes- und Naturwissenschaften kann, so Antoni, weder ontologisch noch unter Bezugnahme auf eine spezifische Methode begründet werden. Beide Wissenschaften rekurrieren auf die Kategorie der Kausalität und erheben dadurch den Anspruch auf eine Erklärung der untersuchten Phänomene.[4] Freilich, hebt Antoni hervor, versuchen die historischen Wissenschaften über das Erklären hinaus auch zu *verstehen* (Antoni 1973: 173). Jedoch handelt es sich beim Verstehen nicht, wie es Dilthey meinte, um die Erstellung eines psychologischen Verhältnisses zwischen Verstehendem und Verstandenem (Nacherleben), sondern um eine *Urteilsform*, die sich auf Motive, Zwecke und Folgen des Handelns bezieht. Weber, so Antoni, habe die Schwierigkeit der Aufgabe erkannt, die Fluidität und Veränderlichkeit der historischen Wirklichkeit mit der Rigidität des Begriffes zu vereinbaren. Er habe daraufhin versucht, dieses Problem mit der logischen Konstruktion des Idealtypus zu lösen (Antoni 1973: 172). Idealtypen, so Antoni, sind in Webers Auffassung keine Naturgesetze, wie die klassische Schule der Ökonomie meinte, sondern Modelle, die es gestatten, das Rationale vom Irrationalen zu unterscheiden (Antoni 1973: 175).

Trotz dieser positiven Hervorhebungen bleibt für Antoni der methodologische Ansatz Webers im ganzen ein fragwürdiges Unternehmen. Weber habe sich nicht damit begnügen können, den Vergleich zwischen Wirklichkeit und Idealtypus, zwischen real und rational, *von Fall zu Fall* zu praktizieren. Seine Absicht sei es gewesen, eine Reihe von rationalen Operationen, von Idealtypen also, zu konstruieren, in welche die Wirklichkeit hätte geordnet werden können. Vor allem die *Wirtschaftsethik der Weltreligionen* zeugt nach Antoni von dieser Ansicht. In diesem Werk werden die einzelnen religiösen Ethiken in „einheitliche statische Bilder" zusammengefaßt. Dadurch gewinnen die unterschiedlichen

---

[4] Vor allem unter Bezugnahme auf die *Protestantische Ethik* unterstreicht Antoni, daß Webers historiographische Arbeit kausale Forschungsinteressen verfolgt.

Kulturen „die Gestalt geometrischer Figuren, isoliert und fast undurchdringlich, aufgebaut mit glasklarer Kohärenz und Rationalität" (Antoni 1973: 165). Webers Soziologie, so Antonis Gesamturteil, sei der kohärenteste Ausdruck einer Epoche, die „aufgehört hat, an die Geschichte zu glauben"; die Historiographie reduziert sich somit zu einer „Portraitgalerie von Kulturtypen" (Antoni 1973: 171).

Antonis Urteil über Weber reflektiert, wie gesagt, eine damals in Italien allgemein geteilte Auffassung über die Sozialwissenschaften im allgemeinen und die Soziologie im besonderen. Es gibt heute unter italienischen Experten einen Konsens darüber, daß diese Einstellung in Italien die Etablierung der Soziologie als eigenständige Disziplin verhindert hat.

Gerade Antonis Weberdarstellung hatte jedoch *nolens volens* gezeigt, daß Webers theoretische und methodologische Position gültige Anschlüsse für die Möglichkeit einer neuen, nicht positivistisch gedachten Soziologie bieten konnte. Erst die nach Antonis Interpretation ansetzende Rezeptionsphase, die weitgehend mit dem Namen von Pietro Rossi (1956) zusammenfällt, vermag diese Anschlüsse deutlich zu explizieren. Diese Aufgabe erforderte eine neue „Lektüre" des Phänomens des „Deutschen Historismus". Vor allem mußte diese Denkbewegung von der lästigen Hypothek befreit werden, im ganzen eine Fortsetzung der alten romantischen Tradition darzustellen. Rossi stellte dies von vornherein klar: Der grundlegende Bezugspunkt des neuen deutschen Historismus ist nicht die romantische Geschichtskonzeption, sondern es sind einerseits in kritischer Absicht der Positivismus und andererseits in konstruktiver Absicht der Neokritizismus kantianischer Prägung. Vor allem geht es in der neuen historistischen Konzeption darum, die Geschichte als ein Produkt des menschlichen Handelns und die Geschichtlichkeit als einen zeitlichen Horizont, innerhalb dessen Menschen ihre sozialen Beziehungen aufbauen, zu betrachten.

3 Die Wende nach 1945

Mit Rossis Weberinterpretation beginnt in Italien eine neue und entscheidende Rezeptionsphase des Weberschen Werkes sowohl in der Modalität der Vermittlung als auch in jener der Diffusion. Entscheidend dabei ist die Tatsache, daß Rossi nicht nur Weberinterpret, sondern auch Weberübersetzer ist. Ich werde mich im folgenden zuerst auf die Interpretation konzentrieren und später auf die Übersetzung eingehen. Ich möchte mit einigen Bemerkungen allgemeiner Art beginnen.

Wie in den einleitenden Ausführungen dieses Aufsatzes bereits angedeutet worden ist, stellt jede Werkinterpretation eine „Lektüre" aus einer bestimmten Perspektive dar. Sie enthält in mehr oder weniger ausgeprägter Form die Spuren ihrer Zeit in sich. Entscheidend für eine gelungene Interpretation ist demzufolge nicht die unrealistische Vorstellung eines perspektivenlosen Zugangs zum Werk. Entscheidend ist vielmehr die Tatsache, ob die „zeitbedingte" Interpretation im Lichte der gegenwärtigen und nachfolgenden Erkenntnisse über das Werk standhält oder nicht.

Hinsichtlich Webers Werk verfügen wir heute über mehrere Kontrollinstanzen, welche die „Objektivität" der Interpretation garantieren können: Es gibt kritische Werkausgaben, es gibt mehr oder weniger zuverlässige Rekonstruktionen der Werkgenese, und nicht zuletzt gibt es Briefe und andere Dokumente, die uns die Intention des Autors näher zu bringen vermögen. Dies alles bildet einen Fundus an Wissen, den der Interpret zu berücksichtigen hat und an der jede Werkinterpretation gemessen werden sollte. Dieses Wissen bildet den – wenn auch im Laufe der Zeit modifizierbaren – Rahmen für Werkinterpretationen. Dieses Wissen vermag aber nicht, uns den Weg zu zeigen, den Interpretationen nehmen müssen.

Wir neigen heute dazu, Max Weber unter einer rationalisierungs-, differenzierungs- oder auch entscheidungstheoretischen Perspektive anzusehen. Diese stellen mehr oder weniger plausible Lesarten seines Werkes dar. Daraus dürfen wir aber nicht den Schluß ziehen, daß, hätte man nur über mehr Informationen verfügt und hätte man besser „hingeschaut", diese Lesarten auch zu früheren Zeiten möglich gewesen wären. Weberinterpreten aus den 50er, 60er und auch 70er Jahren setzen andere Akzente, weil sie andere Interessen haben als heutige Interpreten. Otto Hintze, Karl Löwith, Raymond Aron oder eben Carlo Antoni, um nur einige von diesen Interpreten zu nennen, bewegen sich in einem anderen Denkhorizont und stellen infolgedessen andere Fragen an das Werk als heutige Interpreten.

Auf dem Hintergrund dieser Überlegungen kommen wir nun auf die italienische Weberrezeption der 50er und 60er Jahre zurück. Wir sahen bereits, daß Antoni Weber vor dem Hintergrund der neuidealistischen Erkenntnistheorie liest. Aus welcher Perspektive liest nun Rossi Weber?

Ich habe bereits angedeutet, daß Rossis Weberrezeption im Kontext der Bemühung eingebettet werden muß, ein gültiges Paradigma für die „unentwickelte" italienische Soziologie zu erarbeiten, und daß die methodologische und handlungstheoretische Reflexion Webers eben dies zu versprechen scheint.[5] Rossi sieht sich in seinem Land mit einer doppelten Herausforderung konfrontiert: Auf der einen Seite handelt es sich um eine mal offene, mal latente „antisoziologische" Haltung, auf der anderen Seite um eine kulturelle Landschaft, die

---

[5] Auch bei anderen Vermittlern stellen wir das Bestreben fest, an Max Weber anzuknüpfen und das Paradigmatische bzw. Paradigmabildende an ihm zu unterstreichen. Aron tut dies vor dem Hintergrund einer bereits verfestigten Durkheimschen Tradition in Frankreich. Parsons tut ähnliches in (wenn auch nicht expliziter) Abgrenzung zu einer noch lebendigen pragmatistischen und empirizistischen Tradition in den USA.

trotz Elitetheoretiker wie Vilfredo Pareto, Gaetano Mosca und Robert Michels, Gesellschaftstheoretiker wie Antonio Gramsci und Methodologen wie Nicola Abbagnano im Hinblick auf die Bildung eines konsistenten sozialwissenschaftlichen Paradigmas wenig verspricht.

Vor allem jedoch gegenüber Abbagnanos sozialwissenschaftlicher Reflexion zeigt sich Rossi empfänglich. Auf diese Reflexion möchte ich im folgenden kurz eingehen, weil sie eine Art begriffliche und theoretische „path dependence" für die italienische Weberrezeption der 60er Jahre darstellt. Dabei sind vor allem folgende zwei Aspekte zu berücksichtigen: (a) In Abbagnanos soziologischen Fundierungsversuch fließen in eine relativ konsistente theoretische Einheit Aspekte des amerikanischen Pragmatismus (Dewey), Elemente des europäischen Existentialismus sowie Erkenntnisse aus der naturwissenschaftlichen Grundlagentheorie zusammen. (b) Abbagnanos Reflexion zeigt sich weitgehend im Einklang mit zentralen Annahmen des theoretischen und methodologischen Ansatzes von Max Weber.

In Abbagnanos soziologischem Grundlegungsversuch kommt dem Begriff des Verhaltens eine zentrale Rolle zu. So heißt es in seiner *Sociologia*: „Wir können als Bezeichnung für das spezifische Objekt der Soziologie den Begriff des Verhaltens [*attegiamento*] vorschlagen" (Abbagnano 1959: 37 und 53). Genauer heißt es an anderer Stelle: das Objekt der Soziologie sei „weder die Gesellschaft als Ganzes, noch das Individuum in seiner Isolierung, sondern es sind die zwischenmenschlichen Beziehungen" (Abbagnano 1959: 13)."[6]

„Verhalten" schließt nach Abbagnano jede deterministische Annahme über den Menschen aus, denn dieser Begriff impliziert grundsätzlich die Möglichkeit einer individuellen, freiheitlichen Wahl bzw. Entscheidung (*scelta*).[7] Gleichzeitig aber haften dem „Verhalten" auch die Merkmale der Regelhaftigkeit (*uniformitá relative*), Wiederholbarkeit und auch Voraussagbarkeit an. Die Regelhaftigkeit des Verhaltens, weit entfernt davon, eine Gefährdung der individuellen Freiheit zu implizieren, ist für die menschliche Autonomie konstitutiv, denn sie ist Ausdruck eines individuellen „Entwurfes" (Abbagnano 1959: 50). Eben an diese sich immer von neuem entwerfende Regelhaftigkeit des Verhaltens kann die Verstehensleistung von *alter ego* anknüpfen.

Abbagnanos Denkansatz gemäß bilden Handelnde, die in „problematischen Situationen" Entscheidungen treffen müssen, den Ausgangspunkt der Analyse. Es handelt sich dabei um Entscheidungen, die weder willkürlich sind noch als

---

[6] Bei diesen Beziehungen betont Abbagnano die grundsätzliche Möglichkeit von Konflikten. Selbst dann, wenn diese Beziehungen die Form von Institutionen annehmen, ist keine Einheit oder gar Harmonie vorauszusetzen.

[7] Der Begriff „scelta" (Wahl/Entscheidung) hat bei Abbagnano eine existentielle, keine entscheidungstheoretische Konnotation.

von äußeren Faktoren unbeeinflusst betrachtet werden dürfen: Sie sind eben „konditionierte" Entscheidungen.[8] In der Erforschung dieser „Bedingungen" (*condizioni*) sieht Abbagnano eine spezifische Aufgabe der soziologischen Forschung. Mit anderen Worten: Die Logik der Entscheidung muß auf die Logik der Situation Bezug nehmen.

Die Erforschung der Bedingungen möchte Abbagnano ausdrücklich von der Erforschung der „determinierenden Faktoren" unterscheiden (Abbagnano 1959: 51). Eine Bedingung, so erklärt er, unterscheidet sich von einer Ursache, weil erstere eine Möglichkeit darstellt, während letztere eine Notwendigkeit impliziert. Abbagnanos Kategorie der Möglichkeit ist in erster Linie gegen das deterministische Vorurteil gerichtet, das auf unterschiedliche Weise die Philosophien des 19. Jahrhunderts auszeichnet (Marxismus, Biologismus). Es handelt sich dabei um ein Vorurteil, das, wie Abbagnano meint, auch die zeitgenössischen Naturwissenschaften (Quantenphysik) fallen gelassen haben. Die zeitgenössische Wissenschaft habe bereits den „kategorialen Horizont der Notwendigkeit verlassen und sich auf jenen der Möglichkeit eingestellt" (Abbagnano 1959: 21 und 84).[9]

In Abbagnanos Umstellung von der Notwendigkeit auf die Möglichkeit wird die Nähe zum wissenschaftstheoretischen Ansatz Webers offensichtlich. Denn bekanntlich findet auch für Weber die Bestimmung eines individuellen Kausalverhältnisses nicht auf der Basis von Notwendigkeits-, sondern von Möglichkeitsurteilen statt. Für Weber ist die Feststellung von Ursachen nur auf dem Weg eines Ausschließungs- und Konstruktionsverfahrens zu bewerkstelligen, bei der die Bildung von Möglichkeitsurteilen eine entscheidende Rolle spielt. Ähnlich wie für Weber kann es auch für Abbagnano in den Geschichts- und Sozialwissenschaften nicht um die Bestimmung notwendiger, sondern nur möglicher Bedingungen gehen. Die Vermutung, daß Abbagnano Webers methodologische Schriften gekannt hat, wäre hier naheliegend. Leider gibt es aber keine Anhaltspunkte für diese Annahme.

Rossi, wie gesagt, zeigt sich besonders empfänglich für Abbagnanos Grundlegungsversuch, den er als den bedeutendsten Beitrag der italienischen Soziologie der Nachkriegszeit ansieht.[10] Tatsächlich: Nach mehreren Jahrzehnten antisoziologischer Einstellung vermag Abbagnanos theoretischer Ansatz denjenigen

---

[8] Das gesellschaftliche Leben, schreibt Abbagnano, zeitgenössische Gesellschaftstheorien antizipierend, ist keine Notwendigkeit, sie ist vielmehr Kommunikation, oder besser „Möglichkeit von Kommunikation" (Abbagnano 1959: 24).

[9] Die Entgegensetzung der Begriffe Notwendigkeit und Möglichkeit hat ihren Ursprung in Abbagnanos „positivem Existentialismus" (Abbagnano 1939: 1948).

[10] So schreibt Rossi am Anfang der 60er Jahre: »L'analyse d'Abbagnano représente sans aucun doute l'apport italien le plus marquant à l'élaboration de la théorie sociologique« (Rossi 1962: 173).

den Wind aus den Segeln nehmen, die Soziologie entweder mit empirielosem Positivismus oder mit theorielosem Empirizismus gleichzusetzen geneigt sind. Vor allem aber zeigt Abbagnanos Position eine besondere Affinität zur Weberschen Grundlegung der Soziologie, die Rossi in den 50er und 60er Jahren der italienischen Fachwelt nahezubringen bemüht ist. Ich möchte die Spuren von Abbagnanos Reflexion in Rossis Weberinterpretation anhand einiger Begriffe kurz zeigen. Es handelt sich dabei um die Begriffe „Möglichkeit", „Wahl", „problematische Beziehung" und „Konditionalschema".

In den *Soziologischen Grundbegriffen* wird nach Rossi das Bestreben Webers klar, den Sinnbegriff sowohl von seinen normativen als auch von seinen metaphysischen Implikationen zu befreien und seinen grundsätzlich empirischen Charakter zu betonen. Es geht hier aber vor allem darum, die „soziale Beziehung" als eine zentrale Kategorie der sozialwissenschaftlichen Analyse anzuerkennen. Soziale Beziehungen, so Rossi, beruhen auf der Möglichkeit bzw. Chance, daß *alter ego* auf eine bestimmte Weise handelt; ihr Fundament besteht also nicht in der Kategorie der Notwendigkeit, sondern in der der *Möglichkeit*. Die Analyse des menschlichen Handelns entspricht der Analyse der Möglichkeit bzw. Wahrscheinlichkeit der Verwirklichung bestimmter Handlungsweisen im Kontext einer grundsätzlich „problematischen Struktur" (Rossi 1956: 335). In Rossis Einleitung zur italienischen Ausgabe von *Wirtschaft und Gesellschaft* heißt es dann: „Das Fundament der verstehenden Soziologie ist die Möglichkeit bzw. Wahrscheinlichkeit eines bestimmten Verhaltens."

Auch das Verhältnis des einzelnen zu den Werten sei in Webers Sicht als grundsätzlich „problematisch" aufzufassen: „Die Beziehung von menschlichem Handeln und Werte impliziert nicht mehr die schlichte Anerkennung bestimmter Werte seitens des Menschen, ... sie entspricht einer problematischen Situation, die eine Wahl bzw. Entscheidung [*scelta*] verlangt" (Rossi 1956: 345). Die Kategorie der Wahl bzw. Entscheidung sei also „die fundamentale Kategorie" nicht nur von Webers methodologischer Reflexion, sondern auch von seiner Analyse über den Sinn von Wissenschaft und Politik (Rossi 1956: 358). Wie Rossi unterstreicht, hat bei Weber die Definition soziologischer Arbeit als Untersuchung „problematischer" Beziehungen auch im Hinblick auf das beanspruchte Erklärungsmodell Folgen. Das Verstehen dieser Beziehungen setzt ein Erklärungsmodell voraus, das nicht kausaler, sondern konditionaler Natur ist (Weber 1958: 28).

In Webers Aufsatz *Kritische Studien auf dem Gebiet der kulturwissenschaftlichen Logik* findet Rossi einen zusätzlichen Beleg für die These, daß die sozialwissenschaftliche Erklärung keine determinierende, sondern konditionierende Faktoren voraussetzen muß. Diese Studien beruhen nach Rossi auf der Einsicht, daß es für den Forscher unmöglich sei, die Totalität der Phänomene anzugeben, die mit Notwendigkeit ein bestimmtes Phänomen hervorrufen und daß infolgedessen das „konditionale Erklärungsschema" die adäquateste Form sozialwissenschaftlicher Erklärung sei (Weber 1961: XXIX). Das „konditionale Erklärungsschema", so Rossi, finde auch in den materiellen Studien Webers konsequent Anwendung. In der Religionssoziologie beispielsweise nehme Weber zwischen Wirtschaftsethik und wirtschaftlicher Entwicklung einen Zusammenhang der gegenseitigen Konditionierung an, den es von Mal zu Mal empirisch nachzuprüfen gelte (Weber 1958: 32).

4 Welche Soziologie?

Ich möchte nun unter Bezugnahme auf das folgende Diagramm die oben diskutierten Positionen hinsichtlich der Möglichkeit und der Grenzen der Soziologie noch einmal aufgreifen und kommentieren.

Orientierung \ Methodisches Vorgehen	**Vorwiegend Sinnhaft** Verstehend und erklärend	**Sinnfrei** Nur erklärend
Individualisierend	*Älterer Historismus* „Soziologie" 1 Geschichtswissenschaft	
Nomologisch-generalisierend **Typologisch**	*Neuerer Historismus* Soziologie 2 Geschichtswissenschaft Nationalökonomie	*Positivismus* Soziologie 3 Nationalökonomie

Wenn Antoni einen frontalen Angriff auf die Soziologie unternimmt, so hat er vor allem eine überholte naiv-positivistische Soziologie vor Augen. Es handelt sich also dabei hauptsächlich um eine nomologisch-generalisierende sowie sinnfreie Wissenschaft des Sozialen, so wie sie unter anderen von Comte, Spencer, Saint-Simon und auch Durkheim verkörpert wurde. Dieses Verständnis von Soziologie ist im Feld 3 des Diagramms repräsentiert. Die einzige Wissenschaft des Sozialen, die Antoni zuläßt, befindet sich im Feld 1. Es handelt sich dabei um eine sinnhaft-verstehende und individualisierende Wissenschaft. Hier geht Soziologie voll in der Geschichtswissenschaft auf.

Antonis Weberinterpretation ist, wie gesagt, ambivalent. Nach dieser ließe sich Weber mal im Feld 1, mal im Feld 2 einordnen. Steht beispielsweise der typologisch verfahrende Weber im Zentrum der Aufmerksamkeit, so fällt das Urteil eindeutig negativ aus; wird hingegen der sinnverstehende und idiographisch verfahrende Weber zum Thema, ist also eine eindeutige Einordnung im Feld 1 möglich, so fällt das Urteil günstig aus.

Eine Eigentümlichkeit der späteren italienischen Rezeption besteht darin, daß diese in erster Linie darum bemüht ist, das Verhältnis zwischen Geschichte und Soziologie zu klären. Genauer geht es hier um die Frage, wie weit bei Weber Soziologie unabhängig von der Geschichte gedacht werden kann. Nähert sich also Webers Position mehr Feld 1 oder Feld 2 in unserem Diagramm? Diese Frage kann nur unter Klärung des Status des nomologischen Wissens und der Idealtypen in Webers „System" beantwortet werden.

Rossis Position hinsichtlich dieser Problematik ist relativ klar: Die soziohistorischen Wissenschaften streben nach der Formulierung von „allgemeinen Regeln des Geschehens" zum Zwecke der Erklärung von Phänomenen individuellen Charakters. Bei diesen Gesetzen handelt es sich nicht um universale Gesetze notwendiger Natur, sondern um typische Regelmäßigkeiten des Verhaltens, die jedesmal der empirischen Überprüfung unterzogen werden müssen. Das nomologische Wissen ist mit anderen Worten der Weg, den die sozio-historischen Wissenschaften zum Zweck der Bestimmung des Individuellen hindurchgehen müssen (Weber 1961: XXXII). In diesen Wissenschaften besitzt also das nomologische Wissen lediglich eine instrumentelle Funktion. Auch der Einsatz von Idealtypen sei bei Weber nicht Zweck an sich, sondern Mittel zum Zweck der Erklärung sozio-historischer Phänomene in ihrer Individualität.

Zwischen den *Kategorien* von 1913 und den *Grundbegriffen* glaubt jedoch Rossi bei Weber eine Verlagerung der Akzente zu erkennen. Hier vollziehe Weber einen entscheidenden Schritt in Richtung auf die Anerkennung der Autonomie der Soziologie, indem ein relativer Gegensatz zwischen dieser und der Historiographie behauptet wird: „Das Verhältnis zwischen Historiographie und Soziologie hört auf, ein unmittelbares zu sein" (Rossi 1956: 329). Letztere gewinne dadurch Autonomie, daß ihr die Aufgabe zufällt, soziales Handeln in seinen typischen Verwirklichungsweisen („uniformità dell'agire umano") zu untersuchen (ebd.). Da es sich dabei um mit Sinn behaftete typische Verhaltensweisen handelt, stellen diese ein grundsätzlich anderes Forschungsobjekt dar als die Regelhaftigkeit, die man in den Naturwissenschaften feststellen kann.

Eine Präzisierung ist an dieser Stelle erforderlich: Wenn Rossi die Tatsache unterstreicht, daß in Webers Werk der Soziologie eine autonome Position im Konzert unterschiedlicher sozialwissenschaftlicher Disziplinen zugedacht wird, so bedeutet dies nicht, daß für ihn die Soziologie eine vollkommene Abkoppelung von der historischen Erkenntnis anstrebt. Auch als unabhängige Disziplin trachtet die Soziologie nicht nach der Aufstellung eines „Systems von allgemeinen Gesetzen", auf welche die Vielfältigkeit der sozialen Phänomene zurückgeführt werden soll. Sie zielt vielmehr auf die Bildung eines Komplexes von Idealtypen mit instrumenteller Funktion ab. Ihre Aufgabe sei die Formulierung eines Begriffsapparates, der das Verstehen menschlichen Handelns in seiner konkreten Entwicklung ermöglichen soll. Rossi distanziert sich also von jenen Positionen, welche die Soziologie in das Feld 3 unseres Diagramms einordnen würden. Zugleich lehnt aber Rossi Interpretationen ab, welche die Soziologie als eine individualisierende Wissenschaft betrachten und sie deshalb in das Feld 1 einordnen.

Auch bei späteren Interpretationen anderer italienischer Sozialwissenschaftler steht das Problem der Abgrenzung zwischen historischen Wissenschaften und Soziologie im Zentrum der Aufmerksamkeit. So sieht Franco Ferrarotti die „eigentliche Intention Webers" darin, der autonomen Wissenschaft Soziologie eine feste Grundlage zu liefern (Ferrarotti 1965: 71). In der kulturwissenschaftlichen Konzeption Webers, so Ferrarotti, gehe es nicht um eine endgültige Fixierung von Themen und Forschungsfelder. Hier gehe es vor allem darum, gegen den Positivismus nachzuvollziehen, daß es Disziplinen gibt, die ihre Aufgabe nicht darin sehen, Gesetze aufzustellen.

Der Idealtypus bildet in diesem Zusammenhang für Ferrarotti einen Schlüsselbegriff. Idealtypen besetzen eine Zwischenstellung im Spannungsfeld von Natur und Geschichte bzw. von Diskursen die einerseits systematisch, logisch abgeschlossen, standardisiert, unhistorisch und nomologisch und andererseits unvorhersehbar, historisch, nicht standardisiert und im wesentlichen idiographisch sind.

Um die Leistung der idealtypischen Konstruktionen im Spannungsfeld zwischen dem Allgemeinen und Besonderen zu charakterisieren wird später Alessandro Cavalli auf die treffende Metapher der „Umwandlung" zurückgreifen. Die Soziologie im Sinne Webers bildet nach Cavalli ein Gerüst, das es erlaubt, den historischen Diskurs von einer narrativ-deskriptiven in eine problematisch-explikative Richtung zu verwandeln. Es handelt sich dabei um ein Gerüst, das „systematisch sein muß, ohne zum System zu versteinern" (Cavalli 1981: 49).

5 Fragen der Übersetzung

Eine Voraussetzung für Werkdiffusion ist, wie gesagt, die Übersetzung. Erst Übersetzung schafft die Grundlage für „zentrierte" Kommunikation unter Wissenschaftlern in dem Sinne, daß Diskussionen unter Bezugnahme auf ein „Original" möglich sind. Erst Übersetzungen ermöglichen die Bildung eines konsistenten Paradigmas.

Im folgenden möchte ich mich auf die Übersetzungen konzentrieren, die in die von uns berücksichtigte Zeitspanne, also in die 50er und 60er Jahre fallen. Ich möchte gleichwohl einige kurze Hinweise über die vorangehende Periode geben.

Die Übersetzung der Schriften Webers setzt in Italien relativ früh ein. Bereits 1907 erscheint in der von Vilfredo Pareto herausgegebenen Reihe „Biblioteca di Storia Economica" die italienische Version der *Römischen Agrargeschichte* (Weber 1967). Es folgt 1919 auf Empfehlung von Benedetto Croce die Übersetzung von *Parlament und Regierung im neugeordneten Deutschland* (Weber 1919).[11] Man muß dann ungefähr zehn Jahre warten, bis das nächste Werk Webers in italienischer Sprache erscheint: In den Jahren 1931 und 1932 wird die italienische Version von *Die Protestantische Ethik und der Geist des Kapitalismus* veröffentlicht (Weber 1931-32), die bereits zuvor manchen italienischen Intellektuellen als Bezugspunkt der Debatte über die Modernisierung der Nation diente (vgl. Cappai 1992). Im Jahre 1948, in einer Phase des wissenschaftlichen und politischen Umbruchs der Nation, erscheint die Übersetzung von *Wissenschaft als Beruf* und *Politik als Beruf*. (Weber 1968). Im Jahre 1958 wird mit der Übersetzung der *Gesammelten Aufsätze zur Wissenschaftslehre* durch Pietro Rossi die Grundlage für die Diffusion der methodologischen Arbeiten Webers geschaffen. Im Jahre 1961 ist es erneut Rossi, der die Übersetzung von *Wirtschaft und Gesellschaft* koordiniert und teilweise ausführt. Es folgen dann im Jahre 1970 die *Gesammelten Politischen Schriften* und im Jahre 1981 die *Religionssoziologie*.

Rossis Weberübersetzungen sind systematisch angelegt. Zum einen wird größtmögliche Annäherung an die Begrifflichkeit des Originals angestrebt, zum anderen wird von vornherein auf intertextuelle Einheitlichkeit der Terminologie abgezielt. Mit seinen Weberübersetzungen verbindet Rossi aber weit mehr als die treue Wiedergabe des Werkes eines Klassikers der Soziologie. Nach Rossis Intention sollte diese Übersetzung auch einen Beitrag zur Konstitution und Festlegung der soziologischen Sprache in Italien liefern. Mit anderen Worten: Mit der Weberübersetzung sollten nicht nur bestimmte, im Hinblick auf die Bildung eines soziologischen Paradigmas relevante Inhalte vermittelt werden. Es ging dabei auch um die Form, es ging um die Bildung eines begrifflichen Kanons als Voraussetzung einer Wissenschaft des Sozialen.[12]

---

[11] Für eine Rekonstruktion des „Dialoges" zwischen Croce und Weber siehe Rossi 1985a.
[12] In der Einleitung zur italienischen Version von *Wirtschaft und Gesellschaft* von 1961 unterstreicht Rossi die Wichtigkeit der sprachlichen Kohärenz bei der Übersetzung der unterschiedlichen Werke Webers und macht darauf aufmerksam, daß diese Bemühung als ein „Beitrag

Von welcher Qualität ist Rossis Übersetzung (insbesondere die der *Kategorien* und der *Grundbegriffe*)? Sagen wir es gleich, daß Rossi die Nachprüfbarkeit der Übersetzung dem Leser dadurch erleichtert, daß er am Anfang der italienischen Version der *Wissenschaftslehre* und von *Wirtschaft und Gesellschaft* ein Glossar mit den im Text vorkommenden Hauptbegriffen und ihrer jeweiligen Übersetzung anlegt. Der Leser kann hier also relativ leicht die Angemessenheit der Übersetzung beurteilen. Betrachtet man das Glossar mit kritischem Blick, so ist folgendes anzumerken:

a. Bei manchen Termini hätte die Übersetzung auch anders und, wie ich denke, adäquater ausfallen können: Dies ist insbesondere bei folgenden Ausdrücken der Fall: „sinnfremd" = *sprovisto di senso* (ohne Sinn), „wertvoll" = *fornito di valore* (mit Wert versehen), „gleichartig" = *omogeneo* (homogen), „Eingelebtheit" = *acquisizione* (Aneignung), „Verband" = *gruppo sociale* (soziale Gruppe), „Verein" = *unione* (Vereinigung), „Vergemeinschaftung" = *comunitá* (Gemeinschaft), „Vergesellschaftung" = *associazione* (Vereinigung). Wie man leicht erkennt, handelt es sich bis auf die letzten beiden Begriffe keineswegs um zentrale Termini des theoretischen Vokabulars Webers.

b. Manche im Glossar vorgeschlagenen Termini werden im italienischen Text nicht konsequent durchgehalten. Dies ist insbesondere bei „Chance" der Fall. Mit guten Gründen möchte Rossi den im deutschen Original verwendeten Terminus „Chance" unverändert im Italienischen beibehalten und nur in bestimmten Fällen auf den Ausdruck „possibilità" zurückgreifen. Tatsächlich wird aber in den meisten Fällen „Chance" mit „possibilità" übersetzt.

Der kritische Blick auf Übersetzungen neigt oft dazu, Unpräzision und auch Mängel hervorzuheben; dabei geraten leicht die ungeheuren Schwierigkeiten in den Hintergrund, die der Übersetzer überwinden muß. Eine ausgewogene Einschätzung der Übersetzung der Werke Webers und insbesondere seiner methodologischen Schriften sollte auch auf die „glückliche" Lösungen aufmerksam machen. Davon lassen sich in Rossis Weberübersetzungen viele Belege finden. Von dieser Perspektive aus betrachtet gehören Rossis Übersetzung der *Wissenschaftslehre* und des Ersten Teils von *Wirtschaft und Gesellschaft* sicherlich zu den verdienstvollen Übersetzungsleistungen des 20. Jahrhunderts in den italienischen Sozialwissenschaften.

---

zum Aufbau und zur Etablierung der soziologischen Sprache in Italien angesehen werden kann" (Weber 1961: L).

Am Anfang der 60er Jahre verfügt die italienische Fachwelt über eine beachtliche Reihe von Übersetzungen des methodologischen und theoretischen Werkes von Max Weber. Sie stellen die Grundlage für eine in ihrer Intensität später nie wieder erreichte Phase der Weberrezeption in Italien dar. Zusammen mit anderen späteren Interpretationen leiten diese Übersetzungen die sogenannte „weberianische Phase" (*weberismo*) in den italienischen Sozialwissenschaften ein (Barbano 1992).

6 Schluß

In den vorangehenden Ausführungen habe ich mich mit einem bestimmten Aspekt der italienischen Weberrezeption beschäftigt: nämlich mit der Relevanz des theoretischen und methodologischen Ansatzes von Max Weber für die Entwicklung der italienischen Soziologie. Dieses Interesse brachte eine zeitliche Einschränkung der Analyse mit sich, denn die Debatte um Weber koinzidiert während der 50er und 60er Jahre des zwanzigsten Jahrhunderts in Italien, wenn nicht ausschließlich, so doch vorwiegend mit der Diskussion über die Möglichkeit der Soziologie als autonomer Disziplin. Wenn es eine Art roter Faden in der italienischen Rezeption der theoretischen und methodologischen Schriften Webers gibt, dann besteht dieser sicherlich in der Frage nach dem Verhältnis der Soziologie zu anderen Nachbardisziplinen und insbesondere zur Geschichtswissenschaft.

Wie die vorangehende Analyse gezeigt hat, ist es eine Frage des jeweiligen Verständnisses von Soziologie, ob die Abgrenzung der Soziologie zu anderen Disziplinen ein Verhältnis der gegenseitigen Exklusion oder der Zusammenarbeit impliziert. Carlo Antoni, der, wie wir sahen, einen überholten Begriff von Soziologie vor Augen hatte, verneint die Möglichkeit einer sinnvollen Zusammenarbeit zwischen Soziologie und historischen Wissenschaften. Daß ausgerechnet der Webersche Ansatz ein neues Verständnis von Soziologie jenseits von Positivismus und Metaphysik verkörperte, vermochte er nicht einzusehen. Erst spätere Forscher – unter diesen vor allem Pietro Rossi – erkennen, daß Webers Werk einen zentralen Bezugspunkt in der Frage nach einer konstruktiven Zusammenarbeit zwischen Soziologie und Geschichtswissenschaft bieten kann (vgl. Rossi 1985b).

In der von uns berücksichtigten Zeitspanne erfährt die Rezeption der theoretischen und methodologischen Schriften Webers sowohl in der Modalität der Vermittlung als auch in jener der Diffusion einen Höhepunkt. Anwendung als eine dritte Modalität von Werkrezeption findet hier jedoch kaum statt. Angesichts der Qualität und Intensität der Vermittlungsarbeit ist das ein Phänomen, das einer Erklärung bedarf.

Literatur

Abbagnano, Nicola, 1939: La struttura dell'esistenza. Turin.
Abbagnano, Nicola, 1948: Esistenzialismo positivo. Turin.
Abbagnano, Nicola, 1959: Problemi di sociologia. Turin.
Antoni, Carlo, 1973 [1939]: Dallo storicismo alla sociologia. Florenz.
Barbano, Filippo, 1992: Teoria e trasformazioni sociali nella sociologia italiana degli anni ottanta. S. 11-79 in: Luciano Gallino (Hrsg.), Percorsi della sociologia italiana. Mailand.
Cappai, Gabriele, 1992: Modernisierung, Wissenschaft, Demokratie. Untersuchungen zur italienischen Rezeption des Werkes von Max Weber. Baden-Baden.
Cavalli, Alessandro, 1981: La funzione dei tipi ideali e il rapporto tra conoscenza storica e sociologia. S. 27-52 in: Pietro Rossi (Hrsg.), Max Weber e l'analisi del mondo moderno. Turin.
Croce, Benedetto, 1984 [1893]: Die Geschichte auf den allgemeinen Begriff der Kunst gebracht. Hamburg.
Croce, Benedetto, 1996 [1908]: Logica come scienza del concetto puro. Bibliopolis.
Ferrarotti, Franco, 1965: Max Weber e il destino della ragione. Bari / Rom.
Losito, Marta / Fotino, Massimo, 1983: La recezione di Max Weber in Italia: ricerca bibliografica. Bologna.
Rossi, Pietro, 1956: Lo storicismo tedesco contemporaneo. Turin.
Rossi, Pietro, 1962: Contribution italienne à la théorie sociologique. Archives Européennes de Sociologie 3 (1).
Rossi, Pietro, 1985a: Max Weber e Benedetto Croce: un confronto. Rivista di filosofia 76: 171-206.
Rossi, Pietro, 1985b: Vom Historismus zur historischen Sozialwissenschaft. Frankfurt am Main.
Rossi, Pietro, 1989: Die Rezeption des Weberschen Werkes in Italien nach 1945. S. 144-164 in: Johannes Weiß (Hrsg.), Max Weber heute. Frankfurt am Main.
Weber, Max, 1919: Parlamento e governo nel nuovo ordinamento della Germania: critica politica della burocrazia e della vita dei partiti. Übersetzt und eingeleitet von Enrico Ruta. Bari.
Weber, Max, 1931-32: L'etica protestante e lo spirito del capitalismo. Übersetzt von Pierro Burrosi. Nuovi studi di diritto, economia e politica 4: 176-223 und 5: 58-72.
Weber, Max, 1958: Il metodo delle scienze storico-sociale. Übersetzt und eingeleitet von Pietro Rossi. Turin.
Weber, Max, 1961: Economia e società. Übersetzt von Tullio Biagiotti, Franco Casabianco, Pietro Chiodi, Enrico Fubini, Giorgio Giordano, Pietro Rossi. Einleitung von Pietro Rossi. Mailand.
Weber, Max, 1967 [1907]: La storia agraria romana in rapporto al diritto pubblico e privato. Biblioteca di storia economica. Rom / Neapel.
Weber, Max, 1968 [1948]: Il lavoro intellettuale come professione. Due saggi. Übersetzt von Antonio Violetti. Einleitung von Delio Cantimori. Turin.

Hinweise zu den Autoren

Stefan Breuer, geb. 1948, ist Professor für Soziologie im Department Wirtschaft und Politik an der Fakultät für Wirtschafts- und Sozialwissenschaften der Universität Hamburg. Arbeitsschwerpunkte: Geschichte der Soziologie, Politische Theorie, Politische Soziologie. Veröffentlichungen: Max Webers Herrschaftssoziologie (1991); Bürokratie und Charisma (1994); Max Webers tragische Soziologie (2006). E-Mail: *Stefan.Breuer@wiso.uni-hamburg.de*

Hinnerk Bruhns, geb. 1943, ist Directeur de recherche am Centre national de la recherche scientifique (CNRS) in Paris und arbeitet am Centre de recherches historiques (EHESS/CNRS). Arbeitsschwerpunkte: Historiographie des 19. und 20. Jahrhunderts sowie Geschichte der Sozialwissenschaften. Veröffentlichungen: Max Weber und die Stadt im Kulturvergleich. Hrsg. mit Wilfried Nippel (2000); Histoire et économie politique en Allemagne de Gustav Schmoller à Max Weber. Nouvelles perspectives sur l'école historique de l'économie (Hrsg., 2004); Sociologie économique et économie de l'Antiquité: à propos de Max Weber. Hrsg. mit Jean Andreau (2004). E-Mail: *bruhns@msh-paris.fr*

Gabriele Cappai, Dr. phil., ist Privatdozent und akademischer Rat an der Kulturwissenschaftlichen Fakultät der Universität Bayreuth. Arbeitsschwerpunkte: Soziologische Theorie, Theorie der Kultur, Migrationssoziologie und Methoden der empirischen Sozialforschung. Veröffentlichungen: Modernisierung, Wissenschaft, Demokratie. Untersuchungen zur italienischen Rezeption des Werkes von Max Weber (1994); Sozialwissenschaftliches Übersetzen als interkulturelle Hermeneutik. Hrsg. mit Arnold Zingerle (2003); Im magischen Dreieck. Eine empirische Untersuchung über Migrantenorganisationen und ihre Stellung zwischen Herkunfts- und Aufnahmegesellschaft (2005).

Martin Endreß, geb. 1960, ist seit dem SS 2005 Professorvertreter des Lehrstuhls für Allgemeine Soziologie mit dem Schwerpunkt Makrostrukturelle Analyse an der Universität Wuppertal und Privatdozent für Soziologie an der Universität Tübingen. Redakteur der Alfred Schütz Werkausgabe und Mitherausgeber ihrer Bände II, V.1 und IX. Arbeitsschwerpunkte: Soziologische Theorie, Allgemeine Soziologie, Geschichte der Soziologie, Politische Soziologie und Soziologie des Vertrauens. Veröffentlichungen: Karl Mannheims Analyse der Moderne. Hrsg. mit Ilja Srubar (2000); Vertrauen (2002); Alfred Schütz; Reihe „Klassiker der Wissenssoziologie", Bd. 3 (2006). E-Mail: *martin.endress@web.de*

Rainer Greshoff, geb. 1955, Institut für Soziologie der FernUniversität zu Hagen. Arbeitsschwerpunkte: Sozialwissenschaftliche Theorie, Geschichte und Interdisziplinarität, Theorienvergleich, Theorienintegration. Veröffentlichungen: Die theoretischen Konzeptionen des Sozialen von Max Weber und Niklas Luhmann im Vergleich (1999); Was erklärt die Soziologie? Hrsg. mit Uwe Schimank (2005); Integrative Sozialtheorie? Esser – Luhmann – Weber. Hrsg. mit Uwe Schimank (2006). E-Mail: *Greshoff@web.de*

Jens Greve, geb. 1966, ist wissenschaftlicher Mitarbeiter an der Fakultät für Soziologie der Universität Bielefeld. Arbeitsschwerpunkte: Soziologische Theorie, Handlungstheorie, Weltgesellschaft. Veröffentlichungen: Kommunikation und Bedeutung. Grice-Programm, Sprechakttheorie und radikale Interpretation (2003); Handlungserklärungen und die zwei Rationalitäten? Neuere Ansätze zur Integration von Wert- und Zweckrationalität in ein Handlungsmodell, in: Kölner Zeitschrift für Soziologie und Sozialpsychologie, Bd. 55 (2003); Understanding the unity and the diversity of the world. The perspectives of world society theory and globalisation theory, in: Dirk Wiemann et al. (Hrsg.), Discourses of Violence – Violence of Discourses (2005). E-Mail: *jens.greve@uni-bielefeld.de*

Jean-Pierre Grossein, geb. 1943, Maître de conférences en sociologie an der Universität Paris VIII; seit 1993 abgeordnet bei der École des Hautes études en sciences sociales in Marseille. Arbeitsschwerpunkte: Herausgeber und Übersetzer von Max Webers Schriften; darunter befinden sich: Max Weber, Sociologie des religions (1996); Max Weber, Confucianisme et taoïsme. Hrsg. mit C. Colliot-Thélène (2000); Max Weber, L'éthique protestante et l'esprit du capitalisme (2003); ferner: J.P. Grossein und François Chazel (Hrsg.), Lire Max Weber. Revue Française de Sociologie 46/4 (2005).
E-Mail: *jean-pierre.grossein@univmed.fr*

Siegfried Hermes, geb. 1962, Dr., Institut für Politische Wissenschaft und Soziologie, Universität Bonn. Arbeitsschwerpunkte: Staats- und Rechtssoziologie, Soziologiegeschichte, Klassiker der Soziologie. Veröffentlichungen: Handeln und Struktur – Max Webers verstehende historische Soziologie am Beispiel des Patrimonialismus (2003); Das Recht einer „soziologischen Rechtslehre", in: Rechtstheorie 35 (2004); Vom politischen Traditionalismus zum ökonomischen Rationalismus, in: Archiv für Kulturgeschichte 86 (2004).
E-Mail: *siegfried.hermes@uni-bonn.de*

Klaus Lichtblau, geb. 1951, ist Professor für Soziologie an der Johann Wolfgang Goethe-Universität in Frankfurt am Main. Arbeitsschwerpunkte: Soziologische Theorie, Geschichte der Soziologie, Kultursoziologie. Veröffentlichungen: Kulturkrise und Soziologie um die Jahrhundertwende. Zur Genealogie der Kultursoziologie in Deutschland (1996); Das Zeitalter der Entzweiung. Studien zur politischen Ideengeschichte des 19. und 20. Jahrhunderts (1999); Transformationen der Moderne (2002). E-Mail: K.Lichtblau@soz.uni-frankfurt.de

Zenonas Norkus, geb. 1958, ist Professor für Soziologie an der Universität Vilnius (Litauen). Arbeitsschwerpunkte: Soziologische Theorie und Methodologie, Vergleichende Historische Soziologie und Historik. Veröffentlichungen: Historik (1996); Max Weber und Rational Choice (2001); Mechanisms as Miracle Makers? The Rise and Inconsistencies of the 'Mechanismic Approach' in Social Science and History, in: History and Theory 44 (2005).
E-Mail: *zenonas.norkus@fsf.vu.lt*

Thomas Schwinn, geb. 1959, ist Professor für allgemeine und theoretische Soziologie an der Katholischen Universität Eichstätt-Ingolstadt. Arbeitsschwerpunkte: Soziologische Theorie, Differenzierungstheorie, vergleichende Modernisierungs- und Globalisierungsforschung, Max Weber. Veröffentlichungen: Jenseits von Subjektivismus und Objektivismus. Max Weber, Alfred Schütz und Talcott Parsons (1993); Differenzierung ohne Gesellschaft. Umstellung eines Soziologischen Konzepts (2001); Von der historischen Entstehung zur aktuellen Ausbreitung der Moderne. Max Webers Soziologie im 21. Jahrhundert, in: Berliner Journal für Soziologie 14 (2004). E-Mail: *thomas.schwinn@ku-eichstaett.de*

Richard Swedberg, geb. 1948, ist Professor für Soziologie an der Cornell University (USA). Arbeitsschwerpunkte: Soziologische Theorie, Wirtschaftssoziologie, Klassiker der Sozialwissenschaften. Veröffentlichungen: Max Weber and the Idea of Economic Sociology (1998); Principles of Economic Sociology (2003); A Max Weber Dictonary (2005). E-Mail: *rs328@cornell.edu*

Keith Tribe, geb. 1949, ist Junior Rowing Coach an The King's School in Worcester und Visiting Senior Research Fellow in Geschichte an der Universität Sussex. Arbeitsschwerpunkte: Geschichte der Nationalökonomie sowie Max-Weber-Forschung. Veröffentlichungen: Reading Weber (1989); Stategies of Economic Order: German Economics 1750-1950 (1995); Economic Careers: Economics and Economists in Britain 1930-1970 (1997).
E-Mail: *tess@dircon.co.uk*

Sam Whimster, geb. 1947, lehrt Soziologie an der London Metropolitan University und ist verantwortlicher Herausgeber der Max Weber Studies. Arbeitsschwerpunkte: Soziologische Theorie, Geschichte der Soziologie und Kultursoziologie. Veröffentlichungen: Max Weber, Rationality and Modernity (1987); Max Weber and the Culture of Anarchy (1998); The Essential Weber (2003).
E-Mail: *whimster@londonnet.ac.uk*